2023

中国渔业年鉴

China Fisheries Yearbook

农业农村部渔业渔政管理局 主编

中国农业出版社

北　京

中国渔业年鉴理事单位

中国渔业年鉴编辑部

通信地址　北京市朝阳区麦子店街18号楼418室

邮政编码　100125

电　　话　(010) 59194981

传　　真　(010) 65005665

中国渔业年鉴编辑部

主　　　编　　刘天金　袁晓初

副 主 编　　姜　波　张丽四

执 行 主 编　　张丽四　王　良

责 任 编 辑　　贾　彬

编　　　辑　　肖红斌　吴洪钟　杜　然　马　金　郭　爱

编辑部成员　（以姓氏笔画为序）

于沛民　　　王　丹　　　王唯涌　　　吕小明　　　刘立明

孙海文　　　李　颖　　　李文旭　　　李胜利　　　张信安

陈家勇　　　赵文武　　　高宏泉　　　郭　睿　　　黄新胜

鲁　泉

特 约 编 辑　　李珊珊（北　京）　孙志景（天　津）　李亚琴（河　北）

董建京（山　西）　常立新（内蒙古）　沙　爽（辽　宁）

赵　波（吉　林）　周春生（黑龙江）　周建敏（上　海）

姚　蕾（江　苏）　徐晓林（浙　江）　何　银（安　徽）

王　斌（福　建）　徐文琪（江　西）　何　炜（山　东）

王新岭（河　南）　叶建刚（湖　北）　唐湘北（湖　南）

黄立群（广　东）　俸君辉（广　西）　刘逢君（海　南）

秦大海（重　庆）　夏明明（四　川）　杨绪海（贵　州）

蔡　勇（云　南）　周荣柱（西　藏）　赵　毅（陕　西）

王武松（甘　肃）　阎高峰（青　海）　唐　亮（宁　夏）

邓康处（新　疆）　林大海（大　连）　王亚楠（青　岛）

石志猛（宁　波）　张良松（厦　门）　袁振江（深　圳）

沙　磊（新疆生产建设兵团）

其他参编人员　　王洪艳

    2022年3月30日，农业农村部、公安部联合召开"亮剑2022"黄河禁渔专项执法行动部署会，农业农村部副部长马有祥出席会议并讲话。

    2022年8月24日，农业农村部在福建省宁德市召开"十四五"渔业高质量发展推进会，着力推进渔业高质量发展。农业农村部渔业渔政管理局局长刘新中部署相关工作。

　　2022年8月31日，农业农村部、中国海警局在浙江省舟山市共同举办渔政海警执法协作机制推进活动。两部门共同开展了海上联合执法巡查，检查了基层海警渔政机构办案工作，交流了海洋伏季休渔专项执法情况。农业农村部渔业渔政管理局副局长江开勇参加活动。

　　2022年9月15日，农业农村部在广西壮族自治区南宁市举行渔业突发安全生产事件应急处置演练，并对渔业安全生产"百日攻坚"行动进行部署。农业农村部渔业渔政管理副局长袁晓初参加会议。

中国水产科学研究院

全球水产养殖可持续发展联盟
(GSAAP) 第一次成员大会成功召开

中国水产科学研究院科技成果
转化工作会议在北京召开

中国水产科学研究院专家组参
加海水养殖生物育种与可持续产
出全国重点实验室咨询评议会议

中国水产科学研究院自主研创
"船载舱养"技术并转化应用形成
的十万吨级智慧渔业大型养殖工船
交付运营，并亮相2022全国农业
高新技术成果交易活动

中国水产科学研究院作为国家级水产科研机构，研究内容涵盖渔业资源保护与利用、渔业生态环境等十大学科领域。全院现有院部和13个独立科研机构、5个共建科研机构，学科齐全、布局合理、国内外影响广泛。截至2022年年底，全院在院4720人，其中中国工程院院士3名，"国家高层次人才特殊支持计划"等国家级高层次专家59人，现代农业产业技术体系首席科学家3人、岗位科学家70人。全院共有各类科技平台近170个，包括全国重点实验室等国家级平台8个，WOAH参考实验室2个、FAO参考中心2个，部重点实验室、野外台站等省部级平台84个，院重点实验室、工程中心等院级平台27个，国家级种质资源库1个、渔业科考船8艘、试验基地38个。

科技创新方面，2022年新上科研项目1199项，发表论文1880篇，全院影响因子10以上的论文58篇。登记软件著作权223项，获国家授权专利668件。全年获各类科技奖励69项，其中省部级科技奖励11项、一等奖5项。创制的7个新品种通过审定。应用基础研究取得新进展，解析了海水鱼性别决定与分化的竞争性内源RNA调控机制；查明了锌在极地海洋浮游植物适应性进化中的作用；解析了植物microRNA跨界调控鱼类肌肉发育机制。关键技术研发取得新成果，建立了无肌间刺鲫种质创制技术；研制虹鳟IHN核酸疫苗并完成转基因生物安全评价；利用自主研制的凡纳滨对虾液相芯片黄海芯1号培育出新品系3个；研发亲虾强化配合饲料和双循环养殖系统；构建了大黄鱼基因组选择育种技术体系。渔业装备研制取得新辉煌，自主研创"船载舱养"养殖技术新模式，转化应用形成了10万吨级智慧渔业大型养殖工船并顺利交付运营；创制筏式养殖海带机械化连续切割采收装备；构建了完整的南极磷虾精准捕捞智能化调控系统；研制出渔船"插卡式AIS"船载通信终端。科技支撑方面，继续推进院科技支撑"八大行动"，推出10个典型范式，表彰一批院乡村振兴先进集体和个人。开展以良种为核心的全产业链成果集成和转化，"一所一品一业"初见成效。超额完成部长江流域水生生物资源监测中心监测任务。围绕"大食物观""双碳""渔船管理"等主题组织战略研究，14篇报告和论文获得省部级领导批示。国内协作方面，强化院地所地、院企所企合作，与广东佛山、海南文昌、江苏昆山等地方政府建立战略合作；与青岛国信集团合作，启动30万吨养殖工船研发。国际合作方面，召开全球水产养殖可持续发展联盟第一次成员大会，18个涉渔知名教育与科研机构出席；继续用好"一海一淡"对外培训基地平台，全年培训来自36个国家的681名外国学员。

战略合作签约仪式

中国水产科学研究院与海南省农业农村厅、文昌市人民政府签署战略合作协议，共建海南（文昌）渔业创新研究中心

广东省渔业综合发展情况

　　2022年，广东省渔业渔政工作在农业农村部的悉心指导下，全省各级渔业主管部门坚持以习近平新时代中国特色社会主义思想为指导，按照省委、省政府的部署，认真落实各项渔业政策，努力化解疫情不利影响，持续保持攻坚态势，水产品总产量保持增长，现代渔业获得长足发展。渔业经济总产值、水产品总产量连续多年居全国前列。

　　2022年，全省渔业经济总产值4 309.61亿元，在全国排名第二位；全省水产品总产量894.14万吨，比上年增长1.1%，其中，水产养殖总产量767.73万吨；海洋捕捞产量（不含远洋）112.42万吨；远洋渔业6.30万

吨，增长3.59%；淡水捕捞产量7.68万吨。规模化监测基地南美白对虾、罗非鱼出塘价格总体小幅上涨，出塘均价分别为52.1元/千克、12.4元/千克，分别上涨3%、1%。南美白对虾出塘盈利18.5元/千克，上涨3%；罗非鱼出塘盈利0.5元/千克，上涨13%。鱼虾均保持盈利。广东省水产品供给充足，水产品质量稳步提升，为丰富城乡居民"菜篮子"供给、稳定农产品价格、保障食品安全发挥了积极作用。

广西渔业综合发展情况

  2023年全区水产品总产量达376万吨，同比增长3.6%，顺利完成年初制定的任务目标。其中，海水养殖产量173万吨，同比增长4.5%；淡水养殖产量148万吨，同比增长4%；海洋捕捞产量47万吨，与上年基本持平；淡水捕捞产量8万吨，同比下降0.7%。现代设施渔业发展迅速，设施渔业产量占养殖总产量的比例超过65%，高于全国平均水平。全区累计发展陆基循环水养殖圆池2.13万个，发展规模和养殖产量位居全国前列，工厂化循环水养殖车间890个，工程化循环水（跑道式）养殖水槽497条，新型环保抗风浪浮筏养殖面积2.2万亩，重力式深水网箱（标准箱）4 429口，拱棚小池塘对虾养殖面积3.15万亩，标准化改造养殖池塘37.59万亩。各类设施养殖水体合计超过1 100万米^3，水产绿色健康养殖技术推广"五大行动"成绩显著，成功创建4个国家级水产健康养殖和生态养殖示范区。

拱棚小池塘对虾养殖基地

智能工厂化陆基圆池养殖示范基地

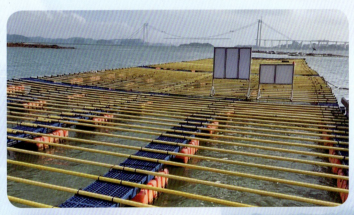

新型环保抗风浪蚝排养殖示范基地

稻渔综合种养示范基地

上海海洋大学

上海海洋大学是一所以水产、海洋、食品学科为特色，农、理、工、经、管、文、法等学科协调发展的多科应用研究型大学，是上海市人民政府与农业农村部、国家海洋局共建高校。2017年9月入选国家"世界一流学科建设高校"，2022年2月入选第二轮"双一流"建设高校及建设学科名单。

上海海洋大学

学校前身是张謇、黄炎培创建于1912年的江苏省立水产学校，1952年升格为新中国第一所本科水产高校——上海水产学院，1985年更名为上海水产大学，2008年更名为上海海洋大学。学校的校训是"勤朴忠实"，创校使命是"渔界所至，海权所在也"，办学传统是"把论文写在祖国的江河湖泊和世界的大洋大海上"。

学校现有上海市浦东新区沪城环路、杨浦区军工路2个校区，设14个学院（部），现有全日制在校本科生12 000余人、全日制在校研究生5 000余人。

上海海洋大学校园风景

学校拥有1个国家重点学科，9个省部级重点学科，学校水产学科入选国家"世界一流学科"建设行列，在全国第四轮学科评估中获A+评级，植物与动物科学、农业科学、环境/生态、工程学、生物学与生物化学5个学科跻身ESI国际学科排名全球前1%。拥有水产、海洋科学、食品科学与工程、生物学4个一级学科博士学位授权点、14个一级学科硕士学位授权点、8个硕士专业学位授权点；43个本科专业（含专业方向），其中国家特色专业5个，国家级一流本科专业建设点8个。

远洋渔业资源调查船"淞航"号

学校现有教职工1 500余人，其中教学科研人员800余人，具有高级专业技术职务490余人，校内博士生导师、硕士生导师570余人。拥有国家级各类人才26人次，省部级各类人才173人次，享受国务院特殊津贴人员57人，国务院第八届学科评议组成员2人，教育部高等学校教学指导委员会委员7人。

学校建有国家级实验教学示范中心、国家级虚拟仿真实验教学项目等实践教学平台，国家远洋渔业工程技术研究中心、国家海洋生物科学国际联合研究中心、国家大学科技园等30余个省部级及以上平台。拥有远洋渔业资源调查船"淞航"号，获得CNAS、CMA、DNV GL和USCG多重资质认证的船舶压载水实验室。创办水产类英文期刊*Aquaculture and Fisheries*，主办的《水产学报》获中国百强期刊、中国精品期刊、百种中国杰出学术期刊等称号。

2011年以来，学校在自然科学和人文社会科学方面取得多项突破性研究成果，以第一完成单位获省部级及以上奖励30余项。注重发挥学科与科研特色优势，服务社会成果显著。2011年以来辅导中国台湾地区苗栗县农户养殖大闸蟹，开创两岸农业合作范例；组建"渔业科技教授博士服务团"遍及全国开展科技服务，助力西藏、新疆、陕西、贵州等地精准扶贫，项目入选教育部第二届省属高校精准扶贫精准脱贫典型项目、第五届省属高校精准帮扶典型项目；远洋渔业国际履约团队入选教育部首批全国高校黄大年式教师团队。

学校积极拓展对外合作，与美国、日本、韩国、德国、葡萄牙、澳大利亚、加纳等国家（地区）的140多所高校、科研机构签订合作协议，连续两期入选"亚洲校园"项目，与联合国粮农组织、亚洲水产学会等国际组织有密切交流与合作，为师生进一步拓展国际化视野、培养国际交往能力、提升国际竞争力提供了平台。

学校新时代的发展目标是：到2035年，成为在国际上有重要影响的高水平特色大学；到21世纪中叶，将学校建设成为世界一流特色大学。

广东海洋大学

广东海洋大学是广东省人民政府和自然资源部共建高校，是一所以海洋与水产学科为特色、多学科协调发展的综合性海洋大学，是广东省高水平大学重点学科建设高校。

广东海洋大学始于1935年创立的广东省立汕头高级水产职业学校，是广东现代海洋水产教育的发端。经过88年的建设发展，成为一所海洋和水产特色鲜明的广东省高水平学科建设大学。学校拥有湛江、阳江等四个校区，拥有83个专业，在校本科生、研究生4万余名。学校秉承立校初心，矢志海洋使命，以实现高水平科技自立自强、建设海洋强国为己任，在服务广东海洋经济高质量发展中展现担当作为，朝着国内一流、国际知名高水平海洋大学的办学目标不断迈进。

广东海洋大学校门

一、坚持依海传志，牢记海洋使命

广东海洋大学全面贯彻党的教育方针，坚持社会主义办学方向，落实立德树人根本任务，坚决扛起海洋科技自立自强的使命担当和培养海洋创新人才的时代重任，秉承"坚韧不拔、自强不息"的海大精神，以高质量党建引领学校高质量发展。

二、坚持依海筑峰，提升学科水平

学校坚守"崇尚学术、谋海济国"的价值追求，坚持科技创新驱动，制定学校"五海"（海空、海面、海下、海底、海边）立体发展战略，构筑"5+1+N"大海洋学科体系，加快提升水产、海洋科学、食品科学与工程、船舶与海洋工程、作物学等广东省高水平大学重点建设学科水平，重点培育海洋经济管理学科群，积极推进11个国家级一流本科专业和1个国家级综合改革试点专业建设。目前植物学与动物学学科、工程学学科、农业科学学科3个学科进入ESI全球前1%学科。

三、坚持依海育人，培育海洋英才

学校坚持"人才兴海"战略，深入实施"海洋卓越人才培养"计划。探索产教融合培养新模式，对接巴斯夫、中海油和中广核等500强企业，联合组建现代产业学院。建校88年来，涌现出了以中国四大家鱼全人工繁育之父钟麟，新中国第一位远洋船长陈宏泽，全国脱贫攻坚先进个人刘宗晓、冯帮邢、钟奕苑，全国人民满意公务员荆花等为代表的一大批海洋优秀人才。

四、坚持依海创新，助力海洋兴业

学校坚持服务海洋强国、乡村振兴等国家重大战略，围绕区域发展需求，聚焦海洋科技领域的关键核心技术，坚持有组织科研，在生物育种、海洋牧场和智慧海洋等领域加强原创性、引领性海洋科技攻关。积极构建校-地-企海洋创新联合体，共同打造南方海洋科学与工程广东省实验室（湛江），充分发挥国家耐盐碱水稻技术创新中心华南中心、南海海洋牧场装备广东省重点实验室和深圳研究院等创新平台作用，创建三沙永兴岛耐盐果菜种植示范基地，获批建设了省级南美白对虾现代种业产业园。

学校全貌

广东海洋大学科研团队突破了章红鱼人工繁殖和规模化苗种培育技术

广东海洋大学大力推进硇洲大黄鱼种质资源开发与利用

大连海洋大学

　　大连海洋大学是我国北方地区以海洋和水产学科为特色，农、工、理、管、文、法、经、艺等学科协调发展的多科性高等院校。学校创建于1952年，前身为东北水产技术学校，1958年升格为大连水产专科学校，1978年升格为大连水产学院，2000年由农业部划转辽宁省管理，2010年经教育部批准更名为大连海洋大学。

　　学校坐落于美丽的海滨城市大连。有黑石礁、大黑石和瓦房店3个校区，占地面积67万平方米，教学、科研使用海域面积67万平方米，总建筑面积41万平方米。学校现有15个学院、1个教学部。有教职工1 200余人，全日制在校生19 000余人。有一级学科硕士学位授权点12个、二级学科方向47个，有硕士专业学位授权类别7个、领域22个，有53个本科专业。

　　学校学科体系完善，优势特色学科明显。2017年，入选辽宁省一流大学重点建设高校。水产一级学科为辽宁省"双一流"建设学科，以水产学科为依托的农学领域"植物与动物科学"学科进入ESI全球排名前1%，该学科在教育部第四轮学科评估中并列第四。拥有国家级多学科协同创新平台——大连海洋大学新农村发展研究院。"十三五"以来，学校承担了国家重点研发计划、国家自然科学基金等各级各类科研项目2 688项，其中国家级156项，省部级772项。获批中间球海胆大金、菲律宾蛤仔斑马蛤2号、菲律宾蛤仔白斑马蛤和虾夷扇贝明月贝4个水产新品种。

　　学校拥有一支结构相对合理、学科领域覆盖较全的师资队伍，有专任教师824人，其中高级职称419人。有"双聘院士"3人、"深蓝学者"5人，有国家杰出青年基金获得者1人、国家高层次人才特殊支持计划2人、国家百千万人才工程人选2人、973项目首席科学家1人、863项目首席科学家1人、国家优秀青年科学基金获得者1人、教育部新世纪优秀人才支持计划1人、农业农村部贝类产业技术体系首席科学家1人、农业农村部产业技术体系岗位专家4人、农业部农业科研杰出人才3人，有全国优秀教师1人、省高校教学名师17人，有教育部教学指导委员会副主任委员2人、委员2人，有辽宁攀登学者1人、辽宁特聘教授5人、辽宁杰出科技工作者2人、"兴辽英才计划"7人、省市优秀专家9人，享受各级政府特殊津贴11人。

　　学校先后与世界20个国家（地区）的95所院校（机构）建立了友好合作关系，拥有新西兰奥塔哥理工学院"3+1"合作举办机械设计制造及其自动化专业本科教育项目。

2022年辽宁省科学技术进步奖二等奖

2023年大连市科学技术进步奖一等奖

潮起东方　向海图强

——奋进中的宁波大学海洋学院

宁波大学海洋学院坐落于北仑梅山岛，肇始于1958年成立的原浙江水产学院水产系，1996年合并原宁波师范学院生物系，2011年更名为海洋学院，迄今办学已有60余载。海洋学院是宁波大学唯一的农科学院，也是拥有全校唯一的国家教育部评估为A类学科的学院。

学院始终注重党建引领，党建联建成果丰硕。学院先后荣获全国首批高校党建工作标杆院系、全国高校"双带头人"老师党支部书记工作室、浙江省先进基层党组织、首批浙江省高校黄大年式教师团队和全国高校百个研究生样板党支部、全国高校百名研究生党员标兵等荣誉。

学院注重学科和专业建设，综合实力稳居国内同类院校前列。现有水产养殖和生物技术2个专业，均为国家一流本科建设专业，水产学科为浙江省登峰学科，生物学科为浙江省一流学科（A类）。学院已助力动植物学科、农业科学、环境与生态学、生物学与生物化学、毒理学和病理学等5个学科进入全球ESI前1%。学院拥有2个一级学科博士点，2个一级学科硕士点，1个农业专业学位硕士点，2个学士学位专业，博士后流动站1个。

学院名师荟萃，现有教职工170名，其中正高39名，副高62名；博士生导师41名，硕士生导师82名，具有博士学位教师135名。拥有全职院士1名，国家杰青1名，包玉刚讲座教授5名，享受国务院特殊津贴专家3名，国家优秀青年基金获得者3人，国家专家科技创新领军人才1名。学院注重教研并举，组建研究团队16个，年均新批项目超过100项，科研项目经费超过4 000万元/年；年均国家授权发明专利超过50项；年均发表SCI检索论文200篇以上。获国家科技进步奖二等奖3项，省部级科研奖项30多项，获得授权发明专利300多项，获得国家认定水产新品种5个。

学院注重科研成果转化，现拥有"海洋生物技术与工程"国家联合工程研究中心等国家、省、市级重大科研平台13个；与三门县政府共建青蟹研究院；与40多家企业长期合作，共同攻克东海银鲳养殖等世界性难题；先后组建了60支科技服务队，派出70余位省市级及以上科技特派员，入驻地方生产一线。

学院坚持学生为本，致力于培养卓越农林人才。学院获国家级教学成果奖二等奖2项、全国农业专业学位研究生实践教学成果特等奖1项、浙江省教学成果奖一等奖1项。近3年，海洋学子在创新大赛和"挑战杯"竞赛中斩获国家级金奖12项、省级金奖22项，立项国家级大学生创新创业训练计划项目29项，3名学生获得过浙江省创业就业典型、4名学生获得宁波市创业新秀。

学院坚持"走出去"的发展战略，与美国范德堡大学、丹麦哥本哈根大学、英国斯特灵大学、沙特阿拉伯国王科技大学、澳大利亚西澳大学、韩国釜庆大学等国际知名学府建立了国际合作项目。

江苏省淡水水产研究所

江苏省淡水水产研究所坚持以提升科技自主创新能力和促进江苏渔业发展为宗旨，围绕渔业增效、渔民增收目标，集中优质资源，聚焦优势品种，加快品种选育与平台建设步伐，助推江苏水产种业高质量发展。

建立"3225"发展格局，稳步推进优势特色品种选育。牵头承担国家特色淡水鱼产业技术体系鲴种质资源与品种改良岗位科学家、国家大宗淡水鱼产业技术体系南京综合试验站、国家特色淡水鱼产业技术体系南京综合试验站等国家现代农业产业技术体系项目3个；牵头开展河蟹、大宗鱼类等江苏现代农业产业技术体系建设任务2个；主持推进国家斑点叉尾鮰育种联合攻关计划和江苏蟹类新品种（品系）选育协作攻关等任务2项；重点围绕中华绒螯蟹、克氏原螯虾、鳜属鱼类等优势特色品种，承担江苏省种业振兴"揭榜挂帅"项目5个。

江苏省淡水水产研究所牵头国家斑点叉尾鮰育种联合攻关

加强育种平台建设，为种业发展提供全面系统支撑。依托江苏（国家级）斑点叉尾鮰遗传育种中心和江苏（国家级）河蟹遗传育种中心，围绕遗传育种、绿色养殖等技术方向，建立育繁推一体化种业技术体系，近年来自主选育的新品种中华绒螯蟹长江2号、斑点叉尾鮰江丰1号多次入选农业主导品种和重点推广水产养殖品种。推进农业农村部淡水虾蟹遗传育种与养殖重点实验室（部省共建）建设，促进虾蟹种业研究领域合作交流。依托所扬中基地建成沙塘鳢原种场，推进沙塘鳢良种保种及繁育工作，顺利通过省级复评审。依托江苏省科技资源（农业种质）统筹服务平台建设重要经济鱼类低温种质库、斑点叉尾鮰种质资源库、长江系中华绒螯蟹种质资源库，有效促进水产种质资源收集保护，连续多年在考评中取得佳绩。新立项的江苏省河蟹遗传材料保存与创新利用中心和长江特色渔业种质资源基因库与创新利用中心建设项目被列入省政府重点工作，可研报告已获江苏省发改委批复，为实现种质资源收集整理、扩繁保存、鉴定评价与创新利用一体化协调发展奠定基础。

江苏省淡水水产研究所牵头江苏蟹类新品种（品系）选育协作攻关

浙江省淡水水产研究所

所部办公楼

　　浙江省淡水水产研究所成立于1952年，所本部位于湖州市吴兴区，为浙江省农业农村厅所属的公益Ⅱ类淡水渔业研究机构。下设4个管理科室、8个研究科室、3个基地，总资产3.1亿元，总占地面积107.9万米²。现有在编职工77人，享受国务院特殊津贴2人，入选浙江省新世纪"151"人才工程6人、湖州市"1112"人才工程12人、湖州市"南太湖特支计划"4人，研究生导师12人。

　　建有国家罗氏沼虾遗传育种中心、农业农村部淡水渔业健康养殖重点实验室、中国水产科学研究院鱼类免疫与病害防控重点实验室等多个省部级支撑与服务平台，坚持一体化推进渔业科技创新、成果转化与公共服务等工作。

一、培育了一批水产新品种，助力种业振兴

　　率先在国内建立了罗氏沼虾BLUP家系选育、基于RNA干扰获得自主知识产权的雄性表达基因培育获得全雄罗氏沼虾、基于雌核发育和基因育种获得少肌间刺的全雌翘嘴鲌。通过"种虾+技术+品牌"模式，2023年指导推广罗氏沼虾南太湖3号虾苗203.8亿尾，推广养殖面积40余万亩，良种覆盖率60%以上，培育形成一个全产业链产值超200亿元的产业。

二、构建一批水产疾病绿色防控技术，推进提质增效

八里店综合试验基地

　　在国内率先确定了黄颡鱼小RNA病毒等10余种水产新发疫病的病原，建立了11种快速诊断技术，开发了9种重大疫病疫苗、5种绿色药物。在鲈鱼蛙虹彩病毒、诺卡氏菌、小瓜虫、鲤疱疹病毒Ⅱ型等灭活疫苗和减毒疫苗制备等关键核心技术上形成突破，成功研制了复制缺陷型小瓜虫减毒活疫苗，其室内保护率达100%。建立鱼药安全使用技术示范县2个，实现抗生素减量使用30%以上。

三、创新了一批绿色养殖模式技术，推动农民增收

长兴养殖基地

　　构建淡水池塘多营养层次生态养殖、跑道养鱼等模式12种，研究推广稻鳖、稻虾、稻蛙、稻蟹等新型稻渔综合种养模式；优化了传统养殖工艺和污染物减排技术，集成了一批数字化养殖设备；独创了"三池两坝一湿地"养殖尾水高效净化处理工艺，提出了"养殖源水+原位调控+异位处理"低成本、适用性强的高效水处理技术体系；首次构建了无人机高光谱快速监测养殖水质方法和基于"六域模型"的数字化渔业智能管控大脑；研究了工厂化循环水养鱼、山区溪流性鱼类高密度流水养殖等设施单元；创新研制无针水产疫苗注射器。

四、打造了一支更接地气的科研渔业铁军，建强"三农"队伍

农业农村部长江退捕渔民就业帮扶"暖心行动"

　　以"专家+科技人员+科技示范户+辐射带动户+试验示范基地"的技术服务模式，让科技人员深入到田间塘头为产业"把脉开方"；主动服务长江十年禁渔国家战略，作为唯一省级科研院所参与实施由部局牵头的长江禁捕渔民"暖心行动"；开展"红色星期六"党建活动120余次，指导建立专业合作社44个，培育科技示范户73户，培训渔（农）民1 500余人次。

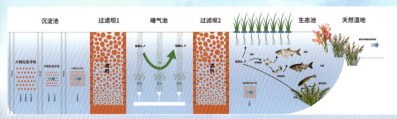
池塘养殖尾水"三池两坝一湿地"生态化综合治理技术处理原理图

罗氏沼虾南太湖3号新品种

中水集团远洋股份有限公司

中水集团远洋股份有限公司（以下简称公司）是由中国农业发展集团有限公司（以下简称集团）作为实际控制人，以远洋捕捞业和加工贸易业为主业的股份制上市公司。公司股票于1998年2月在深圳证券交易所A股市场挂牌交易（股票名称中水渔业，代码000798）。作为我国远洋渔业的开拓者、国家队和排头兵，公司资产规模和捕捞能力位居我国远洋渔业企业前列。

公司主要业务有远洋捕捞、渔业服务、水产品加工与贸易等，现有国内外员工5 000多人，运营各类渔船及辅助类作业船舶300余艘，在国内建有舟山、烟台2个远洋渔业基地，在26个国家和地区建有40多个分支机构，形成了境外投资项目多、船队规模大、地域跨度广、产业体系完善的全球化布局。

公司远洋捕捞作业区域遍布大西洋、太平洋、印度洋和南极海域，涉及近20个国家的专属经济区，年捕捞量20多万吨，主要捕捞品种包括金枪鱼、鱿鱼、虾、蟹、贝类等。

公司渔业服务板块涵盖海上冷藏运输、油料补给等业务，拥有大型运输补给船舶13艘，年运输能力和海上供油能力均超过20余万吨。

公司积极践行"大食物观"，探索研究水产品加工领域，加工贸易业务快速发展，逐步构建起国内国际市场的双循环格局，业务遍及非洲、欧洲、亚洲、北美洲、南美洲、大洋洲市场，形成了全球性的销售渠道和区域性的销售中心，在全球市场具备较大的品牌影响力。产品包括多种水产品等及其制品，其中金枪鱼、鱿鱼、虾类及其制品是公司的主打明星产品。公司在国内外拥有10余个符合欧盟卫生标准的水产品加工企业，并通过了ISO 22000、ISO 14001、HACCP、BRC等管理体系认证，拥有"明珠""中水远洋""中渔鲜境""中水海中金""海思康""金翔"等知名品牌，产品畅销全球。

未来，公司将在各方股东的支持下，继续依托资本市场，专注主业发展，加快转型升级，提升渔业资源掌控能力，不断实现新的突破，为成为具有行业重要影响力、全球竞争力的世界一流渔业企业而不懈努力奋斗！

开发蓝色海洋 关爱生命健康

　　山东东方海洋科技股份有限公司，作为农业产业化国家重点龙头企业，拥有数十年水产品出口加工经验，加工的产品种类丰富、品质优良，综合能力稳居国内同行业前列，得到了国际市场的高度认可。为满足国内消费者不断增长的水产品消费升级需求，公司充分发挥水产加工事业板块的优势，积极引领行业发展，遵循"三同"标准，内外贸并举，不断推出老少皆宜，"安全、营养、健康、便捷"的水产品预制菜系列产品，深受消费者青睐。为满足国人日益增长的美好生活的需求，做出自己的贡献。为公司的健康、可持续发展注入活力。

经典传承 匠心精作

山东东方海洋科技股份有限公司

0535-6929561

Baolai-leelai®
宝来利来 | 致力于生态养殖与食品安全

中国水产微生

★ 新三板挂牌企业(证券代码: 831827)

★ 国家级高新技术企业

★ 国家重点专精特新"小巨人"企业

★ 山东省瞪羚企业

★ 中国水产学会渔药专业委员会委员

★ 中国渔药产业技术创新战略联盟副理事长单位

★ 中国水产动保产业40年功勋企业

★ 中国水产业最值得信赖动保品牌

★ 2021中国水产投入品产业年度十佳品牌

★ 2021中国水产动保荣耀榜年度爆品

★ 2020中国水产动保产业年度企业

★ 2020中国北方虾业年度杰出企业

态行业的领跑者

★ 应用航天育种技术

★ 承担六项国家863项目

★ 六项国家重点新产品

★ 博士后科研工作站

★ 山东省级企业技术中心

★ 山东省农业产业化重点龙头企业

★ 山东省制造业高端品牌培育企业

★ 承担一项原国家经济贸易委员会"双高一优"项目

★ 承担一项工业和信息化部重点产业振兴和技术改造项目

★ 承担一项原国家发展计划委员会高新技术产业化推进项目

★ 承担一项国家发展和改革委员会绿色农用生物高技术产业化专项

★ 获取科技部"科技型中小企业技术创新基金"

山东宝来利来生物工程股份有限公司
SHANDONG BAOLAI-LEELAI BIO-TECH. CO.,LTD

地址：山东省泰安市泰山区擂鼓石东大街 28 号　邮编：271000
400 客服专线：400-875-1996　　Http://www.BLLL1996.com

编 辑 说 明

一、《中国渔业年鉴》由农业农村部主管，农业农村部渔业渔政管理局主持编撰，中国农业出版社有限公司中国渔业年鉴编辑部负责编辑、出版。

二、本年鉴是一部反映中国渔业年度基本情况的权威性资料工具书，每年出版一卷，以出版年份标序。

三、本年鉴所载资料全部截止到2023年年底。

四、年鉴文稿主要由全国渔业行政机构、企事业和科研单位、水产院校等部门的管理人员和专业技术人员撰写。全部文稿由中国渔业年鉴编辑部负责编辑修改或删节，由农业农村部渔业渔政管理局审定后发表。

五、各省、自治区、直辖市及计划单列市，按全国行政区划顺序排列。

六、各类资料数据均未包括台湾省和香港与澳门特别行政区。

七、本年鉴在编撰过程中，得到全国各级渔业行政主管部门和有关单位的大力支持，在此表示衷心感谢。

目　录

各 地 渔 业

法律法规文献

渔业经济统计

领 导 讲 话

2022年渔业大事记

索 引

发 展 综 述

全国渔业发展概况

【概况】 2022年,全国渔业系统以习近平新时代中国特色社会主义思想为指导,认真贯彻落实党中央、国务院决策部署,统筹疫情防控和渔业发展,多措并举提升生产能力、保障市场供应、守住安全底线,全国渔业经济总体保持平稳发展,为稳住农业农村基本盘、确保"菜篮子"产品安全作出贡献。

1.渔业生产总体稳定 全国水产品总产量6 865.91万吨,比上年增长2.62%;按当年价格计算,全社会渔业经济总产值30 873.14亿元,其中,渔业产值15 267.49亿元(以国家统计局年报数据为准)、渔业工业和建筑业产值6 621.17亿元、渔业流通和服务业产值8 984.48亿元;全国渔民人均纯收入24 614.41元,比上年增长5.00%。养殖产量5 565.46万吨、同比增长3.17%,捕捞产量1 300.45万吨、同比增长0.35%,养殖产品与捕捞产品的产量比例为81.1∶18.9。海水产品产量3 459.53万吨、同比增长2.13%,淡水产品产量3 406.38万吨、同比增长3.13%,海水产品与淡水产品的产量比例为50.4∶49.6。其中,远洋渔业产量232.98万吨,同比增长3.71%,占水产品总产量的3.39%。全国水产品人均占有量48.63千克,比上年增加1.27千克、增长2.68%。

2."十四五"渔业发展全面推进 2022年,继续实施新一轮渔业发展支持政策,持续构建与渔业资源养护和产业结构调整相协调的新时代渔业发展支持政策体系,为渔业现代化建设提供坚实保障。因地制宜积极推进大水面生态渔业发展,涌现了查干湖、千岛湖等生态渔业典范,冬捕、巨网捕鱼等特色项目实现渔旅融合。稳步推进稻渔综合种养产业高质量发展,农业农村部出台《关于推进稻渔综合种养产业高质量发展的指导意见》,科学利用稻田水土资源,支持发展符合标准要求的稻渔生产,2022年全国稻渔综合种养面积达到286.4万公顷。深远海养殖蓬勃发展,农业农村部

强化顶层设计、鼓励试点示范、加大资金政策支持;"经海系列"等桁架类深远海网箱养殖模式迭代升级,全球首艘十万吨游曳式大型养殖工船"国信1号"交付运营。2022年全国有深水网箱4 398万米^3,产量39.33万吨。

3.长江十年禁捕取得阶段性成效 长江禁捕政策体系框架基本搭建,出台《关于进一步做好长江流域重点水域退捕渔民安置保障工作的通知》等配套政策措施60多项,落实落细禁捕退捕各项政策措施。退捕渔民生计水平总体向好,累计落实禁捕退捕补偿补助资金总计269.98亿元,转产就业退捕渔民159 812人,应纳入社保的退捕渔民221 136人,基本实现应帮尽帮,应保尽保。开展退捕渔民就业帮扶"暖心行动",举办培训班1 156期,累计培训退捕渔民19 014人次。禁捕秩序总体平稳,中央财政累计投资7亿元用于禁捕水域执法能力建设,推进"亮江工程",沿江建立6 600多个视频和雷达监控设施。查办非法捕捞等涉渔行政案件18 525起,查获涉案人员20 543人,比上年度略有增加;清理涉渔"三无"船舶4 565艘,清理违规网具18.4万顶,比2021年度大幅度减少。水生生物资源恢复向好。2022年调查发现长江江豚种群数量为1 249头,为2006年有调查统计以来首次止跌回升;实施长江禁渔效果评估和生物完整性评价工作,长江干流和鄱阳湖、洞庭湖生物完整性指数提升2个等级。

4.水产绿色健康养殖加快推进 深入实施水产种业振兴行动,开展全国水产养殖种质资源普查数据审核,完成251个特色养殖种系统调查,采集制作遗传材料7.8万份。育种创新和联合育种持续推进,审定发布新品种26个,全面启动南美白对虾、虹鳟、斑节对虾、虾夷扇贝、斑点叉尾鮰、罗氏沼虾、鳗鲡等7个品种的联合育种攻关。推进水产种业企业扶优,发布20家企业为2021年中国水产种业育繁推一体化优势企业,公布121家国家水产种业阵型企业。优化养殖空间布局,推进养殖水域滩涂规划编制,截至2022年年底,全

国已有 32 个省级、351 个地（市）级、1 572 个县级规划经本级人民政府颁布出台。深入推进水产绿色健康养殖技术推广和示范创建，实施水产绿色健康养殖技术推广"五大行动"，高标准、严要求创建国家级水产健康养殖和生态养殖示范区 115 个。开展渔业绿色循环发展试点工作，落实 2.95 万公顷水产养殖池塘标准化改造和尾水达标治理试点任务。生态环境部与农业农村部联合出台《关于加强海水养殖生态环境监管的意见》。强化水生动物疫病防控，组织实施《2022 年国家水生动物疫病监测计划》，开展重要水生动物疫病监测预警，全年未发生重大水生动物疫病。加强水产品质量安全监管，组织实施《2022 年国家水生动物疫病监测计划和产地水产品兽药残留监控计划》，产地水产品兽药残留监测合格率 99.9%。

5.渔业对外合作成果丰硕　全面履行周边渔业协定，组织召开中韩渔业联合委员会第二十二届年会、中俄渔业合作混合委员会第 30 次会议，参加《中越北部湾渔业合作协定》第二轮磋商、第十四轮中日海洋事务高级别磋商等会议，维护我周边海域渔业利益和海洋权益。举办第四届中韩渔业联合增殖放流活动和中越北部湾第五次联合增殖放流活动，推进与周边国家共同养护渔业资源。积极推进与重点渔业国家双边合作，组织召开第二次中美打击非法捕捞等事务工作层会议，中欧打击非法、未报告和无管制（IUU）捕捞工作组第六次会议，第六次中新渔业会谈等，坦诚表达立场和关切，增进理解互信。广泛参与国际渔业治理，世界贸易组织第 12 届部长级会议就《渔业补贴协定》达成共识，为实现联合国 2030 年可持续发展议程作出重要贡献。积极参与联合国粮食及农业组织（FAO）渔业委员会第 35 届会议及水产养殖分委员会第 11 次会议，为我国渔业发展提供良好的外部环境。

6.远洋渔业绿色转型加速推进　远洋渔业克服并逐步适应境内外疫情冲击及国际形势变化，坚持加强规范管理，加速推进绿色转型，积极参与国际治理，推动高质量发展，全行业生产形势保持稳定向好态势。农业农村部印发促进"十四五"远洋渔业高质量发展意见，控制发展规模与节奏，稳定远洋渔业产能，优化产业结构布局，提高远洋渔业综合保障能力。支持远洋渔业基地建设，加强国内市场开拓，鼓励全产业链发展。组织开展远洋渔业监管提升行动，继续开展公海渔业资源调查评估，扩大实施公海自主休渔，首次在北印度洋海域休渔，积极参与区域渔业组织谈判磋商，金枪鱼渔业履约管理得到加强，公海渔船电子渔捞日志全面试行。妥善应对有关区域组织

成员违规公海登检以及单方制裁打压等突发事件，坚持"零容忍"打击违规，违规和不履约事件得到有效控制。

7.渔船管理改革稳步向前　研究推进渔船管理改革，探索在持续控制捕捞强度基础上，强化捕捞权保护，依法破除渔船交易和租赁障碍，推动经营权有序流转；科学划定中央和地方管理边界，加强宏观调控，压实地方责任；简化审批程序，压减证明事项，提高服务水平。为贯彻落实"放管服"改革要求、优化营商环境、精减各类证明，2022 年 9 月发布农业农村部第 606 号公告，重新修订渔业船舶证书证件样式，统一国内和远洋、沿海和内陆各类证书证件样式，科学调整各类证书登载内容。组织实施涉渔船舶监管专项联合行动，拆解报废涉渔船舶 3 241 艘，查处违法修造、无照经营等企业违法活动 94 起，开展渔船身份标识核查 146 650 艘。

8.渔政亮剑执法行动成效明显　抓实"中国渔政亮剑 2022"系列专项执法行动。聚焦长江十年禁渔、海洋伏季休渔、黄河禁渔、安全生产监管等 10 项重点任务，不断加大执法力量投入，高压严打违法违规行为，强化大案要案跟踪督办，有力维护正常渔业秩序。据统计，全国累计查处违法违规案件 5.2 万起，移送司法处理案件 5 096 起，清理取缔涉渔"三无"船舶 1.9 万艘、"绝户网"80.2 万张（顶）、收缴电鱼器具 7 253 台（套），严重破坏渔业资源的捕捞活动得到有效遏制。深化部门间协作配合。会同中国海警局联合印发《关于进一步完善海上渔业执法协作配合机制的通知》，举办渔政海警执法协作机制推进活动，进一步强化部门联勤联动，提升执法协作水平。首次会同公安部、中国海警局，联合通报表扬一批渔业执法工作突出集体和个人，进一步激励基层涉渔工作人员敢于斗争、担当作为。强化渔政执法能力建设。举办两期执法骨干人员能力提升活动，近 4 万人次线上线下学习观摩，开展渔政执法案卷评查并通报 85 卷优秀案卷，发布年度黄河禁渔、伏季休渔典型案例，以案示警、以案释法，全方位推进严格规范公正文明执法。

9.水生生物资源养护效果持续向好　发布《农业农村部关于加强水生生物资源养护的指导意见》，进一步完善水生生物资源养护制度体系。出台《农业农村部关于做好"十四五"水生生物增殖放流工作的指导意见》，对"十四五"水生生物增殖放流工作作出总体安排，全年举办增殖放流活动 2 800 余次，放流各类水生生物苗种 400 余亿尾。印发《农业农村部关于进一步加强黄河流域水生生物资源养护工作的通知》，专题部署黄河水生生物资源养护工作，发布《农业农村部关于

调整黄河禁渔期制度的通告》，优化黄河禁渔期制度，首次对黄河河源区和上游重点水域实行全年禁渔，对黄河中下游水域延长 1 个月禁渔时间，并进一步扩大禁渔范围。启动黄河渔业资源与环境调查专项，对黄河流域"五河四湖四库"等重点水域进行调查。开展东海海域桁杆拖虾、笼壶类、刺网和灯光围（敷）网 4 种类型渔船休渔制度调研，推进海洋伏季休渔制度不断完善。创建 16 个国家级海洋牧场示范区，总数达到 169 个。农业农村部与生态环境部联合发布《2021 年中国渔业生态环境状况公报》。开展海洋渔业资源调查，编制《中国近海渔业资源状况报告（2020 年）》。组织各地对全国 535 个国家级水产种质资源保护区管理情况进行摸底调查。水生野生动物保护力度持续加大，组织编写出版《国家重点保护水生野生动物》图书，进一步做好《国家重点保护野生动物名录》宣传贯彻工作。联合国家林业和草原局、国家市场监督管理总局等多部门开展"清风行动""网盾行动"专项执法行动，严厉打击涉水生野生动物违法违规行为。

10.渔业安全生产形势保持稳定 实施缩短职务船员晋升时限改革，出台《海洋渔业船员违法违规记分办法》《渔业船舶重大事故隐患判定标准（试行）》，进一步健全完善渔业安全治理制度体系。全年持续开展"商渔共治 2022"专项行动和渔业安全生产"百日攻坚"行动，组织联合巡查 2 800 余次，组织查处安全生产违法违规案件 6 200 余起，对渔业安全生产违法违规活动形成了有效震慑。开通全国统一的渔业安全应急值守电话 95166，启用渔业安全事故直报系统，畅通海上生命救援通道。积极推进渔业互助保险体制改革，促进渔业保险规范有序发展。

（农业农村部渔业渔政管理局）

水产养殖业管理

【概况】 2022 年，围绕渔业渔政中心工作，抓住"稳定养殖水面"和"振兴水产种业"两个重点，守牢"生物安全、生态安全和质量安全"底线，夯实行业管理支撑保障体系，加快促进产业高质量发展。

【养殖水域滩涂及养殖证管理】

1.启动全国养殖水域滩涂规划编制 部署开展《全国养殖水域滩涂规划》（以下简称《规划》）编制工作，成立全国规划编制工作组，多次召开规划编制组线上研讨会，对《规划》文本进行修改完善，形成《规划》初稿。同时，主动融入"多规合一"，在国家级用地、用海规划中极力争取养殖水域滩涂的应有空间，在新出

台的《全国国土空间规划纲要（2021—2035 年）》中确立了稳定保护现有养殖水域滩涂，拓展深远海等宜渔水域的空间发展基调；保持现有政策与长江经济带国土空间规划、全国海岸带综合保护与利用规划制定有机衔接，会同自然资源部研究制定领海和专属经济区内养殖用海相关政策。启动重要养殖水域滩涂保护制度研究，形成《重要养殖水域滩涂保护条例（草案）》初稿。

2.指导督促地方加快省级养殖水域滩涂规划编制进度 组织开展养殖水域滩涂规划核查，及时将问题反馈给相关省份抓紧整改并给予技术指导，保障各级规划的规范、准确。督促加快编制进度，9 月组织对未出台省级规划的 5 省份渔业主管部门相关负责人进行集体线上约谈（湖北、福建已经出台）。截至 2022 年年底，全国已有 32 个省级、351 个地（市）级、1 572 个县级规划经本级人民政府颁布出台。

3.加快推进养殖证核发和水产养殖管理信息化建设 定期调度全国养殖发证进度并以适当方式通报相关省份，截至 2022 年 12 月 6 日，全国共发证 16.8 万本，发证面积 487.1 万公顷，发证率 74.7%。充分调研基层办证需求，升级完善水域滩涂养殖发证登记系统，召开省市县三级系统线上培训会并于 8 月 1 日正式上线运行。研究起草养殖证系统数据维护规程，保障系统数据规范有效。设计全国水产养殖综合服务管理平台建设思路，制定养殖水域滩涂规划和养殖证一张图建设方案。

【养殖发展空间拓展】

1.积极推进深远海养殖 批复同意山东省开展"国信 1 号"养殖工船运营管理试点，开展实地调研，并上报《关于"国信 1 号"养殖工船生产运营有关情况的报告》。开展深远海大型装备养殖摸底调查，推动出台《关于加快推进深远海大型智能化养殖渔场发展的意见》。依托渔业发展补助政策，支持各地开展深远海养殖设施装备建设，研究推动将养殖工船纳入渔业发展补助支持范围，起草形成补助标准修订通知。讲好深远海养殖故事，积极与中央广播电视总台经济部农业组对接，在中国农民丰收节和国庆节期间通过央视各频道连续报道多地"海上粮仓"迎丰收组合新闻。

2.积极拓展盐碱地养殖 赴陕西等地开展盐碱地水产养殖调研，积极推进《全国盐碱地水产养殖产业发展规划（2022—2035）》（以下简称《规划》）起草工作，全面了解梳理本地区宜渔盐碱地资源状况、开发利用现状，开展规划编制工作集中研讨，形成《规划》初稿。开

展盐碱地水产养殖典型案例编制。积极争取将盐碱地水产养殖纳入农业农村部和科学技术部联合印发的《盐碱地综合利用科技攻关与示范推广行动方案》。积极参与《盐碱地综合利用规划》编制,提供盐碱地水产养殖相关材料。

【水产养殖转型升级】

1.深入开展水产健康养殖示范推广 一是组织各地积极开展国家级水产健康养殖和生态养殖示范区创建活动,2022年全国创建国家级示范区115个。二是部署开展生态健康养殖模式示范推广、养殖尾水治理模式示范推广、水产养殖用药减量、配合饲料替代幼杂鱼、水产种业质量提升等水产绿色健康养殖技术推广"五大行动"。三是与生态环境部联合出台《关于加强海水养殖生态环境监管的意见》,召开协调会议,并赴上海、江苏开展联合调研,建立良好协作关系。11月,联合下发《关于请提供海水养殖生态环境监管有关工作情况的函》,进一步掌握《关于加强海水养殖生态环境监管的意见》贯彻落实情况。

2.积极推进设施水产养殖发展 一是落实农业农村部领导对设施农业的指示精神,摸底梳理我国工厂化养殖、网箱养殖和池塘设施养殖等养殖设施情况,形成专题报告,推动将水产养殖设施纳入《全国现代设施农业建设规划(2022—2030年)》。积极争取将池塘尾水治理、工厂化养殖、深远海养殖纳入农业农村重大基础建设项目支持范围。二是依托渔业发展补助政策,支持各地开展深远海养殖设施装备建设及养殖池塘标准化改造及尾水治理。

【水产种业振兴行动】

1.深入推进第一次全国水产种质资源调查 组织全国水产技术推广总站和中国水产科学研究院分别开展普查数据的核查分析和251个特色种的系统调查,组织召开了1次水产种业振兴行动专家研讨会,1次水产养殖种质资源普查线上调度会,水产种业振兴行动工作机制5次小组会议、1次领导小组会议。完成基本情况普查210余万条数据的准确性和完整性审核。截至2022年年底,已完成251个特色水产养殖种系统调查,采集制作遗传材料7.8万份。

2.积极推进水产种业企业扶优 公布广东海兴农集团有限公司等20家企业为2021年水产种业育繁推一体化优势企业;组织编写《我国水产种业企业阵型研究报告》,发布121个国家水产种业阵型企业。印发《农业农村部办公厅关于调整第六届全国水产原种和良种审定委员会委员的通知》,增补刘少军、陈松林2

位院士为副主任委员。

3.稳步推进水产种业创新 发布26个水产新品种,启动虹鳟、斑节对虾、虾夷扇贝、斑点叉尾鮰、鳗鲡、南美白对虾和罗氏沼虾等7个重点品种的联合育种攻关。组织召开日本鳗鲡苗出口有关工作集中研讨,印发《关于进一步加强日本鳗鲡苗出口管理的通知》,研究日本鳗鲡苗出口问题。

【水产养殖安全】

1.强化生物安全 组织实施《2022年国家水生动物疫病监测计划》,开展重要水生动物疫病监测预警。针对监测中新发现的传染性肌坏死病,印发《关于加强传染性肌坏死病防控工作的通知》,向各对虾养殖省份发出预警;与海关总署动植物检疫司沟通,要求加强进境种虾的隔离检疫;会同相关单位组织制定了《养殖对虾传染性肌坏死病防控工作方案》。下发《关于加强水生动物疫病防控体系建设的函》,指导各地加强基层体系建设。印发《水产养殖动物疫病防控指南(试行)的通知》《雨季水产养殖防病措施建议》,指导养殖主体加强水产养殖动物疫病防控。组织制定《无规定水生动物疫病苗种场评估方案》《水生动物防疫实验室规范管理方案》。修订完成鱼类、甲壳、贝类产地检疫规程。组织召开全国水生动物疫病防控工作座谈会暨第二届农业农村部水产养殖病害防治专家委员会第六次全体会议,发布《2022水生动物卫生状况报告》。配合农业农村部畜牧兽医局,修订出台《一二三类动物疫病病种名录》《三类动物疫病防治规范》《动物检疫管理办法》等部门规章。

2.强化养殖水产品质量安全 印发并组织实施《2022年冬奥会产地水产品兽药残留监控专项任务》《2022年国家产地水产品兽药残留监控计划》,对上半年监测结果进行集中会商,上半年监测合格率99.9%,其中斑点叉尾鮰、罗氏沼虾等78种水产品合格率达100%,养殖水产品质量安全稳定在较高水平。加强水产养殖投入品监管,发布《水产养殖用药明白纸2022》,指导各地持续落实投入品使用白名单制度,将专项执法行动纳入"中国渔政亮剑2022"行动,组织开展蛙类养殖和使用地西泮2个专项整治行动。积极应对"硫酸铜鱼""纳米银对虾""甲鱼霍乱弧菌""南美白对虾水质恶化"等质量安全舆情事件,解除公众误解,保护水产养殖业规范健康发展。会同全国水产技术推广总站组织专家详细梳理评估了现行渔用兽药注册资料要求及药效试验技术指导原则等,提出了符合水生动物特点的关于兽医诊断制品、兽用生物制品、兽用消毒剂和化学药品等部分注册资料要求的优化建议,并将渔用兽药药效试验技术指导原则的补充完善建议等报送农业农村部畜牧兽医局。

（农业农村部渔业渔政管理局）

近 海 捕 捞

【概况】 据全国海洋捕捞动态采集网络监测数据分析，2022年我国海洋渔业总体状况不如2021年，全年海洋捕捞产量为651.67万吨，较2021年渔业评估产量减少13.3%。拖网、流刺网、张网和围网渔业构成全年海洋渔业的主体；鮹鱼、鳀鱼、鲹类、带鱼、鲳鱼、马鲛鱼、青鳞鱼、小黄鱼、二长棘鲷和叫姑鱼等资源种类是我国海洋渔业的主要利用对象，但资源利用结构仍以当龄和低龄鱼为主；分品种渔获量与2021年相比，青鳞鱼产量较上年有明显增加，鮹鱼、带鱼和马鲛鱼有小幅增加，而鳀鱼、鲹类、鲳鱼、小黄鱼、二长棘鲷和叫姑鱼有明显下降。全国各渔港多数渔获种类的销售价格相比上年显著上涨；经济鱼类比例相比上年有所下降，而虾蟹类和头足类均有所增加；渔业生产燃油成本相比上年有明显上涨，人力成本也有显著增加，捕捞渔民的总体收益不如上年。

【近海主要作业类型】

1.单拖作业 黄渤海产量相对较高水域出现在辽东湾渔场、沙外渔场和渤海湾渔场；而上年相对较高水域出现在石岛渔场、烟威渔场和连青石渔场。东海产量相对较高水域出现在长江口渔场、闽中渔场和鱼山渔场；而上年相对较高水域出现在闽中渔场、温外渔场和台北渔场。南海产量相对较高水域出现在北部湾南部及海南岛西南部渔场、西沙西部渔场和北部湾北部渔场；而上年相对较高水域出现在北部湾南部及海南岛西南部渔场、北部湾北部渔场和台湾浅滩渔场。全国单拖作业整体生产情况差于上年。

2.双拖作业 黄渤海产量相对较高水域出现在青海渔场、滦河口渔场和辽东湾渔场；而上年相对较高水域出现在滦河口渔场、辽东湾渔场和烟威渔场。东海产量相对较高水域出现在台北渔场、温台渔场和闽中渔场；而上年相对较高水域出现在台北渔场、舟山渔场和闽中渔场。南海产量相对较高水域出现在北部湾北部渔场、东沙渔场和北部湾南部及海南岛西南部渔场；而上年相对较高水域出现在北部湾北部渔场、粤东渔场和北部湾南部及海南岛西南部渔场。全国双拖作业整体生产情况差于上年。

3.桁杆拖虾作业 黄渤海产量相对较高水域出现在海州湾渔场、连青石渔场和辽东湾渔场；而上年相对较高水域出现在海州湾渔场、连青石渔场和大沙渔场。东海产量相对较高水域出现在温台渔场、鱼山渔场和江外渔场；而上年相对较高水域出现在温台渔场、鱼山渔场和江外渔场。南海产量相对较高水域出现在中沙东部渔场、北部湾北部渔场和粤西及海南岛东北部渔场；而上年相对较高水域出现在东沙渔场、北部湾北部渔场和台湾浅滩渔场。全国桁杆拖虾作业整体生产情况差于上年。

4.围网作业 黄渤海产量相对较高水域出现在大沙渔场、石东渔场和连青石渔场；而上年相对较高水域出现在大沙渔场、连青石渔场和石东渔场。东海产量相对较高水域出现在闽中渔场、闽东渔场和江外渔场；而上年相对较高水域出现在闽中渔场、闽外渔场和闽东渔场。南海产量相对较高水域出现在台湾浅滩渔场、台湾南部渔场和东沙渔场；而上年相对较高水域出现在台湾浅滩渔场、其他渔场和南沙中西部渔场。全国围网作业整体生产情况差于上年。

5.光诱敷网作业 黄渤海产量相对较高水域出现在连青石渔场和石岛渔场；而上年相对较高水域出现在连青石渔场、石岛渔场和连东渔场。东海产量相对较高水域出现在鱼山渔场、舟外渔场和闽东渔场；而上年相对较高水域出现在鱼山渔场、温台渔场和闽东渔场。南海产量相对较高水域出现在南沙中部渔场、中沙东部渔场和珠江口渔场；而上年相对较高水域出现在海南岛东南部渔场、西沙西部渔场和南沙中部渔场。全国光诱敷网作业整体生产情况差于上年。

6.流刺网作业 黄渤海产量相对较高水域出现在海州湾渔场、连青石渔场和大沙渔场；而上年相对较高水域出现在石岛渔场、沙外渔场和吕四渔场。东海产量相对较高水域出现在鱼外渔场、江外渔场和长江口渔场；而上年相对较高水域出现在鱼外渔场、舟外渔场和江外渔场。南海产量相对较高水域出现在台湾浅滩渔场、西沙西部渔场和东沙渔场；而上年相对较高水域出现在台湾浅滩渔场、北部湾南部及海南岛西南部渔场和东沙渔场。全国流刺网作业整体生产情况差于上年。

7.帆式张网作业 黄渤海产量相对较高水域出现在沙外渔场、大沙渔场和吕四渔场；而上年相对较高水域出现在大沙渔场、沙外渔场和吕四渔场。东海产量相对较高水域出现在江外渔场、舟山渔场和长江口渔场；而上年相对较高水域出现在舟山渔场、长江口渔场和江外渔场。南海产量相对较高水域出现在北部湾北部渔场。全国帆式张网作业整体生产情况好于上年。

8.定置张网作业 黄渤海产量相对较高水域出现

在大沙渔场、吕四渔场和渤海湾渔场;而上年相对较高水域出现在大沙渔场、吕四渔场和海州湾渔场。东海产量相对较高水域出现在温台渔场、闽东渔场和鱼山渔场;而上年相对较高水域出现在闽东渔场、温台渔场和舟山渔场。南海产量相对较高水域出现在粤东渔场、粤西及海南岛东北部渔场和北部湾北部渔场;而上年相对较高水域出现在北部湾南部及海南岛西南部渔场和北部湾北部渔场。全国定置张网作业整体生产情况差于上年。

9.钓具作业　黄渤海产量相对较高水域出现在烟威渔场。东海产量相对较高水域出现在闽东渔场、鱼外渔场和温台渔场;而上年相对较高水域出现在鱼外渔场、鱼山渔场和舟外渔场。南海产量相对较高水域出现在珠江口渔场、粤东渔场和西沙西部渔场;而上年相对较高水域出现在东沙渔场、台湾浅滩渔场和海南岛东南部渔场。全国钓具作业整体生产情况差于上年。

10.笼壶作业　黄渤海产量相对较高水域出现在海州湾渔场、大沙渔场和吕四渔场;而上年相对较高水域出现在海州湾渔场、吕四渔场和渤海湾渔场。东海产量相对较高水域出现在温台渔场、鱼山渔场和长江口渔场;而上年相对较高水域出现在舟山渔场、鱼山渔场和闽南渔场。南海产量相对较高水域出现在台湾浅滩渔场、珠江口渔场和粤东渔场;而上年相对较高水域出现在台湾浅滩渔场、北部湾北部渔场和粤西及海南岛东北部渔场。全国笼壶作业整体生产情况差于上年。

【近海主要经济渔业种类资源】

1.带鱼　全国主要汛期为9—12月和1月。带鱼生产情况相对较好的水域分布在长江口渔场、舟山渔场和连东渔场;而上年生产情况相对较好的水域分布在渤海湾渔场、长江口渔场和大沙渔场。整体资源捕捞产量比2021年增长7.58%。

2.小黄鱼　全国主要汛期为9—12月和2月。小黄鱼生产情况相对较好的水域分布在其他渔场、沙外渔场和大沙渔场;而上年生产情况相对较好的水域分布在其他渔场、沙外渔场和连东渔场。整体资源捕捞产量比2021年减少14.42%。

3.鲳鱼　全国主要汛期为9—12月和3月。鲳鱼生产情况相对较好的水域分布在长江口渔场、沙外渔场和其他渔场;而上年生产情况相对较好的水域分布在长江口渔场、其他渔场和沙外渔场。整体资源捕捞产量比2021年减少18.37%。

4.马鲛鱼　全国主要汛期为9—12月和1月。马鲛鱼生产情况相对较好的水域分布在其他渔场、大沙渔场和滦河口渔场;而上年生产情况相对较好的水域分布在渤海湾渔场、大沙渔场和长江口渔场。整体资源捕捞产量比2021年增长5.77%。

5.鲐鱼　全国主要汛期为8—12月。鲐鱼生产情况相对较好的水域分布在台湾浅滩渔场、鱼山渔场和东沙渔场;而上年生产情况相对较好的水域分布在闽外渔场、南沙中西部渔场和石东渔场。整体资源捕捞产量比2021年增长9.5%。

6.鲹类　全国主要汛期为9—12月和1月。鲹类生产情况相对较好的水域分布在东沙渔场、台湾南部渔场和闽中渔场;而上年生产情况相对较好的水域分布在东沙渔场、闽中渔场和闽东渔场。整体资源捕捞产量比2021年减少15.59%。

7.鳀鱼　全国主要汛期为9—12月和2月。鳀鱼生产情况相对较好的水域分布在江外渔场、舟山渔场和大沙渔场;而上年生产情况相对较好的水域分布在鱼山渔场、舟外渔场和鱼外渔场。整体资源捕捞产量比2021年减少35.17%。

8.虾蟹类　全国主要汛期为8—12月。虾类生产情况相对较好的水域分布在闽东渔场、温台渔场和连东渔场;而上年生产情况相对较好的水域分布在闽东渔场、温台渔场和闽中渔场。蟹类生产情况相对较好的水域分布在吕四渔场、海州湾渔场和长江口渔场;而上年生产情况相对较好的水域分布在海州湾渔场、吕四渔场和连青石渔场。整体资源捕捞产量比2021年减少20.69%。

9.头足类　全国主要汛期为8—11月和4月。头足类生产情况相对较好的水域分布在中沙东部渔场、西中沙渔场和石东渔场;而上年生产情况相对较好的水域分布在中沙东部渔场、闽南渔场和连东渔场。整体资源捕捞产量比2021年减少22.5%。

（全国海洋捕捞动态采集网络）

远 洋 渔 业

【概况】　2022年,远洋渔业系统认真贯彻党中央、国务院决策部署,在农业农村部党组正确领导下,努力克服后疫情时代经济恢复乏力和地缘冲突带来的挑战与困难,统筹远洋渔业疫情防控和稳产保供,不断强化规范管理,积极推动转型升级,保持了远洋渔业稳中有升的发展态势。

1.远洋渔业生产总体平稳有序　据年审统计,2022年获得农业农村部远洋渔业企业资格的企业共177家,比上年减少1家。远洋渔船2 551艘(不含辅助船),比上年减少 8 艘。远洋渔业总产量 233 万吨,同比增长 3.5%;运回自捕水产品 184 万吨,运回率 79%,比上年提高 3 个百分点。

2.公海大洋性渔业增产明显　受益于我国持续开展公海自主休渔等原因带来的资源恢复积极影响,全年公海渔业总产量 189 万吨,同比增长 10%。在主要捕捞品种中,鱿鱼产量 102 万吨、金枪鱼产量 34 万余吨、秋刀鱼产量 3.5 万吨、南极磷虾产量 6.1 万吨。

3.过洋性渔业产量减产较多　受疫情导致渔船大量停产等影响,过洋性渔业持续减产,全年总产量 44 万吨,同比减少 17%。其中,亚洲 6 个入渔国产量 7.7 万吨,同比持平;非洲 18 个入渔国产量 36 万吨,同比减少 20%;南美洲 3 个入渔国产量 0.3 万吨,同比减少 70%。

4.远洋水产品市场运行平稳　据部分企业及市场监测情况,2022 年远洋渔业主要产品价格同比小幅上升,不同品种经济效益有所分化。鱿鱼效益依然低迷,国内外市场环境较差,价格虽小幅升高,但由于成本大幅上升,企业难以摆脱"增产不增收"怪圈。金枪鱼效益有所回升,由于近两年鱼货供应少,市场需求放大,国际市场价格总体比 2021 年上升 8%～10%,企业整体盈利回升。秋刀鱼效益转好,受近几年产量持续下降、市场需求上升影响,价格同比上升 20% 左右。南极磷虾效益稳定,价格同比持平,产量回升,效益平稳。

(农业农村部渔业渔政管理局)

水产品加工业

【概况】　截至 2022 年年底,全国有水产加工企业 9 331 个,其中规模以上加工企业 2 592 个,水产冷库 8 675 座。水产品加工能力 2 970.4 万吨/年,水产加工品总量 2 147.8 万吨,其中淡水加工产品 438.6 万吨、海水加工产品 1 709.1 万吨。

(农业农村部渔业渔政管理局)

水产品市场运行

【概况】　受新冠疫情影响,2022 年国内水产品市场交易明显趋弱,呈现出量额双降态势,交易量创近年来新低,但交易价格保持相对平稳。

据对全国 80 家水产品批发市场成交情况统计,2022 年水产品综合平均价格 25.25 元/千克,同比微涨 0.20%。其中海水产品 45.28 元/千克,同比微涨 0.52%;淡水产品 17.64 元/千克,同比微跌 0.18%。据对可对比的 45 家批发市场统计,1—12 月水产品成交量 850.08 万吨,同比下降 11.08%;成交额 2 405.81 亿元,同比下降 5.71%(图1)。

监测的 49 个品种中,17 个品种价格上涨,其中 3 个品种涨幅超过 10%;11 个品种价格下跌,其中 2 个品种跌幅超过 10%;21 个品种价格稳定,涨跌幅度在

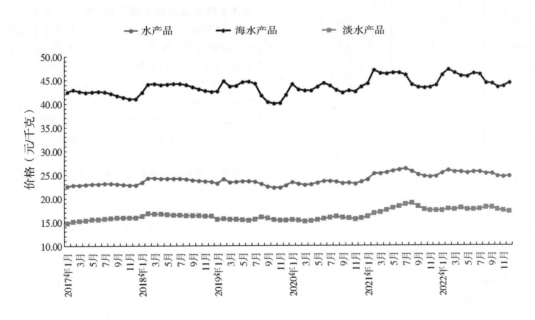

图1　2017—2022 年水产品月度价格走势

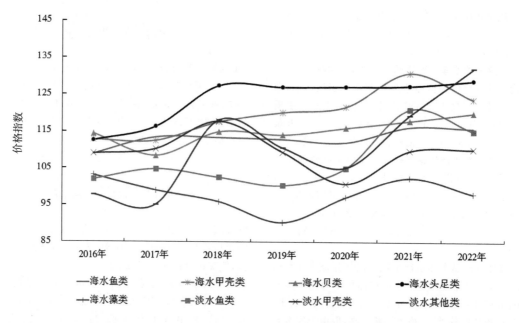

图 2　2016—2022 年 1—12 月八大品类价格指数走势
（以 2015 年为基期）

2％以内（图 2、表 1）。

表 1　2022 年 1—12 月同比涨跌幅度较大的品种

品种	均价（元/千克）	同比增长（％）
克氏原螯虾	60.56	24.53
甲鱼	67.88	12.60
马面鲀	32.15	11.55
鳜鱼	79.15	9.60
日本对虾	246.99	8.98
鲢鱼	8.28	−10.29
蛙	18.68	−10.03
虹鳟	42.17	−6.47
鲫鱼	17.74	−5.79
草鱼	14.51	−4.49

【海水产品价格】

1.海水鱼类价格微跌（图 3）　海水鱼类价格同比下跌0.52％，监测的10个海水鱼品种中，5个品种下跌，小黄鱼 69.16 元/千克、银鲳 107.45 元/千克、带鱼

32.11 元/千克、蓝圆鲹 12.22 元/千克，海鳗 45.92 元/千克，同期分别下跌 3.82％、3.38％、0.97％、0.53％、0.12％；5 个品种上涨，马面鲀 32.15 元/千克、马鲛鱼 37.77 元/千克、鲐鱼 6.91 元/千克、大菱鲆 57.38 元/千克、大黄鱼 36.43 元/千克，同期分别上涨 11.55％、5.78％、4.88％、3.10％、2.56％。

2.海水甲壳类价格小幅下跌（图 4）　海水甲壳类价格小幅下跌，同比下跌 0.42％。监测的 8 个品种中，4 个品种下跌，鹰爪虾 45.54 元/千克、梭子蟹 181.95元/千克、南美白对虾 68.42 元/千克、虾蛄 88.14 元/千克，同比分别下跌 3.01％、2.83％、1.89％、1.12％；4 个品种上涨，日本对虾 246.99 元/千克、青蟹 158.40 元/千克、斑节对虾 217.49 元/千克、花蟹 201.96 元/千克，同比分别上涨 8.98％、6.92％、6.42％、0.24％。

3.海水贝类和头足类价格均有所上涨（图 5、图 6）　海水贝类价格较上年同期稳中有升，同比上涨2.69％，监测的 6 个贝类品种中，除贻贝 3.97 元/千克，同比下跌 0.37％外，其余品种均上涨。其中，鲍鱼145.89元/千克、杂色蛤 15.43 元/千克、扇贝 39.59 元/千克、牡蛎 20.48 元/千克、蛏 29.93 元/千克，同比分别上涨 5.15％、5.01％、3.51％、1.53％、0.87％。海水头足类价格同比上涨1.08％。其中，墨鱼 33.67 元/千克、海蜇 41.32 元/千克、鱿鱼 34.28 元/千克，同比分别上涨 1.43％、1.22％、0.84％。

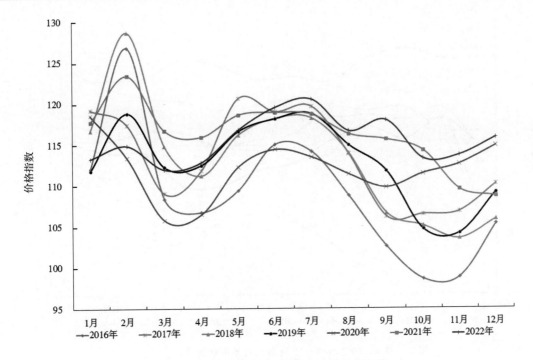

图 3 2016—2022 年 1—12 月海水鱼类价格指数
（以 2015 年为基期）

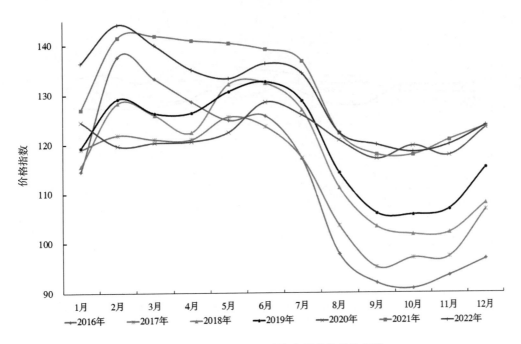

图 4 2016—2022 年 1—12 月海水甲壳类价格指数
（以 2015 年为基期）

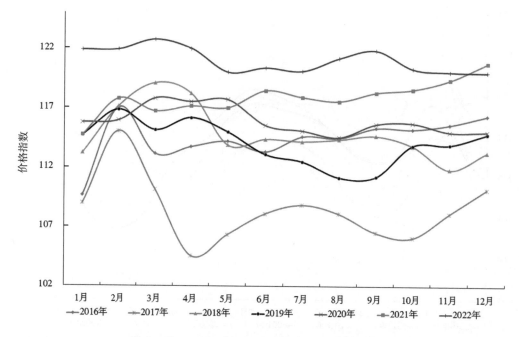

图 5　2016—2022 年 1—12 月海水贝类价格指数

（以 2015 年为基期）

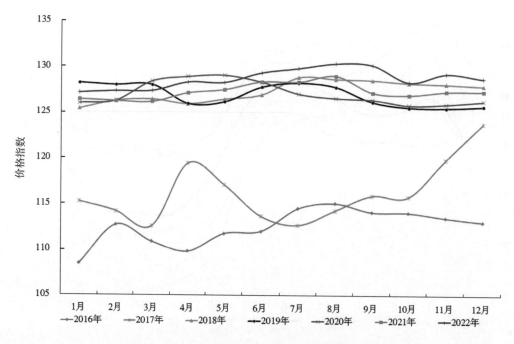

图 6　2016—2022 年 1—12 月海水头足类价格指数

（以 2015 年为基期）

4.**海水藻类价格有所下降**　海水藻类价格同比下降2.37%。监测的2个品种中,海带8.00元/千克,同比下跌4.25%;紫菜81.18元/千克,同比下跌0.50%。

【淡水产品价格】

1.**淡水鱼类价格下跌**(图7)　淡水鱼类价格同比下跌2.18%。监测的13个淡水鱼品种中,7个品种价

格下降,鲢鱼8.28元/千克、虹鳟42.17元/千克、鲫鱼17.74元/千克、草鱼14.51元/千克、鳙鱼15.78元/千克、黄鳝68.32元/千克、鳊鲂19.34元/千克,同比分别下跌10.29%、6.47%、5.79%、4.49%、2.61%、0.87%、0.42%;6个品种价格上涨,鳜鱼79.15元/千克、罗非鱼18.04元/千克、乌鳢21.66元/千克、鲈鱼30.15元/千克、黄颡鱼26.92元/千克、鲤鱼13.17元/千克,同比

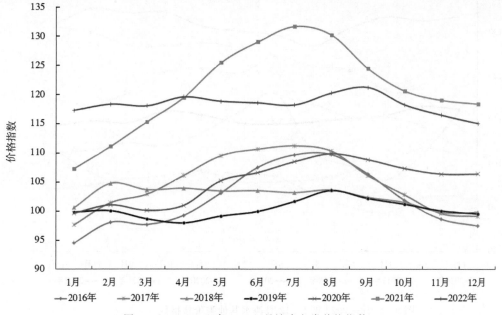

图7　2016—2022年1—12月淡水鱼类价格指数

(以2015年为基期)

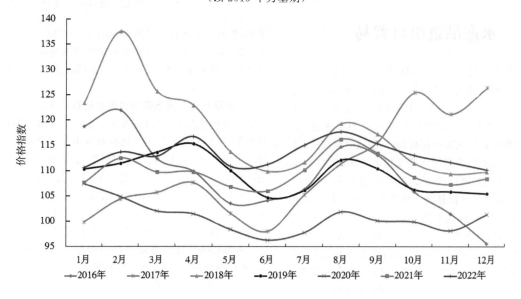

图8　2016—2022年1—12月淡水甲壳类价格指数

(以2015年为基期)

分别上涨 9.60%、3.89%、2.44%、1.63%、1.60%、0.07%。

2.淡水甲壳类和其他类价格均有不同程度上涨（图8、图9） 淡水甲壳类价格同比上涨 3.20%，监测的淡水甲壳类中，克氏原螯虾 60.56 元/千克、罗氏沼虾 68.80 元/千克，同比分别上涨 24.53% 和 1.84%；青

虾 133.91 元/千克、中华绒螯蟹 100.32 元/千克，同比分别下跌 4.15% 和 1.21%。淡水其他类同比上涨 10.71%，其中甲鱼 67.88 元/千克，同比上涨 12.60%，田螺 9.68 元/千克，同比上涨 4.64%；蛙 18.68 元/千克，同比下跌 10.03%。

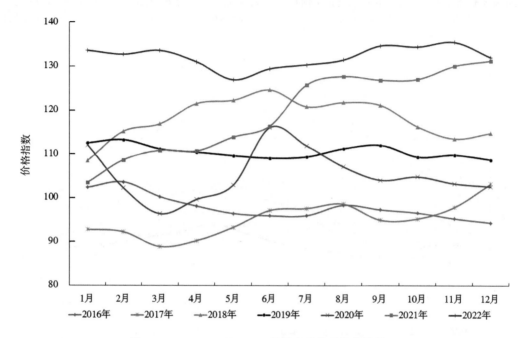

图9 2016—2022 年 1—12 月淡水其他类价格指数
（以 2015 年为基期）

（农业农村部渔业渔政管理局）

水产品进出口贸易

【概况】 据海关统计，2022 年我国水产品进出口总量 1 023.28万吨，同比增长 7.17%，进出口总额 467.38 亿美元，同比增长 16.99%；与 2019 年相比，进出口总量下降 2.84%，进出口总额增长 18.76%。总体来看，水产品进出口总额再创历史新高，出口量减额增，进口量额双增。受欧美消费需求下降等因素影响，出口额增长乏力，不抵进口增长，贸易逆差 6.75 亿美元。

1.8 月起单月出口量低于前 3 年 全年水产品出口量 376.30 万吨，同比下降 0.99%，出口额 230.31 亿美元（图1），同比增长 5.04%。从月度走势看，1—7 月单月出口量基本保持在 2019—2021 年的平均水平，其后 5 个月单月出口量连续创造 2019 年以来的新低。年末未按惯例出现出口小高峰，第四季度出口量、出口额同比分别下降 6.50% 和 8.49%。

2.外需减少是出口放缓的主要原因 2022 年下半年，世界经济下行压力加大，通胀持续高位。为降低生活成本，欧美等主要市场国的消费者普遍减少购买或改买相对廉价的水产品，批发商放缓进货节奏，导致出口订单量下降。

3.采取积极开放战略有效促进进口 在欧美市场需求缩减的情况下，我国持续主动实行扩大水产品进口政策，出口国看好并大力培育我国市场。全年进口量 646.98 万吨，进口额 237.06 亿美元（图1），同比分别增长 12.57% 和 31.53%，与 2019 年相比，分别增长 3.27% 和 26.77%。自越南和厄瓜多尔进口额同比分别增长 108.01% 和 59.69%。此外，国内水产预制菜产业快速发展，带动了巴沙鱼等相关原料进口。

4.贸易格局转变为进出口平衡型 改革开放初期，水产品贸易"小进小出"、保持顺差。20 世纪 90 年代至 2021 年，我国水产养殖和加工业逐步发展壮大并进入平台期，出口额波动增长且始终高于进口额。2014 年，水产品贸易顺差达到最高的 125.13 亿美元，

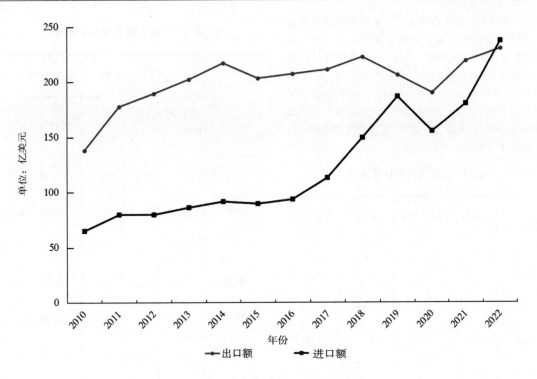

图 1 2010—2022 年水产品进出口贸易额趋势

之后缩减至 2019 年的 19.52 亿美元;2020 年、2021 年贸易顺差分别为 34.73 亿美元和 39.03 亿美元。连续贸易顺差的终结,标志着我国水产品贸易正由出口导向型转为进出口平衡型。

【出口贸易】

1.一般贸易出口量减额增,传统优势品种竞争力下降 一般贸易出口量 290.65 万吨,同比下降 2.60%,出口额 178.41 亿美元,同比增长 1.44%,占出口总量、总额的比例分别为 77.24% 和 77.46%,与上年基本持平。其中,出口量最大的头足类出口量、出口额同比分别增长 8.29% 和 13.82%,但 9~12 月月度出口连续下降。罗非鱼出口量、出口额同比分别下降 11.93% 和 8.63%,对虾出口量、出口额同比分别下降 21.80% 和 11.94%,鳗鱼出口量、出口额同比分别下降 9.53% 和 8.70%,单价最低的鲭鱼类出口量、出口额同比分别增长 29.56% 和 25.33%(表 1)。

2.来(进)料加工出口止降回升 来(进)料加工业逆转下滑趋势,出口量 82.83 万吨、出口额 49.42 亿美元,同比分别增长 7.39% 和 21.88%。其中,进料加工出口量 67.19 万吨、出口额 37.11 亿美元,同比分别增长 6.39% 和 23.12%;来料加工出口量 15.65 万吨、出口额 12.31 亿美元,同比分别增长 11.93% 和 18.29%。

表 1 一般贸易主要出口品种

出口品种	占一般贸易出口额比例(%)	2022年		同比增长(%)	
		数量(万吨)	金额(亿美元)	数量	金额
头足类	27.64	59.85	49.31	8.29	13.82
对虾	9.58	13.03	17.09	−21.80	−11.94
罗非鱼	7.97	43.41	14.22	−11.93	−8.63
贝类	7.29	19.75	13.00	−9.15	2.00
鳗鱼	6.46	5.91	11.53	−9.53	−8.70
金枪鱼	6.03	17.09	10.75	−10.72	0.92
鲭鱼类	3.60	32.34	6.42	29.56	25.33
藻类	2.69	6.19	4.80	−11.78	−2.06
蟹类	2.63	3.82	4.68	−15.59	−7.83
大黄鱼	1.64	3.52	2.92	−10.84	−4.54
淡水小龙虾	0.73	0.92	1.30	−4.85	11.13

3. 对东盟和欧盟出口增加，日美韩市场量减额增
2022 年水产品前六大出口市场分别为东盟、日本、美国、欧盟、韩国和中国香港。其中，东盟继续保持最大出口市场地位，出口量 77.17 万吨、出口额 54.87 亿美元，同比分别增长 14.09% 和 14.64%。对东盟出口额占出口总额的 23.82%。对欧盟出口量、出口额同比分别增长 6.29% 和 18.75%。对日、美、韩出口量减额增，对中国香港市场出口下降（表 2）。

表 2　主要出口市场情况

出口市场	数量（万吨）	同比增长（%）	金额（亿美元）	同比增长（%）
东盟	77.17	14.09	54.87	14.64
泰国	21.63	9.48	17.07	10.08
日本	53.8	−5.61	37.4	1.89
美国	41.23	−4.63	26.33	5.48
欧盟	41.4	6.29	20.07	18.75
韩国	40.63	−1.66	18.67	6.67
中国香港	19.12	−5.32	17.69	−6.09

【进口贸易】

1. 一般贸易进口增加，鱼粉和鱼油量减额增　一般贸易仍是进口主要形式，进口量 485.17 万吨、进口额 190.97 亿美元，同比分别增长 9.89% 和 29.89%。其中，鱼粉进口量 180.07 万吨，同比下降 1.13%，进口额 29.59 亿美元，同比增长 8.44%；鱼油进口量 7.75 万吨，同比下降 9.99%，进口额 3.83 亿美元，同比增长 21.39%。

2. 食用水产品进口增加，对虾和巴沙鱼增长迅猛
鱼粉鱼油以外的其他一般贸易进口水产品主要用于食用，进口量 297.35 万吨、进口额 157.55 亿美元，同比分别增长 18.58% 和 35.14%。其中，进口量最大的对虾进口量 92.57 万吨、进口额 60.71 亿美元，同比分别增长 46.02% 和 56.82%。进口增幅最大的鲶鱼（主要是越南产巴沙鱼）进口量 25.29 万吨、进口额 6.13 亿美元，同比分别增长 70.65% 和 114.10%（表 3）。

表 3　一般贸易主要进口品种

进口品种	占一般贸易进口额比例（%）	2022 年 数量（万吨）	2022 年 金额（亿美元）	同比增长（%） 数量	同比增长（%） 金额
对虾	31.79	92.57	60.71	46.02	56.82
鱼粉	15.49	180.07	29.59	−1.13	8.44
龙虾	8.50	4.58	16.23	7.51	13.73
蟹类	7.31	8.01	13.95	3.95	9.83
鲑鱼	4.62	6.57	8.82	11.09	38.78
头足类	4.46	28.60	8.51	−25.67	−3.08
鲶鱼	3.21	25.29	6.13	70.65	114.10
贝类	2.31	5.31	4.41	−37.76	−9.54

3. 加工原料进口增长，近半数通过保税和特殊监管渠道进口　来（进）料加工原料进口量 88.01 万吨、进口额 26.69 亿美元，同比分别增长 7.21% 和 27.34%。保税监管场所进出境货物进口量 57.88 万吨、进口额 13.10 亿美元，同比分别增长 42.02% 和 52.03%。海关特殊监管区域物流货物进口量 13.97 万吨、进口额 5.37 亿美元，同比分别增长 52.16% 和 66.26%。边境小额贸易部分恢复，进口量 1.45 万吨、进口额 0.71 亿美元。其他贸易方式进口量 0.49 万吨、进口额 0.23 亿美元。

4. 大部分主要市场进口增长，越南和厄瓜多尔增幅居前　东盟自 2019 年起成为我国水产品第一大进口市场，2022 年进口量 149.87 万吨、进口额 45.17 亿美元，同比分别增长 21.56% 和 48.77%，其中自越南进口量、进口额同比分别增长 47.80% 和 108.01%。厄瓜多尔进口量、进口额同比分别增长 38.33% 和 59.69%，俄罗斯进口量、进口额同比分别增长 48.37% 和 46.71%，印度进口量、进口额同比分别增长 51.67% 和 37.95%，秘鲁（主要进口鱼粉）进口量、进口额同比分别下降 18.80% 和 2.15%（表 4）。

表4 主要进口市场情况

国家和地区	占进口总额比例（%）	2022年		同比增长（%）	
		数量（万吨）	金额（亿美元）	数量	金额
东盟	19.05	149.87	45.17	21.56	48.77
越南	8.39	69.58	19.88	47.80	108.01
厄瓜多尔	15.20	60.30	36.04	38.33	59.69
俄罗斯	12.51	105.07	29.65	48.37	46.71
秘鲁	8.31	100.56	19.71	−18.80	−2.15
印度	5.70	35.35	13.52	51.67	37.95
美国	5.46	33.27	12.96	5.35	9.29
加拿大	5.22	10.46	12.37	6.74	13.96

（农业农村部渔业渔政管理局）

国际交流与合作

【概况】 2022年，渔业国际交流合作以促进渔业高质量发展和服务外交大局为目标，相关工作任务推进顺利，取得较好成效。

【周边海域渔业生产】

1.做好中韩渔业协定谈判、执行及相关工作 一是强化入渔管理。为落实第21届中韩渔业联合委员会年会纪要，及时组织协调有关省份渔业部门做好渔船入渔组织和管理工作；指导中国渔业协会，按照新的入渔作业程序和规则，重点做好渔船进出水域通报、渔获物报告、渔船避风以及保证金缴纳等工作，维护黄海渔业正常生产秩序。二是筹备并完成第22届中韩渔业联合委员会谈判工作。根据双方商定，筹备并召开了第22届中韩渔业联合委员会第一次、第二次筹备会和年会，维护我国在黄海渔业利益。举行中韩第四次联合增殖放流活动，参加中韩海洋生物资源专家组第十九次会议和2022年度中韩渔业执法工作会谈，为顺利举行中韩渔业联合委员会年会奠定坚实基础。

2.做好中俄渔业合作相关工作 一是组织召开中俄渔业合作混合委员会第30次会议，推动两江议定书、打击IUU协定执行和海洋捕捞合作。二是继续开展中俄边境水域春季、秋季联合检查，界江渔业生产秩序良好，未发现违规行为。

3.做好中越北部湾渔业协定到期后相关工作 一是组织第五次中越北部湾渔业资源联合增殖放流活动，向北部湾放流经济苗种近6 400万尾。二是参加《中越北部湾渔业合作协定》第二轮磋商，支持有关科研院所举办南海周边国家渔业可持续发展研讨会，参与外交部牵头的中越海上低敏感领域专家工作组磋商，提供渔业相关材料和会谈口径。

4.积极推动重启中日渔业合作 参加第15次鳗鱼国际资源管理非正式磋商会议、外交部牵头的第14轮中日海洋事务高级别磋商，表达我国推进中日渔业合作的一贯立场。

【双边渔业合作】

一是积极推动中美渔业合作。组织召开第二次中美打击非法捕捞等事务工作层会议，就美方提供的所谓我国船只从事非法捕捞活动的案例阐明中方立场和有关调查情况，驳斥美方不实指责，展示合作姿态。

二是继续密切中欧渔业合作。组织召开中欧打击IUU工作组第六次会议，通报渔业政策和打击IUU相关举措，增进理解互信，确保输欧水产品贸易顺利进行。

三是稳步推进中新渔业合作。组织召开第六次中新渔业会谈，落实中新打击IUU政府声明，加强双方在打击IUU措施、渔业补贴改革、区域渔业组织等方面立场协调。

四是积极开展中菲渔业合作。组织召开中菲撞船事件签署《和解协议书》视频会议，圆满解决中菲撞船事件；筹备第四次中菲渔业联合委员会会议，加强我国与菲律宾在水产养殖、渔业技术培训、渔村建设振兴等方面合作。

【国际渔业治理】 一是积极参与联合国粮食及农业组织渔业委员会第35届会议及水产养殖分委会第11次会议、亚太区域水产养殖转型高层会议，以及东亚峰会非法、未报告和无管制捕捞研讨会，推动负责任渔业区域标准打击非法捕捞国家研讨会，全力维护我国渔业利益。二是作为主席国，组织召开亚太渔业委员会第78届执委会会议，展示负责任大国形象。三是组织参加《关于预防、制止和消除非法、未报告、无管制捕鱼的港口国措施协定》亚洲区域协调会，持续推进加入港口国措施协定进程。四是积极选派相关专家参加国家管辖范围以外区域海洋生物多样性（BBNJ）谈判第五次政府间会议、《联合国鱼类种群协定》缔约国第 15 轮非正式磋商会议、《预防中北冰洋无管制公海渔业协定》第一届缔约方会议，为我国渔业发展提供良好的外部环境。

（农业农村部渔业渔政管理局）

渔 业 管 理

渔业法制建设

【概况】 2022 年,各级渔业渔政主管部门和渔政监督管理机构积极推动《中华人民共和国渔业法》(以下简称《渔业法》)修订,持续完善渔业管理配套规章制度,为渔业高质量发展和现代化建设提供制度保障。

1.加快推进《渔业法》修改进程 1 月,农业农村部积极配合司法部,第二次就《渔业法(修订草案)》向各相关部委和省级人民政府征求意见,逐一梳理、研究吸纳 46 家单位提出的 325 条意见,对《渔业法(修订草案)》进一步修改完善。9 月,配合司法部召开专家论证会,听取来自法律、渔业等领域专家的意见建议。配合做好立法协调工作,与财政部、自然资源部、水利部、中国海警局等有关单位反复沟通,就一系列敏感争议问题达成一致意见。结合新形势、新情况,配合司法部完善《渔业法》修订背景资料,详细说明渔业改革发展、养殖业、捕捞业、休闲渔业发展、资源保护等重点问题。

2.做好涉渔法律的立法协调工作 中央外事工作委员会办公室、全国人大法制工作委员会、全国人大环境与资源保护委员会、司法部、国家林业和草原局等部门先后就《中华人民共和国海洋环境保护法》《中华人民共和国黄河保护法》《中华人民共和国国家公园法》《中华人民共和国野生动物保护法》《中华人民共和国海洋法》等涉渔法律制(修)订案送农业农村部征求意见,就其中涉及渔业的条款与相关部门进行立法协调。

(农业农村部渔业渔政管理局)

渔业标准化

【水产标准制(修)订】 2022 年,发布实施水产标准 53 项,其中:国家标准 3 项、行业标准 50 项(表 1),为渔业高质量发展提供技术支撑。

【技术性贸易措施通报评议】 组织开展技术性贸易措施通报评议工作,对 23 项国外水产技术性贸易措施通报进行评议,其中对 8 项重要通报进行了深度评议,为夯实贸易便利提供技术支撑。

表 1 2022 年发布的水产国家标准和行业标准目录

序号	标准号	标准名称
一、国家标准		
1	GB/T 41234—2022	水生动物 RNA 病毒核酸检测参考物质质量控制规范 假病毒
2	GB/T 41233—2022	冻鱼糜制品
3	GB/T 41545—2022	水产品及水产加工品分类与名称
二、行业标准		
1	SC/T 1135.7—2022	稻渔综合种养技术规范 第 7 部分:稻鲤(山丘型)
2	SC/T 1157—2022	胭脂鱼

（续）

序号	标准号	标准名称
3	SC/T 1158—2022	香鱼
4	SC/T 1159—2022	兰州鲇
5	SC/T 1160—2022	黑尾近红鲌
6	SC/T 1161—2022	黑尾近红鲌　亲鱼和苗种
7	SC/T 1162—2022	斑鳠　亲鱼和苗种
8	SC/T 1163—2022	水产新品种生长性能测试　龟鳖类
9	SC/T 2110—2022	中国对虾良种选育技术规范
10	SC/T 6104—2022	工厂化鱼菜共生设施设计规范
11	SC/T 6105—2022	沿海渔港污染防治设施设备配备总体要求
12	SC/T 1164—2022	陆基推水集装箱式水产养殖技术规程　罗非鱼
13	SC/T 1165—2022	陆基推水集装箱式水产养殖技术规程　草鱼
14	SC/T 1166—2022	陆基推水集装箱式水产养殖技术规程　大口黑鲈
15	SC/T 1167—2022	陆基推水集装箱式水产养殖技术规程　乌鳢
16	SC/T 2049—2022	大黄鱼　亲鱼和苗种
17	SC/T 2113—2022	长蛸
18	SC/T 2114—2022	近江牡蛎
19	SC/T 2115—2022	日本白姑鱼
20	SC/T 2116—2022	条石鲷
21	SC/T 2117—2022	三疣梭子蟹良种选育技术规范
22	SC/T 2118—2022	浅海筏式贝类养殖容量评估方法
23	SC/T 2119—2022	坛紫菜苗种繁育技术规范
24	SC/T 2120—2022	半滑舌鳎人工繁育技术规范
25	SC/T 3003—2022	渔获物装卸技术规范
26	SC/T 3013—2022	贝类净化技术规范

（续）

序号	标准号	标准名称
27	SC/T 3014—2022	干条斑紫菜加工技术规程
28	SC/T 3055—2022	藻类产品分类与名称
29	SC/T 3056—2022	鲟鱼子酱加工技术规程
30	SC/T 3057—2022	水产品及其制品中磷脂含量的测定　液相色谱法
31	SC/T 3115—2022	冻章鱼
32	SC/T 3122—2022	鱿鱼等级规格
33	SC/T 3123—2022	养殖大黄鱼质量等级评定规则
34	SC/T 3407—2022	食用琼胶
35	SC/T 3503—2022	多烯鱼油制品
36	SC/T 3507—2022	南极磷虾粉
37	SC/T 5109—2022	观赏性水生动物养殖场条件　海洋甲壳动物
38	SC/T 5713—2022	金鱼分级　虎头类
39	SC/T 7015—2022	病死水生动物及病害水生动物产品无害化处理规范
40	SC/T 7018—2022	水生动物疫病流行病学调查规范
41	SC/T 7025—2022	鲤春病毒血症(SVC)监测技术规范
42	SC/T 7026—2022	白斑综合征(WSD)监测技术规范
43	SC/T 7027—2022	急性肝胰腺坏死病(AHPND)监测技术规范
44	SC/T 7028—2022	水产养殖动物细菌耐药性调查规范　通则
45	SC/T 7216—2022	鱼类病毒性神经坏死病诊断方法
46	SC/T 7242—2022	罗氏沼虾白尾病诊断方法
47	SC/T 9440—2022	海草床建设技术规范
48	SC/T 9442—2022	人工鱼礁投放质量评价技术规范
49	SC/T 1078—2022	中华绒螯蟹配合饲料
50	SC/T 1074—2022	团头鲂配合饲料

（农业农村部渔业渔政管理局）

渔业安全生产与渔港监督管理

【概况】 2022年,在农业农村部领导的有力领导和农业农村部安全生产委员会的关心指导下,农业农村部渔业渔政管理局认真贯彻落实习近平总书记关于安全生产的重要指示批示精神,积极落实国务院安全生产委员会关于安全生产的十五条硬措施、《国务院安全生产委员会2022年工作要点》等工作部署,进一步压实责任,落实落细落小工作举措,确保渔业安全生产工作落地见效。

【渔业安全生产】

1.渔业安全生产形势 2022年,渔业安全生产形势总体平稳,1—10月,全国渔船安全事故86起、死亡失踪101人,较上年同期分别减少18起、11人,下降17.3%、9.8%;其中商渔船碰撞事故13起、死亡失踪29人,较上年同期分别减少4起、6人;各级渔业渔政主管部门共组织参与救助的渔政船22艘次,渔船443艘次,救助渔业海难险情事故316起,救助渔船437艘、渔民2453人,其中渔船自救互助占比超过90%,实际投入救助费用1051.53万元,挽回经济损失20325万元。

2.认真学习习近平总书记关于安全生产重要论述 农业农村部领导高度重视,靠前指挥,先后多次主持召开会议学习贯彻习近平总书记关于安全生产的重要指示批示精神,研究部署渔业安全生产工作。农业农村部渔业渔政管理局组织全体党员干部集中学习观看《生命重于泰山》电视专题片,召开全体会议传达学习全国安全生产电视电话会议和全国农业安全生产工作电视电话会议精神,部署关键节点渔业安全生产工作。推动各级渔业渔政部门安全监管负责干部、管理人员专题学习习近平总书记关于安全生产重要论述和指示批示精神。

3.推动落实安全生产责任 一是强化工作部署。2月14日召开全国渔业安全生产工作会议,研究部署全年重点工作。农业农村部副部长马有祥带队赴浙江、辽宁开展渔业安全生产明察暗访,召开视频调度会议进行部署,督促地方切实抓好责任落实。二是加强重点时期渔业安全生产保障。农业农村部渔业渔政管理局多次召开局常务会议研究关键时间节点渔业安全生产工作,局长刘新中和副局长袁晓初组织工作研判,通报安全事故,指导地方妥善处置各种突发事故险情,发出提醒函3次,推动地方落实相关部署要求。对辽宁省盘锦市连续发生多起安全事故的情况约谈该市市

政府和省农业农村厅,督促整改,遏制事故高发态势。三是落实整改措施。完成国务院安全生产委员会对农业农村部2021年度安全生产考核,农业农村部获"优秀"等次,针对考核意见中的问题,逐一提出了整改措施,推动考核意见落地见效。四是推动落实主体责任。指导各地渔业渔政部门与辖区内渔船船东船长签订安全生产责任书,推动船东船长落实第一责任人责任。

4.推进渔业安全生产专项整治三年行动巩固提升 一是开展船员管理制度改革。实施了职务船员缩短晋升时限、理论实操合并考试和配员标准优化完善等3项改革,提高船员培训质量,确保渔业船员持证上岗。二是完善制度规范。指导各级渔业渔政部门动态更新问题隐患和制度措施"两个清单",修订了《渔业船员管理办法》《渔业无线电管理规定》,出台《海洋渔业船员违法违规记分办法》《渔业船舶重大事故隐患判定标准(试行)》,研究起草了《约谈实施办法》《渔业安全生产管理规定》,进一步建立健全渔业安全治理制度体系。

5.深化专项攻坚整治 一是组织开展全国渔业安全生产专项大检查,组成8个工作组在全国范围内进行渔船渔港安全隐患自查自检、异地交叉排查、问题集中整治和总结评估。二是依托"中国渔政亮剑2022"系列专项执法行动深入整治渔业船舶职务船员配备不齐、普通船员人证不符、不持证上岗等违法违规行为。三是针对突出问题和薄弱环节,集中开展为期100天的渔业安全生产"百日攻坚"行动,扎实落实"大宣传、大走访、大检查",强化整治攻坚,消除安全风险隐患。截至10月底,累计出动执法船艇3.54万艘、车辆4.32万台、执法人员15.2万人次,开展各类隐患排查、专项检查达3.5万次,检查渔港2.64万处,检查渔船11.1万艘,发现并整改隐患1.36万处,查处安全生产违法违规案件6200余起,移送司法处理42起,累计清理取缔涉渔"三无"船舶6339艘,对渔业安全生产违法违规活动形成了有效震慑。四是深化商渔共治。建立健全商渔船安全工作机制,筹备召开商渔船安全工作会商会。联合交通运输部组织开展"商渔共治2022"专项行动,累计开展联合宣传教育活动1700余场次,覆盖逾10.3万人次,播发防碰撞安全信息4.4万条,联合巡查进出港航路、商渔船交汇密集区域2800余次。此外,各地渔业渔政部门积极配合近海船舶航路规划划定工作,开展商渔事故调查"回头看"55次,清理治理"网位仪AIS"等设备3561个,畅通商渔船水上航路,实现水上安全共管共治。

6.夯实安全生产基层基础 一是健全渔业应急管理体系。完善渔业船舶水上突发事件应急预案,1月1

日起沿海各级建成渔业安全应急中心,开通全国统一的渔业安全应急值守电话"95166",应用渔业安全事故直报系统,畅通海上生命救援通道。二是积极争取安全生产资金。安排专项资金 500 万元,对参与海上抢险救助的渔船、渔政船予以适当救助补贴,有效激发了渔民开展互救的积极性。三是强化宣传教育和技能提升。举办全国渔业安全应急演练,有效提升了应急处突效能。制作《守望蓝海》《生命至上》渔业安全生产宣传教育片,以典型案例强化警示教育,利用中国渔政、中国水产、渔知事微信公众平台向渔民推送安全生产实用技术小视频 40 多条,提升渔民科学应对安全风险的能力和水平。组织开展"平安渔业"示范创建活动,树立标杆,发挥典型引领作用。四是推进改革风险保障体系。积极推进渔业互助保险体制改革,完成新保险机构注册预登记和中国银行保险监督管理委员会批准筹建工作,指导和推动实施渔业安全生产责任保险,会同财政部开展政策性保险调研,积极争取财政资金,促进渔业保险规范有序发展。

【渔港监督管理】 深入分析渔港现状,不断强化渔港管理。一是对渔港核查情况进行总结。向农业农村部副部长马有祥报送《关于第三次全国沿海渔港核查有关情况的报告》,总结当前渔港"一多、一少、一强、一弱、一缺"的特点,提出下步工作建议,得到了马有祥副部长"渔港在渔业生产经营、渔业监管方面有特殊重要作用,要加强建设、完善办法、充分发挥功能"的肯定性批示。二是公布第三批定点渔港名单。在前期组织申报、形式审查和专家评审基础上,提请农业农村部渔业渔政管理局局务会审议第三批国家级海洋捕捞渔获物定点上岸渔港名单,并在年内公布。三是制定渔港等级认定管理规范。针对当前渔港等级命名随意,标准缺失,调整无据可依的情况,开展相应管理规范制定工作,通过资料收集、实地调研等步骤形成报请农业农村部渔业渔政管理局局务会审议稿,计划以农业农村部办公厅文件形式印发。四是做好"港长制"后续管理工作。4 月 6 日,农业农村部渔业渔政管理局下发《关于做好渔港管理相关工作的通知》,对"港长制"提出管理要求;6 月 7 日,又将该文件和江苏、浙江、广东 3 省实施"港长制"情况报告一并报农业农村部办公厅。五是编制《船舶进出渔港报告管理办法》。针对目前进出渔港报告情况,组织有关单位编制管理办法,征求各省、自治区、直辖市渔业渔政主管部门意见,形成了农业农村部渔业渔政管理局局务会上会稿。六是对《中华人民共和国渔业港航监督行政处罚规定》进行修订。出于渔港水域交通安全及渔业船舶污染防治监督管理工

作需要,组织对相关规定进行修订,征求各省、自治区、直辖市渔业渔政主管部门意见,形成了农业农村部渔业渔政管理局局务会上会稿。

(农业农村部渔业渔政管理局)

渔业船舶水上安全事故
及救助情况

【事故情况】 2022 年,全国共发生渔业船舶(不含特殊船舶)水上安全事故 107 起、死亡(或失踪)155 人。其中水上生产安全事故发生 88 起、死亡 83 人;水上交通事故 15 起(未按《统计规定》减半)、死亡 46 人;自然灾害事故发生 4 起、死亡 26 人。

1.事故分类

(1)生产安全事故。生产安全事故发生 88 起、死亡 83 人,分别占水上安全事故的 82.24% 和 53.55%。触损 1 起、死亡 0 人,风损 1 起、死亡 6 人,火灾 16 起、死亡 3 人,机械损伤 10 起、死亡 10 人,碰撞 15 起、死亡 19 人,溺水 26 起、死亡 26 人,自沉 8 起、死亡 13 人,其他 11 起、死亡 6 人。2022 年各类生产安全事故所占比例与上年同期比较情况见图 1~图 4。

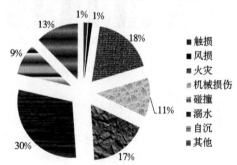

图 1 生产安全事故起数比例

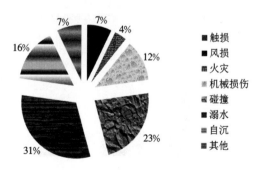

图 2 生产安全事故死亡人数比例

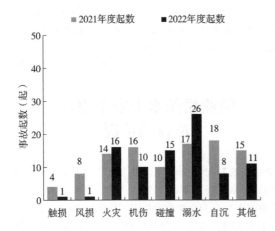

图 3 生产安全事故发生起数比较

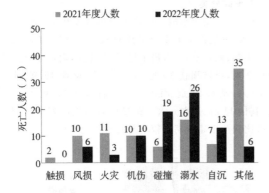

图 4 生产安全事故死亡人数比较

（2）水上交通事故。水上交通事故发生 15 起、死亡 46 人,分别占水上安全事故的 14.02％和 29.68％。

（3）自然灾害事故。自然灾害事故共发生 4 起、死亡 26 人,分别占水上安全事故的 3.74％和 16.77％。

2022 年事故分类与上年比较和所占比例情况见图 5～图 8。

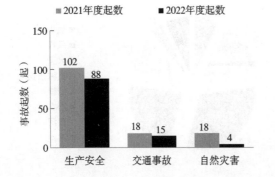

图 5 事故发生起数比较

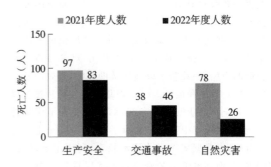

图 6 事故死亡人数比较

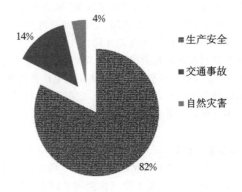

图 7 事故分类起数比例

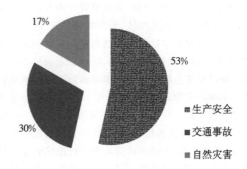

图 8 事故分类死亡人数比例

2.事故等级

（1）一般事故。一般事故发生 93 起、死亡 48 人,分别占 2022 年事故总数的 86.92％和 30.97％。同比事故起数减少 14 起、死亡人数减少 8 人。

（2）较大事故。较大事故发生 10 起、死亡 64 人,分别占 2022 年事故总数的 9.35％和 41.29％。同比事故起数减少 19 起、死亡人数减少 67 人。

（3）重大事故。重大事故发生 4 起、死亡 43 人,分别占 2022 年事故总数的 3.74％和 27.74％。同比事故起数增加 2 起、死亡人数增加 17 人。

(4)特别重大事故。无特别重大事故发生。

2022 年事故等级与上年比较和所占比例情况见图 9～图 12。

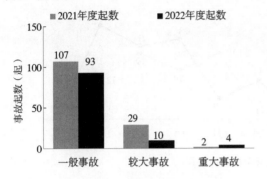

图 9 事故等级发生起数比较

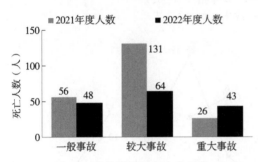

图 10 事故等级死亡人数比较

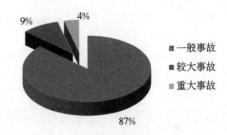

图 11 事故等级起数比例

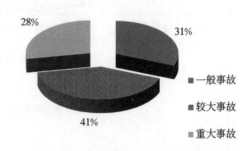

图 12 事故等级死亡人数比例

3.事故发生省份 2022 年度各省份渔业船舶水上安全事故发生情况见表 1。

4.事故发生时态 2022 年渔业船舶水上安全事故发生时态如图 13 所示,全年平均每月发生事故 9 起、死亡 13 人。

表 1 2022 年度渔船水上安全事故情况汇总表

地区	事故总数		生产安全事故		水上交通事故		自然灾害事故	
	事故起数(起)	死亡人数(人)	事故起数(起)	死亡人数(人)	事故起数(起)	死亡人数(人)	事故起数(起)	死亡人数(人)
辽宁	19	41	17	22	1	10	1	9
河北	0	0	0	0	0	0	0	0
天津	0	0	0	0	0	0	0	0
山东	3	14	1	0	2	14	0	0
江苏	7	16	3	3	4	13	0	0
上海	6	6	3	1	2	5	1	0
浙江	30	35	29	24	0	0	1	11
福建	11	25	9	19	1	0	1	6
广东	7	5	5	3	2	2	0	0
广西	21	5	19	5	2	0	0	0
海南	3	8	2	6	1	2	0	0
合计	107	155	88	83	15	46	4	26

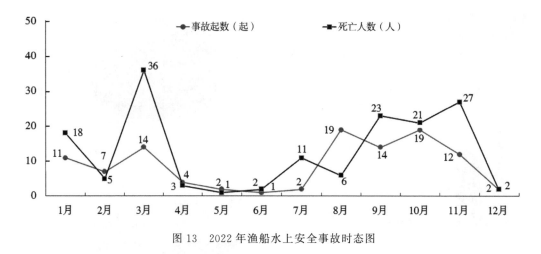

图 13　2022 年渔船水上安全事故时态图

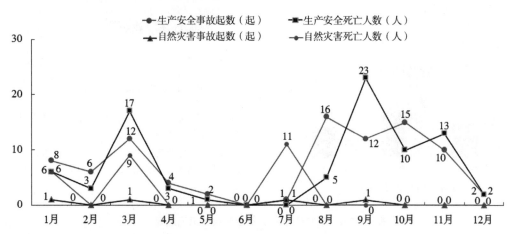

图 14　2022 年渔船生产安全事故、水上交通事故时态图

事故发生起数和死亡人数折线图走势基本吻合，其中 3 月、9 月、10 月、11 月是事故高发月份，伤亡人数较多。渔船生产安全事故和自然灾害事故发生时态趋势与以上折线趋势也有相似之处，见图 14。

5.事故渔船作业类型　刺网渔船发生事故 39 起、死亡 67 人，拖网渔船发生事故 39 起、死亡 15 人。分别占事故总数的 36.45%、43.23% 和 36.45%、9.68%。刺网渔船和拖网渔船是捕捞渔船事故中发生事故数量和死亡人数最多的两种渔船，这主要与两种渔船的数量较多，基数较大有关(图 15)。

【海难救助概况】　2022 年全国各级渔业行政主管部门及其渔政渔港监督管理机构共组织渔业救助 609 起；渔业行政执法船艇参与救助 55 艘次，渔船参与救助 767 艘次，救助渔船 734 艘，救助渔民 4 732 人；实际投入救助费用 1 886.71 万元，挽回经济损失 34 453.5

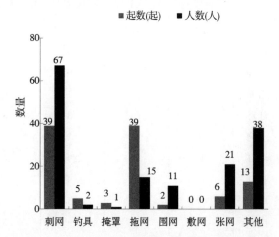

图 15　不同作业类型渔船事故起数及死亡人数

万元。2022 年渔业海难救助具体情况见表 2。

表2　2022年渔业海难救助情况

地区	救助起数（起）	救起渔民（人）	救起渔船（艘）	调度救助船舶（艘）		投入救助费用（万元）	挽回经济损失（万元）
				公务船	渔船		
河北	4	21	9	1	8	17.00	220.0
辽宁	20	95	45	12	41	215.50	4 185.0
山东	19	79	25	1	25	53.10	2 740.0
上海	4	33	4	0	4	6.00	65.0
江苏	7	73	11	2	12	49.00	2 390.0
浙江	487	3 977	507	20	497	1 114.63	14 572.5
福建	29	272	29	9	38	136.00	9 190.0
广东	8	21	11	4	11	13.20	90.0
广西	10	55	12	0	19	5.00	90.0
海南	21	106	81	6	112	276.38	326.0
全国总计	609	4 732	734	55	767	1 886.71	34 453.5

（农业农村部渔业渔政管理局）

捕捞许可和渔船管理

1.推进渔船管理改革　渔船管理是渔业管理的痛点和难点，也是社会各界高度关注的领域。为全面了解我国渔船管理情况，谋划下一步渔船管理改革思路，在前期摸底调查的基础上，启动渔船管理改革专题调研。这是一次全方位、广覆盖、多层级的调研活动，参与方涉及除天津和上海之外全国9个沿海渔业省份相关市（县）渔业管理部门、执法机构、渔民代表和渔业协会等组织和人员，大家就当前捕捞业尤其是渔船管理存在的问题以及改进方向畅所欲言，献计献策。针对捕捞业尤其是海洋捕捞业发展面临的困境，组织部分从事捕捞业管理多年的老专家，开展新时期捕捞业发展政策咨询，为下一步谋划渔船管理改革思路提供参考借鉴。

2.强化涉渔船舶监管　切实抓好七部委加强涉渔船舶审批修造检验监管意见的落实工作。2022年2月建立涉渔船舶审批修造检验监管协调机制，农业农村部渔业渔政管理局牵头，相关部委有关司局为成员单位，农业农村部渔业渔政管理局局长刘新中任协调机制主任，办公室设在农业农村部渔业渔政管理局渔船渔港处。3月4日，农业农村部渔业渔政管理局局长刘新中主持召开涉渔船舶审批修造检验监管协调机制2022年第一次会商会议，宣布机制建立，并决定开展2022年涉渔船舶监管专项联合行动。根据第一次

会商会精神，4月7日，协调机制印发《2022年涉渔船舶监管专项联合行动方案》，部署渔船拆解报废监管等3方面行动任务。4月19日，农业农村部联合中央外事工作委员会办公室、工业和信息化部等单位在北京召开2022年涉渔船舶监管专项联合行动部署会，农业农村部副部长马有祥出席会议并讲话。会后，各地积极落实会议精神，报送工作进展，协调机制印发了《涉渔船舶综合监管情况》，通报各地工作进展和经验做法，以进一步推动工作落实。

3.启动全国渔船摸底调查　为全面、准确掌握我国涉渔船舶数量和基本状况，评估和调整优化现有渔船管理政策，农业农村部渔业渔政管理局渔船渔港处启动全国渔船摸底调查，委托农业农村部渔政保障中心牵头，会同中国水产科学研究院渔业工程研究所等单位，拟订工作方案，并通过查阅历史资料、线上调研、征求意见、专家座谈会等形式，对方案加以修订完善。

4.对渔港核查情况进行总结　在对2021年和2022年两年渔港数据反复核查基础上，向农业农村部副部长马有祥报送了《关于第三次全国沿海渔港核查有关情况的报告》，总结当前渔港"一多、一少、一强、一弱、一缺"的特点，提出下步工作建议，马有祥副部长批示"渔港在渔业生产经营、渔业监管方面有特殊重要作用，要加强建设、完善办法、充分发挥功能"。

5.进一步修订渔业船舶证书证件样式　经反复研究讨论并广泛征求意见，2022年9月28日发布农

业农村部第 606 号公告,对渔业船舶证书证件样式加以修订。此次修订减少了证书证件种类,统一了海洋渔船、内陆渔船和港澳流动渔船证书证件样式,减少了证书证件之间的重复信息,简化了证书证件内容,方便了渔民和渔业企业,也极大地简化了基层工作人员负担。

6.支持远洋渔业企业优化远洋渔船管理,研究促进养殖工船的管理　针对缅甸渔业存在的特殊情况,优化渔船购置程序,减少重复环节,减轻企业负担。针对养殖工船这一新兴事物,做好与交通运输部海事局的沟通,结合企业诉求和管理实际,不断研究养殖工船定位、登记等问题,助力深远海养殖的可持续发展。

7.规范开展渔船审批工作　认真做好行政审批工作,全年共召开远洋渔船渔业船网工具指标审批局长办公会 19 次,核发渔业船网工具指标审批件 326 个,其中远洋渔船 296 件、国内渔船 30 件;渔业捕捞许可申请事项共 463 件,其中科研船 16 件、南沙专项 447 件;在国家级种质资源保护区开展特许捕捞申请事项共 17 件,涉及约 20 个单位、86 个保护区。

(农业农村部渔业渔政管理局)

渔 具 管 理

1.加强执法管理　制定"中国渔政亮剑 2022"系列专项执法行动方案,部署清理取缔涉渔"三无"船舶和"绝户网"专项行动。持续整治违规渔具,严厉打击使用禁用渔具、网目尺寸不合规渔具等严重破坏渔业资源的"绝户网"作业行为,特别是使用多层囊网、加装衬网渔具的违规行为;强化源头和市场监管,努力做到执法关口前移,加强对渔具生产、经营和流通环节的管理,联合公安、工信、市场监管等部门,依法查处生产、经营"绝户网"等禁止使用渔具的行为。2022 年共清理整治违规渔具 80.1 万张(顶),自 2017 年已累计清理违规渔具 455.32 万张(顶)。

2.强化技术支撑　应对国际社会对"废弃渔具"与海洋塑料污染的关注,深入推进渔具标识与渔具实名制管理制度建设。继续开展渔具标识技术研究,完善渔具标识管理系统、标识标签与标识技术规则,开展渔具标识海上试验;派员参加联合国粮农组织渔具标识技术与实践研讨会,以及亚太经济合作组织关于减少抛弃、遗失或遗弃的渔具最佳实践研讨会,交流中外渔具标识实践现状,推动渔具标识工作开展。开展海龟释放装置研究与鲸豚类释放装置研究,启动全国海洋捕捞渔具调查项目,为更好制定渔业水域生态环境保护政策,强化捕捞管控提供支撑。

3.推动改革创新　随着贝类养殖产业发展,海洋滩涂确权水域贝类养殖面临着采收效率低、适用工具匮乏等问题。为精准制定海洋渔具管理政策,优化渔具管理措施,切实解决养殖渔民面临的生产困难问题,组织开展养殖海域贝类起捕渔具使用情况调研,并召开海洋捕捞渔具专家委员会会议,深入研究"拖曳泵吸耙刺"和"拖曳水冲齿耙耙刺"等禁用渔具管理问题,推动在确权养殖海域开展"拖曳泵吸耙刺"等渔具采收增养殖贝类试点,并开展试点渔具对生态环境影响评价研究,推动渔具管理制度完善。

(农业农村部渔业渔政管理局)

水生生物资源养护
与水域生态环境修复

1.发布《农业农村部关于加强水生生物资源养护的指导意见》　指导意见确定了水生生物资源养护工作的指导思想、主要原则、主要目标、重要任务和保障措施等,对"十四五"及今后一段时期水生生物资源养护工作作出部署安排。这是继 2006 年国务院印发《中国水生生物资源养护行动纲要》后农业农村部发布的关于加强水生生物资源养护工作的纲领性文件,对于指导各地全面加强水生生物资源养护工作具有重要意义。

2.全面加强黄河流域水生生物资源养护　先后发布《农业农村部关于进一步加强黄河流域水生生物资源养护工作的通知》《农业农村部关于调整黄河禁渔期制度的通告》,本着"保护优先、绿色发展、因地制宜、分类施策"的原则,专题部署黄河水生生物资源养护工作,优化黄河禁渔期制度,首次对黄河河源区和上游重点水域实行全年禁渔,对黄河中下游水域延长 1 个月禁渔时间,进一步扩大禁渔范围,加大保护力度。积极争取财政支持,自 20 世纪 80 年代以来首次设立并正式启动黄河渔业资源与环境调查专项,对黄河流域"五河四湖四库"等重点水域进行调查。

3.进一步优化海洋渔业资源保护与合理利用制度　科学稳妥扩大伏休期间特殊经济品种专项捕捞许可范围,发布农业农村部通告,许可沿海 7 个省份开展 6 个品种的专项捕捞。专项捕捞对稳定休渔秩序、合理利用资源、促进渔民增收、推进限额捕捞发挥了积极作用。农业农村部副部长马有祥对农业农村部渔业渔政管理局报送的《2022 年伏休期间特殊经济品种专项捕捞实施情况的报告》批示:"加强监测,把资源情况搞清楚是基础;加强监管,把专项捕捞制度规定落实好是保障。要认真总结,不断完善。"以专项捕捞许可为手段,积极推进东海区休渔制度调整,农业农村部渔业渔政管理局局长刘新中先后两次组织东海区三省一市渔业主管部门进行集中研讨,组织专家起草了东海区海洋伏休制度调整方案,拟解决东海区休渔"一区两制"问题。妥善应对媒体反映浙江渔船捕获大网头大黄鱼事件,及时向农业农村部领导报送报告。开展海洋渔业资源调查,形成《中国近海渔业资源状况报告(2020年)》。

4.进一步加强水生生物增殖放流规范管理 出台《农业农村部关于做好"十四五"水生生物增殖放流工作的指导意见》,对"十四五"水生生物增殖放流工作作出总体安排,指导各地健全苗种供应体系,规范社会放生活动,开展效果评估。截至2022年年底,全国共确定875个苗种供应单位和314个定点放流平台(场所),对于加强增殖放流规范管理、提高放流苗种质量、引导社会公众规范放生发挥了积极作用。2022年共安排中央财政放流资金3.985亿元,带动全国共投入放流资金10亿余元,放流各类水生生物苗种300余亿尾。组织做好6月6日全国"放鱼日"同步增殖放流活动,活动当天共举办增殖放流活动242场,增殖放流各类水生生物苗种5.5亿余尾。妥善处置媒体反映的长江放鱼"三乱"问题,组织新华社、《农民日报》等媒体积极正面发声,向国务院上报关于水生生物增殖放流工作情况的报告。

5.高标准建设国家级海洋牧场示范区 公布第七批共17个国家级海洋牧场示范区,截至2022年年底,国家级海洋牧场示范区达153个,取得了良好的生态效益、经济效益和社会效益。落实1.5亿元中央财政资金支持15个国家级海洋牧场示范区建设。开展国家级海洋牧场示范区年度评价和复查,集中研讨海洋牧场发展工作,调度国家级海洋牧场示范区项目进展,督促地方做好示范区建设管理工作。组织开展第八批国家级海洋牧场示范区申报工作,共9个省份申报创建22个国家级海洋牧场示范区。

6.渔业水域生态环境保护力度不断加大 协调保护与发展的关系,在严格审查涉渔工程渔业资源影响、提出有关保护和生态补偿意见基础上,支持相关地方经济社会发展。烟台市委市政府、二商集团有限公司先后来函致谢。截至2022年年底,共组织审查涉渔工程项目103个,要求项目单位落实生态补偿资金2.76亿元以上。组织各地对全国535个国家级水产种质资源保护区管理情况进行摸底调查,形成调查报告。开展渔业水生生态环境监测,编制《中国渔业生态环境状况公报(2021年)》。配合全国人大修订《中华人民共和国海洋环境保护法》,努力将水生生物增殖放流、建

设人工鱼礁等水生生物资源养护修复措施纳入二审稿。配合生态环境部向国务院上报关于海洋生态环境保护情况的报告。

(农业农村部渔业渔政管理局)

水生野生动植物保护与管理

1.扎实推进建章立制 配合全国人大修订《中华人民共和国野生动物保护法》,于2022年12月30日经第十三届全国人民代表大会常务委员会第三十次会议审议通过。加快推进《中华人民共和国水生野生动物利用特许办法》《水生野生动物及其制品价值评估办法》等配套制度制(修)订。

2.进一步加强重点物种保护及其栖息地保护管理 深入实施中华白海豚、斑海豹、海龟等旗舰物种保护行动计划,结合海洋渔业资源调查项目,首次组织开展鲸豚类等重点物种及其栖息地调查。及时妥善应对鲸豚类资源衰退、白鱀灭绝、抹香鲸搁浅等舆情和应急事件,组织专家集中研究。首次批准相关远洋渔业企业以海上引进方式从东太平洋进口兼捕的镰状真鲨用于商业利用,积极研究制定有关海上引进审批机制。

3.强化水生野生动物利用监管 严格依法开展水生野生动物行政审批,全年共办理相关审批2 319件次。正式运行"国家重点保护水生野生动物信息管理系统",推进有关水生野生动人工繁育种群标识管理。通过"中国渔政亮剑2022""清风行动""网盾行动"等专项执法行动,加强对水生野生动物执法检查,严厉打击涉水生野生动物违法违规行为。联合最高人民检察院、海南省政府、中国海洋石油集团有限公司在海南省三沙市共同开展2022西沙海龟放流活动,共放流50只罚没救助海龟和25只人工繁育幼海龟,农业农村部副部长马有祥和最高人民检察院副部级专职委员宫鸣、海南省副省长刘平治、中国海油集团公司党组副书记徐可强出席活动。

4.开展水生野生动物保护宣传 组织开展第13届全国水生野生动物保护科普宣传月活动,并利用中华白海豚保护宣传日、世界海龟日、全国珊瑚日等重要时间节点,开展形式多样的宣传活动。组织编写出版《国家重点保护水生野生动物》,进一步做好《国家重点保护野生动物名录》宣传贯彻工作。

5.积极参与国际履约 派员参加濒危水生野生动植物种国际贸易公约(CITES)第19次缔约方大会,积极参与相关水生物种议题研究,阐述我方立场,维护我国权益。

(农业农村部渔业渔政管理局)

周边渔业协定执行情况

【《中韩渔业协定》实施情况】 《中韩渔业协定》是在中韩两国尚未完成海域划界的情况下,就两国渔业问题做出的临时性安排。近年来,中韩双方在协定框架下开展了一系列务实渔业合作,对于稳定黄海渔业秩序起到了积极作用。

根据第二十一届中韩渔业联合委员会年会纪要,2022年韩方许可中方渔船赴其管辖水域作业的生产渔船为1 300艘、运输船等辅助船为48艘,捕捞配额56 750吨。全年共有1 230艘生产渔船申请了入渔许可证。全年实际入渔的生产渔船为1 068艘、完成配额39 538吨(配额完成率69.67%)。

中方渔业管理部门在强化渔船管理方面开展了大量工作,严格管理入渔韩国管辖水域的中方渔船,同时严厉打击涉渔"三无"船舶和违规网具。据不完全统计,2022年,韩方共抓扣我方渔船87艘,其中有证渔船73艘、无证等严重违规渔船14艘。

【《中越北部湾渔业合作协定》执行情况】 《中越北部湾渔业协定》已于2020年6月30日到期。2020年7月1日零时起,中方根据《中越关于两国在北部湾领海、专属经济区和大陆架的划界协定》确立的海上分界线对渔业事务实施管辖,直至中越两国政府就北部湾渔业合作达成新的协定或作出安排。

(农业农村部渔业渔政管理局)

渔情统计监测与渔业信息化

【渔情统计监测】 2022年,全国各级渔业主管部门和广大渔业统计监测工作者深入贯彻落实党中央、国务院和农业农村部重大决策部署,加强统计监测调查体系及调查方法改革,不断提升数据质量,扎实推进渔业统计监测工作。

1.树牢法治意识,坚持依法统计　各级渔业主管部门认真贯彻落实《中华人民共和国统计法》《防范和惩治统计造假、弄虚作假督察工作规定》《关于更加有效发挥统计监督职能作用的意见》以及农业农村部关于做好渔业统计监测工作有关文件要求,不断强化依法统计意识,坚决杜绝统计造假、弄虚作假。江西省把依法统计贯穿到数据采集、审核、上报、发布等各个环节,不定期对渔业统计调查行为和统计数据质量进行检查。浙江省组织开展渔业统计专项抽查,对各地统计数据来源、采集方式、质量管理、统计制度落实等情况进行全面检查。

2.夯实质量之基,提升保障能力　各级渔业主管部门聚焦数据质量,不断完善渔业统计质量保障框架,贯彻落实《国家统计质量保证框架(2021)》《统计业务流程规范(2021)》《国家统计局关于进一步加强统计基层基础建设的意见》等文件精神,坚持把提高数据质量作为统计工作的中心任务。浙江省严格执行省、市、县三级审核制度,及时开展重点指标审核分析。上海市组织统计专项检查,对统计数据质量及统计资料管理情况进行核查。

3.树立变革意识,践行改革创新　各地各单位围绕渔业渔政中心工作,聚焦全面统计、养殖生产、海洋捕捞、休闲渔业、水产品市场、渔民家庭收支等重点领域,不断完善渔业统计监测调查制度体系及调查方法。全国水产技术推广总站和中国水产学会全面改革既有养殖渔情监测体系,研究并建立了水产养殖重点品种监测体系。山东省利用全面统计、抽样调查及重点调查等多种统计调查方法,开展渔业统计监测工作。广东省、湖南省印发关于基层填报系统试点工作的通知,加快推进基层渔业统计信息化。

【渔业信息化】

1.加强项目建设,做好海洋安全救生通导设备配备　2022年,继续支持沿海有关省份开展海洋渔船安全救生通导设备更新改造。印发《关于做好海洋渔船安全救生通导设备更新改造工作的通知》,指导各地进一步推进海洋渔船安全救生通导设备建设工作。积极推进国内大中型海洋渔船配备生产用海洋宽带设备,推动宽带网络"上船入海"。

2.提升安全水平,积极推进渔业安全领域信息化建设　落实"放管服"改革有关要求,积极推进渔业船员证书信息化管理,建立全国渔业船员违法违规记分系统。正式启用全国统一的95166渔业安全应急值守电话和渔业安全事故直报系统,指导地方加快推进渔业安全应急中心建设,进一步健全渔业安全应急体系。

3.服务渔民群众,着力提高渔业信息化管理效率　2022年,中国渔政管理指挥系统拥有各类用户34 000多个,全年系统共计办理相关业务约85万件次,其中,渔船证件27万件、养殖证5万件、船员培训考试及发证53万件次。

(农业农村部渔业渔政管理局)

渔政执法

【概况】 2022年,各级渔业渔政主管部门和渔政执法机构以习近平新时代中国特色社会主义思想为指导，认真贯彻落实党中央、国务院有关决策部署，按照"中国渔政亮剑 2022"系列专项执法行动的统一安排，聚焦重点领域开展执法攻坚行动，严厉打击各类涉渔违法违规行为，在稳定水产品供给、保护水生生物资源、统筹发展和安全等方面发挥了积极作用。

据不完全统计，2022 年各级渔业渔政主管部门和渔政执法机构累计出动执法人员 280.5 万人次、执法车辆 63.8 万辆次、执法船艇 26.0 万艘次，同比分别上升 16.4%、26.5% 和 15.7%；检查渔船、渔港码头、市场、船舶网具修造厂（点）118.1 万个（艘）次，水上巡查 570.8 万海里、陆上巡查 1 309.0 万千米，同比分别上升 21.5%、30.9% 和 26.9%；查处各类违法违规案件 5.2 万起，移送司法处理案件 5 096 起，同比分别上升 10.6% 和 19.8%；清理取缔涉渔"三无"船舶 1.9 万艘、"绝户网"80.2 万张（顶），收缴电鱼器具 7 253 台（套）。

【强化执法监管】 聚焦重点领域突出问题，以长江十年禁渔、海洋伏季休渔、黄河等内陆重点水域禁渔、打击涉渔"三无"船舶为重点，继续擦亮"渔政亮剑"执法品牌。在休（禁）渔方面，沿海 11 省份扎实推进伏季休渔专项执法行动，抽调执法人员和媒体记者开展联合交叉执法，对 16 起典型案件进行挂牌督办，共查办违法案件 8 690 起，移送司法处理 522 起，行刑衔接力度明显加强。根据社情民意调查，94.7% 的受访者认为 2022 年伏季休渔秩序更加规范、好于往年。在黄河禁渔方面，2022 年是黄河禁渔期制度调整实施的第一年，沿黄 9 省份扎实开展黄河禁渔专项执法，选派精干力量开展异地交叉执法，出动力量更多、办案力度更大，共查办违法案件 346 起，移送司法处理 45 起，禁渔秩序整体稳定，中央广播电视总台、人民网等主流媒体进行了广泛报道。在打击涉渔"三无"船舶方面，各地按照国务院批准、五部门印发的《"三无"船舶联合认定办法》，精心组织、精准认定、精确打击，组织拆解销毁活动 6 400 场，形成强大震慑力。在加强渔政执法宣传方面，以线上形式举办新闻发布会，公布"中国渔政亮剑 2022"行动方案。先后发布黄河禁渔、伏季休渔典型案例，以案示警、以案释法，持续强化警示震慑作用。加强渔政宣传正向引导，营造良好社会氛围，中国渔政微信公众号累计推送信息 649 篇，阅读次数 105.1 万次，阅读人数 78.5 万人。

【强化队伍建设】 一是加强机构建设。组建农业农村部渔政保障中心，发挥对渔业高质量发展的支撑保障作用，为全国渔政系统注入新的力量。二是多方协调

理顺渔政队伍。按照农业农村部领导关于加强渔政装备建设、提高监管成效的批示要求，按照渔政执法装备配备指导标准，编制渔政执法装备建设项目建议，推动长江、黄河流域和沿海省份加快新技术、新装备、新手段应用。三是组建渔业法律法规及渔政执法专家库。印发《农业农村部办公厅关于成立渔业法律法规及渔政执法专家库的通知》（农办渔〔2023〕10 号），提升渔业法治建设和渔政执法支撑保障。四是举办渔政执法骨干人员能力提升活动。委托上海海洋大学、大连海洋大学借助信息技术手段组织开展线上全国渔政执法骨干人员能力提升活动，共有 110 人线下参与，近 4 万人次线上实时观看直播。五是开展渔政执法案卷评查。针对各地申报参评的 144 件渔政执法案卷开展综合评查，评出优秀案卷 85 件，提升执法人员能力和执法案卷制作水平，确保严格规范公正文明执法。六是通报表扬先进集体和个人。第一次会同公安、海警对全国在"中国渔政亮剑 2022"系列专项执法行动中工作成绩突出的 172 个集体和 285 名个人进行通报表扬，凝聚正能量、激发新活力。

【凝聚监管合力】 加强与公安、市场监管、海警等部门的协作配合，持续推动情报信息共享、重大案件会商、执法力量统筹，逐步形成海警打母船、公安摧团伙、市场斩链条、渔政清源头的联动执法大格局。会同中国海警局联合印发《农业农村部 中国海警局关于进一步完善海上渔业执法协作配合机制的通知》，在浙江舟山举办现场活动，渔政海警执法协作机制得到进一步完善。

（农业农村部渔业渔政管理局）

渔业政务信息与宣传

【概况】

1.加强渔业宣传工作，充分展现渔业成效 2022 年，全国渔业渔政系统以习近平新时代中国特色社会主义思想为指导，深入学习习近平总书记关于树立大食物观，向江河湖海要食物的讲话精神，贯彻落实中央农村工作会议、中央一号文件等有关部署要求，坚持数量质量并重、创新驱动、绿色发展、扩大内需、开放共赢、统筹发展和安全，持续推进渔业高质量发展和现代化建设，渔业经济保持平稳向好态势，为"菜篮子"产品保供稳价提供有力支撑。各级渔业渔政主管部门充分利用各类信息渠道和新闻媒介，积极宣传渔业新成果新成就，渔业得到社会各界关注、重视和支持。"十四五"渔业高质量发展推进会成功召开、世贸组织历时

21年谈判达成《渔业补贴协定》、黄河禁渔时间延长范围扩大、全球首艘10万吨级养殖工船"国信1号"交付使用、长江全流域江豚科学考察启动、121家企业获批为国家水产种业阵型企业、八部门联合开展涉渔船舶监管专项行动等重要事件受到社会各界的广泛关注。2022年,《人民日报》、新华社、《经济日报》、中央广播电视总台等中央主流媒体对渔业宣传报道多达400余次。

2.聚焦渔业转型升级,组织开展深度报道 按照"稳产保供、创新增效、绿色低碳、规范安全、富裕渔民"的渔业工作思路,围绕水产品稳产保供、水产绿色健康养殖、渔业对外合作、渔业科技创新、渔船管理改革、长江十年禁渔、"中国渔政亮剑"执法、水生生物资源养护、渔业安全生产等重点工作开展宣传。《农民日报》《中国渔业报》《中国水产》等媒体紧跟渔业发展,深入渔业基层一线,深度报道《向江河湖海要食物 做好水产品稳产保供》《看大国渔业崛起后的转型升级》《创新引领 科技兴渔——科技助力渔业再起新浪潮》《稻渔综合种养奏响乡村振兴新乐章》《两会说渔》《五部门强化部署长江重点水域退捕渔民安置保障》等专题,向社会充分展现我国渔业在提升水产品稳产保供水平、提升渔业产业现代化水平、提升行业综合治理能力、促进渔业资源可持续利用、推动水产养殖"走出去"等方面取得的成效。

3.强化日常信息报送,扎实推进信息公开 积极开展渔业政务信息报送,编制渔业大事记,及时通报渔业发展情况和工作进展。2022年编发《渔业情况》23期,为各级领导了解渔业发展、部署有关工作、制定政策措施提供重要参考。扎实开展信息公开,严格执行《中华人民共和国政府信息公开条例》《农业农村部信息公开规定》等制度,保障信息公开工作全面、准确、按时完成。全年主动公开信息85条,主动公开率、按时公开率达100%。办结申请公开事项21件,均做到按规定方式及时答复申请人,依申请公开率达到100%,有效保障人民群众知情权、参与权、表达权和监督权。

（农业农村部渔业渔政管理局）

长江流域渔政管理

长江十年禁渔是为全局计、为子孙谋的重要决策。2022 年是十年禁渔的第二年,也是"三年强基础"的关键之年。农业农村部长江流域渔政监督管理办公室(以下简称长江办)以习近平总书记重要指示批示精神为引领,以"三年强基础"各项具体任务为目标,推进十年禁渔取得阶段性成效。

【禁捕退捕政策管理】 一是完善政策体系框架。配合推动长江经济带发展领导小组办公室印发《关于进一步做好长江禁捕和退捕渔民安置保障工作的通知》,开展长江禁捕"回头看"、建立健全长效工作机制和修订完善法律法规政策等三项重点任务。督促各地针对违规垂钓等行为出台地方性规定,健全十年禁渔的政策体系框架。二是优化长江禁捕工作调度。印发《关于优化调整长江流域重点水域禁捕工作调度事项的通知》,优化调整调度内容和频次,进一步提高调度工作的针对性、准确性、完整性。三是开展禁捕退捕年度考核。克服疫情影响,组织开展 2021 年度长江流域重点水域禁捕退捕工作考核和现场核验,制定 2022 年度考核方案。

【渔民安置保障】 一是推进各项政策措施落实落地。会同人力资源和社会保障部等 4 部门印发《关于进一步做好长江流域重点水域退捕渔民安置保障工作的通知》,部际长江禁捕退捕工作专班印发《关于克服疫情影响统筹做好长江十年禁渔工作的通知》。组织部际协调机制成员单位对沿江 10 省(直辖市)退捕渔民安置保障情况进行专题调研,召开长江退捕渔民安置保障工作视频调度会议,部署推进各项政策措施落实落地。二是做好就业帮扶和跟踪监测。组织开展就业帮扶"暖心行动"和"十省百县千户"退捕渔民跟踪调研,对沿江 10 省(直辖市)16 万多名需转产就业的退捕渔民实现应帮尽帮,对符合参保条件的 22 万多名退捕渔民实现应保尽保。重点水域已转产就业退捕渔民中,企业吸纳占比 34%,就业稳定性有所提高。退捕渔民

对安置保障工作总体满意。

【禁渔执法监督管理】 一是组织开展系列专项执法行动。会同公安部召开打击长江流域非法捕捞专项执法行动视频推进会。印发"中国渔政亮剑 2022"系列专项执法行动方案、2022 年长江禁捕系列专项行动计划,部署开展专项执法行动。组织长江办直属渔政船艇、调度长江渔政特编执法船队开展长江口、长江干流以及鄱阳湖、洞庭湖等重点水域巡航督查。组织长三角三省一市渔业、公安等部门开展长江口打击非法捕捞销售刀鲚和查处非法捕捞凤鲚、中华绒螯蟹蟹苗等行为专项行动。组织特编执法船队相关船艇开展珠江流域禁渔期巡航督查。全年各地农业农村部门累计出动执法人员 173 万余人次、执法船艇 13 万余艘次,水上巡查里程 342 万余千米,清理取缔涉渔"三无"船舶 4 551 艘,清理违规网具 18 万余顶,清理非法钓具 9.6 万余个,查办违法违规案件 1.8 万余起,司法移送人员 3 400 余人,禁捕秩序总体平稳。二是组织开展巡航督查和暗察暗访。全年组织督查行动 6 次,通报长江流域违法违规问题线索 27 条;组织长江流域暗查暗访 18 次,发现各类问题线索 189 条;组织珠江流域暗察暗访 2 次,发现线索 31 条,及时通报并督促地方整改落实到位。三是组织开展涉渔工程执法检查。开展涉渔工程生态补偿措施落实情况"回头看",视频调度 19 省份重要水生生物栖息地涉渔工程生态补偿措施落实情况,督促生态补偿措施及经费落实落地,生态补偿经费落实率提高一倍。

【渔政执法能力建设】 一是开展表扬和培训。会同公安部、国家市场监管总局开展 2021 年度长江禁渔执法监管先进集体及个人评选活动,开展 2021 年度长江流域禁捕水域渔政协助巡护优秀队伍和队员评选活动。编制渔政执法、协助巡护培训教材,录制"禁渔大讲堂"培训课程,线上线下同步开展长江流域渔政执法人员和协助巡护人员轮训工作。二是加强执法信息化建

设。联合公安部办公厅、生态环境部办公厅、国家林业和草原局办公室印发《关于加强长江水生生物保护和渔政执法监管信息化建设的指导意见》，强化人防技防并重的执法监管格局，夯实部门联动执法和资源信息共享长效机制。三是推动执法装备建设。继续落实《长江生物多样性保护实施方案（2021—2025 年）》，推动国家发展和改革委员会批复中央预算投资 3 亿元，督促沿江 8 省份 101 个县（市、区）建设一批渔政执法船艇和无人机等现代化执法监管装备。加快推进"亮江工程"，沿江已建设视频监控探头 8 727 个，比 2022 年年初增加约 3 000 个。部级层面优化完善渔政执法监管信息化系统平台设计并完成可研报告的报送和技术审查，推动 2 艘 800 吨级渔政船及 2 艘 60 米趸船建设工作。

【长江水生生物保护】 一是以珍稀物种保护为抓手，着力提升禁捕成效。组织开展中华鲟自然产卵场调查，实施流域性长江江豚科学考察，敦促和指导江西省做好极枯水位下长江江豚保护工作，鄱阳湖十年禁渔和长江江豚保护有关情况专报得到习近平总书记等中央领导同志的肯定性批示。开展鼋监测，回捕监测到 2 只 2020 年野化放归的鼋，野化适应性保护效果显著。起草川陕哲罗鲑保护行动计划，推进川陕哲罗鲑野外栖息地重建，将四川省人工繁育的川陕哲罗鲑放流至青海省果洛藏族自治州。二是以调查监测为基础，科学评价禁捕效果。推动长江流域各省（直辖市）在"一江两湖七河"以及 332 个水生生物保护区范围内布设监测站位 700 多个，健全长江流域水生生物监测体系。组织召开技术培训会，开展长江禁渔效果评估和生物完整性评价工作。会同水利部长江水利委员会、生态环境部长江流域生态环境监督管理局、交通运输部长江航务管理局共同发布《长江流域水生生物资源及生境状况公报（2021 年）》。三是以生态修复为手段，全面开展系统性保护。科学规范开展水生生物增殖放流，加大珍稀濒危物种放流力度。6 月 6 日全国"放鱼日"活动，所辖水域同步放流 100 余场，累计放流水生生物超过 4 400 万尾。积极推进三峡水库生态调度，推动建立长效机制。会同水利、三峡公司等制定 2022 年三峡水库生态调度方案，从 6 月 2 日起向家坝、溪洛渡、三峡水库联动实施长江产漂流性卵鱼类试验生态调度，组织开展生态调度监测，生态调度期间"四大家鱼"单日产卵量均显著高于非生态调度期间。四是以濒危物种保护为目标，积极应对极端气候影响。积极应对长江流域高温连旱、水位快速下降的极端情况，及时开展调研指导，印发《关于紧急调度长江流域枯水位下长江江豚死亡情况的函》《关于做好鄱阳湖极枯水位下长江江豚保护工作的函》，督促各地农业农村部门制定长江江豚应急救护响应预案，建立完善救护机制，及时救治受伤长江江豚。指导江西、湖北等省份在鄱阳湖实施了持续 14 天的应急捕捞迁移，迁移救护被困江豚 10 批次 111 头，在天鹅洲紧急迁移长江江豚 27 头。

【长江大保护宣传】 一是组织主流媒体开展重点宣传引导。开展 2022 年长江江豚科学考察宣传，被央视和新华社多次报道。中央广播电视总台《今日说法》栏目播出两会特别节目《公平正义新时代之长江禁捕第一年》，农业农村部和公安部领导介绍长江十年禁渔的重大意义、重要举措和初步成效，收到良好效果。二是加强长江渔文化保护和传承。支持筹建中国（芜湖）长江渔文化博物馆，填补长江流域渔文化博物馆空白。开展长江渔文化资源摸底调查，已普查记录沿江 15 个省（直辖市）与渔文化相关的各类长江渔文化资源 5 300 余条（件）。三是营造多元化保护合力。参加《湿地公约》第十四届缔约方大会长江大保护论坛，在分论坛做主题发言并就长江大保护有关法律法规政策进行解读。组织开展长江水生生物主题巡展，营造良好的舆论氛围。

（农业农村部长江流域渔政监督管理办公室）

各 地 渔 业

北京市渔业

【概况】 2022年,全市渔业系统认真贯彻落实农业农村部和市委、市政府各项决策部署,进一步推动现代养殖、良种培育、疫病防控等体系建设,促进渔业高质量发展,全面提升水产品质量安全。

全市渔业养殖面积1 387公顷,养殖场(户)数853户,全年水产品产量17 492吨,其中淡水养殖产量10 439吨,淡水捕捞产量2 801吨。

1.推动水产养殖业绿色健康发展

一是做好2022年渔业高质量发展项目。按照推进渔业绿色循环发展,推广生态健康养殖方式,改善生产条件,提高渔业现代化水平,加强质量安全控制,提高渔民收入的任务目标,组织各区申报2022年度渔业高质量发展项目,共有延庆、房山等5个区申报了6个项目。经过专家评审确定密云区、大兴区承担相关项目,并组织实施。

二是引进推广加州鲈、鲟鱼苗种10.3万尾,建设试验示范基地3个,研究养殖技术5项,推广生态浮床750套、中草药方剂600千克,示范推广面积53公顷;制定印发并落实《2023年度北京市水产绿色健康养殖"五大行动"实施方案》,遴选骨干基地11个,推广加州鲈等高附加值养殖品种3个、循环温室鱼菜共生等养殖技术或模式7个。发挥北京市水产技术推广站基地国家级观赏鱼良种场的育种优势,为京郊养殖户提供苗种1 100余万尾,基层服务满意度达100%。

2.组织开展增殖放流工作 一是下发通知掌握各区年度工作安排,收集汇总各区增殖放流计划需求,编制北京市增殖放流实施方案并公开招标确定苗种供应商,开展年度增殖放流工作。二是贯彻落实《农业农村部关于做好"十四五"水生生物增殖放流工作的指导意见》及相关文件要求,经企业申报、区局初审,全市上报增殖放流苗种供应单位5家。三是严格规范比选流程,通过北京市中介服务网上交易平台确定增殖放流

监理和生态效果评估委托单位。严格资质标准条件,公开公正组织苗种供应单位招投标,确保增殖放流鱼苗质量。

3.开展水生生物资源调查及水生外来入侵物种普查

一是开展水生生物资源调查工作。按照2022年水生生物资源调查工作实施方案,对永定河水系和官厅水库开展全面调查。调查范围包括延庆、门头沟等6个区,涵盖官厅水库等16个重点水域。采集水体样本61个,捕获水生动物19种,收集水生植物个体63个,拍摄水生植物照片760余张。根据调查结果,分析区域内水生生物的物种组成及变化情况,评估水生生物面临的主要威胁因素,根据评估结果,提出永定河水系和官厅水库的水生生物多样性保护方案。

二是积极推进水生外来入侵物种普查工作。确定了水生外来入侵动植物普查清单22种,完成延庆、怀柔等9个区16个重点水域的实地勘察任务,采用手撒网、地笼和流刺网等捕捞办法,依据物种形态结构进行初步识别,累计捕获水生动物48种,其中包括蓝鳃太阳鱼、克氏原螯虾等外来入侵水生动物7种,同时发现外来入侵水生植物3种,分别为多苞狼杷草、水盾草和空心莲子草;排查全市养殖水面外来物种入侵养殖点位712个,养殖品种32个,排查出潜在入侵风险点22个。

4.水产种业振兴取得突破 有序推进水产良种场、保种场资质认定,协助相关渔场申报。实施水产种质资源系统调查,完成60尾中国彩鲤和60尾西伯利亚鲟基本信息、生物学特征的调查登记,360份遗传物质的收集整理等。开展水产种质资源保护和联合攻关项目技术服务与监督管理,召开协调会议25次,实地督导服务50次以上。调研摸底本市自产27.5亿尾苗种,架设苗种繁育场和养殖场供需桥梁。积极推进通州区观赏鱼种业园区建设,促成中国彩鲤乔迁通州观赏鱼种业基地。圆满完成第30届中国北京种业大会水产种业成果展和北京首届水产种业专业论坛。

5.做好渔业环境监测工作 强化重要渔业水域的

生态评估,持续开展怀柔怀沙河怀九河和房山拒马河水生野生自然保护区两大重要流域环境监测,监测样本量480项次。护航水产绿色健康养殖,开展养殖基地渔业环境、养殖排放尾水监测以及风险调查,检测样本量727项次。圆满完成2022年度全国两会和北京两会检测服务及督导检查等保障任务。

6.水生动物疫病防控能力不断增强 依托国家级参考物质中心,组织81家实验室参加全国水生动物防疫实验室鲤浮肿病能力验证。制定并实施《2022年北京市水生动物疫病监测计划实施方案》《2022年用药减量行动实施方案》,持续开展水生动物病害监测预警、疫病防控和应急处置,完成重大疫病、食源性寄生虫、病原菌耐药性样本监测138批次,设减量用药骨干基地11家;依托"智能渔技"平台,发布疫病信息152条、预报信息7期;编写发布灾后指导措施等4套宣传资料,确保全市未发生重大连片疫情。创新疫病防控宣传方式,拍摄并发布水墨画版鲤浮肿病科普动画片1部。

7.强化渔政执法 2022年,渔政执法工作坚持首善标准,突出绿色发展,以"中国渔政亮剑2022"系列专项执法行动为主线,组织开展了重点水域禁渔、水生野生动物利用、水产养殖用投入品规范使用、清理整治违规渔具渔法和渔业安全生产监管五大专项行动,严厉打击各类涉渔违法违规行为。全市累计开展渔政执法检查2.89万余次,查处涉渔违法案件911起(移交司法机关涉刑案件13起),罚没款44.51万余元,清理整治违规网具767张。

8.持续抓好远洋渔业生产 一是转移支付中央资金1 816万元,用于支持首农食品集团所属烟台京远公司远洋捕捞工作。其中现代渔业装备设施经费71万元,主要用于更新改造远洋渔船设施设备27套,包括更新捕捞日志设备、通信设备、节能设备、安全救生设备等;渔业资源养护和履约能力提升经费1 745万元,用于14艘远洋渔船奖补。二是落实农业农村部远洋渔业"监管提升年"行动,进一步提升公海远洋渔船履约能力,强化过洋性项目渔船管理,做好船员队伍建设和职业技能培训。

9.濒危物种繁育技术攻关 多鳞白甲鱼人工驯养繁育取得新突破。引进多鳞白甲鱼、拉氏鱼岁和赤眼鳟等保护鱼类900组,实施人工繁殖研究。首次人工繁育出多鳞白甲鱼鱼苗5 000尾,开口情况良好,开口后成活率约为90%;10月5日对鱼苗打样称重,平均体长约4.3厘米,体重约0.39克,整体指标超过预期,形成一套完整的人工繁育和鱼苗培育方法。

【重点渔业区基本情况】

北京市重点渔业区基本情况

地区	总人口 (万人)	渔业产值 (万元)	水产品 产量(万吨)	其 中		养殖面积 (公顷)
				捕捞 (万吨)	养殖 (万吨)	
平谷	45.6	7 019.8	0.34		0.34	396.08
顺义	132.5	4 314.9	0.32		0.32	298.8
通州	184.3	5 259.6	0.16		0.16	339.6
房山	131.1	2 285.6	0.07		0.07	97.81
延庆	34.4	174.7	0.004		0.004	95.62

【大事记】

[1]4月20日,在玉渡山自然保护区开展珍稀濒危物种增殖放流活动,放流细鳞鲑0.5万尾。

[2]5月13日,在延庆区千家店镇白河水域放流瓦氏雅罗鱼1万尾。

[3]7月25日至8月7日,北京市水产技术推广站、北京市渔业创新团队、北京鱼友会与文化和旅游部恭王府博物馆共同策划举办"府苑拾趣——恭王府博物馆宫廷金鱼特展"。

[4]12月14日,举办主题为"关爱水生动物 共建和谐家园"的保护鱼类增殖放流活动,在延庆区妫水西湖放流瓦氏雅罗鱼8万尾和赤眼鳟22.4万尾。

[5]完成2022年度北京市水生外来入侵物种普查面上调查工作。

[6]查处全市首起渔获物重量达到涉刑构成犯罪

的行刑衔接案件。涉案渔获物数量较大,行政机关依法将案件移送司法机关进一步处理,涉案 6 人已被采取强制措施。

[7]北京入选渔政执法先进集体、个人和执法典型案例评选。北京市通州区、怀柔区农业综合执法大队被农业农村部、公安部、中国海警局评为"2022 年渔业执法系列专项行动工作突出集体";市区 4 名执法人员被评为"2022 年渔业执法系列专项行动工作突出个人"。4 月,"北京市密云水库综合执法大队查处杨某全团伙禁渔期使用电鱼方式捕捞案"获评农业农村部"中国渔政亮剑 2021"执法典型案例。

[8]北京地区大口黑鲈鱼菜共作模式下成鱼养殖首次获得成功,每立方米养殖水体产出大口黑鲈商品鱼超过 22 千克。

[9]依托国家级观赏鱼良场首次向京郊供应锦鲤苗种超过 1 000 万尾。

[10]完成鲤浮肿病病原检测能力验证组织工作,为来自全国 23 个省(自治区、直辖市)的 80 家实验室提供了能力验证样品及参考物质 400 余份,并为 200 余名防疫系统实验室检测人员进行了授课。

[11]完成《2022 北京市水产种业发展报告》,报告对北京市水产种业发展环境、种质资源现状、特色主导产业、种业主体现状、科技创新现状、管理与服务现状、发展优势及存在问题进行了翔实呈现和深入分析。

(北京市农业农村局 李珊珊)

天津市渔业

【概况】 2022 年,天津市全面落实渔业发展支持政策,以《天津市 2022 年渔业发展支持政策实施方案》为基础,进一步制定了渔业增殖放流、稻渔综合种养、保种引种、渔船更新改造、高标准池塘建设等 12 个分方案,形成了 1+N 政策措施体系,全力稳定渔业生产,稳步加强水生生物资源养护,不断提升渔业安全保障水平,加快推进渔业现代化建设。全市水产品产量28.12万吨,同比增长 2.89%,其中海洋捕捞产量2.38万吨,海水养殖产量 0.98 万吨,淡水捕捞产量0.28万吨,淡水养殖产量23.73万吨;远洋渔业投入生产渔船 15 艘,捕捞产量0.75万吨。渔业产值 72.60 亿元,同比减少 12.41%。渔民人均纯收入 2.89 万元,同比增长1.40%。全市水产养殖面积2.34 万公顷,同比增长3.20%,其中淡水养殖面积2.24 万公顷,海水养殖面积 0.10 万公顷。海、淡水工厂化养殖 24.29 万米^3 水体,同比增长11.78%。生产海、淡水苗种293 亿尾,同比增长144.17%。观赏鱼产量 2.39 亿尾,同比减少9.17%。

1.渔业绿色发展 2022 年,天津市稻渔综合种养呈现平稳发展态势,养殖面积达到 3.64 万公顷;产量0.49万吨,同比增长 16.54%;新建稻渔综合种养示范基地面积 6 667 公顷;成立 10 个技术服务组,先后开展生产技术对接服务、现场指导、线上咨询等 340 次,服务重点企业 24 家,服务小农户 300 余户;组织召开2 次稻渔综合种养技术现场交流会和 2 次技术培训。实施水产绿色健康养殖"五大行动",成立工作推动组、专家指导服务组和技术服务组,共开展技术服务 168人次,为渔民检测鱼虾蟹类样品 115 个,采用线上线下相结合的方式开展水产绿色健康养殖模式技术培训8 期,培训 900 余人次;建立 9 个水产绿色健康养殖技术推广骨干培育基地;引进建鲤 2 号、优鲈 3 号等新品种 5 个。推广陆基高位圆池循环水养殖技术、池塘工程化推水养殖技术、稻田大规格河蟹培育技术等先进技术模式 6 个,其中稻田大规格河蟹培育技术使全市在稻渔综合种养面积不变的情况下,产量增长16.54%,亩增效益 500 元以上。组织开展国家级水产健康养殖和生态养殖示范区创建工作,创建国家级水产健康养殖和生态养殖示范区(单位)3 个,其中滨海新区成为天津市首个以区为主体的国家级示范区。实施农业农村部集中连片内陆养殖池塘标准化改造和尾水治理项目,完成滨海新区 540 公顷内陆池塘标准化改造与尾水治理项目建设,达到标准化、集约化、机械化、清洁化养殖示范标准;启动并推进宝坻区 267 公顷内陆池塘标准化改造与尾水治理项目建设。加强水产苗种检疫工作并实现电子出证,共出具电子检疫合格证 533 份,完成水产苗种检疫 256 亿尾,是 2021 年的 5 倍,规模化水产苗种生产单位实现苗种检疫全覆盖,为全国推动实施水产苗种检疫制度较好的省份之一,并在全国水生动物疫病工作座谈会上作为先进典型进行了大会交流发言。实施农业农村部动植物保护提升工程天津市水生动物疫病专业实验室建设项目。开展天津市首次水产养殖种质资源系统调查工作,2022 年共调查 11 个品种,涵盖形态特征、质量性状、数量性状、繁殖性状、营养品质和遗传特性等内容。实施农业农村部现代种业提升工程天津市鲤鲫鱼水产种质资源场建设项目。开展水产种业企业分型工作,天津市共申报 5 家企业参与全国种业企业分型评选,其中天津换新水产良种场入选国家水产种业强优势阵型企业。完成 6 个单位的省级水产原良种场复审。

2.渔业资源养护 2022 年,积极开展渔业资源增殖放流,组织各类放流活动 80 余次,放流品种 23 个,在渤海湾近岸和内陆重要渔业水域放流中国对虾、三疣梭子蟹等各类经济苗种 18 亿单位。组织开展 6 月 6 日全国"放鱼日"增殖放流宣传活动,进一步扩大增殖放流活动社会影响力。推进海洋牧场建设,从日本引进新型浮式鱼礁 200 个,布放于大神堂海域国家级海洋牧场示范区,建成示范面积 2 公顷的礁区 2 个。实施贝类底播增殖,在渤海湾底播毛蚶等各种贝类近 2 亿单位。进一步加强大神堂国家级海洋牧场示范区管理维护,总结经验做法形成评价报告,在农业农村部组织的年度专家评估工作中获得"好"的评价等级。实施伏季休渔期间专项特许捕捞工作,制定实施方案,细化责任分工,成立督导检查组,严把许可审批,细化审批流程,公告办事程序,2022 年审批口虾蛄专项捕捞渔船 50 艘、海蜇专项捕捞渔船 56 艘。加强水生野生动物保护,全面推行水生野生动物标识管理,指导企业规范申请使用标识。积极开展收容救助工作,全年共救助海龟、大鲵、鳄鱼、珊瑚等各类物种 104 只(个)。保护候鸟安全迁徙,组建 5 个督导组,深入候鸟迁徙重点区域周边养殖池塘进行督导检查,督促落实属地管理责任,并开展专项执法行动。统筹谋划渔业发展支持政策,联合市财政局印发《天津市 2022 年渔业发展支持政策实施方案》,共安排渔业发展支持政策资金 9 631 万元,其中渔业发展补助资金 3 323 万元(中央直达),成品油价格调整对渔业补助资金 6 308 万元(市级统筹),设立 12 类共 26 个项目,重点支持国际履约能力提升奖补、渔业资源养护补贴、渔业绿色循环发展、渔业装备和基础设施建设等方面。

3.渔业安全监管 2022 年,严格落实各级渔业安全生产工作会议精神,制定印发年度工作要点和实施方案,健全渔业安全生产责任体系,先后印发《渔业重大安全生产工作隐患挂牌督办办法》《渔业安全生产隐患责任追究办法》等 11 项制度措施。强化日常督导检查,按照"四不两直"的方式,每季度和重要节假日开展渔业安全生产督导检查,围绕冬奥会和党的二十大召开等重要时期,加密督导检查频次,突出严管严查严办,每天出动检查组巡查 5 座渔港,推动渔业安全生产各项措施落地见效。加强应急管理与指导,为应对强降雪、强降雨等极端天气影响,印发《关于渔业生产应对低温寡照大风雨雪天气的指导意见》《关于渔业生产防汛的指导意见》,及时指导各区加固棚室,做好蓄水工作,应对灾害;组织开展渔业应对强降雨灾害兵棋推演、天津市渔业船舶防溢油联合演习、天津市渔业内陆水域救生应急演练等 6 次。强化宣传教育,深入渔港、渔船发放宣传手册,扩大宣传覆盖面,全年共制作各类安全宣传视频 6 个,组织宣传活动 3 次,发放宣传材料 6 500 余份,组织培训 12 次,培训人员 373 人次,不断

提高渔民安全意识。加强渔业安全基础能力建设,先后投入资金 600 余万元,安装渔船插卡式船舶自动识别系统(简称"插卡式 AIS")防碰撞设备,开展渔船气胀式救生筏检验,配备救生消防设备,提高渔船安全水平;投入资金 190 余万元,对 5 座渔港进行维护,全面提升渔港安全管理水平;对全市 61 个渔业航标进行全天候维护,其中更新改造 39 个,保障渔船航行安全。严抓中韩入渔管理,2022 年农业农村部批准天津市中韩入渔作业许可证 69 个,通过抓排查整治,抓安全基础,抓执法检查,抓教育培训,规范越界捕捞行为。加强水产养殖用投入品管理,集中对水产养殖用兽药、饲料和饲料添加剂生产经营开展三年专项整治行动、水产养殖用投入品使用执法等专项行动,严厉打击制售假劣水产养殖用饲料、兽药的行为;依法建立健全水产养殖用投入品使用记录制度,加强水产养殖用药指导,建立风险隐患警示信息发布制度,并发布警示信息 4 期;实施水产养殖用投入品白名单制度,确保产地水产品合格率保持在 98% 以上。

4.渔政管理 2022 年,天津市持续加强海上执法,组织召开全市海洋伏季休渔工作会议,并于伏休首日举办伏季休渔执法行动启动仪式。2022 年共计出动执法船艇 228 艘次、巡航里程 7 530 海里,出动执法人员 2 021 人次,陆地检查 31 车次,行驶里程 2 250 余千米,查办案件 20 起,罚款 6.9 万元,清理违规网具 5 000 余顶,罚没涉渔"三无"船艇筏 11 条。推进内陆执法,主要围绕中心城区海河流域日常巡查、禁渔期检查和水产养殖用投入品监管等重点工作,先后开展 2022"清河湖"专项整治执法行动、海河清理阻水渔具专项行动、"零点行动"联合执法巡查。以"打击非法捕捞,共筑生态保护防线"为主题,联合开展蓟运河跨区段专项执法行动。在打击内陆水域违法捕捞工作方面,共立案 2 起,行政处罚金额 8 200 元,没收渔获物 152 千克,收缴违法捕捞网具 10 条、地笼 8 条,配合清理阻水网障 186 组、插杆 55 个、浮台 51 个。开展以"规范养殖,提升品质"为主题的水产养殖重点工作任务暨水产养殖用投入品专项检查和交叉互查工作。加强春节、两会、国庆、党的二十大等重要敏感时期水产养殖执法检查,对一些重点区域、关键区域实现执法检查全覆盖。加强渔港渔船监管,圆满完成安全生产三年专项整治工作任务、国务院安全生产委员会考核组安全生产督查检查、2021 年重点行业安全生产年度考核、市长督办台账和专项行动"全清零"任务清单中 5 项工作内容、渔业安全生产百日行动等,副市长李树起在渔港现场调研中对全市渔业安全生产排查整治工作给予了充分肯定。2022 年全市共出动执法人员 374

人次,检查渔港 132 港次,登临检查渔业船舶 96 艘次,检查渔业企业 20 家次,下达船舶安全整改通知书 12 份,安全生产行政处罚 6 起,罚款 9 000 元。开展水生野生动物执法行动 28 次,检查人工繁育和经营利用场所 19 处,巡查天然水域渔港码头 8 次 25 处,查办涉水生野生动物行政案件 3 起、罚款 5 200 元,没收国家重点保护动物砗磲制品 1 件,收缴国家二级保护动物花龟 14 只。

【重点渔业区基本情况】

天津市重点渔业区基本情况

地区	总人口（万人）	渔业产值（万元）	水产品总产量（吨）	其 中				养殖面积（公顷）	
				海洋捕捞（吨）	海水养殖（吨）	内陆捕捞（吨）	淡水养殖（吨）	海水	淡水
滨海新区	197	120 002	56 168	23 794	9 771		22 603	1 005	4 027
宁河区	39.5	149 594	55 921				55 921		3 620
宝坻区	72.2	129 658	54 991			298	54 693		4 585
武清区	115	51 084	31 000				31 000		2 498
静海区	78.7	51 760	29 193				29 193		2 860

【大事记】

[1] 2月8日,天津市副市长李树起赴滨海新区大神堂渔港检查渔业安全生产工作。

[2] 12月29日,农业农村部公布天津市滨海新区为国家级水产健康养殖和生态养殖示范区,成为全市首个以区为主体的国家级示范区。

（天津市农业农村委员会　陈　莹）

河北省渔业

【概况】　2022年,河北渔业系统把加快渔业绿色发展作为渔业渔政重点工作,踔厉奋发、笃行不息,继续推动渔业供给侧结构性改革,加快转变渔业发展方式,不断挖掘渔业发展潜力。着力加强休渔禁渔管理,渔业资源增殖放流,海洋牧场建设,渔业资源和水域生态环境保护;积极发展水产健康养殖,促进水产养殖从量的增长到质的提升转变;积极发展远海远洋捕捞,推动捕捞业从资源依赖型向环境友好型转变;积极发展渔业二、三产业,大力发展休闲渔业,持续发力解决发展不平衡和不充分问题,促进渔业产业绿色高质量发展。全省渔业经济发展呈现出稳中向好,质量效益同步提升的有利局面。全省水产品产量 112.44 万吨,同比增长 4.01％,全省渔业经济总产值 400.05 亿元,同比增长 13.86％,渔民人均纯收入 2.5 万元,同比增长 16.6％,年度任务目标全部完成。全省休闲渔业接待游客人数 429 万人次,同比增长 6.75％。

1.政策措施　着力强化政策支持引导能力。制定印发《河北省渔业发展"十四五"规划》,从夯实产业基础、促进融合发展、强化改革创新等方面进一步明确渔业高质量发展的前进方向。制定印发《河北省特色水产集群 2022 年推进方案》,明确年度工作目标,细化重点任务和责任分工,确保各项工作任务落实。制定印发 2022 年渔业补助资金中央一般性转移支付项目（渔业生产发展）、省级渔业资源养护项目实施方案以及《河北省 2022 年国家级海洋牧场示范区人工鱼礁建设项目实施方案》《河北省 2022 年渔业绿色循环发展试点项目实施方案》,充分发挥财政资金支撑带动作用,推动全省渔业加快发展。

2.水产养殖　重点推进水产养殖绿色发展。重点打造唐山特色水产集群,建设绿色养殖示范基地 5 个。争取国家渔业绿色循环发展试点,在唐山市曹妃甸区开展集中连片养殖池塘标准化改造和尾水治理 867 公顷,与省财政厅联合印发试点实施方案,规范项目实施。拉动社会投资 1 亿多元,新扩建养殖车间 10 万米^2。黄骅被认定为省级现代农业示范园区。"昌黎扇贝"地理标志使用范围扩大到 40 余家企业。与省生态环境厅联合印发加强海水养殖生态环境监管意见,促进海水养殖业绿色发展。加大种业创新力度。加强水产供种繁育基地建设,支持 16 家省级原良种场种业能力提升;2家被评为第一批中国水产种业育繁推一体化优势企业,上榜企业数量居全国第三,位居山东、广东种业强省之后。与中国水产科学研究院黄海水产研究所等单位联合选育的红鳍东方鲀新品种通过省级初审,并报国家审定。国家级罗非鱼良种场通过国家复查。加州鲈、毛蚶本地化规模繁育实现突破,培育转口加州鲈苗种54.4万尾、毛蚶稚贝9 325万粒。中央投资红鳍东方鲀种质资源场已竣工并进行试产。新争取种质资源场建设项目1个,中央投资1 000万元。全省年繁育各类水产苗种700多亿尾,同比增长110%以上。

3.渔船渔港 加大渔船渔港综合管理力度。争取国家投资8 000万元,推动实施唐山国家级沿海渔港经济区二期工程建设、滦南嘴东中心渔港提升改造工作。调研黄骅市渔港现状、产业发展等情况,积极申报沧州(黄骅)国家级沿海渔港经济区建设项目。印发《关于贯彻落实〈海洋渔业船员违法违规记分办法〉做好海洋渔业船员管理工作的通知》,加强渔业船员培训、考试和记分管理。加强涉外渔业管理,组织开展远洋渔业"监管提升年"活动和远洋渔船船位监测监控设备核查工作,严格涉韩入渔许可审核和远洋渔业项目监管。印发《河北省海洋渔业资源养护补贴实施方案》,指导各地落实海洋渔业资源养护补贴政策。强化渔船通导配备和智慧渔港建设,推动北斗卫星示位仪和"插卡式AIS"安装工作,全年安装北斗卫星示位仪2 977台、"插卡式AIS"3 010台。两次升级河北省渔船渔港动态监控管理系统,对海洋渔船"九位码"进行核对和数据维护,为中国海警局北海分局、河北海警局等单位安装河北省渔船渔港动态监控管理系统。此外还加大了渔船渔港信息化建设力度。

4.产业融合 加快推动渔业产业融合发展。深入落实"向江河湖海要食物"的重要指示,充分利用湖泊、水库等大水面资源,采用"人放天养"生态模式,积极发展大水面生态渔业,推动唐山、承德、张家口、衡水等地建设大水面生态渔业示范基地5个。对到期的第二批省级休闲渔业示范基地进行复查并安排部署第六批基地评选工作,加大对各地休闲渔业重点项目督促力度,加快建设进程,推动休闲渔业平稳发展。支持建设省级休闲渔业示范基地,已完成建设内容并验收20余个。提升水产品加工、仓储、保鲜等能力,提高附加值和溢价能力,优化水产品包装、加工等设施设备,补齐产业发展短板。

5.资源养护 加大渔业资源养护力度。充分发挥"以鱼净水、以鱼养水"生态作用,保护生物多样性,持续改善水域生态环境。制定并印发中央、省级增殖放流实施方案以及水产种质资源保护区建设方案;在渤海海域和内陆大中型湖库放流各类海淡水苗种57.21亿单位。对白洋淀、衡水湖、栗香湖等6处国家级水产种质资源保护区建设予以支持。6月6日,在石家庄黄壁庄水库、唐山曹妃甸等地开展了2022年全国"放鱼日"河北增殖放流活动,提高社会公众渔业资源保护意识。批准新建海洋牧场1个,投放人工鱼礁10万空方。同时加强白洋淀重点水域保护力度,进一步推动白洋淀水生生物养护工作落地落实。具体包括:年初制定《白洋淀农业农村生态环境保护2022年工作方案》,对白洋淀流域渔业资源养护等进行了安排部署。6月,由省农业农村厅党组副书记、一级巡视员吴更雨带队,对雄安新区白洋淀水生生物养护工作进行专项调研。积极协调推进中国水产科学研究院搬迁事宜。组织中国水产科学研究院等开展白洋淀水生生物本底调查1次,日常监测3次,为白洋淀水域生态保护提供有力数据支撑。

6.安全生产 加大渔业安全监管力度。强化组织领导,先后印发《河北省2022年度渔业安全生产执法检查方案》《河北省2022年渔业安全生产工作要点》《关于贯彻落实〈渔业船舶重大事故隐患判定标准(试行)〉的通知》《2022年河北省渔业安全生产专项大检查工作方案》《河北沿海"商渔共治2022"专项行动实施方案》,两次召开全省会议部署调度渔业安全工作。强化安全教育培训,组织开展"安全生产月"系列宣传活动。加强督导检查,组织开展全省渔业安全生产专项大检查,联合河北海事局共同开展商渔船航路畅通、"网位仪AIS"清理治理和事故调查"回头看"三个专项行动,组织开展渔业安全生产"百日攻坚"行动、海洋渔业船舶安全生产风险隐患专项整治行动。积极落实渔业安全生产责任保险,落实互保费补贴2 200万元,提供保障额度173亿元。

7.渔业执法 加大渔政执法力度。印发《"中国渔政亮剑2022"河北系列专项执法行动方案》《河北省2022年休禁渔实施方案》《2022年海洋伏季休渔期间口虾蛄专项捕捞工作方案》《2022年伏季休渔期间海蜇专项捕捞实施方案》,召开全省会议部署全年休禁渔管理、特许专项捕捞工作。组织开展渔业安全生产、海洋伏季休渔、内陆水域禁渔期、违规渔具和涉渔"三无"船舶等专项执法行动。密切与河北海事局、河北海警局等单位执法协作,制定《2022年河北省涉渔船舶监管专项联合行动方案》,组织开展各类联合执法行动10次,跨部门、跨区域联合执法行动4次,省级水生野生动物经营利用"双随机"抽查2次。开展省级水产品监督抽查6次,抽检水产品147批次,指导地方对不合格水产品进行跟踪调查处置。全省累计出动执法人员5.3万人次、执法车辆13 418辆次、执法船艇4 181艘次，发放宣传材料18.4万份，清理整治涉渔"三无"船舶21艘、违规网具10 892张，查办违规违法案件434起、查获涉案人员688人，移送司法案件52起82人，行政处罚金额569.88万元。

8.渔业科技 聚焦渔业产业的难点，发挥省级特色海产品、淡水养殖2个现代渔业产业技术体系专家创新团队支撑作用，2022年，引进及养殖示范半滑舌鳎、南美白对虾、虹鳟鱼等8个新品种，平均提高养殖效益10%以上，其中半滑舌鳎新品种提高效益达30%以上。集成集中连片养殖及工厂化循环水养殖尾水处理技术模式2项，攻克了制约产业发展的卡脖子技术。挖掘渔业产业新亮点和增长点。围绕种业、加工等产业，强化科技攻关和新技术集成。集成研发水产品加工新技术2项，研制鲟鱼鱼子酱、鲟鱼片等新产品4个。突破加州鲈反季节繁育技术，填补了河北省空白。启动高纯度脱水河鲀毒素（Anh-TTX）和河鲀肝油制备技术研究，研发制备工艺2套，获得实用新型专利1个。

9.存在的主要问题 一是渔业发展空间受限。随着城镇化、工业化进程不断加快，港口、码头、风电等涉渔工程项目纷纷上马，渔业水域和滩涂被大量挤占。近年来，在北戴河临近海域以及白洋淀、潘大水库等内陆水域，实施"退养还海、还湖、还库"面积达2.87万公顷。传统渔业水域持续减少，渔业可持续发展空间受限。二是产业融合发展水平低。河北省渔业二、三产业占比只有14.5%，远低于全国平均占比（48.9%）。一产之中上规模、上水平的主导产品少，二、三产业中水产品加工、冷链物流体系建设亟须完善，休闲渔业尚处于起步阶段，产业融合度不高、带动能力弱，品牌数量不多，影响力不够大，参与大市场、大竞争能力不强。三是设施装备老化程度严重。虽然近年来全省大力开展养殖基础设施改造提升，整体有了较大转变，但是改造率不高，现有渔业基础设施设备老旧、能耗高、科技含量低等问题依然突出，养殖池塘老化，苗种生产车间破旧，电网等配套设施不健全，机械化装备水平低，制约了渔业综合生产能力的提高。四是安全监管能力尚需提升。渔港及渔港经济区规划、建设、经营许可等配套管理制度建设相对滞后，相关法规体系不健全，部分存在渔业安全责任落实不到位，安全生产监管不详细、不规范问题，特别是对渔船安全设备、救生设备和通信设备的检查不严谨，执法不严，处罚不及时，需要进一步落实责任，提高监管能力。

【重点渔业市（县、区）基本情况】

河北省重点渔业市（县、区）基本情况

市（县、区）	渔业人口（人）	渔业产值（万元）	水产品产量（吨）	其　　中				养殖面积（公顷）	
				海洋捕捞（吨）	海水养殖（吨）	内陆捕捞（吨）	淡水养殖（吨）	海水	淡水
北戴河新区	24 000	309 759	188 760	15 856	172 768	18	118	18 649	105
乐亭县	7 920	410 759	175 024	28 150	109 763	7	580	27 350	100
唐山市曹妃甸区	24 430	732 283	172 795	13 561	76 129	20	83 085	6 916	7 453
昌黎县	12 200	284 031	123 826	5 490	118 170	32	134	13 820	97
滦南县	12 590	274 560	87 300	25 195	42 716	560	18 829	11 180	984
黄骅市	53 053	360 000	68 126	49 580	12 910		5 636	4 965	713
唐山市丰南区	10 688	253 080	60 463	13 025	705	1 375	45 358	740	2 952
唐山湾国际旅游岛	730	222 431	42 409	8 853	33 556			13 762	
沧州市渤海新区	10 235	124 050	20 684	19 630	154				
迁西县	680	27 670	11 820			690	11 130		429

【大事记】

[1]1月5日,农业农村部发布第515号公告,公布第七批国家级海洋牧场示范区名单,河北省秦皇岛大蒲河口东部海域七里渔田国家级海洋牧场示范区、河北省秦皇岛滦河口海域三丰国家级海洋牧场示范区2家海洋牧场榜上有名。

[2]2月14日,省农业农村厅召开全省渔业安全生产工作视频会议,部署2022年全省渔业安全与应急管理工作。省农业农村厅二级巡视员、总渔业师闫建民主持,省农业农村厅党组副书记、一级巡视员吴更雨讲话。

[3]2月21日,农业农村部渔业渔政管理局公布2021年中国水产种业育繁推一体化优势企业名录,河北鑫海水产生物技术有限公司、唐山市维卓水产养殖有限公司2家水产种业企业榜上有名。

[4]4月21日,省农业农村厅召开2022年全省休禁渔管理暨渔业安全生产管理工作视频会议,对做好休禁渔管理、加强渔船监管、加大执法力度、保持安全生产高压态势、落实好口虾姑专项捕捞等工作进行部署。省农业农村厅二级巡视员、总渔业师闫建民主持,省农业农村厅党组副书记、一级巡视员吴更雨讲话。

[5]6月6日,省农业农村厅与石家庄市政府在黄壁庄水库共同举办了2022年全国"放鱼日"河北同步增殖放流活动,唐山市农业农村局亦同步开展。共计放流中国对虾、三疣梭子蟹、青虾、鲢鱼、鳙鱼、草鱼等各类水生生物苗种1亿余水产单位。

[6]6月29日,省农业农村厅党组副书记、一级巡视员吴更雨到雄安新区调研督导白洋淀禁渔工作。

[7]7月1日,省农业农村厅、省应急管理厅联合在秦皇岛市卸粮口渔港举办2022年河北省渔业"安全生产月"宣传活动。省农业农村厅党组副书记、一级巡视员吴更雨出席活动并讲话。

[8]7月21—22日,全省渔业渔政工作会议在张家口崇礼召开,省农业农村厅党组副书记、一级巡视员吴更雨出席会议并讲话。

[9]7月25—26日,农业农村部渔业渔政管理局在河北省秦皇岛开展渤海捕捞限额制度和伏季休渔特许捕捞集中调研活动,农业农村部渔业渔政管理局局长刘新中参加调研并对河北省伏休执法及特许捕捞执行情况进行检查。省农业农村厅党组书记、厅长王国发,省农业农村厅党组副书记、一级巡视员吴更雨陪同。

[10]7月27日至8月1日,由广东省农业农村厅二级巡视员黄孟欣为组长的全国海洋伏季休渔执法交叉检查组到河北省检查工作,省农业农村厅党组副书记、一级巡视员吴更雨陪同并汇报河北省休渔工作开展情况。

[11]8月2—7日,按照农业农村部渔业渔政管理局工作安排,省农业农村厅党组副书记、一级巡视员吴更雨带队到福建省开展海洋伏季休渔联合交叉执法检查工作。

[12]9月11—13日,省农业农村厅党组副书记、一级巡视员吴更雨到秦皇岛检查渔业安全生产工作。

[13]12月24日,省农业农村厅批准中海万弘(唐山)水产科技有限公司等4家单位为省级水产原良种场,并颁发验收合格证和命名,有效期5年。

[14]12月29日,农业农村部公布《国家级水产健康养殖和生态养殖示范区名单(2022年)》(农渔发〔2022〕27号),唐山湾海洋牧场有限公司、黄骅市森茂水产养殖有限公司、中海万弘(唐山)水产科技有限公司、唐山滦丰养殖有限公司、唐山海都水产食品有限公司和昌黎县振利水产养殖有限公司共6家水产养殖企业榜上有名。

(河北省农业农村厅　周栓林)

山西省渔业

【概况】　2022年,山西渔业系统紧紧围绕省委、省政府"十稳十提"总要求和"八九十"目标任务,以深化渔业供给侧结构性改革为主线,持续抓重点、补短板、强弱项,全方位推进渔业高质量发展,确保水产品稳产保供和渔民增收。

全省水产品总产量为53 081吨,同比增长4.36%。其中捕捞产量462吨,同比减少51.42%。养殖产量52 619吨,同比增长5.42%,占水产品总产量99.13%。养殖产量中,池塘产量38 935吨,同比增长6.47%,占养殖产量的73.99%;水库产量12 654吨,同比减少0.06%,占养殖产量的24.05%。水产养殖面积16 772公顷,同比增长12.81%。全省渔业经济总产值148 238.86万元,与上年持平。其中渔业产值91 293.54万元,与上年持平。其中淡水养殖产值为87 801.74万元,同比增长1.35%。渔业工业和建筑业产值41 697.12万元,同比减少0.34%;渔业流通和服务业产值15 248.20万元,同比减少8.79%。全省渔民年人均纯收入12 967.98元,同比增长6.85%。

1.强化模式创新,水产养殖绿色转型稳步推进
推动各市、县积极落实《山西省养殖水域滩涂规划》,协调省林业和草原局有效解决全省国家湿地自然保护区实验区内划定的"限养区"养殖证登记发证工作不畅问题,截至 2022 年年底,全省发证总面积 10 330.19 公顷。推进养殖池塘标准化改造及养殖尾水治理,改造治理面积 600 余公顷。创建国家级水产健康养殖和生态养殖示范区 1 个。深入实施水产绿色健康养殖技术推广"五大行动",累计创建"五大行动"骨干基地 27 个。积极拓展新的发展路径,鼓励各地因地制宜发展低洼盐碱地水产养殖、稻渔(莲渔)综合种养、大水面生态增养殖、设施化水产养殖。积极开展大水面生态渔业示范工程建设,建设大水面生态渔业示范基地 3 个。稳步发展渔农综合种养,发展稻(莲)渔综合种养示范基地 60 多公顷。大力发展设施渔业,遴选出 5 个规模养殖场开展以莲(稻)鱼综合种养、大棚鱼菜(花卉)综合种养、陆基高位圆池+池塘循环水养殖、流水槽+池塘循环水养殖为主推模式的节水渔业示范场创建。

2.强化项目支撑,水产品稳产保供能力不断夯实
出台《山西省"十四五"渔业发展规划》。推进渔业高质量发展项目加快实施,会同省财政厅印发《山西省开展渔业绿色循环发展试点工作实施方案》,会同省农业农村厅计财处制定《2022 年中央渔业发展补助资金项目实施指导意见》和《2022 年省级乡村振兴资金(设施渔业)项目实施指导意见》。争取中央和省级财政补助资金 2 512 万元,支持实施池塘标准化改造和养殖尾水治理工程,实施面积逾 500 公顷。争取省级乡村振兴资金 750 万元,实施渔菜综合种养和陆基圆池循环水养殖工程,建设各类养殖设施 209 套。扎实开展水产种业振兴行动,完成全省水产种质资源普查,涉及普查主体 782 个,普查完成率 100%。顺利完成国家级良种场太原水产良种场复查考评工作。组织对省级以上水产良种场的生产、繁育、供种能力等进行全面摸排、现场核查。推动中央预算内投资临猗黄河鳖种质资源场建设项目按进度实施,争取年内完成项目验收。深入开展渔业产业"三队"包联服务(组建专家团队、项目工队、营销战队,包县包村包主体,到村到户到田头开展农技服务,推进项目建设,强化市场营销)。组织渔业产业体系专家和渔业系统专业技术人员深入养殖重点县,开展包县包主体服务,据不完全统计,全系统共出动 1 000 余人次,服务主体 830 个,解决各类问题 120 余件。

3.强化增殖放流,水生生态资源养护持续好转
规范开展增殖放流活动,出台《关于做好山西省"十四五"水生生物增殖放流工作的实施意见》。6 月 6 日,在山西运城芮城圣天湖举办了全国"放鱼日"山西同步增殖放流活动。10 月底至 11 月初,太原、忻州、晋中、临汾等地陆续开展系列增殖放流活动,共放流各种鱼类 500 万尾。组织完成山西省水生生物经济物种增殖

放流首批苗种供应单位申报工作和水生生物增殖放流公众放流点申报工作。持续加强水生野生动物保护,制定《山西省"中国渔政亮剑 2022"系列专项执法行动实施方案》,组织开展以黄河禁渔专项执法行动为重点的渔政亮剑系列专项执法行动,禁渔期间,查办中国渔政举报平台转交的涉渔违法线索 5 条,临汾市安泽县农业农村局查处周某等人使用电鱼方法捕捞案并被农业农村部列为执法典型案例。按照农业农村部渔业渔政管理局安排部署,顺利完成对甘肃省 2022 年黄河禁渔工作的交叉检查。深入沿黄 4 市 19 县,开展了黄河禁渔专项调研。与省林草局联合组织开展了代号为"清风行动"的打击野生动物非法贸易联合行动,重点整治"电毒炸""绝户网"等非法捕捞水生野生动物行为。

4.强化渔业安全,发展底线牢牢守住 加大水产品质量安全监管力度,实施水产养殖用投入品白名单制度,协助农业农村部完成 2022 年对山西省开展的产地水产品兽药残留监控工作,持续加大省级风险隐患排查力度,完成 154 批次产地水产品和水产苗种兽药残留监督抽查任务。深入开展水产养殖宣传执法,累计出动执法人员 1 022 人次,检查生产、进口、经营、使用水产养殖用投入品单位 386 家,发放宣传材料 5 000 份,媒体宣传 62 次,培训渔民 427 人,培训执法人员 311 人。加强水生动物防疫检疫能力建设,会同省农业农村厅畜牧兽医局起草了《关于加强山西省基层动植物疫病防控体系建设的实施意见》,将水生动物疫病防控工作纳入基层动植物疫病防控体系建设,完成了锦鲤疱疹病和草鱼出血病全国水生动物防疫系统实验室检测能力验证,实现了省级水生动物防疫实验室建设零的突破。推进水产苗种产地检疫制度,在全省设置 8 个水产苗种产地检疫申报点。深入开展渔业安全生产活动,印发《关于开展 2022 年渔业"安全生产月"活动的通知》,组织开展"安全宣传咨询日"、安全宣传"五进"和"安全生产万里行""百日攻坚"行动等系列活动,落实渔业安全生产责任制,强化普法宣传、警示教育,有效提升渔民安全意识和自救互救能力,据不完全统计,全省共发放宣传资料 12 563 份,出动执法人员 821 人次,出动执法车辆 202 次,公安立案查处 3 起处罚 4 人。与省交通运输厅、省公安厅、太原海关联合发文《"三无"船舶联合认定办法》,对涉渔"三无"船舶进行了清理整顿。

5.存在的主要问题 一是养殖发展空间受限。近年来,受城镇化建设快速发展的影响,湿地自然保护区、基本农田划定、泉域保护以及相关环保新规出台的约束,以及部分市、县政府对水产养殖"一禁了之""一

切了之"的影响,水产养殖发展空间日益受限。二是养殖新模式发展不快。传统粗放的养殖方式仍占主导,工程化、工厂化、设施化循环水养殖,稻渔、莲渔、大棚渔菜综合种养,池塘尾水生态处理、数字渔业、智慧渔业等现代化养殖新模式、新业态、新技术刚刚起步,推广应用不足。三是基层专业人才支撑不足。受基层机构改革影响,一批具有丰富实践经验的渔业管理和专业技术人员未能划转,或不再从事渔业工作,造成了基层渔业专业技术人员的空缺和断档,对渔业产业可持续发展带来较大影响。

【重点渔业市(县、区)基本情况】

山西省重点渔业市(县、区)基本情况

市(县、区)	总人口(万人)	渔业产值(万元)	水产品产量(吨)	其　中		养殖面积(公顷)
				捕捞(吨)	养殖(吨)	
永济市	46.42	30 844.7	19 792		19 792	554
万荣县	35.70	5 558.5	2 818		2 818	247
曲沃县	21.23	2 581.6	1 817		1 817	223
长治市潞州区	89.53	2 710.5	1 807		1 807	1 308
清徐县	34.86	2 662.4	1 664		1 664	291
临汾市尧都区	95.92	2 460.08	1 245		1 245	150
沁县	17.79	1 762.5	1 175		1 175	355
芮城县	41.23	1 536	960		960	378.67
天镇县	21.4	1 504	940		940	3.3
榆社县	14.04	1 590	900		900	424

【大事记】

[1]3月30日,召开全省"中国渔政亮剑2022"黄河禁渔专项执法行动部署会。

[2]5月9日,印发《山西省"十四五"水生生物增殖放流工作的实施意见》。

[3]6月6日,全国"放鱼日"山西同步增殖放流活动在芮城圣天湖举行。

[4]6月13日,印发《"十四五"山西省渔业发展规划》。

[5]10月24日,由省农业农村厅、太原市政府联合主办的以"关爱水生动物,共建和谐家园"为主题的2022年山西水生野生动物保护科普宣传月活动启动仪式在太原动物园举行。

(山西省农业农村厅　王毅欣)

内蒙古自治区渔业

【概况】 2022年,内蒙古自治区以习近平新时代中国特色社会主义思想为指导,立足新发展阶段、贯彻新发展理念、构建新发展格局,坚持生态优先、绿色发展理念,优化水产养殖空间布局,发展水产生态健康养殖,加大水生生物资源养护力度,加强渔政执法,强化水产品质量安全和渔业生产安全,抓好科技支撑和带动,推动渔业绿色高质量发展。

2022年,内蒙古自治区水产品总产量10.87万吨,同比增加0.19万吨、同比上升1.78%;全区渔业经济总产值26.04亿元,同比增加0.18亿元、同比上升0.70%;全区水产养殖面积11.30万公顷,同比减少0.09万公顷、同比下降0.79%。

1.认真落实渔业发展支持政策 2022年,国家下达内蒙古自治区渔业发展政策支持资金7 516万元,其中渔业绿色循环试点项目1 951万元、水产品初加工和冷藏保鲜设施设备项目759万元、增殖放流项目879万元、一般性转移支付资金3 927万元。自治区农牧厅、财政厅先后印发了《内蒙古自治区集中连片池塘标准化改造和尾水治理项目实施细则》《内蒙古自治区水产品初加工和冷藏保鲜设施设备建设项目实施方案》《内蒙古自治区 2022 年中央财政渔业增殖放流项目实施方案》等文件，全面加强项目管理，更好地发挥中央财政资金的支持引导作用，推动全区渔业产业绿色高质量发展。

2. 大力发展水产生态健康养殖 全区各地持续推进水产生态健康养殖，加快渔业转方式调结构步伐，推动养殖水域滩涂规划制度的落实。一是按照农业农村部要求，不断推动持证养殖，各地根据本地养殖水域滩涂规划，有序推进水域滩涂养殖证发放工作，确保水域滩涂养殖证合法性、有效性，保障养殖生产者合法权益。二是实施水产健康养殖"五大行动"，建立鱼-虾混养、南美白对虾棚塘接力养殖、稻渔综合种养、稻-蟹综合种养、虹鳟鱼工厂化、陆基设施化循环水养殖和大水面放牧养殖等高效养殖模式；在巴彦淖尔市、鄂尔多斯市建立了池塘养殖尾水"三塘两坝"、潜流湿地治理模式试验示范；实施水产养殖用药减量行动，示范片内鱼药使用量同比减少 5% 以上，抗生素类鱼药使用量同比平均减少 10% 以上。三是巴彦淖尔市临河区双喜水产养殖专业合作社、乌拉特中旗徽蒙农牧专业合作社被农业农村部核定为国家级水产健康养殖和生态养殖示范区。

3. 有效保护渔业资源和水域生态环境 一是自治区农牧厅印发《内蒙古自治区关于 2022 年禁渔期禁渔区渔政管理的通告》，全区境内河流、湖泊和大中型水库（库容大于 1 000 万米³）等渔业水域的禁渔期为 5 月 1 日至 7 月 31 日，边境水域有特殊规定的除外；自然（非人工形成）水域鱼类产卵场和洄游河道划定为常年禁渔区；黄河内蒙古段禁渔期为 4 月 1 日至 7 月 31 日；黄河干流内蒙古段、黄河干流内蒙古段一级支流，及其所属湖泊、大中型水库划定为禁渔区。禁渔期内，各盟（市）结合宣传引导与水陆联合执法，较好地维护了渔业秩序。二是按照因地制宜、突出地域特色原则，将黑斑狗鱼、拟赤梢鱼、鲫鱼（达里湖）、拉氏鲹、黄河鲤、北方铜鱼、陈旗鲫 7 种物种增补为全区"十四五"水生生物增殖放流物种，将兰州鲇、赤眼鳟纳入黄河内蒙古段放流范围，并报农业农村部备案。三是规范放流程序，放流活动严格按照农业农村部《水生生物增殖放流管理规定》和《农业农村部关于做好"十四五"水生生物增殖放流工作的指导意见》等技术规程执行。四是经农业农村部审定，确定了内蒙古 15 家水生生物经济物种增殖放流苗种供应单位和 21 个社会公众放流场所。五是开展增殖放流活动，2022 年全区共计放流各类鱼类苗种 9 600 余万尾。6 月 6 日全国"放鱼日"，2022 年全区增殖放流活动在黄河乌海段启动，活动以"养护水生生物　建设

美丽中国"为主题，由自治区农牧厅与乌海市政府共同主办。启动仪式上共放流草鱼、鲢和鳙等苗种 400 余万尾。同日，全区 8 个盟（市）9 个放流点同步开展增殖放流活动，共放流草鱼、鲤鱼、鲢、鳙及细鳞鱼、哲罗鱼等土著鱼类苗种共 1 400 余万尾。六是加强水生野生动物保护。设立了 2 家自治区级水生野生动物救助站；开展 2022 年水生野生动物保护科普宣传月活动。

4. 强化渔业科技支撑能力 配合全国水产技术推广总站实施国家科技计划创新项目"华北多类型盐碱水综合养殖模式构建与示范应用"。在呼和浩特市、巴彦淖尔市、鄂尔多斯市建立了福瑞鲤高效健康养殖模式、中科五号异育银鲫高效健康养殖模式、花鲈高效健康养殖模式、鱼-虾-蟹综合养殖模式筛选、鱼-虾混养模式，较 2021 年新增示范面积 1 300 多公顷，累计超过 3 000 公顷，新增推广面积 2 200 公顷，累计达到 5 600 多公顷；在赤峰市开展达里湖瓦氏雅罗鱼、鲫鱼放牧养殖模式构建与示范应用，示范面积 2 600 多公顷，推广面积 4 000 公顷；发布 3 项地方标准：《南美白对虾养殖技术规范》《福瑞鲤池塘养殖技术操作规范》《稻蟹综合种养技术规范》；起草了《耐盐碱高效养殖良种筛选技术规范》《盐碱池塘鱼蟹混养技术规范》《盐碱水域生态放牧养殖技术规范》。

5. 持续加强渔政管理 根据《农业农村部关于印发〈"中国渔政亮剑 2022"系列专项执法行动方案〉的通知》要求，全区于 4 月启动了"中国渔政亮剑 2022"内蒙古自治区系列专项执法行动。专项行动期间，全区媒体共宣传 169 次，印发宣传册和宣传页 77 369 份；累计出动执法人员 16 953 人次，出动执法车辆 5 352 辆次，执法船艇 267 艘次，检查渔港码头和渔船自然停靠点 710 个次，检查渔船 1 123 艘次，检查养殖场（点）596 个次，检查饲养繁育、展演展示、经营利用场所 202 个次，开展清理取缔涉渔"三无"船舶活动 19 场次，违规渔具渔法清理整治活动 49 场次，清理取缔涉渔"三无"船舶 57 艘，清理整治违规网具 3 341 张（顶）。

6. 不断强化渔业安全生产监管 全区渔业安全生产形势持续稳定，未发生重大渔业安全生产事故。一是强化组织领导。3 月召开全区渔业渔政工作会议、印发《内蒙古自治区 2022 年渔业渔政工作要点》，对渔业安全生产工作进行重点部署；制定印发《2022 年全区渔业安全生产专项大检查工作方案》《全区渔业安全生产"百日攻坚"行动方案》《关于开展渔业安全生产专项整治三年行动重点任务推进落实情况"回头看"检查的通知》等文件，布置了各时期重点工作任务。二是加

强学习宣传。各盟(市)深入学习习近平总书记关于安全生产的重要论述,专题学习《生命重于泰山》电视专题片;8月10—11日,举办全区渔业安全生产培训班,强化了各级农牧部门的监管责任意识和渔业生产单位的主体责任意识,提升了渔业工作者安全生产工作业务能力;组织开展了2022年渔业"安全生产月"活动,普及渔业安全知识,弘扬渔业安全文化。三是深入排查整治。统筹疫情防控,结合气候状况和渔业生产季节性要求,自治区农牧厅在全区范围内开展督导检查15次,共检查单位62家,并对6次检查结果进行通报,要求相关盟(市)限期整改;全区各级农牧部门积极开展渔业安全生产大检查大排查大整治,按照安全管理"零距离"、隐患排查"零盲区"、安全隐患"零容忍"、责任落实"零缝隙"的要求,深查隐患,强力整治,最大限度地消除事故隐患。四是深化渔船、船员专项整治。严格渔船安全检查,严厉打击渔船逃避检验和管理、船员不胜任、使用禁用渔具作业行为;开展了渔业船员培训考试发证工作。五是建立监管机制。5月,自治区农牧厅、工业和信息化厅、公安厅、交通运输厅、市场监督管理局、呼和浩特海关、满洲里海关建立了全区涉渔船舶审批制造检验监管机制;研究制定了《2022年内蒙古自治区涉渔船舶监管专项联合行动方案》,渔业重点盟(市)、旗(县)两级均按照要求建立相关具体操作机制。自治区监管机制于9月开展了以渔业安全生产为重点的专项联合检查行动,并及时通报检查情况,限期整改。

7.全面完成水产种质资源普查数据的审核与修改 2022年,第一次全区水产养殖种质资源普查及普查数据完整性及准确性审核与修改工作全面完成。经统计,全区共有水产养殖主体2 849个,分别分布在12个盟(市)的83个旗(县、区),主要涉及池塘、湖泊、水库、稻田、工厂化等养殖模式,其中繁育主体11个,有14个用于繁育的物种,养殖主体2 838个,有72个养殖物种。

8.认真开展外来入侵水生动物普查 按照农业农村部等部门的要求,制定了《内蒙古自治区外来入侵水生动物普查实施方案》,成立了普查领导机构,明确了工作分工、普查对象、普查方法及流程与进度。编制了《水生动植物外来物种名单图册》发放全区各盟(市)。组织开展外来入侵水生动物调查线上培训班6次,累计培训350余人次,线下培训1次,累计培训40人次。技术人员深入基层,进行授课,现场指导普查,认真开展普查工作。

9.存在的主要问题 一是受资源和生态环保约束,水产养殖空间不断缩小,水产品产量大幅下降,由2016年的15.8万吨下降到2021年的10.6万吨,降幅约30%。二是全区水产技术推广机构仅有工作人员640余人,且旗(县)人员多为兼职,水产专业人员甚少。三是养殖方式落后,水产品种单一,产业链短且窄。养殖方式仍以传统池塘养殖为主,现代设施渔业滞后,水产品开发深度不够。另外,受气候影响,全区水产养殖生产期短,产品不能均衡上市。

【重点渔业市(旗、县、区)基本情况】

内蒙古自治区重点渔业市(旗、县、区)基本情况

市(旗、县、区)	总人口(万人)	渔业总产值(万元)	水产品产量(吨)	其中		养殖面积(公顷)
				捕捞(吨)	养殖(吨)	
莫力达瓦达斡尔族自治旗	32.5	11 488	8 310	3 063	5 247	5 000
达拉特旗	37.2	10 796.6	5 230	15	5 215	1 016
包头市九原区	25.0	11 795.92	4 963	93	4 870	573
磴口县	8.8	10 807	4 731		4 731	11 267
巴彦淖尔市临河区	58.9	6 348.52	4 350		4 350	1 534

【大事记】

[1]3月11日,印发《内蒙古自治区关于2022年禁渔期禁渔区渔政管理的通告》。

[2]3月17日,全区渔业渔政工作会议召开,总结2021年工作,部署2022年渔业渔政工作。

[3]3月28日,公布自治区第一批渔业官方兽医名单。

[4]4月1日至7月31日,自治区农牧厅组织各盟(市)农牧部门,在黄河内蒙古段、贝尔湖、额尔古纳河等边界水域,自治区重要河流、湖泊、水库开展禁渔期渔政综合执法行动。

[5]5月6日,经盟(市)申请、相关专家论证、自治区农牧厅厅长办公会审议通过后,增补内蒙古自治区"十四五"水生生物增殖放流物种,并报农业农村部备案。

[6]6月6日,由自治区农牧厅与乌海市政府共同主办,在黄河乌海段举办以"养护水生生物 建设美丽中国"为主题的增殖放流活动启动仪式。同日,全区8个盟(市)9个放流点同步开展增殖放流活动。

[7]6月16日,经中国野生动物保护协会水生野生动物保护分会全面评估,核定鄂尔多斯市隆胜野生动物园有限责任公司和包头市正翔海洋公园有限公司为自治区级水生野生动物救助站。

[8]7月17日至8月4日,自治区农牧厅抽调盟(市)精干力量组成10个检查组,对全区10个盟(市)开展渔业安全生产交叉检查。

[9]8月10—11日,全区渔业安全生产暨统计工作培训班举办。

[10]自治区农牧厅渔业渔政管理局菅腾、综合行政执法局刘春艳被农业农村部、公安部、中国海警局评为2022年渔业执法系列专项行动突出个人。

[11]自治区农牧厅渔业渔政管理局被农业农村部渔业渔政管理局评为2022年度渔业统计监测工作表现突出单位。

(内蒙古自治区农牧厅 菅 腾)

辽宁省渔业

【概况】 2022年,辽宁渔业保持了较好的发展势头,供给侧结构性改革取得实效,水产品产量稳步增长,渔业经济持续发展,渔民收入显著提高,渔业发展为辽宁经济社会发展提供了强有力的支持。省委、省政府高度重视渔业产业发展,制定出台了《辽宁省渔业产业发展指导意见》《辽宁省"十四五"渔业发展规划》,为构建具有辽宁特色的现代渔业发展格局指明了方向和目标。全省渔业系统认真贯彻落实"创新、协调、绿色、开放、共享"的发展理念,坚持提质增效、减量增收、绿色发展、富裕渔民的发展方针,全面加快渔业现代化发展方式转变,实现辽宁由渔业大省向渔业现代化强省转变。

1.渔业综合实力稳步提升 2022年,全省水产品总产量达到489.2万吨,同比增长1.4%,居全国第7位,渔业产值实现881.3亿元,同比增长4.2%,占全省农林牧渔业总产值的17%;水产品进出口贸易额40亿美元,占全省农林牧渔业进出口贸易额的56%。其中出口水产品48.7万吨,贸易额23亿美元,占全省大宗农产出口额的52%左右,领先地位突出;进口水产品61.6万吨、贸易额16.7亿美元。

2.渔业产业结构持续优化 坚持"做优一产、做强二产、做大三产"的发展思路,不断优化渔业产业结构,渔业一二三产业结构比由2019年的53:25:22调整到2022年的51:25:24。加快发展深远海设施养殖,推动近海养殖向深远海拓展,全年新建70个深水网箱,累计达到400个,养殖水体达80万米^3,产能8万吨。2022年全省养殖水产品产量422.4万吨,水产养殖能力不断提高。2022年全省海洋捕捞产量46.2万吨,同比下降2.8%,近海捕捞强度得到有效控制。辽渔集团有限公司投资5亿元的南极磷虾专业捕捞加工船,已建成并下水试航,投产后日捕捞、处理能力近千吨。全省远洋捕捞年产量17.3万吨,居全国第4位,远洋渔业稳步发展。全省年水产加工能力300万吨,水产品加工量228.7万吨,渔业经济附加值显著提高;休闲渔业产值实现33.5亿元,休闲渔业成为渔业经济增长新动力。

3.渔业资源养护全面加强 多措并举实施资源养护,扎实开展"中国渔政亮剑2022"辽宁系列专项执法行动,实施最严格的伏季休渔制度和伏季休渔管理,全面实施辽河流域禁渔期制度。"十三五"以来,全省累计减船转产渔船3 100艘,功率总和15万千瓦,累计清理取缔涉渔"三无"船舶8 942艘。加大水产种质资源保护力度,累计建设国家级水产种质资源保护区8处,面积达100.7万公顷。持续开展渔业资源增殖放流,根据2022年海洋渔业资源放流效果评估显示,全省增殖放流中国对虾、三疣梭子蟹、日本对虾和红鳍东方鲀回捕总产量7 151吨,产值达8.15亿元,投入产出比1:11。大力推进现代化海洋牧场建设,创建国家级海洋牧场示范区38个,居全国第2位,示范面积达2.8万公顷,投放人工鱼礁205万空方,有效养护渔业资源。

4.渔业科技支撑日益增强 坚持实施"科技兴渔"战略,加快渔业科研创新步伐。全省投入渔业科技研发资金1亿多元,推进渔业科技创新体系建设,组建5个国家级和省级重点实验室和工程技术中心,培育30余家省级渔业科技型企业。渔业科研专项有效实施,完成国家及省部级重大和攻关项目100余项,获得省、部级以上科技成果奖励20余项。推进水产养殖绿色发展,良种培育取得重大突破,累计选育刺参参水院1号等11个国家审定水产新品种。持续推进水产良种体系建设,建设并认定5个国家级水产原良种场,100个省级水产原良种场。8家企业入选国家水产种质资源阵型企业,盘锦光合蟹业有限公司入选农业农村部中华绒螯蟹育种与繁养重点实验室。

5.渔业基础设施大幅提升 推进深远海大型养殖设施装备建设,大连、丹东、葫芦岛大型深远海智能网箱、生态养殖围栏、综合养殖平台和养殖工船项目相继启动,总投资29亿元,有效养殖水体40万米³,产能4万吨。升级改造葫芦岛市兴城市东翔二级渔港等11个沿海渔港和本溪桓仁桓龙湖等6个内陆渔港;大连、锦州海洋与渔业综合执法基地以及渔船渔港动态监控系统等一批渔业基础设施建成并投入使用;新建大型渔业执法船5艘、执法艇39艘,建设渔业岸台基站40座;海洋渔业执法监视监测体系初步建立,省政府积极筹措1.5亿元财政资金,为全省所有渔船安装新型北斗船载终端设备,海上渔船安全应急指挥系统投入使用,渔业安全管理、渔政执法能力、渔业基础设施水平得到有效改善和提高。

6.产业监管体系不断完善 根据省委、省政府总体安排部署,不断推行行政和事业单位机构改革,2020年重新组建了省级海洋与渔业执法队伍,省级渔政执法、渔港监督、渔船检验以及水产苗种执法机构健全、分工明确。2021年省人民代表大会出台《辽宁省海洋渔业船舶导航安全设备使用暂行规定》,填补了辽宁省立法空白,体现了创制性立法的作用。沿海各地结合实际,组建渔业执法机构,上下贯通、指挥顺畅、保障有力的省、市、县三级渔业执法体系基本形成。全省水产品质量安全、水产苗种等执法专项整治行动扎实开展,产地水产品监督抽查合格率保持在97%以上,确保了百姓餐桌上的安全。

7.存在的主要问题 一是渔业转型升级亟待加强。受北方季节气候影响,池塘工程化循环水养殖、陆基工厂化循环水养殖和养殖尾水生态化综合治理等生态健康养殖技术和模式推广普及率低。养殖方式粗放,基础设施落后,现代化水平不高,渔业生产方式和技术模式亟待更新和提高。二是渔业产业链条短。目前全省渔业仍以养殖和捕捞为主,水产品加工小、散、弱,粗多精少,海多淡少,地区发展不平衡,资源利用率低,技术装备水平落后,精深加工能力不强,加工转化和附加值低,休闲渔业仍处于初级阶段。三是养殖水域环境和空间发展受限。长期以来,渔业生产一直服务服从于生态文明建设,而随着自然保护地、水资源保护区、禁养禁捕区等区域划定,渔业将陆续退出。同时,经济社会发展和城市建设不断扩张,水产养殖水域空间受到严重挤压,产业发展受到一定影响,甚至渔民合法权益受到侵害。

（辽宁省农业农村厅　张　涵）

吉林省渔业

【概况】 2022年,全省水产品产量25.12万吨,同比增长0.7%;实现渔业经济总产值166.3亿元,同比增长3.83%;渔民人均纯收入16 535.95元,同比增长0.78%。全省加工海水、淡水水产品25.55万吨,同比增长0.09%;实现产值70.63亿元,同比增长1.85%。

1.推广水产绿色健康养殖 组织实施生态健康养殖模式推广、水产养殖用药减量、配合饲料替代幼杂鱼模式推广和水产种业质量提升等水产绿色健康养殖技术推广"五大行动",全省设立了40个省级推广骨干基地,示范推广3个水产新品种和3个土著品种,指导长春市新立城水库管理中心等24家单位创建为2022年度全国水产绿色健康养殖技术推广"五大行动"骨干基地。组织实施"大型湖库大银鱼高产生态养殖技术""鲑鳟鱼健康养殖技术"等省级水产技术推广指导性任务17项,实施总面积近10万公顷,组织编著《吉林省渔业主导品种和主推技术（2022版）》科普书籍,充分发挥实用技术对水产养殖增产、增效、增收的支撑作用,为广大渔业科技工作者和农渔民实施绿色健康养殖"选种寻技"提供有益参考。重点围绕稻渔综合种养、池塘标准化健康养殖、冷水鱼高效养殖、大水面生态养殖、池塘养殖精准用药等技术模式,积极谋划参与农业重大技术协同推广项目实施,首次将渔业行业纳入试点,惠及5个县(市),指导建设2处渔业创新科技驿站,渔业成为全省继水稻、玉米产业等之后第六项重点推广的省级农业产业。重点围绕大水面生态增养殖、名优鱼类湖库网箱养殖和冷水性鱼类高效养殖等,投放大银鱼卵1亿粒、雅罗鱼苗种55万尾,在东部山区重点冷水鱼养殖场和水库投放三倍体虹鳟1 100千克,西伯利亚鲟鱼2 500千克,加州鲈鱼1 000千克,开展名优鱼类高效养殖,促进以冷水鱼为代表的特色渔业提档升级和湖库渔业开发。持续推进吉林省渔业援疆工作实施,为新疆阿勒泰地区提供名优冷水鱼类发眼卵4万粒,并开展技术合作交流。

吉林省蛙王生物工程有限公司通过遴选列入国家种业"破难题"企业阵形。镇赉县汇聚农业科技发展有限公司、吉林库里湖渔业有限公司、吉林省双子生态农业开发有限公司、公主岭市蓝谷水产养殖农民专业合作社、辉南县小椅山水库管理中心5家单位获评国家级水产健康养殖和生态养殖示范区。

2.水生生物资源养护 规范开展水生生物增殖放流,印发《关于做好"十四五"水生生物增殖放流工作的通知》,组织23家水产苗种生产企业申报水生生物经济物种增殖放流苗种供应单位。开展6月6日全国"放鱼日"同步放流活动,全年投入放流资金1 090万元,放流鲢鱼、草鱼及大麻哈鱼、细鳞鱼等苗种1 788.85万尾,其中鲢鱼、草鱼、大麻哈鱼等经济物种1 731.18万尾,细鳞鲑、马苏大麻哈鱼、花羔红点鲑、鸭绿江茴鱼等珍稀濒危物种57.67万尾。完成图们江流域、松花江流域、鸭绿江流域、牡丹江流域、辽河流域等重点流域的效果评估。汇编完成《吉林省省级水产良种场图册》和《吉林省常见水生动植物图册》。联合省林业和草原局等部门组织开展"清风行动",严厉打击野生动物经营利用违法行为,在全省组织开展外来入侵水生动物普查等。

3.水产种业 高质量完成第一次水产种质资源普查省级核查。支持水产种业发展,将省级以上水产良种场亲鱼更新、水产种质资源场建设纳入渔业支持政策项目补助范围。中央投资的珲春市大麻哈鱼水产种质资源场开工建设。稳步推进水产苗种产地检疫工作,组织参加国家渔业官方兽医业务培训。开展省级水产良种场抽样检测,抽取15家养殖企业15个鱼样和水样,从源头上保障水产品质量安全。

4.渔业基础设施建设 强化渔业执法保障能力,通过渔业发展支持政策资金为基层渔政机构配备执法船艇28艘,执法用无人机6架,执法记录仪、望远镜、高功率对讲机等1 059部。

5.渔政管理 研究制定《吉林省2022年禁渔通告》,继续对主要江河及渔业水域实施阶段性禁渔。加大禁渔工作宣传力度,省农业农村厅统一印制禁渔通告7 000张,各地共发放宣传资料30 000余份,张贴标语400余张(幅),出动宣传车船800余辆(艘)次,发送微信、QQ等网络消息10 000余条。省农业农村厅联合省公安厅开展"中国渔政亮剑2022"系列专项执法行动,下发行动方案。组织开展嫩江、松花江省际联合执法检查,东辽河禁渔期渔政联合执法检查,松花江流域跨地区渔政联合执法检查,鸭绿江流域边境渔政联合执法检查等渔政联合执法行动,累计出动执法人员11 998人次、执法车辆3 280辆次、执法船艇1 240艘次;查处渔业违法案件104起,涉案人员122人,其中移送司法部门15起15人。开展渔业行政执法船舶注册登记工作,加强渔政执法规范化建设。推进完成白

山湖渔政管理权上划调整工作,省农业农村厅新增1.3万公顷水面渔业管理权。

6.林蛙管理 开展林蛙产业发展情况调查工作,赴吉林、白山、延边、通化等林蛙主产区养殖企业,从资源现状、增养殖、加工、销售等方面进行全面调查,完成全省林蛙产业发展情况调查报告。通过渔业发展支持政策资金,投入390万元支持通化市"林蛙精深加工消毒产品生产能力提升"项目和永吉县"博大农科林蛙加工及仓储保鲜"项目,加速产业发展升级。

7.渔业安全生产 落实"安全生产整治三年行动"任务,组织开展渔业安全生产大检查、渔业"安全生产月"活动,加强隐患排查、应急演练和制度建设,强化渔船登记、船员教育培训和发证管理等工作。联合工信、公安、交通、市场等部门建立了涉渔船舶审批修造检验监管协调机制,制定下发联合行动方案,组织各地重点针对老旧渔船管理、渔船身份标识、渔船修造等开展监督检查。开展市(州)间安全隐患交叉排查和冬季渔业安全生产专项检查,全年未发生重大渔业安全生产事故。

8.渔业科技 承担国家、省级科研项目和专项15项,涉及国家大宗淡水鱼产业技术体系建设、吉林省生态渔业繁育、养殖技术示范与推广、北方池塘中华小长臂虾绿色生态养殖关键技术研究及应用、北方土著鱼类葛氏鲈塘鳢人工繁殖及健康养殖关键技术研究、美洲红点鲑三倍体人工诱导技术及其生物学特性研究等方面。科研成果丰硕,通过结题验收项目3项,中期现场验收项目4项,发表论文19篇,其中SCI 1篇。吉林省大宗淡水鱼新品种高效生态养殖技术推广应用获全国农牧渔业丰收奖三等奖、北方池塘主要经济鱼类绿色生态养殖关键技术研究与应用获吉林省科技进步奖二等奖、异育银鲫中科3号池塘健康养殖技术规范获第五届吉林省标准创新贡献奖三等奖。申请专利4件,其中发明专利3件,实用新型专利1件。

9.搭建高层次学术交流平台 举办第十六届吉林省科协青年科学家论坛——渔业绿色高质量发展论坛,邀请12名省内外知名专家开展讲座3次,提高了科技人员的学识水平和创新能力。带领"科技助力乡村振兴特色农业专家服务团——水产专家组"成员开展线上和线下渔业科技服务活动。

10.存在的主要问题 鱼价多年稳定在低水平,产业发展动力不足。池塘养殖比较分散,多数从事养殖的人员年龄老化,接受现代化智能装备能力有限。利用大水面生态渔业发展优势还有待加强,除查干湖外,其他地区缺乏有带动能力的渔业发展典型。

【重点渔业市（县、区）基本情况】

吉林省重点渔业市（县、区）基本情况

市（县、区）	总人口（万人）	渔业经济总产值（万元）	水产品总产量（吨）	其 中		养殖面积（公顷）
				捕捞（吨）	养殖（吨）	
前郭尔罗斯蒙古族自治县	50	50 711.36	21 620	780	20 840	41 415
镇赉县	25.72	50 625	26 800	2 578	24 222	34 000
扶余市	47.50	42 655	17 736	4 175	13 561	7 148
大安市	27.82	22 600	12 027	791	11 236	31 500
农安县	111.08	21 721.3	11 016	356	10 660	11 958

（吉林省农业农村厅 李少华）

黑龙江省渔业

【概况】 2022年，黑龙江省各级渔业渔政主管部门采取有效措施，推动池塘改造，发挥大水面生态渔业优势，调整产业结构，扎实做好稳产保供工作，渔业经济稳步增长。2022年，全省水产品总产量达73.5万吨，其中养殖产量68.5万吨，渔业产值147.9亿元，同比分别增长2.2%、1.5%、8.8%，全年没有渔业安全生产事故和渔民越界捕捞事件发生。

1.践行大食物观要求，大力发展冷水渔业 为深入贯彻习近平总书记提出的大食物观理念和向江河湖海要食物的重要指示精神，以及省委书记许勤在省第十三次党代会和在佳木斯市调研时提出的大力发展冷水渔业要求，省农业农村厅按照省委、省政府领导指示，成立工作专班，印发《黑龙江省冷水渔业振兴行动方案》，突出水产种业振兴、科研成果转化、名优鱼类养殖、打造产业集群等重点内容，科学布局，以"四个体系"全面推进工作落实，扎实推进全省冷水渔业振兴，推动渔业高质量发展。

12月27日，2022黑龙江冷水鱼冬捕季系列活动正式开幕，省委书记许勤、省长梁惠玲和农业农村部渔业渔政管理局局长刘新中出席活动开幕式，并给予高度评价。冬捕季期间，先后组织冬捕季开幕式、全国冬钓大赛、冬捕大典、多湖冬捕联动等活动，陆续有牡丹江镜泊湖、肇源茂兴湖、肇东大似海等十余个大中水面开展冬捕活动，累计冬捕水产品产量达2 225吨，销售额达6 800余万元，在第一批"黑土优品"农业品牌标识使用授权期间，全省共计6家企业的53款冷水鱼产品被授予"黑土优品"农业品牌标识使用权。

2.科学合理布局，稻渔综合种养奠定坚实基础 结合全省稻渔综合种养实际，推动综合种养由数量扩张向质量效益转变，起草了《2022年稻渔综合种养任务落实意向表》，组织各地精确统计辖区稻渔综合种养任务落实意向。组织省内渔业专家，编制《2022年黑龙江省渔业主导品种及主推技术手册》《黑龙江省渔业高质量发展项目实施技术指导手册》等材料，就稻渔综合种养相关技术进行详细讲解，科学指导稻渔综合种养工作。2022年，全省共计落实稻渔综合种养面积6.8万公顷，其中，经济效益较高的稻蟹面积1.73万公顷。组织各地积极创建国家级水产健康养殖和生态养殖示范区，增强产业发展活力，加快提升创建示范水平，带动渔业绿色高质量发展，2022年，泰来县以县级人民政府为主体、巴彦县冠一江湾水库养殖场以生产经营单位为主体获批国家级水产健康养殖和生态养殖示范区。

3.确定省级水产原良种场，合理保护和利用水产种质资源 按照《黑龙江省水产原、良种场管理办法》（黑农厅规〔2021〕13号），组织成立省水产原良种场审定委员会，印发《关于组织开展全省水产原良种场资质申报及复查工作的通知》，启动新一轮水产良种场认定工作。经县（市、区）渔业主管部门申报、市（地）渔业主管部门审核推荐，省级专家组现场验收考评（复查），新通过验收的省级水产原良种场4家，复查合格的2家，全省共有省级水产原良种场19家，并确定第一批水产种质资源保护单位3家，黑龙江农垦震达兴凯湖大白鱼研究所被农业农村部列入国家种业阵型企业名单。全省水产种业基础设施建设力度进一步加大，水产原良种生产主体培优工作进入快速发展阶段。

4.加强宣传策划，推动龙江渔旅协同发展 按照省领导批示精神,省农业农村厅渔业渔政管理局把冷水渔业宣传和品牌建设作为全省优质农产品宣传和品牌创建的重点工作,把冷水鱼产业和产品优势、优质水产品营养价值和独特风味等作为宣传重点,开展与文旅深度融合的渔文化宣传和美食推介活动,全面、生动、深入地宣传全省渔业优质品牌,引导消费,拉动需求。组织、指导镜泊湖水产养殖场、连环湖渔业有限公司、黑龙江农垦震达兴凯湖大白鱼研究所在中央电视台和微信公众号、抖音等网络平台宣传企业和产品,持续扩大品牌影响力。先后在黑龙江卫视的龙视新闻联播中,以"数说龙江好味道"为题,全面推介黑龙江优质水产品,在中央电视台第4频道的《源味中国》节目重点推介连环湖鳙鱼,以及在中央电视台第9频道推介青花湖鳜鱼等。

5.强化渔业项目管理,推动渔业基础设施建设

积极向农业农村部争取渔业渔政项目,以项目资金带动产业发展,有力助推龙江冷水渔业振兴。配合农业农村部部渔业渔政管理局完成农业重大基础设施项目储备报送工作,合理谋划落实2022年渔业发展扶持政策,持续跟踪调度2021年渔业发展政策实施情况。2022年,组织26个水产养殖重点县(市、区),落实渔业高质量发展项目,开展集中连片池塘改造和尾水治理设施等基础设施建设,着力打造龙江优质水产品供应基地。水产品加工项目取得显著成效,打造的酸菜鱼、水煮鱼、小鱼花生等预制菜项目已经面向市场,在大润发、比优特、中央红等实体商超和抖音等网络直播等线上线下共同布局市场,得到消费者的一致认可,地产水产品附加值进一步提升。

6.加强渔政管理,有效遏制非法捕捞行为 黑龙江海事局、省农业农村厅等五部门联合出台《黑龙江省乡镇自用船舶安全管理的指导意见》,源头管控乡镇自用船舶。省农业农村厅、工信厅等六部门建立《涉渔船舶审批修行检验监管协调机制》,从建造环节开始全链条进行渔船管控。配合制定《黑龙江省农业综合行政执法事项指导目录》,细化渔政执法自由裁量权标准。印发《黑龙江省"中国渔政亮剑2022"系列专项执法行动方案》,组织开展禁渔期、中俄边境水域、清理取缔涉渔"三无"船舶和"绝户网"等系列专项执法行动。开展中俄边境水域春秋两季渔政执法检查,强化中俄执法合作。2022年,全省共出动执法车12 640辆次、执法船艇4 366艘次、执法人员4.17万人次,检查渔港码头及渔船自然停靠点4 911个次、船舶网具修造厂点1 248个次、市场1 405个次、渔船18 372艘次,清理取缔"三无"船舶189艘,清理整治违规网具6 844张(顶),查办违法违规案件247起、移交司法处理案件

32起。省农业农村厅渔业渔政管理局等3个单位和6人分别被农业农村部评为"中国渔政亮剑2021"系列专项执法行动成绩突出集体和个人。

7.加强水生野生动物保护,逐步恢复渔业资源

举办2022年全国"放鱼日"、中俄边境水域鲟科鱼类联合增殖放流、省委边防委员会边境巡逻增殖放流等活动,累计增殖放流鱼类苗种9 000余万尾,其中珍稀濒危物种153万尾,有力保护了鱼类资源。针对达氏鳇升级为国家一级重点保护野生动物,哲罗鲑、细鳞鲑等升级为国家二级重点保护野生动物,下发《关于贯彻落实〈国家重点保护野生动物名录〉进一步加强水生野生动物保护管理工作的通知》,组织开展全省打击破坏水生野生动物资源及非法交易水生野生动物专项执法行动和水生野生动物宣传月活动,强化对全省13种土著国家重点保护水生野生动物保护。

8.确保渔业生产形势稳定,遏制渔业安全事故

印发《黑龙江省2022年渔业安全生产工作方案》《2022年全省渔业安全生产专项检查工作方案》《关于开展渔业安全生产"百日攻坚"行动的通知》等多个文件,组织抽调全省20名干部和专业人员,成立5个检查组,以问题为导向,对全省13个市(地)重点县(市、区)的安全责任和各项制度落实、禁渔期内渔船管理、渔船违规载人载货等行为开展安全交叉大检查。对渔业安全生产考核指标现场打分,及时下达整改通知书,提出整改意见,明确整改时限,通报全省检查情况,跟踪整改结果。组织全省各地开展"安全生产月"活动,开展渔业法律法规知识宣传。全省共开展安全生产"公开课""大家谈""班组会"等学习活动111场,参与2 690人次;开展安全宣传进渔港活动205场,参与3 296人次;开展安全宣传上渔船活动383场,参与3 214人次;开展安全宣传进渔户活动204场,参与7 116人次;取得了良好的安全生产宣传效果。结合"百日攻坚"行动,组织全省各地开展"一场警示教育热潮"活动,引导广大渔民树立安全意识。2022年10月,在边境水域禁渔期停产作业时期,组织全体渔民开展一次教育整顿活动,对边境渔民进行反面典型教育,切实将发生越界捕捞等违法行为的风险降到最低。全省边境水域此次教育整顿活动共宣传教育渔民3 590人,举办培训班72次,与渔民签订承诺书2 595份。2022年,全省共出动执法人员5 295人,出动执法车辆1 371辆,检查渔船5 944艘,共查找安全隐患334个,已整改安全隐患334个,整改率100%。

9.持续规范渔船检验工作,提升渔船检验水平

黑龙江省渔业船舶检验机构对全省60多个市、县(区)重点水域进行传统测绘,补充设计安全、环保、经济、适

用的标准化船型,使标准化船型图纸增加至 53 个,并汇编成册。为贯彻落实《交通运输部海事局关于开展 2022 年度船舶检验人员适任资格培训和考试的通知》,全省组织了验船师资格考试,涉及全省 83 个渔业船舶检验机构,共有 213 人报名参加了此次培训考试。黑龙江省渔业船舶检验站完成了铝合金执法艇的图纸审验工作,标志着省内船舶制造企业具备了设计制造高速船舶的能力。

【重点渔业市(县、区)基本情况】

黑龙江省渔业重点市(县、区)基本情况

市(县、区)	总人口 (万人)	渔业总产值 (万元)	水产品产量 (吨)	其　中		养殖面积 (公顷)
				养殖 (吨)	捕捞 (吨)	
肇东市	85.4	82 028.8	49 050	330	48 720	17 794
杜尔伯特蒙古族自治县	19.9	115 965	46 798	9 200	37 598	65 617
肇源县	33	117 742	43 547	39 548	3 999	25 802
绥化市北林区	69.8	47 609	37 662	37	37 625	7 355
密山市	38.9	69 042	29 804	2 000	27 804	24 394
哈尔滨市区	939.5	35 085	25 254	403	24 851	8 182
巴彦县	42	40 282	24 427	285	24 142	4 827
大庆市区	272.7	60 755	24 113		24 113	23 415
安达市	44.7	51 424	19 225	1 295	17 930	18 774
庆安市	26.1	21 792	16 390	394	15 996	4 462

(黑龙江省农业农村厅渔业渔政管理局 张 鹏)

上海市渔业

【概况】 2022 年,上海市共有淡水养殖面积 13 503 公顷,捕捞渔船和渔业辅助船等各类渔船 512 艘;全市水产品总产量 25.89 万吨,同比增长 12.33%,其中淡水水产品产量 11.66 万吨,同比增长 70.39%;海水水产品产量 14.23 万吨,同比减少 12.06%。2022 年,上海渔业总产值达 52.19 亿元,同比增长 17.8%;上海渔民人均纯收入达 30 306.99 元,同比增长 1.73%。

1.长江十年禁渔有序推进 2022 年是长江十年禁渔第二年,上海市长江退捕与禁捕工作领导小组各成员单位和相关部门通力协作,持续保持禁捕执法监管高压态势,加强禁捕执法能力建设,深入开展"清船、净岸、打非"行动,紧盯交界水域、水上往来通道、沿江沿海沿岸,进一步加大巡航强度、执法力度,动态清零"三无"船舶、渔具网具、非法捕捞、违规垂钓等行为,先后组织开展"五一""七一""使命 2022""商渔共治 2022"及长三角联动执法等多次专项(联合)执法行动,做到疫情防控和执法监管"两手抓、两手硬"。禁捕执法能力建设实现重大突破,以"最高标准、最高水平"为导向,在全国率先建成长江禁捕智能管控系统,集成、改造和新建 140 多个感知点位,实现对上海长江口水域 3 200 千米² 全覆盖、全天候"水、陆、空、天"一体化监控,实现智能发现、智能告警、综合研判、调度指挥、属地监管、现场查处和信息共享的智能闭环,智能告警精准率达到 90% 以上;2 艘新建 18 米长江高速渔政执法快艇交付入列;长兴岛公务码头(渔政基地)实现当年规划、当年立项、当年建成,完成交工验收进入试运行。建立实施配套渔政执法工作机制,设立市、区两级执法指挥中心,建立属地责任管控区,实施基层网格化监管,推动建立"市—区—街镇—村社"禁捕监管网格体系,受到农业农村部长江流域渔政监督管理办公室、农业农村部渔政保障中心及市城市运行管理中心的高度肯定。2022 年,全市共清理取缔各类违规网具 281 顶,检查商超、市场、餐饮单位等市场主体 8.6 万个次,监测电商平台超 72 万个次,共计查处捕捞、运输、交易等环节长江涉渔案件 424 起,涉案人员 544 人,拆解"三无"船、艇、筏 25 艘,随着全市长江退捕与禁捕工作有序推进,"水上不捕、市场不卖、餐馆不做、群众不吃"的社会氛围日渐浓厚,长江流域禁捕成效日益显现。

2.水产养殖绿色发展取得新成效 加强水产养殖绿色生产方式推广,2022 年全市共有 583 家水产养殖场按照《上海市水产养殖绿色生产操作规程(试行)》开展绿色生产方式养殖,覆盖水面 8 086 公顷。加强水产养殖尾水治理设施建设和改造,大力推进上年度 1 446 公顷尾水项目建设,下达 1 346 公顷尾水治理面积任务。推进水产健康养殖场建设,2022 年全市共有 32 家水产养殖场获得水产健康养殖场称号。开展水产绿色健康养殖技术推广"五大行动",以 10 个骨干基地为核心,辐射带动 9 个涉农区开展绿色健康养殖,技术服务达 9 934 人次。加强水产养殖遗传资源保护和开发利用,下达 2022 年 10 家水产苗种场 30 个品种水产原种保种补贴资金,促使水产种业可持续发展;有序开展水产养殖种质资源普查,普查完成率达 100%,普查成果质量得到评审专家高度认可。

3.生态资源养护能力得到新提升 加强珍稀濒危物种救护,2022 年全市共收容救护各类水生野生动物及其制品 419 只(尾)。长江口中华鲟保护基地二期项目进展顺利,已完成主体建筑和工艺系统安装调试,即将开展竣工验收。加强渔业资源监测,完善监测调查事前、事中、事后全程监管。开展刀鲚水产种质资源保护区情况调研,形成初步调整意见报农业农村部。实施海洋渔业资源总量管理,组织开展 2022 年全市海蜇专项限额捕捞,16 艘专项捕捞渔船生产秩序良好。持续开展水生生物增殖放流,2022 年全市共投入各类增殖放流资金 1 000 余万元,在重要渔业水域放流各类水生生物 1 亿余尾(只)。

4.安全生产监管水平迈上新台阶 加强水产品质量安全监管,实施国家产地水产品药残监控计划,组织检测 40 份地产养殖水产品,合格率 100%;开展市级

地产养殖水产品例行监测任务,全年组织抽检 152 家水产养殖场 300 份样品,合格率 99%;实施水生动物疫病监测,全年完成国家、本市共 9 种 313 批次水生动物疫病样品监测,合格率 97.44%;组织开展全市水产养殖业执法行动,累计检查水产养殖场 1 364 家次,立案查处 5 起,罚款 1.722 万元。加强外来入侵水生动物防控,开展福寿螺集中灭杀行动,全市共灭螺 157.7 万只,清除卵块 153 万处。加强渔业安全生产监管,组织开展渔业安全宣传月、安全生产"万里行"、安全生产大检查、安全生产"百日攻坚"等行动;会同上海海事局开展"商渔共治 2022"专项行动,协同有关部门加强涉渔船舶监管;加强渔业防台防汛,做好超强台风"轩岚诺"等防范应对工作。开展海洋渔船船上设施(通导、救生消防和海洋宽带设备)更新改造,更新配备"插卡式 AIS"终端、应急示位标、卫星宽带设备、救生消防设备等 6 951 台(套、件)。开展远洋渔船船位监测监控设备核查,通过渔业发展补助政策支持远洋渔船船位、视频监控设备配备,全市远洋渔船船位设备安装率达 100%,视频监控设备安装率达 65%。严格执行西非海域防海盗日报和远洋渔船船位监测日报制度,2022 年未发生违规航行作业、船位异常及远洋涉外安全生产事故。上海市积极响应国家外交战略,指导远洋企业运送援外物资、转运援外使领馆人员和有关专家,多次收到外交部、商务部和驻外使领馆专函致谢。2022 年上海地区无重特大渔业安全事故发生,渔业安全生产形势平稳可控。

5.产业融合和功能拓展取得新成果 远洋渔业稳步推进,产业外扩和产品回国战略稳步实施,2022 年全市远洋渔业企业运回远洋自捕水产 12.22 万吨,占全市远洋捕捞总产量的 95%,优质、高档的深海水产品持续供应市民餐桌。横沙渔港经济区发展规划顺利实施,横沙渔港口岸开放功能逐步显现;截至 2022 年年底,横沙一级渔港建成后累计靠泊渔船 46 359 艘次,装卸货物约 11.81 万吨,水产品交易额约 39.91 亿元;三文鱼加工生产流水线自 2017 年正式投入生产以来,销售额逐年递增,2022 年销售额达 42 476 万元。

【重点渔业区基本情况】

上海市重点渔业区基本情况

地区	渔业人口(人)	渔业产值(万元)	水产品产量(吨)	其　　中				养殖面积(公顷)	
				海洋捕捞(吨)	海水养殖(吨)	内陆捕捞(吨)	淡水养殖(吨)	海水	淡水
崇明区	4 235	115 593	43 255	9 637			33 618		2 909

（续）

地区	渔业人口（人）	渔业产值（万元）	水产品产量（吨）	其　中				养殖面积（公顷）	
				海洋捕捞（吨）	海水养殖（吨）	内陆捕捞（吨）	淡水养殖（吨）	海水	淡水
青浦区	1 883	39 640.6	13 211			489	12 722		1 334
奉贤区	1 362	39 103.98	10 836	140			10 696	220	1 864
金山区	1 149	18 422.3	5 435			98	5 337		766
浦东新区	629	8 517	9 511	1 411			8 100		523

【大事记】

[1]7月27日,农业农村部海洋伏季休渔第四交叉执法工作组一行抵达崇明区,进行为期3天的2022年海洋伏季休渔联合交叉执法行动,并开展基层渔政执法相关工作检查。

[2]9月2日,农业农村部渔政保障中心主任刘忠松一行到宝山区开展长江流域重点水域禁捕退捕工作现场核验和长江禁捕"回头看"检查。

[3]9月17日,由上海长鱼长江水生生物保护基金会主办,市水生野生动植物保护研究中心承办的"我在长江有条鱼"2022年珍稀濒危水生生物增殖放流公益活动在长江口顺利举行。农业农村部长江流域渔政监督管理办公室主任马毅、市农业农村委员会党组成员、副主任陆峥嵘等相关领导参与放流活动。

[4]9月27日,2022年长三角"三省一市"长江禁渔联合执法行动启动仪式在上海市崇明区长兴岛公务码头举行。市农业农村委员会党组成员、市纪委监委驻市农业农村委纪检监察组组长王晓诚、市农业农村委员会党组成员、副主任陆峥嵘等参加活动。

[5]10月12日,上海海洋大学与香港极地研究中心共建北极紫荆站签约仪式暨联合实验室和教育基地揭牌仪式在线上举行。香港特别行政区财政司司长陈茂波,自然资源部国际合作司司长陈丹红,上海市教育委员会副主任李永智,上海市港澳事务办公室副主任周亚军,上海海洋大学校长万荣以及相关高校专家学者和各界人士出席仪式。

[6]12月13日,农业农村部长江流域渔政监督管理办公室在上海崇明召开长江流域打击非法捕捞工作会议。会议通报了2022年1—10月长江流域非法捕捞案件查处情况,分析研讨了案件数量上升原因并研究部署了下阶段执法监管重点工作。

（上海市农业农村委员会　林久兴）

江苏省渔业

【概况】　2022年,全省水产养殖面积58.46万公顷,同比减少0.13%;水产品总产量504.86万吨,同比增长2.24%,其中捕捞产量60.51万吨、同比增长0.31%,养殖产量444.35万吨、同比增长2.5%;渔业产值1 857亿元,同比增长1.25%;渔民人均收入3.01万元,同比增长0.23%。

1.严格落实养殖规划制度　加快推进养殖水域滩涂规划修编,《江苏省养殖水域滩涂规划(2020—2030年)》以及洪泽湖、高宝邵伯湖、骆马湖等3个省管湖泊养殖水域滩涂规划经省政府同意印发实施,省级、13个设区市、73个重点县(市、区)全面完成了养殖水域滩涂规划的政府发布工作,划定了养殖区、限养区和禁养区。推动养殖水域滩涂规划实施,加强养殖区、限养区管理,严禁在禁养区开展水产养殖,依法有序推进禁养区内水产养殖退出。依法依规推进养殖证发放,按照"依法行政、应发尽发"的要求,稳妥推进养殖证发证登记工作。

2.全力抓好水产品稳产保供　加强工作部署,将省政府明确的全省480万吨水产品产量任务写入全省年度渔业渔政重点工作,并分解落实到各地,压实保供责任。推进规划实施,指导各地落实养殖水域滩涂规划,加强养殖区、限养区和禁养区管理,做好水域滩涂养殖登记发证工作,努力稳定水产养殖面积。强化生产管理,印发《关于进一步加强水产养殖生产管理的通知》《关于开展渔业生产指导做好水产品稳产保供工作的通知》,组织开展春季、上半年渔业生产专题调研,在高温干旱季节先后派出两批省市联合工作组下沉一线,指导各地做好春繁春放、生产管理、防灾减灾等工作,为稳定全年渔业生产打好基础。推进生态健康养殖,实施水产绿色健康养殖技术推广"五大行动",总结推广健康养殖模式,提升水产生态健康养殖水平,建成 6 个国家级水产健康养殖和生态养殖示范区。

3.大力实施池塘标准化改造 省政府办公厅印发《关于加快推进池塘标准化改造 促进渔业绿色循环发展的通知》,明确到 2025 年全省计划改造标准化池塘超过 11 万公顷。积极争取中央渔业发展补助,加大省级财政政策支持,省农业农村厅、省财政厅制定"十四五"期间池塘标准化改造省级奖补政策,对完成任务的县(市、区)予以奖补。组织省、市联合调研组开展池塘标准化改造工作专题调研,指导各地用足用好各类支持政策,推动各项工作落到实处。2022 年全省改造标准化池塘超过 4 万公顷,完成了省政府下达的年度任务。

4.推动水产生态健康养殖 种业建设,按照《江苏省第一次水产养殖种质资源普查实施方案(2021—2023 年)》要求,完成普查数据的采集、录入、审核工作。普查结果表明,全省水产养殖普查主体达 67 000 个,水产养殖物种 184 个,水产种质资源 321 个。推进水产新品种选育,推动虾、蟹、藻类、淡(海)水鱼类等 29 个水产类"揭榜挂帅"项目实施,太湖 3 号青虾新品种通过农业农村部审定。不断强化水生动物防疫,组织全省 13 个设区市 72 个重点县(市、区)对鲤春病毒血症等 12 种重大水生动物疫病开展专项监测,全年检测 2 500 多个疫病指标。持续推进水产苗种产地检疫,加强信息化建设和执法监督。大力推进健康养殖示范创建,积极参加国家级水产健康养殖和生态养殖示范区创建,大力实施水产绿色健康养殖技术推广"五大行动",南京市高淳区、盐城市射阳县、江苏水仙实业有限公司、江苏香河农业开发有限公司、江苏三圩盐场、江苏泗洪县金水特种水产养殖有限公司等获评国家级水产健康养殖和生态养殖示范区。

5.强化水产品质量安全监管 加强投入品使用管理,印发《关于加强水产养殖投入品使用管理的通知》等,组织开展水产养殖规范用药科普下乡活动,加大《水产养殖用药明白纸》及法律法规宣传引导,指导养殖者依法依规使用投入品,落实休药期制度,做好养殖"三项记录"管理,提升科学用药水平。加强兽药残留监测,组织开展产地水产品兽药残留监测,加大对大口黑鲈、鳊、乌鳢、大黄鱼等重点品种的监测力度,2022 年抽检产地水产品样品 3 400 多个,合格率达 98% 以上,未发生重大水产品质量安全事件。加强质量安全执法监督,组织开展水产养殖执法行动,每季度定期公示养殖水产品质量安全风险隐患警示信息,督促指导地方加强对抽检中不合格水产品生产单位的跟踪处置,确保抽检中发现的不合格水产品生产单位 100% 得到查处。

6.持续推进长江流域禁捕退捕工作 健全多部门监管联勤联动机制,人防、技防、群防、预防协同发力的"一机四防"监管体系。加强沿江渔政队伍机构编制配备,推进执法装备设施建设,在重点水域周边布建视频、雷达等技防系统。开展"河长制+禁捕水域网格化"管理。加强对非法捕捞易发水域、交界水域和群众举报多发水域的管控,坚持常态化巡查与专项整治行动相结合。2022 年,共查办违法违规案件 4 051 起,涉案人员 4 091 人,其中司法移送案件 159 起、245 人,清理取缔涉渔"三无"船舶 185 艘、违规网具 10 778 张。

7.切实加强水生生物资源养护 加强水产种质资源保护区建设管理,进一步强化涉渔工程监管,推进相关水域重要水生生物栖息地涉渔工程专项执法检查。加强增殖放流管理,在重点渔业水域组织开展全国"放鱼日"等增殖放流活动。2022 年,放流苗种 20 亿尾(粒、只)以上。在省内外调研基础上,制定《江苏省现代化海洋牧场建设工作方案》,积极参加国家级海洋牧场示范区创建,连云港秦山岛东部海域海洋牧场获批第七批国家级海洋牧场示范区。加强资源监测。建立了由农业农村部长江流域水生生物资源监测江苏站牵头统筹的监测体系,成立了江苏省水生生物资源监测体系专家委员会,组织开展长江、重点湖泊、近海等重要渔业水域的资源监测,结果显示,长江、重点湖泊水生生物资源恢复势头较好。按照农业农村部部署完成第 4 次长江江豚江苏段科学考察任务,组织编制并发布《2021 年江苏省水生生物资源与渔业水域环境状况公报》。

8.加强渔业安全生产监管 持续强化责任落实,深入开展隐患治理,扎实推进渔业安全生产专项整治巩固提升、安全大检查、百日攻坚和"商渔共治"等专项行动。4 月,省政府召开全省沿海渔港建设和安全生产视频推进会,强化渔港管理"六个落实",投入 2 100 余万元支持渔船管理服务组织建设。贯彻全国安全生产 15 条硬措施,开展渔业安全生产专项检查,组织沿海三市交叉检查。9 月,以省安全生产委员会办公室名义联合公安、应急、海事等部门对沿海三市开展海洋渔业安全生产专题调研督导。坚持"六盯"工作法和"三率"每日通报,落实渔船安全出海"十个必须",建立沿海"三类船舶"长效管理机制和省级涉渔船舶审批修造检验监管协调机制。开展渔船安全生产"大宣传、大走访、大检查、大提升",加强安全生产执法检查,开展渔船安全检查 9 500 艘次。加强灾害性天气预警和渔船应急避险调度,出台海洋渔船应急避险省级奖补政策,台风轩岚诺、梅花过境期间未发生财产损失和人员伤亡。

9.存在的主要问题 一是稳定渔业生产空间压力较为突出。优良渔业水域不断受到挤压,部分保护区内的限养区水产养殖逐步退出,水产养殖面积逐步减少。二是渔业产业结构有待升级。基础设施建设亟须完善,水产品加工业有待进一步发展,渔业一二三产业融合发展程度不够高,产业结构不尽合理。三是渔业安全管理能力亟待提升。渔业安全生产属地管理责任落实不够,渔业执法体系不够健全,执法装备不够完备,难以满足渔业安全生产管理需求。

【重点渔业市(县、区)基本情况】

江苏省重点渔业市(县、区)基本情况

市 (县、区)	总人口 (万人)	渔业产业 (万元)	水产品 总产量(吨)	其 中				养殖面积(公顷)	
				海洋捕捞 (吨)	海水养殖 (吨)	内陆捕捞 (吨)	淡水养殖 (吨)	海水	淡水
连云港市 赣榆区	99.8	1 317 049	443 206	95 026	268 691	1 178	78 311	24 044	4 635
启东市	107.79	949 000	319 260	154 000	124 730	8 380	32 150	18 887	3 710
如东县	98.26	819 000	324 935	37 150	227 625		60 160	48 551	5 311
兴化市	112.26	1 215 600	306 739			12 240	294 499		32 349
射阳县	91.52	608 600	190 820	25 000	11 000	7 150	147 670	3 000	11 267
东台市	104.08	467 679	183 362	20 000	76 082	8 810	78 470	20 270	6 100
高邮市	78.11	732 719	186 011			2 109	183 902		29 623
盐城市 大丰区	68.73	466 110	167 060	9 875	46 700	11 553	98 932	10 895	9 144
宝应县	84.85	705 048	147 000			14 969	132 031		18 011
盐城市 盐都区	69.58	415 265	113 059	39		2 800	110 220		8 333

【大事记】

[1]1月6日,省推进长江流域禁捕退捕工作领导小组印发《关于成立江苏省长江流域重点水域水生生物资源监测专项工作组的通知》(苏禁捕〔2022〕1号),决定在省推进长江流域禁捕退捕工作领导小组原有"一办四组"框架下,成立资源监测专项工作组,由省农业农村厅牵头,省发展和改革委员会、财政厅、自然资源厅、生态环境厅、交通运输厅、水利厅等成员单位参加,负责统筹全省长江流域重点水域及长江口毗邻海域水生生物资源监测、完整性指数评价和有关发布等工作。

[2]1月7日,省推进长江流域禁捕退捕工作领导小组办公室印发《关于进一步压实责任从严抓好长江禁捕相关问题线索整改的通知》(苏禁捕办〔2022〕3号)。省委副书记张义珍对此专门做出批示,要求压实地方和相关部门责任,确保重大决策严格落实落地。

[3]1月9—12日,根据农业农村部长江流域渔政监督管理办公室《关于开展长江退捕渔民安置保障工作专题调研的通知》要求,部际协调机制成员单位第七调研组到江苏省相关市(县)走访调研,召开座谈会议。省农业农村厅副厅长张建军陪同。

[4]1月19日,《江苏省养殖水域滩涂规划(2020—2030年)》经省政府同意,正式印发实施。

[5]2月8日,省公安厅、生态环境厅、水利厅、农

业农村厅、江苏海事局联合印发《关于推进全省水域联合执法管理体系建设的指导意见》(苏公通〔2022〕47号)。

[6]4月1日,省委办公厅、省政府办公厅印发《关于进一步加强生物多样性保护的实施意见》,对水生生物多样性保护提出明确要求。

[7]4月21日,省推进长江流域禁捕退捕工作领导小组办公室印发《关于做好"五一"期间禁捕退捕有关工作的通知》(苏禁捕办〔2022〕17号),要求各专项组组长单位、各设区市加强"五一"假期全省禁捕退捕信访稳定、执法监管等工作,切实维护和谐稳定的社会环境。

[8]4月22日,省农业农村厅印发《关于海洋伏季休渔的通告》(苏农规〔2022〕3号)。

[9]7月1日,省政府办公厅印发《关于加快推进池塘标准化改造 促进渔业绿色循环发展的通知》,明确到2025年全省计划改造标准化池塘11万公顷。

[10]10月18日,副省长马欣赴扬中市检查指导长江禁捕工作。马欣先后到江之源渔业科技有限公司、扬中市长江禁捕执法基地,观摩长江禁渔视频监控系统平台、登船察看现场,并详细了解十年禁渔退捕渔民收入、雷达监控防控效果、"三无"船舶清理和鱼群种类恢复等各项工作落实情况。

[11]10月31日,为学习贯彻党的二十大和习近平总书记重要指示批示精神,贯彻落实省委、省政府决策部署,进一步加强执法监管,打击涉渔违法行为,巩固禁捕工作成果,维护禁捕秩序稳定,省推进长江流域禁捕退捕工作领导小组办公室印发《关于开展长江禁捕冬季联合专项执法行动的通知》(苏禁捕办〔2022〕28号),决定组织开展为期2个月的冬季联合专项执法行动。

(江苏省农业农村厅　蒋泽敏)

浙江省渔业

【概况】　2022年全省水产品总产量645.6万吨,同比增长3.1%。其中国内海洋捕捞产量257.2万吨,同比基本持平;海水养殖产量149.6万吨,同比增长7.4%;内陆捕捞产量15.6万吨,同比基本持平;淡水养殖产量130.7万吨,同比增长3.4%;远洋渔业产量92.4万吨,同比增长5.4%。全省拥有机动渔船2.50万艘,减少2 085艘;总功率419.4万千瓦,减少23.4万千瓦。全省水产品进出口总量33.9万吨,进出口贸易总额17.0亿美元,同比分别增长5.0%和14.9%。

1.水产养殖业　深入实施水产绿色健康养殖技术推广"五大行动",充分发挥290个省级示范基地(其中国家级骨干基地48个)示范引领作用,加快设施增地,大力推广工厂化循环水、"跑道鱼"等智能化设施养殖,亩均产量和效益分别提高20%、50%。推进模式增效,举办稻渔综合种养现场交流会,新增稻渔综合种养面积0.67万公顷,推广稻渔综合种养面积4.13万公顷(亩均增效3 000~5 000元)。促进绿色低碳,推广尾水治理面积达11.6万公顷,占养殖总面积的83%;配合饲料应用替代率达70%,积极发展海水贝藻类养殖等碳汇渔业。制定出台《浙江省创建国家级水产健康养殖和生态养殖示范区管理细则》,推动新一轮国家级和省级示范创建,不断提升水产养殖业高质量发展水平。全面完成全省水产养殖种质资源普查,相关工作得到农业农村部渔业渔政管理局表扬。推进种业强基,率先在全国启动省级水产种质资源"一主库三分库"立项建设,13家主体入选全国水产种业阵型企业,数量居全国第三,建成环三门湾和湖州地区两个种业集聚区,水产苗种育繁推一体化领跑全国。稳定和拓展渔业发展空间。根据全省非粮化整治后各地养殖水域变化情况调整核减水域面积,全面完成全省《养殖水域滩涂规划》编制,推进水域滩涂养殖证应发尽发,到2022年年底累计全省发放水域滩涂养殖证2 772张,覆盖养殖面积16万公顷。加快建设浙江深远海养殖大黄鱼产业集聚区,年产值近40亿元,成为沿海渔民的共富鱼。

2.国内海洋捕捞业　着力推进海洋捕捞业提质增效。加强渔船渔具进出港检查和常态化海上巡查,规范渔具装载标准,优化作业方式,提倡负责任捕捞;加快蟹笼、钓具等渔捞设施和渔获物分拣等"机器换人";下达资金8 944万元对445艘捕捞渔船进行制冷保鲜设备改造,提升海上一线保鲜能力。实施海洋渔船减船转产行动,出台《浙江省海洋渔船减船转产实施方案》,压减海洋渔船1 501艘,压减功率26万千瓦。制发浙江省海洋渔业资源养护补贴实施方案,及时发放海洋渔业资源养护补贴资金。制定《浙江省限额捕捞管理改革试点工作指导意见》,指导台州玉环市、宁波奉化区、温州洞头区开展全县域限额捕捞管理改革试点,温州瑞安、苍南单一物种限额捕捞管理改革试点和舟山普陀特定水域(基于渔业水域使用权)的限额捕捞管理改革试点。

3.远洋渔业　浙江积极统筹发展与安全,加快远洋渔业基地建设,推进体制机制创新,促进对外交流合作,强化行业监督管理,有力推动远洋渔业规范有序发展,生产规模和综合实力位居全国前列。2022年全省拥有远洋渔船717艘,捕捞产量77万吨,捕捞产值

82亿元,自捕鱼回运率94.5%,均位于全国第一。2022年全省远洋渔业全行业总产值400亿元,同比增长9.58%。同时,坚持"两调度+五环节"工作机制,累计调度接运远洋渔船373艘次,完成9 117名远洋渔业船员(其中外籍船员505名)转运工作,落细落实远洋渔船疫情防控各项措施,确保远洋渔业船员零感染。

4.渔港建设 推进温岭、岱山渔港经济区项目建设进度,其中温岭渔港经济区获中央财政补助资金6 500万元;洞头、玉环渔港经济区项目列入2023年国家级沿海渔港经济区建设试点名单,获中央财政补助资金各7 000万元。完成嵊泗中心渔港整治维护项目、临海市东矶二级渔港升级改造工程、路桥金清港渔船避风锚地建设项目、象山县石浦国家中心渔港改扩建(门前塘)工程、象山鹤浦一级渔港整治维护项目共5个建设项目,新开工龙港肥艚中心渔港避风锚地工程、苍南霞关一级渔港三期工程、温岭中心渔港箬山港区码头及配套工程、温岭市礁山渔港渔业码头工程、温岭中心渔港石塘港区疏浚项目5个建设项目,大力推进玉环大麦屿渔港升级改造项目、苍南信智二级渔港(升级改造)工程等16个续建项目建设进度,加强渔港工程质量和施工安全等管理工作。

5.渔业资源保护 开展长江口禁捕专项执法行动,严格落实长江十年禁渔。牵头联合公安、市场监管部门开展八大水系禁渔执法行动,禁渔期间,开展执法行动5 383次、联合检查796次,移送司法案件375起,取缔违禁渔具6.1万件,查扣涉渔"三无"船筏339艘,开创八大水系首次统一禁渔良好局面。制定实施《浙江省八大水系及近岸海域水生生物资源调查方案

(2022—2025年)》,增殖重要指示物种资源,组织开展全国"放鱼日"系列活动,共投入资金近1.1亿元,放流各类苗种约59.7亿单位。推进沿海11个国家级海洋牧场示范区建设。牵头组织全国专家成功救助搁浅的临海瓜头鲸、象山抹香鲸,得到了农业农村部渔业渔政管理局表扬和新闻媒体广泛好评。

6.渔业安全生产监管 实施海上"千船示范、万船整治"工程,培育创建安全示范引领船598艘,完成4 222艘渔船设施整治提升;淘汰帆张网、涉氨冷藏等高风险渔船304艘,整治"病老"渔船974艘。开展"船证不符、船图不符"专项治理,核查发现"船证不符、船图不符"渔船6 150艘,通过拆解、更新改造、补绘图纸等方式,已完成整治渔船1 982艘。扎实推进"商渔共治2022"专项行动,开展全省万名船长大宣讲云直播活动2次,近百万渔区群众在线观看。改革职务船员资质取得办法,渔民获取船员证书资质效率提高60%以上;优化调低职务船员配员标准,减配职务船员1.4万余名,每年节省渔船人工成本近15亿元。印发沿海各地和成员单位65条重点工作清单,明晰属地、部门、村企、船舶四方115条责任清单,建立并落实联席会商、联合执法、督查督办、考核评价等十大工作机制。全省海上渔船安全生产形势总体稳定向好,全年共发生涉渔安全事故20起,死亡(失踪)28人,同比分别下降39.4%、58.2%。

7.存在主要问题 受资源与环境双重约束,浙江省渔业发展空间受限,水产养殖空间约束日益趋紧,船多鱼少矛盾依然存在,渔业生产的比较效益呈下降态势,渔民增产增收难度逐渐加大。

【重点渔业市(县、区)基本情况】

浙江省重点渔业市(县、区)基本情况

市 (县、区)	总人口 (万人)	渔业 总产值 (万元)	水产品 产量 (吨)	其 中				养殖面积(公顷)	
				海洋捕捞 (吨)	海水养殖 (吨)	内陆捕捞 (吨)	淡水养殖 (吨)	海水	淡水
台州市	232.03	3 288 584	1 456 835	811 495	550 065	11 980	29 781	24 618	3 712
舟山市	182.69	2 887 029	1 883 051	850 462	297 382		563	3 988	68
宁波市	107.49	2 327 238	1 122 779	513 723	398 496	25 732	65 554	32 145	9 109
杭州市	31.69	1 043 616	178 117			16 305	161 812		52 036
温州市	141.01	1 030 438	715 091	395 590	249 793	25 822	26 833	22 688	3 952
舟山市 普陀区	72.81	1 436 660	936 109	341 065	47 826			1 473	

（续）

市 （县、区）	总人口 （万人）	渔业 总产值 （万元）	水产品 产量 （吨）	其　　　中				养殖面积（公顷）	
				海洋捕捞 （吨）	海水养殖 （吨）	内陆捕捞 （吨）	淡水养殖 （吨）	海水	淡水
象山县	57.53	1 208 753	650 120	367 630	176 820	2 180	16 090	11 213	1 380
温岭市	83.74	1 207 907	574 818	453 447	62 977		4 880	4 681	531
玉环市	60.86	720 728	275 446	142 653	125 944	3 494	3 355	3 473	660
三门县	35.90	674 485	334 886	16 018	315 565	377	2 926	13 553	466

【大事记】

[1] 1月20日，省农业农村厅与基里巴斯莱恩和菲尼克斯群岛发展部友好合作视频交流会举行，省农业农村厅副厅长杨大海出席会议并交流研讨。

[2] 1月25日，省渔业互保协会"互保之家"综合管理服务平台上线仪式在杭州举行，省农业农村厅副厅长杨大海视频连线讲话。

[3] 6月9日，2022年全国"放鱼日"暨浙江省海洋水生生物增殖放流活动启动仪式举行，省农业农村厅副厅长杨大海出席。

[4] 9月16日，中国农民丰收节系列活动暨第二十五届中国（象山）开渔节开船仪式在全国六大中心渔港之一的象山石浦港隆重举行。省农业农村厅党组成员、副厅长杨大海出席仪式。

[5] 11月14日，基里巴斯莱恩和菲尼克斯群岛发展部长卡米利特·特马里部长一行来访，省农业农村厅副厅长杨大海参加座谈，双方主要就渔业发展与合作进行了深入交流。

[6] 12月15日，全省年终岁尾海上渔船安全工作视频调度会在杭州召开。

[7] 12月18日，浙江省淡水水产研究所建所70周年发展大会在湖州隆重举行。

（浙江省农业农村厅　杨政军）

安徽省渔业

【概况】　2022年，全省渔业渔政部门深入贯彻党的十九大、二十大精神和习近平总书记关于安徽工作的重要讲话和重要指示精神，认真落实党中央、国务院和省委、省政府关于"疫情要防住、经济要稳住、发展要安全"的决策部署，聚焦"水产品稳产保供"目标定位和"一改、两为、五做到"工作要求，在健康养殖、稻渔种养、设施渔业、长江禁渔、渔政监管、资源养护等方面成效明显，渔业高质量发展、高水平保护和高效能治理取得重要进展。

2022年，全省水产养殖面积41.1万公顷，同比下降0.9%；水产品总产量245.5万吨，同比增长3.8%；渔业经济总产值1 100.8亿元，同比增长8.1%；机动渔船数量5 309艘，同比下降15.6%；渔民人均纯收入25 663.3元，同比增长14.9%，全省渔业经济发展形势良好。

安徽深入践行"大食物观"，坚持生态优先、节约集约、绿色低碳发展，着力推进"江淮粮仓"建设，全力保供中国"鱼池子"。2022年，全省水产品养殖产量234.6万吨、捕捞产量10.9万吨，养捕比例由2021年的94.8∶5.2提高到95.6∶4.4，实现了养捕结构的进一步优化；稻渔综合种养总面积达42.2万公顷，年产优质稻谷320万吨、水产品60万吨，带动农民增收超过100亿元；科学推广工厂化养殖、池塘工程化循环水养殖、集装箱（圈养桶）养殖、渔菜共生等生态健康养殖模式，新增水产品产量3万吨；建成江淮小龙虾产业集群，全产业链产值达320亿元；水产预制菜迈入新赛道，徽州臭鳜鱼年销售收入40亿元，烤鱼品牌"有鱼妖"荣登"2022中国预制菜企业TOP50榜单"第30位。

1. 水产绿色健康养殖持续推进　严格落实养殖水域滩涂规划制度，全省累计发证20 053本、面积362 689公顷，同比新增117 631公顷，动态实现应发尽发。扎实开展水产绿色健康养殖技术推广"五大行动"，88家骨干基地"五大行动"内容全覆盖，创建国家级水产健康养殖和生态养殖示范区6家。修订《安徽省省级水产原良种场资格认定办法》，开展省级水产原良种场资质申报和复查工作，认定（含复查合格）省级良种场38家；入选国家水产种业阵型企业6家；安徽蓝田农业集团有限公司被农业农村部认定为国家级乌龟良种场,全省国家级水产良种场达 4 家。新增养殖池塘标准化改造和尾水治理面积 0.6 万公顷。

2.新兴养殖空间得到持续拓展 出台《持续推进全省稻渔综合种养产业高质量发展的实施意见》,鼓励各地因地制宜拓展稻渔产业发展空间,打造多元化"稻渔模式",新增稻渔综合种养面积 7.4 万公顷,总面积达 42.2 万公顷,分别位居全国第 1 和第 2。支持各地开辟养殖新空间,将资源优势转化为产量"增势",初步形成了"跑道鱼+""陆基圆池+"、工厂化大棚等为代表的设施渔业发展模式,涌现出明光市金桥湾水产养殖公司和潜山市龙坦农业合作社各 16 个跑道养殖槽、歙县徽涵康养生态农业公司 150 个圆桶养殖、太和县有机良庄 70 个集装箱养殖、来安县雅亿环境科技公司 1 000 米^2 大棚南美白对虾养殖等代表企业。截至 2022 年 12 月底,全省投入生产的陆基圆池 2 109 个、集装箱 300 个、池塘养殖槽 375 条、室内工厂化养殖水体 140 万米^3,培育第一批省级数字渔业工厂 12 个。

3.产业融合发展水平持续提升 坚持把水产品加工业和休闲渔业作为推动一二三产业融合发展和全产业链循环发展的抓手,充分发挥水产品加工业接一连三、休闲渔业接二连三的作用,延长产业链,提升价值链。全省小龙虾加工企业 30 多家,年加工量 10.2 万吨,同比增长 27%,为稻虾产业高质量发展奠定了基础。推出了臭鳜鱼、鮰鱼火锅、封鳊鱼、龟肉龟板胶等适应市场需求的新产品和预制菜,打造出屯溪区徽州臭鳜鱼、当涂县河蟹、无为市特色水产品等"一县一业"全产业链示范县 3 个,认定第二批省级长三角绿色农产品生产加工供应基地(水产类)10 个,创建 2022 年"皖美农品"区域公用品牌、企业品牌和产品品牌共 18 个。休闲渔业产业规模不断壮大,全年休闲渔业产值超过 42 亿元,接待人数超过 1 096 万人次,涌现出合肥龙虾节、颍上八里河冬捕节、黄山太平湖生态观光渔场等生产生态融合发展典型。

4.长江十年禁渔成果持续巩固 以省政府名义召开全省春季长江禁捕退捕专题会议,推动省人大修订《安徽省实施〈中华人民共和国渔业法〉办法》,对在禁捕水域垂钓处罚作出规定,为打击违规垂钓提供了有力支撑。开展了全省长江流域重点水域禁捕和退捕渔民安置保障落实情况"回头看"、冬春打击非法捕捞、打击长江刀鲚非法捕捞、打击非法垂钓和商货船偷捕、"四清四无"大排查及重要节假日执法监管等系列专项整治行动以及暗察暗访等活动,非法捕捞行为得到有效遏制,有力巩固了长江禁捕成果。截至 2022 年 12

月底,全省符合条件的退捕渔民转产就业 20 615 人、纳入养老保障 26 780 人,保持动态清零状态。2022 年度全省禁捕退捕工作综合考核获得"优秀"等次,是全国唯一连续 3 年获此殊荣的省份。

5.水生生物管护力度持续增强 完善 2022 年淮河干流禁渔工作实施方案,支持各地实施更严格的禁渔措施。加强重要水生生物栖息地保护,规范重要水生生物栖息地涉渔工程生态补偿。科学推进水生生物增殖放流,指导各地做好全国"放鱼日"同步增殖放流工作,在长江、淮河等重要天然水域放流水生生物 2.5 亿尾。联合省林业局、省公安厅等 11 家单位开展"清风行动",严厉打击涉水野生动物违法犯罪行为,出动执法人员 35 537 人次、车辆 7 140 辆次,监督检查水生野生动物栖息地等场所 5 358 处。第三方监测显示,2022 年长江安徽段采集鉴定鱼类 78 种,较 2021 年增加 25 种,长江刀鲚资源密度显著上升,长江江豚同期考察观测数量增加 29.8%,"母子豚""合家欢"等珍贵场景频现皖江。

6.渔政监管执法成效持续显现 在沿江市(县)增加的 85 名渔业行政、522 名渔政执法事业编制人员以及增设的机构、领导职数基本到位,建立渔政协助巡护队伍 1 450 人,构建起"行政执法人员+渔政协护员+禁捕网格信息员"执法监管体系。省、市、县三级 70 个渔政调度(信息)中心投入使用,长江干流和重点水域基本实现监控有效覆盖,初步建成"一张网、一张图、一平台"、上下联动的全省渔政调度指挥系统。印发《安徽省实施"中国渔政亮剑 2022"系列专项执法行动》,开展了长江流域重点水域常年禁捕、清理取缔涉渔"三无"船舶和"绝户网"、水生野生动物保护和规范利用、涉渔船舶审批修造检验监管、重要水域禁渔、水产养殖用投入品规范使用、打击电鱼行为、渔业安全生产监管等八项专项执法行动,全面护航渔业高质量发展。2022 年,全省查办案件 3 085 起、涉案人员 3 397 人,行政处罚 476.9 万元;移送司法案件 342 起人员 427 人,水产品产地抽检合格率 100%,未发生渔业安全生产责任事故。

7.存在的主要问题 当前,安徽正处于加快推进渔业现代化建设的起步阶段,"渔业大而不强,品种多而不优"的矛盾仍然突出。例如渔业基础设施比较薄弱,水产养殖应变能力脆弱,防灾减灾能力不强,2022 年的持续干旱少雨天气,给江淮分水岭渔业造成直接经济损失近 20 亿元;水产养殖仍以家庭为单位的分散经营方式为主,2 公顷以下的养殖户占比 70% 以上,覆盖了主要淡水养殖品种,生产规模化程度较低,优质渔业品牌太少,难以体现品牌溢价效应。

【重点渔业市（县、区）基本情况】

安徽省重点渔业市（县、区）基本情况

市（县、区）	总人口（万人）	渔业产值（万元）	水产品总产量（吨）	其 中		养殖面积（公顷）
				捕捞（吨）	养殖（吨）	
巢湖市	73	764 440	44 129	285	43 844	4 003
宿松县	60.9	542 031	90 426	4 795	85 631	7 542
当涂县	41.7	515 728	64 535	50	64 485	8 050
庐江县	89.1	503 940	54 485	2 725	51 760	6 100
无为市	82.9	422 200	71 246	688	70 558	12 613
枞阳县	46.3	366 656	67 670		67 670	10 958
望江县	45.9	344 515	72 793	93	72 700	10 164
天长市	61.2	323 858	79 350	750	78 600	10 785
宣城市宣州区	77.3	306 721	69 031	4 996	64 035	8 259
霍邱县	94	296 591	118 617	1 300	117 317	14 179

注：1.渔业总产值排名前10位的县（市、区）；

2.渔业数据来自2022年度安徽省渔业统计年报；

3.总人口数据（截至2022年年底）来自相关市统计局。

【大事记】

[1]2月23日，省农业农村厅印发《2022年淮河干流禁渔工作实施方案》，对淮河干流安徽段（水产种质资源保护区以外）水域禁渔工作作出具体部署。

[2]3月2日，《法制日报》头版刊发"中央依法治国办关于法治政府建设实地督察发现的典型经验做法的通报"，马鞍山市"用法治力量护航'十年禁渔'，推进长江流域生态保护"成为全国农业农村系统唯一入选案例。

[3]3月15日，副省长张曙光主持召开全省春季长江禁捕退捕专题会议，部署开展以长江刀鲚为重点的打击非法捕捞专项整治行动。

[4]3月25日，省人大常委会修正并公布《安徽省实施〈中华人民共和国渔业法〉办法》，对在禁捕水域垂钓处罚做出规定。

[5]3月28日，副省长张曙光出席中国（芜湖）长江渔文化博物馆及园区项目开工活动并宣布开工，农业农村部长江流域渔政监督管理办公室主任马毅致辞。

[6]4月1日，省农业农村厅公布第二批省级长三角绿色农产品生产加工供应基地认定名单125个，其中水产类10个。

[7]4月8日，"吴敏劳模创新工作室"荣获"全国农林水利气象系统示范性劳模和工匠人才创新工作室"荣誉称号，是安徽省唯一、全国水产行业首个获此殊荣的劳模创新工作室。

[8]5月5日，省农业农村厅印发《安徽省"十四五"渔业发展规划》，加快构建"一环引领，两带驱动、三区并进"的渔业高质量发展空间格局。

[9]8月4日，农业农村部公布国家种业阵型企业名单，安徽共有13家企业入选，数量居全国第6位，其中水产类6家。

[10]9月19—27日，第四次全流域长江江豚科学考察（安徽段）活动完成。

[11]10月24日，马鞍山市与江苏省南京市、镇江市三地协同立法实施《关于加强长江江豚保护的决定》，将每年10月24日定为"长江江豚保护宣传日"。

[12]10月25日，2021年度长江流域协助巡护优秀队伍和队员颁奖活动在江西省九江市举行，安徽省3支巡护队伍获"优秀协助巡护队伍"、7名巡护员获

"优秀协助巡护员"荣誉称号。

[13]12月27日,农业农村部、公安部、中国海警局印发《关于对2022年渔业执法系列专项行动工作突出的集体和个人给予表扬的通报》,安徽省农业农村厅渔业渔政管理局等5家单位被评为2022年渔业执法系列专项行动工作突出集体。

[14]12月29日,农业农村部公布《国家级水产健康养殖和生态养殖示范区名单(2022年)》,安徽省6家企业入选。

[15]12月30日,省水产技术推广总站领衔完成的"无环沟繁养一体稻虾综合种养模式创建与推广应用"项目,获第六届中国水产学会范蠡科学技术奖技术推广类二等奖。

(安徽省农业农村厅 霍礼辉)

福建省渔业

【概况】 2022年全省渔业经济总产值3 539.43亿元,同比增长4.15%。全省水产品总产量861.39万吨,同比增长0.98%,其中海洋捕捞产量153.12万吨,同比持平;远洋渔业产量61.53万吨,同比增长1.44%;海水养殖产量547.79万吨,同比增长0.75%;淡水捕捞产量7.20万吨,同比增长0.26%;淡水养殖产量91.75万吨,同比增长3.79%。渔民人均纯收入2.75万元,同比增长6.61%。

1.加快养殖转型升级 开展全省海上养殖转型升级工作,累计升级改造传统渔排37.3万口、筏式浮球2.16万公顷、新建深水大网箱794口,持续提升海上养殖产业生态化、集约化、智能化水平,为全国海上养殖高质量发展提供"福建样板"。稳妥推进深远海装备养殖试点,"福鲍1号""振渔1号""定海湾1号""定海湾2号""泰渔1号""泰渔2号""泰渔3号""乾动1号""乾动2号"等9台深远海养殖装备生产运行状况良好。自2018年以来,全省已累计投资建设深远海养殖装备18台。连江县建成全国首个国家级深远海水产绿色健康养殖示范区。深远海养殖的仿野生大黄鱼和大规格鲍鱼初步形成"良品优质"的品牌效应。农业农村部在福建召开"十四五"渔业高质量发展推进会,总结推广福建海上养殖转型升级等经验做法。

2.推进水产种业振兴 在全国率先出台《推进水产种业高质量发展八条措施》,从种质保存、良种选育、种业创新、体系构建、资金保障等方面,全方位推进水产种业发展。持续加大支持力度,首批下达水产种业专项资金4 200万元。新建5个水产种质资源保种场,7家省级水产良种场、17家省级水产良种场启动升级改造。推进水产种业研发,大黄鱼富发1号通过国家审定成为水产新品种,选育出一批高产、抗逆水产新品系,为水产养殖高质量发展提供"核芯"保障。

3.提升远洋综合实力 优化过洋性渔业布局,支持企业开发新渔场,宏东渔业股份有限公司入渔阿曼。持续提升渔船装备水平,更新改造远洋渔船8艘。支持企业优化重组,4家远洋渔业企业18艘渔船开展重组。加大福州(连江)国家远洋渔业基地建设力度,全年完成投资9.7亿元。落实推动远洋渔业高质量发展八条措施,会同省财政厅联合印发《福建省推动远洋渔业高质量发展补助资金项目实施方案》,推进远洋渔业提质增效。认真做好远洋渔业企业国际履约评分,促进远洋渔业持续健康发展。全省远洋渔业产量61.5万吨,运回48.5万吨,同比分别增长1.44%、3.77%,综合实力继续保持全国前列。

4.实施科技创新驱动 推进厦门南方海洋研究中心建设,构建"孵化基地+平台共享+产业金融+专业展会"的产业创新服务体系。建设海洋生物种业技术国家地方联合工程研究中心,按照"一库一中心四个分中心"模式建设海洋生物种质资源库、海洋生物遗传育种中心和鱼类、虾类、贝类、藻类种业分中心。征集海洋科技创新储备项目76项,支持实施22个关键技术开发和科技成果转化项目,发布大黄鱼深远海养殖技术等16项渔业主推技术,推进海洋与渔业成果孵化转化,多项成果获省级以上科技奖奖励。实施基层水产技术推广体系改革与建设项目,分解下达中央转移支付资金847万元,支持30个主要渔业县(市、区)健全基层水产技术推广体系,建设59个渔业科技示范基地,培训示范基地技术人员、示范主体、渔民等3 204人次。

5.推进加工提质增效 着力提升水产加工能力,安排水产品加工生产项目专项资金,新建水产品加工生产线17条。壮大水产加工龙头企业,引导企业加强创新研发、加快改造升级、提升品牌质量、带动产业链建设,提高企业综合实力和市场竞争力。全省拥有国家级农业产业化重点企业19家、省级龙头企业158家。强化水产品加工品牌建设。2022年新增水产行业省级名牌农产品7个,农产品区域公用品牌1个。

6.强化渔业生态保护 实施水产绿色健康养殖技术推广"五大行动",全省建立骨干基地80个,示范面积近3 700公顷,示范推广水产新品种12个,250家规模以上养殖主体实现养殖尾水循环利用或达标排放,水产养殖用兽药总使用量同比减少6%,抗生素类兽药使用量同比减少12%,大黄鱼养殖骨干基地配合饲料替代率90%以上,创建6个国家级水产健康养殖和生态养殖示范区。强化渔业资源增殖放流,全年放流各类水生生物58.55亿单位。福清市东瀚海域海洋牧场示范区(一期)人工鱼礁建设项目完成礁体投放4.07万空方,创建国家级海洋牧场示范区。出台《福建省海洋渔业资源养护补贴政策实施方案》,推动渔船进出港报告、渔捞日志、渔获物定港上岸、渔具管理、组织化管理等管理制度落实。做好水生野生动物救护,全省各地共救助海豚、海龟、江豚、大鲵、中国鲎等水生野生动物49起、244只(头)。

7.推进休闲渔业发展 2022年,全省休闲渔业产值达15.95亿元,同比增加2.66亿元,同比增长20%。其中,休闲垂钓及采集业营业额3.71亿元,同比增长78.23%;旅游导向型休闲渔业营业额5.25亿元,同比增长19.49%;观赏鱼产业产值4.73亿元,同比增长7.48%。全省接待旅游人数542.39万人,同比下降0.72%。

8.强化防灾减灾基础 推进渔港工程建设,全年开工渔港项目32个、完成投资额14.5亿元,本轮累计开工100个、累计完成投资29.2亿元。启动渔港规划调整工作,厦门、连江国家渔港经济区累计获中央补助2.8亿元、完成年度投资10.6亿元,顺利通过中期验收。完成"渔港工程标后监管平台"建设并上线运行,实现渔港公共交易监管全覆盖,全年共有132个渔港项目在省公共资源交易中心招投标平台挂网招标。印发《福建省海洋渔船卫星互联网项目指导意见》等方案,开展"插卡式AIS"项目建设,为6 200艘渔船配备"插卡式AIS"设备。联合福建海事局公布福建沿海首批"商渔船碰撞高风险警示区"。推广应用"一网一号一中心",在全省应用渔船动态监控管理系统和渔业安全事故直报系统,开通渔业安全应急电话"95166",建立汇聚"人、船、港"等信息的应急处置"一张网"。全年共处置水上突发事件62起,协调组织渔船306艘次、公务船162艘次,参与救助直升机11架次,救助遇险船舶81艘、船员481人。积极防范应对9个台风、2个热带低压和14次强冷空气,共撤离回港海上作业渔船14 477艘、撤离上岸41 791人,实现了海上无人员伤亡的目标。加强海洋观测网建设,保障全省130多套设备稳定运行,分析制作海面风场、浪场和温场卫星遥感专题数据产品近万份。防范处置赤潮12起,赤潮累计持续天数120天,累计最大影响面积263.1千米²,造成渔业直接经济损失约852.75万元。

9.深化渔业安全治理 落实编组编队生产作业制度,全省在册海洋捕捞渔船(含捕捞辅助船)组织化纳管率达99.4%。结合"中国渔政亮剑2022""蓝剑"行动,部署开展渔业安全生产"百日攻坚行动"等,全省共排查发现渔业安全问题隐患5 025个,完成整改4 995个,其他隐患按"闭环管理"要求限期整改。联合福建海事局开展"商渔共治2022"专项行动,并组织开展商渔船船长"面对面"线上直播活动,制作安全生产知识专题微视频《阿浪出海季(第二季)》。开展安全生产督导检查,派出4个海洋伏季休渔执法监管督导组和7个驻港服务组,深入一线服务指导。组织开展3次省、市、县三级联动渔业水上突发事件应急演练,提升部门协同联动、决策指挥和综合救援能力。组织做好渔业船员培训工作,通过"线上+线下"等方式,全年共开展船员培训593期、23 880人。联合公安、海警等部门强化执法监管,统筹海上执法力量,伏休期间全省共开展"蓝剑"行动11次,查办违法违规案件670起,涉案渔获物86.532吨,行政处罚金额656万元,移送司法部门案件53起,形成有力震慑,船籍港休渔率居全国第三。部署开展新一轮涉渔"三无"船舶专项整治,结合"封港清查",加大涉渔"三无"船舶的打击和处置力度。

10.落实民生服务保障 做好水产品质量安全监管,全省4 132家生产主体纳入追溯监管系统,开展监督抽查、风险监测、快速检测等各类抽检1.3万批次,强化重点养殖品种专项整治,全省水产品产地监督抽查合格率99.7%。推动渔业保险"扩面、增品、提标",提升渔业安全生产保障水平,全年渔业互保签单保费4.34亿元,同比增长10.71%,为全省7.31万名渔工、8 159艘渔船、8.2万公顷养殖水面提供渔业风险保障金额1 035.38亿元,同比增长8.08%。沿海12米以上渔船及船上渔工保险覆盖率达96.11%,海上作业远洋渔船及船上渔工实现保险全覆盖。

11.加强渔业执法监管 开展水产养殖与水产品质量安全执法检查,销毁不合格水产品1 082.13千克,行刑衔接18起。开展超规划养殖专项执法检查,下发责令整改通知99份,立案调查案件20起,清理养殖面积3 630.13公顷。组织开展港口巡查,查处违法违规渔船2 321艘,收缴罚款1 377.85万元。开展福建海洋"蓝剑"行动,查获涉嫌违法船舶458艘。查办电鱼案件116起,移交司法部门12起,没收渔具127套。强化海域巡查管控,派出4个监管督导组、7个驻港服务组、70人次赴沿海重点渔区、渔港,指导督促基层落细落实渔船疫情防控闭环管理。

12.推进对外交流合作 支持推动中国-印度尼西

亚"两国双园"建设。组织参加"扬帆出海"人才培训工程——渔业"走出去"国际合作能力建设培训,助力提升区域协作和国际合作水平。4家企业获评农业农村部农业国际贸易高质量发展基地,与省农业农村厅联合开展省级农业国际贸易高质量发展基地评定工作,评审授牌省级基地20家。

【重点渔业市(县、区)基本情况】

福建省重点渔业市(县、区)基本情况

市(县、区)	总人口(万人)	渔业产值(万元)	水产品总产量(吨)	其 中						养殖面积(公顷)	
				海洋捕捞(吨)	远洋渔业(吨)	海水养殖(吨)	内陆捕捞(吨)	淡水养殖(吨)		海水	淡水
连江县	67.6	3 003 574.09	1 290 242	201 955	272 242	808 989	1 022	6 034		19 785	438
莆田市秀屿区	96.4	777 160.19	586 748	57 510		529 238				11 038	
福清市	140.4	1 242 026.35	573 120	15 398	4 271	439 338	529	113 584		18 307	5 847
霞浦县	54.8	1 350 927.31	484 412	72 905	2 440	408 833		234		19 842	37
平潭县	45.3	690 687.23	472 281	103 866	30 366	337 868		181		6 866	46
诏安县	68.2	543 395.43	451 645	55 800		374 639	733	20 473		6 875	1 528
东山县	22.3	832 756.48	449 685	117 850		321 594		10 241		7 610	470
漳州市龙海区	91.5	678 878.28	429 832	92 791		191 700	7 050	138 291		2 287	4 964
漳浦县	94.8	858 459.71	427 010	43 980		319 814	3 400	59 816		14 039	3 603
石狮市	37.3	580 334.60	399 301	288 186	48 590	62 080		445		999	50

【大事记】

[1]1月10日,省海洋与渔业局印发《关于进一步推进海洋与渔业行政审批服务改革工作的通知》,对《福建省海洋与渔业行政审批服务事项体系目录》进行梳理优化,进一步简化和规范相关事项办理手续。

[2]1月24日,省海洋与渔业局印发《福建省渔业船舶水上突发事件应急预案》,对2016年原省海洋与渔业厅印发的《福建省渔业船舶水上突发事件应急预案》进行修订,加强应急处置领导小组和应急指挥机构的部门和人员力量,强化信息报送要求,加强救援力量队伍建设,维护渔区社会和谐稳定。

[3]2月7日,省海洋与渔业局会同省财政厅印发《福建省海洋渔业资源养护补贴政策实施方案》,推动渔船进出港报告、渔捞日志、渔获物定港上岸、渔具管理等管理制度的落实,逐步探索实施限额捕捞、产品合法性标签等制度,降低海洋捕捞强度,进一步有效养护

和科学合理利用海洋渔业资源,促进海洋捕捞行业持续健康发展。

[4]3月1日,从南平市延平区市标至福州市长乐金刚腿的闽江干流江段进入为期4个月的禁渔期。

[5]4月9日至12月31日,省海洋与渔业执法总队开展违规定置网"扫海清网"攻坚行动,有效遏制了浅海滩涂使用违规网具的势头。

[6]4月19日,福建渔业船舶检验局印发《福建省渔业船舶检验质量监督管理规定》(闽渔检〔2022〕7号),从制度层面规定了省市县三级渔业船舶检验机构的具体职责分工,明确检验质量自查的比例与内容,确定检验质量监督的开展频次、方式与要求以及检验质量问题的处置方式。

[7]4月26日,省海洋与渔业局、省财政厅印发《福建省推动远洋渔业高质量发展补助资金项目实施方案》,明确远洋渔业高质量发展补助的总体要求、申报对象、项目类型和奖励标准、申报程序、申报材料、工

作要求等内容,支持新增过洋性、大洋性渔船,购置金枪鱼捕捞船,开拓新渔场,回运自捕水产品等。

[8]4月27日,福建渔业船舶检验局印发《关于开展渔业船舶设计单位技术条件监督工作的通知》(闽渔检〔2022〕8号),在全省范围内部署开展设计单位技术条件监督工作,明确监督标准与方法,从制度上规范了取消渔船设计单位资质认可后福建省渔业船舶设计单位技术条件的监管措施。

[9]4月,省海洋与渔业执法总队开展以"伏休护资源、捕捞须合规;互保防风险、同心战疫情"为主题的2022年海洋伏季休渔宣传月活动。

[10]5月1日,2022年海洋伏季休渔联合执法行动启动仪式在平潭综合实验区举行。

[11]5月6日,省海洋与渔业局会同省财政厅印发《福建省渔业互助保险方案》,持续推进渔业保险"扩面、增品、提标"。

[12]5月12日,"防灾减灾日"系列活动在福州长乐举行,举办福渔救助志愿者联盟新成员加入仪式及联盟成员救助表彰活动,组织省、市、县联合开展渔业海上突发事件应急演练,积极构建防灾减灾人民防线。

[13]6月6日,省海洋与渔业局和省政协人口资源环境委员会、福州市政府联合举办"6·6八闽放鱼日"福州主会场活动,提升公众养护水生生物资源意识,推动生态文明建设。

[14]6月14日,省海洋与渔业局印发《福建省渔业安全生产承诺制度(试行)》,强化安全风险防控,及时排查治理事故隐患,提高渔业安全生产管理水平,有效防范事故发生。

[15]8月11日,省海洋与渔业局联合福建海事局公布福建沿海首批"商渔船碰撞高风险警示区"。

[16]8月24—25日,农业农村部在福建宁德召开"十四五"渔业高质量发展推进会,农业农村部党组成员、副部长马有祥出席会议并讲话,省政府副省长李建成出席会议并致辞,中央外事工作委员会办公室、自然资源部、生态环境部、交通运输部、中国海警局等部门代表,农业农村部相关司局、派出机构和事业单位,各省(自治区、直辖市)及计划单列市渔业主管部门,水产相关高校和社团组织负责同志参加会议。

[17]8月31日,省海洋与渔业局印发福建省"十四五"渔业发展专项规划。

[18]9月,省海洋与渔业局组织开展渔业安全生产"百日攻坚行动"。

[19]11月11日,省海洋与渔业执法总队制定《关

于印发渔业安全生产重点区域执法监管定点帮扶工作方案》,统筹总队和福州市渔业执法力量帮扶连江县的苔菉镇、黄岐镇、筱埕镇。

[20]11月,省海洋与渔业局印发《福建省渔业水域外来入侵水生动物普查实施方案》,组织开展渔业水域外来入侵水生动物普查工作。

[21]12月5日,省海洋与渔业局印发《福建省养殖水域滩涂规划》。

[22]12月21日,省海洋与渔业执法总队制定印发《福建省海洋与渔业行政处罚自由裁量适用规则(试行)》《福建省海洋与渔业行政处罚自由裁量基准一(试行)》,促进海洋与渔业执法机关合法、适当行使行政处罚自由裁量权,加大公民、法人和其他组织的合法权益保护力度。

[23]12月27日,省海洋与渔业执法总队,泉州、莆田、漳州市海洋与渔业执法支队以及厦门市海洋综合行政执法支队被农业农村部评为"2022年渔业执法专项行动工作突出集体"。

[24]12月28日,省海洋与渔业局印发《福建省渔业船舶安全救助终端管理办法》,加强渔船配备北斗示位仪、"插卡式AIS"等设备的规范管理,明确渔业船舶终端配备标准,规范终端的配备、管理、使用、注销和运行维护,强化终端监督管理,提升渔业安全生产的信息化水平。

(福建省海洋与渔业局　许伟澎)

江西省渔业

【概况】 2022年,江西渔业系统努力克服新冠疫情反复,低温冰雪和洪涝、干旱灾害交替等不利影响,迎难而上,扎实做好水产品稳产保供,渔业经济发展和渔政管理保持良好势头。全年渔业经济总产值达1 228亿元,同比增长6.6%。其中第一产业产值600亿元(含苗种),第二产业产值364亿元,第三产业产值264亿元。水产品总产量达283.2万吨,同比增长5.1%;其中养殖产量280万吨,捕捞产量3.2万吨;名特优水产品产量达108.8万吨,占全省水产品总产量38%以上。水产养殖规模保持稳定,养殖面积40.6万公顷,稻渔综合种养面积达16.7万公顷,新增超过1万公顷。全年渔民人均年纯收入17 587元,同比增长9.8%。

1.生产基本盘持续稳固 有序推进百万亩绿色高标准池塘改造行动,2022年安排中央资金8 100万元,完成1 300余公顷改造任务,有效提升了养殖池塘综合生产和可持续发展能力。同时借鉴高标准农田建设做法,对全省涉渔县连片0.33公顷以上基本

养殖池塘进行调查摸底并上图入库,精确掌握各地基本养殖池塘的面积、分布、权属等信息,构建省、市、县三级数据库。大力发展稻渔综合种养,试验推广池塘循环水养殖、工厂化(循环微流水)养殖、圈养桶等陆基渔业和设施渔业,以圈养桶为代表的养殖模式发展迅猛,数量达 2 万余个;在限养区湖泊水库中探索开展"人放天养"的牧渔养水模式,激活大水面渔业产能。

2.产业结构不断调优 全省特种水产品产量达108.9 万吨,同比增长 7.15%。以打造国家级鄱阳湖小龙虾产业集群为重点,近三年累计安排专项资金 2 亿元,以永修、彭泽、吉水等 16 个产业集群项目县为纽带,推进全省小龙虾产业全产业链开发、全价值链提升。成功举办了 2022 年第五届中国(国际)小龙虾产业大会暨首届江西永修鄱阳湖龙虾节。全省小龙虾养殖面积达 16.6 万公顷,全年产量达 25 万吨,一产产值达 90 亿元,综合产值达 300 亿元以上。依托第一产业支撑,积极培育加工、活储、物流等龙头企业,对水产主产区就地加工、淡水产品加工、大宗产品收储加工予以重点支持,加快提升水产品加工和仓储保鲜能力。2022 年投入加工项目资金 5 686 万元,支持地方购置水产加工设施设备 180 余套(台),全省水产品加工能力达 29 万吨,水产品加工率达 24.4%。

3.绿色发展水平有力提升 开展水产绿色健康养殖技术推广"五大行动",在全省创建了 144 家农业农村部"五大行动"骨干基地,集成发布了加州鲈水库流水高产高效养殖、稻虾(小龙虾)综合种养、稻蛙鳅综合种养、池塘养殖尾水处理 4 项主推技术。重点在水产养殖主产区,推动工厂化养殖企业完善养殖尾水治理设施,试点数量达 330 个以上,已覆盖全省所有涉渔县(区)。创建 6 个国家级、12 个省级水产健康养殖和生态养殖示范区。

4.渔政管理水平有效增强 出台了《江西省重点水域垂钓管理办法(试行)》,进一步明确了垂钓清单制度,大力推进《江西省渔业条例》修订工作,从法律层面明确禁止垂钓行为情形及处罚规定,引导休闲垂钓活动健康、规范开展。加强全省 29 个水产种质资源保护区管理,完成了 12 个水产种质资源保护区勘误,有效解决保护区内存在的人口密集区域、民生设施、农业生产活动等历史遗留问题。全年办理渔业特许捕捞许可 15 件;权限内国家重点保护水生野生动物利用特许 28 件。

5.渔业资源养护取得实效 建立健全全省水生生物资源调查监测体系,制定出台《水生生物资源调查监测准许使用的非准用渔具渔法名录》《关于加强水生生

物资源调查监测渔获物规范处置办法》《江西省水生生物资源监测鱼类标本及照片保存实施方案(试行)》等配套文件,在全省布局 111 个监测点位,有力完善了流域性水生生物资源调查监测网络。农业农村部鄱阳湖长江江豚保护基地在省水生生物保护与救助中心创建完成并正式挂牌。组织协调全流域长江江豚科考涉赣有关活动。完成湖口县建立长江江豚迁地保护基地可行性研究报告论证。成功举办第四届长江江豚保护日暨第三届鄱阳湖长江江豚保护论坛。针对鄱阳湖历史罕见极枯水位,联合省内外科研院所开展江豚应急救护,精准投放江豚饵料,解困江豚 111 头。安排增殖放流项目资金 1 417 万元,组织全省 50 余个县(市、区)完成放流任务 2 亿尾以上。建设了 4 个公众定点增殖放流平台。

6.水产品质量安全得到保障 2022 年,江西省承担了农业农村部产地水产品兽药残留监测抽检 75 批次。品种有草鱼、鲫鱼、黄颡鱼、鳊鲂、鳜鱼、黄鳝、牛蛙、克氏原螯虾 7 个种类,基本覆盖了全省大多数水产养殖品种。开展水产动物病害预测预报,完成 1—12 月水产养殖病情测报、预测预报工作,有效指导渔民科学防病;完成 2022 年国家和省级水生动物疫病监测计划任务虾类 3 种疫病、鱼类 6 种疫病共计 180 批样品的采样和检测任务。

7.渔业安全生产平稳运行 以渔业安全生产月活动为载体,组织渔业从业人员参加各类应急演练和知识技能培训,广泛发动渔民群众开展"我是安全吹哨人""查找身边的隐患"等活动。全省上下共开展应急救援演练和知识技能培训 60 场、参与 2 221 人;分别通过开展"我是安全吹哨人"和"查找身边的隐患"活动发现问题 12 项和 32 项,签订第一责任人安全倡议书1 890 份。全省开展安全生产宣传进渔港活动 37 场、参与 1 324 人,上渔船活动 75 场、参与 608 人,进渔户活动 172 场、参与 1 686 人;开展安全生产咨询活动 88 场、参与 3 214 人;制作公益广告、海报、短视频、提示语音等11 500条(份),宣传受众 55 814 人次;开展应急演练活动 34 场、参与 718 人次。

8.存在的主要问题

(1)产业发展空间形势严峻。随着资源环境约束日益加大,传统渔业生产方式受到限制,渔业发展空间不断压缩。全省湖泊水库等大水面采取"人放天养"、所有网箱全部退养,产能骤降,多地存在养殖历史在先的池塘因湿地规划而被迫退养。部分地区因早稻任务优先等顾虑,对发展稻渔综合种养不予支持,近年来养殖面积增速急剧下降。同时还面临渔光互补项目侵占养殖水面或破坏养殖功能等问题。全省水产养殖空间

挤压严重,稳产保供压力较大。

(2)渔业产业化程度有待提升。一是规模化程度不高。全省水产养殖面积虽大,但集中连片的大规模养殖池塘偏少,"小、散、弱"经营主体大量存在,百亩以上的池塘仅为 4.3 万公顷,占比 23%。二是集约化程度不高。传统养殖方式仍占主导,设施渔业近年发展较快,但技术模式不优、盈利水平低、尾水治理难等问题还未攻克,总体还处于探索起步阶段。

(3)产业链短板亟待补齐。一是养殖结构不够优。以草鱼为主的四大家鱼养殖仍占大头,价格长期低迷,名特优水产养殖比例相对较低,"土特产"挖掘利用不够。二是加工水平不高,各地仅有部分烤鳗、小龙虾、四大家鱼加工企业,其他特色鱼类加工企业极少,高附

加值的水产品精深加工方面更是空白。三是一二三产融合不深。"鄱阳湖"作为江西省公共品牌,更是金字招牌,在全国影响力仍然有限,各地本土渔业品牌较少。集线上、线下、活储和冷链物流、相关服务为一体的综合性交易平台较少,养殖户定价话语权微弱,存在优质不优价情况。

(4)水产种业水平偏弱。全省淡水鱼苗产量 340 亿尾,占全国鱼苗生产总量不到 3%,且绝大部分为四大家鱼等常规品种,鲈鱼、鳜鱼、黄颡鱼等名优苗种大部分需从外省引进。水产原良种选育和新品种研发工作落后,仅选育 7 个水产新品种,其中 5 个是 2000 年前研发的,占审定水产新品种的 2.92%,至今没有真正在全国具有影响力的水产种业企业。

【重点渔业市(县、区)基本情况】

江西省重点渔业市(县、区)基本情况

市 (县、区)	渔业人口 (万人)	渔业产值 (万元)	水产品总产量 (吨)	其 中		养殖面积 (公顷)
				捕捞 (吨)	养殖 (吨)	
鄱阳县	2.4008	414 341	175 223		175 223	493.3
余干县	6.386	295 787	165 885		165 885	576.6
南昌县	3.7499	200 600	153 223		153 223	252.1
进贤县	4.9009	338 240	139 580		139 580	672
丰城市	1.7584	169 303	107 307	2 898	104 409	299.7

【大事记】

[1]4 月 2 日,省农业农村厅印发《全省水产养殖百万亩绿色高标准池塘改造行动方案的通知》,推动全省池塘绿色标准化改造。

[2]7 月 9—10 日,第五届中国(国际)小龙虾产业大会于在江西省永修县举办。

[3]9 月 30 日、10 月 1 日,省长叶建春连续两天召开鄱阳湖极枯水位长江江豚保护工作专题会,10 月底,启动应急捕捞和应急迁地。应急捕捞团队历时 20 天,成功转移 111 头长江江豚至深水区,创造了水生野生动物保护的奇迹。

(江西省农业农村厅 曾智勉)

山东省渔业

【概况】 2022 年全省渔业经济总产值 4 413.1 亿元,同比增长 8.96%,渔业产值 1 729.7 亿元,同比减少 0.16%,占农林牧渔业总产值的 14.3%。水产养殖面积 77.2 万公顷,同比增长 0.93%,其中海水养殖面积 61.7 万公顷,同比增长 1.49%,淡水养殖面积 15.5 万公顷,同比减少 1.26%;水产品总产量 881.3 万吨,同比增长 3.1%,其中海水养殖产量 556.1 万吨,同比增长 3.5%;近海捕捞产量 168.8 万吨,同比减少 0.23%;远洋捕捞产量 37.4 万吨,同比增长 10.8%;淡水养殖产量 109.0 万吨,同比增长 4.3%;淡水捕捞产量 10.0 万吨,同比增长 4.4%。渔民人均可支配收入 2.6 万元,同比增长 4.8%。

1.强化渔业顶层设计 制定印发《山东省"十四五"渔业高质量发展规划》《山东省"十四五"水生生物增殖放流发展规划》《山东省"十四五"海洋牧场建设规划》《山东省盐碱地生态渔业发展规划》,高起点谋划全省渔业工作布局。认真贯彻落实黄河流域生态保护和高质量发展战略,制定印发《2022 年全省渔业渔政工

作要点》，建立重点任务台账，推动各项政策措施落地。

2.持续推进水产养殖业绿色发展　联合省财政厅印发《山东省渔业绿色循环发展试点方案》，规范水产养殖池塘标准化改造和尾水达标治理项目管理，共安排 0.33 万公顷 2022 年渔业绿色循环发展试点任务。印发《关于开展 2022 年国家级水产健康养殖和生态养殖示范区创建示范和年度考核工作的通知》，共创建 6 处国家级水产健康养殖和生态养殖示范区。立足生物安保，开展风险点综合管控，建立健全综合防控体系，在全国率先启动海上养殖容量调查评估，由"环节化被动治病"向"全过程主动防病"转变，在全国水生动物疫病防控工作会议上做典型发言。完成 11 种疫病 417 个样品的监测任务，做到实验室抽检覆盖苗种主产区，并及时对病害情况进行应急会商和处置。持续开展山东省水产养殖用投入品专项整治三年行动，印发《进一步加强养殖蛙类（牛蛙、黑斑蛙、棘胸蛙、棘腹蛙等）用药监管的通知》，推动各地实施水产养殖用投入品使用白名单制度，不断提升养殖水产品质量安全水平。为了充分发挥渔业生态、经济、社会效益，助力乡村振兴，提炼出池塘生态养殖、池塘工程化循环水养殖、圆筒式养殖、渔藕综合种养和休闲渔业等适宜全省推广的五个模式，在全省鼓励发展乡村坑塘渔业，促进农村废旧坑塘改造利用，为垃圾坑治理、美丽乡村建设找到了长效建管机制。山东省的典型做法被农业农村部《渔业情况》第 20 期刊发，工作经验在全国推广宣传。

此外，为解决全省重点增养殖海区空间布局、养殖规模、养殖密度等方面存在的问题，科学评价水域滩涂承载能力，推进海上增养殖发展，在沿海重点筏式养殖区试点启动海上养殖容量评估，组织制定了评估技术导则。

3.推动水产种业振兴　完成全省水产养殖种质资源普查省级审核、上报，承接国家安排的北方 5 省水产养殖种质资源基本情况普查审查；配合国家有关单位，启动水产养殖种质资源系统调查、国家水产种质资源库山东分库立项建设。结合水产养殖种质资源基本情况普查和系统调查工作，争取财政支持，组织对天然水域未纳入普查范围的 46 个保护区，开展主要保护物种本底调查。突出水产种质资源创新。国家公布通过审定的水产新品种 26 个，其中山东 12 个，居全国首位。完成到期良种场复查工作，新认定 1 处省级水产良种场。国家公布水产种业阵型企业 121 家，其中山东入选 19 家，居全国首位。山东省遴选的 26 家水产种业领军企业，明确 1＋N＋N（1 个领军企业＋N 个专家团队＋N 个育苗企业）联合育种模式，并安排 3.5 亿元专项扶持资金，逐步健全以企业为主体的商业化育种体系。

4.科学开展增殖放流　联合省财政厅印发《全省水生生物增殖放流工作指导意见》，科学确定增殖放流物种，合理规划放流水域，完善项目监管和品牌引导机制，持续提升增殖放流效果。组织开展水生生物经济物种增殖放流苗种供应单位遴选工作，经逐级推荐、省级复核、网上公示，共推选 194 家增殖放流苗种供应单位。印发《关于做好山东省 2022 年全国"放鱼日"同步增殖放流活动的通知》，联合农业农村部渔业渔政管理局、潍坊市政府举办 6 月 6 日全国"放鱼日"山东主会场启动仪式，联合农业农村部渔业渔政管理局、山东省互联网传媒集团开展了 2022 年"碧水责任·云放鱼"平台线上发布活动，组织各市推荐增殖放流平台上报农业农村部渔业渔政管理局，引导社会公众规范放流、定点放流，线上线下合力推动建立全社会共同参与增殖放流的工作格局。烟台市黄渤海新区被确定为中韩联合增殖放流活动中方永久举办地。全省超额完成 2022 年度增殖放流 70 亿单位的目标任务。制定印发《2022 年度全省"测水配方"工作方案》《关于做好 2022 年度全省"测水配方"应用试验工作的通知》，在全省选取 17 处典型内陆水域开展"测水配方"工作，并将东平湖设立为项目省级核心试验点，持续优化"测水配方"技术，并根据试验数据制定《关于东平湖 2022 年度"放鱼养水"工作的建议》，不断提升放鱼养水科学性、精准性。

5.推进现代化海洋牧场示范创建　会同省发展和改革委员会完成《山东省现代化海洋牧场综合试点成效评估报告》《山东省现代化海洋牧场综合试点经验总结报告》。按照农业农村部部署要求，组织全省前四批 22 家国家级海洋牧场示范区管护单位完成年度评价，配合农业农村部完成了复查工作。完成第六批 3 处国家级海洋牧场示范区人工鱼礁建设项目实施方案编制、专家评审和批复实施。山东省海洋牧场综合管理平台项目建设顺利，已进入系统试运行阶段。3 月 10 日，农业农村部等部委批复复山东省全球首艘 10 万吨级智慧渔业大型养殖工船"国信 1 号"在我国管辖海域开展深远海养殖运营试点。5 月 20 日，"国信 1 号"正式交付运营并开赴东海海域开展养殖作业。"深蓝 1 号"网箱 6 月成功收鱼，标志着我国首次深远海规模化养殖三文鱼（大西洋鲑）取得成功。经农业农村部同意，批复烟台开展深远海养殖试点，经海系列大型智能化深水网箱陆续下水运营。

6.持续做好水生野生动物保护　会同农业农村部渔业渔政管理局等有关单位，在青岛联合举办第二十三届世界海龟日主题宣传启动仪式，会同滨州市政府组织开展水生野生动物科普宣传月启动仪式，不断推动和促进水生野生动物保护事业健康发展。会同省公安厅等单位赴日照市开展日照公安罚没水生野生动物制品处置调研;指导烟台开展海关移交水生野生动物制品处置。根据省纪委机关来函,会同省纪委机关、山东博物馆完成水生野生动物制品三方移交处置等有关事宜。

7. 持续打造渔业全产业链 推进烟台牟平、日照开发区 2 个国家级渔港经济区建设,推进 11 个省级渔港经济区核心渔港整治维护项目实施。组织开展全省水产品加工业基础数据摸底调研,建立全省水产品初加工和冷藏保鲜设施设备建设项目储备库。灵活运用"线上+线下"渔业宣传推广活动方式,组织开展"好品山东"渔业品牌系列宣传活动。在济南举办全国首届水产品预制菜大会。

8. 持续推进远洋渔业稳步发展 全省有 44 家远洋渔业企业获得农业农村部远洋渔业企业资格,企业数量居全国首位。远洋渔船数量 553 艘,实施了 9 个公海大洋性项目和 14 个过洋性项目,作业海域遍及太平洋、大西洋、印度洋公海及加纳、摩洛哥、阿根廷等近20 个国家专属经济区,实现产量 38.9 万吨,产值 57.7 亿元,同比分别上升 16.5%、17.5%,分别位列全国第3、第 2。在 2022 年度农业农村部年度履约评估中,山东省有 6 家企业履约成绩位居全国前 20 位,履约水平位居全国前列。

9. 伏季休渔和黄河流域禁渔力度实现"双加大" 首次联合省公安厅、山东海警局召开全省海洋伏季休渔管理工作会议,开展"百日攻坚"行动,坚持海上、港口、市场多位一体,深入推动伏季休渔全要素、全链条、全环节综合管理。全省累计查办伏休案件 950 起,移送司法处理 17 起。全省伏季休渔制度得到有效落实,社会调查满意度高达 96.3%,近海渔业资源总体持续恢复向好。健全完善特殊经济品种限额捕捞政策,探索了伏休期间"海洋生态、渔业生产、渔民生活"互融共赢的有效路径,狠抓黄河、海河及南四湖等内陆重点水域禁渔管理,建立实施岸段、水面、渔船包保责任制和水陆联动巡查机制,开展农业农村部黄河流域禁渔交叉联合执法检查。全省累计查办内陆水域涉渔违法违规案件 314 起,移送司法案件 22 起。

扎实开展黄河流域禁渔、黄河入海口生态保护执法行动,查处违法违规案件 223 起,推进黄河流域水生生物资源保护。首次开展"护航 2022"黄河流域海洋生态环境保护专项执法,持续开展海域海岛、海洋生态环境保护专项执法,检查用海项目 1 330 个次、海岛407 个次、海洋保护区 11 个次,守护"蓝黄生态"。

10. 涉渔综合治理和"三无"船舶整治实现"双突破" 围绕"打、防、查、管、服"五个方面,继续狠抓海洋涉渔综合整治,渔业、公安、海警等多条战线一体推进,连续侦办海洋涉渔刑事案件 131 起,采取刑事强制措施 691 人。出台加强依港管船、技防智能管控、船舶身份核查、规范渔船交易、伏休渔获物市场管控、燃油补给管控等 10 余项措施,统筹开展涉渔船舶审批修造检验监管,渔船综合管控科学化、规范化水平得到大幅提升。省、市、县三级齐抓共管、条块联动,累计查处涉渔"三无"船舶 1 876 艘,成功端掉青烟威交界海域涉渔"三无"船舶聚集窝点。创新涉渔"三无"船舶第三方评估处置方式,组织开展 2 次全省集中拆解活动,成功拆解大马力涉渔"三无"船舶 12 艘。以省政府名义召开会议,对专项行动进行了总结。

11. 渔政专项执法和联合巡航执法实现"双拓展" 以"中国渔政亮剑 2022"系列专项执法行动为主线,深入推进"绝户网"等非法网具清理整治,取缔违规渔具6 万余套。在全国率先制定全省性内陆水域捕捞渔具渔法禁用目录。加强拖改刺、拖改围、拖(刺、围)改钓渔船执法监管专项行动,查处擅自改变作业类型渔船60 艘。严厉打击"电毒炸"行为,查处相关案件 91 起,收缴电鱼器具 302 台(套)。在全国黄河禁渔、伏季休渔、渔政海警执法协作工作会议上分别做典型发言;被农业农村部表彰为"中国渔政亮剑 2022"系列专项执法行动典型集体。扎实开展水产品质量安全执法,查处相关案件 3 起,发布水产品质量安全警示 4 期。加强水生野生动物保护,开展了"清风行动""网盾行动"等执法行动。会同海警、海事部门开展省际海上渔事纠纷整治、党的二十大海上安保维稳、商渔船碰撞防范等联合巡航执法行动,协作执法的广度深度不断拓展。

12. 船港综合管理和渔船智慧监控实现"双加强" 强化依港管船,开发了渔船进出港登记 App 和渔港执法 App,出台了渔港港章编制规范、渔港等级标准、休闲海钓渔船管理办法、渔船管理导则等制度性文件,探索开展了养殖渔船管理试点。开展了渔船进出港登记、渔港水域拆船、船舶污染渔港水域等五大类 120 项"双随机"执法检查。着力提升政务服务质量,办理涉渔行政许可及其他事项 10 374 件。修订了山东省海洋渔业船舶安全信息终端管理办法,召开了全省"插卡式 AIS"试点工作总结交流会议,加快推进"插卡式AIS"换装和新式北斗更新换代,推广"双北斗"管理,优化升级渔船渔港监控系统,信息化建设不断加强。在省无线电监测竞赛中荣获团体二等奖、最佳组织奖。建立完善省市县三级渔船监控机制,做好 24 小时值班值守,实行动态监测预警,累计发现通导设备异常渔船5 236 艘次、伏休涉嫌违规渔船 444 艘次、涉外违规渔船 37 艘次,发送警示信息 214 万余条,接听处置渔业安全应急电话 100 余次,受理涉海涉渔投诉举报 257 起。

13.综合执法能力和执法办案水平实现"双提升" 出台了渔业重大行政处罚案件集体讨论、法制审核、法律顾问、办案期限"黄红牌"警告、涉案渔获物处置、重点违法违规渔船管理等制度,法治化制度体系不断健全。举办了 8 期"执法大讲堂",建立 13 人组成的公职律师队伍,28 人考取听证主持人资格,执法人员持证率达 100%,2 名执法人员被推荐为全国农业综合行政执法办案能手,执法队伍专业化建设成效显著。开展全省渔业行政执法体制改革交叉检查,召开全省"以案释法"工作会议,发布 15 个指导案例,执法案卷质量得到明显提高,6 个案卷被评为全国优秀渔政执法案卷,为全国数量最多,同时被省司法厅评为首届山东省行政执法标兵(集体);1 个案卷荣获全省十大行政执法优秀案卷,是省直唯一一卷。承办的"琼昌渔 10453/ 10454 船未依法取得捕捞许可证擅自捕捞水产品案",被农业农村部作为典型大案要案案例。

14.安全生产监管和重大应急处置实现"双有力" 组织开渔安全、护渔护航等专项执法行动,督促整改问题渔船 3 114 艘次。深化渔业安全生产三年行动,整改隐患 164 处。抓好渔业海事调查和渔业船员培训质量监管,渔业船员考试发证 2 409 份。做好渔业安全应急救援,举办省级渔业安全应急演练 4 次。全力做好浒苔绿潮灾害处置,投入 6 艘执法船,调配 12 635 艘次渔船,打捞 14.5 万吨浒苔,发挥了打捞主力军作用。积极服务"东方航天港""屯渔戍边"等重大项目建设,保障国防建设需求,组织 16 艘执法船、12 艘民兵渔船,多次配合海上军事演习,圆满完成演训海域扫海、警戒、封线等任务。北部战区发来感谢信,省海洋与渔业执法监察局所属 2 艘执法船被授予"海上支前先锋"称号。

【重点渔业市(县、区)基本情况】

山东省重点渔业市(县、区)基本情况

市(县、区)	总人口(万人)	渔业产值(万元)	水产品总产量(吨)	其中				养殖面积(公顷)	
				海洋捕捞(吨)	海水养殖(吨)	内陆捕捞(吨)	淡水养殖(吨)	海水	淡水
荣成市	71.4	2 415 239	1 330 200	404 974	920 526		4 700	38 874	180
乳山市	44.7	547 013	552 015	32 037	512 564		7 414	42 470	336
长岛	4.0	935 640	413 997	90 036	323 961			54 785	
威海市环翠区	120.2	616 651	366 996	89 580	277 416			10 800	
青岛市黄岛区	199.4	894 611	326 024	65 043	258 602		2 379	13 674	377
海阳市	57.5	761 633	318 466	92 696	224 870		900	15 184	216
即墨市	137.0	759 377	300 175	51 160	248 910		105	13 079	260
威海市文登区	55.5	589 057	292 414	72 600	209 762		10 052	12 000	2 000
莱州市	81.5	607 929	280 950	58 630	222 320			58 383	
青岛市城阳区	116.9	300 370	228 173	30 826	196 650		697	5 379	111

说明:总人口数来自网上查询数据。

【大事记】

[1]3 月 10 日,农业农村部等部委批复山东省全球首艘 10 万吨级智慧渔业大型养殖工船"国信 1 号"在我国管辖海域开展深远海养殖运营试点。5 月 20 日,"国信 1 号"正式交付运营并开赴东海海域开展养殖作业。

[2]4 月 24 日,省农业农村厅部署开展远洋渔业"监管提升年"行动,实施远洋渔业船员整治等五大专项行动,开展全覆盖督导检查,提升行业整体素质,夯

实产业发展根基。

[3]5月19日，农业农村部渔业渔政管理局、省农业农村厅联合举办2022年"碧水责任·云放鱼"平台线上发布活动，创新打造"互联网＋"渔业资源养护宣传新模式，线上线下合力推动建立全社会共同参与增殖放流工作格局。联合农业农村部部渔业渔政管理局、潍坊市政府举办6月6日全国"放鱼日"山东主会场启动仪式。

[4]7月1日，根据省纪委机关来函，会同省纪委机关、山东博物馆完成水生野生动物制品三方移交处置等有关事宜，该批次收缴砗磲制品封存于山东博物馆用于公益科普宣传。

[5]7月29日，烟台市黄渤海新区承办第四届中韩联合增殖放流活动，农业农村部副部长马有祥、山东省副省长江成出席。

[6]8月8日，农业农村部渔业渔政管理局、省农业农村厅共同指导，中国水产流通与加工协会主办的2022中国水产品预制菜及新零售大会在济南开幕，并取得圆满成功。此次大会为全国首次举办的水产品预制菜活动。

[7]9月1日，省农业农村厅、省公安厅、山东海事局及交通运输部北海航海保障中心在威海石岛联合开展执法巡航和执法检查，共同聚焦海上渔事纠纷隐患整治、海上安保维稳、商渔共治等领域，加大巡航执法力度。

[8]9月24日，省农业农村厅、省公安厅、山东海警局联合召开全省海洋伏季休渔管理工作暨渔业安全部署会议，深入推进海洋渔船综合管控，深化共建共治共享新格局。

[9]11月11日，农业农村部批复同意将烟台市黄渤海新区确定为中韩联合增殖放流活动的永久举办地，这是我国自2017年起对韩、对俄、对越开展渔业资源养护跨国合作以来，首个获批的永久举办地。

[10]11月24—27日，2022中国（海南）国际海洋产业博览会山东省远洋渔业专场推介活动成功举办，组织远洋渔业龙头企业集体参展，是全省首次赴外省开展远洋渔业产品专场推介活动。

[11]12月11日，省政府办公厅印发促进远洋渔业高质量发展的意见，在优化产业布局、扩大产业规模、拓展产业链条、加强产品推介等方面给予一揽子政策扶持，是近年来全省首次出台远洋渔业专项扶持发展政策。

[12]12月23日，省农业农村厅印发《山东省盐碱地生态渔业发展规划（2022—2030年）》，因地制宜推进盐碱地渔业发展，实现盐碱地水土资源化利用，提高盐碱地渔农综合生产能力。

（山东省农业农村厅）

河南省渔业

【概况】 2022年，全省水产品总产量942 473吨，同比减少751吨，降低0.08%；其中养殖产量831 545吨，同比减少1 715吨，降低0.21%。渔业利用水面278 919公顷，同比增加4 233公顷；其中养殖面积124 961公顷，同比减少726公顷。渔业经济总产值2 153 546万元，同比增加41 881万元，增长1.98%；其中水产品产值1 474 489万元，同比增加40 377万元，增长2.82%。渔民人均纯收入18 376元，同比增加100元，增长0.55%。

1.拓宽养殖空间，聚力水产品稳产保供 一是积极发展稻渔综合种养。制定《河南省稻渔综合种养高质量发展指导意见》，引导全省稻渔综合种养科学规划、优化布局、科技创新。举办河南省首届优质渔米评比大赛和河南（信阳）首届优质渔米评比暨稻渔综合种养发展论坛，进一步提升优质渔米知名度和品牌价值。截至2022年年底，全省稻渔综合种养面积已超过7.6万公顷、水产品产量12.56万吨，覆盖带动脱贫农（渔）民4万多户10万余人，取得了良好的经济、生态和社会效益。二是大力发展设施渔业。截至2022年年底，全省池塘网箱养殖面积13万米²，工厂化养殖面积15万米²，改造建设标准化池塘逾0.67万公顷，建成27家工厂化养殖场，年产量约7万吨。自主研发的漏斗型底排污循环水池塘（168模式）已在全国推广建设5 280余个，面积698公顷，产值4.5亿元。制定了设施渔业"1341"发展路径，通过打造工厂化设施渔业示范点、智慧渔业示范场、高标准养殖池塘示范区，以点带面，带动全省设施渔业规范化发展。三是稳步开发利用盐碱荒地。全省各地宜渔盐碱地已开发水产养殖面积2 000余公顷，主要在开封市、新乡市等部分盐碱化程度高的地区，开展淡水产品耐盐化和海产品淡化试验性养殖探索。其中兰考县利用成品油价格调整对渔业项目补助资金280余万元，开展的海产品淡化养殖试验已取得阶段性成果。

2.落实资源普查，助推种业能力提升 一是做好水产种质资源普查。成立第一次河南省水产养殖种质资源普查报告与名录编写工作委员会，完成2021—2022年度种质资源遗传材料整理、入库，配合国家水产养殖种质资源普查办公室完成河南省普查数据的最后一次核对，形成最终版普查数据。二是积极开展良种场建设。成功创建国家级水产良种场1个，入选国家种业阵型企业1个，考核认定省级水产原、良种场29个，利用成品油价格调整对渔业补助资金1 432万元建设省级水产良种场6个。特别是新乡市延津县天河水产品有限责任公司成功创建了国家级水产良种场,填补了全省空白。三是举办 2023 年度河南省水产原、良种场场长培训班,进一步规范水产原、良种种质及种苗生产管理。

3.坚持绿色发展,促进渔业转型升级 一是做好示范带动。选取 8 个试点县开展池塘标准化改造和养殖尾水治理,有效提高了池塘养殖综合生产能力;积极创建国家级健康养殖和生态养殖示范区 4 个,先后建设省级现代绿色渔业示范场 10 个,大水面绿色渔业示范基地 2 个,稻渔综合种养示范基地 11 个,水产绿色健康养殖技术推广"五大行动"骨干基地 25 个;制定《河南省养殖池塘标准化改造和养殖尾水达标治理技术规范(试行)》,为引领示范全省渔业绿色循环发展提供了样板。二是发展大水面增殖渔业。全省拥有大水面 144 835 公顷,其中增殖水面 137 056公顷,养殖水面 7 779 公顷,借助地方特色等优势,在大中型水库发展不投饵滤食性、草食性鱼类增养殖渔业,逐步形成了"黄河鲤鱼""南湾鱼""陆浑银鱼""龙小甲稻虾""昌盛三文鱼"等知名品牌;先后指导信阳等地成立水库渔业协会,并组织相关人员到大水面渔业发展较好的地区学习探讨水库渔业绿色发展新路径、新举措。三是发展休闲渔业。着力打造渔旅融合、文渔融合、垂钓娱乐、观光渔业、渔业科普等多元化休闲渔业模式,培育了渔业特色小镇、"高山渔村""陆浑度假"等集吃住行于一体的休闲观光渔业,其中陆浑开渔节已连续举办 7 届。全省拥有休闲渔业经营主体 2 221 个,休闲渔业从业人员 14 112 人,年接待人数 2 891 680 人次,年产值 62 161 万元。

4.坚持生态优先,加强渔业资源养护 一是发布《禁渔通告》,对省内长江、淮河、黄河、海河流域禁渔区和禁渔期进行了明确规定。二是开展长江流域重点水域水生生物监测、黄河干流水生生物资源及栖息地调查监测工作,为禁渔效果评估打好坚实基础。三是强化增殖放流管理,重新认定水生生物增殖放流苗种生产供应单位 31 家,新申报定点放流平台 3 个。四是开展外来入侵物种普查(水生动物),为全省外来入侵物种的科学防控、有效治理提供了数据支撑,增强了全民水生野生动物保护和外来入侵物种防控意识。五是加强渔政管理,积极配合农业综合执法工作,重点打击禁渔期禁渔区内电毒炸、无证捕捞等非法活动及非法捕捞、出售、收购、利用国家重点保护水生野生动物及其制品等违法犯罪行为,维护良好的行业管控秩序。

5.坚守安全底线,扛稳行业"三大安全" 一是切实抓好渔业生产安全。创建全国平安渔业示范县 1 个;开展渔业安全生产隐患排查治理专项行动,先后对全省 10 个地(市)、20 余个县(区)的渔业安全生产工作进行了抽查,共抽查渔业生产企业 63 家、渔船 186 艘,帮扶指导重点企业 199 家,部门负责人前往企业宣讲 56 次,未发现重大安全隐患,进一步夯实了渔业安全生产基础,巩固了渔业安全生产法治秩序;连续三年举办渔业船舶水上突发事件应急演练,全面提高了渔业安全生产管理水平。二是全力保障水产品质量安全。认真落实《实施水产养殖用投入品使用白名单制度工作规范(试行)》,增加水产品产地抽检覆盖范围和频次,多年来国家农产品质量安全例行监测和国家产地水产品兽药残留抽检合格率在 95% 以上,巩固了多年无重大水产品质量安全事故的良好局面。三是强化渔业水域生态安全。积极做好水生生物多样性宣传保护、涉渔工程监管和外来水生生物种监督检查,加强重点渔业水域生态环境监测,及时调查处理渔业水域污染事故,全力确保水域生态安全。

6.存在的主要问题 一是养殖空间压缩,稳产保供压力凸显。受生态环境刚性约束及耕地"非农化""非粮化"政策影响,大中型水库、河流滩地和部分池塘逐步退出养殖水域或划为禁养、限养区,传统养殖空间日益受限。二是种业发展滞后,不能满足生产需要。全省仅拥有省级原良种场 29 家,且生产品种单一,繁育能力有限,主要养殖品种特别是名优水产品苗种需要从外地大量购进,远远不能满足养殖需要。三是技术力量薄弱,设施渔业发展受限。设施渔业属于高投入、高技术的养殖方式,部分企业缺乏相关专业人才支撑,养殖技术和管理水平有限,加之各地土地政策收紧,农业设施用地紧缺,一定程度上增加了设施渔业的发展难度。

【重点渔业市(县、区)基本情况】

河南省重点渔业市(县、区)基本情况

市 (县、区)	总人口 (万人)	渔业总产值 (万元)	水产品产量 (吨)	其　　中		养殖面积 (公顷)
				捕捞 (吨)	养殖 (吨)	
潢川县	63.03	60 808	55 040	1 329	53 711	9 388

（续）

市 （县、区）	总人口 （万人）	渔业总产值 （万元）	水产品产量 （吨）	其　　中		养殖面积 （公顷）
				捕捞 （吨）	养殖 （吨）	
汝南县	89.49	166 387	37 700	28 470	9 230	1 364
固始县	102.95	63 548	36 901	616	36 285	10 099
商城县	45.54	64 303	35 700	2 900	32 800	4 400
罗山县	48.88	56 670	34 933	1 016	33 917	5 028

【大事记】

[1] 2月16日，印发《河南省农业农村厅关于2022年实行禁渔期制度的通告》，全省四大流域陆续开始进入禁渔期。

[2] 6月6日，根据农业农村部全国"放鱼日"统一行动安排，进一步加大水生生物资源养护力度，改善生态环境，省农业农村厅联合各相关单位举办2022年河南省水生生物增殖放流活动。

[3] 6月16日，在嵩县陆浑水库万安渔港码头，举办2022年河南省渔业"安全生产月"活动，活动旨在推动安全生产"十五条硬措施"在渔业行业的贯彻落实，抓实抓牢渔业安全事故防范工作。

[4] 9月20日，2022河南省渔业水上突发事件应急演练在汝南县宿鸭湖水库宋岗码头举行。演练真实地模拟了渔船发生碰撞事故的应急处置场景，具有较强的针对性和实战性，为今后渔业安全生产、应急管理和渔业水上搜救积累了宝贵经验，既锻炼了救援队伍，又提高了实战水平。

[5] 12月15日，印发《岁末年初渔业安全生产重大隐患专项整治和督导检查方案》，开展岁末年初渔业安全生产隐患排查治理专项行动。

（河南省农业农村厅水产局）

湖北省渔业

【概况】 2022年，全省水产养殖面积52.66万公顷，同比增长2.01%；水产品总产量500.42万吨，同比增长3.56%，连续27年淡水水产品总量全国第一，其中养殖产量498万吨，同比增长3.62%；捕捞产量2.4万吨，同比减少6.98%。渔业经济总产值3 513.4亿元，同比增长11.9%；其中渔业第一产业产值1 584.3亿元（含苗种产值112.1亿元），同比增长8.57%，占全省农林牧渔业总产值的17.7%；渔业工业和建筑业产值803.9亿元，同比增长28.7%；渔业流通和服务业产值1 125.1亿元，同比增长6.62%。

1.坚持生态优先，推进绿色渔业 贯彻新发展理念，做到不与粮争地，不与人争水，进一步擦亮湖北渔业绿色底色。一是规范发展稻渔综合种养。实现"一水两用、一田双收、稳粮增效、粮渔共赢、生态环保"，2022年全省稻渔种养面积超过53万公顷，产出水产品100万吨，居全国第一。二是大力发展现代设施渔业。推广工程化循环水、陆基高位池、"零排放"圈养、"海鲜陆养"等现代养殖方式，打造渔业经济新增长极，全省已建成"零排放"圈养桶1 709个、陆基圆池7 435个、池塘跑道2 702条、工厂化循环水养殖规模196万米³，全省设施渔业规模达到462万米³。三是积极发展大水面生态渔业。全省39个县（市）组建国有平台公司，统一运营大水面资源，初步形成以现代化经营理念、实行集中统一经营管理的格局，壮大了新型经营主体，带动了集体经济发展。四是强力推进水产养殖尾水治理。编制专项规划，全面推行"三池两坝"、复合人工湿地等治理模式，已改造治理连片养殖池塘6.37万公顷。

2.坚持创新驱动，推进高质高效 依托科研单位集群优势，推动品种、技术、装备等研发创新，促进渔业高质量发展。一是做强种业"芯片"。实施渔业种业振兴行动，培育出19个水产新品种，在潜江市挂牌成立湖北省小龙虾产业技术研究院，打造小龙虾全产业链的应用性研究机构。洪湖市积极与中国科学院水生生物研究所、华中农业大学等科研院所合作，建设本地小龙虾苗种繁育示范基地2个。支持仙桃、公安、赤壁等地开展黄鳝苗种仿生态繁育、全人工规模化繁育技术攻关，黄鳝人工繁育技术取得突破，年产黄鳝苗种6 000多万尾。开展长江野生鱼驯化繁育"6条鱼工程"，长江刀鱼首次实现人工养殖成功；创建国家级水产原良种场12家，年繁育水产苗种1 363亿尾。二是做优特色品种。坚持"一鱼一产业"发展战略,打造小龙虾千亿元产业,培育河蟹、鳝鳅百亿元产业。2022年,全省小龙虾产量113.84万吨,占全国产量的41%,小龙虾产业链总产值达1 465亿元,同比增长10.5%;黄鳝产量15.43万吨,占全国产量的44%;黄颡鱼产量15.28万吨,占全国的24%,均居全国第一。河蟹产量16.19万吨,占全国的20%;鳜鱼产量7.66万吨,占全国的18%;龟鳖产量7.51万吨,占全国的17%,均居全国第二。其中,小龙虾产业链是全省重点支持建设的十大农业产业链之一。2022年,配合省财政厅形成《2022年小龙虾产业链工作计划和要点清单》,召开小龙虾科技创新项目初审会,举行全省小龙虾产业链工作协调推进会,组织开展2021年小龙虾产业链奖补资金项目绩效考评,建立健全小龙虾产业链统计和监测体系,开展小龙虾产业链推进情况联合调研并形成报告。三是做好数字赋能。在潜江建立虾稻产业大数据中心,定期发布小龙虾价格指数。建设"湖北省渔业科技超市",打造覆盖渔业全产业链的云服务体系。投入财政资金5.3亿元支持视频监控、无人机等高科技渔政执法装备建设,投资4.07亿元建设禁捕"天网工程"监控系统88个,实现禁捕水域全覆盖。

3.坚持融合发展,推进渔业升级 省领导担任特色淡水产品产业链链长,印发《十条产业链实施方案》,推进产业深度融合。一是加工强链。每年安排项目资金近1亿元,支持加工企业技改扩规,现有水产加工企业323家,其中规模以上企业148家,国家级龙头企业9家,省级龙头企业87家,水产加工品总量144万吨,涵盖冷冻品、干制品、熏制品等10大系列100多个产品。打造水产产业化联合体17个,水产品加工能力突破260万吨,加工产值近600亿元,同比增长32.5%。二是品牌延链。组织举办湖北农业博览会、潜江龙虾节、仙桃黄鳝节等活动,全力打造"潜江龙虾""仙桃黄鳝""武昌鱼""荆州鱼糕"等精品名牌,"潜江龙虾"区域公用品牌建设取得重大突破,入选农业农村部农业品牌精品培育计划,2022年品牌价值达到288.9亿元,连续4年居全国小龙虾品牌价值榜首。三是业态补链。加快水产品产地批发市场、交易中心和冷链物流体系建设,大力发展直销、团购等新业态,建成各类水产品交易市场300多个。全省休闲渔业经营主体6 733个,年接待1 241万人次。

4.坚持养护资源,推进人水和谐 落实"共抓大保护,不搞大开发"要求,扎实推进长江禁捕,切实加强水生生物保护,实现人与自然和谐共生。一是推动执法监管常态化。983名"江段长"、3 455名"岸线长"、1 884名"巡护员"盯死看牢重点禁捕水域,主动对接沿

江上下6省建立联合执法机制,将每年4月作为禁渔宣传月,"不能捕、不敢捕、不想捕、支持禁、配合查"的良好氛围全面建成。2022年禁捕水域非法捕捞行为由2021年的月均27起下降至2022年的月均不足8起。二是开展禁渔效果持续评估。组织开展全省重点水域水生生物资源监测,全省在"两江两库"(长江、汉江、三峡库区、丹江口库区)、"五湖"(洪湖、梁子湖、长湖、斧头湖、龙感湖)设监测站位36个,开展重点水域水生生物资源常规监测;在长江汉江干流设4个监测站位,开展鱼类"三场一通道"专项监测,同时设51个监测站位对水生生物保护区资源开展本底调查。三是全面加强水生生物多样性保护。科学有序增殖放流,累计放流水生生物苗种超80亿尾,放流中华鲟超150万尾。与中国长江三峡集团有限公司签订开展中华鲟保护合作协议,成立荆州市中华鲟保护中心,推进荆州中华鲟永久性保护基地建设。深入实施长江江豚拯救行动计划,开展"全民爱豚月"活动,长江江豚保护项目"数字江豚"于2022年6月1日正式在武汉上线,推动全民参与爱豚、护江大行动。如期完成江豚科学考察任务,长江江豚在武汉、宜昌、鄂州种群数量扩增明显。长江监利段"四大家鱼"卵苗发生量从不足1亿尾提升到2022年的78.7亿尾。此外,全省还开展珍贵濒危水生野生动物救治救护工作,严厉打击水生野生动物违法交易行为。

5.科技助力绿色发展

一是打造了渔业技术服务云平台——"湖北省渔业科技超市",让渔民拿起手机就能"学技术、解难题、知价格、连市场",深受广大渔民欢迎。截至2022年年底,全省手机App注册用户已达到16.56万个,其中2022年新注册用户4.6万个;累计发布全国渔业行业资讯2 154条、水产品市场价格信息443条,点击量达到163.7万次;创新建立云上课堂,组织直播培训40次,发布技术短视频55条,累计在线参与人数达2 319.2万人次;举办"湖北省渔业科技超市"走进基层活动,建立5个教学示范基地,帮助养殖户"线上有疑惑,线下来学习";开展在线咨询,共回答渔民提问2.58万条,建立了一套水产养殖常见问题库。

二是为破解小龙虾产业发展面临的量大个小、价低滞销、同质化竞争激烈的困局,推动小龙虾产业提档升级,组织专家团队开展"稻虾憨"模式和"七钱虾"模式创新。2022年,新增"稻虾憨"模式试验示范基地11个,示范基地总数达到22个,示范总面积超过200公顷。总结提炼了"稻虾憨""七钱虾"模式技术规范。开展黄鳝高质高效养殖技术研究与集成示范,全省建设

133公顷示范基地和潜江2.7公顷"稻虾鳝"模式研究基地。

三是遴选发布水产养殖主推技术，2022年，遴选2项新技术和1个新品种作为水产力推技术品种，在蕲春、监利、洪湖、汉川等地确定示范点6个，辐射推广池塘种青虾鱼连养技术面积2 000余公顷，池塘"3＋5"河蟹养殖技术推广面积1 000余公顷。在洪湖市举办了现代渔业设施装备现场推介活动，现场展示现代渔业设施装备22台(套)，受到渔民广泛关注。安排水产养殖"三新"示范推广补助资金1 400多万元，在全省支持建设示范基地55个，推广高效养殖技术模式2 400余公顷。

6.加强疫病防控，为绿色健康养殖保驾护航　一是开展水产养殖病情测报和重大水生动物疫病专项监测，掌握疫病分布和流行态势，科学研判防控形势，发布水生动物病害预警预报，指导养殖户采取预防和控制措施。在全省46个县(市)级水生动物疫病防治站设立137个监测点，包括125个国家级健康养殖示范场、3个重点苗种场、1个观赏鱼养殖场和8个其他养殖场，监测面积19万公顷，监测养殖品种17个。2022年共监测到9种养殖对象23种疾病，其中，鱼类疾病13种、虾类疾病6种、鳖病4种，全年发布预警预报信息7期、鱼病防控措施3份，全省没有发生区域性重大水生动物疫情。二是制定《湖北省水产养殖规范用药科普下乡方案》，推行减量用药技术，引导科学用药、规范用药。编印发放《水产养殖用药明白纸》4 000份、《大宗淡水鱼类常见疾病防治及水产养殖规范用药技术手册》2 000本，为规范渔民养殖用药提供技术服务与保障，获得广泛好评。在省内选取3个监测点，开展水产养殖病原微生物耐药性监测工作，重点开展鲫鱼病原微生物耐药性监测，选取检测到数量相对较多的致病菌株进行药敏实验，检测其对8种国标渔药的耐药性，为全省水产养殖业规范用药、科学用药、精准用药提供理论依据和参考。

7.存在的主要问题　湖北现代渔业发展虽然取得一定成绩，但也存在一些突出问题，亟待加以解决。一是种业大而不强。小散企业多，多数水产苗种企业设施简陋、产能较低，没有一家产值过亿元的苗种企业；黄鳝、河蟹、鳜鱼、鲈鱼等名优品种苗种90%依靠外购，养殖存活率低，影响产业高质量发展。二是加工业发展不快。龙头企业实力不强，没有一家水产上市企业；精深加工发展滞后，现代设施配备不够，加工产品主要为冷冻品、鱼糜制品、干腌制品等初级产品，产品附加值和生产利润处于较低水平。三是转型升级压力大。50%以上池塘老旧、设施薄弱，生产和抗灾能力低下；渔业机械化程度低，水质在线监测、远程智能控制等现代装备应用不够；水产养殖环境整治任务艰巨，全省池塘尾水治理资金缺口较大，制约了渔业可持续发展。四是农企利益联结不够。渔民组织化程度低，大部分渔民仍然在"单打独干"；企业与合作社、渔民利益联结不紧密，并未真正实现"利益共享、风险共担"。

【重点渔业市(县、区)基本情况】

湖北省重点渔业市(县、区)基本情况

市(县、区)	渔业人口(人)	渔业产值(万元)	水产品总产量(吨)	其中		养殖面积(公顷)
				捕捞(吨)	养殖(吨)	
洪湖市	8.69	4 597 157	418 104	55	418 104	53 534
仙桃市	11.52	1 074 860	300 331		300 331	35 694
监利县	11.22	3 425 720	286 932		286 932	29 432
沙洋县	2.37	985 776	194 139		194 139	14 973
潜江市	4.52	4 605 283	160 265		160 265	8 577
汉川市	3.78	534 646	157 301		157 301	21 028
钟祥市	3.17	721 395	141 409		141 409	13 200
公安县	2.35	1 069 301	141 483		137 880	12 866

（续）

市（县、区）	渔业人口（人）	渔业产值（万元）	水产品总产量（吨）	其　中		养殖面积（公顷）
				捕捞（吨）	养殖（吨）	
阳新县	2.12	530 325	137 880	4 233	130 847	9 250
石首市	0.07	460 623	126 432		126 432	7 807

（湖北省农业农村厅　魏　蕾）

湖南省渔业

【概况】　2022年，全省渔业渔政工作全面贯彻落实农业农村部和省委、省政府决策部署，始终把抓好现代渔业发展作为保障市场供应、促进农民增收致富的一项重要举措，大力推行生态健康养殖方式，持之以恒推进长江十年禁渔，强化水生生物资源和水域环境保护修复，重点培育了大宗淡水鱼和名优特色水产等一批主导品种，形成了优势产业和特色产区，初步探索出了一条"产业与生态相融、保护与发展互促"的高质量发展路径。

2022年，湖南省水产养殖面积44.91万公顷，同比增长3.70%，其中池塘养殖面积27.77万公顷，同比增长2.70%；水产品产量272.59万吨，同比增长2.44%；发展稻渔综合种养面积35.6万公顷，同比增长5.34%；全省渔业经济总产值1 081.26亿元，同比增长18.66%，首次突破千亿元大关。其中渔业一产产值617.81亿元，同比增长8.23%；渔业工业和建筑业等渔业二产产值150.57亿元，同比增长36.56%；渔业流通和服务业等渔业三产产值312.89亿元，同比增长35.94%。名特优水产品养殖面积14.95万公顷，同比增长3.01%；工厂化养殖面积131.13万米^3。渔民家庭人均纯收入21 879.84元，同比增长6.75%。

1.拓展渔业空间，巩固"基本盘"　一是稳步发展稻渔综合种养。在宜渔稻田区大力发展稻田综合种养，引导稻田规模流转，发展集中连片、高产高效稻田综合种养示范基地。建立"稻渔+"多链式生态节能、种养平衡的高效模式；构建多品种、多模式、多层级的稻田综合种养模式，形成全省稻田综合种养技术体系。2022年全省共发展稻渔综合种养面积35.6万公顷，同比增长5.34%；全省稻渔水产养殖产量53.38万吨，同比增长7.53%。二是积极发展设施渔业。积极引进和研发渔业现代化装备，推广池塘工程化循环水（圈养桶、流水槽）、陆基高位池循环水（铁皮帆布、

PP板）、池塘"跑道式"水槽循环水设施养殖等工厂化、集约化、立体化生态养殖模式，池塘小网箱养殖、工程化养殖、工厂化循环水养殖等设施渔业已建成微循环水养殖槽600多条，2022年工厂化养殖面积131.13万米^3，同比增长92.10%。沅陵县、新化县、安化县等地利用荒山空地，建设圆桶设施，实施工厂化养鱼，既有效利用了荒地资源，还解决了退捕上岸渔民就业问题。

2.推广健康养殖，助力"碳中和"　一是积极开展各类示范创建。科学制定大中型水库和湖泊水产养殖标准，积极推动发展生态型、环保型增殖渔业。2022年桃江县、衡阳县和岳阳恒羽生态农业科技有限公司等6个水产养殖生产经营单位成功创建国家级水产健康养殖和生态养殖示范区。全省139家养殖主体通过国家级水产绿色健康养殖技术推广"五大行动"骨干基地创建或考核复查。二是推进尾水治理。启动池塘尾水治理技术指南起草制订工作。持续推进池塘养殖尾水治理，以全省集中连片精养池塘为重点，在澧县、华容县、常德市鼎城区、南县、岳阳县、益阳市赫山区6个水产养殖大县（区）开展养殖池塘标准化改造和尾水治理试点示范。三是强化水产养殖污染防治。2022年全面完成洞庭湖区0.42万公顷水产养殖池塘生态化改造治理任务。"一湖四水"基本实现"四清四无"，水生生物资源逐步得到恢复。

3.提升种业发展水平，培育"动力源"　一是推进水产养殖种质资源普查。截至2021年年底，普查覆盖养殖主体5.7万余个，全国排名第6位，养殖面积近62万公顷，普查到水产养殖物种总数163种。2022年湖南省在全国水产种业振兴研讨会上做了典型发言。由湖南师范大学和省水产科学研究所共同对砂鳖和湘华鲮等8个湖南省特色品种开展种质性能测定和遗传材料制作，对10个地方特色品种（8个系统调查品种加小口白甲鱼和银鲴）在湖南湘云生物科技有限公司等5家有繁育基础的企业进行活体保存。二是启动种源关键核心技术攻关。由湖南师范大学和湖南岳麓山

水产育种科技有限公司共同研制的新型优质鲫鱼合方鲫2号顺利通过了全国水产原种和良种审定委员会的审定,全省已累计培育国家水产新品种10个。按照"消费引导生产、一鱼一产业、一鱼一团队"的原则,省财政投入800万元支持湖南师范大学、省水产科学研究所、湖南农业大学和省现代水产产业技术体系等团队对草鱼、鳜、中华鳖和湘华鲮等10个重点品种,开展绿色优质、多抗高效性状改良及新品种选育联合攻关。三是打造现代水产种业龙头企业。2022年5家湘企入选国家水产种业阵型企业。湖南湘云生物科技有限公司和衡东县大浦托财渔业养殖专业合作社入选"四大家鱼"破难题阵型企业。湖南师范大学、湖南省水产科学研究所和华智生物技术有限公司入选水产技术支撑专业化平台。四是加大宣传力度。为充分展现全省水产种质资源保护与开发利用工作成果,制作了时长10分钟的《种业创新 高地湖南》专题宣传片和1分钟的水产种业宣传短片。

4. 促进三产融合,打造"增长极" 一是物流建设日趋完善。全省水产专业批发市场11个,年交易量大都在20万吨以上。已建成以长沙马王堆、岳阳海吉星等批发市场为龙头,集主产区乡镇分拣中心或收购点、重点县(市)水产品物流园于一体的销售网络。二是推动产业融合。"南县小龙虾""汉寿甲鱼"等14种水产品获国家地理标志保护产品称号。汉寿县组织了中国甲鱼产业发展大会;益阳市资阳区创建了"中国鲫鱼之乡"。水产品加工企业发展到204家,其中国家级重点龙头企业5家、省级龙头企业28家,水产品加工品总量达32.1万吨、加工产值54.7亿元,较2018年实现翻番。三是休闲渔业趋势向好。休闲渔业经营实体9 200余家,其中省级以上休闲渔业示范基地328家,年接待总人数1 100多万人次,产值27亿元,同比增长5.7%。

5. 强化质量监管,编织"安全网" 一是加强养殖业执法检查。通过"双随机、一公开"等专项执法行动,加强对各市(州)的水域滩涂养殖证、水产养殖用投入品使用生产经营情况等开展执法检查。二是启动重大水生动物疫病监测。承担农业农村部下达的国家水生动物疫病监测计划4种疫病监测采集20份样品的任务,增加开展鲫鱼造血器官坏死病等6种疫病的省级监测。强化水产养殖病害动态测报,完成全省水产养殖病害测报数据的审核与上报。湖南省水生动物疫病监控中心获评检测能力验证结果满意。组织全省渔业官方兽医参加全国水产苗种产地检疫知识培训班等,提高业务能力。三是开展水产苗种和产地水产品质量安全监测。全年完成国家和省级产

地水产品质量安全监督抽查370批次,合格率为93.2%;完成水产苗种兽药残留监测270批次,合格率为100%。开展"治违禁 控药残 促提升"三年行动联合巡查,组织强化养殖企业(场、户)质量安全宣传教育培训,指导完善"三项纪录",监督依法用药,推进行业自律,加大诚信体系建设力度。四是强化渔业安全生产监管。持续推进安全生产大检查和"百日攻坚"行动,针对旱季影响渔业安全的因素骤然增多的实际情况,各地制定应对措施,加强鱼塘、渔港、渔政码头等区域基础设施检查,深入排查安全隐患,明确整改责任、时间和措施。全省累计举办安全生产培训82期,培训人员2 804人次。共排查渔业安全生产隐患128个,整改治理128个。

6. 推进长江禁渔,狠抓"大保护" 一是强化组织领导。省委常委、分管副省长主持召开了3次禁捕退捕工作专题会议。组织召开全省禁捕退捕和渔业安全生产工作视频会议。继续将禁捕退捕纳入省政府督查激励事项和河(湖)长制考核体系,纳入省纪委监委"洞庭清波"专项行动和市(县)巡视内容。省禁捕退捕工作领导小组办公室加大禁捕工作日常调度,推进各项工作落实落地,2022年共编印10期工作简报。各地工作领导小组和工作专班主动担当、积极作为,及时召开专题会议,安排部署"回头看"工作,认真梳理问题清单,压实各方责任,积极落实整改。二是强化执法监管。持续推进打击非法捕捞、打击市场销售非法捕捞渔获物专项整治,及时交办督办涉渔违法违规线索,针对重点水域、重点时段、重点环节认真组织开展专项执法或联合执法。1—11月全省共出动渔政执法人员32.2万余人次,查处违法违规案件2 275起,司法移交1 012人。全省公安部门共侦办非法捕捞刑事案件1 993起,打击效能位居全国前列。全省市场监管部门累计出动执法人员29.2万余人次,查处案件76起,有效遏制了湖南省长江流域非法捕捞犯罪活动季节性多发高发的态势。三是强化安置保障。印发《关于巩固强化全省长江禁捕和退捕渔民安置保障工作的通知》《关于进一步强化全省长江流域重点水域退捕渔民安置保障工作的实施方案》《湖南省长江禁捕和退捕渔民安置保障"一对一"帮扶工作方案》。持续开展退捕渔民转产就业跟踪监测,全省已累计开展未就业退捕渔民跟踪回访11 831人次;开展已就业退捕渔民跟踪回访8 357人次,并在系统内对渔民情况进行动态更新。已帮扶19 070名有就业意愿和能力的退捕渔民实现转产就业,动态出现有就业意愿未就业退捕渔民2人;符合参保条件的退捕渔民28 430人全部参加基本养老保险。沅江市洲岛渔民搬迁进展顺利。四是提升监

管能力。制定下发《湖南省长江十年禁渔工作"三年强基础"重点任务实施方案》，积极推进出台《湖南省休闲垂钓管理办法》，大力推进禁捕水域网格化管理体系和智慧渔政系统建设，渔政执法监管效能明显提升。全省共有 13 个市（州）、68 个县（市、区）完成了智慧渔政平台建设；共设立禁捕网格 9 755 个，落实网格管理责任人 19 893 人；已组建渔政协助巡护队伍 69 个，协助巡护员 2 402 人，其中退捕渔民 866 人，初步构建了与长江十年禁渔相适应的人防与技防并重、专管与群护相结合的渔政执法监管新格局。不断加强渔政执法能力建设。按照"需什么建什么、缺什么补什么"的原则，对长江十年禁渔重点水域，配备无人机 78 架，配备执法快艇 45 艘。将智慧渔政工程纳入地方政府绩效考核和河（湖）长制等考核体系，在 14 个市（州）、68 个重点县（市、区），建设以热成像高空瞭望、人脸和车辆船舶识别等为主要探测手段的智能感知高空视频监控系统，共建有监控视频 2 000 多个（套），构建"全天候、全覆盖、全流程、精准识别"的渔政监管网络。五是强化资源保护。严格水生野生动物行政许可、标识管理和涉渔工程水生态影响评价，积极探索水生野生动物可持续保护途径。科学实施水生生物人工增殖放流，组织开展了 6 月 6 日全国"放鱼日"同步增殖放流活动和洞庭湖长江江豚科考活动。针对持续干旱灾情，加大了对江豚等珍稀濒危水生野生保护动物的巡护救护力度，省财政安排 800 万元专项经费，强化对水生生物保护区的管护。从 2022 年水生生物资源监测情况来看，监测到的水生生物种类较禁捕之前增加了近 30 种，20 多年未见的长江鲟、鳤再现洞庭湖及湘江；江豚分布区域延伸、出现频次增加，江豚资源有一定恢复，洞庭湖长江江豚数量由 2017 年的 110 头增加到了 161 头，年均增幅 6.55%，表明长江十年禁渔效果已初步显现。

7.存在的主要问题 一是全省水域资源"碎片化"问题突出。养殖户平均水域面积仅 0.8 公顷左右，水产养殖组织化、规模化和设施化水平低。二是产业结构亟待优化。2022 年全省水产二、三产业产值占总产值的比重低于全国平均水平。三是渔政执法监管能力仍需大力提升。湖南省禁捕水域点多、面广、线长，传统渔政执法监管能力不足、效率低下，非法捕捞、违规垂钓仍然存在，个别地方智慧渔政和网格化管理体系建设滞后、质量不高，急需全面构建与长江十年禁渔相适应的渔政执法监管新模式。

【重点渔业市（县、区）基本情况】

湖南省重点渔业市（县、区）基本情况

| 市（县、区） | 渔业人口（万人） | 渔业产值（万元） | 水产品产量（吨） | 其 中 | | 养殖面积（公顷） |
				捕捞（吨）	养殖（吨）	
岳阳市	9.64	256.17	546 385	30	546 355	83 934
常德市	9.66	272.26	486 269	403	485 866	90 203
益阳市	6.13	210.21	458 804		458 804	58 881
衡阳市	9.62	100.67	297 481	150	297 331	48 162
永州市	13.84	72.05	195 129	647	194 482	27 956
湘阴县	1.98	68.64	186 263		186 263	22 675
沅江市	2.28	82.94	167 300		167 300	14 000
华容县	1.21	77.81	158 327		158 327	17 479
南县	0.91	70.64	155 263		155 263	10 173
安乡县	3.74	48.10	141 000		141 000	14 933

【大事记】

[1]6月6日,在湘江橘子洲头组织开展了增殖放流活动,全年共放流各类水生生物6.7亿尾。

[2]10月22日,全省渔业高质量发展现场推进会在郴州市召开,全面总结了"十三五"以来全省渔业工作情况,对推动渔业高质量发展进行了安排部署。

[3]2022年湖南省被评定为长江流域重点水域禁捕退捕工作考核综合优秀省份。

(湖南省农业农村厅渔业渔政管理处　丁　浩)

广东省渔业

【概况】 2022年,在农业农村部的悉心指导下,广东省渔业渔政各级主管部门坚持以习近平新时代中国特色社会主义思想为指导,按照省委、省政府的部署,认真落实各项渔业发展政策,努力化解疫情不利影响,持续保持攻坚态势,水产品总产量保持增长,现代渔业获得长足发展,渔业经济总产值、水产品总产量连续多年居全国前列。

2022年,全省渔业经济总产值4 309.61亿元,在全国排名第2位;全省水产品总产量894.14万吨,同比增长1.1%,水产品总产量连续4年居全国首位,其中水产养殖产量767.73万吨,连续26年居全国首位;海洋捕捞产量(不含远洋)112.42万吨,同比下降0.26%;远洋渔业产量6.30万吨,同比增长3.59%;淡水捕捞产量7.68万吨,同比下降13.75%。主要水产品价格上涨。规模化基地监测南美白对虾、罗非鱼,分别受成本上涨影响,出塘价格总体小幅上涨,出塘均价分别为52.1元/千克、12.4元/千克,同比分别上涨3%、1%。鱼虾均保持盈利,其中罗非鱼出塘成本11.4元/千克,同比下降1%,出塘盈利0.5元/千克,同比上涨13%;南美白对虾出塘成本33.6元/千克,同比上涨2%,出塘盈利18.5元/千克,同比增长3%。广东省水产品供给充足,质量稳步提升,为丰富城乡居民"菜篮子"供给、稳定农产品价格、保障食品安全发挥了积极作用。

1.深远海养殖发展 2022年,省农业农村厅印发《广东省深远海养殖项目实施方案》,支持发展重力式深水网箱、桁架类大型养殖装备和养殖工船,做好深远海养殖设施装备建设项目的实施。配合省生态环境厅制定《加强海水养殖环境生态监管实施方案》,强化各地主管部门海水养殖生态环境监管主体责任。广东省建设国家下达重力式网箱标准箱534个,桁架类网箱标准箱6个。2022年全省深水网箱养殖596.37万米^{3}水体,产量98 482吨。

2.海洋牧场建设 2022年,省农业农村厅按照国家关于发展海洋牧场的规划和部署,加快推进海洋牧场(人工鱼礁)建设;组织省内国家级海洋牧场示范区年度评价和复审工作,开展工作调研和督导,督促各地海洋牧场项目抓紧落实年度评价和复审工作。督促有关市、县严格按照海洋牧场建设实施方案抓紧建设,加快建设速度。开展海洋牧场转型升级工作调研。截至2022年年底,全省海洋牧场面积1 335千米^2。其中,养护型海洋牧场示范区数量在全国排名第一。

3.水产种业振兴 2022年,省农业农村厅在全省范围内开展水产种质资源系统调查,制定《2022年水产种质资源普查方案》,指导21个地级市开展第一次水产养殖种质资源普查数据核查与补充完善工作,建设珠江流域水产种质资源库,对珠江流域40多个资源性品种进行抢救性收集和驯养保育,对其中的斑鳠、禾花鲤进行模仿自然条件下的人工繁殖;遴选专家团队对斑鳠、大刺鳅、月鳢、三线舌鳎、花鲈、金钱鱼6种鱼开展人工繁育研究;南美白对虾海兴农3号和海茂1号以及大雄杂交鳢雄鳢1号3个水产新品种通过全国水产原种良种审定委员会审定。开展省级优势水产种业企业遴选,全省23家水产种业企业申报,有6家入选国家级优势水产种业企业目录,有8家企业入选国家种业阵型企业。开展省级水产良种场巡查,组织专家对全省57家省级水产良种场中的46家分批次巡查,提出整改意见,限期整改。

4.水产健康养殖技术推广 省农业农村厅制定《广东省2022年水产绿色健康养殖技术推广"五大行动"实施方案》,在全省范围内创建国家级水产健康养殖和生态养殖示范区9个,省级水产健康养殖和生态养殖示范区110个。示范区内开展池塘工程化循环水养殖、工厂化循环水养殖、养殖尾水治理等模式关键技术研发与示范推广。创新举办"云课堂""云直播""轻骑兵"乡村行等活动,培训专业人员1.5万人,形成"广东经验"和"广东方案"。推进示范性美丽渔场建设,开展鱼塘种稻试点,推进深远海养殖等。

广东省渔业"轻骑兵"已发展为包括病害防治、尾水处理等13支专业队伍、200位专家的规模,还有21支超300人次的地(市)级"轻骑兵"队伍。联合科研院所、高等院校、龙头企业、行业协会,开展水产品地标登记、无公害水产品认定指导、水产养殖技术推广等工作,建立轻骑兵乡村行服务新模式,促进产学研推用一体化。2月25日,在广东国际渔业高科技园举办"农技服务乡村行——水产品质量安全'轻骑兵'在行动"活动,渔业"轻骑兵"小分队采集样品611批次,受理、初审 35 份无公害水产品认定申请,颁发证书 32 本,开展佛山加州鲈、湛江蚝、连南稻田鱼、三角(中山)生鱼、顺德草鲩、惠来鲍鱼、南沙青蟹、茂名罗非鱼等地理标志产品登记工作。

5.水产防疫检疫 随着机构改革深入,广东省水产疫病防控人员逐年增加,截至 2022 年年底,全省在岗水产动物疫病防控和检疫人员 443 人,纳入全国官方兽医统一管理的渔业官方兽医 484 名,登记在册渔业乡村兽医 3 809 名。渔业官方兽医培训 1 207 人次,市(县)防疫人员专业技术培训 2 728 人次,渔业乡村兽医技能提升培训 800 人次。2022 年广东有 51 个水生动物防疫检疫实验室通过农业农村部能力测试,获得国家水生动物疫病监测计划和省级水生动物疫病监测计划相应疫病检测实验室备选资格,其中,有 33 个是企业实验室和社会化检测机构。参加认证单位数量同比增长 30.1%,认证通过项目数量同比增长 45.2%,均居全国前列。广东积极发挥远程鱼病诊断网络快速诊断作用,全省设立 9 个专家点,安装 150 套基层网点系统,分布在 19 个市、85 个县(区)水生动物防疫检疫站和 46 家水生动物诊疗机构(鱼病医院),2022 年上传远程会诊水产病害 700 余例。

5 月,珠海桂山岛、湛江英利镇镇海水网箱养殖鱼类相继出现不明原因死亡,经过网络媒体的转载,引发渔民和群众恐慌。省动物疫病预防控制中心组织相关市技术人员,会同中国水产科学研究院南海水产研究所、广东海洋大学的专家赶赴养殖生产一线调查死鱼原因。调查结果表明,桂山岛网箱养殖死鱼的原因是海水溶氧低及刺激隐核虫暴发等因素叠加造成的;英利镇网箱养殖死鱼原因是由于养殖海区低潮期海水溶氧低等水质原因造成短时间大量死亡。在此基础上指导养殖户做好死鱼的打捞工作,并进行无害化处理,防止死鱼造成养殖海区污染。5—6 月潮州拓林湾、惠州考洲洋海水网箱养殖鱼类发生大量死亡现象,省动物疫病预防控制中心及时组织专家前往开展流行病学调查,经现场检测诊断是由感染刺激隐核虫病所引发,进而指导养殖户做好病害防控、规范用药和死鱼无害化处理等应急工作。

2022 年第 9 号台风"马鞍"于 8 月 25 日 10 时 30 分在茂名市电白县沿海登陆,为防止灾后水生动物疫病暴发流行,省动物疫病预防控制中心紧急下拨消毒药物 4 吨给受灾严重的茂名市和阳江市,同时选派技术人员到灾区一线做好死鱼虾无害化处理、水生动物疫病监测预警及公共水域防疫消毒等救灾应急工作,防止灾后复产期间水生动物疫病暴发流行给渔农民造成二次损失。

6.水产品质量安全 2022 年,省级水产品质量安全监督抽查,发现不合格样品 22 批次,合格率为 95.9%,较 2021 年下降 3.2 个百分点。2022 年全省各级渔业行政主管部门以及执法机构依照相关法律法规的规定,对 542 家水产养殖生产单位进行执法检查,发现有 9 家单位存在违法使用国家禁用药物及其他化合物等行为,对其依法作出行政处罚,相关养殖水产品进行无害化处理;其中 2 起案件涉嫌犯罪,移交当地司法机关追究刑事责任。

7.渔港建设攻坚行动 1 月 13 日,广东省政府新闻办公室召开新闻发布会,解读省委实施乡村振兴战略领导小组办公室印发的《广东省渔港建设攻坚行动方案(2021—2025)》。省农业农村厅指导列入《全国沿海渔港建设规划(2018—2025 年)》的全省 17 个沿海渔港经济区所在市(县)完成渔港经济区规划编制和评审;完成广东省"渔港一张图"信息管理平台建设,并上线试运行;推动广州番禺和汕头南澳国家级沿海渔港经济区项目、4 个平安渔港项目及 4 个渔港综合管理试点项目完成前期工作并于 2022 年开工建设;各市(县)加快推进 18 个在建渔港项目建设,9 个项目完工验收;完成渔港建设攻坚行动第一阶段任务。

8.抓牢渔船安全底线 坚持"人民至上、生命至上",时刻紧绷安全生产这根弦,牢牢把住渔船安全生产底线,着眼源头共治,强化标本兼治,抓实抓细渔船安全生产监管措施,切实保障渔民群众生命财产安全,渔船安全监管取得新成效。

健全安全监管制度。全面落实国务院安全生产委员会"十五条"部署,制定实施防范渔船渔港重特大事故"三十五条"。开展"平安广东"渔船安全监管考评,压实属地责任。推动渔船安全监管落地见效,渔民危险作业罪"行刑衔接"成功推进,参与办理全国首宗"琼洋渔 25071"渔船违反防台指令危险作业罪,刑事附带民事公益诉讼案已结案,并成为全国渔政执法典型案例。

严查渔船风险隐患。开展渔船安全生产大检查,编制安全检查指引,重点整治渔船脱检脱管、船证不符、九位码混乱等问题。检查海洋渔船 9.6 万艘次、排查安全隐患 7 015 处,整改九位码异常渔船 2 584 艘,整治"脱检"渔船 3 005 艘,逐船整改过关,及时消除重大安全风险,确保渔船"不安全、不出海"。

强化安全专项检查。紧盯重要时段、重点海域、重点渔船,开展渔船安全监管"百日攻坚"、渔船渔港安全大检查和"商渔共治"专项行动,防范渔船不适航、船员不适任等问题。制定渔船渔民疫情防控指引,实施渔民、渔船、渔港全链条防控,确保渔船渔港不成为海上疫情输入平台。大亚湾大队建成"智慧海洋"系统,实现辖区海域渔船全天候实时监管。

9.水生生物资源增殖放流 2022年,中央财政增殖放流资金安排广东省1476万元,计划增殖放流水生生物29 000万尾(粒)。省农业农村厅印发《关于做好2022年水生生物增殖放流工作的通知》,组织各地科学规范有序开展增殖放流工作。6—7月,全国"放鱼日"活动期间,省农业农村厅组织在汕头、梅州等地开展省级增殖放流活动,加大资源养护宣传力度。2022年度,全省投入中央资金1476万元,整合上年中央财政结转资金255万元,以及市(县)自筹资金以及社会投入资金2295万元,在全省江河流域、海域开展增殖放流行动,共放流海水、淡水和珍稀濒危物种3.7亿尾。其中,海水经济物种增殖放流投入资金1 099.39万元,完成放流苗种27 157万尾;淡水经济物种增殖放流投入资金990.13万元,完成放流苗种10 088万尾。

据放流水域开展增殖放流效果评估显示,海水增殖放流后拖网跟踪调查平均渔业资源密度是本底调查的1.4倍以上,增殖放流评估点海域渔民人均增收均大于350元/年;淡水增殖放流分子标记表明广东鲂增殖放流平均贡献率是6.41%,白鲢增殖放流平均贡献率是10.08%;渔民抽样调查总体满意度为98%。增殖放流工作取得了良好的生态、经济和社会效益。

10.水产种质资源保护区 2022年广东省有国家级水产种质资源保护区17个,由于水产种质资源保护区的管理责任在市(县),而全省又缺少相应的管理制度,造成水产种质保护区的管理机构不健全,管理能力及管理水平参差不齐。为了理顺省、市、县(区)以及涉保护区水域工程建设相关部门的职责权利及义务,2022年,省农业农村厅对全省各国家级水产种质资源保护区开展实地考察,推动出台广东省水产种质资源保护区管理办法(暂行)细则和涉渔工程生态补偿资金管理暂行办法,明确涉水工程建设对保护区影响专题论证评价程序,提升全省水产种质资源保护区建设管理水平。

2022年,省农业农村厅组织开展国家级水产种质资源保护区涉渔工程情况自查、复查及补偿措施整改工作,督促各地制定整改方案,指定专人负责,形成工作台账;督促广州市增城区、从化区4个项目建设单位尽快完成未批先建项目环境影响报告书修改并按程序上报,严格落实生态补偿措施。全省4个未批先建项目中,增城两个项目顺利通过8月进行的国务院大督查现场检查,并于9月14日获农业农村部长江流域渔政监督管理办公室批复;从化两个项目也于

12月12日获农业农村部长江流域渔政监督管理办公室批复。

11.做好海上应急处置 突出科学防御,抓细渔业防台措施。认真落实省防汛防旱防风总指挥部防台"6个100%"要求,有效防御各种台风和热带低压。闻令而动,快速高效处置海上渔船突发事件,切实保障海上渔船生产安全。

提档升级早部署。认真落实渔业防台"3个100%"要求,紧盯载员10人以上渔船、老旧渔船、赴外省生产渔船回港情况,敦促渔船主动避让、提前避风。成功防御"木兰"等台风9个,连续6年实现渔业防台"零死亡"。发送预警信息3 580万条次,组织渔船回港避风8.8万艘次、渔排养殖人员上岸避风6.3万人次。江门、茂名、珠海等地在防台期间,顾全大局,主动担当,妥善安置外省外市渔船、安排渔民紧急上岸避险,有力化解突发险情。

科学应对快处置。坚持闻令而动,成功救助遇险船舶78艘、人员217人。渔船安全事故起数、死亡人数同比分别减少22%、11%,实现"双下降"。积极参与"福景001"轮搜救行动,组织执法船艇230艘次、渔船4 148艘次全力参与搜救。中国海监9068船率先抵达搜救海域、发现搜救目标,受省防总通报表扬,被授予广东省应急救援先进集体称号。省财政首次安排专项资金150万元,补助海难搜救中表现突出的渔船渔民。全年救助遇险船舶78艘、遇险人员217人,有力保障渔民群众生命财产安全。

普及教育强意识。成功办理全国首宗渔船防台领域危险作业刑事附带民事公益诉讼案,被告人被判处拘役3个月,附带公益赔偿20万元,在渔区渔民中引起强烈反响,有效发挥警示作用。收集渔船事故典型案例,编发警示教育宣传海报10万余份,推动安全生产意识深入人心。培训考核渔业船员2.6万名,有效提升渔民持证上岗率。

12.全力打击渔业违法行为 突出重点打击,严抓渔港渔场执法。聚焦重点海域、重点地区、重点时段、重点目标、重点打击,开展"五重"执法,对涉渔违法行为进行严厉打击,严肃整治,维护良好海洋渔业生产秩序。

精心组织"中国渔政亮剑2022"系列执法行动。全面落实"中国渔政亮剑2022"行动部署,制定年度行动方案,确立工作目标,明确任务要求,细化行动部署。统筹执法力量,严打"电毒炸"等非法捕捞行为。严查"钓改休""钓改笼"等违规改变作业方式、非法载客、关闭或屏蔽通导设备等违法行为,严查钓具渔船非法载客,查获非法改装渔船257艘、非法载客270人,有效

防范化解重大渔船安全风险。坚决整治"绝户网",清理违规渔具 170 万米。指导健全珠江禁渔执法新机制,查获涉渔违法案件 218 起,获农业农村部长江流域渔政监督管理办公室充分肯定。开展粤闽、粤港澳、粤桂琼海上联合执法行动,重点整治跨海区作业渔船。积极参与"双反"工作,严厉打击海上走私偷渡等违法行为,查获走私案件 169 起、冻品 1.2 万吨。全年查获涉渔违法案件 5 335 起、两法衔接 119 起,有效维护海上渔船生产秩序。

继续实施最严伏季休渔监管。制定实施南海伏季休渔专项执法方案,明确目标任务、监管重点、执法措施,坚持"最严格伏休制度""最严格伏休管理",省海洋综合执法总队领导多次赴基层督导,全省渔政执法队伍全力以赴坚守一线,全面加强休渔执法监管。从严整治异地休渔渔船,全省渔船返回船籍港休渔率高达 99.91%,位居全国第一,获农业农村部通报表扬。加大休渔期巡航执法力度,特别加强底拖网禁渔区线附近海域巡航,严防外籍渔船侵渔侵权行为。严厉打击违反休渔规定行为,查处违反休渔制度案件 2 210 起,全省休渔秩序稳定。

严厉打击涉渔"三无"船舶。结合渔业执法系列行动,深入开展地毯式海巡、陆查、清港和联勤执法,保持打击涉渔"三无"船舶高压态势,发现一艘、查处一艘、拆解一艘,组织暗访抽查,严打漏网和外逃回流涉渔"三无"船舶,共查扣涉渔"三无"船舶 3 110 艘,销毁 2 150 艘。其中珠海支队开展清港清湾行动 50 余次,查获涉渔"三无"船舶 1 083 艘。江门支队严打严控,其经验做法被省应急管理厅向全省推广。

全面加强重点渔场管控。严查珠江口、琼州海峡、北部湾等省内重点海域,严打电炸毒、偷捕等违法行为。严管粤闽、粤港澳、粤桂琼等交界海域,完善联合执法机制,开展联合巡航执法,查获跨界涉嫌违规渔船 72 艘。严控台湾浅滩、东沙群岛、北部湾等敏感海域,严打与境外船舶海上交易、加油补给、走私偷渡等行为,查获涉嫌违规船舶 44 艘。

13.港澳流动渔船渔民工作 港澳流动渔民工作协调小组(农业农村部)于 2021 年 6 月对《港澳流动渔船管理规定》(农渔发〔2004〕20 号)进行修订完善,形成《港澳流动渔船渔民管理规定(试行)》(以下简称《规定》)。2022 年,省农业农村厅重点做好《规定》宣传贯彻工作,印制《规定》及解读宣传手册发放给港澳流动渔民,做到家喻户晓,不漏一船一人。根据《规定》有关要求,在协调小组联络办公室的指导下,先后印发实施《港澳流动渔船雇用随船进入港澳指定区域作业内地渔工备案规程》《港澳流动渔船渔业捕捞许可证与港澳渔船证书相应栏目的对应关系》《关于明确海洋捕捞辅助流动渔船的船网工具指标和渔业捕捞许可事项的通知》等三个配套措施;制定《港澳籍渔船转换为港澳流动渔船实施方案》《海洋捕捞辅助流动渔船休渔期申请免休实施方案》《休渔期港澳流动渔船返回港澳休渔实施方案》等三个配套措施报农业农村部渔业渔政管理局批准实施。同时,经报省人民政府同意,2022 年 4 月 29 日出台的《广东省人民政府办公厅关于加快推进现代渔业高质量发展的意见》,明确鼓励港澳流动渔民发展深海网箱养殖、休闲渔业、水产加工等产业,为推动港澳流动渔民转型升级发展提供政策依据。港澳流动渔民积极参与南沙生产,2022 年度分配给港澳流动渔船赴南沙生产的指标增加至 53 艘,比 2021 年度增加 20 艘,为维护国家南海主权作出贡献。全年举办港澳流动渔船渔民管理培训班 4 期,邀请省公安厅打击走私局、中国水产科学研究院南海水产研究所南海渔业中心等有关单位专家对广东省港澳流动渔船信息管理系统工作人员进行安全生产、反走私、反偷渡等工作培训。

【重点渔业市(县、区)基本情况】

广东省各市渔业生产基本情况

| 市别 | 水产品总产量(吨) | | | | | | 养殖面积(公顷) | |
| | 合计 | 养殖产品 | | 捕捞产品 | | | 海水 | 淡水 |
		海水养殖	淡水养殖	海洋捕捞	远洋渔业	淡水捕捞		
全省	8 940 291	3 396 736	4 280 600	1 124 205	61 933	76 817	166 596	307 059
广州	498 286	120 658	335 250	10 526	16 621	15 231	4 712	16 535
深圳	81 597	18 450	7 229	24 580	31 338		904	372

（续）

市别	水产品总产量（吨）						养殖面积（公顷）	
	合计	养殖产品		捕捞产品			海水	淡水
		海水养殖	淡水养殖	海洋捕捞	远洋渔业	淡水捕捞		
珠海	339 625	110 836	216 250	8 644	2 725	1 170	12 862	9 983
汕头	474 439	258 409	93 856	119 932		2 242	10 195	4 641
韶关	82 944		80 632			2 312		15 676
河源	48 955		47 118			1 837		5 845
梅州	106 778		96 265			10 513		10 835
惠州	210 066	52 290	139 564	17 368		844	1 518	15 369
汕尾	598 779	364 941	50 294	181 938		1 606	15 093	3 815
东莞	50 050		42 930	6 221		899		4 067
中山	370 985		369 639	464		882		20 107
佛山	847 889	244 112	529 945	65 468	1 391	6 973	18 817	41 542
江门	772 830		767 145			5 685		35 667
阳江	1 190 999	785 183	100 813	298 449		6 554	23 047	13 727
湛江	1 222 030	824 715	177 964	203 523	9 858	5 970	54 887	21 890
茂名	926 442	449 963	346 603	128 473		1 403	14 303	22 274
肇庆	522 345		519 025			3 320		30 519
清远	137 972		136 244			1 728		16 685
潮州	208 970	142 603	47 662	15 071		3 634	8 524	5 096
揭阳	149 090	24 576	78 080	43 548		2 886	1 735	6 516
云浮	99 220		98 092			1 128		5 900

【大事记】

[1] 1月1日，湛江海关签发广东省首份农产品出口到新加坡的《区域全面经济伙伴关系协定》（RCEP）原产地证书。这份编号为 001 的原产地证连同同天签出的 001 号报关单，标志着 RCEP 第一时间在广东农业领域落地，历经 8 年 31 轮谈判，纸上的文本终于落地实践，开启了广东农业国际贸易高质量发展新征程。

[2] 1月13日，广东省政府新闻办公室召开新闻发布会，对近日省委实施乡村振兴战略领导小组办公室印发的《广东省渔港建设攻坚行动方案（2021—2025）》进行解读，将广州番禺和汕头南澳作为广东省渔港经济区先行先试区。

[3] 1月21日，《农业农村部　财政部关于认定第四批国家现代农业产业园的通知》发布，广东省湛江市坡头区现代农业产业园入围。

[4] 2月11日，省农业农村厅召开全省渔业安全生产视频调度会，通报了春节期间全省渔业安全生产情况，要求落实渔业船舶安全专项整治工作，加强渔业船舶安

全管理和风险隐患治理,坚决防范重特大事故发生。

[5]2月14日,经海关总署国际检验检疫标准与技术法规研究中心、湛江海关、湛江市人民政府、广东省粤西水产协会四方充分协商并签订协议,全国唯一的水产领域技贸研究评议基地继续落户湛江,也成为全国各领域中首个重签协议开展实体化运作的基地。

[6]4月20日,上千万尾广东虾苗开启"包机"之旅,从广州白云机场直飞杭州。这是在广东省农业农村厅的倡议下,薛航物流联动厦门航空、白云机场等多家单位开展的"抗疫航线展翅助农"活动。

[7]4月29日,广东省政府网站发布《广东省人民政府办公厅关于加快推进现代渔业高质量发展的意见》,对下一阶段广东渔业发展提出具体要求。

[8]5月5日,农业农村部农产品质量安全中心公布2022年第一批209个全国名特优新农产品名单,广东省有15个产品入选,新增数量位居全国前列,其中的水产品有广州市南沙区南沙青蟹、湛江市坡头区南三白虾、汕尾市海丰县白虾。

[9]5月10—12日,广东省海洋综合执法总队与福建省海洋与渔业执法总队调派省、市、县三级执法力量,开展2022年粤闽海洋伏季休渔联合执法行动,登检船舶125艘,检查港口3个。

[10]6月6日,在全国"放鱼日"广东增殖放流活动主会场汕头市南澳岛上,约6 600万尾海洋生物被投放入海,拉开了全省范围内同步增殖放流水生生物资源的序幕。

[11]7月9日,2022年中央农业资源及生态保护补助资金第一批次放流活动在省农业技术推广中心海洋渔业试验基地举行,共向大亚湾海域放流由该基地培育的斜带石斑鱼、鞍带石斑鱼、黑鲷和斑节对虾等海洋生物苗种800多万尾。

[12]8月16日12时,南海伏季休渔正式结束。当日上午,第二十届南海(阳江)开渔节及开渔令发布活动在国家5A级旅游景区、中国"十大美丽海岛"海陵岛举行。正午时分,随着开渔令启动,汽笛齐鸣,礼炮连响,千帆竞发,雄伟壮观的景象在闸坡码头上演。在领头船的带领下,在民众的欢送声中,800多艘渔船向着大海出发,辛勤的渔民开始耕海牧渔劳作。

[13]9月23日,2022年中国农民丰收节暨首届广东(阳江)晒鱼节活动在阳江市海陵岛开幕。首届晒鱼节活动持续至28日,以"晒出渔家豪情庆丰收、唱响时代强音迎盛会"为主题,开展晒丰收、晒产业、晒美食、晒文化、晒喜悦等系列活动。晒鱼节还举办谷寮村农民晚会、金枪鱼切鱼秀、海鳗切鱼赛、渔获拍卖会等一系列精彩活动。晒鱼节招商并现场签约项目6个,达成意向金额24.8亿元。

[14]11月1日,农业农村部公示第十二批全国"一村一品"示范村镇名单,全国共396个村镇入选,其中广东省有珠海市金湾区红旗镇大林社区(黄立鱼)、中山市三角镇(杂交鳢)等18个村镇入选。

[15]12月20日,第三届中国水产种业博览会暨第四届广东水产种业产业大会在广州市南沙区广东国际渔业高科技园开幕。

[16]12月29日,首届中国年鱼博览会在珠海市开幕,签约投资金额超百亿元。这是全国首个以"年鱼"为主题的博览会。

[17]12月29日,省农业农村厅发出《关于成立全省渔业安全生产专家委员会的通知》,专家委员会设主任委员1名,副主任委员3名,秘书长1名,副秘书长3名;委员会由安全指导组、海事调查组、船港管理组、政策研究组、渔业代表组5个专家组组成,委员实行任期制,每届任期3年。专家委员会秘书处设在中国水产科学研究院南海水产研究所。

[18]12月29日,农业农村部公布2022年国家级水产健康养殖和生态养殖示范区名单,广东有3个县级人民政府主体和2个生产经营单位主体入选,分别是江门市台山市、佛山市顺德区、广州市花都区和广州市诚一水产养殖有限公司(淡水池塘)、惠州李艺金钱龟生态发展有限公司(淡水工厂化)。

(广东省农业农村厅 金亚平)

广西壮族自治区渔业

【概况】 2022年,全区水产品总产量363.77万吨,同比增长3.07%,总产量位列全国第8。其中,海水养殖产量165.65万吨,同比增长4.36%;淡水养殖产量142.16万吨,同比增长3.21%;海洋捕捞产量47.64万吨,同比下降0.63%;淡水捕捞产量8.33万吨,同比下降2.52%。近江牡蛎产量69.80万吨,金鲳鱼产量8.59万吨,南美白对虾产量30.50万吨,罗非鱼产量25.56万吨,分别位列全国第1、第2、第2、第3。全区渔业经济总产值1 191.07亿元,位列全国第8。全区渔业人口99.23万人,渔业从业人员80.35万人,渔民人均纯收入22 886.25元,是广西农村居民人均可支配收入的1.3倍。

1.加强顶层设计,强化各类要素保障 为有效建立渔业高质量发展制度保障体系,广西先后制定印发了《广西"十四五"渔业高质量发展规划》《广西大水面生态渔业发展专项规划》等政策文件,组织编写了《广西推进现代渔业高质量发展实施方案(送审稿)》《广西

"十四五"稻渔综合种养产业规划》等指导文件，为全区现代渔业高质量发展奠定基础，牵头编制了《2021—2025年广西渔业发展支持政策总体实施方案》《广西渔业发展补助资金管理实施细则（试行）》《广西渔业绿色循环发展试点工作实施方案》等工作方案。积极争取渔业发展财政资金，2022年中央下达广西渔业发展补助资金30 079万元，较2021年增加15 029万元，同比增长99.96%，创历史新高。

2. 坚持绿色导向，规范发展稻渔综合种养　为充分挖掘生态环境良好和宜渔稻田资源丰富优势，广西大力发展稻渔综合种养，不断加强"稻鱼""稻虾""稻螺"等主导技术模式的研发推广，科学合理利用稻田资源，坚决防止"非农化""非粮化"，稳步提升稻田经济效益，实现"稳粮增收"。其中，稻螺综合种养极大地促进了柳州螺蛳粉产业的蓬勃发展，稻虾综合种养助力贵港顺利打响"中国富硒小龙虾之乡"品牌。2022年，广西新增稻渔综合种养面积2万公顷，助力实现粮食生产安全、优质水产品供给、生态环境保护、巩固拓展脱贫攻坚成果、全面推进乡村振兴等多重目标。8月，广西在农业农村部"十四五"全国渔业高质量发展推进会上做了题为"大力发展稻螺综合种养，助推螺蛳粉产业做大做强"的典型经验发言。10月，广西柳州市三江侗族自治县月也侗寨顺利举办第四届广西稻渔丰收节暨"庆农民丰收·三江稻渔文化节"活动。

3. 推广生态养殖，大力发展现代设施渔业　围绕"优质高效、绿色安全"的高质量发展理念，广西积极推广生态健康养殖模式，推动设施渔业向"节水节地节能"的集约化方向发展，积极开展国家级水产健康养殖和生态养殖示范区创建活动，重点发展陆基圆池循环水养殖、工厂化循环水养殖、工程化循环水（跑道式）养殖、集装箱循环水养殖、拱棚小池塘养殖等设施渔业，稳步发展重力式深水网箱养殖，不断拓展深远海养殖空间。2022年，广西新增工程化循环水（跑道式）养殖水槽118条、陆基养殖圆池6 068个、工厂化循环水养殖车间136个、循环水养殖集装箱76个、重力式深水网箱（标准箱）424口、新型棚式对虾养殖面积426公顷，标准化改造养殖池塘867公顷，指导桂平市等4家创建主体顺利创建国家级水产健康养殖和生态养殖示范区。

4. 科学规划空间，发展大水面生态渔业　科学规划大水面生态渔业发展方向，依法保障大水面生态渔业发展空间，广西农业部门与水利部门联合出台水库库区"四方两股一体化管护"模式，开展大水面生态渔业养殖试点。大力发展以滤食性、草食性、杂食性鱼类为主的增养殖，支持建设一批大水面生态渔业示范区。

2022年，广西新增大水面生态渔业面积0.2万公顷，新建大水面生态渔业示范区2个。

5. 推广碳汇渔业，有序发展海洋增养殖　广西鼓励发展浅海滩涂贝类底播生态养殖，示范推广兼具经济效益和生态效益的碳汇渔业，助力实现"碳达峰""碳中和"。不断推广使用新型环保抗风浪贝类养殖材料，推动传统贝类养殖浮筏（排、绳、球）升级改造。2022年，广西新增新型贝类浮筏养殖面积333公顷，新增贝类底播生态养殖面积5 400余公顷。

6. 抢抓发展机遇，提升发展外向型渔业　广西主动对接"一带一路"和中国-东盟自贸区升级版建设项目，加强与相关国家渔业交流与合作，支持海洋渔业"走出去"。鼓励科研院所、高等院校、推广部门积极开展对外水产养殖技术合作。积极发展远洋渔业，推进毛里塔尼亚远洋渔业基地项目建设，5月，中央下达广西远洋渔业基地项目补助资金5 000万元；8月，广西祥和顺远洋捕捞有限公司承担的毛里塔尼亚远洋渔业基地项目顺利通过专家组验收；12月，完成资金拨付。持续指导和监督两家远洋渔业公司依法依规开展捕捞活动，实现全年远洋渔业捕捞量1.90万吨，其中自捕水产品运回量1 225吨，比2021年增加1 196吨。

7. 加强技术指导，做好水产品稳产保供　广西狠抓水生动物疫病防控各项工作，先后印发了《广西冬季恶劣天气水产养殖灾害预防指引》《全区渔业应对寒潮和干旱科学抗灾稳产保供预案》《关于启动农业重大自然灾害应急响应做好防汛工作的紧急通知》等文件，成立渔业低温冻害及防汛应对工作专班和应急突击队，组织专家团队分赴各地开展防灾减灾和春季渔业生产指导服务。指导各地及时发布水产品市场供求和价格信息，帮助养殖户及时销售达到上市规格的水产品，做好产销对接，拓展销售渠道，推动解决梧州等地水产品"压塘难卖"等问题。

8. 推进种业振兴，加强种业体系建设　稳步推进广西现代渔业种业示范园（核心区）建设项目各项工作，截至2022年年底完成投资8 500万元，完成项目一区20公顷主体工程建设。初步建成由水产种资源活体库、遗传材料样品保存库、标本库、数据库构成的广西渔业生物种质资源库。开展水产养殖种质资源普查第二年度工作，对全区近10万个主体的32万多条普查信息、5 947 942个指标字段实施全覆盖审核，对178 154个数据进行了补充完善。积极扶持培育区内水产种业企业建设，推动企业育繁推一体化发展，与2家企业签订协议，为其发展提供技术支撑，扶持企业建设良种繁育基地3个，向企业提供优质亲本超4 000尾。

9.存在的主要问题

（1）水产养殖空间不断受到挤压。广西渔业发展面临着资源和环境瓶颈的严重制约，水产养殖面积持续下降。近年来，广西累计拆除淡水网箱面积 2 100 万米^2，水产品年产量减少约 25 万吨；以拆除网箱面积最大的梧州市为例，2022 年上半年，该市对西江干流梧州段及岑溪四滩水库网箱养殖共 43.83 万米^2 网箱进行了清理整治，导致 12 万多吨水产品被捕获提前上市。

（2）设施渔业发展基础比较薄弱。设施渔业建设受到土地性质限制，企业难以找到合适用地，土地调规也比较困难，部分地区未落实农业用水用电优惠政策。全区养殖池塘约有 80% 老化严重，埂低、泥深、水浅，产量低，病害多，易受灾。深水抗风浪养殖网箱建设门槛较高。企业前期需要投入较多资金，风险保障机制不完善，养殖用海存在"招拍挂"滞后问题。

（3）渔业企业行业集中度不高。渔业集约化、产业化程度较低，生产组织形式以分散农户为主，渔业企业整体实力不强。第一、第二、第三产业发展不平衡，一产占比大，二、三产业占比小，且简单加工多，精深加工少，组织化、规模化加工企业较少，缺乏综合大型龙头企业。

【重点渔业市（县、区）基本情况】

广西壮族自治区重点渔业市（县、区）基本情况

市（县、区）	总人口（万人）	渔业产值（万元）	水产品产量（吨）	其中				养殖面积（公顷）	
				海洋捕捞（吨）	海水养殖（吨）	内陆捕捞（吨）	淡水养殖（吨）	海水	淡水
北海市合浦县	110.92	843 359	491 981	60 414	360 341	3 275	67 951	19 037	2 828
钦州市钦南区	68.45	848 800	482 600	69 785	390 485	1 547	20 783	18 715	1 867
北海市银海区	32.03	520 417	262 848	93 034	161 811		8 003	5 640	80
北海市海城区	52.79	380 173	253 627	109 480	143 337		810	3 006	9
防城港市港口区	24.86	333 448	248 104	46 475	198 552		3 077	6 997	331

【大事记】

[1]6 月 23 日、6 月 30 日、8 月 10 日，自治区农业农村厅联合财政厅分别印发《广西壮族自治区渔业发展补助资金管理实施细则（试行）》《广西壮族自治区2021—2025 年渔业发展支持政策总体实施方案》《广西壮族自治区渔业绿色循环发展试点工作实施方案》；7 月 7 日，自治区农业农村厅印发《广西"十四五"大水面生态渔业高质量发展规划》；10 月 27 日，印发《广西"十四五"渔业高质量发展规划》。

[2]8 月 11 日，广西祥和顺远洋捕捞有限公司承担的毛里塔尼亚远洋渔业基地项目通过专家组验收。

[3]8 月 24 日，广西在农业农村部"十四五"全国渔业高质量发展推进会上做了题为"大力发展稻螺综合种养，助推螺蛳粉产业做大做强"的典型经验发言。

[4]8 月 25 日，2022 年广西水产绿色健康养殖"五大行动"培训班在南宁举办；10 月 11—12 日，2022 年渔业行政执法培训班在北海市举办；11 月 12 日，全区推进水产种业振兴行动报告会在南宁举办。

[5]10 月 9—10 日，自治区农业农村厅联合人力资源和社会保障厅、总工会在南宁市举办 2022 年广西农业行业职业技能竞赛——水生物病害防治员职业技能竞赛。

[6]10 月 27—28 日，第四届广西稻渔丰收节暨"庆农民丰收·三江稻渔文化节"活动在柳州市三江侗族自治县顺利举办。

[7]11 月 22 日，2022 年广西水产绿色健康养殖技术模式创新大赛颁奖典礼在南宁举行，10 家企业（合作社）荣获大赛"优秀模式创新奖"。

[8]12 月 29 日，农业农村部公布的 2022 年国家级水产健康养殖和生态养殖示范区名单中，广西 4 个县（市）、单位榜上有名。

（广西壮族自治区农业农村厅 李 莉）

海南省渔业

【概况】 2022 年，海南省渔业总产值 466.6 亿元，同比增长 3.6%，占农林牧渔业总产值的 20.5%；水产品总

产量 170.3 万吨,同比增长 3.79%,其中养殖产量 68.5 万吨,同比增长 9.6%,占总产量的 40%。水产品出口额 5.3 亿美元,占农产品出口额的 87.7%。

1. 水产养殖 2022 年,全省水产养殖面积 4.50 万公顷,养殖产量 67.34 万吨,产值 128.53 亿元。其中海水养殖面积 1.56 万公顷,产量 26.26 万吨,产值 83.28 亿元;淡水养殖面积 2.94 万公顷,产量 41.08 万吨,产值 15.26 亿元。海水养殖主要品种及产量具体为:对虾 8.99 万吨,主要是南美白对虾;蟹 1.19 万吨;鱼类 13.91 万吨,主要有石斑鱼 6.54 万吨,军曹鱼 0.80 万吨;贝类 2.09 万吨,主要是东风螺;藻类 0.50 万吨,主要是麒麟菜和江蓠。淡水养殖主要品种为罗非鱼,产量 37.02 万吨,占全省淡水养殖产量的 90.12%。

2. 海洋捕捞 2022 年,全省海洋捕捞产量 101.79 万吨,同比增长 1.71%,养捕比例为 39.54∶60.46。

3. 渔船管理 2022 年,全省核准船网工具控制指标为 18 832 艘、93 万千瓦。其中大于等于 12 米以上的大中型船网工具控制指标为 3 912 艘、66 万千瓦,12 米以下的小型船网工具控制指标为 14 920 艘、27 万千瓦。由于历史原因,海南省渔船 2018 年才陆续导入全国渔船动态管理系统,经各市(县)、省农业农村厅、农业农村部承认纳管并导入全国渔船动态管理系统的渔船有 18 164 艘、86 万千瓦。其中,大中型渔船 3 247 艘、60 万千瓦,小型渔船 14 917 艘、26 万千瓦,渔船总数控制在农业农村部核准的船网工具控制指标以内。年内,全省的船网工具指标均已确权到渔民或是渔业组织名下。

为持续深化"放管服"改革和"证照分离"改革,省农业农村厅印发《海南省海洋捕捞渔船审批管理办法(暂行)》,并组织各市(县)开展专题培训,将捕捞许可证的核发、换发、补发和注销业务全部实行告知承诺制,将不见面审批时间压缩了 6 个工作日,渔民满意度大幅提升。2022 年,全省通过不见面审批共受理渔船审批业务 215 件。

此外,省农业农村厅还印发了《海南省海洋休闲渔业捕捞许可管理规定(试行)》,下达休闲渔业船网工具指标,解决了全省休闲渔船"从无到有"的关键问题,是全国首个省级层面出台的规范休闲渔业捕捞的文件。

4. 渔港建设 2022 年,文昌铺前中心渔港、乌场一级渔港、乐东莺歌海一级渔港三大渔港完成总投资 105 670 万元,三大渔港工程总进度达到 58%,提前完成省政府明确总进度 45% 的年度目标。临高黄龙渔港、美夏渔港、黄龙避风锚地三个渔港升级改造项目总投资约 0.71 亿元,年内完成投资 0.5 亿元。昌江昌化渔港、临高新盈渔港、琼海潭门渔港、三亚崖州中心渔港等升级改造项目,已完成工程可行性研究等前期工作。

5. 渔船油补发放 2022 年,省农业农村厅配合农业农村部做好 2021 年度 NS 专项油补资金的发放工作,共发放补助资金 3 874.7 万元;指导市、县在 12 月中旬前完成 2021 年度特定水域油补资金的发放工作,共发放补助资金 16 977.45 万元。

6. 海洋牧场建设 2022 年,省政府办公厅发布《海南省海洋牧场试点项目实施方案》,省农业农村厅等多部门印发《海南省 2022 年成品油价格调整对渔业补助资金海洋牧场项目实施方案》,明确海洋牧场建设目标任务、项目建设内容、绩效目标、项目管理及验收、项目实施保障措施等。截至 2022 年年底,东方四更海洋牧场完成招投标工作,并于 4 月 20 日签订建设工程施工合同,项目资金 2 000 万元,支出 915 万元,支出进度 45.7%。琼海潭门海洋牧场公示项目施工招标意向。10 月 26 日,澄迈马袅海洋牧场完成建设单位招投标工作。海洋牧场人工渔业增殖放流技术规范及标准建设项目、珊瑚礁资源养护型海洋牧场规范及标准建设项目完成询价招标,中标价格分别为 146 万元、98 万元,支出前期经费合计 146.4 万元,支出进度 60%。

7. 渔业安全生产 2022 年,省农业农村厅督促各市、县加强渔业安全应急中心建设,强化渔船安全应急体系。率先在省渔业监察总队的渔业安全通信指挥中心成立海南省渔业安全应急中心。督促 12 个沿海市(县、区)开展渔业安全应急中心建设,建立渔业安全 24 小时应急值班制度,开通全国统一的渔业安全应急值守电话 95166,形成渔船事故险情应急搜救处置合力。指导省、市、县各级做好渔业安全生产宣传培训与警示教育工作。督促市、县持续开展渔船风险隐患排查整治工作,从源头消除安全风险隐患。持续做好渔船渔民安全生产承保和理赔工作,推动渔船渔民保险费率调整惠渔惠民。

8. 渔业资源和水生野生动物保护 2022 年,全省投入 2 159 万元,开展约 3 000 万尾水生生物增殖放流工作。其中使用中央转移支付资金 557 万元,开展 1 000 万尾淡水鱼苗增殖放流工作,主要放流物种是青鱼、草鱼、鲢鱼、鳙鱼、光倒刺鲃、倒刺鲃等。使用省级柴油补贴统筹资金 1 602 万元,开展 2 000 万尾海洋鱼类增殖放流工作,主要放流物种青石斑、紫红笛鲷、黄鳍笛鲷等鱼类增殖放流工作。共组织救助鲸豚类动物共 8 只。年内,有一只存活,后期经过野化训练放生。11 月在三沙市永兴岛开展 50 只罚没救助海龟放归活动,在文昌铜鼓岭放归海龟 12 只。

(海南省农业农村厅)

重庆市渔业

【概况】 2022 年,全市水产养殖面积 85 250.51 公顷,比上年增长 1.06%,其中池塘、水库、其他分别为 49 854.84公顷、35 299.70 公顷、95.97 公顷;稻渔综合种养面积 26 597.80 公顷,同比增长10.47%。水产品总产量 56.63 万吨、同比增长 3.84%,居西部地区第 4 位。渔业经济总产值 224.98 亿元,同比增长 1.42%,其中渔业、渔业工业和建筑业、渔业流通和服务业产值分别为 149.59 亿元、13.78 亿元、61.61 亿元,同比分别增长 -0.20%、4.58% 和 4.85%。渔民人均纯收入 22 682元,同比下降 0.03%。

1.全力以赴抓稳产保供 针对 5 月入汛以来全市出现的强降水极端天气,及时加强监测预警,提前发布工作通知,落实 24 小时专人应急值班制度和零报告制度,指导区(县)和渔民采取各项防御措施,有效应对汛期洪涝灾害;针对 8 月以来持续高温伏旱造成全市水产养殖灾害损失,及时调度受灾情况,并核发分配补助资金到相关区(县),最大程度减少经济损失,保障养殖户生产安全;针对 11 月以来全市严峻复杂的疫情形势,组建市级水产品稳产保供工作专班,划片包区,对口联系全市 39 个区(县)和 140 家重点保供企业以及水产品经销商,带动 4 万份"水产包"合计 96.6 吨水产品直销社区;持续开展常态化技术推广。充分发挥水产技术推广体系优势,组织精干力量,帮助业主解决现实困难和问题。

2.持之以恒抓十年禁渔 统筹部署专项禁渔打非行动,以"中国渔政亮剑 2022""零点""百日攻坚"等专项行动为抓手,突出打团伙、端窝点、斩链条,查处涉渔行政案件 1 800 余起,查获涉案渔获物 1 500 余千克,涉案禁用渔(网)具 7 800 套,移送司法机关 188 起;对全市涉渔市场主体、禁捕水域开展常态化暗察暗访,下发交办意见书 25 份,发出预警通知书 11 份。修订《重庆市禁捕水域休闲垂钓管理办法(试行)》,引导 12 万人实名注册"渝钓通"App,劝导教育非法垂钓人员 5.6 万人次;优化"重庆渔政 AI 预警处置系统"和"重庆农业慧执法检查系统",建设沿江高清视频点位 870 余个,对违法行为智能识别、自动取证、精准预警,实现长江、嘉陵江、乌江及重要水域 24 小时不间断管控。

3.求真务实抓"五大行动" 全市推广池塘"一改五化"生态集成养殖面积 2 万公顷以上。鱼菜共生立体种养面积 0.38 万公顷,建设梁平、永川鱼菜共生工

厂基地 2 个。推广稻渔综合种养面积 2.58 万公顷。新建高位池循环养殖系统 1 000 余个;创建国家级水产健康养殖和生态养殖示范区 4 家,进一步加快了生态健康养殖模式示范推广步伐;全面完成全市 2 805户养殖场共计 13 625 万吨水产养殖尾水直排整改任务,有序推进水产养殖尾水治理;开展水产养殖主要病原微生物耐药性普查,建设水产养殖用药减量行动工作模式推广点 10 个,使用兽药总量同比平均减少 5.22% 以上,使用抗生素类兽药平均减少 10.03%;依托市生态渔产业技术体系,建立配合饲料替代幼杂鱼试验推广点 5 个,大口黑鲈、乌鳢、鳜鱼和中华绒螯蟹养殖示范点配合饲料替代率分别达到 90%、70%、80%、80% 以上;全面完成 4.7 万个普查主体、13 万条数据的水产养殖种质资源普查,稳步推动水产种业质量提升。

4.积极稳妥抓加工产业 重点将冷链预调理菜肴、鱼糜制品、副产物综合利用作为重庆发展水产品加工业的主攻方向,组建水产加工业技术创新战略联盟,开展关键核心技术及存在共性问题研发,加强政策引导支持。2022 年全市水产品加工企业 13 家,年加工能力 4 055 吨,其中收入 500 万元以上的规模以上企业 4 家,分别比 2021 年的 10 家、3 565 吨、3 家增长30.00%、13.74%、33.33%;水产加工品总量 1 249吨,水产品加工业产值首次突破 1 亿元达到 10 904 万元,分别比 2021 年的 780 吨、6 224 万元增长60.13% 和 75.19%,渝湖牌预制菜、万州烤鱼等加工产品已陆续上市,全市水产品加工业呈现出积极上升的良好态势。

5.毫不松懈抓渔业安全 持续开展三峡库区增殖放流,放流珍贵特有鱼类 200 余万尾。启动长江水生生物资源和重要生境监测调查,全市设立常年监测站(点)41 个,对 135 个鱼类"三场"(产卵场、索饵场、越冬场)开展摸底调查,长江鱼类监测鱼类由禁渔前的 30 余种增加到 60 余种;开展禁捕水域"三无"船舶清理整治工作,全年排查整治"三无"船舶 174 艘。执法人员登船检查 2 796 艘次,向船东、船员进行普法宣传 3 317 次。全市实现连续 12 年"零死亡",切实保障了渔业渔船渔民安全;在 21 个重点区(县)建设病害监测测报点 95 个,发布《重庆市水产养殖病害预测预报》 10 期。承担水生动物疫病专项监测任务 95 批次,涵盖 5 项重大疾病。市水产总站"两中心"(市水产品质量监督检验测试中心、市水生动物疫病防控中心)通过综合验收,有效提升全市水产品质量安全监管水平。开展水产品质量安全抽检样品 1 906 个,其中部级样品 106 个,市级样品 1 800 个,合格率 97% 以上,全力消

除水产品安全隐患。

6.存在的主要问题 一是渔业产业结构不够合理。全市渔业第一、第二、第三产业产值分别为 149.59亿元、13.78 亿元、61.61 亿元，一产产值占比 65.16%，二、三产值占比严重偏低，水产品加工业链条过短和休闲渔业发展偏弱，制约了二、三产业的快速发展。2022 年全市加工水产品 1 249 吨，占总产量的 0.22%，加工业产值仅 1.09 亿元，占总产值的 0.48%，且主要集中在烤鱼、鱼糜、鱼面、冷冻等产品的初加工。休闲渔业业态和服务产品单一，主要为垂钓、餐饮等初级形式，且同质化严重。二是水产养殖技术总体水平不高。2022 年全市池塘养殖平均亩产 642 千克，虽高于全国平均水平，但池塘养殖核心设备研发落后于生产实际，

池塘鱼病防治技术不高；稻渔综合种养水产品平均亩产 48 千克，明显低于全国亩产平均水平 90 千克，高效精准种养结合技术集成应用不够；大水面生态养殖平均亩产102.57千克，明显低于全国 132.18 千克的平均水平，淡水大水面增殖渔业投放种类、容量基础研究不足。三是渔民人均纯收入低于全国平均水平。2022年全市渔业养殖户人均纯收入 22 682 元，较 2021 年降低 0.14%，明显低于全国平均水平的 24 614.41 元。全市渔民收入主要来源于渔业经营性收入，水产品市场价格对渔民收入有较大影响，全市常规大宗水产品塘边批发价格较名特优品种低，加之全市水产品上市时间与湖北、湖南等渔业大省出鱼时间重叠，地产鱼价受影响严重，导致渔民人均纯收入处于较低水平。

【重点渔业区基本情况】

重庆市重点区渔业基本情况

区	总人口（万人）	渔业产值（万元）	水产品总产量（吨）	其中		养殖面积（公顷）
				捕捞（吨）	养殖（吨）	
合川区	123.40	169 404.00	49 253		49 253	4 720
永川区	114.68	239 290.00	48 400		48 400	5 586
长寿区	68.75	162 505.60	47 020		47 020	10 659
潼南区	68.11	122 557.00	42 068		42 068	4 898
铜梁区	68.80	133 079.44	41 052		41 052	4 530
开州区	119.95	150 267.00	33 125		33 125	3 813
江津区	135.38	99 160.00	28 351		28 351	4 063
大足区	83.44	100 787.43	25 310		25 310	5 798
巴南区	119.55	99 012.00	23 510		23 510	2 383
万州区	156.43	107 198.00	22 995		22 995	3 852

【大事记】

[1]3 月 25 日，农业农村部渔业渔政管理局、全国水产技术推广总站召开 2022 年国家水生动物疫病监测计划集中研讨线上会议，重庆市在会上做了典型交流发言。

[2]5 月 10 日，市农业综合行政执法总队发布10 起非法垂钓典型案例，其中包括"泥鳅钓""锚鱼钓"

等以垂钓为名变相实施非法捕捞的行为。

[3]6 月 1 日，市检察一分院、法院一中院、市农业农村委员会联合举办以"养护水生生物、建设美丽中国"为主题的增殖放流活动。

[4]6 月 15—17 日，市农业综合行政执法总队联合市公安局环保总队、市市场监督管理执法总队及武隆、彭水、酉阳以及贵州沿江 2 省（直辖市）3 县的农业农村、公安、市场监管、交通等部门，在乌江流域开展联

合巡航执法行动。

[5]7月20日,《重庆市禁捕水域休闲垂钓管理办法(试行)》正式施行,首次明确10种"情节严重"行为。

[6]9月20日,全市创建国家级水产健康养殖示范区暨新技术新设备试验示范座谈会在合川召开。

[7]12月5日,全市渔业工作视频会召开。

（重庆市农业农村委员会　张紫轩）

四川省渔业

【概况】 2022年,全省水产品产量172.1万吨、渔业经济总产值674.4亿元,同比分别增长3.4%和8.2%。全省稻渔综合种养产量49.3万吨、稻渔综合种养面积33.0万公顷,同比分别增长5.8%和2.7%,均居全国第4位。养殖产品中,鲶鱼7.2万吨、鲫鱼9.3万吨、长吻鮠1.1万吨,均居全国第1位。全省渔民人均纯收入23 089元,同比增长4.2%。

1.长江十年禁渔 一是落实监管责任。将长江十年禁渔工作落实情况纳入市(州)政府政务目标考核、河(湖)长制工作考核和市(州)党政领导班子与领导干部推进乡村振兴战略实绩考核体系,压紧压实地方政府主体责任。二是健全监管制度。印发《关于发布四川省天然水域禁用渔具和禁用捕捞方法名录的通告》《四川省长江流域禁捕水域休闲垂钓管理办法(试行)》。采取"四不两直"的方式对21个市(州)开展了两轮长江禁捕暗察暗访,督促相关问题整改到位。三是完善网格化管理。依托河(湖)长制构建单元网格,督促各级河(湖)长和护渔员切实担负巡河护渔工作职责,努力构建权责明确、规模适宜、运行有力、管护有效的禁捕网格化管理体系。四是落实安置保障政策。按照"五个一批"分类安置要求,认真开展政策宣讲、岗位推介、技能培训等服务,加大公益性岗位开发和发展农渔业产业带动就业力度,2022年,全省共开展职业培训513人次,职业介绍2 889人次;全省12 381名有劳动能力和有就业意愿的退捕渔民全部转产就业;符合参保条件的16 303人全部参保。五是做好兜底保障工作。兜底保障1 267人,累计实施临时救助160人次;把符合条件的23户退捕渔民家庭纳入防止返贫动态监测范围。组织开展"十省百县千户"长江退捕渔民调研,对19个县(市、区)的513名样本退捕渔民生产生活情况进行跟踪监测,对就业有障碍、家庭有困难的退捕渔民采取针对性措施帮助其解决生计问题,坚决守住不发生规模性返贫底线。

2.鱼米之乡建设 2022年投入资金1亿元,在邛崃市、荣县、泸县等20个县(市、区)推进"鱼米之乡"建设,新增稻渔综合种养面积2.67万公顷。支持泸州合江与永川江津、内江隆昌与荣昌、达州开江与梁平、资阳安岳与大足等川渝毗邻地区联合规划、联动建设"巴蜀鱼米之乡",2022年成渝交界地带已建近1万公顷稻渔综合种养基地。

3.园区建设 指导各地加强要素投入、优化建设管理,推动水产现代农业园区提档升级、提质增效。2022年新增省级五星级现代水产农业园区2个,四星级3个,三星级6个。截至2022年年底,全省创建国家级园区2个、省级园区16个(产业类园区15个、种业园区1个)。

4.水产种业 自主选育白乌鳢获批为水产新品种玉龙1号,实现了全省选育水产新品种零的突破。继续加强眉山市东坡区省级水产种业园区培育工作,择优推荐四川百岛湖生态农业(克氏原螯虾)、眉山市东坡区鱼太子鱼苗繁育场(黄颡鱼)、盐亭西部水产种业(鳜鱼)和眉山伟继水产种业(鲶鲴类)等4家水产种业企业入选国家种业阵型企业矩阵,投入各类资金3 620万元夯实水产种业发展根基,生产鱼苗302.2亿尾、同比增长2.1%,鱼种19.8万吨、同比增长2.3%。持续开展水产养殖种质资源普查,完善全省水产养殖种质资源基础数据,启动省本级水产养殖种质资源调查工作。

5.绿色发展 投入资金1.3亿元,实施渔业绿色循环发展试点,支持3 260公顷养殖池塘开展标准化改造和尾水达标治理,完善基础设施,提升水产品增产保供能力。大竹县、开江县、天全县、绵阳市安州区4个县(区)成功创建国家级水产健康养殖和生态养殖示范区。推动《四川省水产养殖业水污染物排放标准》制定。

6.品牌建设 积极做好水产品认定和品牌培育工作。截至2022年年底,全省共认定绿色水产品3个、有机水产品9个,登记水产品地理标志21个。根据《四川省农业品牌目录制度》,鼓励相关主体积极参与评选,其中通威鱼、润兆渔业、仙那都鱼子酱、昇鱼尚水、巴鱼道生牌江口青鲴、弯哥鱼米等已入选2022年四川省农业品牌目录。

7.质量安全监管 强化基层水生动物防疫体系,提升水生动物疫病监测能力。抓好水产苗种产地检疫,组织470余人参加2022年全国水产苗种产地检疫知识培训,382人通过线上考试。2022年共开具水生动物检疫合格证明2 288单。升级苗种产地检疫管理系统,新增微信申报、公众查询和检疫过程监管等功能,提高便民服务水平。在全省18个市(州)共24个渔业大县的115个测报点开展了水产养殖动物病害测报,定期发布水产养殖病害预测预报,科学指导养殖户做好疫病防控。2022年共完成水产品质量检测9万批次,其中部、省级定量检测2 705批次,合格率为98.2%,快速检测8.7万余批次。持续深入开展水产养殖用投入品专项整治行动,发布4期水产品质量安全风险隐患警示信息。有序推进"治违禁 控药残 促提升"专项整治行动,突出重点品种并提高其抽检比例。开展蛙类违法违规用药专项整治和养殖水产品中使用地西泮整治工作。积极制(修)订水产地方标准,全年新增立项标准11项,全省现行有效的水产地方标准达102个。

8.资源养护 一是规范开展增殖放流。印发《关于做好2022年水生生物增殖放流工作的通知》,指导各地科学规范开展增殖放流活动。全年共利用中央资金增殖放流重要经济物种及濒危物种1 863万尾,其中珍稀濒危物种695万尾。二是保护珍稀濒危物种。加强水生生物保护区及重要栖息地管理,科学开展长江鲟、川陕哲罗鲑等珍稀濒危物种的繁育研究。贯彻落实《长江鲟(达氏鲟)拯救行动计划(2018—2035)》,安排专项资金开展长江鲟增殖放流。推动农业农村部长江上游珍稀特有鱼类保护基地和农业农村部宜宾长江鲟人工繁育基地建设。举办四川省长江水生生物专题展,营造全社会参与水生野生动物保护的良好氛围。三是开展渔业资源监测。在全省长江流域重点水域设置132个监测站位开展水生生物资源监测,覆盖全省60%以上的水生生物关键栖息地,掌握禁捕后各地渔业资源恢复状况。四是依法开展行政审批。2022年,省级共办理水生野生动物人工繁育许可证201件、经营利用许可证73件、禁渔期专项(特许)捕捞许可159件,完成涉渔工程项目审查和审批25件。

9.科技与推广 一是大力实施"五大行动"促进科技推广。全省82家养殖企业被全国水产技术推广总站认定为"五大行动"骨干基地(全国排名第二),全覆盖开展"五大行动"先进技术模式的示范推广,示范面积近0.7万公顷,涵盖四大家鱼、鲈鱼、黄颡鱼等20余个养殖品种。组织开展成渝现代高效特色农业带小龙虾产业发展论坛、四川省稻渔综合种养模式和技术研讨会等活动,交流、推广生态健康养殖模式,提升产业发展水平。省级全年组织开展培训4次,参加人数200人次。二是科技创新硕果累累。四川省农业科学院水产研究所等单位"稻渔生态种养提质增效关键技术集成与推广应用"项目获得2019—2021年度全国农牧渔业丰收奖二等奖,组织西华师范大学等单位开展的"梯级水利开发背景下嘉陵江流域鱼类适应性响应研究及保护应用"项目获四川省科技进步奖二等奖,内江师范学院等单位的"长江上游鳅科典型鱼类种质保护和利用关键技术创新与应用成果"项目、广元市水产技术推广站等单位的"山区稻渔综合种养技术集成创新与应用成果"项目获得四川省科技进步奖三等奖,成都市农林科学院"四川稻田综合种养技术集成创新与应用"项目获得第六届中国水产学会范蠡科学技术奖科技推广类二等奖。

10.存在的主要问题 四川省养殖主体散小,规模化组织化程度低。渔业一二三产业产值占比(50.9:5.1:44.0)还不够平衡,水产品加工短板明显。水产种业专项扶持政策较少,品种选育滞后,约60%苗种场基础设施老化,品牌影响力、带动力总体不强。

【重点渔业市(县、区)基本情况】

四川省重点渔业市(县、区)基本情况

市	县、区	总人口(万人)	渔业产值(万元)	水产品产量(吨)	其 中		养殖面积(公顷)
					捕捞(吨)	养殖(吨)	
眉山市	仁寿县	111	127 656.48	55 387		55 387	6 832
乐山市	井研县	27.7	128 947.4	50 428		50 428	3 582
泸州市	泸县	76.5	109 289.01	50 322		50 322	4 318
眉山市	东坡区	90.8	215 160.79	47 011		47 011	3 125
乐山市	市中区	83.2	150 259.4	43 615		43 615	2 439
内江市	隆昌市	55	120 267.62	39 360		39 360	1 922

（续）

市	县、区	总人口（万人）	渔业产值（万元）	水产品产量（吨）	其 中		养殖面积（公顷）
					捕捞（吨）	养殖（吨）	
宜宾市	翠屏区	91.3	115 640.15	36 285		36 285	2 410
内江市	资中县	83.6	140 778.72	35 344		35 344	2 598
内江市	东兴区	75.6	113 977.83	31 528		31 528	1 320
资阳市	安岳县	93.4	61 052.2	30 148		30 148	3 875

【大事记】

[1]1月7日,召开省长江流域重点水域禁捕和退捕渔民安置保障工作领导小组办公室会议,审议《四川省长江流域重点水域禁捕退捕工作考核自评报告》和《2022年四川省长江流域重点水域禁捕退捕工作要点》。

[2]1月12—14日,农业农村部长江流域渔政监督管理办公室主任马毅率长江退捕渔民安置保障第六现场调研组在乐山市犍为县、市中区开展调研。

[3]3月1日,全省"2022年护渔百日联合执法行动"正式启动。

[4]3月4日,全省长江十年禁渔和渔业安全生产工作视频会议召开。

[5]4月21—22日,在成都通威国际中心举办2022第六届中国水产科技大会,省农业农村厅党组副书记、厅长徐芝文出席开幕式并致辞。

[6]4月26日,在宜宾市开展主题为"守护一江碧水·共建生态首城"2022年长江禁捕宣传暨春季增殖放流活动。

[7]6月1日,大渡河上游鱼类栖息地保护河段鱼类增殖放流活动在阿坝县阿柯河干流茸安乡石门坎举办。

[8]6月6日,2022年全国"放鱼日"四川省增殖放流活动在宜宾市叙州区大河扁码头举办。

[9]6月14日,在农业农村部渔业渔政管理局召开的稻渔综合种养产业发展情况视频调度和集中研讨会上,省水产局党委书记、局长何强代表四川做交流发言。

[10]6月27日,长江禁捕退捕工作情况新闻发布会在成都举行,通报2022年上半年四川省长江"十年禁渔"执法监管情况,对《关于发布四川省天然水域禁用渔具和禁用捕捞方法名录的通告》进行政策解读。

[11]7月14日,农业农村部印发《中华人民共和国农业农村部公告第578号》,内江市选育的乌鳢玉龙1号水产新品种经全国水产原种和良种审定委员会审定通过,实现四川省水产新品种选育"零"的突破。

[12]8月24日,在福建宁德召开的全国"十四五"渔业高质量发展推进会上,省农业农村厅党组副书记、副厅长卿昌平代表四川做典型交流发言。

[13]9月28日,四川省珍稀特有鱼类保护与利用中心正式挂牌,省农业农村厅全体班子成员出席揭牌仪式。省委农办主任、省农业农村厅党组书记杨秀彬,省农业农村厅党组副书记、厅长徐芝文共同为四川省珍稀特有鱼类保护与利用中心揭牌。

[14]10月12日,全国渔业安全生产专项大检查异地交叉排查工作组到四川检查渔业安全生产工作。

[15]10月31日,省农业农村厅印发《四川省水产种质资源保护区管理实施细则》(川农规〔2023〕4号),进一步强化全省水产种质资源保护区的申报设立和监督管理。

[16]11月1—3日,农业农村部渔政保障中心一级巡视员周彤率队来四川开展长江流域重点水域禁退捕工作现场核验和长江禁捕"回头看"工作。

（四川省水产局 王 放）

贵州省渔业

【概况】 2022年,全省渔业系统以习近平新时代中国特色社会主义思想为指导,坚持稳产保供、创新增效、绿色低碳、规范安全、促农增收,不断满足人民对优质水产品和优美水域生态环境的需求,持续推进"好水好鱼、优质优价、丰产丰收",为巩固拓展脱贫攻坚成果同乡村振兴有效衔接提供有力保障。2022年,全省水产品产量26.84万吨,渔业一产产值79.6亿元,渔民人均收入 12 926.38 元,同比分别增长 2.4%、6.5%、4.81%。

1.生态渔业发展 认真落实省政府办公厅《关于

加快推进生态渔业高质量发展的意见》（黔府办发〔2021〕29号），编制发布《贵州省"十四五"渔业发展振兴规划（2021—2025年）》《贵州省大水面增殖渔业管理办法》，组织开展生态健康养殖模式、养殖尾水治理模式、水产养殖用药减量、水产种业质量提升四大行动，加快推进生态环保型现代设施渔业发展，稳步提升稻渔综合种养效益，推动生态环保型冷水鱼养殖，有序发展大水面增殖渔业，累计发展淡水养殖面积67 554公顷，同比增长2.85%，其中池塘养殖面积14 477公顷，水库养殖面积51 448公顷，同比分别增长7.40%、2.77%；稻田养殖面积184 729公顷，同比增长2.17%。

2. 长江十年禁渔 印发《贵州省长江十年禁渔工作"三年强基础"重点任务实施方案》《2022年贵州省珠江流域禁渔期管理工作方案》，禁捕秩序平稳有序，开展"中国渔政亮剑2022"等专项执法行动，组织长江流域市、县开展联合执法，通报2022年度长江十年禁渔典型案例。印发《贵州省农业农村厅关于长江流域天然水域垂钓管理的通告（试行）》，严厉打击违规垂钓行为。建设渔政执法视频监控平台、配套241个禁捕视频监控点。制定全省长江流域水生生物资源监测调查工作方案，对24个国家级水产种质资源保护区和长江流域重点水域水生生物资源现状及变化趋势进行监测。水生生物资源持续恢复，赤水河每天单船监测产量由禁渔前的4.1千克提高至2022年的16.2千克，在乌江水系收集到鱼类104种，其中列入《中国濒危动物红皮书》3种、列入《中国物种红色名录》7种。

3. 水产品质量安全 加强水产养殖用投入品监管，执行水产养殖"白名单"制度，每季度通报水产品警示信息。开展水产养殖用投入品规范使用专项执法行动、水产养殖用药减量行动、蛙类养殖违法违规用药专项整治行动和水产养殖规范用药科普下乡活动，发放宣传资料24 169份，媒体宣传133次，举办渔民培训班145次，培训渔民5 458人。组织开展水产品质量安全检查，累计检查苗种场196家、养殖场1 958家、投入品生产经营单位939家，责令整改76家，行政处罚7起。

4. 水生生物资源养护 累计投入资金784.5万元，投放青鱼、草鱼、中华倒刺鲃、裂腹鱼、胭脂鱼等鱼苗3 354.53万尾，超额完成增殖放流任务。举办2022全国"放鱼日"暨贵州省水生生物增殖放流活动。在赤水河干支流开展珍稀濒危及特有鱼类资源关键生境生态系统保护和修复工作。制定《贵州省水生外来入侵主要物种防治技术指引》，开展水生外来物种防控宣传。加强涉水工程初审工作，省级初审涉渔工程项目

34个，督促落实生态补偿资金1 510.8万元。

5. 渔政执法监管 切实加强禁渔期管理，开展"中国渔政亮剑2022"系列专项行动，联合公安、交通、市场等部门开展渔政联合执法行动，有效落实禁渔期制度，清理取缔涉渔"三无"船舶和"绝户网"等违规网具，严厉打击渔业违法违规行为。"中国渔政亮剑2022"系列专项执法行动期间，累计出动执法人员6.79万人次、执法车辆16 012辆次、执法船艇1 513艘次，检查渔港码头及渔船自然停靠点2 716个次、船舶网具修造厂（点）282个次、市场6 789个次、饲养繁育以及展演展示和经营利用场所678个次，清理取缔涉渔"三无"船舶179艘（12米以上23艘，钢质25艘），查办违规违法案件1 130起，查获涉案人员1 412人，行政罚款103.74万元。

6. 渔业安全生产 强化渔业安全监管，全年未发生渔业安全事故。印发《全省春节冬奥期间农机渔业安全生产自查整治工作方案》《贵州省渔业"打非治违"专项行动方案》《贵州省加强涉渔船舶审批修造检验监管工作方案》《贵州省渔业安全生产"百日攻坚"行动方案》《全省渔业船舶安全隐患排查整治工作方案》《贵州省2022年渔业安全生产专项大检查工作方案》，开展渔业安全专项整治。开展重要节日渔业安全生产隐患排查，共组织安全检查1 029组次，组织检查人员3 835人次，现场检查企业（渔船）3 701个（艘），发现问题隐患647个，对104艘未进行安全检验的船舶采取禁止出航措施。印发《贵州省渔业船舶水上安全应急预案》，纳入省政府专项应急预案体系。举办全省2022年"渔业安全生产月咨询日"暨"渔船安全万里行"启动仪式。加强涉渔船舶审批监管，建立贵州省涉渔船舶审批修造检验监管协调机制，组织开展专项联合行动。在罗甸县举行全省渔业船舶突发水上安全事件应急演练，8 000多人通过线上直播观摩演练活动，6万多人关注演练视频。

7. 存在的主要问题 一是资源环境约束更加趋紧。渔业发展用地和环保问题突出，渔业发展用地有限，制约渔业规模化、集约化发展；传统渔业生产方式水资源利用率不高，养殖残饵粪便收集率较低，与生态环境保护要求有差距。二是渔业发展基础设施有待加强。养殖池塘老旧，基础设施建设薄弱，渔业生产机械化程度不高，养殖装备设施落后，水产批发市场建设、冷链仓储配套设施不健全。三是科技支撑能力有待提升。水产重点实验室、工程技术研究中心等水产科技创新转化平台建设薄弱，地方土著鱼类开发利用、养殖尾水处理、水产品深加工等关键技术科技研发攻关力度不够。

【重点渔业市（县、区）基本情况】

贵州省重点渔业市（县、区）基本情况

市（县、区）	总人口 （万人）	渔业产值 （万元）	水产品产量 （吨）	其 中		养殖面积 （公顷）
				捕捞 （吨）	养殖 （吨）	
遵义市播州区	76	56 607	15 200		15 200	3 493
松桃苗族自治县	47.8	26 505	8 221		8 221	2 024
江口县	18.1	23 108	7 328		7 328	506
赤水市	24.7	19 982	7 100		7 100	1 124.7
安顺市西秀区	87.4	26 358	6 850		6 850	1 677

【大事记】

[1]3月3日，省农业农村厅印发《贵州省大水面增殖渔业管理办法》。

[2]6月6日，2022全国"放鱼日"暨贵州省水生生物增殖放流活动在仁怀市举行。

[3]6月16日，贵州省2022年"渔业安全生产月咨询日"暨"渔船安全万里行"启动仪式在罗甸县红水河镇羊里码头举行。

[4]6月23日，2022年贵州省长江流域重点水域跨区域联合执法启动仪式在清镇市鸭甸河码头举行。

[5]7月29日，中国工程院院士刘少军到剑河县稻渔综合种养基地开展农技指导，推进"一田两用、鱼稻共生"，提高稻田综合效益。

[6]8月25日，省长江流域禁捕和退捕工作领导小组办公室组织召开长江流域禁捕退捕工作调度会议，省农业农村厅、省公安厅、省财政厅、省市场监督管理局、省人力资源社会保障厅、省交通运输厅、省民政厅有关部门负责同志参加会议。

[7]9月27日，贵州省2022年渔业船舶突发水上安全事件应急演练在罗甸县举办。

[8]11月14日，《贵州省农业农村厅关于规范贵州省长江流域天然水域垂钓管理的通知（试行）》印发。

[9]11月21日，省农业农村厅印发《贵州省"十四五"渔业发展振兴规划（2021—2025年）》。

[10]12月9日，贵州省2022年水生野生动物保护科普宣传月活动在贵州省水生野生动物科普基地、贵州龙川极地海洋世界启动。

（贵州省农业农村厅 廖中华）

云南省渔业

【概况】 2022年，全省各级渔业部门认真贯彻落实中央农村工作会议、全国畜牧渔业工作会议、全国农业农村厅局长会议精神以及省委、省政府部署要求，紧盯"提质增效、减量增收、绿色发展、富裕渔民"总目标，转方式、调结构、转作风、提效能，坚决有力推进各项工作落实落地见效，长江十年禁渔顺利推进，水产绿色健康养殖深入推进，水生生物资源养护成效明显，渔业安全生产形势稳定，稳产保供水平进一步提升，渔业经济保持平稳增长。全省水产养殖面积9.85万公顷，其中池塘面积3.14万公顷，水库面积6.48万公顷。稻田养殖面积9.17万公顷。水产品总产量67.88万吨，同比增长3.21%，其中养殖产量65.22万吨，捕捞产量2.66万吨。养殖品种中，鲟鱼产量居全国第1位，鳟鱼产量居全国第3位，罗非鱼产量居全国第4位。渔业经济总产值198.36亿元，同比增长5.46%，其中渔业产值119.90亿元、工业和建筑业产值19.86亿元、流通和服务业产值58.60亿元。渔民人均纯收入20 469元，同比增长4.51%。

1.持之以恒推进长江十年禁渔 坚决履行长江十年禁渔牵头抓总职责，统筹协调省级相关部门和沿江州（市）政府推进长江十年禁渔各项措施落细落实。一是强化机制制度建设。于3月3日召开2022年长江十年禁渔工作部署视频会，突出渔政执法能力提升、打击非法捕捞和销售水产品、退捕渔民转产就业帮扶、加强船舶监管等重点工作，早安排、早部署。制定出台专项行动计划、暗察暗访工作方案、重点监控对象排查整治工作方案、挂牌整治实施办法等，公布禁用渔具和捕捞方法、规范垂钓管理办法。二是强化专项打击整治。对重点环节、领域、人群、时段、违法行为等重点监管对象进行排查，共排查出5种类型的重点监控对象1 238个，分门别类制定监控措施，实施精准打击。牵头整改"滇池非法捕捞和销售野生鱼"的问题。开展专项执法检查、联合打击整治等系列行动，坚决遏制非法捕捞反弹回潮。采取"四不两直"的方式开展暗察暗访，省级单位开展暗察暗访11次，发现问题线索34条，沿江各州(市)组织暗察暗访发现问题线索81条，制定整改措施，明确责任单位和责任人，推进整改落实。严厉开展打击整治，各级农业农村部门开展联合行动1 106次，清理取缔涉渔"三无"船舶16艘，清理违规网具3 651张(顶)，清理非法钓具数量2 455个，查办违法违规案件369起(违规垂钓案件267起)；各级公安部门办理非法捕捞案件358起，抓获嫌疑人516人；各级市场监管部门督促下架非法交易信息4条，办理非法采购经营无合法来源水产品案件7起。三是强化退捕渔民安置保障。全省377名退捕渔民，符合基本养老保险参保条件的374人100%参保，有就业能力和就业意愿的311人100%实现转产就业。对符合补助条件的退捕渔民参加基本养老保险给予缴费补贴，每人每年2 500元，连续补贴15年，累计兑现养老保险缴费补贴243.75万元。对基本生活有困难且符合特困供养、低保、事实无人抚养儿童条件的55户73人100%纳入保障范围。四是强化执法能力提升。整合中央和省级资金9 472万元，建设长江禁捕智能监控系统，规划建设871个视频监控点位，已建成前端点位617个，省级指挥中心建成运行。安排2 200万元，配备一批渔政船艇、无人机等执法装备。安排中央预算项目资金4 820万元支持永善县、绥江县、水富市开展长江生物多样性保护项目建设。沿江7个州(市)组建26支协助巡护队伍，共配备渔政协助巡护人员1 530人。五是强化水生生物资源保护。建立长江水生生物资源调查、监测和评估制度，设立7个监测断面、50个监测点位，开展渔业资源调查、水生生物完整性指数评价、渔业生态环境监测和禁捕效果评估工作。规范特许捕捞管理，2022年共办理特许渔业捕捞申请12份。科学有序开展水生生物增殖放流，长江流域共增殖放流各类水生生物1 566.02万尾，其中珍稀濒危土著鱼类1 013.50万尾，经济鱼类552.52万尾。

2.持续推进渔业产业高质量发展 坚持生态优先、绿色发展导向，稳定水产养殖面积，提升综合生产能力，保障水产品安全有效供给。一是持续推进水产种业振兴。协同开展水产养殖种质资源普查国家数

据审核，持续推进系统调查，共完成普查品种214个、系统调查品种44个。持续推进国家种质资源场项目建设，省级支持会泽、西畴等3个原良种场建设。对5个省级水产原良种场进行资格复查，新认定1个省级水产原种场。根据专家建议进行调查研究，探寻在西双版纳傣族自治州打造全国淡水渔业良种"南繁基地"。开展省级水产种业良繁基地、种业企业遴选认定，推荐2家公司列入国家水产种业阵型企业。联合开展重点品种育种攻关，软鳍新光唇鱼墨龙1号通过国家水产新品种认定。组织526人参加全国渔业官方兽医培训，规范水产苗种产地检疫。二是稳定水产品生产能力。制作养殖水域滩涂规划矢量数据，升级试运行系统，加快推进水域滩涂养殖发证登记工作，稳定池塘、水库等养殖面积，保护水产养殖主体权益。因地制宜推广"稻鱼＋"不同种养模式，集中打造富民县、南华县、元阳县3个稻渔综合种养示范区，在寻甸县、威信县等24个县示范推广稻渔综合种养1.3万公顷。编制九大高原湖泊流域渔业绿色发展实施方案，积极推广以渔抑藻、以渔净水模式，稳慎推进大水面生态渔业发展。推进陆良县、元阳县陆基工厂化高密度循环水养殖。三是开展池塘标准化改造和尾水治理。贯彻落实渔业发展支持政策，联合省财政厅制定《云南省渔业绿色循环发展试点工作实施方案(试行)》，强化项目资金支持，统筹中央渔业发展补助资金和中央油补资金2 719万元，对736公顷养殖池塘进行标准化改造和尾水治理，持续提高池塘养殖综合生产能力。四是深入实施"五大行动"。制定2022年水产绿色健康养殖技术推广"五大行动"实施方案，举办水产品质量安全暨水产绿色健康养殖技术推广"五大行动"培训班，开展规范用药科普下乡活动，持续推进生态健康养殖模式推广、养殖尾水治理模式推广、水产养殖用药减量、配合饲料替代幼杂鱼行动。五是强化水产品质量安全监管。制定2022年产地水产品兽药残留监控计划和水生动物疫病监测计划。落实水产养殖用投入品使用白名单制度，推广张贴《水产养殖用药明白纸2022年1、2号》。配合到红河哈尼族彝族自治州开展专项监督抽查，到昭通市、昆明市、曲靖市开展国家产地水产品兽药监控抽检。配合开展国家级、省级水产品例行监测。到省农业科学院质量标准与检测技术研究所调研，深入开展地西泮专项整治行动。按季度公布养殖产品质量安全风险隐患警示信息。六是开展示范创建。统筹推进品种培优、品质提升、品牌打造和标准化生产"三品一标"行动。持续开展2022年国家级水产健康养殖和生态养殖示范创建申报工作，对6家申报主体进行验收，推荐曲

靖市麒麟区、禄丰县等4家单位申报创建国家级水产健康养殖和生态养殖示范区,持续打造一批优质水产品生产示范基地。

3.着力推进渔业资源可持续利用 坚决贯彻落实生态文明建设要求,依法保护水域生态环境和水生生物资源。一是强化水生野生动物保护。规范开展水生野生动物特许猎捕、人工繁育、经营利用行政审批工作,省级初审2件经营利用许可事项报农业农村部审批,省级共审批人工繁育、经营利用许可证85份、特许猎捕证7份、专项(特许)渔业捕捞行政许可决定12份。落实推进国家重点保护水生野生动物信息管理制度,开展水生野生动物人工繁育许可证信息备案和国家重点保护水生野生动物专用标识管理。开展"2022年水生野生动物保护科普宣传月"活动,统筹开展"2022清风行动",严厉打击非法捕捞、违规销售、违规经营受保护的水生野生动物等违法违规行为。严格执行珠江流域、洱海禁渔期制度,调查形成珠江(云南段)断面工作清单。支持保山、德宏、怒江7个县(市)开展科普宣传和水生野生动物濒危物种监测评估,保护高黎贡山水生生物安全。二是规范水产种质资源保护区管理。组织完成7个涉渔工程项目环境影响评价的省级审查。印发《水产种质资源保护区涉渔工程落实生态补偿措施存在问题改建"回头看"方案》,分类推进涉渔工程项目问题整改。印发《关于建立水产种质资源保护区涉渔工程落实生态补偿措施长效机制的通知》,建立完善水产种质资源保护区管理台账和管理长效机制,按时完成巡视"回头看"反馈问题整改销号,将全省21个水产种质资源保护区纳入长江经济带发展负面清单指南,推进水产种质资源保护区规范化管理。三是协同保护赤水河流域生态环境。贯彻落实《2022年赤水河流域(云南段)保护治理和高质量发展工作方案》要求,联合省公安厅、省市场监管局等部门,压实属地责任,协同推进智能监管平台建设,制定"禁渔"乡规民约,组建群众性护渔队伍,开展常态化巡查执法。四是有序开展增殖放流。贯彻落实《"十四五"水生生物增殖放流工作指导意见》,制定2022年渔业增殖放流项目实施方案,确定经济物种增殖放流苗种供应单位27家,申报水生生物定点放流平台,聚集六大水系、九大高原湖泊和电站库区,通过6月6日全国"放鱼日"活动带动,规范有序开展增殖放流活动,促进渔业资源恢复增长。全省共投入资金4686万元,组织增殖放流活动134次,放流土著鱼和经济鱼类3011万尾,其中珍稀濒危物种217万尾,经济鱼类2794万尾。

4.坚决守牢渔业安全生产底线 落实"疫情要防住、经济要稳住、发展要安全"的要求,盯紧渔业安全生产专项整治三年行动目标,抓源头、防风险、除隐患,守牢渔业安全生产底线,渔业安全生产形势稳定,连续14年保持零死亡记录。一是压实各级责任。落实全国渔业安全生产电视电话会议精神,制定工作方案、目标责任清单,同16个州(市)和7个重点湖泊管理局签订目标责任书,落实安全生产主体责任,协同推进渔业安全生产工作。二是强化源头管理。调查摸清全省渔业船舶船员情况,全省共有登记在册渔船795条、持证渔业船员902人,指导推进船员培训、考试和发证工作。联合省交通厅等6部门建立涉渔船舶审批修造检验监管协调机制,召开涉渔船舶审批修造检验监管协调机制2022年第一次会商会议,制定下发《云南省2022年涉渔船舶监管专项联合行动方案》,聚焦拆解、标识、修造、检验等重点环节,严厉打击各类违法违规行为,全面提升涉渔船舶监管水平。三是抓实宣传教育。强化渔业安全生产宣传教育,突出抓好"安全生产月"宣传咨询日活动,开展应急演练活动8场次,开展安全宣传咨询活动122场,组织观看安全生产警示教育片110场。四是抓好排查整治。修订渔船安全生产风险分级分类管控办法,修订渔业船舶突发事件应急预案,调度安全隐患、制度措施"两个清单",排查治理渔业安全风险隐患,在玉溪市抚仙湖举行全省应急救援演练,突出抓好风险防控、隐患排查、应急值守等工作。五是严格执法检查。按计划开展交叉执法检查、联合执法检查、专项执法检查,推进"中国渔政亮剑2022"系列专项执法行动。全年共出动执法人员15万人次,清理取缔涉渔"三无"船舶392艘,查办违规违法案件1373起,查获涉案人员1780人,其中移送司法处理案件75起,移送司法处理人员105人。

5.存在的主要问题 一是养殖空间持续受到挤压。各地养殖水域滩涂规划颁布实施后,原有的部分养殖面积被划定为禁养区,逐步退出养殖,导致了养殖面积减少、产量下降。同时,受环保政策影响,多数电站库区开展网箱养鱼的清理整治行动,养殖产量受到直接影响。二是渔政执法能力不足。云南长江十年禁渔涉及长江干流1560千米,接近长江干流全长的1/4,基层渔政执法机构不健全,执法人员力量严重不足,基层执法装备和经费保障不足,与十年禁渔常态化执法监管工作需要有差距。三是渔业发展水平不高。水产种质资源保护、土著鱼驯化开发等需要加强,把资源优势转化为产业优势不明显。水产养殖基础设施薄弱,科技水平相对较低,生产经营主体小散弱,水产品加工落后,休闲渔业等服务业发展不充分,渔业产业发展质量不高。

【重点渔业市（县、区）基本情况】

云南省重点渔业市（县、区）基本情况

市（县、区）	渔业人口（万人）	渔业产值（万元）	水产品产量（吨）	其 中		养殖面积（公顷）
				捕捞（吨）	养殖（吨）	
景洪市	0.85	97 807.00	49 192	100	49 092	3 773
勐海县	0.79	52 161.00	25 402	220	25 182	1 386
景谷傣族彝族自治县	0.45	24 859.20	19 164	997	18 167	1 647
云县	0.28	27 900.00	19 047	806	18 241	784
双江拉祜族佤族布朗族傣族自治县	0.07	24 697.40	18 998	974	18 024	656
普洱市思茅区	0.30	21 031.30	17 733	400	17 333	1 412
凤庆县	0.05	33 697.00	17 175	328	16 847	6 974
陆良县	0.49	36 938.34	17 015	215	16 800	1 867
墨江哈尼族自治县	0.61	26 114.00	16 960	4 386	12 574	532
会泽县	0.30	43 519.80	15 497		15 497	2 837

【大事记】

[1]2 月 16 日,省农业农村厅召开 2022 年全省渔业安全生产工作视频会议,安排部署 2022 年渔业安全生产工作,一级巡视员张穆参加会议并讲话。

[2]3 月 3 日,省农业农村厅组织召开云南省 2022 年长江十年禁渔工作部署视频会,省级相关部门围绕重点工作进行安排布置,省农业农村厅厅长谢晖出席会议并讲话。

[3]4 月 21 日,省农业农村厅牵头,联合省工业和信息化厅、省公安厅、省交通运输厅、昆明海关、省市场监管局等 6 家单位,成立涉渔船舶审批修造检验监管协调机制,加强渔业船舶源头管理。

[4]5 月 26 日,云南省长江禁捕智能监管平台操作系统培训班在昭通市巧家县举办,省农业农村厅一级巡视员张穆出席开班仪式并讲话。

[5]6 月 29 日,省农业农村厅联合玉溪市政府在抚仙湖举行全省 2022 年渔业船舶水上突发事件应急救援演练,省农业农村厅一级巡视员张穆、玉溪市副市长王军等领导出席。

[6]8 月 4 日,省农业农村厅牵头在昆明市晋宁区召开长江经济带生态环境问题整改工作现场推进会,省农业农村厅厅长谢晖出席会议并讲话。

[7]8 月 5 日,省农业农村厅组织召开全省长江流域禁捕水域打击非法捕捞和销售非法捕捞渔获物推进工作视频会,省农业农村厅厅长谢晖出席会议并讲话。

[8]9 月 1 日,省农业农村厅联合玉溪市政府在抚仙湖举行 2022 年鱇𱇏白鱼增殖放流活动,省农业农村厅厅长谢晖、一级巡视员张穆、玉溪市委常委、副市长李宝民等领导出席。

[9]9 月 4—7 日,农业农村部渔业渔政管理局二级巡视员栗倩云率领核验组到昭通市开展 2021 年度长江流域重点水域禁捕退捕工作现场核验和长江禁捕“回头看”工作,省农业农村厅一级巡视员张穆参加。

[10]11 月 10 日,农业农村部长江流域渔政监督管理办公室联合农业农村部渔政保障中心、云南省农业农村厅、西双版纳傣族自治州人民政府和老挝人民民主共和国南塔省,以视频连线形式开展 2022 年度澜沧江-湄公河中老联合执法暨增殖放流活动,农业农村部长江办主任马毅、农业农村部渔政保障中心副主任郭云峰、省农业农村厅一级巡视员张穆、西双版纳傣族自治州副州长赵家信等领导参加。

(云南省农业农村厅　施传岳)

西藏自治区渔业

【概况】 2022年,西藏各级渔业部门认真学习贯彻党的二十大精神、中央第七次西藏工作座谈会精神,深入推进西藏渔业持续健康发展,在自治区党委、政府的正确领导和农业农村部渔业渔政管理局、农业农村部长江流域渔政监督管理办公室的关心支持下,不断强化渔业资源养护和水域生态修复相关工作。受新冠疫情影响,2022年西藏水产品产量为125吨,其中捕捞产量(主要为卤虫卵)75吨、养殖产量50吨,水产养殖面积18公顷。

1.认真落实工作部署,加强学习宣传教育 一是稳步推进渔业安全生产。高度重视渔业安全生产工作,牢固树立安全发展理念,强化底线思维和红线意识,坚持问题导向、目标导向和结果导向,以"查大风险、除大隐患、防大事故"为目标,积极贯彻落实农业农村部安全生产决策部署,进一步对标对表、细化实化工作任务清单,聚焦用力、落细落小抓好渔业生产安全各项工作。积极参加2022年全国渔业安全生产工作视频会议并贯彻会议精神,组织落实《关于做好全国"两会"和冬奥夏奥会期间渔业安全生产工作的通知》《农业农村部办公厅关于开展渔业安全生产"百日攻坚行动"的通知》《关于加强中秋国庆假期渔业安全生产工作的通知》《关于做好国庆假期和党的二十大期间渔业安全生产工作的通知》及2022年全国渔业安全生产专项大检查等重要活动,要求各地(市)进一步强化安全风险防范,坚持关口前移、抓早抓小,筑牢安全生产防线。先后制定印发了《区农业农村厅关于印发〈全区农业农村领域安全生产大检查大整治专项行动工作方案〉的通知》《区农业农村厅关于开展渔业安全生产隐患排查工作的通知》《区农业农村厅关于印发〈西藏自治区"中国渔政亮剑2022"系列专项执法行动实施方案〉的通知》《区农业农村厅关于开展水生野生动物保护"百日"执法行动的通知》等政策文件。二是组织相关培训。采取集中授课、专题讲坛、现场教学、专题研讨等方式,开展科学放生知识科普及渔业执法培训,组织渔业工作人员参加2022年全国水产苗种产地检疫知识培训,并结合渔业执法工作开展安全生产宣传教育和业务培训。三是落实宣传教育活动。认真开展"中国渔政亮剑2022"系列专项执法行动,严格按照"渔业安全生产月""安全生产万里行"活动和《渔业安全生产专项整治三年行动工作方案》等工作要求,充分利用重大节日、6月6日全国"放鱼日"和增殖放流活动等积极宣传渔业安全生产、水生野生动物保护、禁渔休渔制度和相关法律法规科普知识,持续加大对群众的宣传教育力度,累

计发放宣传单8万余份,营造"知安全、懂安全、保安全"的渔业安全生产氛围。

2.加大专项执法力度,严厉打击非法捕捞 根据《西藏自治区"中国渔政亮剑2022"系列专项执法行动实施方案》,充分发挥村民群众的监管作用,抓住关键水域、重点环节,加强雅鲁藏布江、拉萨河、尼洋河、金沙江西藏河段等江河流域的巡查检查力度,坚决禁止炸鱼、毒鱼、电鱼等行为,重点对靠近江河流域的乡镇、农贸市场、酒店、餐馆、鱼庄等进行执法检查。2022年全区出动执法人员1 070人次,执法车次469辆次;检查市场102次,开展水生野生动物保护和规范利用专项检查7次,开展水产养殖用投入品规范使用专项检查65次;陆上执法巡查里程22 260千米;查办违规违法案件9起,查获涉案人员16人,没收违规渔具8台(套),查获违法捕捞鱼类906.67千克,行政处罚1.6万元。

3.严格投入品使用监管,强化苗种产地检疫 落实农业农村部《关于加强水产养殖用投入品监管的通知》,下发《区农业农村厅关于开展2022年水产养殖用投入品质量安全检查工作的通知》,对各地(市)水产养殖用投入品监督检查情况进行督导,要求拉萨、日喀则、山南、林芝市农业农村局对照水产养殖用投入品白名单,每季度依法对本地区水产养殖生产单位是否存在违法使用未经批准水产养殖用投入品、停用兽药、人用药、农药等可能导致其养殖水产品存在质量安全风险隐患的情况进行监督执法,检查结果在自治区农业农村厅门户网站进行公示。共检查水产养殖企业(单位)11家,不存在上述违法违规行为。在自治区农业农村厅门户网站转发《关于发布〈水产养殖用药明白纸2022年1、2号〉宣传材料的通知》,并通过各地(市)农业农村局对水产养殖企业进行宣传。将水产苗种生产单位纳入鱼类产地检疫范围。探索建立水产苗种生产单位备案制度,掌握生产、购苗、发病、销售和运输等情况,实现全程监管。引导水产苗种生产单位出售、运输、捕苗前主动申报检疫,推动水产苗种产地检疫工作,不断提升从业人员的守法意识。

4.加强水生生物保护,开展增殖放流活动 先后印发了《区农业农村厅关于规范水生生物增殖放流和民间放生活动的通告》《区农业农村厅关于印发2022年西藏渔业资源增殖放流项目实施方案的通知》等文件,进一步规范水生生物增殖放流、放生行为。9月,联合自治区科学技术协会启动"2022年西藏自治区水产科普日宣传活动";10月印发了《区农业农村厅关于开展2022年水生野生动物保护科普宣传月活动的通知》,组织各地开展以"关爱水生动物,共建和谐家园"为主题的科普宣传月活动。发放《西藏鱼类"科学放

生"手册《尼玛回家记》《雅鲁藏布江鱼类手册》等宣传资料4.6万余册,逐步引导广大市民群众共同参与、科学放生。2022年共计放流拉萨裸裂尻鱼、尖裸鲤、拉萨裂腹鱼、异齿裂腹鱼、双须叶须鱼、巨须裂腹鱼、前腹裸裂尻鱼、亚东鲑等土著鱼类820.22万尾,超额完成年度放流任务。

5.强化保护区管理,开展安全建设检查 西藏设有5个国家级水产种质资源保护区。原自治区农牧厅印发了《关于开展涉保护区建设项目专项执法行动的通知》,对5个国家级水产种质资源保护区已建、在建项目审批手续是否齐全、是否存在安全隐患,涉保护区渔业影响专题评价报批、已建项目的渔业资源生态保护和补偿措施落实、项目环评"三同时"制度落实等情况进行了专项检查。8月,开展国家级水产种质资源保护区管理情况摸底调查,系统梳理保护区管理机构、开展的主要工作、在渔业捕捞和工程建设管理中存在的问题、保护区的建议和措施等。其中,针对雅鲁藏布江裂腹鱼国家级水产种质资源保护区因雅鲁藏布江干流水文情势变化导致鱼类栖息等敏感生境发生改变和仲达水电站工程建设,提出优化保护区功能区划需求;西藏亚东鲑国家级水产种质资源保护区因守边固边项目建设提出调整需求。自治区农业农村厅要求保护区管理单位按照《水产种质资源保护区管理暂行办法》有关程序申报调整需求。

6.树牢水生生态安全意识,严防外来物种入侵 一是推进部门联席会议制度。针对外来水生生物入侵情况,自治区农业农村厅组织自治区科技厅、司法厅、生态环境厅、水利厅、市场监管局、农业科学院等部门召开专题会议,强化水生生态安全意识,建立防范外来水生生物工作联席会议制度,共同应对外来水生生物入侵风险。二是强化外来物种入侵危害宣传。向各地(市)提出工作要求,认真落实农业农村部《关于做好"十四五"水生生物增殖放流工作的指导意见》,组织各地线上参加自治区农业外来入侵物种普查面上调查会培训会、2022年农业外来物种入侵防治培训宣传活动,明确丁鱼岁等一批鱼类禁止放生。同时,加强外来物种入侵危害生态环境的宣传工作,鼓励广大农牧民群众科学放生,共同抵制外来入侵物种,共同维护雪域高原良好水生生态环境。

7.存在的主要问题 一是渔业管理基础薄弱。西藏自治区无单独的渔业管理机构,渔政管理工作全部由畜牧兽医人员兼任,队伍不稳定。市级、县(区)由于编制的限制,工作人员都是身兼数职,且大多是由非专业人员从事渔业执法。二是资金投入严重不足。全区渔业发展基础薄弱,水域面积大,在渔政监管执法、渔业安全生产、水生生物养护、防范外来物种入侵、水生动物疫病防控、水产养殖种质资源普查、国家级水产

质资源保护区管理等方面均需要政策资金支持。三是监管执法难度大。西藏地广人稀,县乡之间距离远,执法成本高。执法设备、手段落后,缺乏现代化的执法设备和监控设备,传统人工执法模式效率低。市、县两级部分执法人员渔政方面法律基础比较薄弱,缺乏相关执法办案经验,执法人员素质和能力急需提升。

【大事记】

[1]4月,联合自治区市场监管、公安等部门和水产领域专家强力开展渔业执法检查,在拉萨市药王山菜市场门口沿街的"宇胜水产店"查获非法在售西藏土著鱼202尾90.15千克,其中拉萨裂腹鱼(国家二级保护鱼类)130尾64.75千克,巨须裂腹鱼(国家二级保护鱼类)2尾1.45千克,尖裸鲤鱼(国家二级保护鱼类)2尾0.35千克;在"潘哥水产"查获非法在售西藏土著鱼12尾1.52千克,其中拉萨裂腹鱼(国家二级保护鱼类)4尾0.86千克。当晚,联合检查组对查处的214尾西藏土著鱼全部放流,并对涉事企业负责人依法进行行政处罚。

[2]6月,联合自治区公安厅、市场监管局、水产科学研究所等部门工作人员开展集中调研,全面调查渔业渔政监督执法、水生野生动物资源保护、水产养殖业发展、特有土著鱼苗繁育生产、水产养殖用投入品监管等情况。

[3]7月,日喀则市发布了《日喀则市政府关于在雅鲁藏布江流域(日喀则段)等水域实施禁渔管理的通告》,实行为期10年的常年禁渔。

[4]12月,由自治区农业农村厅部署推动、自治区农业科学院、水产研究所联合西藏大学承担的全区水产种质资源普查工作,历时近一年半基本完成。

(西藏自治区农业农村厅 王启明)

陕西省渔业

【概况】 2022年,全省渔业工作认真贯彻落实党中央、国务院和省委、省政府决策部署,积极构建"一山两水三区域"产业发展新格局,着力打造稻渔综合种养、大水面生态渔业、冷水鱼健康养殖、池塘循环水养殖、大鲵特色养殖和设施渔业六大产业。全省水产养殖面积稳定在5.3万公顷,稻渔综合种养面积突破1.3万公顷,水产品总产量17.35万吨,同比增长1.64%,渔民人均纯收入达到1.67万元,同比增长5.69%。养殖大鲵年繁育苗种超1400万尾,年产商品大鲵超9000吨,均占全国总产量的70%。获批洽川乌鳢、安康花鲢、安康钱鱼、汉中大鲵等4个国家地理标志,宝鸡市冯家山水库的鲢鱼、鳙鱼和银鱼3个产品通过中国绿色食品发展中心认证。

1.**产业发展政策日臻完善** 出台《陕西省"十四五"渔业高质量发展规划》《陕西省养殖水域滩涂规划(2019—2030年)》《陕西省池塘养殖尾水治理专项建设规划(2021—2035年)》3个规划和《关于加快推进冷水鱼产业发展的实施意见》《关于加快推进大水面生态渔业发展的实施意见》2项产业发展政策,加大渔业产业结构调整,全力推进渔业产业发展。

2.**渔业绿色转型成效明显** 通过深入实施水产绿色健康养殖技术推广"五大行动",池塘标准化改造和尾水治理等重大行动、重大工程建设,全省绿色养殖步伐加快。新创建国家级水产健康养殖和生态养殖示范区4个。在汉中市召开全省稻渔综合种养产业发展现场观摩推进会,统筹2 600万元大力支持稻渔综合种养产业发展,稻渔综合种养面积突破1.47万公顷。召开全省池塘养殖尾水治理和设施渔业建设推进视频会,不断加快池塘养殖尾水治理和设施渔业建设步伐。

3.**水产品质量安全监管有力** 制定《2022年陕西省产地水产品兽药残留监控计划》《2022年陕西省重要渔业水域生态环境监测计划》《2022年陕西省水生动物疫病监测计划》,并形成监测报告。全年监测产地水产品兽药残留国家任务30个样品,省级任务137个样品,合格率98.54%;监测重大水生生物疫病25个样品,全部为阴性;监测渔业水域水样235份,监测数据9 702个。新认定渔业官方兽医123名,分4期培训365名渔业官方兽医。新增5个水产苗种产地检疫申报点,及时开通电子出证系统。

4.**禁渔执法工作有效推进** 制定长江十年禁渔"三年强基础"实施方案,不断夯实禁渔基础。通过政府购买服务方式与中国水产科学研究院东海水产研究所签订长江禁捕效果评估技术服务合同,完成4市31个县(区)禁捕效果评估。认真组织开展"四清四无"回头看、暗察暗访20次,印发5期暗察暗访通报和12期长江禁捕工作简报。省政府在西安举行2022年度陕西长江十年禁渔新闻发布会,通报全省长江禁捕工作成效。在韩城市举办陕西省"中国渔政亮剑2022"系列专项执法行动暨黄河流域禁渔期执法行动启动仪式。省农业农村厅分管领导带队历时10天,重点巡查黄河干流陕西水域,调研检查沿黄4市12县黄河禁渔执法工作,组织开展省、市、县联合执法检查4次,扎实推动禁渔期执法工作。

5.**水生资源养护扎实有效** 6月6日,在西安举办2022年全国"放鱼日"陕西省增殖放流活动启动仪式,12市(区)同步设立30多个增殖放流点,放流各类苗种460余万尾,2022年,全省各地共放流各种经济鱼类900余万尾,珍稀水生生物3万余尾。制定水生生物增殖放流活动规范,建章立制,严格增殖放流程序。组织各地集中开展水生野生动物保护科普宣传月活动,开展水生野生动物保护科普宣传"六进"及"减塑"行动,并在世界水日、中国水周等活动中深入开展水生野生动物保护科普宣传。

6.**渔业科技推广深入推进** 全面完成水产养殖种质资源普查,在全省11个市107个县(市、区)普查登记养殖主体2 622个,其中开展繁育的主体46个、单纯开展养殖的主体2 576个,获得全省165种水产养殖品种7 116条水产种质资源26个指标的信息,数据量达185 016万个字段。建设2个小龙虾、3个台湾泥鳅引种、育种、养殖一体化试验示范基地。在汉中市5个县(区)推广中科5号新品种,示范推广稻鲫综合种养模式0.13万公顷。引进异育银鲫中科5号、福瑞鲤等名优新品种4 360万尾,全省良种覆盖率大幅提升。引进耐盐碱草鱼新品系1 000万尾,养殖试验取得明显成效。支持桂建芳院士专家工作站和10家专家工作站,攻克多鳞白甲鱼等品种人工繁育技术。

7.**存在的主要问题** 2022年,陕西省渔业产业稳步推进,为稳产保供和粮食安全做出了积极贡献,但同渔业绿色高质量发展目标相比还有差距。主要是传统养殖品种占比较大,名特优水产品引领作用发挥不明显;基层技术推广队伍较弱,服务一线能力有待提升。

【重点渔业市基本情况】

陕西省重点渔业市基本情况

地区	渔业产值(万元)	水产品产量(吨)	其 中		养殖面积(公顷)
			捕捞(吨)	养殖(吨)	
汉中市	320 999	47 262		47 262	6 080
安康市	220 314	36 870		36 870	13 199
渭南市	101 849	50 962		50 962	6 293

（续）

地区	渔业产值 （万元）	水产品产量 （吨）	其　　中		养殖面积 （公顷）
			捕捞 （吨）	养殖 （吨）	
西安市	52 677	10 962		10 962	1 016
商洛市	35 648	5 672		5 672	1 925

【大事记】

[1]2月14日，农业农村部召开全国渔业安全生产工作视频会议，总结2021年渔业安全生产工作，部署2022年重点任务。省农业农村厅党组成员、副厅长蔡斌在陕西分会场参加会议。

[2]2月25日，农业农村部召开全国水产种业振兴行动集中研讨视频会议，总结2021年水产种业振兴行动工作开展情况，安排部署2022年水产种业振兴行动重点工作。陕西省做书面交流汇报。省农业农村厅党组成员、副厅长蔡斌在陕西分会场参加会议。

[3]3月10日，农业农村部渔业渔政管理局召开黄河禁渔期制度实施工作视频调度会，通报解读相关政策文件，调度部署黄河禁渔期制度实施工作。省农业农村厅在分会场参加会议并做交流发言。

[4]4月1日，陕西省"中国渔政亮剑2022"系列专项执法行动暨黄河流域禁渔期执法行动启动仪式在韩城市禹门口举行。

[5]5月22日，省农业农村厅召开黄河流域生态保护和渔业高质量发展座谈会。

[6]6月6日，2022年全国"放鱼日"陕西省增殖放流活动启动仪式在西安市沪灞公园举办。

[7]7月5—8日，省农业农村厅党组成员、副厅长蔡斌带领厅综合执法局、厅渔业渔政局、省水产站，与内蒙古自治区农牧厅渔业渔政管理局负责同志组成农业农村部黄河禁渔联合交叉执法检查第五工作组，先后在内蒙古自治区黄河干流乌海段、鄂尔多斯段、包头段开展联合交叉执法检查活动。

[8]7月11—15日，农业农村部黄河禁渔联合交叉执法行动第六工作组对陕西省渭南市大荔、合阳县黄河干流禁渔情况开展联合交叉执法检查。

[9]7月24—25日，全省稻渔综合种养产业发展现场观摩推进会在汉中召开。

[10]8月17—19日，全国渔船安全工作会商会在西安召开，会议主要研究了渔业安全会商机制和信息共享机制的建立，提出了解决当前全国渔船安全方面发现的痛点难点等问题的措施，专家委员会、中渔学院和中国水产科学研究院南海水产研究所就船员培训等事宜达成合作协议。

[11]9月16日，省政府新闻办公室在西安举行了2022年度长江十年禁渔新闻发布会，省长江流域重点水域禁捕退捕工作专班副主任、省农业农村厅党组成员、副厅长蔡斌介绍陕西省长江流域十年禁渔工作情况并回答记者提问。

[12]9月20—22日，农业农村部渔业渔政管理局一级巡视员李书民一行来陕西调研渔业工作。省农业农村厅党组成员、副厅长蔡斌，省农业农村厅渔业局、省水产站负责同志参加相关调研。

[13]11月15日，全省池塘养殖尾水治理和设施渔业建设推进视频会在西安召开。会议通报了近两年全省池塘养殖尾水治理和设施渔业项目实施情况，分析了主要存在问题，对下一步尾水治理工作提出了明确要求。安康、商洛、韩城3市和大荔、眉县、富县、洋县4县农业农村局分别做了典型经验交流，7个市做书面交流。

（陕西省农业农村厅　段荣娟）

甘肃省渔业

【概况】　2022年，全省各级渔业部门深入贯彻落实中央农村工作会议及中央一号文件精神，对照省委农村工作会议、一号文件和省政府工作报告确定的目标任务，紧紧围绕实施乡村振兴战略，坚决打赢生态环境保护攻坚战，加快推动全省渔业绿色高质量发展，持续推进长江十年禁渔，切实加强渔业生态环境保护，努力培育渔业发展新动能，推进全省渔业绿色高质量发展。全省养殖面积7 932公顷，水产品总产量1.438万吨，渔业产值3.42亿元。

1.持续推进渔业绿色高质量发展　积极落实《甘肃省养殖水域滩涂规划（2021—2035年)》，通过划定禁止养殖区、限制养殖区和养殖区，保障农民合法权益、促进水域滩涂有序利用，推进渔业绿色高质量发展。编制发布《甘肃省"十四五"渔业发展规划》，对标"三农"大局，做好顶层设计，科学谋划，积极发挥渔业在保障水产品供应、促进农民增收、服务生态文明建设等方面的积极作用。持续推进黄河流域重点渔业县(区)养殖池塘标准化改造和尾水治理,改善养殖基础设施,优化产业结构,实现养殖尾水资源化利用或达标排放。制定印发《2022年甘肃省水产绿色健康养殖技术推广"五大行动"实施方案》,发挥骨干基地示范作用,大力推进生态健康养殖模式、养殖尾水治理、水产养殖用药减量、配合饲料替代幼杂鱼和水产种业质量提升等养殖技术示范和推广应用。

2.扎实开展长江十年禁渔工作 制定印发《长江十年禁渔工作"三年强基础"重点任务实施方案》(甘农渔发〔2022〕1号),扎实推进长江十年禁渔各项措施落地落实,进一步加强水域生态环境保护和水生生物资源养护。完成境内长江禁捕省级考核和国家考核,制定印发全省考核实施方案,组织农业农村、公安、市场等部门相关人员赴陇南、天水、定西、甘南4个市(州)开展考核工作。进一步健全跨流域、跨部门联合执法机制,甘肃省与陕西省、四川省共同组织农业农村、公安、市场监管等部门联合开展执法行动,打击非法捕捞行为。开展甘肃省2022年度境内长江流域禁捕考核工作,制定印发《甘肃省境内长江流域禁捕工作领导小组办公室〈关于印发甘肃省2022年度境内长江流域禁捕工作考核方案〉的通知》,成立三个考核组对相关市(州)进行考核。经长江禁捕退捕工作专班综合评定,甘肃省2022年度禁捕工作综合考核结果为良好,主体责任单项指标考核结果为优秀。

3.持续加强渔业资源养护管理 进一步加强涉渔工程对水产种质资源保护区影响专题论证审查工作,开展道路、桥梁、引水等各类涉水工程对水产种质资源保护区影响专题论证审查相关工作,督促各有关工程业主落实生态损害减缓措施和生态补偿措施,减缓损害和工程建设的负面影响,保护水产种质资源。组织省内有关水产科研机构和企业,积极开展黄河、长江及内陆河土著水生物种的驯养繁殖研究,先后攻克了大鲵、秦岭细鳞鲑、兰州鲶、极边扁咽齿鱼、厚唇裸重唇鱼、黄河裸裂尻鱼、花斑裸鲤、祁连山裸鲤、重口裂腹鱼9种水生土著物种的人工繁育技术,并进行了增殖放

流。制定《甘肃省水生生物资源增殖放流实施方案》,在省内12个市(州)放流大鲵、秦岭细鳞鲑等珍稀濒危物种和草鱼、鲢鱼、鳙鱼等经济鱼类1500万尾,修复水域生态环境,维护水生生物多样性。

4.持续加大禁渔执法监管力度 继续落实禁渔制度,严格落实《关于在全省自然水域继续禁渔的通知》要求,在全省自然水域继续禁渔。制定印发《2022年甘肃省渔业渔政工作要点》(甘农渔发〔2022〕4号)及《甘肃省实施"中国渔政亮剑2022"系列专项执法行动方案》(甘农渔发〔2022〕5号),对加强水生野生动物保护宣传、水生野生动物保护和规范利用专项执法行动等进行了安排部署。启动黄河禁渔专项执法行动,制定印发《关于开展黄河禁渔渔政联合交叉执法的通知》(甘农渔函〔2022〕25号),组织兰州、白银、甘南、临夏4个市(州)组成交叉检查工作组,开展交叉检查工作。

5.持续抓好渔业安全管理 召开全省渔业安全生产工作视频会议,全面贯彻落实全国渔业安全生产工作视频会议精神,对2022年全省渔业安全生产重点工作进行安排部署。省农业农村厅转发《关于开展渔业安全生产"百日攻坚"行动的通知》(甘农渔函〔2022〕44号),组织开展渔业安全生产大宣传、大走访、大检查。认真组织开展渔业"安全生产月"活动,落实安全生产监管责任,强化监督管理。省农业农村厅分管领导带领厅渔业渔政管理局执法人员每季度到刘家峡水库、陇南、甘南等地检查渔业安全生产工作。组织渔政管理机构深入刘家峡水库、汉坪嘴水库、九甸峡水库进行渔业安全生产执法检查,重点检查渔业安全生产管理制度落实情况等,从管行业必须管安全的角度出发,对网箱养殖设施开展常态化安全检查和隐患排查。2022年全省未发生重大渔业安全生产事故。

6.存在的主要问题 由于饮用水源地和自然保护地生态环境所限,水产养殖空间有限;渔业规模经营化水平低,经营方式仍以粗放、分散式为主,有辐射带动能力的龙头企业不多,产业化步伐发展不快;从事渔业生产的各类经营主体与新型经营主体不平衡,新型经营主体发展不充分。

【重点渔业市(州)基本情况】

甘肃省渔业重点市(州)基本情况

市(州)	总人口(万人)	水产品总产值(万元)	水产品总产量(吨)	其　中		养殖面积(公顷)
				捕捞(吨)	养殖(吨)	
张掖市	122	5 054.6	2 168		2 168	2 316

（续）

市（州）	总人口（万人）	水产品总产值（万元）	水产品总产量（吨）	其　　中		养殖面积（公顷）
				捕捞（吨）	养殖（吨）	
酒泉市	113	4 287.51	2 290		2 290	1 471
临夏回族自治州	207	3 530.1	1 848		1 848	2 833
酒泉市	105	5 531.74	2 190		2 190	1 406
陇南市	264	2 461.6	1 448		1 448	881
白银市	173	1 960.04	1 433		1 433	77

【大事记】

[1]2月18日，召开全省渔业安全生产工作视频会议，全面贯彻落实全国渔业安全生产工作视频会议精神，对2022年全省渔业安全生产重点工作进行安排部署。

[2]3月30日，组织黄河流域各市（州）参加"中国渔政亮剑2022"黄河禁渔专项执法行动部署视频会议。

[3]3月30日，省农业农村厅印发《2022年甘肃省渔业渔政工作要点》。

[4]3月31日，甘肃省第十三届人民代表大会常务委员会第三十次会议修订通过《甘肃省实施〈中华人民共和国渔业法〉办法》。

[5]4月23日，省农业农村厅印发《甘肃省"十四五"渔业发展规划》（甘农渔发〔2022〕7号）。

[6]5月9日，省农业农村厅下达《甘肃省2022年渔业发展补助资金及任务计划》（甘农财发〔2022〕22号），安排渔业发展补助资金408万元，进一步夯实产业发展基础，促进渔业转型升级、提质增效，推动全省渔业绿色高质量发展。

[7]6月6日，全省长江禁捕及黄河禁渔工作推进会暨全省渔业技术推广会在陇南市武都区召开，会议对全省长江禁捕、黄河禁渔、水产健康养殖、渔业安全生产以及水产学会换届等重点工作进行了安排部署。

[8]6月6日，2022年全国"放鱼日"甘肃省同步增殖放流活动在陇南市武都区举行。

[9]6月17日，农业农村部长江流域渔政监督管理办公室组织有关专家通过视频会议方式对《白龙江引水工程对白龙江特有鱼类国家级水产种质资源保护区影响专题论证报告》进行了第二次技术审查。

[10]7月4—8日，山西省农业农村厅二级巡视员侯振全带领山西省渔政执法人员对甘肃省甘南藏族自治州、临夏回族自治州、兰州市开展黄河禁渔联合执法交叉检查。

[11]11月2日，省农业农村厅下达《2022年成品油价格调整对渔业补助资金及任务计划》，安排扶持资金1 493万元，进一步推动全省渔业绿色高质量发展，夯实产业发展基础，促进渔业转型升级、提质增效。

[12]12月30日，省农业农村厅公布《甘肃省农业农村（渔业）领域行政许可事项监管规则和标准》（甘农渔发〔2022〕10号）。

（甘肃省农业农村厅　张国维）

青海省渔业

【概况】　2022年，为确保水产品供应稳定，助力绿色有机农畜产品输出地建设，全省重点围绕水产养殖转型升级、水生生物疫病防治、水质监测、水产品质量安全不断加大工作力度，强化水产种业和水产技术推广服务体系建设，加快养殖渔业转型升级步伐。

1.特色产业优势明显　截至2022年年底，经过十余年的经验积累，全省已逐步形成了以三倍体虹鳟鱼养殖为主体的沿黄特色冷水鱼产业带，共有网箱养殖场27家，网箱养殖面积38万米^2。水产品产量为18 880吨，产值4亿多元。其中鲑鳟鱼14 909吨，与上年相比略有增长。池沼公鱼3 353吨，河蟹135吨，其他水产品419.5吨，与上年相比略增。

2.深化绿色养殖　2022年，围绕水产养殖疫病防控、水产品质量安全以及绿色养殖，相继印发了水产绿色养殖"五大行动"方案、养殖渔业"三大安全"检查方案等通知，对养殖用投入品监管以及水产疫病防控监测工作作出具体安排。省级水生动物疫病预控中心已开工建设，13个水产养殖重点县建设有序开展，技术人员基本固定,省级水产品药残抽检工作按计划进行。

3.抓种业建设 建成鲑鳟鱼苗种繁育良种场和冷水鱼制种育种中心4处,年繁育虹鳟三倍体苗800万尾以上,青海湖裸鲤等土著鱼苗2 100万尾以上,青海民泽龙羊峡生态水殖有限公司入选国家水产种业阵型企业名单。大通、门源、共和县虹鳟鱼良种场升级改造有序推进。启动三倍体制种育种本地化技术攻关,计划用三年时间实现虹鳟鱼发眼卵技术本地化。

4.陆基渔业引领产业转型 经试点证明,陆基养殖作为连接种苗产业和大水面网箱养殖产业的必要环节,可为网箱养殖提供大规格鱼种,实现资源优势互补、分段接力养殖。年内,省农业农村厅渔业渔政管理局组织省内科研院所、推广机构专家,对海南、黄南、海东等地适宜陆基养殖地区的水资源条件、生产规模和潜力等进行了全面分析和评估,形成《青海省陆基养殖模式应用推广研究调研报告》,提出陆基工厂化循环水养殖、陆基工厂化循环水+网箱养殖等4种适合全省推广的养殖模式。利用新一轮渔业发展补助政策,持续予以支持,截至2022年年底全省已先后补助建设18家陆基基地。

5.现代渔业产业体系加快构建 初步构建以现有3家苗种场、若干陆基基地和沿黄27家网箱基地为基础,相对独立又互为补充的种苗、幼鱼和成鱼产业体系,推进实现分段接力养殖、降低疫病发生、缩短养殖周期、抵御泄洪风险的目标,促进产业转型升级。

年内,青海大学生态环境工程学院获批农业农村部高原冷水鱼养殖与生态环境保护重点实验室;省渔业技术推广中心赵娟获全国水产系统"最美渔技员"称号;龙头企业青海民泽龙羊峡生态水殖有限公司入选国家水产种业阵型企业名单,并被认定为全国农业国际贸易高质量发展基地。

6.存在的主要问题 全省冷水鱼产业仍存在以下问题。一是传统养殖方式仍占主导地位,养殖新技术、新装备覆盖面窄,推广不足,三倍体制种育种技术尚在攻坚。二是渔业发展模式由天然水域网箱养殖向陆基养殖转型的需求加大,但支撑青海冷水养殖产业转型升级的政策、资金、技术、用地等方面的制约因素多。三是基层水产技术推广服务机构不健全、渔业科技人才缺乏、技术服务能力薄弱。四是沿黄网箱养殖区疫病风险尚未完全杜绝,仍然威胁着冷水鱼产业健康发展,疫病防控压力较大。

【重点渔业市(县、区)基本情况】

青海省渔业重点市(县、区)基本情况

市(县、区)	总人口 (万人)	渔业产值 (万元)	水产品总产量 (吨)	其 中		养殖面积 (公顷)
				捕捞 (吨)	养殖 (吨)	
共和县	13	40 000	15 547	2 513	13 034	25

【大事记】

[1]1月5—12日,省农牧业综合行政执法监督局与相关自治州公安局森林警察支队、州农牧业综合行政执法监督局、辖区公安派出所联合县农牧业综合行政执法大队,在龙羊峡库区、青海湖周边开展水生野生动物保护专项执法行动。

[2]2月,西宁市水生野生动物保护科普宣传教育基地挂牌成立。

[3]3月,青海省启动"中国渔政亮剑2022"系列专项执法行动,重点安排了长江流域青海段禁捕、青海湖封湖育鱼、黄河流域禁渔、水生野生动物保护和规范利用、打击电鱼活动、渔业"三大安全"和水产养殖用投入品规范使用、渔业安全生产监管7项执法行动。

[4]6月,以"生态青海 和谐发展"为主题的青海湖裸鲤增殖放流活动举办,副省长才让太出席活动并致辞。

[5]7月8日,海南藏族自治州农牧局、共和县农牧和科技局协助州(县)人民检察院、青海湖景区管理局等部门在青海湖环湖地区开展"环青海湖生态环境公益诉讼巡回检察——青海湖裸鲤公益保护增殖放流"活动。

[6]8月,川陕哲罗鲑栖息地种群重建活动在青海省果洛藏族自治州班玛县举行,标志着青海省的川陕哲罗鲑栖息地种群重建工作正式启动实施。

(青海省农业农村厅 毛永亮)

宁夏回族自治区渔业

【概况】 2022年,宁夏渔业立足大食物观,以"农业增效、农民增收、绿色发展"为核心,以发展节水型、高附加值种养业为目标,积极拓展水产养殖空间,大力发展适水产业,结构调整、绿色养殖、尾水治理、种业振兴、三产融合、资源养护、安全监管等各项工作有序推进。全区渔业面积稳定在 3.3 万公顷,水产品产量 17.04 万吨,同比增长 2.7%;渔业经济总产值 50 亿元,同比增长 6.3%;从渔农民人均可支配收入 17 078 元,增幅 11.7%。渔业安全生产形势稳定,渔业经济发展与生态环境保护协调推进。

1.大力推进养殖品种优化调整 坚持市场导向,按照"常规品种提质,优新品种扩量"的思路,以地标产品"银川鲤鱼"为试点,大力推动鲤鱼、草鱼健身瘦身养殖技术试验示范。实践证明,健身瘦身后的商品鱼肌肉紧致、体型健美、腥味消除、口感品质提升,效益提高 50%以上。积极推广斑点叉尾鮰、鲈鱼、河蟹等优新品种,扩大养殖规模,持续开展南美白对虾等品种海鲜陆养,丰富养殖品种,抵御市场风险,名优品种产量和价格同比分别增长 42%和 6%,实现提质增效和稳产保供。

2.大力推进绿色健康养殖 坚持生态优先、绿色发展原则,落实水产绿色健康养殖技术推广"五大行动",围绕现代设施渔业发展,稳步推广陆基设施养殖＋渔菜综合种养 0.22 万公顷,鱼菜生态种养蔬菜大棚 59 座,设施养殖水体 2 970 米^3,实现了养殖全程不换水、不施药、尾水零排放和"一地双收、一水两用"。围绕拓展养殖空间,合理开发利用宜渔资源,因地制宜发展大水面生态增养殖面积 670 公顷,盐碱地、盐卤水养殖面积 53 公顷,实现"以渔治盐降碱",促进盐碱地有效治理利用,不断提升水、土资源利用和产出率。

3.大力推进养殖尾水综合治理 科学利用中央、自治区各级财政资金,优先支持渔业主产区银川市、石嘴山市实施集中连片池塘标准化改造和养殖尾水治理 1 670 公顷,打造了贺兰县宽家湖水产养殖产业园区园区万亩池塘养殖尾水综合治理样板,创建国家级水产健康养殖和生态养殖示范区 4 个,为稳固全区水产品安全供给"基本盘",提升渔业绿色发展水平奠定了基础。

4.大力推进水产种业振兴 充分发挥国家级水产种质资源场和省级水产原良种场国家队和省队示范带动作用,构建了首个黄河鱼类种质资源管理与综合育种分析平台,成功创制黄河鮊 F5 代新品系,较对照组生长率提高 16.3%,取得了国内鲶鱼基因育种革命性成果,树立了宁夏鱼类生物育种里程碑。国家二级保护动物大鼻吻鮈人工孵化技术研取得历史性突破,成功孵化鱼苗 2 000 余尾,为实现迁地保护与人工批量繁育和大规格苗种培育奠定了坚实基础。全区加州

鲈水花苗种年繁育能力达 1 亿尾,受精卵片和水花远销广东、上海、南京等地,"北苗南销"规模持续扩大。

5.大力推进一二三产业融合发展 针对产业链条短、渔业二三产业滞后、产业综合效益低的问题,大力发展水产加工和休闲渔业。2022 年在盐池县新建螺旋藻养殖温棚 800 座 56 万米^2,年产量达到 1 000 吨、产值 7 000 万元;在石嘴山市大武口区打造集鱼子酱生产、加工、鱼菜生态种养等为一体的产业园区。各市(县)因地制宜推动休闲渔业发展,"稻渔空间"再次成为旅游旺季网红打卡地。

6.大力推进水生生物资源养护 认真落实黄河禁渔期制度,及时将沙湖、西吉震湖特有鱼类国家级水产种质资源保护区和清水河原州段黄河鲤国家级水产种质资源保护区纳入禁渔范围。实现部门联动,打击各类非法捕捞行为,保护"母亲河"水生生态环境,石嘴山市农业农村局查处的禁渔期非法捕捞案被农业农村部办公厅作为执法典型案例通报。持续开展增殖放流,共向黄河放流黄河土著鱼类 1 360 万尾。积极协调推进黄河黑山峡水利枢纽等 5 个涉渔工程环境影响评价,其中 4 个完成省级初审,工程预算补偿资金 1 648 万元,将全部用于黄河水产种质资源保护区鱼类生态环境修复。

7.持续强化渔业安全监管 积极开展外来物种入侵防控工作,启动并完成了外来入侵水生物种普查工作。深入推进"治违禁 控药残 促提升"三年行动,持续强化农产品质量管控,产、检、管并重,联合相关部门在全区水产养殖场和休闲垂钓场所开展地西泮等违禁药物抽检工作,进一步规范了相关从业人员生产经营用药行为。严格落实渔业生产经营单位主体责任和管理部门监管责任,强化安排部署,狠抓隐患排查与督导检查,防患于未然。2022 年,全区未发生重特大渔业安全生产事故。

8.存在的主要问题 一是供需结构矛盾凸显。宁夏渔业以常规品种为主,高品质名优品种养殖比重偏低,产量占比不足 10%,设施水平较低,优新品种无法保障四季均衡上市。二是环保约束刚性突出。用水难、用地难已成为制约渔业发展的主要因素,环保部门对水产养殖尾水排放要求越来越严,养殖阵地逐年缩减。三是产业发展层次不高。宁夏渔业仍以小规模分散养殖为主,集约化、标准化、生态化、智能化程度较低,产业链条短,品牌建设不足,抵御市场风险能力弱。四是保障服务体系弱化。宁夏市、县级水产技术推广服务机构普遍被合并,职能弱化严重,且缺乏年轻化、专业化的技术人才,技术推广、科技创新和指导生产能力与产业发展需求不相适应。

【重点渔业市（县、区）基本情况】

宁夏回族自治区重点渔业市（县、区）基本情况

市（县、区）	总人口（万人）	渔业产值（万元）	水产品总产量（吨）	其中		养殖面积（公顷）
				捕捞（吨）	养殖（吨）	
贺兰县	34.6	81 382	61 500	750	60 750	3 875
平罗县	27.5	42 090	33 553	850	32 703	5 253
中卫市沙坡头区	40.3	23 826	17 180	2 110	15 070	1 467
石嘴山市大武口区	29.9	22 120	15 689		15 689	3 314
青铜峡市	24.4	14 428	9 600	1 568	8 032	1 347

【大事记】

[1] 1月4日，自治区农业农村厅印发《宁夏回族自治区渔业"十四五"发展规划》。

[2] 1月20—21日，自治区农业农村厅抽调人员组成督查组开展全区渔业安全生产工作督查，对重点渔业县（区）及所属14家渔企渔户安全生产工作进行督查。

[3] 1月28日，"银川鲤鱼"——全国地理标志农产品推介会在银川科海生物技术有限公司举办。

[4] 5月24日，自治区农业农村厅举办农业外来入侵水生动物普查培训班，全区各市、县农业农村部门相关工作人员参加了培训。

[5] 6月6日，在宁夏银川黄河外滩国家湿地公园举办以"养护水生生物，建设美丽中国"为主题的第八届全国"放鱼日"宁夏同步增殖放流活动，共放流50万尾黄河鲶、黄河甲鱼及赤眼鳟等水生生物，进一步补充了"母亲河"土著水生生物种群数量。

[6] 6月19日，自治区农业农村厅举办"闽宁特产线上行"活动，银川鲤鱼、南美白对虾等水产品深受广大市民青睐，成为活动的网红产品，唱响了"这是宁夏的好东西"。

[7] 7月4—8日，农业农村部黄河禁渔第四交叉执法组在黄河宁夏段开展黄河禁渔交叉执法行动。同期，自治区农业农村厅相关人员组成的第一交叉执法组在黄河青海段开展黄河禁渔联合交叉执法行动。

[8] 7月21日，农业农村部公布了276家首批国家种业阵型企业，宁夏新明润源农业科技有限公司成功入选，标志着宁夏水产种业工作迈上了新台阶。

[9] 7月26—29日，宁夏种业博览会上展出的黄河鲶、大鼻吻鮈、赤眼鳟等黄河特色经济鱼类，通过活体、标本、展板等方式全方位展示了这些特色经济鱼类救护、保种和繁育工作成效，进一步提升了"宁字号"水产品品牌的影响力。

[10] 8月22—23日，自治区农业农村厅渔业渔政管理局在银川举办渔业船员暨渔业船员管理系统培训班，规范渔业船员管理，保障渔业生产安全。

[11] 9月17日，农业农村部公布了7起2022年度黄河禁渔执法典型案例，宁夏石嘴山市农业农村局查处的于某在禁渔期非法捕捞案入选。

[12] 11月14日，自治区水产技术推广站参与完成的"池塘工程化循环水养殖技术示范与推广"项目荣获2019—2021年度全国农牧渔业丰收奖农业技术推广合作奖。

[13] 12月22日，自治区水产技术推广站联合中国水产科学研究院渔业机械仪器研究所创新的"菜棚鱼菜共作生态循环综合种养技术"入选渔业新技术2022年度优秀科技成果。

[14] 12月27日，农业农村部等3部门通报2022年渔业执法系列专项行动工作先进集体和个人，自治区农业农村厅渔业渔政管理局和自治区水产技术推广站荣获先进集体，郑岚萍等5人荣获先进个人荣誉称号。

（宁夏回族自治区农业农村厅渔业渔政管理局
王新立 白富瑾）

新疆维吾尔自治区渔业

【概况】 2022年，新疆（含兵团）渔业经济总产值37.00亿元，同比减少4.07亿元，降幅为9.93%，其中第一产业产值 32.36 亿元,同比减少 3.59 亿元,降幅为 9.99%;第二产业产值 3.46 亿元,同比增加 0.09 亿元,增幅为 2.65%;第三产业产值 1.17 亿元,同比减少 0.56 亿元,降幅为 33.03%。渔民人均纯收入 1.99 万元,同比增加 0.03 万元,增幅为 1.53%。

2022 年,全疆(含兵团)水产品总产量 17.30 万吨,同比增加 0.25 万吨,增幅为 1.44%,其中淡水养殖产量 15.95 万吨,同比增产 0.45 万吨,增幅为 2.87%;淡水捕捞产量 1.35 万吨,同比减少 0.20 万吨,降幅为 0.48%。就养殖方式而言,池塘养殖产量 12.52 万吨,同比增产 0.16 万吨,增幅为 1.32%;水库养殖产量 2.41 万吨,同比增产 0.31 万吨,增幅为 15.16%;其他养殖方式包括湖泊、河沟和坑塘及少量的稻田养鱼,合计产量为 1.01 万吨,同比减少 0.03 万吨,降幅为 2.91%。就养殖面积而言,池塘养殖面积为 1.44 万公顷,同比减少 0.04 万公顷,降幅为 2.29%;水库养殖面积为 4.04 万公顷,同比增加 0.06 万公顷,增幅为 1.60%;其他养殖面积如湖泊、河沟和坑塘等合计为 3.86 万公顷,同比减少 0.08 万公顷,降幅为 2.19%。就养殖品种而言,草鱼、鲤鱼、鲫鱼、鲢鱼和鳙鱼为主要养殖品种,合计占全疆渔业总产量的 77.05%,占全疆养殖产量的 83.57%,合计产量为 13.33 万吨,同比增加 0.26 万吨,增幅为 1.90%;其他鱼类产量为 2.62 万吨,同比增加 0.19 万吨,增幅为 7.82%;另有甲壳类及少量贝类,产量为 0.68 万吨,同比增加 0.04 万吨,增幅为 6.25%。

2022 年,全疆(含兵团)淡水鱼苗产量 5.17 亿尾,淡水鱼种产量 1.69 万吨,投放 1.66 万吨;拥有水产加工企业 11 家,水产冷库 32 座;拥有机动渔业船舶 898 艘,总吨位 3 090 吨,其中执法船 33 艘、241 吨;渔业从业人口 1.34 万人;全年受灾面积 0.16 万公顷,损失 0.25 亿元。

1.水生生物资源养护水平不断提升 通过组织专家论证,依法合规确定有资质的苗种供应单位,加强苗种质量规格监管,强化苗种检疫,禁止使用外来种等不符合生态要求的物种。2022 年全区各级渔业行政主管部门组织开展增殖放流活动 42 次,开展草鱼、欧鲇等经济物种和新疆裸重唇、扁吻鱼等濒危物种的放流活动,放流各类苗种 1 113 749 万尾,其中放流经济鱼类 1 097 211 万尾,放流濒危鱼类 165.38 万尾。通过增殖放流,增加了全区水生野生动物资源数量,使部分水生野生动物资源品种严重衰退状况有所缓解,并获得一定程度的恢复,保护了全区水域生态环境和物种多样性。

2.水产种业振兴取得新进展 通过在重点地(州)支持苗种场基础设施建设,实现水产种苗供需基本平衡,短缺种苗的生产保障能力明显提升,向全疆供应优质水产苗种,2022 年全疆共计繁育水产苗种 5.17 亿尾。完成第一次全国水产养殖种质资源基本情况普查,基本摸清全区水产养殖种质资源种类、群体数量、区域分布,培育水产种业阵型企业 1 家。第一次水产种质资源普查取得阶段性成果。组织水产养殖种质资源普查工作组在 2021 年基本情况普查基础上,按照农业农村部要求开展普查数据审核,对 20 个指标 15 项重点内容进行了复审,累计完成 1 446 个普查主体、33 万公顷的普查。全区现有水产养殖种类(品种)147 种,其中鱼类 122 种,虾蟹类 23 种,两栖爬行类 2 种;按照资源类型分类:原种 47 种,引进种 46 种,新品种 46 种,其他种 8 种。

3.坚守渔业安全生产底线 印发《新疆维吾尔自治区"三无"船舶联合认定实施办法(试行)》《关于开展 2022 年全区渔业安全生产大检查的通知》《关于开展 2022 年全疆渔业"安全生产月"和"安全生产天山行"活动的通知》《自治区 2022 年渔业安全生产"百日攻坚"行动方案》等文件,督促各地农业农村部门和渔业船东船主切实履行渔业安全生产属地监管责任和主体责任,积极组织开展"安全生产月"和"安全生产万里行"专项活动,各级农业农村部门组织开展渔业安全生产检查 771 次,检查水产养殖生产单位 1 000 余个次,出动检查人员 2 000 余人次,发现隐患 57 处,均已整改到位。渔业船舶安全生产整体水平明显提高,安全生产形势呈持续稳定向好态势。

4.开展渔政执法行动,依法治渔深入人心 为全面提升全区渔业治理能力和治理体系现代化水平,严格规范公正文明执法,全方位强化渔政执法队伍建设,保障渔业高质量发展和乡村振兴。根据农业农村部《关于加强渔政执法能力建设的指导意见》(农渔发〔2021〕23 号)精神,结合全区实际,印发《2022 年自治区渔政行政执法工作实施方案》和《自治区农业综合行政执法能力提升行动实施方案》。成立了"中国渔政亮剑 2022"系列专项执法行动(新疆)指挥部,在全疆开展了"中国渔政亮剑 2022"系列专项执法行动,重点在额尔齐斯河、伊犁河、博斯腾湖、乌伦古湖、额敏河、精河、博尔塔拉河等天然水域开展禁渔期(区)专项执法行动和水生野生动物保护和规范利用、清理取缔涉渔"三无"船舶、清理违规渔具渔法、渔业安全生产、水产养殖用投入品规范使用等 7 个专项执法行动。全疆各级农业综合行政执法机构整体推进,强化宣传,从严执法,坚决查办危害渔业安全和生态文明的违法违规行为。全疆共印发宣传资料 42 128 份,出动各级农业综合行政执法人员 14 616 人次,执法车 4 367 次,执法船艇 886 次;清理取缔涉渔"三无"船舶 32 艘,清理整治违规网具 1 882 顶,查办违法违规案件 86 起,涉案人员 101 人,移送司法机关 1 起,涉案人员 2 人;收缴涉案渔获物 3 596.15 千克,水产养殖非法投入品 1 494.1 千克;行政处罚 17.85 万元。2 个农业综合行政执法机构荣获农业农村部 2022 年渔业执法系列专项行动工作突出集体;3 名执法人员荣获农业农村部 2022 年渔业执法系列专项行动工作突出个人称号。

5.扎实推进水产养殖业绿色发展 在 8 个地(州、市)9 个示范点示范推广稻田综合种养、池塘循环水养殖等一批符合水产绿色健康养殖发展要求的技术模式,辐射推广面积近 0.1 万公顷,推进水产养殖业绿色发展"五大行动",强化生态健康养殖技术的培训、服务指导,技术服务指导面积 130 公顷。积极推动池塘标准化改造与尾水治理工作。起草下发《关于加快推进养殖池塘标准化改造和尾水治理工作的通知》,督促各地明确目标,压实责任,因地制宜,采取适宜模式积极开展池塘标准化改造与尾水治理。2022 年积极争取国家资金 1 298 万元,支持全区 337 公顷池塘标准化改造与尾水治理,推动养殖生产条件和养殖水域环境的改善。

6.修订水生野生动物保护名录 根据《中华人民共和国野生动物保护法》《新疆维吾尔自治区实施〈中华人民共和国野生动物保护法〉办法》有关规定和 2021 年国家林业和草原局、农业农村部联合调整并公布的《国家重点保护野生动物名录》,会同自治区林草局修订《国家重点保护野生动物名录》,名录涉及全区 17 种自治区重点水生野生动物,已经自治区人民政府办公厅公布。

7.强化工作安排部署 一是组织召开全疆渔业培训会,组织各地(州、市)农业农村局分管领导、业务骨干及渔业重点企业 200 余人召开渔业线上培训会,总结 2021 年渔业工作,部署安排 2022 年渔业重点工作。二是举办 2022 年渔业管理培训班,组织全疆 14 个地州(市)、县(区)49 名渔业管理人员进行了培训,培训内容涉及渔业重点工作和任务,培训班效果明显。三是开展 2022 年水产养殖绿色发展培训,组织中国水产科学研究院、上海海洋大学、自治区水产科学研究所等单位的 35 位专家,围绕养殖证申请等相关渔业政策解读、养殖用投入品科学与合法使用、水产品质量安全要求、水产品疫病防控、渔业安全生产等多项主题开展线上培训,共计培训 70 课时,培训渔业从业人员 1 100 余人次。

8.积极组织创建国家级水产健康养殖和生态养殖

示范区 根据农业农村部要求,经自治区专家考核,哈巴河县北园春水产经营有限责任公司、新疆丰泽科技水产经营有限责任公司通过国家级水产健康养殖和生态养殖示范区考核验收,同时组织 2021 年创建成功的新疆天蕴有机农业有限公司、新疆三文渔业有限公司联合体及新疆赛湖渔业科技开发有限公司创建的 2 个示范区开展年度考核工作,推动全区国家级水产健康养殖和生态养殖示范区创建工作。

9.规范开展渔业行政许可审批工作 践行"坚守初心,为民服务"宗旨,深化"放管服"改革,营造良好的营商环境,共办理了 25 家单位的 32 项渔业行政审批事项,其中水生野生动物猎捕证 17 个、人工繁育许可证 9 个、经营利用许可证 6 个。

10.国家级水产种质资源保护区管理 部署加强国家级水产种质资源保护区管理,并组织开展摸底调查,一是全面掌握保护区管理机构、基础设施等现状,查找保护区存在问题;二是结合保护区所在地红线划定情况,分地、州委托专业部门对保护区进行全面核实,并将与公布面积、范围有较大出入的保护区核实结果报农业农村部备案;三是组织各地对保护区建设项目进行排查,全面掌握保护区已建、在建项目情况,建立问题台账,明确整改要求,落实整改责任单位,加强监督管理,并以报告形式上报农业农村部渔业渔政管理局。

11.强化水产养殖用投入品管理 根据《农业农村部办公厅关于印发〈实施水产养殖用投入品使用白名单制度工作规范(试行)〉的通知》要求,针对 11 家水产养殖生产单位因未按规定建立水产养殖档案,可能导致其养殖水产品存在质量安全风险隐患的情况,在自治区农业农村厅官方网站发布 4 期养殖水产品质量安全风险隐患警示信息,保障养殖水产品质量安全,推进水产绿色健康养殖。

12.强化渔业项目管理 2022 年全区争取到位的渔业支持资金已达 8 062 万元,为历年新高。根据自治区农业农村厅项目管理办法要求,一方面强化项目规范管理,落实项目清单责任,细化进度目标,每月调度报送项目实施进度和资金执行进度,严格项目管理,确保项目工程质量、建设进度和资金合理安全使用;另一方面加大项目储备力度,组织各地结合已经制定的渔业发展规划、2023 年和"十四五"期间渔业发展重点,编制项目实施方案并组织专家论证,建立项目储备库,实现立项一批、培育一批、储备一批。

13.存在的主要问题 一是渔业管理队伍薄弱,技术推广体系不健全,水产技术人员匮乏,渔业发展资金不足,自治区财政对渔业发展投入有限,不能满足全区渔业发展需要。二是水产品稳产保供存在隐患。一些地方限水和水价问题对水产养殖业影响日益加大,各地渔业用水核定标准不统一,且不合理,"定额用水"标准增加了养殖成本,影响了渔民的积极性。受生态环境保护红线等因素影响,水产养殖发展空间受限,一些地方核发养殖证推进缓慢,养殖者的权益得不到有效保护。三是基础设施老化问题严重。养殖池塘标准化改造欠账较多,未改造的池塘养殖空间小、单产低、鱼病发生率高。同时,进排水、供电线路、渔业设备、道路等不同程度老化,成为制约健康养殖发展的"瓶颈"。部分养殖场承包期不长,导致养殖企业不愿意在基础设施建设上过多投入。四是渔业组织化、产业化推进速度缓慢。渔业规模经营化水平低,经营方式仍以粗放、分散性为主,集约化、健康养殖生产有待进一步发展,缺少有辐射带动能力的龙头企业,渔民合作社建设较慢、规模小,渔业产业化发展步伐不快。

【重点渔业市(县)基本情况】

新疆维吾尔自治区重点渔业市(县)基本情况

市(县)	总人口（万人）	渔业产值（万元）	水产品产量（吨）	其 中		养殖面积（公顷）
				捕捞（吨）	养殖（吨）	
伊宁县	36.53	11 000	9 550		9 550	506
温宿县	26.20	15 100	9 000		9 000	730
昌吉市	40.80	17 100	8 229		8 229	977
福海县	7.55	13 714	6 661	3 466	3 195	13 334
拜城县	23.11	9 300	6 500		6 500	556

【大事记】

[1]2月10—28日,组织开展全疆渔业生产情况调研。

[2]3月3日,渔业循环发展试点项目调度会召开。

[3]4月6—9日,2022年水产养殖绿色发展暨安全生产培训班在乌鲁木齐市举办。

[4]4月22日,2022年全疆渔业培训会议举办。

[5]6月6日,全国同步"放鱼日"活动在博斯腾湖举办。

[6]7月4—7日,2022年渔业行政管理人员培训班在库尔勒市举办。

[7]9月23日,《新疆维吾尔自治区重点保护野生动物名录》发布。

[8]10月15—31日,2022年水产养殖绿色发展培训班举办。

[9]12月29日,哈巴河县北园春水产经营有限责任公司、丰泽科技水产经营有限责任公司被农业农村部评为国家级水产健康养殖和生态养殖示范区。

（新疆维吾尔自治区农业农村厅渔业监督处
阿依古力·卡拉拜）

大连市渔业

【概况】 2022年,大连市有甘井子区、旅顺口区、金州区(金普新区)、瓦房店市、普兰店区、庄河市、长海县和中山区8个涉渔区(市、县),以及高新技术产业园区、长兴岛经济技术开发区2个涉渔开放先导区;有渔业乡、镇、街道33个,渔业村188个,渔业户5.55万户;渔业人口21.48万人,其中传统渔民13.36万人;渔业从业人员14.64万人,其中专业从业人员9.70万人。专业从业人员中,从事捕捞业3.94万人,从事养殖业4.44万人,其他1.33万人。全市地方渔业(不含辽宁省属企业在大连分支机构)经济总产值766.2亿元,同比增长7.5%,其中渔业产值(含苗种)425.5亿元。渔业经济增加值378亿元。渔业产值中,海洋捕捞产值60.2亿元,海水增养殖产值319.4亿元,苗种产值45.3亿元;淡水养殖产值0.6亿元。全市地方渔业水产品产量250.6万吨。

1.海洋渔业资源增殖放流 2022年,大连市放流中国对虾和三疣梭子蟹苗种31.24亿尾,总回捕率2.03%,增殖放流总产量2 871.98吨,总产值3.43亿元。

2022 年大连市地方渔业产量及产值

地　区	产量（万吨）	产值（亿元）
大连市	250.6	425.5
长海县	65.7	91.4
庄河市	61.4	112.4
金州区（金普新区）	43.0	67.9
普兰店区	15.3	32.7
旅顺口区	24.3	29.5
瓦房店市	16.1	62.7
高新技术产业园区	8.4	6.7
甘井子区	3.7	5.7
中山区	6.2	5.1
市直单位	5.4	6.8
长兴岛经济区	1.1	4.4

2022 年大连市地方渔业生产基本情况

项　目	数量	比上年增长（％）
渔业经济总产值（亿元）	766.2	7.5
渔业（含苗种）（亿元）	425.5	8.9
渔业工业和建筑业（亿元）	215.8	9.0
渔业流通和服务业（亿元）	124.9	0.5
水产品总产量（万吨）	250.6	4.4
海洋捕捞（万吨）	28.4	1.4
海水养殖（万吨）	208.4	6.5
淡水养殖（万吨）	0.5	
养殖面积（万公顷）	46.4	7.4
海水养殖（万公顷）	45.7	7.5
淡水养殖（万公顷）	0.7	
渔业船舶拥有量（万艘）	2.1	10.5
渔业船舶总吨位（万吨）	34.1	6.9
渔业船舶总功率（万千瓦）	91.0	10.9

2. 海洋牧场建设　2022 年，大连市大长山岛海域禹龙、大长山岛海域权发、长海县海域东晟 3 处海洋牧场获批农业农村部第七批国家级海洋牧场示范区。截至 2022 年年底，全国 153 处国家级海洋牧场示范区中，大连市有 25 处。

3. 海洋捕捞　2022 年，大连市有国内渔业船舶 19 112 艘，其中，机动渔船 18 968 艘，非机动渔船 144 艘。机动渔船中，生产渔船 18 554 艘（含捕捞渔船 7 888 艘、养殖渔船 10 666 艘），辅助渔船 414 艘。全市有远洋项目渔船 263 艘。全年海洋捕捞产量 26.1 万吨、同比下降 6.63％，其中，远洋捕捞产量 17.5 万吨、同比增长 9.58％。海洋捕捞产值 60.16 亿元、同比下降 1.17％，其中，远洋捕捞产值 13.7 亿元、同比下降 19.05％。

4. 远洋渔业　2022 年，大连市有远洋渔业资格企业 18 家，与上年持平；远洋项目渔船 263 艘，其中金枪鱼钓船 56 艘、专业鱿鱼钓船 4 艘、单拖网船 199 艘、流刺网船 2 艘、运输船 2 艘，与上年持平。远洋渔业捕捞生产分布于几内亚、索马里、加纳、科特迪瓦、喀麦隆、刚果（布）、阿根廷、阿曼、几内亚比绍、毛里塔尼亚、加蓬、塞拉利昂、塞内加尔、冈比亚、利比里亚、太平洋、大西洋、印度洋 18 个项目海域。全年远洋捕捞产量 17.5 万吨，同比增长 9.58％；产值 13.7 亿元，同比下降 19.05％；运回国内水产品产量 3.2 万吨，同比增长 8.5％。

5. 入韩渔船作业管理　2022 年，大连市获批进入中韩渔业协定水域韩方一侧专属经济区管理海域捕捞许可渔船 196 艘，其中拖网船 120 艘、流网船 64 艘、运输船 12 艘，同比减少 49 艘。市各级渔业行政主管部门加强入韩渔船日常生产作业管理，汇总上报渔船进出通报 3 200 余艘次，通报准确率 100％。入韩渔船均按照中韩两国渔业协定进行捕捞作业。

6. 水产原良种场建设　2022 年，大连市有国家级水产原良种场 4 个、省级水产原良种场 21 个，涵盖刺参、皱纹盘鲍、虾夷扇贝、黄海胆等 41 个品种。年内，大连颢霖水产有限公司被新认定为中国对虾、褐牙鲆、许氏平鲉省级良种场，大连金殿水产有限公司被新认定为刺参省级良种场，大连花园口经济区尖山对虾育苗场被新认定为三疣梭子蟹省级良种场，大连富谷食品有限公司被新认定为许氏平鲉省级良种场，大连海宝渔业有限公司被新认定为海带省级良种场；大连佳泽海珍品育苗场被新认定为皱纹盘鲍省级良种场。加强海参、扇贝等优势水产苗种疫病检测，共检测水产苗种 511 样次，各项疫病检测指标均合格，重点养殖品种无重大疫情发生。

7. 海水增养殖　2022 年，大连市地方渔业海水养殖面积 45.7 万公顷,同比增长 7.5%;海水养殖产量 208.4 万吨,同比增长 6.5%;产值(不含苗种)425.5 亿元;苗种产值 45.3 亿元。

8.水产养殖政策性保险 2022 年,大连市水产养殖政策性保险中海水养殖风力指数保险和水产制种保险生效保费 1 138.5 万元,池塘养殖水温指数保险保费补贴资金 220.51 万元。其中,海水养殖风力指数保险 30%保费由市财政补助,水产制种保险 50%保费由市财政补助。

9.渔业管理 2022 年,大连市各级海洋与渔业主管部门发放水域滩涂养殖证 7 325 本,发证面积 48.19 万公顷;市本级新发、换发水产苗种生产许可证 12 本,发、换证涉及水体 17.02 万米³;发放船员证书 23 832 本,其中职务船员证书 4 869 本、普通船员证书 18 963本。

10.渔业安全生产监管 2022 年,制发《渔业船舶安全专项整治巩固提升年实施方案》,全年共明确 18 项任务,渔业船舶安全专项整治三年行动工作任务圆满完成。联合大连海事局开展"商渔共治 2022"专项行动,组织部分商渔船代表就防范商渔船碰撞进行座谈,在老铁山水道等重点水域联合开展海上执法巡航。全面开展渔业安全生产"百日攻坚"行动,严格压实渔船渔港包保责任,坚持依港管船,严格落实渔船进出港报告制度,严管渔港区域休渔渔船加油、加水、加冰及向渔船运送网具等违法违规行为,实现依港管船、管人、管渔获物工作目标;充分利用北斗平台、视频系统监控渔船动态,准确掌握渔船适航、船员适任情况。伏季休渔期间,联合市海洋与渔业综合行政执法队、大连海事局、交通运输部北海第一救助飞行队、中国渔业互保协会大连分理处组成宣教组,在全市涉渔区(市、县)开展 12 场安全生产宣传教育和 6 场应急演练活动,现场发放《渔业安全生产手册》《致渔民朋友一封信》等宣传材料 20 000 余份。共计 3 000 余名船东、船长和各级渔业执法人员参加活动,有效提高渔民应急防范能力,引导社会各界共同参与和关注渔业安全防范。台汛期间,市农业农村局共 2 次成立 12 个督导组赴区(市、县)开展防汛督导检查工作。全市共计召回海上作业渔船 167 605 艘次,召回海上作业人员 522 000 余人次。党的二十大期间,成立 6 个督导检查组派驻各涉渔区(市、县),围绕渔港综合管理、渔船进出港报告、船员配备、船舶消防救生设施配备、安全生产责任保险落实情况、疫情防控等 7 个方面开展检查。对检查中发现的问题以通报形式下发各区(市、县)限期整改,已全部整改完毕。建立恶劣天气渔船召回制度、渔业事故处置工作单制度和渔业船舶安全周检查工作制度,进一步推动渔业安全管理长效机制走向纵深。

11.渔业监督执法 2022 年,大连市各级海洋与渔业主管部门大力清理取缔一批涉渔"三无"船舶和"绝户网",严厉打击各类涉渔违法违规行为,开展"中国渔政亮剑 2022"系列专项执法行动,出动执法人员 6.2 万人次、执法车辆 2 万辆次、执法船艇 5 761 航次、海上巡察 9.6 万海里、陆域和港口巡察 67.6 万千米,检查渔港和自然港湾 27 568 座次,下达停航整改书 350 份,查处渔业案件 842 起,清理取缔涉渔"三无"船舶 401 艘。开展斑海豹保护冬季执法行动,印发宣传材料 200 余份,出动执法人员 152 人次、执法车 65 次,执法里程 2 万余千米,救助斑海豹幼崽 2 只、救助长丝鱼芒 8 条、猪鼻龟 1 只、玳瑁 1 只、绿海龟 1 只,无害化处理死亡小须鲸 1 头、死亡斑海豹 2 头、死亡江豚 6 头。

12.水产品质量安全监督管理 2022 年,大连市制定《2022 年大连市水产品质量安全监督执法实施方案》,加强水产品质量安全监督管理。以本地区重点大宗增养殖品种为监控对象,以氯霉素、硝基呋喃类等禁用渔药违法使用为重点监测项目,完成市本级检测 3 941样次,检测合格率 99.7%。农业农村部在大连市监督检测养殖海参 36 批次样品,合格率 100%。辽宁省农业农村厅监督检测养殖海参 100 批次样品,合格率 100%。全市主要养殖品种实现监测全覆盖。开展全市水产品质量安全执法专项行动,查处立案案件 4 起、行政处罚 3.2 万元。

(大连市海洋发展局 贾 鹏)

青岛市渔业

【概况】 青岛市认真研究落实农业农村部、山东省农业农村厅关于现代化渔业发展的系列部署,渔业高质量发展取得明显成效。2022 年,青岛市渔业产值 234 亿元,增速 4.2%。国内水产品产量 99.3 万吨,同比减少 1.9%,其中,海洋捕捞产量 20 万吨,同比增长 1%;海水养殖产量 77.7 万吨,同比减少 2.7%;淡水养殖产量 1.6 万吨,同比增长 1%。海水养殖面积 3.5 万公顷,同比增长 1.7%;淡水养殖面积 0.3 万公顷,同比增长 0.4%。

1.惠渔政策 出台《青岛市支持海洋经济高质量发展 15 条政策》,重点支持水产保种、水产良种场创建、国家水产新品种研发、现代种业领军企业培育、远洋自捕水产品回运、深远海养殖装备建造、海洋牧场观测网建设等工作。创新推出"琴岛·种子贷",为水产种业企业及个人提供最高 1 000 万元的担保额度,提升企业融资和抗风险能力。

2.水产种业 市人大常委会专题审议《水产种业发展情况的报告》，并提出审议意见。市海洋发展局联合中国海洋大学、中国水产科学研究院黄海水产研究所、中国科学院海洋研究所、山东省海洋科学研究院签订五方协议，共同组建青岛蓝色种业研究院，推动科研优势转化为产业发展动力。栉孔扇贝蓬莱红 3 号、海湾扇贝海益丰 11、刺参鲁海 2 号、大菱鲆多宝 2 号、长牡蛎海大 4 号、长牡蛎前沿 1 号 6 个青岛市主导培育的新品种，通过全国水产原种和良种审定委员会审定。青岛瑞滋集团有限公司成功获批全国首家刺参良种场，荣获中国水产种业育繁推一体化优势企业。2 家企业入选国家种业阵型企业，并荣获山东省水产种业领军企业。

3.绿色养殖 落实养殖水域滩涂规划，养殖空间布局进一步优化。指导青岛鲁海丰食品集团有限公司等 6 家企业成功创建国家级水产健康养殖和生态养殖示范区，为水产养殖绿色、健康、可持续发展提供引领示范。组织实施水产绿色健康养殖技术推广"五大行动"，推行绿色养殖模式 7 个，培育树立骨干基地 9 个，重点开展技术模式创新、集成与熟化，打造一批可复制、可推广的技术样板。

4.深远海养殖 获批全国首个养殖工船运营管理试点，全球首艘 10 万吨级智慧渔业大型养殖工船"国信 1 号"投入使用，开创"船载舱养"养殖模式先河，并收获 1 000 余吨高品质舱养大黄鱼。青岛国家深远海绿色养殖试验区建设取得新进展，"深蓝 1 号"网箱完成全球首次低纬度养殖大西洋鲑的规模化收鱼，试验区实现规模养殖常态化、养殖品种多样化。

5.海洋牧场 新获批 2 处国家级海洋牧场示范区，总数达 18 处，并推荐 3 家企业申报第八批国家级海洋牧场示范区。出台《青岛市海洋牧场管理条例》，为海洋牧场规范发展提供法律支撑。指导企业新建成 2 套海洋牧场观测网，海洋牧场信息化管理水平不断提升。顺利完成农业农村部组织的年度评价及复查工作，青岛市海洋牧场评价等级均为较好及以上，居全国前列。

6.增殖放流 累计投入各级资金 1 273 万元，在胶州湾、灵山湾、产芝水库等重点海域及水库放流中国对虾、三疣梭子蟹、褐牙鲆、鲢鳙鱼等水生生物 6.7 亿单位。组织开展"益起云放流 活力海之都"云放鱼公益活动，设立 4 处定点放流平台，营造全社会关爱水生生物资源、保护水域生态环境的良好氛围。

7.远洋渔业 远洋渔船总数达 171 艘，远洋捕捞产量 15 万吨。全国首艘超低温冷藏运输加工船"海洋之星"轮投用，海外优质渔业资源利用能力不断提升。

全面落实远洋渔业"监管提升年"活动部署，开展企业规范经营提升等五大行动，保障远洋渔业规范有序高质量发展。召开青岛远洋渔业合作交流会——所罗门群岛专场活动，邀请基里巴斯驻华大使考察调研青岛市远洋渔业企业，多渠道多形式推动渔业国际合作。

8.渔业品牌 成功注册"青岛海参""青岛鲍鱼""青岛梭子蟹"等 5 个地理标志证明商标。"海长生"牌烤虾、"崂沙"牌金钩海米获批第七批山东省知名农产品企业产品品牌。组织企业参加东亚海洋博览会、中国国际海洋牧场及渔业博览会、中国水产品预制菜及新零售大会等展会，加大青岛渔业品牌曝光量，提升市场知名度。举办国际海洋美食之都青岛食材节、"年年有渔金秋开海季"等活动，提升青岛本地水产品销售活力。开展"特色渔品社区行"活动，精选优质品牌水产品，丰富休渔期市民"菜篮子"，拓宽企业销售渠道。

9.渔技推广 深入开展渔业科技服务。组建专家顾问组，遴选 30 名科技指导员、60 个科技示范户组成科技指导队伍，开展入户指导 600 余次，举办科技培训班 1 期，培训人员 80 人次；重点示范推广 4 个（项）主导品种与主推技术，示范面积 0.67 万公顷。发布实施《凡纳滨对虾工厂化循环水养殖技术规范》等三项渔业地方标准规范，逐步打造、构建更加丰富立体的地方渔业标准体系。

10.病害防控 加强水产原良种场建设，验收与复审省级良种场 8 家；针对全市南美白对虾、梭子蟹、鲈鱼等优势品种开展产地检疫 61 批次，合格率 100%，上报水病害测报数据 200 多条；稳步推进第一次水产养殖种质资源普查工作，对前期采集数据进行全面审核验证与补充完善，确保数据的准确和完整。

11.质量监管 切实守牢食品安全底线，严厉打击水产品质量安全领域违法违规行为。完成国家、省、市、区（市）四级监测任务 1 316 批次，产地水产品质量安全合格率为 100%，保障了市民"菜篮子"产品安全。持续开展春季清池暗察暗访、渔用投入品专项治理和食用水产品"治违禁 控药残 促提升"专项整治行动，共派出执法人员 336 人次，检查生产主体 453 家，立案查处违法行为 4 起。建成青岛市水产品质量安全监管追溯平台，初步实现青岛市水产养殖生产主体信息化管理。深入推进食用农产品达标合格证制度，开具食用农产品合格证 3 063 张，附证上市水产品 3 307.7 吨。

12.安全管理 开展全市渔业船员全员大培训活动，举办培训班 56 期，培训渔业船员 11 183 人，发放宣传手册 6 000 余份。与市气象局建立了情况会商研判机制,着力应对防范大风等恶劣天气,累计发布灾害性天气预警196次,发布禁渔禁航、安全生产警示信息86次,发送手机天气预警短信200次、47万余条。

13.渔船改造 积极推动高能耗、安全性差的老旧渔船更新改造为节能环保安全新材料渔船,以及资源破坏强度大的渔船更新改造为资源友好型渔船,推动渔船结构化调整,完成23艘标准化渔船更新改造工作。制定了《青岛市渔船"插卡式AIS"工作方案》,开展集成插卡式AIS设备更新工作以及独立插卡式AIS设备配备工作,年内已完成841台插卡式AIS设备安装配备,渔船信息化管控水平进一步提升。

14.渔港管理 加强渔港基础设施建设,西海岸渔港经济区列入农业农业农村部首批试点项目,薛家岛渔港交易与休闲体验馆、积米崖渔港港池疏浚、连心渔港升级改造等子项目建设完成。加强渔港规范化管理,严格落实渔港管理各项规章制度,压实属地责任,加强进出港登记,封闭港区管理,落实人财物,规范港内工作秩序,不断提高渔港规范化、制度化管理水平。立足沿海渔业发展现状和城镇分布特点,采取撤并改等方式,按照"成熟一个、推进一个"的思路,逐步展开渔港布局优化调整工作。

15.渔政执法 顶格部署海洋伏季休渔管理工作,派出执法船艇1165艘次、执法人员8715人次,查获违规作业船舶248艘,收缴罚款220余万元,收缴违规网具3.8万余米,清理"地笼"网2.8万余套,办理行刑衔接移交案件4起,全市3453艘应休渔船管控良好。健全市涉渔综合管控体系,会同公安、海警、海事、工信、商务、市场、交通等部门常态化开展联合执法检查,充分发挥涉渔综合治理专项行动协调机制作用,严厉查处涉渔"三无"船舶。

【重点渔业市(区)基本情况】

青岛市重点渔业市(区)基本情况

市(区)	总人口（万人）	渔业产值（万元）	水产品产量（吨）	其 中				养殖面积（公顷）	
				海洋捕捞（吨）	海水养殖（吨）	内陆捕捞（吨）	淡水养殖（吨）	海水	淡水
黄岛区	199.35	1 765 968	326 024	65 043	258 602		2 379	13 674	377
崂山区	51.72	152 366	32 484	29 141	3 343			986	
城阳区	116.92	373 750	228 173	30 826	196 650		697	5 379	111
即墨区	136.96	1 738 457	300 175	51 160	248 910		105	13 079	260
胶州市	103.36	1 302 498	102 857	23 863	69 397		9 597	1 751	691
平度市	118.45	2 371 178	1 210				1 210		593
莱西市	71.79	1 551 869	2 285			115	2 170		948

【大事记】

[1] 1月5日,农业农村部发布第515号公告,胶南市水产供销公司、青岛敬武水产养殖有限公司获批第七批国家级海洋牧场示范区。

[2] 1月19日,国内首艘超低温冷藏运输加工船"海洋之星"轮在青岛命名投用。

[3] 1月21日,山东省第十三届人民代表大会常务委员会第三十三次会议经过审查,决定批准《青岛市海洋牧场管理条例》,由青岛市人民代表大会常务委员会公布施行。

[4] 1月24日,青岛市政府办公厅印发《青岛市支持海洋经济高质量发展15条政策》,支持水产种业、深远海养殖、远洋渔业、海洋牧场等领域发展。

[5] 3月,"青岛对虾""青岛梭子蟹""青岛鲍鱼"获得国家知识产权局批准,成为首批冠以"青岛"的国家地理标志证明商标水产品品牌。

[6] 3月10日,农业农村部办公厅同意山东省开展"国信1号"养殖工船运营管理试点,探索深远海养殖新模式。

[7] 4月8日,经市政府同意,市海洋发展局、市公安局、市工业和信息化局、市交通运输局、市商务局、市市场监督管理局、青岛海事局、董家口海事局、青岛海警局9部门联合印发《涉渔"三无"船舶清理整治专项

行动方案》,严厉打击各类涉渔"三无"船舶。

[8]4月21日,市海洋发展局会同市外事工作办公室举办青岛市远洋渔业合作交流会——所罗门群岛专场活动,加强双方远洋渔业合作。

[9]5月20日,全球首艘10万吨级智慧渔业大型养殖工船"国信1号"正式交付运营,山东省副省长凌文、青岛市市长赵豪志等领导出席交付仪式。

[10]6月,青岛国家深远海绿色养殖试验区完成全球首次低纬度养殖大西洋鲑规模化收鱼。

[11]12月29日,农业农村部公布《国家级水产健康养殖和生态养殖示范区名单(2022年)》,青岛浩然海洋科技有限公司、青岛老尹家海参股份有限公司、青岛鲁海丰食品集团有限公司、青岛瑞滋集团有限公司、青岛即发集团股份有限公司、青岛国信海洋牧场发展有限公司6家企业入选。

[12]12月,市海洋发展局、中国海洋大学、中国水产科学研究院黄海水产研究所、中国科学院海洋研究所、山东省海洋科学研究院签署五方协议,共同组建青岛蓝色种业研究院。

(青岛市海洋发展局 王 鹏)

宁波市渔业

【概况】 2022年,全市水产品总产量为112.27万吨,同比增长4.58%,其中海洋捕捞产量51.37万吨,同比增长2.52%;海水养殖产量39.85万吨,同比增长6.02%;淡水捕捞产量2.57万吨,同比减少2.02%;淡水养殖产量6.56万吨,同比增长5.64%;远洋渔业产量11.93万吨,同比增长10.14%。水产养殖面积4.13万公顷,同比增长0.16%,其中海水养殖面积3.21万公顷,同比增长0.3%;淡水养殖面积0.91万公顷,同比减少0.33%。

1.渔业安全生产 组织开展伏季休渔期渔业安全集中整治、涉海涉渔"除险保安"百日攻坚行动,在春节、"五一""十一"和渔船开捕期等重要时间节点开展渔业安全蹲点督导检查,排查渔船4955艘次,督促整改安全隐患问题3320艘次。开展高风险渔船专项整治,减船转产涉氨船2艘、帆张网21艘、淘汰"病老"渔船519艘。实施海上"百千工程",培育引领渔船132艘,改造整治渔船1010艘。完成渔船宽带卫星终端设备安装2412艘,智慧渔港6个。组织渔民参加云课堂学习12145人次,船员线上继续教育5420人次,培训普通船员6350人,职务船员3449人,开展船东船长面对面教育4465人次。在象山县石浦镇探索开展渔船公司化实体经营试点。启动渔船防台、防

寒潮大风应急响应9次,向渔船发送预警服务信息937.3万条次,核查渔船安全信息系统报警4168艘次,干预进入敏感水域、碍航、脱离编组等渔船7.29万艘次。

2.水产健康养殖 继续组织开展水产健康养殖示范创建和推进生态健康养殖模式推广行动等"五大行动",设立"五大行动"示范点15个,示范海水鱼类网箱养殖3000米²以上、海水池塘养殖40公顷、淡水池塘养殖30公顷、大棚小池养殖新模式3000米²以上;推进海上网箱养殖、集约化大(小)棚养殖、循环水工厂化养殖、海水池塘综合养殖、淡水池塘综合养殖、稻田综合种养6类主要养殖模式提升示范;出台《宁波市深入实施水产养殖用药减量行动实施方案(2023—2025年)》,建立水产养殖用药减量示范点14个。全市新增省级水产健康养殖示范县2个(宁海县、奉化区)。继续推进水产养殖生态化治理,建成159个水产养殖尾水治理示范场(点),面积2367公顷。开展水产品兽药残留监控,组织蛙类等水产品质量安全抽样检查,抽检产地初级水产品和养殖用投入品样品合计899批次、市场水产品质量安全监测样品160批次、贝类监控样品60批次,发布养殖水产品质量安全风险隐患警示信息4期。

3.水产种业发展 培育大黄鱼全雄品系89.9万尾、耐低氧品系132.5万尾,筛选大黄鱼甬岱1号等4个优质品系(种)一龄保种群体3万余尾。岱衢族大黄鱼相关成果获得第六届中国水产学会范蠡科学技术奖二等奖。银鲳规模化繁育关键技术获评2022年度全国渔业新技术优秀科技成果。人工繁育青蟹苗初步实现规模化推广,年育苗量超过2000万只。日本囊对虾新品系试验性育苗成功。建立新品种规模化养殖示范基地4个,创建主导养殖品种规模化种苗繁育场示范点6个。

4.渔业资源养护 继续组织实施海洋伏季休渔,宁波市4091艘海洋渔船按规定完成休渔任务。首次实施甬江流域禁渔工作,禁渔时间为每年3月1日0时至6月30日24时。全市投入渔业资源增殖放流资金2458.2万元,其中中央财政资金555万元,市、县资金1903.2万元,在象山港、南韭山、渔山列岛海域和姚江等主要水域开展水生生物增殖放流活动,共计增殖放流鱼、虾、贝等物种18.95亿尾(粒),其中岱衢族大黄鱼、黄姑鱼、黑鲷、褐菖鲉、曼氏无针乌贼受精卵、管角螺、中国对虾等海水物种17.92亿尾(粒),鲢、鳙、草、鳊、黄颡鱼等淡水物种1.03亿尾。加强水生野生动物保护管理,救护、放生水生野生保护动物643头(尾)。

5.**渔业行政执法** 市、县两级渔业执法机构组织开展"春雷""中国渔政亮剑2022""铁拳""商渔共治2022"等专项执法行动，累计出动执法船艇4 569艘次，开展执法检查8 602次，检查陆上经营场所8 584家次，登检渔船9 946艘次，清剿违禁渔具3.06万张（顶），取缔涉渔"三无"船舶456艘，查处违法案件968起，移送司法部门114起，移送涉案人员118人；没收渔获物1 270吨，行政罚款734.3万元。

【重点渔业市（县、区）基本情况】

宁波市重点渔业市（县、区）基本情况

| 市（县、区） | 渔业总产值（万元） | 水产品产量（吨） | 其 中 | | | | 养殖面积（公顷） | |
			海洋捕捞（吨）	海水养殖（吨）	内陆捕捞（吨）	淡水养殖（吨）	海水	淡水
象山县	769 070	650 120	367 630	176 820	2 180	16 090	11 213	1 380
宁海县	301 933	178 468	5 540	165 935	443	6 550	12 266	2 012
奉化区	231 494	167 232	133 471	30 060	1 718	1 983	1 328	187
慈溪市	142 254	45 918	2 756	19 117	8 636	15 409	5 937	2 847
余姚市	61 612	26 565	1 409		6 667	18 489		1 656

【大事记】

[1]4月19日，市农业农村局会同公安、应急救援等部门在象山县石浦外围海滩成功救助一条长约20米的国家一级保护动物抹香鲸。

[2]10月25日，宁波市涉海涉渔安全专业委员会办公室印发《宁波市渔业组织化建设试点工作实施方案》，在象山县石浦镇探索开展渔船公司化实体经营试点。

[3]10月26日，宁波市海洋与渔业研究院"岱衢族大黄鱼养殖产业提升关键技术创新与应用"项目获得第六届中国水产学会范蠡科学技术奖二等奖。

[4]11月6日，"甬发1号"远洋渔船在北太平洋海域作业时成功救起48名遇险的中国台湾渔船船员。

[5]12月18日，第五届大黄鱼种业创新工程研讨会在宁波市以"线下＋线上"形式召开，中国工程院院士陈松林特邀出席。

（宁波市农业农村局 赵东海）

厦门市渔业

【概况】 2022年，厦门市各级渔业主管部门认真贯彻落实上级关于加强渔业工作的要求，深入学习贯彻落实习近平总书记关于大食物观的重要论述，树牢向江河湖海要食物的理念，统筹推进都市渔业高质量发展，促进渔业增效和渔民增收。2022年全市渔业总产值69.13亿元，同比增长12.34％；其中捕捞产值5.5亿元，养殖产值2.16亿元，种苗产值7.16亿元。水产品总产量6.45万吨，同比下降7.31％。其中水产养殖产量1.17万吨，捕捞产量5.28万吨。水产加工量9.03万吨；加工产值17.90亿元，同比增长8.85％，夏商国际水产交易中心总交易量19.39万吨，交易额87.52亿元。

1.**远洋渔业有序发展** 截至2022年年底，厦门市远洋渔业企业达5家，远洋作业渔船共54艘。2022年，全市远洋渔业捕捞总产量5.01万吨，产值近4.3亿元，自捕远洋水产品回运厦门2.57万吨，丰富了厦门市场供应。厦门市联成渔业有限公司的金枪鱼进口项目发展良好，累计投资5 000万元，全年进口金枪鱼约1 350吨，销售额约5 500万元。

2.**水产种苗业与标准化** 2022年，市海洋发展局组织编制"十四五"厦门市水产种业发展规划，持续推进水产种苗产业做强做大。开展都市水产种业园区规划建设，建成厦门都市水产种业产学研服务中心，推进厦门百利龙程（同安石浔）仔虾繁育产业园（一期）建成投产。支持百利龙程、闽锐宝公司开发凡纳滨对虾、绿盘鲍等特色优势种苗。2022年全市生产水产种苗768.83亿单位，产值7.16亿元。

3.**水产品质量安全监管** 2022年，市海洋发展局牢固树立"大粮食观"，不断提升水产品批发市场及养殖地水产品质量安全监管水平，确保百姓餐桌水产品安全。2022年，完成各类水产品质量安全检测1 328批次，迎接农业农村部流通环节水产品质量安

例行监测工作,合格率为 100%。按照要求持续开展高崎水产品批发市场疫情防控工作。

4.渔业资源增殖放流 2022 年,组织开展 6 月 6 日全国"放鱼日"、6 月 8 日全国海洋宣传日专场和厦金海域增殖放流活动等 10 批次,共放流鱼虾苗 5.23 亿尾。组织召开主题为"持续养护水生生物、助力打造高颜值厦门——增殖放流 20 年"新闻发布会。举办"增殖放流海洋文化科普研学"宣传活动,宣传海洋文化,增强民众的海洋保护意识。

5.渔业执法监管 2022 年,按照"中国渔政亮剑 2022"系列专项执法行动统一部署,先后开展伏季休渔专项执法、违规定置网专项整治、"三无"船清理取缔、打击电鱼捕捞、大黄鱼鳗鱼苗渔汛管控等执法行动,查办违规违法案件 196 起(其中移送司法机关 9 起),查处跨区作业船舶 39 艘,拆解销毁"三无"船舶 73 艘,清理整治违规网具 1 173 张,收缴电鱼器具 27 套,辖区海域违法捕捞乱象得到有效治理。加强伏季休渔工作,从源头杜绝伏休渔船违规出海作业。市海洋综合执法支队被农业农村部表彰为"中国渔政亮剑 2022"系列专项执法行动工作成绩突出集体。

6.渔业科技培训与推广 2022 年,市海洋发展局充分利用在厦高校和科研院所的技术力量,建立起一支专家服务队伍。共组织"水产绿色健康养殖""水产品质量安全""观赏水族政策补助"等 6 期为民办实事渔民培训,培训渔民 216 人次。组织编制水产绿色健康养殖技术推广"五大行动"实施方案,有针对性地开展"工厂化循环水养殖""病害防治员"专题培训,提升渔业从业人员绿色发展理念和专业技术水平。

(厦门市海洋发展局 郑燕玲)

深圳市渔业

【概况】 为深入贯彻党的二十大精神,认真落实中央和广东省关于推进渔业高质量发展的工作部署,深圳市抢抓"双区叠加"和建设全球海洋中心城市的重大历史机遇,锚定"打造创造型现代渔业之都"发展目标,坚持科学谋划、创新发展,持续推动渔业供给侧结构性改革,积极转变渔业发展方式,加快构建"产业融合、创新驱动、治理高效、绿色低碳"的现代渔业高质量发展新格局。2022 年全市渔业产量 8.16 万吨,其中,远洋渔业产量 3.13 万吨,近海捕捞产量 2.46 万吨,养殖产量 2.57 万吨。实现渔业一产产值 25.9 亿元,同比增长 3.1%,发展态势稳中向好。

1.强化顶层设计,形成"三位一体"的战略体系 高起点、高标准制定意见、规划、政策"三位一体"战略体系,推动深圳现代渔业高质量发展。印发《深圳市现代渔业发展规划(2022—2025 年)》。编制完成《深圳市推动现代渔业高质量发展的实施意见》并报市政府审议。编制完成《深圳市农业发展专项资金(渔业类)扶持措施(送审稿)》,促进水产种业、数字渔业、远洋渔业、深远海养殖、休闲渔业等重点领域发展。

2.加快国家远洋渔业基地建设,提升全球资源配置能力 根据省、市领导批示要求,抓紧推进深圳国家远洋渔业基地和国际金枪鱼交易中心建设,已完成基地可行性研究,已开展项目核准和用海用地审批等相关工作。11 月,市政府与中国农业发展集团有限公司签署战略合作框架协议,将把中国农业发展集团有限公司渔业总部落户深圳,并在国家远洋渔业基地和国际金枪鱼交易中心建设运营方面开展深入合作。

3.以筹办深圳渔博会为重点,促进渔业交易、消费、物流和集散 高水平筹办深圳国际渔业博览会,搭建集展览展示、行业推广、交流合作于一体的国际渔业平台。9 月,《深圳国际渔业博览会总体方案》获市政府批复同意。截至 2022 年年底,已向 13 家外国政府部门、商(协)会及外国驻华机构发出邀请,并收到智利、西班牙等国家和地区的相关行业组织确认参会的回函;已预定 670 多个展位,约占总规模的 56%,计划举办论坛及配套活动约 20 场。组织首届深圳渔业产品专场直播,打造"现场展销＋媒体传播＋直播带货"的水产品创新推广模式,有力促进水产品流通。

4.聚焦种业和深远海养殖,推进渔业向高端化发展 建设蓝色种业创新高地。全力推进深圳现代渔业(种业)创新园前期研究,探索组建中国蓝色种业研究院(深圳),打造"基础科研＋技术攻关＋成果产业化"的水产种业创新生态链。开展深远海新型养殖示范,高水平建设"深蓝粮仓"。积极开展养殖工船新技术应用试点,支持智慧渔业大型养殖工船及船队建设。12 月 27 日,本市 2 艘 10 万吨级大型智能化养殖工船项目启动开工建设。

5.坚持高品质规划,加快建设现代化渔港群 推进传统渔港升级改造。编制《深圳市渔港空间布局规划》,科学规划渔港空间,引导蛇口、盐田、南澳等传统渔港转型升级。组织开展蛇口渔港升级改造方案设计国际竞赛相关工作。开展盐田渔港升级改造规划研究,打造渔业文化体验、水产品消费、休闲渔业有机融合的盐田都市消费型渔港。深汕小漠、鲘门渔港升级改造已完成项目立项、代建招投标等事宜,将持续推进项目实施落地。

6.强化财政资金保障,助推现代渔业转型发展 一是健全专项资金制度体系。出台《深圳市农业发展专项资金(渔业类)多部门联动工作方案》《深圳市农业发展专项资金(渔业类)项目专家评审实施细则(试行)》《深圳市农业发展专项资金(渔业类)项目专项审计实施细则(试行)》《深圳市农业发展专项资金(渔业类)项目事中监管及验收管理实施细则(试行)》等制度文件,完善内部管控机制,规范专项资金全流程管理。依据中央专项资金和一般转移支付资金使用规定,组织编制《深圳市"十四五"中央渔业资金发展支持政策总体实施方案》《深圳市海洋渔业资源养护补贴实施方案》《深圳市近海渔船和船上设施设备更新改造实施方案》等,规范和指导中央资金使用和管理。

二是组织开展渔业专项资金资助工作。全市9家远洋渔业企业申报的276套船上设施设备更新改造、130艘远洋渔船国际履约能力提升项目,符合2022年中央渔业发展补助资金的补助要求,共计拨付补助资金12 091.474 1万元。经申报受理、初审、专家评审、专项审计、公示、局长办公会等程序,对35个项目共拨付市级农业发展资金(渔业类)6 043.97万元。

7.推进渔业资源养护,不断改善海洋生态环境

一是科学养护水生生物资源。贯彻落实南海伏季休渔和渔业资源总量控制制度。扎实推进国家级海洋牧场示范区和人工鱼礁区建设管理。加强水生野生动物保护科普宣传,举办水生野生动物保护科普宣传月系列活动。积极组织水生生物资源增殖放流工作,2022年全市海域累计增殖放流虾苗4 022万尾,鱼苗1 530万尾,贝类705万粒,珍稀水生动物中国鲎苗种2万余个、成体560个,不断推进渔业资源可持续发展。

二是开展渔业水域生态环境监测。按照农业农村部有关部署要求,对深圳市(含深汕特别合作区)养殖区、人工鱼礁区、深圳湾区域、伶仃岛区域及深汕小漠河海域等开展生态环境监测,共计47项监测指标。截至2022年年底,已抽检45个站位,抽样样品共1 580份,出具报告90份,各项监测指标均正常。

8.强化水产品质量监管,保障人民群众"舌尖上的安全" 全年组织执法人员216人次,对157户次生产经营企业兽药等投入品及生产记录开展执法检查,督促完善养殖生产、用药、销售记录档案,建立质量管理制度,落实相关安全主体责任。对即将销售的水产品进行质量安全例行监测,对磺胺类等21项准用水产养殖兽药进行监测,未发现有销售尚在休药期内的水产品行为。严格按照检疫流程,开展水产苗种产地检疫。累计检疫出证70批次,检疫合格苗种6.308亿尾,确保启运苗种不携带规定疫病,实现全市水产苗种产地检疫申报检疫率100%,检疫合格电子出证率100%的工作目标。

9.加强执法监管,构建渔业安全生产治理体系

(1)加强渔业安全生产制度体系建设。编制《深圳市"建渔港、保平安"专项行动实施方案》《深圳市规划和自然资源渔业船舶海上安全突发事件应急预案》《深圳市规划和自然资源渔业船舶海上安全突发事件应急预案操作手册》《深圳渔业领域安全生产风险评估报告》《渔业船舶安全检查指南》等系列文件,推动渔业安全生产管理规范化、制度化、流程化,完善渔业安全生产治理体系,提升安全生产现代化治理水平。

(2)加强渔业执法监管。系统推进全市渔船"不安全、不出海"专项行动、全市渔业船舶安全专项整治三年行动,严格落实渔船"6个100%"(出海渔船100%检验、出海渔船员100%持证上岗、安全检查100%实施、安全规程100%执行、防台要求100%落实、涉渔"三无"船舶100%清理)规定。2022年开展渔船安全生产整治"百日攻坚"行动,行动期间共出动执法人员1 253人次、执法船艇363艘次、执法车辆52辆次、检查各类渔船1 363艘次、发出安全生产隐患整改通知书38份,排查安全隐患43处,立案调查4起。积极开展"护渔""亮剑""蓝盾"等系列渔业执法专项行动,重拳整治各类海上违规捕捞行为,铁腕整治"三无"船舶。2022年加强陆海执法联动,组织对全市海域、岸线进行地毯式巡查,共组织开展渔船渔港安全执法1 438次,出动执法人员7 318人次、执法船艇3 169艘次、检查渔船3 258艘次,查获"三无"船舶98艘、违法违规渔船86艘,开展"三无"船舶联合销毁行动2次,劝导海上作业异地渔船驶离深圳海域308艘次,为切断海上偷渡渠道夯实基础,为保护海洋渔业资源、维护渔业安全生产秩序提供了强有力的执法保障。

(3)全力以赴做好海上应急处置与救助。始终坚持以人民为中心,2022年共组织10次灾害天气(含台风)防御,重点防御"暹芭""木兰""马鞍""纳沙""尼格"5个台风。防台期间,共向渔船船主、渔排经营者和相关渔业防台人员转发台风预警信息35 686条次,组织出动执法人员1 244人次、执法船艇175艘次、执法车辆224辆次。加强海域巡查和渔港检查,全市本港渔船767艘,港澳流动渔船834艘,未收到台风险情、灾情报告。

10.存在的主要问题

(1)远洋渔业形势严峻,产业链条相对短小。2004年深圳提出储近用远的发展思路,一跃成为广东省远洋渔业强市,但如今也面临发展瓶颈。在生产端,国际渔业组织实行远洋渔业配额捕捞,农业农村部实行全国远洋渔船规模总控,远洋渔业不具备无限扩张的条件。在消费端,日本等发达国家垄断国际金枪鱼市场,长期维持低价,资源市场"两头在外",我国渔业企业利益被严重吞噬。从产业环节看,海外远洋渔业综合基地数量偏少,华南没有远洋基地布局,远洋渔港、冷链物流及加工等配套设施缺乏,远洋渔业产业链条短,制约了远洋渔业综合效益的提升。

(2)渔业基础设施空间缩减,功能品质亟待提升。渔港、码头是渔业生产的标志性场所,承载了特区发展的历史记忆。当前,深圳传统渔港6个,服务768艘本地渔船和866艘港澳流动渔船,但受到周边地区开发建设影响,普遍存在制冰厂、交易市场、冷库等配套不足的情况,港区实际范围不断缩小。此外,渔港与周边城区、产业融合不够,亟须进行转型升级和智慧化改造,打造多元化、复合型、现代化的特色渔港,融入全球海洋中心城市风貌特色。

(3)高端人才相对缺乏,科技创新能力有待增强。

渔业基础科研方面,全市渔业专业研发机构偏少、缺乏载体,与青岛和厦门这些渔业科技发达城市相比,高级专业人才不多,与深圳的优势产业嫁接不够,在特色苗种选育保种、水产品精深加工、海洋生物活性物质高效提取和利用技术等方面具有较大发展潜力,科技创新能力有待进一步提升。

(4)渔业管理面临挑战,现代化治理水平有待提升。深圳渔业管理依然面临较大的安全生产压力。一是深圳面向南海,受台风影响频繁,防台防汛压力长期存在;二是随着水产品消费需求增长与升级,从生产到物流、消费全链条的水产品质量安全监管责任明显增加;三是机构改革和管理扩区后,与深汕特别合作区的渔业渔政管理机制有待进一步理顺,多部门协同管理水平有待提升。对照国家城市治理现代化要求,深圳渔业管理的规范化、精细化和智慧化水平亟待进一步提高。

【重点渔业区基本情况】

深圳市重点渔业区基本情况

重点渔业区	渔业总产值（万元）	水产品产量（吨）	其中				养殖面积(公顷)	
			海洋捕捞（吨）	海水养殖（吨）	内陆捕捞（吨）	淡水养殖（吨）	海水	淡水
大鹏新区	19 209.98	4 289	1 521	2 715		53	100	2
深汕合作区	161 601.09	44 252	21 564	15 535		7 153	548.57	258.23

【大事记】

[1]6月6日,开展以"养护水生生物资源,促进生态文明建设"为主题的渔业资源增殖放流活动,在深圳东部海域举行,共放流130万尾黑鲷鱼苗,412万尾斑节对虾虾苗。

[2]9月15日,印发《深圳市现代渔业发展规划(2022—2025年)》。

[3]11月18日,深圳市政府与中国农业发展集团有限公司签署战略合作框架协议,将在远洋渔业、现代种业、生物制药、农业工程等领域进一步扩大合作,加快高质量发展。

[4]12月27日,全市2艘10万吨级大型智能化养殖工船项目启动开工建设。

[5]2022年,中央共拨付渔业发展补助资金12 091.474 1万元,用于深圳市远洋渔船设施设备更新改造以及养护国际渔业资源履约奖补;共拨付市农业发展专项资金(渔业类)6 043.97万元,对远洋渔业、水产种业、休闲渔业、智慧渔业等重点领域进行资金扶持。

（深圳市海洋渔业局）

新疆生产建设兵团渔业

【概况】 2022年,新疆生产建设兵团水产品总产量6.8万吨、产值15.2亿元,同比分别增长7%、12%,分别占全疆水产品总量的39.3%、46.5%。养殖水域面积31 267公顷,占全疆水产养殖面积的33.7%,其中池塘养殖面积4 800公顷,产量4.5万吨;水库养殖面积19 800公顷,产量1.5万吨;坑塘及其他养殖面积6 667公顷,产量0.8万吨。

1.水生生物资源养护 开展渔业资源养护和水域生态修复,6月6日,联合农业农村部渔业渔政管理局、第四师可克达拉市在伊犁河水系特克斯河77团管辖河段开展渔业增殖放流活动,当天向特克斯河投放伊犁裂腹鱼5万尾、新疆裸重唇鱼45万尾、斑重唇鱼5万尾;6月16日,在额尔齐斯河分别投放江鳕、高体雅罗鱼、贝加尔雅罗鱼总计162万尾;9月20日,在塔里木河水系投放叶尔羌高原鳅 120 万尾。促使兵团辖区天然水域水生生物资源得到持续有效恢复，为维护生态平衡和生物多样性及下一步合理开发利用新疆特有鱼类奠定了坚实基础。

2.**水产品质量安全** 兵团农业农村局委托兵团食品检验所对第一、二、三、四、五、六、七、八、十、十二师水产品进行药残检测，全年共计划检测 40 批次，约 80 个样品，受新冠疫情影响，只完成了计划的 1/3，已完成检测的样品合格率为 100%。

3.**种业振兴行动** 组织第六师共青团农场乌鳢、准噶尔雅罗鱼水产种质资源场续建项目，储备上报第四师可克达拉市伊犁裂腹鱼、斑重唇鱼、新疆裸重唇鱼原种场建设项目，有效提高了新疆特有鱼类的保种供种能力。按照国家要求，配合完成兵团水产养殖种质资源基本情况普查数据准确性审核工作。通过两年普查，摸清了水产种质资源家底，为保护和合理开发利用新疆特有种质资源打下坚实基础。

4.**水产绿色养殖** 为保障渔业养殖主体依法享有水域滩涂使用权益，经兵团审核同意，会同兵团发改委、自然资源局、生态环境局、水利局、林草局联合印发《新疆生产建设兵团养殖水域滩涂规划（2021—2030年）》，合理划分了辖区水面的养殖区、限养区和禁养区。年内下达渔业资金 2 400 余万元（中央预算 1 300 万元、兵团本级 1 100 万元），开展标准化池塘改造 134 公顷，新建养殖尾水处理池 20 公顷，试点示范南疆盐碱水养殖罗非鱼 67 公顷，进行稻渔综合种养 514 公顷，有力推进了兵团渔业高质量发展。

5.**渔业安全生产** 根据农业农村部安排部署，会同兵团工业和信息化局、公安局、交通运输局、市场监督管理局建立了兵团涉渔船舶审批修造检验监管协调机制，组织开展省级联合执法检查 3 次，师（市）级联合执法 13 次，未发现伪造、变造、涂改船舶身份标识等违法违规行为。组织渔业产业体系专家开展水产养殖用投入品、渔业安全生产检查 60 余次，涉及养殖场 200 个，签订《水产养殖安全生产告知书》300 余份，发放《水产养殖用药明白纸》500 份，排查出安全隐患 11 处，已全部完成整改。兵团辖区连续多年未发生水产品质量安全和渔业安全生产事故。

6.**存在的主要问题** 一是水产种业基础薄弱。珍稀濒危鱼类种业发展滞后，缺乏现代化育种企业，"水花"鱼苗大多从内地引进，缺少常规鱼类种业龙头企业。二是水生生物资源养护和选育良种力度不够。塔里木河、伊犁河、额尔齐斯河土著鱼类资源丰富，随着工业化、城镇化和水利工程建设，自然水域中水生生物资源遭到破坏，为平衡生态，需要加大水生生物资源养护和地方土著鱼类选育力度。

【重点渔业生产单位基本情况】

新疆生产建设兵团重点渔业师基本情况

师（市）	总人口（万人）	渔业产值（万元）	水产品产量（吨）	其中		养殖面积（公顷）
				捕捞（吨）	养殖（吨）	
第四师			15 264		15 264	1 804
第十师			12 865		12 865	10 751
第八师			11 087		11 087	1 741
第一师			8 937		8 937	5 791
第七师			7 486		7 486	3 137

【大事记】

[1]4月，兵团农业农村局联合兵团发改委、自然资源局、生态环境局、水利局、林草局印发《新疆生产建设兵团养殖水域滩涂规划（2021—2030 年）》。

（新疆生产建设兵团农业农村局 闫 瑾）

全国渔业重点事业单位

中国水产科学研究院

【概况】 2022年,中国水产科学研究院紧紧围绕乡村振兴和科技创新驱动发展战略,聚焦农业农村中心工作总体部署和渔业高质量发展总体要求,坚持面向世界科技前沿、面向经济主战场、面向国家重大需求、面向人民生命健康,牢牢把握全院"十四五"发展战略目标和重大任务,着力深化"科技创新一体化、科技兴渔一体化、现代院所建设一体化"发展,更加注重科技创新、人才强基、开放融合、系统布局,积极推进管理改革和机制创新,稳步提升科技创新供给的质量与效率,加快科技自立自强,加速实现"一流院所、两个中心、三个基地",各项工作顺利推进,为渔业发展提供有力的科技支撑。

1.科研项目与成果产出 全年新上科研项目1 199项,发表论文1 880篇,登记软件著作权223项,获国家授权专利668件。全年获各类科技奖励69项,其中省部级科技奖励11项,一等奖5项。培育的大菱鲆多宝2号、拟穴青蟹东方1号、虹鳟全雌1号等7个新品种通过审定。海水养殖生物育种与可持续产出全国重点实验室获批建设,全院进入全球前1%的学科由2019年的1个上升到4个。应用基础研究取得新进展。解析海水鱼性别决定与分化的竞争性内源RNA调控机制,首次揭示其肠道微生物调控抗弧菌病性状的分子机制,为鱼类性控育种和病害防治探索了新的技术途径;查明锌在极地海洋浮游植物适应性进化中的作用,为评估气候变化下全球海洋锌循环演变趋势提供理论依据;解析了植物micro RNA跨界调控鱼类肌肉发育机制,开辟RNA跨界介导的鱼类肌肉品质提升研究新方向。全年全院影响因子10以上的论文58篇,比2021年翻了一番。关键技术研发取得新成果。建立无肌间刺鲫种质创制技术,解决了鲤科鱼类常规育种上肌间刺性状遗传力低的世界性难题;研制虹鳟IHN核酸疫苗并完成转基因生物安全评价,

有望解决虹鳟养殖"卡脖子"技术问题;利用自主研制的凡纳滨对虾液相芯片"黄海芯1号",在国内首次实现SPF种虾大规模培育;构建了大黄鱼基因组选择育种技术体系,创制大黄鱼F1代抗流选育系,迈出了大黄鱼新品种培育的重要一步。渔业装备研制取得新突破。自主研创"船载舱养"养殖技术新模式,转化应用形成全球首艘10万吨级智慧渔业大型养殖工船并顺利交付运营,实现深远海大型养殖工船产业由"0"到"1"的进阶发展;创制筏式养殖海带机械化连续切割采收装备,采收效率提升7倍;研发南极磷虾动力桁杆拖网捕捞系统等新装备,构建了完整的南极磷虾精准捕捞智能化调控系统;研制渔船"插卡式AIS"船载通信终端,阻断了私自关闭设备、篡改识别码等违规行为,为渔船规范管理提供了新手段。

2.科技支撑与公益服务 召开全院成果转化工作会议,确定"围绕成果强转化、围绕产业强支撑"的工作思路。全面总结梳理全院科技支撑乡村振兴示范点建设成效,推出10个典型范式,表彰一批乡村振兴先进集体和个人。开展以良种为核心的全产业链成果集成和转化,"一所一品一业"初见成效。抓好技术标准规范和绩效考核两个"切口",形成以农业农村部监测中心为核心,14个省级监测站为主体的长江流域水生生物资源监测体系,圆满完成2022年监测任务。牵头全国水产种质资源普查,完成了11个调查区、62个大宗物种和201个特色物种的调查任务。围绕"大食物观""双碳""渔船管理"等主题组织战略研究,多篇报告和论文获得省部级领导批示。继续做好黄河专项等渔业资源调查、水产品质量安全监测与风险评估等工作。

3.国内外协同创新 强化院地所地、院企所企合作,与广东佛山、海南文昌、江苏昆山等地方政府建立战略合作,推动一批以主产品种为核心的全套技术转化落地,全面支撑地方现代渔业产业园和全国农业科技现代化先行县建设;与青岛国信集团合作,启动30万吨养殖工船研发。召开全球水产养殖可持续发展联盟第一次成员大会,18个涉渔知名教育与科研机构出

席,打造新型国际科技合作平台,继续用好"一海一淡"对外培训基地平台,全年培训来自36个国家的681名外国学员。

4.科研条件建设 海水养殖生物育种与可持续产出全国重点实验室获批建设;新增5个农业农村部重点实验室和4个国家农业科学观测实验站。大型仪器开放共享年度考核1个单位优秀、2个单位良好,优良率33%,合格率100%。启动运行国家海洋渔业生物种质资源库,推动海洋渔业生物资源保存方式由分散、重复向集中、标准化和系统化转变,初步形成了重要种质资源原产地和异地保存相结合,活体保种和遗传物质双备份的保存体系。加速推进"国家南海渔业生物种质资源库""淡水渔业生物种质资源库"等项目进度。

5.人才队伍建设 全面实施"水科英才"培育计划,强化人才梯队建设,遴选5个层次科技人员191名。聚焦遗传育种等重要领域,突出主责主业核心业绩的评价导向,制定全院人才引进、优博人才、"英才岗位"选聘管理等办法,建设全院人才发展基金,全年引进优秀科技人才38人,6名优博人才直聘副研究员岗位,9位一线科研人员通过"绿色通道"获得高级职称资格。制(修)订人员招聘、干部培养、选拔任用、班子管理、考核评价等人事管理制度8项。全院2022年新录用人员博士比例提高16%,重点学科人才进入比例提高10%,质量大幅提高。优化干部队伍结构,院属12个单位的领导班子均有至少1名"70"后成员,7个单位完成中层选拔,一批"80"后干部走上中层岗位。

【黄海水产研究所】

1.科研项目与成果 2022年,中国水产科学研究院黄海水产研究所共主持、承担各级各类科研课题479项,其中主持国家重点研发计划项目13项,主持国家自然科学基金各类项目55项,新上各类科研项目(课题)203项。发表科技论文437篇,其中SCI 255篇;授权专利122件(其中发明专利91件);颁布标准25项,其中,国家标准2项、行业标准16项、地方标准3项。54个项目/课题通过结题验收,12个项目通过阶段性现场验收。牵头申报各级科技奖励10项,其中"半滑舌鳎和斑石鲷分子育种技术创建及新品种创制与应用"项目获第六届中国水产学会范蠡科学技术奖特等奖;"刺参选优1号育繁推技术体系建设及产业化示范"获2021年度青岛市科技进步奖一等奖;"黄渤海鱼类早期资源评价与保护研究"获2022年度海洋科学技术奖二等奖等。牵头完成的"对虾新种质创制与繁育关键技术"入选2022年度中国农业农村重大新技术。培育的大菱鲆多宝2号、凡纳滨对虾海兴农3号

(第二完成单位)、罗氏沼虾南太湖3号(第二完成单位)通过国家新品种审定。其中,大菱鲆多宝2号已推广到山东、江苏、福建等地区,累计推广苗种3 000万尾以上,养殖面积150万米^2。

2.成果转化与科技支撑服务 2022年,中国水产科学研究院黄海水产研究所面向产业需求开展精准产学研对接。全年组织开展线上线下技术培训177人次,开展所地所企产学研大型对接活动30余次;着力打造东营、曹妃甸、荣成等中国水产科学研究院乡村振兴示范样板,支撑对虾和海参产业振兴;协同共建渔排上的刺参南移养殖产学研合作开放实验室,打造福建宁德地区"政产学研用"产业协同发展平台,助力南北技术嫁接和百亿元产业融合发展;以潍坊渔业产业技术研究院为契机,积极助力潍坊虾贝双百亿元产业带发展,支撑当地渔业经济管理和产业发展的效能初步显现;积极响应青岛市政府种业开发新举措,参与共同建立青岛蓝色种业研究院,助力打好蓝色种业翻身仗。

3.学术交流与国际合作 2022年,中国水产科学研究院黄海水产研究所深度参与极地渔业科技和国际渔业管理工作,提升我国极地渔业参与度,维护极地渔业国家权益;积极服务中韩渔业联合委员和负责中韩海洋生物资源专家组工作,做好第四届中韩联合增殖放流相关工作;成功举办2022全球渔业可持续发展论坛、中国-墨西哥渔业科技国际合作工作推进会等多、双边国际会议;组织举办农业农村部2022年"扬帆出海"人才培训工程——亚太地区海水养殖技术培训班;主持联合国粮食及农业组织亚太渔业委员会特设工作组会议和第78届执行委员会会议;积极推动国际平台建设,联合国粮食及农业组织水产养殖生物安保与微生物耐药参考中心获批复,有力提升了我国渔业科技领域影响力。

4.人才队伍建设 2022年,中国水产科学研究院黄海水产研究所持续推进"人才强所"战略。1人入选山东省泰山学者特聘专家,2人入选山东省泰山学者青年专家,1人获山东省青年科技奖,1人入选农业农村部神农青年英才,1人获青岛市青年科技奖,1人入选青岛市现代海洋英才,1个团队荣获山东海洋强省建设突出贡献奖先进集体。

5.科研条件建设 2022年,中国水产科学研究院黄海水产研究所申报"海水养殖生物育种与可持续产出全国重点实验室"获批,实现了"国字号"平台全覆盖;新获批青岛市对虾种业关键技术重点实验室、青岛市深远海养殖装备与绿色养殖技术创新中心等;积极推进崂山实验室海洋渔业科学与食物产出过程功能实

验室、深蓝渔业工程联合实验室建设;作为农业农村部海洋渔业可持续发展学科群"群主",牵头推动海洋渔业相关学科13个部级重点实验室重组建设;稳步推进国家渔业资源环境青岛观测实验站、山东省重点实验室等科研平台建设与运行;水生动物疫病研究综合实验室建设项目初设获批并正式开工建设。

【东海水产研究所】

1.科研项目与成果 2022年全所在研项目534项,其中主持482项。新上项目190项,其中主持183项,包括国家自然科学基金7项、其他省部级项目79项等。获得各类科技奖励16项,包括上海市科学技术普及奖一等奖1项、海洋科学技术奖一等奖1项、全国农牧渔业丰收推广成果奖一等奖1项(参与)、浙江省科技进步奖一等奖1项(参与)、海洋工程科学技术奖二等奖2项(其中参与1项)等。发表论文254篇,其中SCI论文105篇、EI 8篇、I区SCI 56篇,影响因子5以上的论文46篇,最高为16.744;授权专利85项,申请专利131项,其中发明专利68项,授权软件著作权10项。发布行业标准2项。7项技术开发项目和10项技术转让项目通过上海市技术市场管理办公室认定。拟穴青蟹东方1号通过全国原良种委员会的审定。初步构建了大黄鱼基因组选择育种技术体系。研发了南极磷虾虾粉船载加工指导系统、虾群恒锁定动力桁杆拖网系统、高效与高品质渔获输送装置、基于声学的围网动态监视系统等智能远洋装备。

2.技术支撑与科技服务 组织编制《全国盐碱地水产养殖产业发展规划(2022—2035)》,建立了盐碱绿洲渔业共享平台。巩固甘肃景泰示范点建设,开展新疆盐碱地水产养殖产业调研和西藏地区对口科技帮扶,为浙江、福建、贵州、安徽、上海近郊等地提供渔业科技服务活动。推动船联网数据东海分中心建设,联合开发东海及远洋船联网监测管理系统。积极谋划渔业智库建设。构建了以长江口等典型水域为代表的河口、湖泊等生态健康评估体系,圆满完成国家自然科学基金委员会长江口共享航次计划。组织涉渔工程对保护区影响评价审查项目,承担海洋渔具执法案件中渔具鉴定等技术工作,持续推动长江流域禁渔监管。《海洋渔业》入选中国科学技术协会"2022年度全国学会期刊出版能力提升计划项目之期刊双语传播能力提升项目"。推进全所"百团百企"工程,参加中国国际高新技术交易会,获得优秀产品奖2项,组织申报全国水产技术推广总站、中国水产学会的渔业新技术新产品新装备获得2项优秀科技成果。

3.学术交流与国际合作 与浙江海洋大学、浙江省农业科学院、宁波市海洋与渔业研究院、杭州海康威视数字技术股份有限公司、浙江中惟科创海洋科技有限公司等单位签订了全面合作协议;与海南文昌、江苏连云港、福建宁德等地合作成立的新型研发机构投入运行,与江苏渔鲜生农业科技等一批企业开展合作,推进所地、所企合作新篇章。顺利完成国家自然科学基金共享航次计划项目"长江口科学考察实验研究"冬、夏、秋3个航次的海上调查观测任务,为开展跨学科交流合作提供了平台。组织举办"蓝色食品认证计划"系列研讨会,邀请了联合国粮农组织、行业管理部门、协会学会、科研院所的专家学者参与交流,对贯彻落实"大食物观"理念、推进蓝色食品认证计划、引领渔业高质量发展具有重要意义。参与组织气候变化与渔业科学研讨会,助力推动中美日渔业科学交流。派员赴南极执行科研任务。

4.人才队伍建设 推进院所两级科技创新团队建设。2人获得"水科英才"杰出人才称号、6人获得领军人才称号、11人获得拔尖人才称号、3人获得青年英才称号。10人成为45岁以下院级科研团队副首席。1人获得上海市农业领军人才称号,1人获得杨浦区第十一批拔尖人才称号。1人当选上海市第十二次党代会代表,1人获得上海市三八红旗手标兵提名奖,1个集体获得上海市工人先锋号称号。1名联合培养研究生获得国家奖学金,多人获得校级奖学金或优秀毕业生称号。

5.科研条件建设 新增大黄鱼种业创新基地能力提升项目和华东海水品种种质测试中心建设项目。捕捞创新分中心、杨浦观测实验站、疫病专业实验室和远洋与极地中心先后64台(套)设备陆续到位并完成安装调试。海南文昌1.9公顷科研平台建设启动,进一步完善科技条件建设。确定东海云一期建设方案,全所一体化管理平台建设前期工作顺利开展。

【南海水产研究所】

1.科研项目与成果 2022年全所主持和承担各类纵向科研项目293项,获科研成果奖励22项次,其中"卵形鲳鲹种质创新及绿色养殖加工产业化关键技术与应用"获海南省科技进步奖一等奖;"深远海网箱养殖工程关键技术及产业化应用"获海洋科学技术奖一等奖、中国水产科学研究院科学技术奖一等奖;"花鲈优质苗种的筛选及配套生态养殖技术的建立与示范"获广东省农业技术推广奖一等奖。累计发表学术论文400篇,其中SCI/EI收录220篇;获软件著作权52项,授权专利144件,其中发明专利99件;出版专著9部,发布各类标准28项。提交审定3个水产新品种,7个品种培育项目和2个"赛马制"项目获得立项支持。

2.科技支撑与成果转化 牵头制订国家标准《海洋牧场基本术语》。牵头建立3个"海洋牧场"工作站。联合培育斑节对虾南海1号和南海2号新品种优质虾苗7亿多尾,示范推广面积约4 700公顷。"美济礁海域尖吻鲈养殖技术示范服务团项目"成功入选人力资源和社会保障部2022年专家服务基层示范团项目。选派工作队到广东省雷州市雷高镇开展乡村振兴驻镇帮扶工作。科技人员深入一线开展科技指导,累计培训指导25场次,覆盖渔民村户2 210余人次。新增"四技"服务项目116项。加强专利转化和科研副产品管理。配合农业农村部渔业渔政管理局圆满完成南海渔业管理任务,继续服务长江十年禁渔工作;圆满完成渔业安全、渔具鉴定、增殖放流、水产品检测和质量安全等相关支撑工作。

3.学术交流与国际合作 全年立项国际合作项目1项。举办中国-东南亚国家现代渔业技术培训研讨班、南海周边国家渔业可持续发展研讨会(线上)和8期"南锋论坛"系列名家学术讲座。组织完成中越北部湾渔业资源联合增殖放流活动,获得农业农村部和渔业渔政管理局专函表扬。编制完成中国-太平洋岛国现代渔业合作交流中心建设方案。编制完成的香港特别行政区四个新渔场养殖发展规划被纳入香港政府施政报告。主办期刊《南方水产科学》被荷兰Scopus数据库收录。

4.人才队伍建设 完成党员大会选举,产生新一届所"两委"班子。1人入选神农青年英才。1人被聘为国家虾蟹产业技术体系首席科学家,1人增补为贝类产业技术体系岗位科学家。1人获海南省农业技术突出贡献优秀专家奖。1人入选广东省科学技术协会"青年科技人才培育计划"。2个院级创新团队被授予中国水产科学研究院乡村振兴先进集体,3人被评为中国水产科学研究院乡村振兴先进个人。1人获广东省乡村振兴驻镇帮镇扶村"优秀巾帼队员"称号。完成13个院级创新团队建设调研"会诊"。与华南农业大学完成"实践教学基地"揭牌仪式。

5.科研条件建设 南海水产研究所重大科研基础设施和大型科研仪器开放共享工作被科学技术部、财政部考核为"良好"。获批建设农业农村部海洋牧场重点实验室和海南省深远海渔业资源高效利用与加工重点实验室。3个基地(中心)被认定为"中国水产学会科普教育基地",2个项目入选2023年广东省"基层科普行动计划"。在三沙市正式挂牌共建西沙岛礁渔业生态系统海南省野外科学观测研究站。水生动物疫病专业实验室和国家渔业资源环境大鹏观测实验站建成投入使用。启动国家数字渔业(海洋牧场)创新分中心和北部湾海洋渔业研究中心建设。改版后的南海渔业生物标本资源共享平台已上线运行。

【黑龙江水产研究所】

1.科研项目与成果 2022年全所承担各类科研项目(课题)120项。审定虹鳟全雌1号、镜鲤龙科11号2个新品种;发表科技论文174篇(其中SCI 93篇、JCR1区61篇,最高影响因子10.789);申报专利85项(其中发明专利51项),授权专利89项(其中发明专利41项、国际专利5项),登记软件著作权15项;发布行业标准1项;出版著作3部。

2.成果转化与科技服务 2022年签订"所地企"战略合作协议8项、横向技术合同104项。编制的《雅鲁藏布江水生生物资源保护规划》通过了农业农村部渔业渔政管理局、西藏自治区农业农村厅等单位专家初步验收;分6批次完成了以"养护水生生物,建设大美龙江"为主题的8种珍稀濒危鱼类总量195万尾的增殖放流活动。以泰来县为重点打造"寒地稻渔综合种养"助力乡村振兴样板点成效显著,指导泰来县创建稻蟹综合种养示范园区12个,推广面积2 400公顷,每亩增收400～800元,综合效益显著,在中央广播电视总台《新闻联播》等媒体平台宣传报道。组织专家团队深入基层,累计培训技术人员和渔民1 000余人次,发放资料1 100余份,推广鲤、虹鳟等苗种3.73亿尾(粒)。

3.国际合作与学术交流 通过现场、在线形式开展了12场学术交流活动,组织科研人员100余人次参加国内外各级各类学术会议,做报告2人次,王炳谦研究员和孙言春研究员分别受邀在中国水产流通与加工协会三文鱼分会工作会议和第十一届全国环境化学大会——暴露组学与食品安全分会场上做专题报告。主办濒危动物保护基因组学等学术活动,邀请仇华吉研究员、吴立冬副研究员等10余位知名专家到所开展学术交流与指导。

4.人才队伍建设 1人获全国技术能手荣誉称号。全年获批人才类项目8项,1人首获"新时代龙江优秀硕士、博士学位论文"拟资助项目。

5.科研条件建设 申报获批"水生动物疫病专业实验室建设"项目,总投资1 020万元;"北方鱼类优良品种选育及应用重点实验室仪器设备购置"项目,预算759万元。申报2023—2025年改善科研条件专项资金项目以及中央预算内投资农业建设项目储备规划。

【长江水产研究所】

1.科研项目与成果 2022年全所共承担各类科研项目332项，其中新上项目193项。"大鲵工厂化繁育与养殖关键技术研究及示范推广"荣获范蠡科学技术奖科技推广类一等奖，"长江流域水生生物完整性指数评价技术创新及应用"获得中国水产科学研究院科技进步奖一等奖。成功培育中华鳖长淮1号，已申请新品种审定。农业财政专项"长江渔业资源与环境调查"通过验收，"长江流域水生生物完整性指数评价""梯级开发背景下长江上游重要鱼类资源保护关键技术及应用"通过成果评价。发表论文220篇，其中以第一作者或通讯作者发表SCI 63篇、影响因子6以上的论文28篇；作为唯一通讯单位，首次在影响因子大于80的学术期刊上发表评论性文章1篇。出版著作4部。制定并获发布国家标准3项、行业标准3项、地方标准3项。获授权国家发明专利26项、实用新型专利4项。

2.科技支撑与成果转化 华中区、西南区、湖北省水产养殖种质资源系统调查取得阶段性进展，为后期种质资源精准鉴定和开发利用打下良好基础。承担农产品质量安全例行监测(风险监测)任务、产地水产品质量安全监督抽查、渔用投入品质量安全隐患排查等任务，守护"舌尖上的安全"。发起成立武汉长江中华鲟保护中心，中华鲟和长江鲟全人工繁殖再次获得成功，在长江放流中华鲟、长江鲟、圆口铜鱼等珍稀特有鱼类15万余尾、四大家鱼原种亲本1 030组，养护水生生物资源，促进生态文明建设。2022年在仙桃张沟镇示范繁育黄鳝全人工苗种近2 000万尾，协助张沟镇获得"全国农业产业强镇"称号、示范点获得"国家级水产健康养殖示范场"等2项国家级称号。分别与有关公司联合组建"小龙虾绿色高效综合技术联合研发中心""湖北中华鳖生态养殖技术研究中心"，强化产学研合作。在湖北、河南、陕西等地参与或举办各类科技培训12次，培训基层水产专业技术人员和养殖人员1 000余人，发放技术资料1 300余册。

3.国际合作与学术交流 1项国际合作项目按计划实施，进展良好。依托水产创新讲座、院重点实验室和工程中心等平台，组织开展多场学术交流活动。

4.人才队伍建设 从科研经费、人才招聘等给与倾斜，对院级创新团队进行全方位培优，推动所级创新团队强化升级。2人提前退出所领导岗位，1名45岁以下干部进入所领导班子，4名青年科研人员担任科研部门副主任，中层干部选拔任用工作有序进行。鼓励职工到外单位交流学习，5人在外挂职锻炼或借调交流。组织实施各类竞争性人才(项目)申报，1人入选农业农村部"神农青年英才"计划，1人获湖北省自然科学基金杰出青年项目资助，21人当选"水科英才"，1人入选湖北省"院士专家企业行"人选和中小微企业"科技副总"人选，9人当选所聘研究员和副研究员。

5.科研条件建设 国家农业科学重庆观测实验站获批，将重点开展渔业资源环境数据的监测、收集、整理、分析和应用。加强部、院沟通联系，修改完善《国家淡水渔业生物种质资源库建设项目可行性研究报告》并上报发改委，同时开展了环境影响咨询、建筑方案设计等项目前期工作。梁子湖试验基地建设项目开工建设，循环水养殖系统招标公告已发布。

【珠江水产研究所】

1.科研项目与成果 2022年全所在研项目到位总经费6 062万元，新上纵向科研项目128项，其中，参与2项国家重点研发计划项目，新上国家自然科学基金项目2项(其中面上项目1项)、广东省自然科学基金项目5项(其中面上项目4项，粤穗联合基金青年项目1项)。全年获各类成果奖励19项(以第一完成单位获奖13项)，其中：全国农牧渔业丰收奖一等奖1项；广西科技进步奖二等奖1项；第六届中国水产学会范蠡科技进步奖二等奖3项。发表论文185篇，其中SCI/EI 108篇；IF≥10.0论文7篇，IF≥6.0论文24篇。获授权发明专利44件。获颁布农业行业标准2项、广东省地方标准2项。

2.水产科技创新 品种创新方面，推进草鱼、鳜、鲈、鳢等主导品种在创新链上协同攻关，培育的杂交鳢雄鳢1号获新品种证书，杂交尖塘鳢珠洋1号水产新品种通过了广东省初审。创制出分别适合华南产区和北方产区养殖的杂交鳢雄鳢2号、雄鳢3号新品系；培育出适宜高温环境养殖的大口黑鲈新品系和快长优质加得丰品系，并优化大口黑鲈SPF苗种规模化繁育技术；速生优质草鱼已培育到F3代，"低脂-型优"草鱼新品系和易驯食鳜新品系培育进展顺利。在养殖与营养方面，建立"节水节地"池塘原位养殖尾水处理模式，引领了广东美丽渔场建设；创制了高效去除养殖水体中抗生素的新型CPDA@Co0/过硫酸盐技术；揭示植物micro RNA跨界调控鱼类肌肉发育机制，建立了淡水鱼品质调控技术。在病害防控方面，构建了草鱼出血病益生菌载体口服疫苗和大口黑鲈多种病原口服疫苗，草鱼细菌二联灭活疫苗和鲫维氏气单胞菌败血症蜂胶灭活疫苗(AVCA07菌)申请新兽药证书。在渔业资源与环境方面，在国际上首次验证了空间地理尺度对水生生物类群DNA条形码鉴定有效性的影响，揭示亲缘关系和功能性状对外来鱼类形成入侵的影响。

3.助推乡村振兴战略实施 加大新品种推广力度,罗非鱼粤闽1号获2022年中国农业农村重大新产品称号,大口黑鲈优鲈3号、鳜鱼广清1号、中华鳖珠水1号被选为2022年全国重点推广水产养殖品种,中华鳖珠水1号等5个品种被选为广东省2022年主导品种,在广东、江苏、浙江等地建立加州鲈、乌鳢、鳜、禾花鲤等种苗推广示范基地。发挥人才和技术优势,与佛山、惠州、江门等地方签订技术支撑协议,指导当地养殖尾水处理设施设计与美丽渔场建设;组建乡村振兴专家服务团,分别在广东佛山、湖南韶山、江苏连云港和河南信阳等地建立乡村振兴示范点,为草鱼、鲈鱼健康养殖以及推进鳜鱼产业高质量发展提供技术支撑;派驻团队赴阳春、乐昌、龙川等市(县),定点帮扶村开展稻虾综合种养示范点建设,打造渔业科技助推乡村振兴样板。积极推进所地所企战略合作,与广西水产科学研究院等8家单位签订战略合作协议,与5家企业共建产学研合作基地,助推渔业高质量发展。

【淡水渔业研究中心】

1.科研项目与成果 2022年淡水渔业研究中心新上项目260项,在研项目441项,其中国家级54项,省部级165项。合同总经费3.25亿元。牵头承担"十四五"国家重点研发计划海洋农业与淡水渔业专项目"中华绒螯蟹、克氏原螯虾、螺蛳大规格抗逆新品种培育",承担国家自然基金项目3项。在研项目取得重要进展:形成了稻渔综合高效种养技术3项;建立了湖泊多营养层级鱼类协同控藻技术;在抗病鲫鱼研究工作方面取得重大突破;获批红罗非鱼中恒1号、青虾太湖3号、乌鳢玉龙1号3个国家级新品种;建立了鲤饲料转化率性状测定方法和摄食调控相关基因功能研究方法;建立了青虾太湖3号性晚熟外观选育技术;建立了中华绒螯蟹阳澄湖1号种质标准;构建了长江和辽河水系河蟹种质资源库。获科技奖励7项,其中,其中全国农牧渔业丰收奖二等奖2项。发表学术论文248篇,其中SCI收录148篇,影响因子10以上5篇,7以上18篇,5以上45篇;出版专著7部,获国家授权专利57项、国际授权专利2项,软件著作权7项,制定省级地方标准1项;实施科技成果转化6项。

2.成果转化与科技服务 发挥作为农业农村部淡水学科群建设依托单位、国家大宗淡水鱼、特色淡水鱼及江苏省青虾产业技术研发中心作用,重组布局"十四五"重点实验室体系,获批新增"农业农村部稻渔综合种养生态重点实验室";新增国家特色淡水鱼体系2个

岗位,中心内国家产业技术体系岗位科学家已达12位。组织开展乡村振兴工作,2人获"中国水产科学研究院乡村振兴先进个人"称号。深入开展产学研合作,与地方政府、龙头企业签订科技合作协议13项,新上横向项目127项。组织开展2022年农业农村部长江江豚生态科学考察安徽段长江江豚科考并协助开展鄱阳湖江豚应急救护工作;全面开展鄱阳湖至长江口水生生物资源监测工作;统筹协调江西、安徽、江苏、河南四省禁捕监测工作;圆满完成5次巡航执法任务。

3.联合办学与国际合作 不断强化国际合作与国内教育工作。渔业学院19名本科、69名硕博学生顺利毕业;国家一流专业建设工作稳步推进,并完成年度报告;1篇本科生论文获评江苏省优秀论文;1人获南京农业大学校长奖学金;"渔杰冰清"项目先后斩获创新创业大赛江苏省赛冠军和国赛金奖。争取到国际合作项目15项;举办15期在线技术培训项目和官员研修项目,为58个国家培训了608名渔业技术和管理人才,招收了65名硕士留学生;举办首届"一带一路"国际淡水渔业产业创新研讨会,彰显"主场外交"意识。坦桑尼亚和纳米比亚2个项目入选联合国南南合作优秀案例。国际合作系列主题活动先后被人民网、中国网、中国农网、《农民日报》、澎湃新闻、联合国开发计划署官方公众号等20多家媒体报道。

4.人才队伍建设 选派2名青年干部赴上级及有关单位挂职锻炼。开展2批中层干部选拔任用工作,共选拔任用2名中层正职、7名中层副职。实施"优青"人才培育计划,多人入选中国水产科学研究院"水科英才"计划,1人入选江苏省"333"第二层次、5人入选第三层次;4人通过无锡市人才分类认定,入选滨湖人才。引进人才8人,其中博士5人。6个创新团队在上年度中国水产科学研究院科技创新团队监测中进入前30%,其中3个团队进入全院前十,分列二、三、六位。

5.科研条件建设 完成国家数字渔业淡水养殖专业创新分中心建设项目;完成渔业生态环境与水产品质量安全检测平台和水产动物营养监测平台仪器设备购置。进一步推动靖江科研试验基地建设,水生动物疫病研究专业试验基地建设项目初设获批,批复投资2900万元。扬中试验基地建设项目和"一带一路"国际水产养殖试验基地建设项目通过竣工验收;水生动物疫病专业实验室建设项目通过初步验收。

【渔业机械仪器研究所】

1.科研项目与成果 2022年全所合计新上项目(课题)39项,其中国家级2项,省部级18项。全年发

表论文 98 篇,其中 SCI/EI 共 22 篇;获得发明专利授权 52 项、实用新型专利 37 项、软件著作权 39 项。获得科技奖励 8 项次,3 项成果分别入选 2022 年中国水产学会开展渔业新技术新产品新装备优秀科技成果;"深远海工业化养殖工船装备"获中国农业农村重大新技术新产品新装备。

2.科技支撑与成果转化 以科技服务做好行业支撑,组织完成渔船标准化技术项目的入库推荐和国家标准等制(修)订工作 30 余项,承担渔船技术法规等研究 10 余项;开展增氧机等渔机产品推广鉴定、质量抽查和委托检验等服务近 100 项次;编制各类渔业发展规划 5 项。以成果转化推进产业振兴,研发的全球首艘 10 万吨级养殖工船交付运营;承担 30 万吨级超大型养殖工船基础船型的委托研发;设计的"盒马生鲜千吨级对虾养殖工厂"通过验收并投入生产;鱼菜综合设施种养模式在宁夏地区持续推广近 5 万米²;养殖池塘标准化改造及养殖场尾水治理技术在全国推广,示范面积超 3 300 公顷;"平战结合"返回舱第二代高海况打捞装备不断优化,顺利完成"神舟"十四、十五载人飞船海上保障任务;推广养殖装备、池塘生态技术、筏式养殖机械化和渔业船舶等装备技术 100 多项次;累计指导培训渔业从业人员近 7 000 人次。

3.国际合作与学术交流 持续推进国际重点研发计划"政府间国际科技创新合作专项"中国-马耳他政府间合作项目"海水鱼循环水智能繁育设备技术合作研究"的实施;保持与泰国渔业局良好的沟通与交流,跟进清迈内陆养殖研究与发展中心繁育车间改造工作的实施。

4.人才队伍建设 根据新时代渔业装备发展新目标、新任务对人才的需求,完成"十四五人才规划"。提任了 5 位中青年干部任部门主要负责人,4 位中青年干部任部门副职;对 2 名职能部门和业务部门"双向"挂职的干部,根据其挂职期间表现和业绩,由挂职改为任职。搭建年轻干部锻炼平台,制定《部门助理岗位聘用暂行办法》。加强领导班子建设,配合中国水产科学研究院党组完成副所级领导干部选拔任用工作。加大引进优秀科技人才力度,制定《新进硕士、博士岗位聘用细则》,完善新进人员考核与激励机制,对引进的 2 名高层次人才实行"一人一策"。设立人才发展专项基金。9 人入选"水科英才"培育计划,1 人获得上海市农业领军人才。1 名博士后研究人员以优异的考核成绩,顺利出站并入所工作,其在站期间获得"上海市超级博士后"激励计划,成功申请了国家自然青年科学基金项目。

5.科研条件建设 实施"公共安全——渔船装备

与安全生产研究平台仪器设备购置""深远海养殖海上实验与观测平台仪器设备购置"和"渔业捕捞装备(松江)实验基地房屋修缮"等项目建设。组织完成"国家数字渔业近海养殖专业创新分中心建设项目"设备招标与采购工作;组织完成"中国水产科学研究院渔业机械仪器研究所苏州科研试验基地建设项目"可研报告、初步设计编制工作。

【渔业工程研究所】

1.科研工作与成果 2022 年全所发表 21 篇文章,其中一区 SCI 文章 3 篇(影响因子大于 10 的 1 篇)。首次获得中国农业农村重大新技术新产品新装备 1 项,北京市新技术新产品 2 项。"渔业渔政信息资源融合共享关键技术研究与应用"获得中国水产科学研究院科学技术奖二等奖。授权发明专利 3 项,申请发达国家专利 4 项,授权实用新型专利 14 项,获批软件著作权 52 项,知识产权数量快速提升。牢固树立"以研为本,以创为先"的发展理念,充分发挥优势学科特色,引领行业高质量发展。

2.人才队伍建设 2022 年进一步拓展学科方向,新增生物技术学科创新团队,学科布局更加完善。修订科研奖励管理办法,强化激励措施,引导团队持续健康发展。编制《渔业工程研究所科技创新团队 2022—2030 年发展规划》,组织专家指导团队建设。两个院级团队年度科研评分,从原来的"个位数"提升到 30 分左右;组织提交 2 个新增院级创新团队的申报材料。

3.项目谋划与申报 积极开展科研项目谋划,组织开展国家自然科学基金、重点研发计划、北京市自然基金等项目申报。在船联网一期项目研究基础上,成功获批船联网二期重大项目,承担课题和子课题各 1 项。参与重点研发计划项目 1 项,参与农财专项"黄河渔业资源与环境调查"1 项,获批院级基本业务费项目 1 项。组织开展 2023 年度自然科学基金等项目申报的专家咨询交流,积极联系中国水产科学研究院学科处、科研处、国合处,开展了"核心技术攻关""国际合作项目计划"等项目的申报工作。

4.平台建设拓展 充分利用依托在所内建设的中国水产科学研究院"现代渔业研究中心"合作平台,编制《现代渔业研究中心运行管理办法》《渔业工程研究所科研开放基金管理办法》等文件,进一步拓展对外合作空间。提升如东试验基地科技保障能力,继续完善港工实验条件,推进科研条件改善专项"低碳高效水产养殖环境与水处理试验装置仪器设备购置"项目申报并获批,加强对设施渔业和生物育种创新研究的支撑作用。依托国家渔业科学数据中心,提升数据分析与应用能力,保障渔业捕捞、养殖、种质资源等领域的大数据分析工作。

5.学术交流与合作 组织和参加国内学术交流活动,开展"青年科学家交流研讨",邀请专家对渔业工程研究所科研思路梳理和项目申报方面进行指导。举办"创新团队发展规划研讨会"和"创新团队科研进展总结交流会",邀请中国水产科学研究院内外专家对本所团队发展方向和成果凝练提出建议。顺利召开"全国现代渔业工程建设研讨会",提升本所在渔业工程研究领域的影响力。推进所内科研人员开展国际合作交流,参加 FAO 渔业委员会会议 1 人次,参与国际水产泛基因组合作 1 项。学术兼职方面,担任一区 SCI 杂志编委 2 人,英国皇家学会评审专家 1 人。

6.行业支撑与服务 充分发挥技术优势,承担农业农村部有关局多部门的信息化、渔港建设及养殖重大项目技术支撑等工作。组织起草了《中国水产科学研究院渔业工程研究所咨询设计项目质量管理办法(试行)》。信息中心牵头研制的渔船"插卡式 AIS"设备开始推广应用,成功入选《2022 年度中国农业农村重大新技术新产品新装备》12 大新装备之列。支撑省部共建三亚渔港经济区试点项目,并使之成为海南省第一个渔港经济区项目。养殖重大项目文昌市国家农业产业园专项研发项目中,创新型的池底反冲洗技术和设施获得了专家的一致肯定。

7.党建引领新局面 坚持以习近平新时代中国特色社会主义思想为指导,全面学习贯彻落实党的二十大精神,不断提升全所党建水平。推动党建带工建、带团建、带妇建工作,帮助职工解决生活难题,增强干部职工的凝聚力。开展所领导接待日活动,及时准确了解职工需求。增强农业科研"国家队"的使命意识,抓深思想建设、抓紧组织建设、抓实作风建设、抓严反腐倡廉建设、抓牢制度建设,增强党组织的凝聚力和战斗力。

(中国水产科学研究院　张　崴)

全国水产技术推广总站
中国水产学会

【概况】 2022 年,全国水产技术推广总站和中国水产学会(以下简称总站学会)以习近平新时代中国特色社会主义思想和"三农"工作重要论述为指引,坚持稳中求进工作总基调,按照"保供固安全、振兴畅循环"的工作定位,以"巩固、充实、提高"为工作着力点,持续推进"五个五"重点任务实施,为保障水产品稳定安全供给、

促进渔业绿色高质量发展、加快实现渔业现代化和助力乡村振兴做出积极贡献。

【中心工作】

1.积极助力水产品稳定供给 协助农业农村部渔业渔政管理局编制《全国养殖水域滩涂规划》,依托推广体系,示范推广陆基设施化养殖、稻渔综合种养、盐碱水养殖、近海新型环保网箱养殖、深远海设施化养殖等发展潜力大的水产养殖模式,拓展水产养殖潜力和增量空间。利用"鱼病远诊网"远程诊断 400 余次。组织 25 个省(自治区、直辖市)开展规范用药科普下乡活动,发放技术资料 74 万余份。充分发挥渔业统计和监测体系作用,及时调度新冠疫情对水产养殖生产、流通的影响,为做好稳产保供工作提供有力支撑。

2.扎实推进种业振兴行动 组织开展全国水产养殖种质资源基本情况普查数据审核、分析等工作,审核 210 余万条普查数据。审定通过 2021 年度 26 个水产新品种,完成 2022 年度 38 个新申报品种函审。组织完成 17 家国家级水产原良种场的验收与复查。开展联合育种调研,参与制定南美白对虾等重点品种商业化育种方案。与广东省农业农村厅联合主办第三届中国水产种业博览会,展会实现种苗交易 70 多亿尾、交易额约 3 亿元。

3.配合抓好长江十年禁渔 派员参加长江禁渔专班,协助做好运行保障工作。开展部分地区长江禁捕退捕工作督导检查,参与撰写长江退捕渔民安置保障工作专题调研报告。协助办理《关于中央领导同志有关长江十年禁渔重要批示精神贯彻落实情况的报告》等多个专报。受委托编制完成《长江流域珍贵濒危物种栖息地生境修复规划(2022—2026)》(征求意见稿)。

4.巩固拓展脱贫攻坚成果 支持新疆开展池塘陆基循环水养殖技术试验示范,组织专家讲解 10 种绿色养殖技术。支持西藏开展高原冷水鱼养殖技术试验示范。保持与云南元阳等脱贫联系点的联系,与河北省涿鹿县下沙河村开展结对帮扶和联学共建,助力巩固拓展脱贫攻坚成果同乡村振兴有效衔接。

【水产养殖业绿色发展】

1.加强顶层设计,强化政策支持 推动将水产绿色健康养殖技术推广"五大行动"纳入《"十四五"全国渔业发展规划》《全国水产技术推广工作"十四五"规划》,形成工作长效机制。各地纷纷推出"五大行动"支持政策,已发布渔业"十四五"规划的省份都将"五大行动"列入其中。配合农业农村部渔业渔政管理局印发

《关于做好 2022 年水产绿色健康养殖技术推广"五大行动"工作的通知》，部署省级推广机构实施工作。

2.创新技术模式，强化服务推广 编印出版《绿色水产养殖典型技术模式丛书》《配合饲料替代幼杂鱼行动典型案例》《2022 水产新品种推广指南》。遴选 2023 年重点推广水产养殖品种 18 个，养殖技术 14 项。领导班子分别带队赴 6 省开展联合调研和交流学习。依托总站基地，开展多鳞白甲鱼等濒危鱼类和斑点叉尾鮰国家级良种江丰 1 号等养殖新品种繁育技术创新，探索花鲈远途运输和成鱼海化技术，绿鳍马面鲀、许氏平鲉和黑鲷人工繁育取得成功。

3.积极打造样板，强化典型宣传 优化升级骨干基地管理系统，强化完善系统功能，启动 2022 年度"五大行动"骨干基地认定工作。指导各地统筹布局规划，推动骨干基地扩增行动内容，实现"五大行动"全覆盖。《中国水产》杂志共刊登"五大行动"相关文章 86 篇、300 余版、50 余万字内容。"中国水产"新媒体客户端共发布相关文章 100 余篇、视频 5 个。通过总站学会官网平台刊登"五大行动"重要信息和各地典型经验做法 30 多条。

4.形成全覆盖合力，助力高质量发展 2022 年共培育"五大行动"骨干基地 1 265 个，较上年增加 281 个，示范面积 51.4 万公顷，较上年扩大 13 万公顷。骨干基地生态健康养殖模式实现全覆盖，重点推广生态健康养殖模式 9 项，创新集成无环沟稻虾综合种养等多种新型技术模式。骨干基地养殖尾水实现循环综合利用或达标排放。骨干基地水产养殖用兽药使用总量同比减少 9.4%，其中抗生素类兽药使用量同比减少 12.7%。配合饲料替代率平均达到 84%，其中，大口黑鲈配合饲料替代率达 97%，大黄鱼配合饲料替代率达 95%。示范推广水产新品种 100 个。"五大行动"对水产养殖业转型升级和绿色高质量发展起到重要推动作用。

【重点养殖产业发展】

1.引导稻渔综合种养产业规范发展 协助农业农村部渔业渔政管理局制定《农业农村部关于推进稻渔综合种养产业高质量发展的指导意见》。组织制定《稻渔综合种养通用技术要求》国家标准和 2 项相关行业标准。编制发布《中国稻渔综合种养产业发展报告（2022）》《中国小龙虾产业发展报告（2022）》等资料。开展稻渔综合种养综合效益调查和水稻测产，举办稻渔优质渔米评比推介活动。参与完成中国工程院战略研究与咨询项目"中国稻田综合种养高质量发展战略研究"报告，获国务院和农业农村部领导批示。

2.推动设施化养殖产业加速发展 调查梳理设施化水产养殖技术模式，加强宣传和示范推广。与农业农村部农业机械化总站联合开展池塘养殖尾水处理及筏式吊养与底播增养殖轻简化技术装备遴选工作，遴选水产养殖机械化重点推广技术及相关产品 19 个，为总结一批养殖机具配置方案和典型案例奠定基础。以"池塘工程化循环水养殖技术示范与推广"为主题，联合 18 家单位申报农牧渔业丰收奖并荣获合作奖。

3.助力盐碱地渔农综合开发利用 依托"盐碱绿洲渔业项目"，集成盐碱水质综合调控、耐盐碱良种筛选及鱼虾蟹生态高效养殖技术，构建华北盐碱水综合养殖模式 4 个。组织编写耐盐碱良种筛选等 10 项技术规范，举办盐碱水养殖技术培训活动，来自全国 19 个省（自治区、直辖市）的 7 000 多位从业者参加线上直播培训。

4.促进一二三产业融合发展 探索休闲渔业品牌培育，初步制定休闲渔业创新示范基地遴选推介方案和标准，发布《中国休闲渔业发展监测报告（2022）》。组织开展水产品加工业发展研究，联合编制中国水产品加工业发展报告、罗非鱼等重点品种加工业发展报告。参与中国农民丰收节重点活动，推选 30 人分获"大国农匠"全国农民技能大赛种养能手（水产养殖）一、二、三等奖。

【病害防控和质量安全】

1.提升水产养殖病害综合防控水平 组织实施 2022 年国家水生动物疫病监测计划，在 31 个省（自治区、直辖市）对 13 种重要疫病开展专项监测；开展全国水产养殖动植物疾病测报和预警，编制年度《中国水生动物卫生状况报告》等权威资料。组织全国 242 家单位开展水生动物防疫系统实验室检测能力验证。建立水产苗种产地检疫线上培训机制，10 万余人次参加培训，近万名学员通过考试。组织制（修）订《无规定水生动物疫病苗种场评估方案》《水生动物防疫实验室规范管理方案》等 5 项文件。推动成立"全国水产标准化技术委员会水产养殖病害防治分技术委员会"，完成 1 项国标审定，3 项国标复审。

2.提升水产品质量安全支撑服务水平 举办"2022 渔药科技创新与产业发展大会"，研究规范管理水产养殖调水用品的思路，分析现行国标渔药注册资料要求及药效试验技术指导原则并提出优化建议。组织 13 个省份开展主要病原菌耐药性普查，撰写完成《水产养殖动物主要病原微生物耐药性监测分析报告》。编印《2022 水产养殖用药明白纸》《水产养殖常见病害诊断与防治 300 问》等资料，指导规范用药。组织专家就水产品质量安全舆情及时发声。

3.提升水生生物资源养护规范化水平　编制发布海洋牧场相关团标 5 项。受农业农村部渔业渔政管理局委托完成新一轮人工鱼礁建设项目、国家级海洋牧场示范区评审及已建项目评价复查。支持举办第四届中国国际海洋牧场博览会，组织拍摄国家级海洋牧场示范区建设宣传片，相关节目在中央广播电视总台播出。组织开发全国水生生物增殖放流苗种供应单位和定点放流平台管理信息系统，负责供苗申报单位审核。编撰《"十四五"水生生物增殖放流科普手册》《不适宜开展增殖放流（放生）的水生生物物种》等资料。总站基地组织放流牙鲆 230 万尾、黑鲷 150 万尾、许氏平鲉 30 万尾、绿鳍马面鲀 20 万尾。

【渔业信息和科技创新】

1.做好渔业信息统计监测工作　按期完成《2022 中国渔业统计年鉴》综述、数字复检和编辑发布工作，完成 2022 年渔业统计预计数据编报及渔业经济形势分析报告。参与养殖渔情监测改革工作，配合农业农村部渔业渔政管理局制定水产养殖重点品种监测方案，确定 2 003 个监测点，编印《2022 年水产养殖重点品种监测工作指南》，并组织广东省、湖北省进行监测试点。开展养殖渔情监测和分析，出版《2021 年养殖渔情分析》报告。开展甲壳类（虾蟹）、贝类产品壳重折算系数的分析研究。协调定点市场每周报送市场信息监测情况，报送重点市场信息 300 多篇（条）、周报 20 多篇。按照"农产品批发市场价格 200 指数"要求对外发布上半年 11 类水产品价格指数，编印《2022 年中国水产品进出口统计年鉴》。

2.充分发挥"中国水产"媒体宣传作用　做好渔业高质量发展、长江"十年禁渔"、渔政执法等渔业渔政重点工作宣传。完成 12 期《中国水产》杂志的编辑出版工作。"中国水产"微信公众号发表文章 1 300 余篇，阅读量突破 100 万人次，年粉丝增长量 1.2 万人；开展第三届最美渔技员网络宣传投票活动，点击量达 665 万次。"中国水产"微信视频号更新视频 40 余个，刊载渔业安全生产"百日攻坚"行动宣传专栏等。组织策划渔业高质量发展"随手拍"摄影作品征集评选活动，记录我国渔业发展。

3.深入推进科技创新服务和重点项目实施　完成 20 项渔业科技成果评审工作，涵盖技术创新、品种培育、疫苗创制等领域。完成 14 项团标立项、1 项团标的意见征求，发布团标 5 项。遴选 2022 年度渔业新技术新产品新装备优秀科技成果 17 项。参与的国家重点研发计划蓝色粮仓项目各项指标全面完成。

【学科建设】

1.强化学术会议品牌建设　2022 年中国水产学会范蠡学术大会、青年学术年会等 4 个会议入选中国科学技术协会《2022 重要学术会议指南》。根据新冠疫情形势变化，采取线上线下相结合的方式召开 2022 范蠡学术大会，并与全国渔业科技创新大会同期召开全体会议，逾千人参加。召开 2022 年中国水产学会青年学术年会与青年科学家沙龙，200 余位青年学者参加。海水养殖、水产生物技术与遗传育种等分支机构专题学术会议都取得良好效果。

2.强化科技奖励品牌建设　组织开展第六届中国水产学会范蠡科技奖申报评审工作，首次采用全程线上申报、推荐、评审，最终评出 26 项获奖成果（其中科技进步类 14 项、科技推广类 9 项、科普作品类 3 项）。范蠡奖的影响力、权威性和质量水平进一步提升。

3.强化智库工作品牌建设　组织推荐"如何突破我国深远海养殖设施的关键技术"入选为中国科协"年度十大工程技术难题"，学会被授予"重大科技问题难题征集发布 2022 年度优秀推荐单位"称号。组织上报水产养殖病害防治决策咨询专家团队，并获得中国科协专项支持。组建以院士为首席专家的"科创中国"水产养殖产业科技服务团，围绕渔业主导品种开展全产业链科技服务。

4.强化科技期刊品牌建设　办好中国水产学会主办期刊，组织遴选出 10 篇 2022 年度中国水产学会优秀科技论文。《水产学报》被评为"百种中国杰出学术期刊"，英文期刊《Aquaculture and Fisheries》被评为"最具国际影响力期刊"，学会荣获"2021 年全国学会期刊出版工作优秀单位"称号。

5.强化科普工作品牌建设　成功举办水产科技活动周、科技工作者日、科普日等活动，被中国科协评为 2022 年度全国学会科普工作优秀单位、全国科普日优秀组织单位和优秀活动。新增 8 家全国科普教育基地，认定 35 家科普教育基地，组建 18 支科学传播专家团队，新增一批基层科技服务工作站和志愿者。入驻"科普中国"平台，推出《长江珍稀水生动物手绘图鉴》等科普作品。

6.拓展渔业领域交流合作　牵头负责亚太区域水产养殖业转型高级别会议参会工作，代表中方就"五大行动"做主旨报告；参与联合国粮食及农业组织（FAO）《可持续水产养殖业准则》等相关国际文书研究制定。承担海洋哺乳动物保护法案（MMPA）专家组牵头工作，应对美国《海洋哺乳动物保护法案下的鱼和鱼产品进口规定》对我水产品出口影响。向世界动物卫生组织（WOAH）报送我国水生动物卫生状况,参与《水生动物卫生法典》《水生动物疾病诊断手册》评议,参与 FAO"改善水生动物卫生状况"等国际项目。

【队伍建设】

1.**持续加强推广体系队伍建设**　发布《中国农技推广发展报告(水产部分)》《"十三五"全国水产技术推广体系发展报告》《2021 年全国水产技术推广体系统计报告》。通过技能大赛平台,4 位推广人员获得全国或省级"五一"劳动奖章。创办 3 个省级劳模创新工作室,成功推荐"吴敏劳模创新工作室"成为体系内首个"全国农林水利气象系统示范性劳模和工匠人才创新工作室"。组织开展第三届"最美渔技员"遴选。完成国家职业分类大典水产行业修订,推荐水族造景工和鲜活水产品购销员两个工种纳入新版大典。

2.**不断夯实学会系统队伍建设**　创新形式,按时召开中国水产学会第十一次会员代表大会,审议通过《中国水产学会第十届理事会工作报告》《中国水产学会章程(修订草案)》等规章制度和各分支机构主任委员人选,选举产生学会新一届理事会、常务理事会和监事会,以及学会第十一届理事会学会党委委员推荐人选。学会 27 个分支机构顺利完成换届。个人会员增至 22 545 人;单位会员达到 666 家。持续推进中国科学技术协会第七届青年人才托举工程工作,并成功遴选推荐 3 名优秀青年科技者入选第八届青托工程。

(全国水产技术推广总站　中国水产学会　王紫阳)

渔业社会团体

中国渔业协会

【概况】 2022年,中国渔业协会(以下简称协会)坚持以习近平新时代中国特色社会主义思想为指导,坚持贯彻"疫情要防住,经济要稳住,发展要安全"的要求,认真落实有关部门的部署和安排,确保了各项工作稳步推进。

1.全心全意为会员服务,帮助企业脱困,助推行业高质量发展 针对疫情给行业造成的困难和会员的要求,加强了与政府及其有关部门的沟通联系,努力发挥桥梁纽带作用,全心全意为会员服务,了解呼声,反映心声。为了贯彻落实《国务院关于印发扎实稳住经济一揽子政策措施的通知》等文件精神,协会对140家会员企业进行了调查,收集疫情造成的困难和复工复产情况,汇总企业亟待解决的问题,及时将行业和会员的呼声,以报告形式上报给农业农村部渔业渔政管理局等有关主管部门,为其制订相关政策措施提供参考,帮助企业渡过难关。协会结合自身业务和了解掌握的相关产业情况,向农业农村部渔业渔政管理局报送了6项促进渔业高质量发展政策措施的建议,向国家发展和改革委员会体制改革综合司报送了关于构建世界一流企业渔业行业指标体系的建议,向国家市场监管总局标准创新司报送了推荐中国渔业协会《渔光一体建设通用技术规范》团体标准纳入国家碳达峰碳中和标准化工作并转化国际标准的建议。针对因《检验检疫许可证》到期未能获批新证,导致我国亚洲龙鱼进口全面停止,行业面临灭顶之灾的问题,及时向海关总署动植物检疫司汇报有关情况,寻求推动解决龙鱼产业实际困难的办法,为会员提供全面准确的政策信息,并为下一步有效配合政府部门对水族产业的引导和支持打下了良好基础。

积极推荐会员企业相关专利申报中国专利奖,支持会员单位知识产权创造。协会推荐的江苏中洋集团股份有限公司"一种刀鱼亲鱼的生态工厂化繁育方法"获得中国专利优秀奖。同时协会还向国家知识产权局推荐了3家副会长单位的专利申报该奖项。帮助宁波明凤渔业有限公司等会员单位,向有关主管部门和省份主要领导反映情况,协调解决有关问题。

利用微信等方式,有效保持与会员的日常联系,通过加快官方网站、微信公众号、微信群等信息平台的更新频率,及时发布信息和行业动态,通过丰富栏目和内容,提升信息的时效性、针对性和深度广度,为会员提供更为优质的信息服务。

2.举办展会、节庆活动,推进行业交流合作 在做好疫情防控,确保安全的前提下,继续主办了2022中国(福州)国际渔业博览会,展会面积4.66万米^2,13个省份和地区的312家企业参展,设有预制菜、海鲜食材、远洋渔业纯天然产品、渔业机械设备、水产加工、水产养殖、金鱼及休闲海洋渔业、鱼丸等八大展区。在特殊时期举办展会,帮助渔业企业开拓了市场渠道,助力了地方经济发展。

与中国国际进口博览会建立了合作关系,作为进博会招商合作单位,以组织观展的形式,帮助会员依托进博会这一互融互通的国际交流平台,进一步了解和融入国际市场。

3.主办论坛,助推乡村振兴 主办第四届中国渔业渔村振兴论坛,以线上线下结合的方式,论道产业振兴大势,探讨渔业渔村发展路径。农业农村部原党组成员、副部长、国务院参事于康震发表讲话,农业农村部渔业渔政管理局袁晓初副局长解读了渔业"十四五"规划,桂建芳、包振民等7位院士、专家就共商大食物观背景下的渔业发展大计等话题做了主旨演讲,为推动渔业渔村振兴贡献智慧与方案。

4.召开科技大会,推进科技兴渔 召开了第六届中国水产科技大会,凝聚行业力量,推动质量兴渔、科技兴渔。农业农村部党组成员、副部长马有祥做主要讲话,陈松林、麦康森、桂建芳、包振民院士和专家做了精彩主旨演讲,分享和展示了渔业发展的前沿创新技术和最新研究成果。

5.联合举办丰收节活动,支持地方经济发展 与宁德市政府共同主办了大黄鱼文化节,与盱眙县政府共同主办了盱眙国际龙虾节,与普兰店市委市政府共同举办了辽参文化周;主办了湛江金鲳鱼丰收季暨年鱼系列活动,协会会长参加并致辞。带动了地方经济发展,促进了渔民增收,受到了好评。

6.制定团体标准,推进标准化建设与发展 支撑产业发展,结合特色产品品牌共创,推进相关产业标准化建设,开展团体标准制定工作,以标准提升质量,以质量铸就品牌,以品牌助推高质量发展。通过加强对团体标准作用和意义的宣传,提升了会员企业对标准化工作的认识和重视,激发了制订团体标准的需求。经过与标准编制组、标准专家、技术专家等高效沟通协作,召开了立项、研讨、评审等会议,经过专家的严格把关,发布了《南美白对虾高盐度养殖技术规范》《南美白对虾苗种盐化培育技术规范》《高唐锦鲤养殖技术规范》《高唐锦鲤苗种繁育技术规范》《水族箱家政服务规范》《大口黑鲈池塘养殖技术规范》6项团体标准。还有6项标准已在编制过程中。多家会员企业提出了新的制标申请。联合制标单位、会员公司等共同研究标准体系建设和发布、宣传贯彻、应用、培训等事宜,着力扩大标准的行业影响力,推进标准化建设与发展。

7.做好渔业协定执行工作,圆满完成各项政府购买服务 2022年,协会涉外渔业协定执行工作受疫情影响很大,涉韩入渔人员流动受阻,渔船面临韩方更多的登临检查和巨大的防疫压力。在农业农村部渔业渔政管理局的指导和支持下,协会密切与韩国海警、西海渔业管理团、韩国水产会、中国海警局及相关省份管理部门的工作联系,及时掌握和传达最新涉疫信息动态,做到了涉韩渔船疫情防控无死角,圆满完成了入渔许可证办理、入渔信息通报、违规信息通报、渔运船定点检查制度24小时值班、协定会谈会务、"两无"渔船确认、涉韩渔民培训等各项工作。中韩两国专属经济区管理水域生产作业秩序平稳。通过统计分析掌握的信息数据,为农业农村部渔业渔政管理局提供了大量资料与有价值的谈判建议,充分发挥了参谋和助手作用。根据农业农村部渔业渔政管理局的要求,加强了涉韩渔船作业管理系统的安全防护,完善了渔民宣传教育等功能,优化了系统设计,提升了入渔渔船安全生产及事故处理能力。协会积极发展渔船会员,提供针对性服务,目前已有约900艘渔船入会,占涉韩入渔渔船总数的70%。全年为73艘次违规的中方渔船缴纳了担保金28.32亿韩元(约1533万元人民币),担保缴纳唯一窗口的权威性得到了进一步加强。与韩方协调处理了多起船员受伤救助、落水搜救和渔船碰撞沉没等

涉韩入渔紧急事件,积极参与违规渔船处罚处理,维护我涉韩入渔人员合法权利,取得了中韩渔业协定执行至今首份韩国法院判决书。

协会还完成了"推动渔业高质量发展相关工作支撑"等多项政府购买服务。

8.推动专项合作开展,增进国际渔业交往 与韩国维他命之家、杭州眺旺生物科技有限公司就生物技术研发、饲料添加剂项目等事宜达成合作意向;与宁波海上鲜信息技术有限公司、北京中卫汇通网络系统技术有限公司就渔业大数据、智能化等开展合作,并帮助海上鲜公司东北亚渔业交易产业园项目对接商务部,推进东北亚互市渔业贸易交易;与太平洋安信农业保险股份有限公司北京分公司、天韧科技(上海)有限公司就有关指数保险产品开发、碳汇保险新产品开发等项目开展合作。通过开展专项合作的方式,不断拓展业务领域,促进相关产业与渔业的融合,服务行业和会员的现代化发展需求,实现协会与合作单位的共赢发展。与大日本水产会、韩国水产会保持良好合作关系,在开展渔船事故处理、担保金缴纳、有关议题交流等工作的基础上,继续在更大范围、更多领域增进国际渔业交往。应邀参加了2022年金砖国家民间社会组织论坛,与多国社会组织的代表交流发展经验,探讨紧密协作,促进共同发展;应邀参加了智利驻华大使馆举办的第七届智利周活动和加拿大魁北克省政府驻京代表处举办的省庆日活动,与有关水产贸易商、商务官员建立了联系,为下一步开展贸易合作创造条件。与海洋管理委员会(MSC)合作开展了第二期中国黄渤海可持续渔业项目,组织有关专家、企业对黄渤海区域(中国管辖海域)鲐鲹鱼资源进行调查。协会还与俄罗斯驻华商务代表处等单位联合筹备举办第二届中俄水产推介交流会,帮助我国企业了解俄罗斯优质水产资源,对接具有信誉和质量保障的俄渔业企业,促进中俄渔业贸易发展。

9.强化对办事机构和分支机构的管理 强化对办事机构的管理,认真贯彻执行"八项规定"。加强对分支机构的管理,制订有关规定办法,化解风险隐患,对分支机构工作开展和运营提出规范要求,引导分支机构加强能力建设,做好产业文章,增强造血功能,贴近会员需求,深化各项服务,努力实现自身可持续发展。

(中国渔业协会 胡 柳)

中国水产流通与加工协会

【概况】 2022年,在农业农村部及各个相关部委的指

导下,在中国水产流通与加工协会(以下简称协会)第六届理事会的领导以及全体会员的支持下,协会积极贯彻新发展理念,立足行业高质量发展,适应新形势新任务新要求,在需求收缩、供给冲击、预期转弱三重压力下,积极探索、大胆创新,重点加强品牌建设和市场拓展,开展丰富多彩的推介活动,带动渔业区域和企业品牌知名度不断提升,引领业界积极探索高质量发展转型路径,实现全行业国内大循环内生动力和可靠性不断增强,国际循环质量和水平不断提高。

【主要工作】

1.加强组织建设,不断提高管服水平

(1)重视党建引领,促进队伍提升。协会党支部在党工委的正确领导下,在协会秘书处的协助下,按照建设过硬党支部的要求,不断增强党建工作的针对性和实效性,始终坚持党建工作和业务工作同谋划、同部署、同推进,实现了党建工作与业务工作相互促进和共同发展,极大提升了协会服务意识,同时使党员和员工队伍整体素质不断提高,为协会高质量发展提供了思想、政治和组织保证。

(2)依法依规,推进协会组织建设。一是完成"七大"筹备工作。协会严格按照中央和国家机关工作委员会、民政部有关规定,自2021年年底全面启动第七届第一次会员代表大会(简称"七大")筹备工作以来,成立了换届工作领导小组并制定了"七大"筹备工作方案,各项筹备工作已完成。二是规范发展分支机构。按照《民政部关于开展全国性社会团体、国际性社会团体分支(代表)机构专项整治行动的通知》(民函〔2022〕19号)精神和民政部召开的社会组织专项工作动员部署电视电话会议要求,重点开展了分支机构专项整治工作,多次召开分支机构协调人工作会议,开展自查自纠,并将工作情况与取得的实效形成专项整治工作总结上报民政部相关部门。

2.履行协会职能,发挥桥梁纽带作用

(1)助力渔业渔政管理,推动产业高质量发展。一是开展输欧、输智、输日水产品合法性认证审核,为391家企业办理出口水产品合法性认证审核文件24 066批次,涉及出口水产品43.93万吨。二是开展刀鲚、河豚等特殊水产品种审核,规范生产加工经营活动,促进产业健康发展,为政府监管提供技术支撑。三是进行鲨鱼、鳄鱼等水生物种履约及管理,协助主管部门应对,维护国内产业正当权益。四是开展增殖渔业可追溯管理,搭建"增殖渔业追溯平台",切实维护长江十年禁渔良好秩序,保障湖泊、水库等大水面生态系统健康发展。五是开展国际贸易及政策跟踪,重点分析全球大宗品种供需情况,定期发布国际渔业动态监测信息,配合农业农村部渔业渔政管理局开展双(多)边谈判,提供相关贸易数据支撑,重点跟踪主要国家渔业发展动态。六是开展市场价格监测分析,统筹全国水产品批发市场价格和成交信息采集监测及分析工作。七是开展水产品加工业调查监测,重点对水产品初加工和冷藏保鲜设备设施建设项目实施情况进行跟踪调度。完成2021年度《水产加工业景气状况调查报告》,为主管部门宏观管理与决策以及企业生产经营提供参考依据和咨询建议。八是开展大水面生态渔业节能减排工作,广泛收集、研究大水面生态渔业节能减排案例及相关经验,完成"一水一策"利用方案大纲初稿。九是开展水产种业振兴行动,进行水产种业龙头企业种质保存和苗种繁育情况调查。十是进行"中国渔政"微信公众号运行维护,全年累计推送文章639篇,阅读次数136.2万次,阅读人数100.4万人,累计关注人数11.4万人,较2021年增长34.3%。十一是开展舆情监测应对工作,通过升级舆情系统对全网水产品开展舆情监测,并进行预警和应对,为政府部门及从业者提供水产品质量安全资讯。十二是开展长江退捕渔民就业帮扶与消费促进乡村振兴工作,积极推动农渔业特色产业发展,支持长江退捕渔民就业帮扶,协助开展就业培训。组织开展国民水产品消费促进行动,策划多场专业论坛、展览展示、科普宣传和节庆促销等活动,积极探索出一条以消费帮扶促进产业发展、以产业发展推动消费帮扶的创新道路,将相关工作方法与经验总结编辑成《2022年度消费帮扶典型案例》上报有关单位,入选国家发展和改革委员会"2022年全国消费帮扶助力乡村振兴优秀典型案例"。十三是其他委派任务。配合农业农村部渔业渔政管理局,对自然资源部《海洋经济统计调查制度》《海洋生产总值核算制度》征求意见稿提出修改意见和建议;参与输台水产品安全管理体系风险评估;进行农业农村基础设施建设重大项目清单(水产品加工)数据校对;参与世界贸易组织(WTO)《渔业补贴协定》履约可行性研究;基于农业农村部渔业渔政管理局水生野生动物类及其制品进出口审批系统信息整理并完成我国水生野生动物制品进出口贸易分析;对国家市场监督管理总局委托的《企业落实食品安全责任监督管理规定》开展意见征求及反馈;参加由海关、协会、企业三方参与的水产品进出口贸易形势沟通会,建立良好沟通渠道;连续多年向财政部反馈水产行业对下一年度水产关税调整意见等。

(2)维护会员权益,提升企业价值。

①解决会员问题。一是就鱼粉鱼油分会提出的航

鱼膏产品镉超标问题,整理形成《关于报送鱿鱼膏镉超标问题的相关建议的函》,与全国畜牧总站质量标准处沟通反馈情况及相关意见;二是就蛤仔分会反馈的产业面临主要采捕方式涉及禁用渔具、种质退化、养殖空间缩减、苗种捕捞季节与休渔期重叠等问题,向业内专家咨询,与渔业主管部门沟通并反馈问题;三是就广东省水产养殖尾水排放标准与现行国标、行标指标不一致的问题进行研究分析,整理形成《关于水产养殖尾水排放有关问题的情况》的材料,明确了地方执法适用标准不当,并提出具体建议;四是就多个会员单位提出的打假人利用海参富集铝的特性,通过媒体或法院诉讼等方式牟取非法暴利的情况,出具海参铝问题证明材料,为行业发声;五是就企业进口冻品原料困难向海关总署、国务院联防联控工作机制等部门多次反映并提出相关建议,推动优化疫病防控措施。

②赋能会员发展。一是通过查询行业统计年鉴、海关出口数据等材料,核查企业近年来产品销售、市场占有率、质量安全事故等情况,按照"公开、公平、公正、实事求是"的原则为多家会员企业出具了发往工业和信息化部、人力资源和社会保障部等部委的驰名商标推荐函或行业排名证明材料。二是高度重视科技创新及成果转化,继续关注第二十四届中国专利奖评选活动,了解各地专利支持政策,鼓励并推荐会员企业参加。三是向新华通讯社推荐会员企业参加"新时代档案·经典案例"宣传活动;推荐会员企业参加工信部首届"吃货节"产销对接活动,并与阿里、京东、抖音、物美、永辉、家乐福、麦德龙等重点商贸流通企业对接;向郑州商品交易所引荐行业龙头企业。

3.探索互享融合,搭建共赢平台

(1)举办2022中国水产品大会。2022年,协会继续举办了中国水产品大会,以"聚力赋能 行稳致远"为主题,聚焦全球市场变局给水产行业带来的挑战与机遇,设置了"形势洞察与产业前瞻""企业领袖峰会"等主论坛板块,并围绕水产品预制菜发展、水产品消费趋势、蓝色食品认证以及高端进口海鲜和各类水产品市场拓展等内容,同步开展包括主题报告、圆桌对话、沙龙分享、企业推介及产品品鉴推广等形式多样、内容丰富的十多场活动。

(2)举办国内外行业会议和展览展示,推进产业国内外双循环。

①举办行业会议,助力企业开拓国内大市场。举办2022第五届中国(国际)小龙虾产业大会、中国水产品预制菜及新零售大会、2022中国(汉寿)甲鱼产业大会、郑州火锅展水产专区、2022亚太水产养殖展览会、"走进水产源头企业"直播沙龙及线上对接会、"好品山

东"渔业品牌全国推广活动。

②持续关注全球市场,蓄势待发国际展。积极组织国内企业参加北美水产品博览会、全球水产品博览会、日本国际水产品与技术展览会、西班牙冷冻水产品展览会;举办三场浙江(舟山市)出口网上交易会、2022第二届秘鲁水产推介会、2022第五届中国国际进口博览会线上招商路演。

(3)担当行业责任,促进水产品牌建设。一是梳理全国水产区域特色品牌名录和区域公用品牌,撰写《中国水产品品牌发展报告(2022)》,并成功收录到中国农业出版社出版物《中国农业品牌发展报告(2022)》中,协会会长崔和应邀参加2022中国农业品牌创新发展大会并代表渔业行业发布渔业品牌发展报告。二是梳理《健康中国2030规划纲要》和《中国居民膳食指南》,与营养专家联合发布营养科普原创文章和视频,与产业体系及科研院所合作编写和制作12篇重点品种科普文章及短视频。三是联合多家机构组建"水产品消费科普传播团队",成功入选2022年度"中国水产学会科学传播专家团队"。四是先后组织专家对山东省乳山市、福建省连江县、广东省湛江市、佛山市顺德区、江西省永修县等14个地方的16个区域特色产业情况进行调研,从养殖模式、加工方式、品牌打造等方面提出产业发展建议,加大水产品牌市场宣传力度,宣传地方水产品优势、突出产品特色,促进地方品牌建设。

(4)运营协会天猫店铺。与电商合作共同推进协会天猫店铺运营,展示会员企业优质产品,提升企业在电商平台曝光率,加强消费认知带动产品销售。协会店铺不断完善"严选"供应商评价实施规则与评价体系,全力打造水产行业标杆店铺形象。截至2022年年底,已有31家协会会员企业成功入驻。

(5)建设信息平台,强化权威发布。发力新媒体平台,运维媒体矩阵。通过微信公众号、短视频、会刊、网站与大型活动直播等,打造媒体矩阵,重点关注国家重大政策发布、解读,关注行业热点,发掘产业观察和专家观点,展示协会最新动态及会员单位动态。

4.引领规范产业发展,深入研究发展趋势

(1)强化标准建设和完善。

①稳步推进团标立项、制定及发布。开展协会团体标准立项征集及咨询指导,组织专家完成对《前置仓模式活南美白对虾品质管控规范》《水产品预制菜》《水产品预制菜质量管理规范》《速冻调味预制烤鱼》《菲律宾蛤仔"斑马蛤2号"苗种繁育和养殖技术规范》5项团标的立项审核。与中国连锁经营协会共同制定、联合发布实施《鲜活水产品购销要求》团体标准,联合发布实施《前置仓模式活南美白对虾品质管控规范》团体

标准。完成《水产品冷链物流信息管理技术规范》团体标准技术审查、报批和发布；组织开展《冰鲜河鲀流通规范》团体标准公开征求意见；完成《水产品预制菜》《水产品预制菜质量管理规范》标准起草及征求意见工作。

②积极参与国（行）标制（修）订。参与国家标准《即食食品中单增李斯特菌控制规范》的制定，以及《限制商品过度包装要求 食用农产品》业内意见征求及反馈；对国际食品法典委员会（CAC）第45届会议"有关制定鱼类中甲基汞限量"的议题材料进行意见反馈；参与国家卫生健康委员会关于"构建最严谨的食品安全标准体系调研"问卷调查，参加"最严谨的标准"调研行业企业座谈会；参加预制菜相关标准和监管研讨视频会，并提出意见建议。

（2）开展产业及发展战略研究。

①组织或参与编制产业报告。组织编制《鲶鱼产业发展报告》《2022中国河鲀产业报告》《中国大水面渔业发展报告》《关于水产品预制菜产业发展情况的报告》《中国水产品加工业发展报告》《水产品加工行业运行分析报告》《中国水产品可追溯供应链发展情况研究报告》，启动《中国对虾种业发展报告》编写工作。此外继续参与编写工信部《食品工业发展报告（2021年）》水产品部分；完成《中国水产品消费报告》提纲；参与《中国水产品可追溯供应链发展情况研究报告》编写等。

②地方渔业发展战略咨询。与海南大学共同承担中国工程科技发展战略海南研究院咨询研究项目子课题——海南省渔业面向国内外双循环发展格局的重要作用与发展趋势，完成美国、挪威、越南等全球主要渔业国家产业发展调研报告，以及对虾、罗非鱼、金鲳鱼、石斑鱼等重点水产品种产业发展调研报告，对海南渔业发展方向提出意见和建议，并与海南大学共同完成《海南渔业全产业链发展战略研究报告》。

（3）推动产品认证及标识管理。联合中国水产科学研究院东海水产研究所，共同推动我国自主的蓝色食品认证计划，促进产出安全优质水产品。与北京华思联认证中心沟通洽谈水产品认证手续及相关事宜。与北京华思联认证中心、海南鳄珍鳄鱼产业有限公司建立三方合作机制，推进养殖鳄鱼及牛蛙等物种的企业产品认证工作，为优质产品宣传助力。

5.深化对外合作，扩大国际影响力

（1）延续国际项目合作，探索可持续发展路径。

①促进水产品可持续消费。根据我国产业实际，合理评估世界自然基金会（WWF）《海鲜指南》中相关水产品生产、流通信息，科学引导水产品消费。与WWF共同设计"中国可持续可追溯水产品"倡议，发布《中国水产品可追溯供应链发展情况研究报告》。

②推动渔业可持续改进。展示黄海生态区可持续海水养殖改进成果，分享可持续海水养殖改进和市场推广经验；全面研究产业发展情况，推进菲律宾蛤仔渔业可持续改进，联合大连海洋大学专家团队完成莆田菲律宾蛤仔苗种生产情况调研和全国菲律宾蛤仔野生种群分布调研。

（2）传递中国声音，展示高质量发展成果。继续与联合国粮食及农业组织（FAO）合作，联合编制《中国水产品价格报告》，分享中国主要水产品市场价格走势，发布中国渔业发展重要信息，展示中国渔业高质量发展成就。

（3）加强对外联络，深化交流互鉴。保持与WWF、世界经济论坛、亚太水产养殖中心网络（NACA）、亚洲渔业信息网（INFOFISH）、海洋管理委员会（MSC）、水产养殖管理委员会（ASC）、全球水产联盟（GSA）等国际组织的沟通与交流。积极参加可持续渔业、蓝色金融、可追溯建设等相关主题会议，代表中国水产行业提出相关意见和建议，努力提升中国水产行业国际影响力和话语权。

（中国水产流通与加工协会 冯 妍）

中国渔船渔机渔具行业协会

【概况】 2022年是国家疫情防控的关键时期，协会坚持一手抓疫情防控，一手抓各项工作的落实，较好地完成了年度主要工作任务。

1.疫情防控复工复产 根据疫情防控要求，以及民政部关于疫情期间商协会要帮助小微企业共渡难关的工作要求，向会员单位发出通知，指导会员单位在加强疫情防控的同时，尽快复工复产，为企业渡过难关建言献策，收到较好效果。

2.推进水产养殖成套设备购置补贴工作 根据农业农村部提出的将水产养殖成套设备列入农机具购置补贴的工作部署，协会先后组织召开水产养殖设施装备补短板交流座谈会、水产养殖成套设备相关工作视频讨论会，统一了思想，明确了方向，为做好相关工作奠定了基础。

3.开展渔网具企业调查 完成了农业农村部渔业渔政管理局委托的"开展渔网具生产企业基本情况调查"项目，基本了解了行业发展状况，存在问题，为主管部门制定行业管理政策提供决策参考。

4.完成渔船渔机渔具行业团体标准编制任务 组织召开水产养殖成套设备团体标准编制研讨会，完成了《工厂化循环水养殖成套设备基本配置》《池塘工程化循环水养殖成套设备基本配置》两项团体标准的编制。

5.组织行业技术职称评审 组织渔船渔机渔具行业技术职称评审,15 个单位 30 名申报者参加评审,其中 15 人通过中级职称评审,15 人通过高级职称评审。

6.组织海南海洋装备展 完成"海南海洋装备展"参展组织工作。

7.组织申报第二十四届专利奖申报工作 组织会员单位参加第二十四届中国专利奖评选工作。

8.启动协会换届工作 成立换届工作领导小组,制定换届工作计划,提出八届理事会负责人人选方案,并上报有关部门。

(中国渔船渔机渔具行业协会 钱忠敏)

农业农村部关于做好"十四五"水生生物增殖放流工作的指导意见

农渔发〔2022〕1号

各省、自治区、直辖市农业农村（农牧）、渔业厅（局、委），计划单列市渔业主管局，新疆生产建设兵团农业农村局：

"十三五"期间，全国水生生物增殖放流工作深入持续开展，放流规模和社会影响不断扩大，累计放流各类水生生物1 900多亿尾，圆满完成国务院印发的《中国水生生物资源养护行动纲要》（以下简称《行动纲要》）中期目标，产生了良好的生态效益、经济效益和社会效益。为做好"十四五"水生生物增殖放流工作，科学养护和合理利用水生生物资源，加强水生生物多样性保护，提升水生生物资源养护管理水平，提出如下意见。

一、总体要求

（一）指导思想

以习近平生态文明思想为指导，全面落实党中央、国务院关于生态文明建设有关要求，按照《行动纲要》有关部署安排，统筹规划、合理布局，健全体系、强化支撑，加强监管、广泛宣传，引导水生生物增殖放流科学、规范、有序开展，促进水生生物资源有效恢复和可持续利用，助力渔业转型升级和高质量发展。

（二）主要原则

——坚持生态优先，兼顾效益。坚持将增殖放流的生态功能放在首位，逐步加大珍贵濒危和地方特有水生物种放流比重，充分发挥增殖放流生态功能，保护水生生物多样性，改善水域生态环境。同时，在适宜区域继续增殖放流经济物种，恢复水生生物资源，促进渔民增收渔业增效。

——坚持统筹规划，因地制宜。综合考虑水生生物资源养护需求、苗种（含亲体，下同）供应能力、财政支持力度等因素，统筹规划增殖放流工作。坚持因地制宜，突出区域特色，科学确定适宜增殖放流的重点水域和物种。

——坚持注重质量，提高成效。坚持增殖放流数量与质量并重、规模与效益兼顾，保障放流物种种质和质量，禁止放流外来物种等不符合生态要求的物种，科学确定放流物种规格，切实提高放流水生生物成活率和放流效果。

——坚持科学放流，强化支撑。健全增殖放流苗种供应、科技支撑和社会放流服务体系，建立健全增殖放流管理制度和技术标准，科学评估增殖放流工作成效，为规范开展增殖放流提供有力支撑。

（三）主要目标

到2025年，增殖放流水生生物数量保持在1500亿尾左右，逐步构建"区域特色鲜明、目标定位清晰、布局科学合理、管理规范有序"的增殖放流苗种供应体系；确定一批社会放流平台，社会化放流活动得到规范引导；与增殖放流工作相匹配的技术支撑体系初步建立，增殖放流科技支撑能力不断增强；增殖放流成效进一步扩大，成为恢复渔业资源、保护珍贵濒危物种、改善生态环境、促进渔民增收的重要举措和关键抓手。"十四五"各省（自治区、直辖市）增殖放流指导性目标详见附件1。

二、加强统筹规划，科学选定增殖放流水域和物种

（一）科学确定增殖放流物种

严格遵守增殖放流相关管理规定，科学确定增殖放流物种。要注重发挥增殖放流的生态效益，突出其在水质净化、水域生态修复及生物多样性保护等方面的作用，逐步加大珍贵濒危和地方特有物种的放流比重。长江流域相关省（自治区、直辖市）要根据实际情况，严格控制四大家鱼等经济物种放流规模，加大中华鲟、长江鲟、胭脂鱼等长江珍贵濒危水生野生动物的放

流数量。"十四五"确定全国适宜放流水生物种286种（详见附件2），中央财政资金原则上应用于放流所列范围内的物种，确需放流其他物种的，须经省级渔业主管部门组织专家充分论证并报农业农村部渔业渔政管理局备案。

（二）合理规划增殖放流水域

要切实发挥增殖放流公益作用，重点支持在流域性大江大湖、界江界河以及资源衰退严重水域开展增殖放流，不得利用中央财政资金在私人经营的水域内放流。综合考虑我国不同区域的水生生物资源和水域状况，"十四五"确定适宜增殖放流水域410片（详见附件3）。中央财政资金原则上应用于在所列水域范围内开展的增殖放流项目，确需用于其他水域放流项目的，须经省级渔业主管部门组织专家充分论证并报农业农村部渔业渔政管理局备案。

（三）严禁放流不符合生态要求的水生生物

用于增殖放流的水生生物必须是本地种，严禁放流外来种、杂交种、选育种及其他不符合生态要求的水生生物（常见水生生物外来种、杂交种和选育种名录见附件4）。同时，应遵循"哪里来哪里放"原则，确保种质纯正，避免跨流域、跨海区放流导致生态风险。在增殖放流工作实施前，要认真开展增殖放流适宜性评价，在科学论证的基础上，确定增殖放流适宜水域、物种、规模、结构、时间和方式等。

三、加快体系建设，加强增殖放流支撑保障

（一）加快苗种供应体系建设

支持和鼓励渔业资源增殖站、科研院所及推广机构所属水产苗种繁育基地、省级以上水产原种场等相关单位参与增殖放流工作。积极推动水生生物增殖放流苗种供应基地建设，健全完善增殖放流苗种供应体系，推进增殖放流科学化、规范化、专业化发展，为增殖放流可持续发展提供保障。

（二）推进开展定点放流水生生物

各地要加快建设或确定一批适宜开展水生生物放流的平台或场所，配套供应适宜放生的水生生物，发挥科普宣传、休闲旅游等功能，引导社会公众定点规范开展水生生物放流活动。

（三）完善增殖放流科技支撑体系

加大财政支持力度，支持相关科研推广机构参与增殖放流工作，逐步建立与增殖放流工作相匹配的科技支撑队伍。支持开展放流水域本底调查、野化训练、检验检疫、种质鉴定等方面的研究，积极开展水生生物标记放流和跟踪调查监测，科学评估增殖放流效果，为保障水域生态安全和科学开展增殖放流提供支撑。

四、规范监督管理，确保增殖放流工作成效

（一）完善增殖放流管理制度

各级渔业主管部门要建立健全增殖放流方案申报审查制度、生态安全风险评估制度、水生生物招标采购制度、水生生物检验检疫制度、放流公证或公示制度、放流过程执法监管制度、放流效果评估制度，确保增殖放流事前、事中和事后过程监管全覆盖。

（二）强化增殖放流监管

要在增殖放流水域采取划定禁渔区和禁渔期等保护措施，强化增殖前后放流区域内有害渔具清理和水上执法检查，确保放流水生物种得到有效保护。要加强放流水生生物数量质量监管，严禁虚报增殖放流水生生物数量；认真开展放流水生生物检验检疫，提高增殖放流水生生物质量。要规范增殖放流方式方法，禁止采用抛洒或"高空"倾倒等伤害水生生物的放流方式。要加强增殖放流财政项目实施情况的监督检查，严格执行项目管理及政府采购等相关财务管理规章制度，切实规范增殖放流资金使用。要加强涉渔工程生态补偿项目增殖放流监管，确保相关单位依法依规开展增殖放流活动。

（三）规范社会放流活动

鼓励成立相关协会或志愿者组织，加强社会放流活动自律。要规范社会放流水生生物来源，严禁从农贸市场、观赏鱼市场等渠道购买、放流水生生物。单位和个人自行开展的规模性放流活动，水生生物原则上应来源于增殖放流苗种供应基地。要加强对社会放流活动监管，对违反《中华人民共和国生物安全法》《中华人民共和国长江保护法》《中华人民共和国野生动物保护法》等相关规定擅自投放外来物种或其他非本地物种的行为，要依法责令限期捕回并予以相应罚款，预防和减少可能导致的不良生态影响。

五、广泛宣传交流，扩大增殖放流社会影响

（一）积极开展增殖放流活动

在"国际生物多样性日""全国放鱼日"等适宜水生生物繁衍生息的特殊时间节点，积极组织开展增殖放流活动，充分发挥定点增殖放流平台（场所）功能作用，扩大社会影响，增强社会公众水生生物资源保护意识。同时，要注重提高增殖放流实际效果，避免流于形式主义。

（二）创新增殖放流宣传形式

鼓励采取发布公益广告、开展"云放鱼"活动等方式,引导社会公众通过线上线下多种方式参与增殖放流活动,让增殖放流活动成为促进渔业可持续发展和生态文明建设的宣传平台,在全社会营造关爱水生生物资源、保护水域生态环境的良好氛围。

(三)引导社会各界共同参与

要充分发挥各类水生生物保护区管理机构、增殖站、科研教育单位、繁育展示场馆和新闻媒体的作用,多渠道开展增殖放流相关科普宣传活动。扩大增殖放流交流与合作,推动形成政府部门组织,科研机构、社会团体、企事业单位、民间组织等共同参与的增殖放流良好局面。

六、强化组织领导,确保增殖放流任务落实

(一)加强组织领导

要建立相应的工作领导机制,认真制定增殖放流实施方案,精心组织实施,确保增殖放流任务完成。要成立增殖放流专家团队,对增殖放流实施方案进行科学论证,确保增殖放流工作科学、规范、有序进行。

(二)做好统筹谋划

各地要高度重视水生生物增殖放流工作,以本意见为指导,结合当地实际,将增殖放流工作作为"十四五"渔业发展的重要内容进行统筹谋划。综合考虑区域水生生物资源与适宜水域状况、苗种供应能力、财政支持力度等因素,确定本地区"十四五"增殖放流发展目标任务。

(三)争取加大投入

要积极争取将水生生物增殖放流和资源养护工作纳入地方政府和有关生态环境保护"十四五"规划,争取财政加大投入力度。在组织实施好增殖放流财政项目的同时,积极拓展个人捐助、企业投入、国际援助等多种资金渠道,健全水生生物资源生态补偿机制,统筹利用好生态补偿资金,建立健全政府投入为主、社会投入为辅、各界广泛参与的多元化投入机制。

附件:1."十四五"各省(自治区、直辖市)增殖放流
　　　　指导性目标(略)
　　　2.增殖放流物种适宜性评价表(略)
　　　3.不同水域增殖放流适宜性评价表(略)
　　　4.常见水生生物外来种、杂交种和选育种名
　　　　录(略)

农业农村部
2022 年 1 月 13 日

农业农村部关于促进"十四五"远洋渔业高质量发展的意见

农渔发〔2022〕4 号

有关省、自治区、直辖市农业农村、渔业厅(局、委),计划单列市渔业主管局,中国农业发展集团有限公司,中国远洋渔业协会,中国水产科学研究院黄海水产研究所、东海水产研究所,上海海洋大学:

为深入贯彻落实《"十四五"推进农业农村现代化规划》《"十四五"全国渔业发展规划》,推进远洋渔业转型升级,促进远洋渔业规范有序高质量发展,提出以下意见。

一、总体要求

(一)指导思想

坚持以习近平新时代中国特色社会主义思想为指导,深入贯彻党的十九大和十九届历次全会精神,认真落实党中央、国务院决策部署,牢牢把握稳中求进总基调,立足新发展阶段,贯彻新发展理念,构建新发展格局,推动高质量发展。深化供给侧结构性改革,稳定扶持政策,强化科技创新,提高渔船装备现代化水平。控制产业规模,促进转型升级,坚持规范管理,推进企业做大做强,延长产业链,提高发展质量和效益。深度参与全球海洋治理与国际规则制定,加强多双边渔业合作交流。

(二)基本原则

——坚持绿色发展。支持绿色、环保的资源利用方式,完善可持续的产业发展体系。合理调控船队规模,科学布局作业区域,持续强化规范管理,严厉打击非法、不报告、不受管制(IUU)渔业活动,主动参与全球渔业治理,切实履行国际责任义务,树立负责任国家形象。

——坚持合作共赢发展。深入践行"海洋命运共同体"理念,深化远洋渔业对外交流,多渠道、多形式开展互利共赢合作,进一步巩固多双边政府间渔业合作机制,提升"走出去"水平,带动合作国家和地区渔业发展。

——坚持全产业链发展。加强区域协同,鼓励分工互补,促进上下游产业协同进步、国内外市场融合畅通。以远洋渔业基地建设为核心,拓展水产品加工、储藏及渔船修造等领域,积极发展水产养殖,构建远洋渔业全产业链发展新格局。

——坚持安全稳定发展。坚持人民至上、生命至上,统筹发展和安全,强化涉外安全事件的监测预警、应急处置和舆情应对。压实企业和船员安全生产、风险保障和疫情防控主体责任,提升生产经营管理能力

和安全保障水平,确保不发生重特大安全事件。

（三）主要目标

到2025年,远洋渔业总产量稳定在230万吨左右。严格控制远洋渔船规模,进一步提升装备机械化、信息化、智能化水平。稳定远洋渔业企业数量,远洋渔业企业整体素质和生产效益显著提升,违规事件和安全事故明显下降。区域与产业布局进一步优化,全球渔业资源调查能力逐步提高,监督管理和国际履约措施不断完善。

二、优化远洋渔业区域布局

（四）巩固提升大洋性渔业

金枪鱼。稳定金枪鱼渔业规模,优化船队生产布局。与资源丰富的沿海国家和地区开展长期友好互利合作,根据资源国发展需求,适时推进渔业合作项目建设,带动资源国渔业经济发展。全面落实国际金枪鱼养护管理措施,进一步健全与之相适应的技术支撑和监督管理体系。完善上中下游产业布局,建立产业发展促进平台,加强金枪鱼全产业链建设,提升产业效益;积极培育国内金枪鱼市场,加大市场开拓力度,设立区域金枪鱼交易中心,研究开发"中国远洋金枪鱼指数",引导价格形成机制,打造一批高端知名品牌。

鱿鱼。稳步发展远洋鱿鱼渔业,控制渔船规模,合理利用北太平洋渔场,调控西南大西洋渔场,优化东南太平洋渔场,稳妥开发印度洋渔场。通过政策引导和履约评价机制,优化鱿鱼渔业生产布局,鼓励发展精深加工,拓展产品市场,提升发展质量。加强鱿鱼全产业链建设,规范产品质量标准,建立渔获可追溯认证体系。逐步完善大洋性鱿鱼产卵场保护和自主休渔制度,全面推广电子渔捞日志和科学观察员制度,探索实行配额捕捞,推进鱿鱼合法捕捞证明制度。积极参与区域渔业管理组织事务,增强鱿鱼渔业履约能力。做大做强中国远洋鱿鱼交易中心,加强"中国远洋鱿鱼指数"开发和应用,引领全球鱿鱼资源的科学养护和可持续利用。

中上层鱼类。合理调控中上层鱼类捕捞船队规模。加强海上转载和运输船监管,规范中上层鱼类渔业活动。加强"灯光诱鱼"在围网作业方式中的替代性技术研究和应用。开展气候变化背景下中上层鱼类资源变动规律研究,增强资源中长期预测能力。加强中上层鱼类资源调查和评估,提升在相关区域渔业管理组织中的科学研究参与能力。

极地渔业。稳妥有序推进南极海洋生物资源开发,合理调控南极磷虾捕捞渔船规模。积极参与南极海洋生物资源养护委员会事务,严格落实养护措施,全面提高履约能力。合作开展资源调查,推进后备渔场储备开发。优化加工产品结构,开发磷虾油等精深加工产品,适应市场消费需求。加强北极渔业资源科学研究,积极参与北极渔业事务。

（五）规范优化过洋性渔业

精细化管理传统合作区。巩固西非和东南亚等传统区域合作,优化生产布局,加强区域协同,控制入渔企业数量,加快推进老旧渔船更新改造,合理调控船队规模,避免无序竞争,减少频繁转场。加强双边合作,优化信息沟通交流机制,共同打击违规作业,稳定提升互利共赢合作水平。拓展发展领域,探索开展水产养殖的可行途径。

积极开发新兴合作区。推进与东非和南太等新兴地区合作,创新合作模式,拓展发展空间。推进政府间渔业合作,建立高起点的合作关系。融合当地发展需求,盘活现有渔船,发展水产养殖,鼓励全产业链深度合作,带动当地经济社会协调发展。

稳步拓展潜力合作区。开展与拉美、西亚、南亚等地区合作,加强对入渔国家和地区渔业管理法律法规和政策体系的研究,建立健全入渔风险评价机制。稳步推进双边合作,促进合作项目顺利落地,为当地经济社会发展提供动力。

三、推进远洋渔业全产业链集聚发展

（六）推动企业全产业链发展

鼓励远洋渔业企业通过管理融合、资源互补、行业协同等方式,加快向产业后端发展,打造聚合捕捞、养殖、加工、冷链、配送、市场和品牌建设的新型全产业链经营形态。支持远洋渔业企业通过股份制改革等方式,兼并重组、做大做强,持续提升国际履约、经营管理水平和抗风险能力。积极开拓国内水产品市场,增强远洋渔业品牌影响力,扩大远洋水产品消费。

（七）推进产业规模化集聚发展

因地制宜,合理布局,鼓励支持企业建设境外远洋渔业基地,推动水产养殖品种与技术走出去,带动当地就业和经济社会发展。根据国内各沿海地区远洋渔业发展实际需求,争取建成3～5个国家远洋渔业基地,打造辐射面广、带动性强的区域性远洋渔业产业集群,提高集聚效应和能级水平,推进产业规模化集聚发展。

四、健全远洋渔业发展支撑体系

（八）强化科技支撑

鼓励科技创新、装备研发与技术应用,加强科技创新支撑体系建设,加快提升远洋渔业科技创新能力。积极推进渔船机械化、自动化和智能化,以机代人,降低成本。支持生态友好、环保节能型渔船渔具和捕捞技术研发,加强物联网、人工智能、大数据等在远洋渔业领域的研发和应用。研究制定科学合理的生态系统与资源环境保护措施,为海洋生物多样性保护和全球渔业治理贡献中国智慧。加快开展公海渔业资源综合科学调查,联合开展重点国家或海域渔业资源调查,持续开展渔业资源生产性探捕,促进全球渔业资源的科学养护和可持续利用。

（九）加强人才培养

构建多层次的人才培养体系,依托远洋渔业科教单位和培训机构,探索远洋渔业人才"订单式"产教融合培养模式。推进高层次远洋渔业企业管理人员培养,落实远洋渔业从业人员资格准入制度。推进船员依法持证上岗,进一步扩大船员技能和安全培训,全面提升从业人员履约意识和能力。推进远洋渔业职业观察员队伍建设,组建适应国际渔业管理发展趋势、满足我国远洋渔业履约要求的观察员队伍。努力拓宽船员来源渠道,稳妥推进外籍船员规范使用和培训管理。结合我国远洋渔业发展需求,加快远洋渔业国际人才团队建设。

五、提升远洋渔业综合治理能力

（十）全面加强监管能力建设

着力推进以船位监测、电子渔捞日志、远程视频监控、公海转载监管、产品溯源为重点的远洋渔业综合监管体系建设,推进实施国家观察员计划,完善公海转载观察员自主监管。持续加强规范管理,坚持以"零容忍"态度严厉打击非法捕鱼,健全长效机制,全面实施远洋渔业企业履约评估制度。强化属地管理,压实地方责任,完善行业自律协调组织与服务体系,完善疫情防控常态化机制,持续提升监管水平。

（十一）不断提高安全生产水平

根据相关国际公约和国内法律法规要求,加大远洋渔业安全生产和安全保障设施设备投入,加强安保防护,推进远洋渔船、船员安全保险全覆盖,保障渔船及船员生命财产安全。研究完善新冠肺炎疫情状态下远洋渔船检验方式方法,消除渔船生产作业安全隐患。健全完善船员工作条件及管理制度,维护包括外籍船员在内的船员合法权益。加大培训力度,提高企业及船员安全生产及风险防范意识,加强几内亚湾、索马里、马六甲海峡等重点海域海盗防范工作,探索建立涉外事件预警响应处理机制,不断提升远洋渔业涉外突发事件处理能力。

（十二）深入参与国际渔业治理

积极参与国际和区域渔业管理组织事务,推动构建公平合理的国际渔业治理秩序。积极研究推动加入重要涉远洋渔业国际公约,落实《联合国海洋法公约》等国际法及区域渔业管理组织养护管理措施要求,认真履行国际义务,提高国际履约能力,积极参与国际渔业治理,推动加强公海渔业执法检查,共同打击 IUU 渔业活动,保障和维护我远洋渔业权益。积极参与 WTO 渔业补贴谈判,维护我合理政策空间,推动达成公正结果。结合亚洲、非洲、南太、拉美等区域当地国家渔业政策和发展需求,加强双边渔业合作。深化中国与太平洋岛国渔业领域沟通交流,积极落实《楠迪宣言》和《广州共识》,推进建立"中国-太平洋岛国渔业合作论坛"稳定交流机制,与入渔合作国家或地区建立长期互利共赢的合作格局。

六、加大远洋渔业发展保障力度

（十三）加强组织领导

协调各相关部门,完善沟通协作机制,推动解决远洋渔业发展政策与机制创新中的重大问题,在政策扶持、监督管理、海外保护等方面,优化顶层设计,合力推进远洋渔业高质量发展。

（十四）完善政策体系

稳定完善远洋渔业相关支持政策,加强远洋渔业国际履约能力建设,提升远洋渔业企业管理水平,推动远洋渔业可持续发展。健全远洋渔业法律法规体系,积极会同有关部门,妥善防范应对新冠肺炎疫情及"灰犀牛"、"黑天鹅"等突发事件,提高远洋渔业整体抗风险能力,建立健全重大涉外事件应急处置机制,维护我企业和渔民合法权益。

（十五）深化协调服务

充分发挥行业协会在组织协调远洋渔业生产、规范企业行为、加强行业自律、组织市场开发和品牌打造等方面的作用。加强专家团队培育,强化行业技术支撑,汇聚科技、教育、管理和产业专家,加强远洋渔业可持续发展智库建设。

农业农村部
2022 年 2 月 14 日

农业农村部关于印发
《海洋渔业船员违法违规记分办法》
的通知

农渔发〔2022〕10 号

各省、自治区、直辖市农业农村（农牧）、渔业厅（局、

委),新疆生产建设兵团农业农村局:

为增强渔业船员遵守法律意识,减少人为因素对渔业安全生产的影响,保障渔业船舶水上航行作业安全,根据《中华人民共和国船员条例》《中华人民共和国渔业船员管理办法》等法规和规章,农业农村部制定了《海洋渔业船员违法违规记分办法》。现印发你们,请结合实际认真贯彻落实,并可以进一步细化实化监管措施和违法违规记分标准。

农业农村部

2022 年 3 月 30 日

海洋渔业船员违法违规记分办法

第一章 总 则

第一条 为增强渔业船员遵守法律意识,减少人为因素对渔业安全生产的影响,保障渔业船舶水上航行作业安全,防治渔业船舶污染水域环境,维护渔业生产秩序,根据《中华人民共和国船员条例》《中华人民共和国渔业船员管理办法》等法规和规章,制定本办法。

第二条 本办法适用于对渔业船员违反渔业船舶海上航行作业安全、防治渔业船舶污染海洋环境等法律、法规和规章的行为实行累计记分(以下简称"渔业船员违法违规记分")。

本办法所称渔业船员,是指在海洋渔业船舶上工作,且持有海洋渔业船员证书的职务船员和普通船员。

对未持有船长证书,但实际担任船长、履行船长职责的当事船员,按照船长扣分标准进行扣分。

第三条 农业农村部渔业渔政管理局负责全国渔业船员违法违规记分管理工作。

县级以上地方人民政府渔业渔政主管部门负责辖区内的渔业船员违法违规记分管理工作,渔业行政执法机构(包括集中行使行政处罚权的农业综合行政执法机构,以下简称"渔政执法机构")负责具体实施渔业船员违法违规记分工作。

第二章 记分周期和分值

第四条 渔业船员累计记分周期(以下简称"记分周期")为一个公历年,满分 12 分,自每年 1 月 1 日始至 12 月 31 日止。

首次获得渔业船员证书当年的记分周期为自船员证书签发之日始至当年 12 月 31 日止。

第五条 根据渔业船员违法违规行为的严重程度,一次记分的分值为:12 分、6 分、3 分、2 分、1 分五种。

渔业船员违法违规记分分值标准见本办法附件。

第三章 记分实施和处理

第六条 渔业船员违法违规记分在作出行政处罚决定时同步执行。

第七条 渔业船员一次有两种及以上违法违规行为的,应当分别计算,累加记分分值。

对渔业船员在一个生产航次中有多次同一违法违规行为的,不得给予两次及以上记分。

对存在共同违法违规行为的渔业船员,应当分别实施记分。

第八条 行政处罚决定依法定程序被变更或撤销的,相应记分分值应予以变更或撤销。

第九条 渔业船员在一个记分周期期满后,累计记分未达到 12 分,且所处行政处罚均已履行完毕的,下一记分周期从零开始起算。

一个记分周期内累计记分未达到 12 分,但尚有行政处罚未履行完毕的,相应记分分值转入下一记分周期。

第十条 渔业船员在一个记分周期内累计记分达到 12 分的,最后实施记分的渔政执法机构应当扣留其渔业船员证书。

被扣留渔业船员证书的船员,应当自被扣证之日起 6 个月内,向最后实施记分的渔政执法机构或原证书签发机构申请参加渔业船员水上航行作业安全、防治渔业船舶污染等有关法律、法规培训,并参加相应考试。考试合格的,渔政执法机构发还其渔业船员证书,记分分值重新起算;考试不合格的,自主学习 10 个工作日后可以重新考试。

累计记分达到 12 分后至消除前的时间,不计入渔业船员的有效服务资历。

第十一条 渔业船员在一个记分周期内有两次及以上达到 12 分或者连续两个记分周期均达到 12 分的,除按第十条处理外,在此周期的渔业船员服务资历不得作为申请渔业船员证书考试、考核的有效服务资历。

第十二条 渔业船员违法违规记分及处理情况应当录入全国渔业船员违法违规记分系统,渔业船员和管理部门可以查询。

第十三条 渔业船员对违法违规记分有异议的,可向作出记分决定的渔政执法机构提出复核。渔政执法机构应当在 10 个工作日内将复核结果告知渔业船员。

第四章 监督管理

第十四条 最后实施记分的渔政执法机构或原证书签发机构收到被扣留证书渔业船员的学习申请后,应当在 15 个工作日内组织培训、考试。

依据本办法第十一条所列情形,被扣留证书的渔业船员还应当参加相应等级职级规定的专业技能培训和考试。

第十五条 渔业普通船员申请渔业职务船员证书或者渔业职务船员申请晋升等级职级时,如所持有的渔业船员证书在有效期内累加记分达到 12 分且未处理的,渔业船员证书签发机构不予受理。渔业船员须按照本办法第十四条规定参加培训,且经考试合格后,渔业船员证书签发机构方予受理。

第十六条 证书有效期满,渔业船员申请证书换发时,自申请之日起至前一个记分周期没有违法违规记分记录,且在证书有效期内累计记分未达到 12 分的,渔业船员证书签发机构可以根据本地实际简化或免除相关考核。

第十七条 渔业船员在一个记分周期内累计记分达到 12 分,且无正当理由逾期 6 个月不申请本办法第十四条规定的培训和考试,其渔业船员证书将被公告失效。

继续在渔业船舶工作的,渔业职务船员可以申请低一等级或低一职务的渔业船员证书,或者重新申请参加原等级、原职级渔业船员证书的培训和考试。

第五章 附 则

第十八条 内陆渔业船员违法违规记分的管理,各省级渔业渔政主管部门可参照本办法制定。

第十九条 各省级渔业渔政主管部门,可根据本地实际制定实施细则,报农业农村部备案。

第二十条 本办法自 2022 年 6 月 1 日起施行。

附件:海洋渔业船员违法违规记分分值标准

附件

海洋渔业船员违法违规记分分值标准

类别	行为名称	代码	对象	分值	法律依据
证书管理类	伪造、变造、买卖或涂改渔业船员证书的	1101	当事船员	12	《中华人民共和国渔业船员管理办法》第十六条、第四十一条《中华人民共和国渔业港航监督行政处罚规定》第二十五条
	未确保渔业船舶和船员携带符合法定要求的证书、文书及有关航行资料的	1102	船长	2	《中华人民共和国渔业船员管理办法》第二十三条第(一)项、第四十四条
	渔业船员在船工作期间未携带有效的渔业船员证书的	1103	当事船员	1	《中华人民共和国渔业船员管理办法》第二十一条第(一)项、第四十二条
	未按要求如实填写航海日志、轮机日志等有关渔业船舶法定文书的	1104	值班船员	1	《中华人民共和国渔业船员管理办法》第二十二条第(三)项、第四十三条
港航管理类	不执行渔政渔港监督管理机关作出的离港、禁止离港、停航、改航、停止作业等决定的	1201	船长	12	《中华人民共和国渔港水域交通安全管理条例》第二十三条
	利用渔业船舶私载、超载人员和货物,或携带违禁物品的	1202	当事船员	6	《中华人民共和国渔业船员管理办法》第二十一条第(八)项、第四十三条

（续）

类别	行为名称	代码	对象	分值	法律依据
港航管理类	渔业船舶超过核定航区航行或超过抗风等级出航的	1203	船长、值班驾驶员	6	《中华人民共和国渔业港航监督行政处罚规定》第二十三条第(三)项
	渔业船舶和船员在开航时未处于适航、适任状态	1204	船长	3	《中华人民共和国渔业船员管理办法》第二十三条第(二)项、第四十四条
	未经有关机构批准或未按批准文件的规定,在渔港内装卸易燃、易爆、有毒等危险货物的	1205	当事船员	3	《中华人民共和国渔业港航监督行政处罚规定》第十条(一)项
	未按规定开启和使用安全通导设备的	1206	船长	3	《中华人民共和国渔业船员管理办法》第二十三条第(四)项、第四十四条
	渔业船舶进出渔港依照规定应当报告而未报告的	1207	船长	3	《中华人民共和国渔港水域交通安全管理条例》第二十条
	未按照有关船舶避碰规则以及航行、作业环境要求保持值班瞭望的	1208	值班船员	3	《中华人民共和国渔业船员管理办法》第二十二条第(二)项、第四十三条
	不服从对渔港水域交通安全和渔业生产秩序管理的	1209	船长	3	《中华人民共和国渔业船员管理办法》第二十三条第(三)项、第四十四条
	未按规定标写船名、船号、船籍港,没有悬挂船名牌的	1210	船长	3	《中华人民共和国渔业港航监督行政处罚规定》第二十条第(一)项
	未经允许,擅自刷写船名、船号、船籍港的	1211	船长	3	《中华人民共和国渔业港航监督行政处罚规定》第十六条第(一)项
	未经允许,擅自编制、使用无线电台识别码的	1212	当事船员	3	《中华人民共和国无线电管理条例》第七十二条第(三)项
	在渔港内未经批准进行明火作业的	1213	当事船员	2	《中华人民共和国渔业港航监督行政处罚规定》第十三条第(一)项
	在渔港内未经批准燃放烟花爆竹的	1214	当事船员	2	《中华人民共和国渔业港航监督行政处罚规定》第十三条第(二)项
	危害渔业航标或破坏渔业航标辅助设施的	1215	当事船员	2	《中华人民共和国航标条例》第十五条、第十六条、第二十二条 《渔业航标管理办法》第二十三条、第二十四条

（续）

类别	行为名称	代码	对象	分值	法律依据
港航管理类	渔业船舶在港停泊期间，未留足值班人员值班的	1216	船长	1	《中华人民共和国渔业港航监督行政处罚规定》第九条第（三）项
	不服从船长或上级职务船员在其职权范围内发布的命令的	1217	当事船员	1	《中华人民共和国渔业船员管理办法》第二十一条第（四）项、第四十二条
应急处置类	船长在弃船或者撤离船舶时未最后离船的	1301	船长	12	《中华人民共和国渔业船员管理办法》第二十三条第（九）项、第四十四条
	渔业船舶发生碰撞事故，接到守候现场或到指定地点接受调查的指令后，擅离现场或拒不到指定地点的	1302	船长	12	《中华人民共和国渔业港航监督行政处罚规定》第三十二条第（二）项
	事故发生后，拒绝接受事故调查或在接受调查时故意隐瞒事实、提供虚假证词或证明的	1303	当事船员	12	《中华人民共和国渔业港航监督行政处罚规定》第三十一条
	在不危及自身安全的情况下，不提供救助或不服从救助指挥的	1304	船长	6	《中华人民共和国渔业港航监督行政处罚规定》第三十二条第（一）项
	渔业船舶发生水上安全交通事故、涉外事件、公海登临和港口国检查时，未按规定报告的	1305	船长	6	《中华人民共和国渔业船员管理办法》第二十三条第（七）项、第四十四条
	未及时报告险情或影响船舶航行作业安全情况的	1306	当事船员	3	《中华人民共和国渔业船员管理办法》第二十一条第（六）项、第四十三条
	在非紧急情况下，滥用船舶遇险求救信号的	1307	当事船员	2	《中华人民共和国渔业港航监督行政处罚规定》第二十条第（二）项
	发生水上交通事故后，未按规定时间向渔政渔港监督管理机关提交《海事报告书》，或《海事报告书》内容不真实的	1308	船长	2	《中华人民共和国渔业港航监督行政处罚规定》第三十三条
	无正当理由拒绝参加渔业船舶应急训练、演习和落实应急预防措施	1309	当事船员	2	《中华人民共和国渔业船员管理办法》第二十一条第（五）项、第四十二条

（续）

类别	行为名称	代码	对象	分值	法律依据
污染防治类	渔业船舶发生海洋污染事故，未及时采取有效处置措施的	1401	船长	6	《防治船舶污染海洋环境管理条例》第三十六条、第七十四条 《中华人民共和国渔业船员管理办法》第二十三条第（三）项、第四十四条
	发生渔业船舶污染事故，瞒报或谎报事故的	1402	当事船员	6	《防治船舶污染海洋环境管理条例》第六十八条、第七十四条
	渔业船舶超过标准向海域排放污染物的	1403	当事船员	3	《中华人民共和国渔业船员管理办法》第二十一条第（二）项、第四十三条
	向渔港港池内倾倒污染物、船舶垃圾及其他有害物质的	1404	当事船员	3	《中华人民共和国渔业港航监督行政处罚规定》第十四条
	未按规定持有防止海洋环境污染的证书与文书的	1405	船长	2	《中华人民共和国渔业港航监督行政处罚规定》第十二条第（二）项

农业农村部关于印发《渔业船舶重大事故隐患判定标准（试行）》的通知

农渔发〔2022〕11 号

各省、自治区、直辖市农业农村（农牧）、渔业厅（局、委），新疆生产建设兵团农业农村局：

为进一步压实船东船长主体责任，强化渔业船舶安全风险防范，防止和减少生产安全事故，保障渔民群众生命财产安全，根据《中华人民共和国安全生产法》等有关法律法规，农业农村部制定了《渔业船舶重大事故隐患判定标准（试行）》。现印发你们，请结合实际认真贯彻落实，并可以进一步细化实化监管措施，完善重大事故隐患判定标准。

农业农村部
2022 年 4 月 2 日

渔业船舶重大事故隐患判定标准
（试行）

根据《中华人民共和国安全生产法》等有关法律法规和相关国家、行业标准，核定载员 10 人及以上的渔业船舶具有以下情形之一的，应当判定为重大事故隐患：

（一）未经批准擅自改变渔业船舶结构、主尺度、作业类型的；

（二）救生消防设施设备、号灯处于不良好可用状态的；

（三）职务船员不能满足最低配员标准的；

（四）擅自关闭、破坏、屏蔽、拆卸北斗船位监测系统、远洋渔船监测系统（VMS）或船舶自动识别系统（AIS）等安全通导和船位监测终端设备，或者篡改、隐瞒、销毁其相关数据、信息的；

（五）超过核定航区或者抗风等级、超载航行、作业的；

（六）渔业船舶检验证书或国籍证书失效后出海航行、作业的；

（七）在船人员超过核定载员或未经批准载客的；

（八）防抗台风等自然灾害期间，不服从管理部门及防汛抗旱指挥部的停航、撤离或转移等决定和命令，未及时撤离危险海域的。

农业农村部关于推进稻渔综合种养产业高质量发展的指导意见

农渔发〔2022〕22 号

各省、自治区、直辖市农业农村（农牧）、渔业厅（局、委），计划单列市渔业主管局，新疆生产建设兵团农业农村局：

稻渔综合种养是典型的生态循环农业模式。近年来，稻渔综合种养产业快速发展，为保障粮食和水产品供给、促进农民增收和推进乡村振兴作出积极贡献。为全面贯彻落实党中央、国务院有关决策部署和《"十四五"推进农业农村现代化规划》《"十四五"全国渔业发展规划》有关要求，稳步推进稻渔综合种养产业高质量发展，提出如下意见。

一、总体要求

（一）指导思想。以习近平新时代中国特色社会主义思想为指导，贯彻落实习近平总书记关于树立大食物观重要讲话精神，以保障优质农渔产品安全有效供给为目标，优化种养结构布局，协调农业生产生态，推动科技创新引领，促进三产深度融合，稳步推进稻渔综合种养产业高质量发展，为保障粮食安全、推进乡村振兴、加快农业农村现代化提供有力支撑。

（二）基本原则。

坚持稳粮兴渔。牢牢守住保障国家粮食安全底线，坚持耕地粮食生产功能，保持水稻生产主体地位，科学利用稻田水土资源，提高水稻和水产综合生产能力，实现一水两用、一田多收。

坚持有序发展。因地制宜、统筹规划、优化布局、分类推进，选择适宜区域发展稻渔综合种养产业。科学引导并充分尊重农民意愿，合理确定发展规模，更加注重发展质量。

坚持绿色生态。突出稻渔综合种养产业种养结合、生态循环、绿色低碳特点，减少农药和化肥使用，提高稻米和水产品品质，提升稻田生态环境质量。

坚持富民增收。发挥稻渔综合种养比较效益优势，健全联农带农机制，创新利益联结模式，打造全产业链，提高农民收益，调动农民生产积极性。

（三）总体目标。到 2025 年，发展稻渔综合种养的地区粮食生产能力稳步提升，水产品供给能力不断提高，集成创新一批绿色高效典型模式，建设提升一批稻渔综合种养产业示范园区，培育壮大一批新型生产经营主体、推介打造一批稻渔综合种养相关知名品牌。到 2035 年，实现稻渔综合种养产业规范、产品优质、产地优美、产区繁荣的高质量发展格局。

二、科学规划布局，夯实产业基础

（四）加强规划引领。各地应根据水源、土壤、光热等资源禀赋，结合水稻种植和水产养殖等产业实际，科学规划稻渔综合种养产业发展，合理确定优先发展区域，并与国土空间规划、高标准农田建设规划、粮食生产功能区划定等相衔接。

（五）优化产业布局。长江中下游地区重点发展稻鱼、稻虾、稻鳖、稻蟹等生产，西南、华南地区重点发展稻鱼、稻螺、稻虾等生产，东北、西北、华北地区重点发展稻蟹、稻鱼等生产。鼓励发展土著鱼类等地方特色品种种养，因地制宜推广稻鱼鸭等复合种养模式。

（六）稳定种养面积。落实最严格的耕地保护制度，防止耕地"非粮化"。科学利用耕地资源，发展稻渔综合种养生产不得改变耕地地类，支持发展符合稻渔综合种养技术规范则标准要求的稻渔生产，合理开发利用撂荒地、盐碱地、低洼田、冬闲田。

三、规范发展生产，推进转型升级

（七）发展现代化生产。开展稻田标准化改造，加强田块整理。科学设计田间工程，合理布设边沟和水利沟渠，提升节水保水抗灾能力。推进稻田农机作业通行条件改造，加快先进适用农机具示范推广应用。发展智慧种养，推动现代信息技术在稻渔综合种养中的应用。

（八）提升耕地质量。科学评价不同类型耕地承载能力，合理确定养殖规模和密度。坚持养田和用田相结合，科学设置种养农时，留足晒田时间，实现"顺季顺茬"生产。鼓励繁养分离、周期性水旱轮作，防止稻田潜育化。发挥稻渔综合种养对土壤盐渍化改良和地力修复提升作用，推进以渔降盐、以渔治碱。

（九）推广生态模式。根据稻作区类型遴选稻渔综合种养主导品种，优先发展能够促进水稻生产、提高复种指数且绿色低碳的主推模式。以品种适宜、资源节约、技术先进、配套成熟的种养模式为重点，加强田间工程、品种选择、水稻栽培、水肥管理、养殖管理、病虫害防治、尾水利用等技术集成示范。

（十）强化生产监管。严格控制沟坑占比，沟坑面积不得超过总种养面积的 10%。严禁超标准开挖耕地，不达标田块须有序整改。鼓励少沟或无沟化模式，优化沟坑式样。最大程度发挥边行效应，保证水稻栽插密度。加强稻田生态环境监测，强化投入品管理，加大产地稻米、水产品质量安全执法监管力度。

四、加强科技支撑，实现创新引领

（十一）推进科技创新。加强稻渔综合种养生态系统循环规律、品种创新、养殖技术、地力提升、环境调控、质量评估等研究，推出一批新品种、新产品、新技术和新模式。支持相关科研院所、教学单位、推广机构和经营主体等开展跨学科交叉协作，为产业发展提供智力支持和技术保障。

（十二）加快品种培育。加强传统稻渔综合种养品种种质保存，加快优质高产绿色高效水稻和水产新品种选育。开展育种联合攻关，支持商业化育种和标准化扩繁生产。支持稻渔综合种养产业聚集区种业体系建设，提升稻渔专用水稻和水产良种供应质量和能力。

（十三）完善标准体系。加快稻渔综合种养标准体系建设，推动相关全产业链国家标准、行业标准、地方标准、团体标准等制修订。建设稻渔综合种养标准化示范推广基地，推动新型农业经营主体按标生产，提升产业规范化、标准化水平。

（十四）开展技术服务。采取技术培训、科技下乡、入户指导等形式，推广实用稻渔综合种养技术。加强稻渔综合种养人才培养，培育高素质农民。开展稻渔综合种养统计监测、产量测定和综合效益调查等，加强产业发展分析研究。

五、推动集群发展，促进三产融合

（十五）推动产业集聚。指导有条件地区积极创建稻渔类型国家级水产健康养殖和生态养殖示范区，鼓励整镇（乡）、整县推进。支持符合条件的稻渔综合种养产业聚集区申报建设现代农业产业园、优势特色产业集群、农业产业强镇、国家农业绿色发展先行区和特色农产品优势区等。

（十六）打造全产业链。推动加工、仓储、物流等链条环节向稻渔综合种养产区布局，实现产购储加销衔接配套。支持开展稻渔产品原料处理、分级包装、冷藏保鲜、仓储物流设施装备建设，推进即食品、预制品、精深加工产品开发和虾蟹壳等副产物综合利用。鼓励地方探索开展小龙虾等稻渔产品活储基地建设，引导错峰上市。

（十七）创建特色品牌。培育一批品质优良、特色鲜明、知名度高的稻渔区域公用品牌和乡土渔米产品品牌，提升稻渔产品价值。积极开展品牌营销推介，加强产销对接。开展优质渔米评比推介活动，推动"虾稻米""蟹稻米""禾花鱼"等生态产品销售，增加生态产品市场供给。

（十八）拓展多种功能。充分挖掘拓展稻渔综合种养产业多功能性，促进特色美食、民俗文化、农事体验、休闲娱乐、科普教育等业态融合，实现产业多元价值。结合传统稻渔文化和民俗资源，举办相关节庆活动，保护和传承文化遗产。

六、强化支持保障，完善政策措施

（十九）加强组织领导。各地要将稻渔综合种养作为稳粮兴渔、提质增效、富民增收的有力举措，精心组织，加强指导。完善配套支持政策，推进各项政策落实落地。同时，加强监督管理，严格落实稻渔综合种养生产标准，确保耕地粮食生产功能。

（二十）加大扶持力度。各地要加大对稻渔综合种养的支持力度，将稻渔综合种养纳入农业用水、用电、用地等优惠政策支持范围。统筹利用农业生产发展、农田建设、渔业发展、种业工程等资金支持稻渔综合种养基础设施建设、集中连片开发、良种配套和研发推广等。

（二十一）完善金融服务。鼓励银行、担保机构等围绕稻渔综合种养产业提供各类信贷服务，开发专属产品和服务模式。加强宣传推广、名单推荐和信息共享，推进农业信贷直通车服务，为稻渔综合种养主体提供精准融资。鼓励各地结合实际创新稻渔综合种养保险产品，提高风险保障水平。

（二十二）创新经营方式。大力培育稻渔综合种养专业大户、农民合作社、农业产业化龙头企业等经营主体，发展适度规模经营。推广"企业＋农户""龙头企业（园区）＋合作社＋农户"等模式，采取土地流转、农民入股、收益分红等方式，增加农民收入。

（二十三）做好宣传引导。充分利用各种媒体和渠道，宣传推介稻渔综合种养新产品、新技术、新模式、新进展、新成效，推介发展典型，营造良好氛围。加强国际交流与人员培训，为世界农业提供中国稻渔方案。

农业农村部
2022 年 10 月 27 日

农业农村部关于加强水生生物资源养护的指导意见

农渔发〔2022〕23 号

各省、自治区、直辖市农业农村（农牧）、渔业厅（局、委），计划单列市渔业主管局，新疆生产建设兵团农业农村局：

水生生物资源是水生生态系统的重要组成部分，也是人类重要的食物蛋白来源和渔业发展的物质基础。养护和合理利用水生生物资源，对于促进渔业高质量发展、维护国家生态安全、保障粮食安全具有重要意义。党的十八大以来，我国水生生物资源养护工作取得了明显成效，但水生生物资源衰退趋势尚未得到扭转。为进一步加强水生生物资源养护与合理利用，保护生物多样性，推进生态文明建设，现提出以下意见。

一、总体要求

（一）指导思想。以习近平生态文明思想为指导，深入贯彻落实党的二十大精神，牢固树立和践行绿水青山就是金山银山的理念，尊重自然、顺应自然、保护自然，从水域生态环境的系统性保护需要出发，以养护水生生物资源为重点任务，以可持续发展为主要目标，实施好长江十年禁渔，促进渔业绿色转型，进一步完善制度体系、强化养护措施、加强执法监管，提升渔业发展的质量和效益，加快形成人与自然和谐共生的水生生物资源养护利用新局面。

（二）主要原则。

——坚持生态优先、绿色发展。正确处理养护与利用的关系，在保护渔业水域生态环境的前提下，进一步加强资源养护，推进合理利用，使渔业发展与资源环境承载力相适应，实现保护生态和促进发展相得益彰。

——坚持系统治理、分类施策。统筹考虑江河湖海的资源禀赋和水生生物的流动性、共有性特点，对水生生物资源和水域生态环境进行整体保护，提升生态系统多样性、稳定性、持续性。针对不同水域和水生生物的特点，分流域、分区域、分阶段实施差异化的养护措施，坚决防止"简单化"处理和"一刀切"。

——坚持制度创新、强化监管。根据我国渔业发展和管理实际，借鉴国际管理经验，进一步完善休禁渔、限额捕捞、总量管理等制度，建立养护与利用结合、投入和产出并重的管理机制，推进渔船渔港管理制度改革，建强渔政队伍，加快能力建设，加强执法监督，提高管理效果。

——坚持多元参与、共治共享。充分发挥各级政府保护资源的主导作用，加强部门合作、协同治理，提高全民保护意识，形成全社会共同参与的良好氛围。加强渔业国际交流与合作，积极参与全球渔业治理，履行相关国际责任和义务，树立负责任渔业大国良好形象。

（三）主要目标。

到2025年，休禁渔制度进一步完善，国内海洋捕捞总量保持在1000万吨以内，捕捞限额分品种、分区域管理试点不断扩大；建设国家级海洋牧场示范区200个左右，优质水产种质资源得到有效保护，每年增殖放流各类经济和珍贵濒危水生生物物种300亿尾以上；长江水生生物完整性指数有所改善，中国对虾、梭子蟹、大黄鱼等海洋重要经济物种衰退趋势持续缓解，长江江豚、海龟、斑海豹、中华白海豚等珍贵濒危物种种群数量保持稳定。

到2035年，投入与产出管理并重的渔业资源养护管理制度基本建立；长江、黄河水生生物完整性指数显著改善，海洋主要经济种类资源衰退状况得到遏制，长江江豚、海龟、斑海豹、中华白海豚等珍贵濒危物种种群数量有所恢复；水产种质资源保护利用体系基本建立，水产种质资源应保尽保。

二、完善水生生物资源养护制度

（四）实施好长江十年禁渔。坚持部际协调、区域联动长效机制，强化考核检查、暗查暗访、通报约谈，压实各方责任。持续做好退捕渔民精准帮扶，鼓励有条件的地区积极吸纳退捕渔民参与资源养护、协助巡护、科普宣传等公益性工作，多措并举促进转产转业，动态跟踪保障长远生计。发挥长江渔政特产船队作用，加强部省共建共管渔政基地建设，常态化开展专项执法行动，强化行政执法和刑事司法衔接，严厉打击各类涉渔违法犯罪行为，确保"禁渔令"得到有效执行。落实《长江生物多样性保护实施方案（2021—2025年）》，健全水生生物资源调查监测体系，实施中华鲟、长江鲟、长江江豚等珍贵濒危物种拯救行动。

（五）坚持并不断完善海洋和内陆重点水域休禁渔制度。坚持总体稳定，区域优化，进一步优化海洋伏季休渔制度，推进统一东海海域不同作业类型休渔时间。根据"有堵有疏、疏堵结合、稳妥有序、严格管理"原则，稳妥有序扩大休渔期间专项捕捞许可范围。贯彻落实《中华人民共和国黄河保护法》，严格执行黄河禁渔期制度，推进完善珠江、松花江等水域禁渔期制度。各地要强化监测、摸清底数、科学论证，妥善处理全面禁渔和季节性休禁渔的关系。积极开展休禁渔效果评估，科学开展大水面生态渔业，合理利用渔业资源。

三、强化资源增殖养护措施

（六）科学规范开展增殖放流。各地要加快推进水生生物增殖放流苗种供应基地建设，建立"数量适宜、分布合理、管理规范、动态调整"的增殖放流苗种供应体系。要严格规范社会公众放流行为，建设或确定一批社会放流平台或场所，引导开展定点放流。要定期开展增殖放流效果评估，进一步优化放流区域、种类、数量、规格，适当加大珍贵濒危物种放流数量。要加强增殖放流规范管理，强化涉渔工程生态补偿增殖放流项目的监督检查。禁止放流外来物种、杂交种以及其他不符合生态安全要求的物种。

（七）推进现代化海洋牧场建设。落实国家级海洋牧场示范区建设规划（2017—2025年），持续推进国家级海洋牧场示范区创建，到2035年建设国家级海洋牧场示范区350个左右。各地要加强对国家级海洋牧场示范区的检查考核,确保建设进度和建设质量,对不达标的要按程序取消其示范区称号。要积极探索海洋牧场创新发展,分别在黄渤海、东海和南海海域发展以增殖型、养护型和休闲型等为代表的海洋牧场示范点。积极开展海洋牧场渔业碳汇研究,加强效果监测评估。创新海洋牧场管护运营,推动建立多元化投入机制,探索海洋牧场与深远海养殖、旅游观光、休闲垂钓等产业融合发展。

(八)加快推动国内海洋捕捞业转型升级。各地要严格落实海洋渔业资源总量管理制度,各省(自治区、直辖市)每年海洋捕捞产量不得超过 2020 年海洋捕捞产量分省控制指标。要积极推进分品种、分区域捕捞限额管理试点,优化捕捞生产作业方式,科学实施减船转产。支持渔船更新改造,逐步淘汰老旧、木质渔船,鼓励建造新材料新能源渔船以及配备节能环保、安全通导、电子监控等设施设备。强化渔获物管理,限制饲料生物捕捞,禁止专门捕捞幼鱼用于养殖投喂和饲料加工,探索实施渔获物可追溯管理。提高捕捞业组织化程度,支持海洋大中型捕捞渔船公司化经营、法人化管理。建立健全休闲垂钓管理制度。加快渔具准用目录制定,推进渔具标识管理,支持废弃渔具回收利用,鼓励可再生渔具生产。

四、加强水生野生动物保护

(九)加强重点物种及其栖息地保护。各地要加强《国家重点保护野生动物名录》的宣贯,切实落实长江江豚、中华鲟、长江鲟、鼋、中华白海豚、海龟、斑海豹等保护行动计划,加强中国鲎、珊瑚等物种的保护管理,有条件的地方要建立相关物种保护基地。要加强栖息地保护,开展重点珍贵濒危物种资源和栖息地调查,分批划定、公布重要珍贵濒危物种栖息地。强化珍贵濒危物种就地保护,科学合理开展迁地保护,防止濒危物种灭绝。要加强与林草等相关部门的沟通协调,依法履行自然保护地内水生物种保护管理职责。要充分发挥旗舰物种保护联盟作用,集合各方力量和优势,共同促进旗舰物种的保护和恢复。

(十)开展重点物种人工繁育救护。各地要健全水生野生动物救护网络,建立健全水生野生动物救护场所及设施,对误捕、受伤、搁浅、罚没的水生野生动物及时进行救治、暂养、野化训练和放生。要发挥海洋馆、水族馆等单位的优势,认定一批水生野生动物救护和科普教育基地。要组织开展水生野生动物驯养繁育核心技术攻关,推进长江江豚、海龟、中国鲎、黄唇鱼、珊瑚等重点物种人工繁育技术取得突破,开展大鲵、中华鲟、长江鲟等人工繁育技术成熟物种的野外种群重建。要建立健全人工繁育技术认定和标准体系,有条件的要建设水生野生动物驯养繁殖基地。

(十一)强化物种利用特许规范管理。要严格水生野生动物利用特许审批,对捕捉、人工繁育、运输、经营利用、进出口等环节进行规范管理,加快推进水生野生动物标识管理。充分发挥濒危水生野生动植物种科学委员会作用,为人工繁育技术认定、经营利用许可评估、物种鉴别、产品鉴定、价值评估、培训等提供技术支撑。

五、推进水域生态保护与修复

(十二)开展渔业资源调查和渔业水域生态环境监测。建立健全中央、地方调查监测工作协作机制和数据共享机制,定期编制渔业资源和渔业水域生态环境状况报告,分批划定公布重要渔业水域名录。各地要每五年开展一次渔业资源全面调查,常年开展监测和评估,重点调查珍贵濒危物种、水产种质资源等重要资源状况和经济生物产卵场、江河入海口、南海等重要渔业水域环境状况。长江、黄河流域各地要组织开展长江、黄河流域水生生物完整性评价,并将评价结果作为评估长江、黄河流域生态系统总体状况的重要依据。要发挥专业渔业资源调查船作用,完善调查监测网络,提高渔业资源环境调查监测水平。

(十三)加强水产种质资源保护区等重要渔业水域保护管理。各地要落实《水产种质资源保护区管理暂行办法》要求,强化水产种质资源保护区规范管理。积极参与自然保护地体系改革,按程序推进水产种质资源保护区优化完善。落实《国家公园等自然保护地建设及野生动植物保护重大工程建设规划(2021—2035年)》,提升保护区监管能力。开展重要水产种质资源登记,将重要水产种质资源纳入国家渔业生物种质资源库。加强重要渔业水域保护与修复研究,会同有关部门开展生态廊道及栖息地修复,推动实施生境连通、产卵场修复与重建,使河湖连通性满足水生生物保护要求。

(十四)切实落实涉渔工程生态补偿措施。各地要严格涉渔工程建设项目环境影响评价和专题论证,提出生态补偿措施,减轻工程建设对水生生物资源及其栖息地的不利影响。各地要针对涉渔工程生态补偿资金和措施落实差、"重评审、轻落实"等问题,定期开展涉渔工程生态补偿措施落实情况检查,对检查结果进行通报,督促建设单位落实补偿资金,建设必要的过鱼设施、鱼类增殖站,实施增殖放流、栖息地修复、人工鱼礁(巢)建设等措施,协调生态环境部门对拒不整改的建设单位依法予以处罚。开展渔业水域污染事故调查处置,推动渔业水域污染公益诉讼,改善水域生态环境。

六、切实强化执法监督

（十五）加强重点领域执法监管。各地要以"中国渔政亮剑"系列专项执法任务为重点，强化各关键领域执法监管。坚持最严格的海洋伏季休渔执法监管，落实黄河等内陆重点水域休禁渔制度，确保渔业资源得到休养生息。坚决清理取缔涉渔"三无"船舶和"绝户网"，努力实现涉渔"三无"船舶和"绝户网"等违规网具数量持续减少。严厉打击"电毒炸"等严重破坏渔业资源的非法行为，会同有关部门，清理取缔非法捕捞工具、网具的制造、销售点，从源头进行整治。

（十六）强化日常执法监管。落实进出渔港报告和作业日志制度，加强渔具、渔获物监管和幼鱼比例检查，做好渔获物定点上岸试点工作，推动捕捞限额和总量管理制度有效实施。全面加强涉渔船舶综合监管工作，多部门联手严厉打击违法违规审批修造检验行为。强化水生野生动物执法监管，规范管理水生野生动物繁育利用活动，严厉打击偷捕、滥食等破坏水生野生动物资源行为。加强与相关执法部门的协作配合，探索建立联合执法监管和惩戒机制。广泛开展普法宣传活动，加大以案释法工作力度，完善信息公开和有奖举报制度，充分发挥社会监督作用。

（十七）提升渔政执法能力。根据《中共中央办公厅、国务院办公厅关于深化农业综合行政执法改革的指导意见》和《农业农村部关于加强渔政执法能力建设的指导意见》有关要求，健全渔政执法机构，加大驻港执法力量，鼓励组建适度合理的协助巡护队伍。落实渔政执法人员资格管理和持证上岗，加大执法实战化演训力度，强化执法人员能力建设。按照《渔政执法装备配备指导标准》等有关要求，配齐配强各级渔政执法装备，支持配备执法车辆、高速船艇、船位监控、视频监控、小目标雷达、无人机等，提升执法现代化水平和信息化手段。

七、保障措施

（十八）加强组织领导。各地要高度重视水生生物资源养护工作，切实加强领导，明确目标任务，细化政策措施，确保各项任务落到实处。强化考核监督，把水生生物资源养护作为实施乡村振兴战略、促进生态文明建设的重要内容予以落实。要加强部门协同，不断完善渔业部门为主体，相关部门共同参与的水生生物资源养护管理体系。

（十九）强化科技支撑。要组织相关科研教学单位开展水生生物资源养护关键和基础技术研究，大力推广相关适用技术。要发挥各级各地科研院所、技术推广体系优势，加强人才培养和学术交流，培育水生生物资源养护科技领军专家，建设高素质专业化人才队伍。要加强水生生物资源养护宣传科普教育，营造良好社会氛围。

（二十）开展国际合作。扩大水生生物资源养护的国际交流与合作，积极参与生物多样性公约、濒危野生动植物种国际贸易公约等相关国际公约谈判磋商，做好国内履约工作。实施公海自主休渔，主动养护公海渔业资源，树立负责任国家形象。加强与有关国际组织、外国政府、非政府组织和民间团体等的交流与合作，促进水生生物资源养护知识、信息、科技交流和成果共享。

（二十一）完善多元投入。要争取将水生生物资源养护工作纳入地方政府和有关生态环境保护规划，积极争取加大财政投入力度，落实好现有资金项目，加大对水生生物资源养护的支持力度。要积极拓展个人捐助、企业投入等多种资金渠道，统筹利用好生态补偿资金，建立健全政府投入为主、社会投入为辅，各界广泛参与的多元化投入机制。

农业农村部

2022 年 11 月 20 日

中华人民共和国
渔业船员管理办法

（2014 年 5 月 23 日农业部令 2014 年第 4 号公布，2017 年 11 月 30 日农业部令 2017 年第 8 号、2022 年 1 月 7 日农业农村部令 2022 年第 1 号修订）

第一章 总 则

第一条 加强渔业船员管理，维护渔业船员合法权益，保障渔业船舶及船上人员的生命财产安全，根据《中华人民共和国船员条例》，制定本办法。

第二条 本办法适用于在中华人民共和国国籍渔业船舶上工作的渔业船员的管理。

第三条 农业农村部负责全国渔业船员管理工作。

县级以上地方人民政府渔业主管部门及其所属的渔政渔港监督管理机构，依照各自职责负责渔业船员管理工作。

第二章 渔业船员任职和发证

第四条 渔业船员实行持证上岗制度。渔业船员应当按照本办法的规定接受培训,经考试或考核合格、取得相应的渔业船舶证书后,方可在渔业船舶上工作。

在远洋渔业船舶上工作的中国籍船员,还应当按照有关规定取得中华人民共和国海员证。

第五条 渔业船员分为职务船员和普通船员。

职务船员是负责船舶管理的人员,包括以下五类:

(一)驾驶人员,职级包括船长、船副、助理船副;

(二)轮机人员,职级包括轮机长、管轮、助理管轮;

(三)机驾长;

(四)电机员;

(五)无线电操作员。

职务船员证书分为海洋渔业职务船员证书和内陆渔业职务船员证书,具体等级职级划分见附件1。

普通船员是职务船员以外的其他船员。普通船员证书分为海洋渔业普通船员证书和内陆渔业普通船员证书。

第六条 渔业船员培训包括基本安全培训、职务船员培训和其他培训。

基本安全培训是指渔业船员都应当接受的任职培训,包括水上求生、船舶消防、急救、应急措施、防止水域污染、渔业安全生产操作规程等内容。

职务船员培训是指职务船员应当接受的任职培训,包括拟任岗位所需的专业技术知识、专业技能和法律法规等内容。

其他培训是指远洋渔业专项培训和其他与渔业船舶安全和渔业生产相关的技术、技能、知识、法律法规等培训。

第七条 申请渔业普通船员证书应当具备以下条件:

(一)年满18周岁(在船实习、见习人员年满16周岁)且初次申请不超过60周岁;

(二)符合渔业船员健康标准(见附件2);

(三)经过基本安全培训。

符合以上条件的,由申请者向渔政渔港监督管理机构提出书面申请。渔政渔港监督管理机构应当组织考试或考核,对考试或考核合格的,自考试成绩或考核结果公布之日起10个工作日内发放渔业普通船员证书。

第八条 申请渔业职务船员证书应当具备以下条件:

(一)持有渔业普通船员证书或下一级相应职务船员证书;

(二)初次申请不超过60周岁;

(三)符合任职岗位健康条件要求;

(四)具备相应的任职资历条件(见附件3),且任职表现和安全记录良好;

(五)完成相应的职务船员培训,在远洋渔业船舶上

工作的驾驶和轮机人员,还应当接受远洋渔业专项培训。

符合以上条件的,由申请者向渔政渔港监督管理机构提出书面申请。渔政渔港监督管理机构应当组织考试或考核,对考试或考核合格的,自考试成绩或考核结果公布之日起10个工作日内发放相应的渔业职务船员证书。

第九条 航海、海洋渔业、轮机管理、机电、船舶通信等专业的院校毕业生申请渔业职务船员证书,具备本办法第八条规定的健康及任职资历条件的,可申请考核。经考核合格,按以下规定分别发放相应的渔业职务船员证书:

(一)高等院校本科毕业生按其所学专业签发一级船副、一级管轮、电机员、无线电操作员证书;

(二)高等院校专科(含高职)毕业生按其所学专业签发二级船副、二级管轮、电机员、无线电操作员证书;

(三)中等专业学校毕业生按其所学专业签发助理船副、助理管轮、电机员、无线电操作员证书。

内陆渔业船舶接收相应专业毕业生任职的,参照前款规定执行。

第十条 曾在军用船舶、交通运输船舶等非渔业船舶上任职的船员申请渔业船员证书,应当参加考核。经考核合格,由渔政渔港监督管理机构换发相应的渔业普通船员证书或渔业职务船员证书。

第十一条 申请海洋渔业船舶一级驾驶人员、一级轮机人员、电机员、无线电操作员证书以及远洋渔业职务船员证书的,由省级以上渔政渔港监督管理机构组织考试、考核、发证;其他渔业船员证书的考试、考核、发证权限由省级渔政渔港监督管理机构制定并公布,报农业农村部备案。

第十二条 渔业船员考试包括理论考试和实操评估。海洋渔业船员考试大纲由农业农村部统一制定并公布。内陆渔业船员考试大纲由省级渔政渔港监督管理机构根据本辖区的具体情况制定并公布。

渔业船员考核可由渔政渔港监督管理机构根据实际需要和考试大纲,选取适当科目和内容进行。

第十三条 渔业船员证书的有效期不超过5年。证书有效期满,持证人需要继续从事相应工作的,应当向有相应管理权限的渔政渔港监督管理机构申请换发证书。渔政渔港监督管理机构可以根据实际需要和职务知识技能更新情况组织考核,对考核合格的,换发相应渔业船员证书。

渔业船员证书期满5年后,持证人需要从事渔业船员工作的,应当重新申请原等级原职级证书。

第十四条 有效期内的渔业船员证书损坏或丢失的,应当凭损坏的证书原件或在原发证机关所在地报

纸刊登的遗失声明,向原发证机关申请补发。补发的渔业船员证书有效期应当与原证书有效期一致。

第十五条 渔业船员证书格式由农业农村部统一制定。远洋渔业职务船员证书由农业农村部印制;其他渔业船员证书由省级渔政渔港监督管理机构印制。

第十六条 禁止伪造、变造、转让渔业船员证书。

第三章 渔业船员配员和职责

第十七条 海洋渔业船舶应当满足本办法规定的职务船员最低配员标准(附件4)。内陆渔业船舶船员最低配员标准由各省级人民政府渔业主管部门根据本地情况制定,报农业农村部备案。

持有高等级职级船员证书的船员可以担任低等级职级船员职务。

渔业船舶所有人或经营人可以根据作业安全和管理的需要,增加职务船员的配员。

第十八条 渔业船舶在境外遇有不可抗力或其他持证人不能履行职务的特殊情况,导致无法满足本办法规定的职务船员最低配员标准时,具备以下条件的船员,可以由船舶所有人或经营人向船籍港所在地省级渔政渔港监督管理机构申请临时担任上一职级职务:

(一)持有下一职级相应证书;

(二)申请之日前5年内,具有6个月以上不低于其船员证书所记载船舶、水域、职务的任职资历;

(三)任职表现和安全记录良好。

渔政渔港监督管理机构根据拟担任上一级职务船员的任职情况签发特免证明。特免证明有效期不得超过6个月,不得延期,不得连续申请。渔业船舶抵达中国第一个港口后,特免证明自动失效。失效的特免证明应当及时缴回签发机构。

一艘渔业船舶上同时持有特免证明的船员不得超过2人。

第十九条 中国籍渔业船舶的船长应当由中国籍公民担任。

外国籍公民在中国籍渔业船舶上工作,应当持有所属国政府签发的相关身份证件,在我国依法取得就业许可,并按本办法的规定取得渔业船员证书。持有中华人民共和国缔结或者加入的国际条约的缔约国签发的外国职务船员证书的,应当按照国家有关规定取得承认签证。承认签证的有效期不得超过被承认职务船员证书的有效期,当被承认职务船员证书失效时,相应的承认签证自动失效。

第二十条 渔业船舶所有人或经营人应当为在渔业船舶上工作的渔业船员建立基本信息档案,并报船籍港所在地渔政渔港监督管理机构或渔政渔港监督管

理机构委托的服务机构备案。

渔业船员变更的,渔业船舶所有人或经营人应当在出港前10个工作日内报船籍港所在地渔政渔港监督管理机构或渔政渔港监督管理机构委托的服务机构备案,并及时变更渔业船员基本信息档案。

第二十一条 渔业船员在船工作期间,应当符合下列要求:

(一)携带有效的渔业船员证书;

(二)遵守法律法规和安全生产管理规定,遵守渔业生产作业及防治船舶污染操作规程;

(三)执行渔业船舶上的管理制度和值班规定;

(四)服从船长及上级职务船员在其职权范围内发布的命令;

(五)参加渔业船舶应急训练、演习,落实各项应急预防措施;

(六)及时报告发现的险情、事故或者影响航行、作业安全的情况;

(七)在不严重危及自身安全的情况下,尽力救助遇险人员;

(八)不得利用渔业船舶私载、超载人员和货物,不得携带违禁物品;

(九)职务船员不得在生产航次中擅自辞职、离职或者中止职务。

第二十二条 渔业船员在船舶航行、作业、锚泊时应当按照规定值班。值班船员应当履行以下职责:

(一)熟悉并掌握船舶的航行与作业环境、航行与导航设施设备的配备和使用、船舶的操控性能、本船及邻近船舶使用的渔具特性,随时核查船舶的航向、船位、船速及作业状态;

(二)按照有关的船舶避碰规则以及航行、作业环境要求保持值班瞭望,并及时采取预防船舶碰撞和污染的相应措施;

(三)如实填写有关船舶法定文书;

(四)在确保航行与作业安全的前提下交接班。

第二十三条 船长是渔业安全生产的直接责任人,在组织开展渔业生产、保障水上人身与财产安全、防治渔业船舶污染水域和处置突发事件方面,具有独立决定权,并履行以下职责:

(一)确保渔业船舶和船员携带符合法定要求的证书、文书以及有关航行资料;

(二)确保渔业船舶和船员在开航时处于适航、适任状态,保证渔业船舶符合最低配员标准,保证渔业船舶的正常值班;

(三)服从渔政渔港监督管理机构依据职责对渔港水域交通安全和渔业生产秩序的管理,执行有关水上

交通安全和防治船舶污染等规定;

(四)确保渔业船舶依法进行渔业生产,正确合法使用渔具渔法,在船人员遵守相关资源养护法律法规,按规定填写渔捞日志,并按规定开启和使用安全通导设备;

(五)在渔业船员证书内如实记载渔业船员的履职情况;

(六)按规定办理渔业船舶进出港报告手续;

(七)船舶进港、出港、靠泊、离泊,通过交通密集区、危险航区等区域,或者遇有恶劣天气和海况,或者发生水上交通事故、船舶污染事故、船舶保安事件以及其他紧急情况时,应当在驾驶台值班,必要时应当直接指挥船舶;

(八)发生水上安全交通事故、污染事故、涉外事件、公海登临和港口国检查时,应当立即向渔政渔港监督管理机构报告,并在规定的时间内提交书面报告;

(九)全力保障在船人员安全,发生水上安全事故危及船上人员或财产安全时,应当组织船员尽力施救;

(十)弃船时,船长应当最后离船,并尽力抢救渔捞日志、轮机日志、油类记录簿等文件和物品;

(十一)在不严重危及自身船舶和人员安全的情况下,尽力履行水上救助义务。

第二十四条 船长履行职责时,可以行使下列权力:

(一)当渔业船舶不具备安全航行条件时,拒绝开航或者续航;

(二)对渔业船舶所有人或经营人下达的违法指令,或者可能危及船员、财产或船舶安全,以及造成渔业资源破坏和水域环境污染的指令,可以拒绝执行;

(三)当渔业船舶遇险并严重危及船上人员的生命安全时,决定船上人员撤离渔业船舶;

(四)在渔业船舶的沉没、毁灭不可避免的情况下,报经渔业船舶所有人或经营人同意后弃船,紧急情况除外;

(五)责令不称职的船员离岗。

船长在其职权范围内发布的命令,船舶上所有人员必须执行。

第四章 渔业船员培训和服务

第二十五条 渔业船员培训机构开展培训业务,应当具备开展相应培训所需的场地、设施、设备和教学人员条件。

第二十六条 海洋渔业船员培训机构分为以下三级,应当具备的具体条件由农业农村部另行规定:

一级渔业船员培训机构,可以承担海洋渔业船舶各类各级职务船员培训、远洋渔业专项培训和基本安全培训;

二级渔业船员培训机构,可以承担海洋渔业船舶二级以下驾驶和轮机人员培训、机驾长培训和基本安全培训;

三级渔业船员培训机构,可以承担海洋渔业船舶机驾长培训和基本安全培训。

内陆渔业船员培训机构应当具备的具体条件,由省级人民政府渔业主管部门根据渔业船员管理需要制定。

第二十七条 渔业船员培训机构应当在每期培训班开班前,将学员名册、培训内容和教学计划报所在地渔政渔港监督管理机构备案。

第二十八条 渔业船员培训机构应当建立渔业船员培训档案。学员参加培训课时达到规定培训课时80%的,渔业船员培训机构方可出具渔业船员培训证明。

第二十九条 国家鼓励建立渔业船员服务机构。

渔业船员服务机构可以为渔业船员代理申请考试、申领证书等有关手续,代理船舶所有人或经营人管理渔业船员事务,提供渔业船员船舶配员等服务。

渔业船员服务机构为船员提供服务,应当订立书面合同。

第五章 渔业船员职业管理与保障

第三十条 渔业船舶所有人或经营人应当依法与渔业船员订立劳动合同。

渔业船舶所有人或经营人,不得招用未持有相应有效渔业船员证书的人员上船工作。

第三十一条 渔业船舶所有人或经营人应当依法为渔业船员办理保险。

第三十二条 渔业船舶所有人或经营人应当保障渔业船员的生活和工作场所符合《渔业船舶法定检验规则》对船员生活环境、作业安全和防护的要求,并为船员提供必要的船上生活用品、防护用品、医疗用品,建立船员健康档案,为船员定期进行健康检查和心理辅导,防治职业疾病。

第三十三条 渔业船员在船上工作期间受伤或者患病的,渔业船舶所有人或经营人应当及时给予救治;渔业船员失踪或者死亡的,渔业船舶所有人或经营人应当及时做好善后工作。

第三十四条 渔业船舶所有人或经营人是渔业安全生产的第一责任人,应当保证安全生产所需的资金投入,建立健全安全生产责任制,按照规定配备船员和安全设备,确保渔业船舶符合安全适航条件,并保证船员足够的休息时间。

第六章　监督管理

第三十五条　渔政渔港监督管理机构应当健全渔业船员管理及监督检查制度,建立渔业船员档案,督促渔业船舶所有人或经营人完善船员安全保障制度,落实相应的保障措施。

第三十六条　渔政渔港监督管理机构应当依法对渔业船员持证情况、任职资格和资历、履职情况、安全记录,船员培训机构培训质量,船员服务机构诚实守信情况等进行监督检查,必要时可对船员进行现场考核。

渔政渔港监督管理机构依法实施监督检查时,船员、渔业船舶所有人和经营人、船员培训机构和服务机构应当予以配合,如实提供证书、材料及相关情况。

第三十七条　渔业船员违反有关法律、法规、规章的,除依法给予行政处罚外,各省级人民政府渔业主管部门可根据本地实际情况实行累计记分制度。

第三十八条　渔政渔港监督管理机构应当对渔业船员培训机构的条件、培训情况、培训质量等进行监督检查,检查内容包括教学计划的执行情况、承担本期培训教学任务的师资情况和教学情况、培训设施设备和教材的使用及补充情况、培训规模与师资配备要求的符合情况、学员的出勤情况、培训档案等。

第三十九条　渔政渔港监督管理机构应当公开有关渔业船员管理的事项、办事程序、举报电话号码、通信地址、电子邮件信箱等信息,自觉接受社会的监督。

第七章　罚　　则

第四十条　违反本办法规定,以欺骗、贿赂等不正当手段取得渔业船员证书的,由渔政渔港监督管理机构吊销渔业船员证书,并处 2 000 元以上 2 万元以下罚款,三年内不再受理申请人渔业船员证书申请。

第四十一条　伪造、变造、买卖渔业船员证书的,由渔政渔港监督管理机构收缴有关证书,处 2 万元以上 10 万元以下罚款,有违法所得的,还应当没收违法所得。

隐匿、篡改或者销毁有关渔业船舶、渔业船员法定证书、文书的,由渔政渔港监督管理机构处 1 000 元以上 1 万元以下罚款;情节严重的,并处暂扣渔业船员证书 6 个月以上 2 年以下直至吊销渔业船员证书的处罚。

第四十二条　渔业船员违反本办法第二十一条第一项规定,责令改正,可以处 2 000 元以下罚款。

违反本办法第二十一条第三项、第四项、第五项规定的,予以警告,情节严重的,处 200 元以上 2 000 元以下罚款。

违反本办法第二十一条第九项规定的,处 1 000 元以上 2 万元以下罚款。

第四十三条　渔业船员违反本办法第二十一条第二项、第六项、第七项、第八项和第二十二条规定的,处 1 000 元以上 1 万元以下罚款;情节严重的,并处暂扣渔业船员证书 6 个月以上 2 年以下直至吊销渔业船员证书的处罚。

第四十四条　渔业船舶的船长违反本办法第二十三条第一项、第二项、第五项、第七项、第十项规定的,由渔政渔港监督管理机构处 2 000 元以上 2 万元以下罚款;情节严重的,并处暂扣渔业船员证书 6 个月以上 2 年以下直至吊销渔业船员证书的处罚。违反第二十三条第三项、第六项规定的,责令改正,并可以处警告、2 000 元以上 2 万元以下罚款;情节严重的,并处暂扣渔业船员证书 6 个月以下,直至吊销渔业船员证书的处罚。违反第二十三条第四项、第八项、第九项、第十一项规定的,由渔政渔港监督管理机构处 2 000 元以上 2 万元以下罚款。

第四十五条　渔业船员因违规造成责任事故,涉嫌犯罪的,及时将案件移送司法机关,依法追究刑事责任。

第四十六条　渔业船员证书被吊销的,自被吊销之日起 2 年内,不得申请渔业船员证书。

第四十七条　渔业船舶所有人或经营人有下列行为之一的,由渔政渔港监督管理机构责令改正,处 3 万元以上 15 万元以下罚款:

(一)未按规定配齐渔业职务船员,或招用未取得本办法规定证件的人员在渔业船舶上工作的;

(二)渔业船员在渔业船舶上生活和工作的场所不符合相关要求的;

(三)渔业船员在船工作期间患病或者受伤,未及时给予救助的。

第四十八条　渔业船员培训机构有下列情形之一的,由渔政渔港监督管理机构责令改正,并按以下规定处罚:

(一)不具备规定条件开展渔业船员培训的,处 5 万元以上 25 万元以下罚款,有违法所得的,还应当没收违法所得;

(二)未按规定的渔业船员考试大纲和水上交通安全、防治船舶污染等内容要求进行培训的,可以处 2 万元以上 10 万元以下罚款。

未按规定出具培训证明或者出具虚假培训证明的,由渔政渔港监督管理机构给予警告,责令改正;拒不改正或者再次出现同类违法行为的,可处 3 万元以下罚款。

第四十九条　渔业主管部门或渔政渔港监督管理机构工作人员有下列情形之一的,依法给予处分:

（一）违反规定发放渔业船员证书的；

（二）不依法履行监督检查职责的；

（三）滥用职权、玩忽职守的其他行为。

第八章 附 则

第五十条 本办法中下列用语的含义是：

渔业船员，是指服务于渔业船舶，具有固定工作岗位的人员。

船舶长度，是指公约船长，即《渔业船舶国籍证书》所登记的"船长"。

主机总功率，是指所有用于推进的发动机持续功率总和，即《渔业船舶国籍证书》所登记"主机总功率"。

第五十一条 海洋渔业船舶的所有人、经营人、船长、船员违反《中华人民共和国海上交通安全法》相关规定的处罚，按《中华人民共和国海上交通安全法》执行。

第五十二条 非机动渔业船舶的船员管理办法，由各省级人民政府渔业主管部门根据本地实际情况制定。

第五十三条 渔业船员培训、考试、发证，应当按国家有关规定缴纳相关费用。

第五十四条 本办法自2015年1月1日起施行。农业部1994年8月18日公布的《内河渔业船舶船员考试发证规则》、1998年3月2日公布的《中华人民共和国渔业船舶普通船员专业基础训练考核发证办法》、2006年3月27日公布的《中华人民共和国海洋渔业船员发证规定》同时废止。

附件：1.渔业职务船员证书等级划分；

2.渔业船员健康标准；

3.渔业职务船员证书申请资历条件；

4.海洋渔业船舶职务船员最低配员标准。

附件1

渔业职务船员证书等级划分

一、海洋渔业职务船员证书等级

（一）驾驶人员证书

1.一级证书：适用于船舶长度45米以上的渔业船舶，包括一级船长证书、一级船副证书；

2.二级证书：适用于船舶长度24米以上不足45米的渔业船舶，包括二级船长证书、二级船副证书；

3.三级证书：适用于船舶长度12米以上不足24米的渔业船舶，包括三级船长证书；

4.助理船副证书：适用于所有渔业船舶。

（二）轮机人员证书

1.一级证书：适用于主机总功率750千瓦以上的渔业船舶，包括一级轮机长证书、一级管轮证书；

2.二级证书：适用于主机总功率250千瓦以上不足750千瓦的渔业船舶，包括二级轮机长证书、二级管轮证书；

3.三级证书：适用于主机总功率50千瓦以上不足250千瓦的渔业船舶，包括三级轮机长证书；

4.助理管轮证书：适用于所有渔业船舶。

（三）机驾长证书

适用于船舶长度不足12米或者主机总功率不足50千瓦的渔业船舶上，驾驶与轮机岗位合一的船员。

（四）电机员证书

适用于发电机总功率800千瓦以上的渔业船舶。

（五）无线电操作员证书

适用于远洋渔业船舶。

二、内陆渔业职务船员证书等级

（一）驾驶人员证书

一级证书：适用于船舶长度24米以上设独立机舱的渔业船舶；

二级证书：适用于船舶长度不足24米设独立机舱的渔业船舶。

（二）轮机人员证书

一级证书：适用于主机总功率250千瓦以上设独立机舱的渔业船舶；

二级证书：适用于主机总功率不足250千瓦设独立机舱的渔业船舶。

（三）机驾长证书

适用于无独立机舱的渔业船舶上，驾驶与轮机岗位合一的船员。

内陆渔业船舶职务船员职级由各省级人民政府渔业行政主管部门参照海洋渔业职务船员职级，根据本地情况自行确定，报农业农村部备案。

附件2

渔业船员健康标准

一、视力（采用国际视力表及标准检查距离）

1.驾驶人员：两眼裸视力均0.8以上，或裸视力0.6以上且矫正视力1.0以上；

2.轮机人员：两眼裸视力均0.6以上，或裸视力0.4以上且矫正视力0.8以上。

二、辨色力

1.驾驶人员:辨色力完全正常;

2.其他渔业船员:无红绿色盲。

三、听力

双耳均能听清 50 厘米距离的秒表声音。

四、其他

1.患有精神疾病、影响肢体活动的神经系统疾病、严重损害健康的传染病和可能影响船上正常工作的慢性病的,不得申请渔业船员证书;

2.肢体运动功能正常;

3.无线电人员应当口齿清楚。

附件3

渔业职务船员证书申请资历条件

一、渔业职务船员按照以下顺序依次晋升

(一)驾驶人员:助理船副→三级船长或二级船

副→二级船长或一级船副→一级船长。

(二)轮机人员:助理管轮→三级轮机长或二级管轮→二级轮机长或一级管轮→一级轮机长。

二、申请海洋渔业职务船员证书考试资历条件

(一)初次申请:申请助理船副、助理管轮、机驾长、电机员、无线电操作员职务船员证书的,应当担任渔捞员、水手、机舱加油工或电工实际工作满 24 个月。

(二)申请证书等级职级提高:持有下一级相应职务船员证书,并实际担任该职务满 24 个月。

三、申请海洋渔业船员证书考核资历条件

(一)专业院校学生:在渔业船舶上见习期满 12 个月。

(二)曾在军用船舶、交通运输船舶任职的船员:在最近 24 个月内在相应船舶上工作满 6 个月。

四、申请内陆渔业职务船员证书资历条件

(一)初次申请:在相应渔业船舶担任普通船员实际工作满 24 个月。

(二)申请证书等级职级提高:持有下一级相应职务船员证书,并实际担任该职务满 24 个月。

附件4

海洋渔业船舶职务船员最低配员标准

船舶类型	职务船员最低配员标准		
长度≥45 米远洋渔业船舶	一级船长	一级船副	助理船副 2 名
长度≥45 米非远洋渔业船舶	一级船长	一级船副	助理船副
36 米≤长度<45 米	二级船长	二级船副	助理船副
24 米≤长度<36 米	二级船长	二级船副	
12 米≤长度<24 米	三级船长	助理船副	
主机总功率≥3 000 千瓦	一级轮机长	一级管轮	助理管轮 2 名
750 千瓦≤主机总功率<3 000 千瓦	一级轮机长	一级管轮	助理管轮
450 千瓦≤主机总功率<750 千瓦	二级轮机长	二级管轮	助理管轮
250 千瓦≤主机总功率<450 千瓦	二级轮机长	二级管轮	
50 千瓦≤主机总功率< 250 千瓦	三级轮机长		
船舶长度不足 12 米或者主机总功率不足 50 千瓦	机驾长		
发电机总功率 800 千瓦以上	电机员,可由持有电机员证书的轮机人员兼任		
远洋渔业船舶	无线电操作员,可由持有全球海上遇险和安全系统(GMDSS)无线电操作员证书的驾驶人员兼任		

注:省级人民政府渔业行政主管部门可参照以上标准,根据本地情况,对船长不足 24 米渔业船舶的驾驶人员和主机总功率不足 250 千瓦渔业船舶的轮机人员配备标准进行适当调整,报农业农村部备案。

渔业行政处罚规定

(1998 年 1 月 5 日农业部令第 36 号公布,
2022 年 1 月 7 日农业农村部令 2022 年第 1 号修订,
自 2022 年 1 月 7 日起施行)

第一条 为严格执行渔业法律法规,规范渔业行政处罚,保障渔业生产者的合法权益,根据《中华人民共和国渔业法》(以下简称《渔业法》)《中华人民共和国渔业法实施细则》(以下简称《实施细则》)和《中华人民共和国行政处罚法》等法律法规,制定本规定。

第二条 对渔业违法的行政处罚有以下种类:

(一)罚款;

(二)没收渔获物、违法所得、渔具;

(三)暂扣、吊销捕捞许可证等渔业证照;

(四)法律、法规规定的其他处罚。

第三条 渔业违法行为轻微并及时改正,没有造成危害后果的,不予处罚。初次实施渔业违法行为且危害后果轻微并及时改正的,可以不予处罚。当事人有证据足以证明没有主观过错的,不予行政处罚。对当事人的违法行为依法不予行政处罚的,应当对当事人进行教育。有下列行为之一的,应当从轻或者减轻处罚:

(一)主动消除或减轻渔业违法行为后果;

(二)受他人胁迫或者诱骗实施渔业违法行为的;

(三)主动供述渔业执法部门尚未掌握的违法行为的;

(四)配合渔业执法部门查处渔业违法行为有立功表现的;

(五)依法应当从轻、减轻的其他渔业违法行为。

第四条 有下列行为之一的,从重处罚:

(一)一年内渔业违法三次以上的;

(二)对渔业资源破坏程度较重的;

(三)渔业违法影响较大的;

(四)同一个违法行为违反两项以上规定的;

(五)逃避、抗拒检查的。

第五条 本规定中需要处以罚款的计罚单位如下:

(一)拖网、流刺网、钓钩等用船作业的,以单艘船计罚;

(二)围网作业,以一个作业单位计罚;

(三)定置作业,用船作业的以单艘船计罚,不用船作业的以一个作业单位计罚;

(四)炸鱼、毒鱼、非法电力捕鱼和使用鱼鹰捕鱼的,用船作业的以单艘船计罚,不用船作业的以人计罚;

(五)从事赶海、潜水等不用船作业的,以人计罚。

第六条 依照《渔业法》第三十八条和《实施细则》第二十九条规定,有下列行为之一的,没收渔获物和违法所得,处以罚款;情节严重的,没收渔具、吊销捕捞许可证;情节特别严重的,可以没收渔船。罚款按以下标准执行:

(一)使用炸鱼、毒鱼、电鱼等破坏渔业资源方法进行捕捞的,违反关于禁渔区、禁渔期的规定进行捕捞的,或者使用禁用的渔具、捕捞方法和小于最小网目尺寸的网具进行捕捞或者渔获物中幼鱼超过规定比例的,在内陆水域,处以三万元以下罚款;在海洋水域,处以五万元以下罚款。

(二)敲䑩作业的,处以一千元至五万元罚款。

(三)擅自捕捞国家规定禁止捕捞的珍贵、濒危水生动物,按《中华人民共和国野生动物保护法》和《中华人民共和国水生野生动物保护实施条例》执行。

(四)未经批准使用鱼鹰捕鱼的,处以五十元至二百元罚款。

在长江流域水生生物保护区内从事生产性捕捞,或者在长江干流和重要支流、大型通江湖泊、长江河口规定区域等重点水域禁捕期间从事天然渔业资源的生产性捕捞的,依照《中华人民共和国长江保护法》第八十六条规定进行处罚。

第七条 按照《渔业法》第三十九条规定,对偷捕、抢夺他人养殖的水产品的,或者破坏他人养殖水体、养殖设施的,责令改正,可以处二万元以下的罚款;造成他人损失的,依法承担赔偿责任。

第八条 按照《渔业法》第四十一条规定,对未取得捕捞许可证擅自进行捕捞的,没收渔获物和违法所得,并处罚款;情节严重的,并可以没收渔具和渔船。罚款按下列标准执行:

(一)在内陆水域,处以五万元以下罚款。

(二)在海洋水域,处以十万元以下罚款。

无正当理由不能提供渔业捕捞许可证的,按本条前款规定处罚。

第九条 按照《渔业法》第四十二条规定,对有捕捞许可证的渔船违反许可证关于作业类型、场所、时限和渔具数量的规定进行捕捞的,没收渔获物和违法所得,可以并处罚款;情节严重的,并可以没收渔具,吊销捕捞许可证。罚款按以下标准执行:

(一)在内陆水域,处以二万元以下罚款。

(二)在海洋水域,处以五万元以下罚款。

第十条 按照《渔业法》第四十三条规定,对涂改、买卖、出租或以其他形式非法转让捕捞许可证的,没收违法所得,吊销捕捞许可证,可以并处罚款。罚款按以下标准执行:

（一）买卖、出租或以其他形式非法转让捕捞许可证的，对违法双方各处一万元以下罚款。

（二）涂改捕捞许可证的，处一万元以下罚款。

第十一条 按照《中华人民共和国水污染防治法》第九十四条、《中华人民共和国海洋环境保护法》第九十条规定，造成渔业污染事故的，按以下规定处以罚款：

（一）对造成一般或者较大污染事故，按照直接损失的百分之二十计算罚款。

（二）对造成重大或者特大污染事故的，按照直接损失的百分之三十计算罚款。

第十二条 捕捞国家重点保护的渔业资源品种中未达到采捕标准的幼体超过规定比例的，没收超比例部分幼体，并可处以三万元以下罚款；从重处罚的，可以没收渔获物。

第十三条 违反《渔业法》第三十一条和《实施细则》第二十四条、第二十五条规定，擅自捕捞有重要经济价值的水生动物苗种、怀卵亲体的，没收其苗种或怀卵亲体及违法所得，并可处以三万元以下罚款。

第十四条 外商投资渔业企业的渔船，违反《实施细则》第十六条的规定，未经国务院有关主管部门批准，擅自从事近海捕捞的，依照《实施细则》第三十六条的规定，没收渔获物和违法所得，并可处以三千元至五万元罚款。

第十五条 外国人、外国渔船违反《渔业法》第四十六条规定，擅自进入中华人民共和国管辖水域从事渔业生产或渔业资源调查活动的，责令其离开或将其驱逐，可以没收渔获物、渔具，并处五十万元以下的罚款；情节严重的，可以没收渔船；涉嫌犯罪的，及时将案件移送司法机关，依法追究刑事责任。

第十六条 我国渔船违反我国缔结、参加的国际渔业条约和违反公认的国际关系准则的，可处以罚款。

第十七条 违反《实施细则》第二十六条，在鱼、虾、贝、蟹幼苗的重点产区直接引水、用水的，未采取避开幼苗密集区、密集期或设置网栅等保护措施的，可处以一万元以下罚款。

第十八条 按照《渔业法》第三十八条、第四十一条、第四十二条、第四十三条规定需处以罚款的，除按本规定罚款外，依照《实施细则》第三十四条规定，对船长或者单位负责人可视情另处一百元至五百元罚款。

第十九条 凡无船名号、无船舶证书，无船籍港而从事渔业活动的船舶，可对船主处以船价两倍以下的罚款，并可予以没收。凡未履行审批手续非法建造、改装的渔船，一律予以没收。

第二十条 在海上执法时，对违反禁渔区、禁渔期的规定或者使用禁用的渔具、捕捞方法进行捕捞，以及

未取得捕捞许可证进行捕捞的，事实清楚、证据充分，但是当场不能按照法定程序作出和执行行政处罚决定的，可以先暂时扣押捕捞许可证、渔具或者渔船，回港后依法作出和执行行政处罚决定。

第二十一条 本规定由农业农村部负责解释。

渔业捕捞许可管理规定

（2018年12月3日农业农村部令
2018年第1号公布，2020年7月8日
农业农村部令2020年第5号、2022年1月7日
农业农村部令2022年第1号修订）

第一章 总 则

第一条 为了保护、合理利用渔业资源，控制捕捞强度，维护渔业生产秩序，保障渔业生产者的合法权益，根据《中华人民共和国渔业法》，制定本规定。

第二条 中华人民共和国的公民、法人和其他组织从事渔业捕捞活动，以及外国人、外国渔业船舶在中华人民共和国领域及管辖的其他水域从事渔业捕捞活动，应当遵守本规定。

中华人民共和国缔结的条约、协定另有规定的，按条约、协定执行。

第三条 国家对捕捞业实行船网工具控制指标管理，实行捕捞许可证制度和捕捞限额制度。

国家根据渔业资源变化与环境状况，确定船网工具控制指标，控制捕捞能力总量和渔业捕捞许可证数量。渔业捕捞许可证的批准发放，应当遵循公开、公平、公正原则，数量不得超过船网工具控制指标范围。

第四条 渔业捕捞许可证、船网工具指标等证书文件的审批实行签发人负责制，相关证书文件经签发人签字并加盖公章后方为有效。

签发人对其审批签发证书文件的真实性及合法性负责。

第五条 农业农村部主管全国渔业捕捞许可管理和捕捞能力总量控制工作。

县级以上地方人民政府渔业主管部门及其所属的渔政监督管理机构负责本行政区域内的渔业捕捞许可管理和捕捞能力总量控制的组织、实施工作。

第六条 县级以上人民政府渔业主管部门应当在其办公场所和网上办理平台，公布船网工具指标、渔业捕捞许可证审批的条件、程序、期限以及需要提交的全部材料目录和申请书示范文本等事项。

县级以上人民政府渔业主管部门应当按照本规定

自受理船网工具指标或渔业捕捞许可证申请之日起20个工作日内审查完毕或者作出是否批准的决定。不予受理申请或者不予批准的,应当书面通知申请人并说明理由。

第七条 县级以上人民政府渔业主管部门应当加强渔船和捕捞许可管理信息系统建设,建立健全渔船动态管理数据库。海洋渔船船网工具指标和捕捞许可证的申请、审核审批及制发证书文件等应当通过全国统一的渔船动态管理系统进行。

申请人应当提供的户口簿、营业执照、渔业船舶检验证书、渔业船舶登记证等法定证照、权属证明在全国渔船动态管理系统或者部门间核查能够查询到有效信息的,可以不再提供纸质材料。

第二章 船网工具指标

第八条 海洋渔船按船长分为以下三类:

(一)海洋大型渔船:船长大于或者等于24米;

(二)海洋中型渔船:船长大于或者等于12米且小于24米;

(三)海洋小型渔船:船长小于12米。

内陆渔船的分类标准由各省、自治区、直辖市人民政府渔业主管部门制定。

第九条 国内海洋大中型捕捞渔船的船网工具控制指标由农业农村部确定并报国务院批准后,向有关省、自治区、直辖市下达。国内海洋小型捕捞渔船的船网工具控制指标由省、自治区、直辖市人民政府依据其渔业资源与环境承载能力、资源利用状况、渔民传统作业情况等确定,报农业农村部批准后下达。

县级以上地方人民政府渔业主管部门应当控制本行政区域内海洋捕捞渔船的数量、功率,不得超过国家或省、自治区、直辖市人民政府下达的船网工具控制指标,具体办法由省、自治区、直辖市人民政府规定。

内陆水域捕捞业的船网工具控制指标和管理,按照省、自治区、直辖市人民政府的规定执行。

第十条 制造、更新改造、购置、进口海洋捕捞渔船,应当经有审批权的人民政府渔业主管部门在国家或者省、自治区、直辖市下达的船网工具控制指标内批准,并取得渔业船网工具指标批准书。

第十一条 申请海洋捕捞渔船船网工具指标,应当向户籍所在地、法人或非法人组织登记地县级以上人民政府渔业主管部门提出,提交渔业船网工具指标申请书、申请人户口簿或者营业执照,以及申请人所属渔业组织出具的意见,并按以下情况提供资料:

(一)制造海洋捕捞渔船的,提供经确认符合船机桨匹配要求的渔船建造设计图纸。

国内海洋捕捞渔船淘汰后申请制造渔船的,还应当提供渔船拆解所在地县级以上地方人民政府渔业主管部门出具的渔业船舶拆解、销毁或处理证明和现场监督管理的影像资料,以及原发证机关出具的渔业船舶证书注销证明。

国内海洋捕捞渔船因海损事故造成渔船灭失后申请制造渔船的,还应当提供船籍港登记机关出具的灭失证明和原发证机关出具的渔业船舶证书注销证明。

(二)购置海洋捕捞渔船的提供:

1.被购置渔船的渔业船舶检验证书、渔业船舶国籍证书和所有权登记证书;

2.被购置渔船的渔业捕捞许可证注销证明;

3.渔业船网工具指标转移证明;

4.渔船交易合同;

5.出售方户口簿或者营业执照。

(三)更新改造海洋捕捞渔船的提供:

1.渔业船舶检验证书、渔业船舶国籍证书和所有权登记证书;

2.渔业捕捞许可证注销证明。

申请增加国内渔船主机功率的,还应当提供用于主机功率增加部分的被淘汰渔船的拆解、销毁或处理证明和现场监督管理的影像资料或者灭失证明,及其原发证机关出具的渔业船舶证书注销证明,并提供经确认符合船机桨匹配要求的渔船建造设计图纸。

(四)进口海洋捕捞渔船的,提供进口理由、旧渔业船舶进口技术评定书。

(五)申请制造、购置、更新改造、进口远洋渔船的,除分别按照第一项、第二项、第三项、第四项规定提供相应资料外,应当提供远洋渔业项目可行性研究报告;到他国管辖海域作业的远洋渔船,还应当提供与外方的合作协议或有关当局同意入渔的证明。但是,申请购置和更新改造的远洋渔船,不需提供渔业捕捞许可证注销证明。

(六)购置并制造、购置并更新改造、进口并更新改造海洋捕捞渔船的,同时按照制造、更新改造和进口海洋捕捞渔船的要求提供相关材料。

第十二条 下列海洋捕捞渔船的船网工具指标,向省级人民政府渔业主管部门申请。省级人民政府渔业主管部门应当按照规定进行审查,并将审查意见和申请人的全部申请材料报农业农村部审批:

(一)远洋渔船;

(二)因特殊需要,超过国家下达的省、自治区、直辖市渔业船网工具控制指标的渔船;

(三)其他依法应由农业农村部审批的渔船。

第十三条 除第十二条规定情况外,制造或者更新改造国内海洋大中型捕捞渔船的船网工具指标,由省级人民政府渔业主管部门审批。

跨省、自治区、直辖市购置国内海洋捕捞渔船的,由买入地省级人民政府渔业主管部门审批。

其他国内渔船的船网工具指标的申请、审批,由省、自治区、直辖市人民政府规定。

第十四条 制造、更新改造国内海洋捕捞渔船的,应当在本省、自治区、直辖市渔业船网工具控制指标范围内,通过淘汰旧捕捞渔船解决,船数和功率数应当分别不超过淘汰渔船的船数和功率数。国内海洋大中型捕捞渔船和小型捕捞渔船的船网工具指标不得相互转换。

购置国内海洋捕捞渔船的船网工具指标随船转移。国内海洋大中型捕捞渔船不得跨海区买卖,国内海洋小型和内陆捕捞渔船不得跨省、自治区、直辖市买卖。

国内现有海洋捕捞渔船经审批转为远洋捕捞作业的,其船网工具指标予以保留。因渔船发生重大改造,导致渔船主尺度、主机功率和作业类型发生变更的除外。

专业远洋渔船不计入省、自治区、直辖市的船网工具控制指标,由农业农村部统一管理,不得在我国管辖水域作业。

第十五条 渔船灭失、拆解、销毁的,原船舶所有人可自渔船灭失、拆解、销毁之日起12个月内,按本规定申请办理渔船制造或更新改造手续;逾期未申请的,视为自行放弃,由渔业主管部门收回船网工具指标。渔船灭失依法需要调查处理的,调查处理所需时间不计算在此规定期限内。

专业远洋渔船因特殊原因无法按期申请办理渔船制造手续的,可在前款规定期限内申请延期,但最长不超过相应远洋渔业项目届满之日起36个月。

第十六条 申请人应当凭渔业船网工具指标批准书办理渔船制造、更新改造、购置或进口手续,并申请渔船检验、登记,办理渔业捕捞许可证。

制造、更新改造、进口渔船的渔业船网工具指标批准书的有效期为18个月,购置渔船的渔业船网工具指标批准书的有效期为6个月。因特殊原因在规定期限内无法办理完毕相关手续的,可在有效期届满前3个月内申请有效期延展18个月。

已开工建造的到特殊渔区作业的专业远洋渔船,在延展期内仍无法办理完毕相关手续的,可在延展期届满前3个月内再申请延展18个月,且不得再次申请延展。

船网工具指标批准书有效期届满未依法延续的,审批机关应当予以注销并收回船网工具指标。

第十七条 渔业船网工具指标批准书在有效期内遗失或者灭失的,船舶所有人应当在1个月内向原审批机关说明遗失或者灭失的时间、地点和原因等情况,由原审批机关在其官方网站上发布声明,自公告声明发布之日起15日后,船舶所有人可向原审批机关申请补发渔业船网工具指标批准书。补发的渔业船网工具指标批准书有效期限不变。

第十八条 因继承、赠与、法院判决、拍卖等发生海洋渔船所有权转移的,参照购置海洋捕捞渔船的规定申请办理船网工具指标和渔业捕捞许可证。依法拍卖的,竞买人应当具备规定的条件。

第十九条 有下列情形之一的,不予受理海洋渔船的渔业船网工具指标申请;已经受理的,不予批准:

(一)渔船数量或功率数超过船网工具控制指标的;

(二)从国外或香港、澳门、台湾地区进口,或以合作、合资等方式引进捕捞渔船在我国管辖水域作业的;

(三)除他国政府许可或到特殊渔区作业有特别需求的专业远洋渔船外,制造拖网作业渔船的;

(四)制造单锚张纲张网、单船大型深水有囊围网(三角虎网)作业渔船的;

(五)户籍登记为一户的申请人已有两艘以上小型捕捞渔船,申请制造、购置的;

(六)除专业远洋渔船外,申请人户籍所在地、法人或非法人组织登记地为非沿海县(市)的,或者企业法定代表人户籍所在地与企业登记地不一致的;

(七)违反本规定第十四条第一款、第二款规定,以及不符合有关法律、法规、规章规定和产业发展政策的。

第三章 渔业捕捞许可证

第一节 一般规定

第二十条 在中华人民共和国管辖水域从事渔业捕捞活动,以及中国籍渔船在公海从事渔业捕捞活动,应当经审批机关批准并领取渔业捕捞许可证,按照渔业捕捞许可证核定的作业类型、场所、时限、渔具数量和规格、捕捞品种等作业。对已实行捕捞限额管理的品种或水域,应当按照规定的捕捞限额作业。

禁止在禁渔区、禁渔期、自然保护区从事渔业捕捞活动。

渔业捕捞许可证应当随船携带,徒手作业的应当随身携带,妥善保管,并接受渔业行政执法人员的检查。

第二十一条 渔业捕捞许可证分为下列八类：

（一）海洋渔业捕捞许可证，适用于许可中国籍渔船在我国管辖海域的捕捞作业；

（二）公海渔业捕捞许可证，适用于许可中国籍渔船在公海的捕捞作业。国际或区域渔业管理组织有特别规定的，应当同时遵守有关规定；

（三）内陆渔业捕捞许可证，适用于许可在内陆水域的捕捞作业；

（四）专项（特许）渔业捕捞许可证，适用于许可在特定水域、特定时间或对特定品种的捕捞作业，或者使用特定渔具或捕捞方法的捕捞作业；

（五）临时渔业捕捞许可证，适用于许可临时从事捕捞作业和非专业渔船临时从事捕捞作业；

（六）休闲渔业捕捞许可证，适用于许可从事休闲渔业的捕捞活动；

（七）外国渔业捕捞许可证，适用于许可外国船舶、外国人在我国管辖水域的捕捞作业；

（八）捕捞辅助船许可证，适用于许可为渔业捕捞生产提供服务的渔业捕捞辅助船，从事捕捞辅助活动。

第二十二条 渔业捕捞许可证核定的作业类型分为刺网、围网、拖网、张网、钓具、耙刺、陷阱、笼壶、地拉网、敷网、抄网、掩罩等共12种。核定作业类型最多不得超过两种，并应当符合渔具准用目录和技术标准，明确每种作业类型中的具体作业方式。拖网、张网不得互换且不得与其他作业类型兼作，其他作业类型不得改为拖网、张网作业。

捕捞辅助船不得从事捕捞生产作业，其携带的渔具应当捆绑、覆盖。

第二十三条 渔业捕捞许可证核定的海洋捕捞作业场所分为以下四类：

A类渔区：黄海、渤海、东海和南海等海域机动渔船底拖网禁渔区线向陆地一侧海域；

B类渔区：我国与有关国家缔结的协定确定的共同管理渔区、南沙海域、黄岩岛海域及其他特定渔业资源渔场和水产种质资源保护区；

C类渔区：渤海、黄海、东海、南海及其他我国管辖海域中除A类、B类渔区之外的海域。其中，黄渤海区为C1、东海区为C2、南海区为C3；

D类渔区：公海。

内陆水域捕捞作业场所按具体水域核定，跨行政区域的按该水域在不同行政区域的范围进行核定。

海洋捕捞作业场所要明确核定渔区的类别和范围，其中B类渔区要明确核定渔区、渔场或保护区的具体名称。公海要明确海域的名称。内陆水域作业场所要明确具体的水域名称及其范围。

第二十四条 渔业捕捞许可证的作业场所核定权限如下：

（一）农业农村部：A类、B类、C类、D类渔区和内陆水域；

（二）省级人民政府渔业主管部门：在海洋为本省、自治区、直辖市范围内的A类渔区，农业农村部授权的B类渔区、C类渔区。在内陆水域为本省、自治区、直辖市行政管辖水域；

（三）市、县级人民政府渔业主管部门：由省级人民政府渔业主管部门在其权限内规定并授权。

第二十五条 国内海洋大中型渔船捕捞许可证的作业场所应当核定在海洋B类、C类渔区，国内海洋小型渔船捕捞许可证的作业场所应当核定在海洋A类渔区。因传统作业习惯需要，经作业水域所在地审批机关批准，海洋大中型渔船捕捞许可证的作业场所可核定在海洋A类渔区。

作业场所核定在B类、C类渔区的渔船，不得跨海区界限作业，但我国与有关国家缔结的协定确定的共同管理渔区跨越海区界限的除外。作业场所核定在A类渔区或内陆水域的渔船，不得跨省、自治区、直辖市管辖水域界限作业。

第二十六条 专项（特许）渔业捕捞许可证应当与海洋渔业捕捞许可证或内陆渔业捕捞许可证同时使用，但因教学、科研等特殊需要，可单独使用专项（特许）渔业捕捞许可证。在B类渔区捕捞作业的，应当申请核发专项（特许）渔业捕捞许可证。

第二节 申请与核发

第二十七条 渔业捕捞许可证的申请人应当是船舶所有人。

徒手作业的，渔业捕捞许可证的申请人应当是作业人本人。

第二十八条 申请渔业捕捞许可证，申请人应当向户籍所在地、法人或非法人组织登记地县级以上人民政府渔业主管部门提出申请，并提交下列资料：

（一）渔业捕捞许可证申请书；

（二）船舶所有人户口簿或者营业执照；

（三）渔业船舶检验证书、渔业船舶国籍证书和所有权登记证书，徒手作业的除外；

（四）渔具和捕捞方法符合渔具准用目录和技术标准的说明。

申请海洋渔业捕捞许可证，除提供第一款规定的资料外，还应提供：

（一）申请人所属渔业组织出具的意见；

（二）首次申请和重新申请捕捞许可证的，提供渔业船网工具指标批准书；

（三）申请换发捕捞许可证的，提供原捕捞许可证。

申请公海渔业捕捞许可证，除提供第一款规定的资料外，还需提供：

（一）农业农村部远洋渔业项目批准文件；

（二）首次申请和重新申请的，提供渔业船网工具指标批准书；

（三）非专业远洋渔船需提供海洋渔业捕捞许可证暂存的凭据。

申请专项（特许）渔业捕捞许可证，除提供第一款规定的资料外，还应提供海洋渔业捕捞许可证或内陆渔业捕捞许可证。其中，申请到 B 类渔区作业的专项（特许）渔业捕捞许可证的，还应当依据有关管理规定提供申请材料；申请在禁渔区或者禁渔期作业的，还应当提供作业事由和计划；承担教学、科研等项目租用渔船的，还应提供项目计划、租用协议。

科研、教学单位的专业科研调查船、教学实习船申请专项（特许）渔业捕捞许可证，除提供第一款规定的资料外，还应提供科研调查、教学实习任务书或项目可行性报告。

第二十九条　下列作业渔船的渔业捕捞许可证，向船籍港所在地省级人民政府渔业主管部门申请。省级人民政府渔业主管部门应当审核并报农业农村部批准发放：

（一）到公海作业的；

（二）到我国与有关国家缔结的协定确定的共同管理渔区及南沙海域、黄岩岛海域作业的；

（三）到特定渔业资源渔场、水产种质资源保护区作业的；

（四）科研、教学单位的专业科研调查船、教学实习船从事渔业科研、教学实习活动的；

（五）其他依法应当由农业农村部批准发放的。

第三十条　下列作业的捕捞许可证，由省级人民政府渔业主管部门批准发放：

（一）海洋大型拖网、围网渔船作业的；

（二）因养殖或者其他特殊需要，捕捞农业农村部颁布的有重要经济价值的苗种或者禁捕的怀卵亲体的；

（三）因教学、科研等特殊需要，在禁渔区、禁渔期从事捕捞作业的。

第三十一条　因传统作业习惯或科研、教学及其他特殊情况，需要跨越本规定第二十五条第二款规定的界限从事捕捞作业的，由申请人所在地县级以上地方人民政府渔业主管部门审核同意后，报作业水域所在地审批机关批准发放。

在相邻交界水域作业的渔业捕捞许可证，由交界水域有关的县级以上地方人民政府渔业主管部门协商发放，或由其共同的上级人民政府渔业主管部门批准发放。

第三十二条　除本规定第二十九条、第三十条、第三十一条情况外，其他作业的渔业捕捞许可证由县级以上地方人民政府渔业主管部门审批发放。

县级以上地方人民政府渔业主管部门审批发放渔业捕捞许可证，应当优先安排当地专业渔民和渔业企业。

第三十三条　除专业远洋渔船外，申请渔业捕捞许可证，企业法定代表人户籍所在地与企业登记地不一致的；申请海洋渔业捕捞许可证，申请人户籍所在地、法人或非法人组织登记地为非沿海县（市）的，不予受理；已经受理的，不予批准。

第三节　证书使用

第三十四条　从事钓具、灯光围网作业渔船的子船与其主船（母船）使用同一本渔业捕捞许可证。

第三十五条　海洋渔业捕捞许可证和内陆渔业捕捞许可证的使用期限为 5 年。其他种类渔业捕捞许可证的使用期限根据实际需要确定，但最长不超过 3 年。

使用达到农业农村部规定的老旧渔业船舶船龄的渔船从事捕捞作业的，发证机关核发其渔业捕捞许可证时，证书使用期限不得超过渔业船舶检验证书记载的有效期限。

第三十六条　渔业捕捞许可证使用期届满，或者在有效期内有下列情形之一的，应当按规定申请换发渔业捕捞许可证：

（一）因行政区划调整导致船名变更、船籍港变更的；

（二）作业场所、作业方式变更的；

（三）船舶所有人姓名、名称或地址变更的，但渔船所有权发生转移的除外；

（四）渔业捕捞许可证污损不能使用的。

渔业捕捞许可证使用期届满的，船舶所有人应当在使用期届满前 3 个月内，向原发证机关申请换发捕捞许可证。发证机关批准换发渔业捕捞许可证时，应当收回原渔业捕捞许可证，并予以注销。

第三十七条　在渔业捕捞许可证有效期内有下列情形之一的，应当重新申请渔业捕捞许可证：

（一）渔船作业类型变更的；

（二）渔船主机、主尺度、总吨位变更的；

（三）因购置渔船发生所有人变更的；

（四）国内现有捕捞渔船经审批转为远洋捕捞作业的。

有前款第一项、第二项、第三项情形的,还应当办理原渔业捕捞许可证注销手续。

第三十八条 渔业捕捞许可证遗失或者灭失的,船舶所有人应当在1个月内向原发证机关说明遗失或者灭失的时间、地点和原因等情况,由原发证机关在其官方网站上发布声明,自公告声明发布之日起15日后,船舶所有人可向原发证机关申请补发渔业捕捞许可证。补发的渔业捕捞许可证使用期限不变。

第三十九条 有下列情形之一的,渔业捕捞许可证失效,发证机关应当予以注销

（一）渔业捕捞许可证、渔业船舶检验证书或者渔业船舶国籍证书有效期届满未依法延续的;

（二）渔船灭失、拆解或销毁的,或者因渔船损毁且渔业捕捞许可证灭失的;

（三）不再从事渔业捕捞作业的;

（四）渔业捕捞许可证依法被撤销、撤回或者吊销的;

（五）以贿赂、欺骗等不正当手段取得渔业捕捞许可证的;

（六）依法应当注销的其他情形。

有前款第一项、第三项规定情形的,发证机关应当事先告知当事人。有前款第二项规定情形的,应当由船舶所有人提供相关证明。

渔业捕捞许可证注销后12个月内未按规定重新申请办理的,视为自行放弃,由渔业主管部门收回船网工具指标,更新改造渔船注销捕捞许可证的除外。

第四十条 使用期一年以上的渔业捕捞许可证实行年审制度,每年审验一次。

渔业捕捞许可证的年审工作由发证机关负责,也可由发证机关委托申请人户籍所在地、法人或非法人组织登记地的县级以上地方人民政府渔业主管部门负责。

第四十一条 同时符合下列条件的,为年审合格,由审验人签字,注明日期,加盖公章:

（一）具有有效的渔业船舶检验证书和渔业船舶国籍证书,船舶所有人和渔船主尺度、主机功率、总吨位未发生变更,且与渔业船舶证书载明的一致;

（二）渔船作业类型、场所、时限、渔具数量与许可内容一致;

（三）按规定填写和提交渔捞日志,未超出捕捞限额指标（对实行捕捞限额管理的渔船）;

（四）按规定缴纳渔业资源增殖保护费;

（五）按规定履行行政处罚决定;

（六）其他条件符合有关规定。

年审不合格的,由渔业主管部门责令船舶所有人限期改正,可以再审验一次。再次审验合格的,渔业捕捞许可证继续有效。

第四章 监督管理

第四十二条 渔业船网工具指标批准书、渔业船网工具指标申请不予许可决定书、渔业捕捞许可证、渔业捕捞许可证注销证明、渔业船舶拆解销毁或处理证明、渔业船舶灭失证明、渔业船网工具指标转移证明等证书文件,由农业农村部规定样式并统一印制。

渔业船网工具指标申请书、渔业船网工具指标申请审核变更说明、渔业捕捞许可证申请书、渔业捕捞许可证注销申请表、渔捞日志等,由县级以上人民政府渔业主管部门按照农业农村部规定的统一格式印制。

第四十三条 县级以上人民政府渔业主管部门应当逐船建立渔业船网工具指标审批和渔业捕捞许可证核发档案。

渔业船网工具指标批准书使用和渔业捕捞许可证被注销后,其核发档案应当保存至少5年。

第四十四条 签发人实行农业农村部和省级人民政府渔业主管部门报备制度,县级以上人民政府渔业主管部门应推荐一至两人为签发人。

省级人民政府渔业主管部门负责备案公布本省、自治区、直辖市县级以上地方人民政府渔业主管部门的签发人,农业农村部负责备案公布省、自治区、直辖市渔业主管部门的签发人。

第四十五条 签发人越权、违规签发,或擅自更改渔业船网工具指标和渔业捕捞许可证书证件,或有其他玩忽职守、徇私舞弊等行为的,视情节对有关签发人给予警告、通报批评、暂停或取消签发人资格等处分;签发人及其所在单位应依法承担相应责任。

越权、违规签发或擅自更改的证书证件由其签发人所在单位的上级机关撤销,由原发证机关注销。

第四十六条 禁止涂改、伪造、变造、买卖、出租、出借或以其他形式转让渔业船网工具指标批准书和渔业捕捞许可证。

第四十七条 有下列情形之一的,为无效渔业捕捞许可证:

（一）逾期未年审或年审不合格的;

（二）证书载明的渔船主机功率与实际功率不符的;

（三）以欺骗或者涂改、伪造、变造、买卖、出租、出借等非法方式取得的;

（四）被撤销、注销的。

使用无效的渔业捕捞许可证或者无正当理由不能提供渔业捕捞许可证的,视为无证捕捞。

涂改、伪造、变造、买卖、出租、出借或以其他形式转让的渔业船网工具指标批准书,为无效渔业船网工具指标批准书,由批准机关予以注销,并核销相应船网工具指标。

第四十八条 依法被没收渔船的,海洋大中型捕捞渔船的船网工具指标由农业农村部核销,其他渔船的船网工具指标由省、自治区、直辖市人民政府渔业主管部门核销。

第四十九条 依法被列入失信被执行人的,县级以上人民政府渔业主管部门应当对其渔业船网工具指标、捕捞许可证的申请按规定予以限制,并冻结失信被执行人及其渔船在全国渔船动态管理系统中的相关数据。

第五十条 海洋大中型渔船从事捕捞活动应当填写渔捞日志,渔捞日志应当记载渔船捕捞作业、进港卸载渔获物、水上收购或转运渔获物等情况。其他渔船渔捞日志的管理由省、自治区、直辖市人民政府规定。

第五十一条 国内海洋大中型渔船应当在返港后向港口所在地县级人民政府渔业主管部门或其指定的机构或渔业组织提交渔捞日志。公海捕捞作业渔船应当每月向农业农村部或其指定机构提交渔捞日志。使用电子渔捞日志的,应当每日提交。

第五十二条 船长应当对渔捞日志记录内容的真实性、正确性负责。

禁止在 A 类渔区转载渔获物。

第五十三条 未按规定提交渔捞日志或者渔捞日志填写不真实、不规范的,由县级以上人民政府渔业主管部门或其所属的渔政监督管理机构给予警告,责令改正;逾期不改正的,可以处 1 000 元以上 1 万元以下罚款。

第五十四条 违反本规定的其他行为,依照《中华人民共和国渔业法》或其他有关法律法规章进行处罚。

第五章 附 则

第五十五条 本规定有关用语的定义如下:

渔业捕捞活动:捕捞或准备捕捞水生生物资源的行为,以及为这种行为提供支持和服务的各种活动。在尚未管理的滩涂或水域手工零星采集水产品的除外。

渔船:《中华人民共和国渔港水域交通安全管理条例》规定的渔业船舶。

船长:《渔业船舶国籍证书》中所载明的船长。

捕捞渔船:从事捕捞活动的生产船。

捕捞辅助船:渔获物运销船、冷藏加工船、渔用物资和燃料补给船等为渔业捕捞生产提供服务的船舶。

非专业渔船:从事捕捞活动的教学、科研调查船,特殊用途渔船,用于休闲捕捞活动的专业旅游观光船等船舶。

远洋渔船:在公海或他国管辖海域作业的捕捞渔船和捕捞辅助船,包括专业远洋渔船和非专业远洋渔船。专业远洋渔船,指专门用于在公海或他国管辖海域作业的捕捞渔船和捕捞辅助船;非专业远洋渔船,指具有国内有效的渔业捕捞许可证,转产到公海或他国管辖海域作业的捕捞渔船和捕捞辅助船。

船网工具控制指标:渔船的数量及其主机功率数值、网具或其他渔具的数量的最高限额。

船网工具指标:渔船的主机功率数值、网具或其他渔具的数额。

制造渔船:新建造渔船,包括旧船淘汰后再建造渔船。

更新改造渔船:通过更新主机或对船体和结构进行改造改变渔船主机功率、作业类型、主尺度或总吨位。

购置渔船:从国内买入渔船。

进口渔船:从国外和香港、澳门、台湾地区买入渔船,包括以各种方式引进渔船。

渔业组织:渔业合作组织、渔业社团(协会)、村集体经济组织、村民委员会等法人或非法人组织。

渔业船舶证书:渔业船舶检验证书、渔业船舶国籍证书、渔业捕捞许可证。

第五十六条 香港、澳门特别行政区持有广东省户籍的流动渔船的船网工具指标和捕捞许可证管理,按照农业农村部有关港澳流动渔船管理的规定执行。

第五十七条 国内捕捞辅助船的总量控制应当与本行政区域内捕捞渔船数量和规模相匹配,其船网工具指标和捕捞许可证审批按照捕捞渔船进行管理。

国内捕捞辅助船、休闲渔船和徒手作业捕捞许可管理的具体办法,由省、自治区、直辖市人民政府渔业主管部门规定。

第五十八条 我国渔船到他国管辖水域作业,应当经农业农村部批准。

中国籍渔业船舶以光船条件出租到境外申请办理光船租赁登记和非专业远洋渔船申请办理远洋渔业项目前,应当将海洋渔业捕捞许可证交回原发证机关暂存,原发证机关应当出具暂存凭据。渔业捕捞许可证暂存期不计入渔业捕捞许可证核定的使用期限,暂存期间不需要办理年审手续。渔船回国终止光船租赁和远洋渔业项目后,凭暂存凭据领回渔业捕捞许可可证。

第五十九条 本规定自 2019 年 1 月 1 日起施行。原农业部 2002 年 8 月 23 日发布,2004 年 7 月 1 日、2007 年 11 月 8 日和 2013 年 12 月 31 日修订的《渔业捕捞许可管理规定》同时废止。

中华人民共和国
管辖海域外国人、外国船舶
渔业活动管理暂行规定

(1999 年 6 月 24 日农业部令第 18 号公布,
2004 年 7 月 1 日农业部令第 38 号、
2022 年 1 月 7 日农业农村部令 2022 年第 1 号修订)

第一条 为加强中华人民共和国管辖海域内渔业活动的管理,维护国家海洋权益,根据《中华人民共和国渔业法》、《中华人民共和国专属经济区和大陆架法》、《中华人民共和国领海及毗连区法》等法律、法规,制定本规定。

第二条 本规定适用于外国人、外国船舶在中华人民共和国管辖海域内从事渔业生产、生物资源调查等涉及渔业的有关活动。

第三条 任何外国人、外国船舶在中华人民共和国管辖海域内从事渔业生产、生物资源调查等活动的,必须经中华人民共和国渔政渔港监督管理局批准,并遵守中华人民共和国的法律、法规以及中华人民共和国缔结或参加的国际条约与协定。

第四条 中华人民共和国内水、领海内禁止外国人、外国船舶从事渔业生产活动;经批准从事生物资源调查活动必须采用与中方合作的方式进行。

第五条 中华人民共和国渔政渔港监督管理局根据以下条件对外国人的入渔申请进行审批:

1.申请的活动,不危害中华人民共和国国家安全,不妨碍中华人民共和国缔结或参加的国际条约与协定的执行;

2.申请的活动,不对中华人民共和国实施的海洋生物资源养护措施和海洋环境造成不利影响;

3.申请的船舶数量、作业类型和渔获量等符合中华人民共和国管辖海域内的资源状况。

第六条 外国渔业船舶申请在中华人民共和国管辖水域从事渔业生产的,应当向中华人民共和国渔政渔港监督管理局提出。中华人民共和国渔政渔港监督管理局应当自申请受理之日起 20 日内作出是否发放捕捞许可证的决定。

外国人、外国渔业船舶申请在中华人民共和国管辖水域从事渔业资源调查活动的,应当向农业农村部提出。农业农村部应当自申请受理之日起 20 日内作出是否批准其从事渔业活动的决定。

第七条 外国人、外国船舶入渔申请获得批准后,应当向中华人民共和国渔政渔港监督管理局缴纳入渔费并领取许可证。如有特殊情况,经批准机关同意,入渔费可予以减免。

经批准进入中华人民共和国渔港的,应按规定缴纳港口费用。

第八条 经批准作业的外国人、外国船舶领取许可证后,按许可证确定的作业船舶、作业区域、作业时间、作业类型、渔获数量等有关事项作业,并按照中华人民共和国渔政渔港监督管理局的有关规定填写捕捞日志、悬挂标志和执行报告制度。

第九条 在中华人民共和国管辖海域内的外国人、外国船舶,未经中华人民共和国渔政渔港监督管理局批准,不得在船舶间转载渔获物及其制品或补给物品。

第十条 经批准转载的外国鱼货运输船、补给船,必须按规定向中华人民共和国有关海区渔政渔港监督管理机构申报进入中华人民共和国管辖海域过驳鱼货或补给的时间、地点,被驳鱼货或补给的船舶船名、鱼种、驳运量,或主要补给物品和数量。过驳或补给结束,应申报确切过驳数量。

第十一条 外国人、外国船舶在中华人民共和国管辖海域内从事渔业生产、生物资源调查等活动以及进入中华人民共和国渔港的,应当接受中华人民共和国渔政渔港监督管理机构的监督检查和管理。

中华人民共和国渔政渔港监督管理机构及其检查人员在必要时,可以对外国船舶采取登临、检查、驱逐、扣留等必要措施,并可行使紧追权。

第十二条 外国人、外国船舶在中华人民共和国内水、领海内有下列行为之一的,责令其离开或者将其驱逐,可处以没收渔获物、渔具,并处以罚款;情节严重的,可以没收渔船。罚款按下列数额执行:

1.从事捕捞、补给或转载渔获等渔业生产活动的,可处 50 万元以下罚款;

2.未经批准从事生物资源调查活动的,可处 40 万元以下罚款。

第十三条 外国人、外国船舶在中华人民共和国专属经济区和大陆架有下列行为之一的,责令其离开或者将其驱逐,可处以没收渔获物、渔具,并处以罚款;情节严重的,可以没收渔船。罚款按下列数额执行:

1.从事捕捞、补给或转载渔获等渔业生产活动的,

可处 40 万元以下罚款;

2.从事生物资源调查活动的,可处 30 万元以下罚款。

第十四条 外国人、外国船舶经批准在中华人民共和国专属经济区和大陆架从事渔业生产、生物资源调查活动,有下列行为之一的,可处以没收渔获物、没收渔具和 30 万元以下罚款的处罚:

1.未按许可的作业区域、时间、类型、船舶功率或吨位作业的;

2.超过核定捕捞配额的。

第十五条 外国人、外国船舶经批准在中华人民共和国专属经济区和大陆架从事渔业生产、生物资源调查活动,有下列行为之一的,没收渔获物和违法所得,可以并处 5 万元以下的罚款;情节严重的,并可以没收渔具,吊销捕捞许可证:

1.未按规定填写渔捞日志的;

2.未按规定向指定的监督机构报告船位、渔捞情况等信息的;

3.未按规定标识作业船舶的;

4.未按规定的网具规格和网目尺寸作业的。

第十六条 未取得入渔许可进入中华人民共和国管辖水域,或取得入渔许可但航行于许可作业区域以外的外国船舶,未将渔具收入舱内或未按规定捆扎、覆盖的,中华人民共和国渔政渔港监督管理机构可处以 3 万元以下罚款的处罚。

第十七条 外国船舶进出中华人民共和国渔港,有下列行为之一的,中华人民共和国渔政渔港监督管理机构有权禁止其进、离港口,或者令其停航、改航、停止作业,并可处以 3 万元以下罚款的处罚:

1.未经批准进出中华人民共和国渔港的;

2.违反船舶装运、装卸危险品规定的;

3.拒不服从渔政渔港监督管理机构指挥调度的;

4.拒不执行渔政渔港监督管理机构作出的离港、停航、改航、停止作业和禁止进、离港等决定的。

第十八条 外国人、外国船舶对中华人民共和国渔港及渔港水域造成污染的,中华人民共和国渔政渔港监督管理机构可视情节及危害程度,处以警告或 10 万元以下的罚款。对造成渔港水域环境污染损害的,可责令其支付消除污染费用,赔偿损失。

第十九条 中华人民共和国渔政渔港监督管理局和各海区渔政渔港监督管理局可决定 50 万元以下罚款的处罚。

省(自治区、直辖市)渔政渔港监督管理机构可决定 20 万元以下罚款的处罚。

市、县渔政渔港监督管理机构可决定 5 万元以下罚款的处罚。

作出超过本级机构权限的行政处罚决定的,必须事先报经具有相应处罚权的上级渔政渔港监督管理机构批准。

第二十条 受到罚款处罚的外国船舶及其人员,必须在离港或开航前缴清罚款。不能在离港或开航前缴清罚款的,应当提交相当于罚款额的保证金或处罚决定机关认可的其他担保,否则不得离港。

第二十一条 外国人、外国船舶违反本规定和中华人民共和国有关法律、法规,情节严重的,除依法给予行政处罚或移送有关部门追究法律责任外,中华人民共和国渔政渔港监督管理局并可取消其入渔资格。

第二十二条 外国人、外国船舶对渔业行政处罚不服的,可依据中华人民共和国法律、法规的有关规定申请复议或提起诉讼。

第二十三条 本规定与我国缔结或参加的有关国际渔业条约有不同规定的,适用国际条约的规定,但我国声明保留的除外。

第二十四条 本规定未尽事项,按照中华人民共和国有关法律、法规的规定办理。

第二十五条 本规定由农业农村部负责解释。

第二十六条 本规定自发布之日起施行。

中韩渔业协定暂定措施水域和过渡水域管理办法

(2001 年 2 月 16 日农业部令第 47 号公布,
2004 年 7 月 1 日农业部令第 38 号修订,
2019 年 4 月 25 日农业农村部令第 2 号、
2022 年 1 月 7 日农业农村部令 2022 年第 1 号修订)

第一条 为了养护和合理利用海洋渔业资源,维护《中华人民共和国政府和大韩民国政府渔业协定》(以下称《中韩渔业协定》)规定的"暂定措施水域"和"过渡水域"的正常渔业秩序,根据《中华人民共和国渔业法》等法律、法规,制定本办法。

第二条 本办法适用于在《中韩渔业协定》第七条第一款规定的"暂定措施水域"和第八条第一款规定的"韩方一侧过渡水域"(以下称"过渡水域")从事渔业活动的我国渔船。

第三条 中华人民共和国农业农村部是实施《中韩渔业协定》的主管机关,中华人民共和国渔政渔港监督管理局负责对暂定措施水域和过渡水域的渔业活动进行管理。

农业农村部黄渤海区渔政渔港监督管理局负责暂定措施水域和过渡水域管理的组织实施、现场指导和监督检查,并对我国渔船的生产情况进行汇总、统计和分析,东海区渔政渔港监督管理局协助。

沿渤海、黄海、东海各省(直辖市)、地(市)、县级渔业主管部门负责对在暂定措施水域和过渡水域作业的本辖区渔船进行必要的指导和管理。

第四条 中华人民共和国渔政渔港监督管理局每年根据中韩渔业联合委员会商定的作业规模(作业类型、船数、渔获量等),确定下一年度我国渔船进入暂定措施水域和过渡水域的作业规模,并下达给黄渤海区、东海区渔政渔港监督管理局,由其分配给本海区有关省份。

第五条 申请进入中韩渔业协定暂定措施水域和过渡水域作业的渔业捕捞许可证,应当于每年4月10日前向所在地省、自治区、直辖市人民政府渔业主管部门提出。省、自治区、直辖市人民政府渔业主管部门应当自受理申请之日起20日内完成审核,并报农业农村部审批。

农业农村部自收到省、自治区、直辖市人民政府渔业主管部门报送的材料之日起20日内作出是否发放捕捞许可证的决定。

第六条 申请进入暂定措施水域和过渡水域从事渔业活动的渔船必须具备下列条件:

1.持有有效的渔业捕捞许可证书、船舶检验证书、船舶登记证书(或船舶国籍证书)及其他必备证书。

2.适航航区在Ⅱ类以上,并处于适航状态,装备有全球卫星定位仪(GPS)。

3.按规定配齐船员,职务船员应持有有效的职务船员证书。

第七条 经审查符合条件的渔船,黄渤海区、东海区渔政渔港监督管理局发给有效期为1年的专项(特许)渔业捕捞许可证(以下称《专项证》)。《专项证》由受理申请的县级渔业主管部门向申请人转交。转交《专项证》时,须同时发给申请人空白《中华人民共和国渔捞日志》(以下称《渔捞日志》,格式见附件二),并就《渔捞日志》的填写、收集、管理等对申请人进行必要的培训和指导。

第八条 黄渤海区、东海区渔政渔港监督管理局每年编制暂定措施水域和过渡水域许可渔船名录,报中华人民共和国渔政渔港监督管理局备案。

第九条 经批准在暂定措施水域和过渡水域从事渔业活动的渔船,必须认真、如实填写《渔捞日志》。申请人在申请下一年度作业资格时,须将《申请表》和上一年度的《渔捞日志》同时交送受理申请的县级渔业主管部门。

第十条 受理申请的县级渔业主管部门负责申请渔船《渔捞日志》的收集、统计工作,并逐级上报地(市)、省(直辖市)渔业主管部门,由省(直辖市)渔业主管部门统一报所在海区渔政渔港监督管理局。东海区渔船的《渔捞日志》和生产情况由东海区渔政渔港监督管理局交黄渤海区渔政渔港监督管理局汇总。

《渔捞日志》数据的处理方法,由中华人民共和国渔政渔港监督管理局另行规定。

第十一条 经批准在暂定措施水域和过渡水域从事渔业活动的渔船必须按规定标记。具体标记方式由中华人民共和国渔政渔港监督管理局另行规定。

第十二条 经批准在暂定措施水域和过渡水域从事渔业活动的渔船,必须遵守我国渔业法律、法规,遵守中韩双方商定的暂定措施水域、过渡水域资源养护和管理规定。

第十三条 在暂定措施水域和过渡水域从事渔业活动的我国渔船与韩国渔船发生渔事纠纷,或需到韩国港口紧急避难的,应按照《中韩渔业协定》及两国有关规定处理。

第十四条 《申请表》和《渔捞日志》由黄渤海区渔政渔港监督管理局根据本办法规定的格式统一印制。

第十五条 本办法自《中韩渔业协定》生效之日起实施。有关过渡水域的规定,有效期为自协定生效之日起至满四年之日止。

第十六条 本规定由农业农村部负责解释。

中日渔业协定暂定措施水域管理暂行办法

(1999年3月5日农业部令第8号公布,2004年7月1日农业部令38号、2022年1月7日农业农村部令2022年第1号修订)

第一条 为了养护和合理利用海洋渔业资源,维护《中华人民共和国和日本国渔业协定》(以下称《中日渔业协定》)规定的暂定措施水域的正常渔业生产秩序,根据《中华人民共和国渔业法》的规定,制定本办法。

第二条 本办法运用于在《中日渔业协定》第七条第一款规定的暂定措施水域从事渔业活动的我国渔船。

暂定措施水域为下列各点顺次用直线连接而围成的水域:

1.北纬30度40分、东经124度10.1分;

2.北纬 30 度、东经 123 度 56.4 分；

3.北纬 29 度、东经 123 度 25.5 分；

4.北纬 28 度、东经 122 度 47.9 分；

5.北纬 27 度、东经 121 度 57.4 分；

6.北纬 27 度、东经 125 度 58.3 分；

7.北纬 28 度、东经 127 度 15.1 分；

8.北纬 29 度、东经 128 度 0.9 分；

9.北纬 30 度、东经 128 度 32.2 分；

10.北纬 30 度 40 分、东经 128 度 26.1 分；

11.北纬 30 度 40 分、东经 124 度 10.1 分。

第三条　中华人民共和国渔政渔港监督管理局是实施《中日渔业协定》的主管机关。负责对暂定措施水域的渔业活动进行管理。农业农村部东海区渔政渔港监督管理局负责暂定措施水域渔船生产情况的汇总、统计和分析，对暂定措施水域的渔业活动进行现场指导和监督检查。

第四条　中华人民共和国渔政渔港监督管理局根据中日渔业联合委员会每年商定的作业规模，确定当年我国渔船进入暂定措施水域作业的船数和类型，并下达给东海区、黄渤海区渔政渔港监督管理局，由其分配各有关省、市。

第五条　申请到暂定措施水域从事渔业活动的申请人或渔船，必须具备以下条件：

（一）持有有效的渔业捕捞许可证。

（二）船舶处于适航状态，并持有与作业航区相适应的船舶检验证书、船舶登记证书（或船舶国籍证书），航行签证簿。主机额定功率在 300 千瓦以上的渔船，还应备有油类记录簿。

（三）按规定配齐船员，职务船员应持有有效的职务船员证书（或适任证书）。

（四）按规定填写和上交上一年度的捕捞日志。

（五）渔船按规定进行标记。

第六条　申请进入中日渔业协定暂定措施水域作业的渔业捕捞许可证，应当于每年 4 月 10 日前向所在地省、自治区、直辖市人民政府渔业主管部门提出。省、自治区、直辖市人民政府渔业主管部门应当自受理申请之日起 20 日内完成审核，并报农业农村部审批。

农业农村部自收到省、自治区、直辖市人民政府渔业主管部门报送的材料之日起 20 日内作出是否发放捕捞许可证的决定。申请表由农业农村部统一印制。

第七条　经批准在暂定措施水域从事渔业活动的渔船，必须按规定填写"《中日渔业协定》暂定措施水域捕捞日志"（附件二），并在申请下一年度作业资格时，连同作业申请表一并交送船籍港所在地的县级渔业主管部门。

各级渔业主管部门在向申请人递交特许证时，必须同时发给申请人空白捕捞日志，并就捕捞日志的填写对申请人进行必要的培训和指导。

第八条　县级渔业主管部门负责本辖区渔船捕捞日志的收集、统计工作，并逐级上报地（市）、省（直辖市）渔业主管部门和海区渔政渔港监督管理局汇总。黄渤海区渔船在暂定措施水域的生产情况由黄渤海区渔政渔港监督管理局交东海区渔政渔港监督管理局汇总。

捕捞日志的数据处理方法，由中华人民共和国渔政渔港监督管理局另行规定。

第九条　经批准在暂定措施水域从事渔业活动的渔船，必须按规定进行标记。具体标记方式由中华人民共和国渔政渔港监督管理局另行规定。

第十条　经批准在暂定措施水域从事渔业活动的渔船，必须遵守《中华人民共和国渔业法》和国家在暂定措施水域内实施的各项渔业资源养护的规定。

第十一条　在暂定措施水域从事渔业活动的渔船发生渔事纠纷的，按现行的有关规定处理。

第十二条　违反本办法的，按《中华人民共和国渔业法实施细则》和国家有关规定予以处罚。

第十三条　本办法由农业农村部负责解释。

第十四条　本办法自《中日渔业协定》正式生效之日起实施。

农业农村部关于开展蛙类养殖违法违规用药专项整治行动的通知

农明字〔2022〕17 号

各有关省、自治区、直辖市农业农村（农牧）、渔业厅（局、委）：

为进一步加强养殖蛙类（牛蛙、黑斑蛙、棘胸蛙、棘腹蛙等）用药监管，不断加大对蛙类养殖中违规使用禁（停）用药、不遵守休药期规定和未建立真实完整生产记录等行为的打击力度，确保蛙类产品质量安全，保证行业规范健康发展，农业农村部决定组织开展蛙类养殖违法违规用药专项整治行动。现就有关事项通知如下。

一、时间安排和整治范围

（一）时间安排

2022 年 4 月至 7 月初。

（二）整治范围

全国范围内蛙类养殖主产区，包括浙江、安徽、福建、江西、湖北、湖南、广东、广西、海南、重庆、四川、贵州、云南。

二、重点整治内容

一是开展地毯式排查。逐场逐户进行蛙类养殖生产排查,摸清辖区内蛙类养殖场(户)数量、规模等,排查养殖生产者是否建立真实完整的水产养殖(生产、用药和销售)记录,排查蛙类养殖用投入品使用情况。通过对比检查用药和销售记录,若发现存在养殖者销售尚在休药期蛙类产品,使用禁(停)用药、人用药、原料药和假(劣)兽药等违法行为,要依据《中华人民共和国农产品质量安全法》《兽药管理条例》等法律法规进行查处,涉嫌犯罪的移交司法部门追究刑事责任。对养殖者使用"白名单"之外投入品的,要及时发布《养殖水产品质量安全风险隐患警示信息公示》。

二是加强蛙类兽药残留检测及结果监管。农业农村部组织的《2022年国家产地水产品兽药残留监测计划》中已在全国主产地区增加蛙类样品的采样数量。蛙类养殖省份在制定省级监测计划时也要根据本地养殖规模加大蛙类药残监测力度。对产地兽药残留监测(质量安全监督抽检)检出有明确休药期兽药残留超标的,市、县级主管部门要跟踪检测合格后才允许出塘销售。

三是建立健全蛙类产品溯源机制。按照从生产到销售每一个环节可相互追查原则,逐步建立蛙类产品生产、加工、运输和销售环节登记制度。严格落实食用农产品承诺达标合格证制度,鼓励蛙类养殖者开展自检或委托检测,把好质量安全关。

四是做好水产养殖规范用药宣传和技术服务。加大法律法规的宣传培训力度,做好《水产养殖用药明白纸》等宣传材料张贴和培训。尤其针对市场监测中蛙类产品常规药物超标严重的现象,提醒养殖者严格遵守兽药休药期制度,杜绝大量超量用药等违法违规行为。同时,发动科研机构和水产技术推广人员探索和推广蛙类绿色养殖模式,降低蛙类养殖密度,减少用药

频率和使用量。

请各有关省(自治区、直辖市)于7月15日将专项整治行动工作总结及《专项整治行动情况统计表》(见附件)报送农业农村部渔业渔政管理局。工作中如遇其他问题,请及时向农业农村部相关司局反映。

联系方式:

农业农村部渔业渔政管理局养殖处

电话:010—59192996、59192918(传真)

邮箱:aqucfish@163.com

农业农村部农产品质量安全监管司监督处

电话:010—59192694

附件:专项整治行动情况统计表(略)

农业农村部

2022年3月18日

农业农村部公告第 566 号

根据经国务院批准发布的《农业部关于进一步加强国内渔船管控实施海洋渔业资源总量管理的通知》(农渔发〔2017〕2号)要求,为加快实施渔获物定点上岸,强化捕捞产出管理,推动渔业高质量发展,经地方推荐、专家评审和农业农村部审核,辽宁省将军石渔港等52座渔港被批准为第三批国家级海洋捕捞渔获物定点上岸渔港。

特此公告。

附件:国家级海洋捕捞渔获物定点上岸渔港名单(第三批)

农业农村部

2022年6月10日

附件

国家级海洋捕捞渔获物定点上岸渔港名单(第三批)

序号	地区	渔港名称	渔港所在地	序号	地区	渔港名称	渔港所在地
1	辽宁省	将军石渔港	大连市瓦房店市	3	辽宁省	金岛渔港	大连市庄河市
2		高丽城渔港	大连市庄河市	4		南尖子渔港	大连市庄河市

（续）

序号	地区	渔港名称	渔港所在地	序号	地区	渔港名称	渔港所在地
5	辽宁省	东獐子渔港	大连市长海县	29	山东省	和兴港渔业港区	威海市荣成市
6		四道沟渔港	营口市西市区	30		龙须岛渔港	威海市荣成市
7		望海渔港	营口市鲅鱼圈区	31	江苏省	塘芦港渔港	南通市启东市
8		三孝渔港	营口市盖州市	32		东灶渔港	南通市海门区
9		锦州渔港	锦州市滨海新区	33		刘埠渔港	南通市如东县
10		南凌渔港	锦州市滨海新区	34		陈家港渔港	盐城市响水县
11		申江渔港	葫芦岛市绥中县	35		海头渔港	连云港市赣榆区
12		尚家渔港	葫芦岛市绥中县	36		柘汪渔港	连云港市赣榆区
13		二河口新村渔港	葫芦岛市绥中县	37		韩口渔港	连云港市赣榆区
14		团山子渔港	葫芦岛市绥中县	38	浙江省	桐照渔港	宁波市奉化区
15		盐滩渔港	葫芦岛市绥中县	39		林门港渔港	宁波市象山县
16		照山渔港	葫芦岛市绥中县	40		东门渔业港区	宁波市象山县
17		张见渔港	葫芦岛市绥中县	41		东沙渔港	温州市洞头区
18		大南铺渔港	葫芦岛市绥中县	42		舥艚渔港	温州市龙港市
19		止锚湾渔港	葫芦岛市绥中县	43		红脚岩渔港	台州市临海市
20		海大渔港	葫芦岛市绥中县	44		西码头渔港	舟山市定海区
21		海洋渔港	葫芦岛市绥中县	45		高亭渔港	舟山市岱山县
22		小冯渔港	葫芦岛市绥中县	46	福建省	澳角渔港	漳州市东山县
23		天龙寺渔港	葫芦岛市绥中县	47	广东省	云澳渔港	汕头市南澳县
24		赵家渔港	葫芦岛市绥中县	48		广海渔港	江门市台山市
25		洪家渔港	葫芦岛市绥中县	49	广西壮族自治区	企沙渔港	防城港市港口区
26	河北省	卸粮口渔港	秦皇岛市海港区	50		犀牛脚渔港	钦州市钦南区
27		新戴河渔港	唐山市乐亭县	51		龙门渔港	钦州市钦南区
28	山东省	王家湾渔港	威海市荣成市	52	海南省	清澜渔港	文昌市文城镇

关于印发《水产养殖动物疫病防控指南（试行）》的通知

农渔养函〔2022〕116 号

为贯彻落实《中华人民共和国渔业法》《中华人民共和国动物防疫法》等要求，指导水产养殖主体加强对水产养殖动物疾病的防控，推进水产养殖业绿色高质量发展，提高水产品稳产保供水平，我局会同全国水产技术推广总站制定了《水产养殖动物疾病防控指南（试行）》，现印发给你们，请参照执行。

农业农村部渔业渔政管理局
2022 年 11 月 11 日

水产养殖动物疾病防控指南（试行）

1 适用范围

本指南适用于我国水产养殖主体对水产养殖动物疾病防控的相关活动。

2 制定依据

《中华人民共和国渔业法》
《中华人民共和国动物防疫法》
《中华人民共和国农产品质量安全法》
《饲料和饲料添加剂管理条例》
《兽药管理条例》
《动物检疫管理办法》
《三类动物疫病防治规范》
《水生动物产地检疫采样技术规范》（SC/T7103）
《水产养殖动植物疾病测报规范》（SC/T7020）
《染疫水生动物无害化处理规范》（SC/T7015）

3 术语和定义

水产养殖动物疾病：是指水产养殖动物受各种生物和非生物性因素的作用，而导致正常生命活动紊乱甚至死亡的异常生命活动过程。

水产养殖动物疫病：是指水产养殖动物传染病，包括寄生虫病。

4 疾病预防

4.1 养殖场区建设要求

养殖场区周围环境卫生良好，通风良好，环境温度和湿度适宜，无污染源。水源不受周边水产养殖场、水产品市场、水产品加工场所、水生动物隔离场所、无害化处理场所等影响，具备良好的水源条件。建设各自

独立的各功能区进排水通道（开放养殖水体除外），避免交叉感染。

4.2 消毒管理

建立消毒制度，科学规范开展消毒工作，对进排水、养殖场所（包括池塘）、运输工具、工器具、设施设备等进行消毒。具体方法参考世界动物卫生组织发布的《水生动物卫生法典》"水产设施和设备的消毒"。

4.3 工器具管理

设有工器具存放处，已消毒工器具和未消毒工器具应分开摆放，并专区/池/桶专用。

4.4 养殖用水管理

各功能区的进排水应设立各自独立的通道（开放养殖水体除外），避免交叉感染。定期检测养殖水体的水质指标，水温、pH、溶氧、氨氮、亚硝酸盐等。养殖尾水排放应符合有关要求，达标排放。

4.5 苗种引（购）入管理

水产养殖动物苗种（包括亲本、稚体、幼体、受精卵、发眼卵及其他遗传育种材料）引（购）入前，应查验检疫合格证明。运输至养殖场后直接进入隔离区，依据《动物检疫管理办法》，对引（购）入的亲本单独隔离饲养 30 天。

对引（购）入水产养殖动物的稚体、幼体、受精卵、发眼卵及其他遗传育种材料，在单独饲养期间，进行至少 2 次规定疫病的检测，经检测确认无规定疫病病原后，方可移入场内其他区域。

隔离池实行"全进全出"的饲养模式，不得同时隔离两批（含）以上的水生动物。不同隔离批次之间，应对隔离池进行消毒处理。

4.6 苗种繁育管理

核心繁育区应设立亲本培育池、配种产卵池/桶、孵化池/桶、育苗池等，工器具专池/桶专用，对各池/桶水体有避免交叉感染措施。不同批次孵化幼体不得混合培育，不同批次培育的苗种不得混合养殖。

4.7 养殖动物管理

放养健康苗种，控制适宜的放养密度，使用优质配合饲料，保持水质稳定，按照相关规定使用疫苗。一旦发病，停止投喂，加开增氧机，不大量换水，不滥用消毒剂和驱虫杀虫等药物，并及时诊断。

4.8 饲料和饲料添加剂管理

饲料和饲料添加剂的使用、保管应专人负责。饲料和饲料添加剂选购和使用应符合《饲料和饲料添加剂管理条例》等要求。使用生物饵料，应消毒或清洗，并每批次进行相关重要疫病病原检测。有阳性病原检出的批次应全部淘汰并进行无害化处理；经病原检疫合格的生物饵料，应进行分装，冷藏或冷冻保存于专用

设施中。饲料存放处应保持清洁、干燥、阴凉、通风,防鼠、防虫、防高温。

4.9 兽药管理

水产养殖用兽药使用和保管应专人负责。兽药选购和使用应符合《兽药管理条例》等要求。药品存放处应保持清洁、干燥、阴凉、通风,防止高温、受潮而影响质量。

4.10 媒介生物管理

有对媒介生物,如野外水生动物、工作动物(如犬等)、鸟类和昆虫等传播病原风险的预防设施。有阻止野外水生动物通过水系统进入场区的设施。工作动物在限定范围内活动和喂养。必要时在户外蓄水池、养殖池或尾水处理池设置阻鸟的设施。设置阻止老鼠、昆虫及其他有害动物进入场区的设施。

4.11 疾病监测

养殖场应定期开展水产养殖动物疾病监测和检测。有条件的应主动纳入国家级或省级水生动物疫病监测计划,或纳入全国水产养殖动植物疾病测报范畴。

5 疾病诊治

经临床诊断、流行病学调查或实验室检测确诊后,采取相应措施对患病动物进行治疗。

对于需使用抗菌药、抗病毒药、驱虫和杀虫剂、消毒剂等进行治疗,且为处方药的,需由执业兽医开具处方,并符合《兽药管理条例》等要求。严格执行用药时间、剂量、疗程、休药期等规定,建立用药记录。

6 人员和档案管理

建立人员管理制度,明确管理人员和技术人员等工作人员岗位职责要求。养殖技术人员定期接受培训。

建立水产养殖管理档案,将水产养殖动物的引(购)入、隔离检疫、繁育,消毒,药品和饲料使用,疾病监测,无害化处理以及苗种销售等重要生产环节详细记录在案,归档保存 2 年以上。

7 应急处置

制定应急预案,建立应急处置制度,对疫情及异常情况要实施快速报告和响应措施。

出现水生动物疫病病原检测阳性,感染或疑似感染传染性病原并出现大量死亡,以及不明原因出现大量死亡时,应按照《中华人民共和国动物防疫法》《水产养殖动植物疾病测报规范》等要求,逐级上报,启动应急预案,采取隔离等控制措施,防止疫情扩散。同时对上述养殖水生动物(尸体)、养殖场所以及养殖水体等按照《染疫水生动物无害化处理规程》进行无害化处理。

渔 业 经 济 统 计

一、经 济 核 算

（一）总产值

全国渔业经济总产值
（按当年价格计算）

单位:万元

指　　标	2022 年	2021 年	2022 年比 2021 年增减（±）
渔业经济总产值	308 731 406.54	289 468 290.11	19 263 116.43
1. 渔业	152 674 871.33	144 157 308.50	8 517 562.83
其中:海水养殖	46 388 448.33	43 017 007.14	3 371 441.19
淡水养殖	78 630 293.97	74 737 522.48	3 892 771.49
海洋捕捞	24 889 093.29	23 037 181.11	1 851 912.18
淡水捕捞	2 767 035.74	3 365 597.77	−598 562.03
其中:水产苗种	8 434 488.02	7 428 973.59	1 005 514.43
2. 渔业工业和建筑业	66 211 691.65	61 551 634.31	4 660 057.34
其中:水产品加工	47 846 051.59	44 962 174.89	2 883 876.70
渔用机具制造	4 194 044.93	4 088 847.46	105 197.47
其中:渔船渔机修造	2 542 461.89	2 508 171.63	34 290.26
渔用绳网制造	1 438 695.82	1 372 627.39	66 068.43
渔用饲料	10 393 445.20	8 935 711.00	1 457 734.20
渔用药物	360 186.99	335 286.03	24 900.96
建筑业	2 482 143.11	2 305 477.16	176 665.95
其他	935 819.83	924 137.77	11 682.06
3. 渔业流通和服务业	89 844 843.56	83 759 347.30	6 085 496.26
其中:水产流通	72 474 433.96	67 515 883.16	4 958 550.80
水产(仓储)运输	5 449 111.71	5 309 133.15	139 978.56
休闲渔业	8 473 950.76	8 355 635.93	118 314.83
其他	3 447 347.13	2 578 695.06	868 652.07

注:渔业产值＝海水养殖＋淡水养殖＋海洋捕捞＋淡水捕捞。为了方便对比,2021 年渔业产值扣除了水产苗种产值,与《2022 中国渔业统计年鉴》数据存在差异,后表中分地区数据也相应调整。

各地区渔业经济总产值、渔业产值
（按当年价格计算）

单位：万元

地　区	2022 年		2021 年		2022 年比 2021 年增减（±）		渔业产值占农业产值比重（％）
	渔业经济总产值	其中：渔业产值	渔业经济总产值	其中：渔业产值	渔业经济总产值	其中：渔业产值	
全国总计	308 731 406.54	152 674 871.33	289 468 290.11	144 157 308.50	19 263 116.43	8 517 562.83	9.9
北　京	359 255.24	36 619.90	387 730.35	34 990.10	−28 475.11	1 629.80	1.4
天　津	739 416.22	704 583.00	851 303.00	809 297.00	−111 886.78	−104 714.00	13.5
河　北	4 000 473.59	3 422 908.04	3 513 500.75	2 980 243.00	486 972.84	442 665.04	4.5
山　西	145 929.86	88 984.54	148 449.20	88 579.97	−2 519.34	404.57	0.4
内 蒙 古	249 453.36	187 739.43	249 120.06	179 104.13	333.30	8 635.30	0.7
辽　宁	13 324 660.00	6 845 166.00	12 685 866.00	6 494 012.00	638 794.00	351 154.00	17.0
吉　林	1 663 140.49	615 945.41	1 583 559.20	543 890.64	79 581.29	72 054.77	1.9
黑 龙 江	1 890 204.00	1 478 997.90	1 716 933.26	1 305 042.31	173 270.74	173 955.59	2.2
上　海	560 802.37	512 094.98	481 570.19	432 323.73	79 232.18	79 771.25	18.7
江　苏	38 232 804.80	18 569 330.00	37 166 744.07	18 345 989.15	1 066 060.73	223 340.85	21.3
浙　江	24 263 459.00	12 611 763.00	23 078 832.00	11 883 245.00	1 184 627.00	728 518.00	33.6
安　徽	10 529 231.86	6 430 976.22	9 724 894.58	6 032 705.48	804 337.28	398 270.74	10.5
福　建	35 394 260.99	17 407 483.20	33 983 633.19	16 215 117.01	1 410 627.80	1 192 366.19	31.6
江　西	11 506 448.59	5 552 336.53	11 102 197.53	5 410 593.93	404 251.06	141 742.60	13.1
山　东	44 130 620.77	17 297 000.00	39 703 579.24	16 526 000.00	4 427 041.53	771 000.00	14.3
河　南	2 153 546.35	1 474 489.00	2 111 665.24	1 434 112.00	41 881.11	40 377.00	1.3
湖　北	35 134 030.00	15 843 494.00	31 392 881.00	14 592 878.00	3 741 149.00	1 250 616.00	17.7
湖　南	10 812 638.99	6 178 100.00	9 112 393.99	5 708 184.00	1 700 245.00	469 916.00	7.6
广　东	42 260 185.64	18 611 780.71	40 228 661.00	17 214 013.00	2 031 524.64	1 397 767.71	21.3
广　西	11 910 680.80	5 758 044.17	11 514 545.91	5 550 604.39	396 134.89	207 439.78	8.3
海　南	5 659 581.77	4 666 111.43	5 703 514.00	4 354 000.00	−43 932.23	312 111.43	20.5
重　庆	2 123 830.43	1 369 937.00	2 101 064.00	1 381 702.00	22 766.43	−11 765.00	4.5
四　川	6 743 960.49	3 431 085.03	6 231 045.17	3 278 137.97	512 915.32	152 947.06	3.5
贵　州	866 378.42	795 583.18	748 166.34	678 436.73	118 212.08	117 146.45	1.6
云　南	1 983 554.63	1 199 000.00	1 880 793.33	1 123 799.87	102 761.30	75 200.13	1.8
西　藏	934.00	629.00	6 152.45	5 875.45	−5 218.45	−5 246.45	0.1
陕　西	592 690.28	350 581.48	562 937.24	331 421.33	29 753.04	19 160.15	0.8
甘　肃	33 656.82	23 637.13	34 077.66	23 816.60	−420.84	−179.47	0.1
青　海	65 000.00	65 000.00	78 000.00	62 000.00	−13 000.00	3 000.00	0.8
宁　夏	435 817.78	227 072.05	445 668.86	249 644.71	−9 851.08	−22 572.66	2.7
新　疆	367 360.00	321 000.00	407 762.30	356 500.00	−40 402.30	−35 500.00	0.6
中农发集团	597 399.00	597 399.00	531 049.00	531 049.00	66 350.00	66 350.00	

各地区渔业经济总产值(一)
(按当年价格计算)

单位:万元

地 区	总 计	一、渔业产值			
		合 计	海水养殖	淡水养殖	海洋捕捞
全 国 总 计	308 731 406.54	152 674 871.33	46 388 448.33	78 630 293.97	24 889 093.29
北 京	359 255.24	36 619.90		16 969.90	9 104.00
天 津	739 416.22	704 583.00	34 879.73	569 772.72	94 175.27
河 北	4 000 473.59	3 422 908.04	1 960 567.72	592 504.70	788 293.55
山 西	145 929.86	88 984.54		87 801.74	
内 蒙 古	249 453.36	187 739.43		167 809.51	
辽 宁	13 324 660.00	6 845 166.00	4 556 230.00	1 094 398.00	1 120 021.00
吉 林	1 663 140.49	615 945.41		560 057.08	
黑 龙 江	1 890 204.00	1 478 997.90		1 312 778.90	
上 海	560 802.37	512 094.98		297 642.26	213 105.74
江 苏	38 232 804.80	18 569 330.00	3 271 058.00	12 642 225.00	1 907 034.00
浙 江	24 263 459.00	12 611 763.00	2 657 852.00	3 138 732.00	6 598 074.00
安 徽	10 529 231.86	6 430 976.22		6 090 037.69	
福 建	35 394 260.99	17 407 483.20	10 696 135.51	2 236 824.44	4 310 564.28
江 西	11 506 448.59	5 552 336.53		5 438 277.97	
山 东	44 130 620.77	17 297 000.00	11 397 629.80	2 234 874.95	3 459 711.55
河 南	2 153 546.35	1 474 489.00		1 388 968.00	
湖 北	35 134 030.00	15 843 494.00		15 771 193.00	
湖 南	10 812 638.99	6 178 100.00		6 173 478.80	
广 东	42 260 185.64	18 611 780.71	8 427 380.35	8 463 889.16	1 547 655.63
广 西	11 910 680.80	5 758 044.17	2 553 930.16	2 232 525.70	898 037.68
海 南	5 659 581.77	4 666 111.43	832 785.06	452 556.46	3 345 917.59
重 庆	2 123 830.43	1 369 937.00		1 369 937.00	
四 川	6 743 960.49	3 431 085.03		3 431 085.03	
贵 州	866 378.42	795 583.18		775 072.32	
云 南	1 983 554.63	1 199 000.00		1 140 179.92	
西 藏	934.00	629.00		329.00	
陕 西	592 690.28	350 581.48		350 581.48	
甘 肃	33 656.82	23 637.13		23 637.13	
青 海	65 000.00	65 000.00		65 000.00	
宁 夏	435 817.78	227 072.05		218 104.11	
新 疆	367 360.00	321 000.00		293 050.00	
中农发集团	597 399.00	597 399.00			597 399.00

各地区渔业经济总产值(二)

(按当年价格计算)

单位:万元

地 区	一、渔业产值(续)		二、渔业工业和建筑业		
	淡水捕捞	水产苗种	合 计	水产品加工	渔用机具制造
					小 计
全 国 总 计	2 767 035.74	8 434 488.02	66 211 691.65	47 846 051.59	4 194 044.93
北 京	10 546.00	3 955.00	8 606.00	6 313.00	
天 津	5 755.28	21 437.48	15 600.00		
河 北	81 542.07	162 933.61	410 540.33	340 668.00	29 151.00
山 西	1 182.80	2 309.00	41 697.12	1 672.00	
内 蒙 古	19 929.92	10 928.23	11 332.00	11 332.00	
辽 宁	74 517.00	667 911.00	3 265 539.00	2 748 426.00	126 589.00
吉 林	55 888.33	17 691.51	707 521.00	706 318.00	473.00
黑 龙 江	166 219.00	49 930.80	78 292.00	31 303.00	13.00
上 海	1 346.98	9 827.40	27 416.00	27 416.00	
江 苏	749 013.00	864 277.00	6 394 608.10	3 653 029.43	303 721.55
浙 江	217 105.00	241 125.00	5 434 170.00	4 375 788.00	289 348.00
安 徽	340 938.53	479 101.19	1 618 280.21	676 509.52	659 875.27
福 建	163 958.97	858 935.57	13 260 817.00	11 097 042.00	734 674.00
江 西	114 058.56	449 680.06	3 306 191.30	2 365 153.26	23 311.92
山 东	204 783.70	873 755.80	14 189 211.94	11 009 799.10	1 769 148.00
河 南	85 521.00	125 584.00	220 263.00	61 835.00	1 024.00
湖 北	72 301.00	1 121 288.00	8 039 040.00	5 962 079.00	21 024.00
湖 南	4 621.20	374 030.06	1 505 668.79	824 395.20	79 192.08
广 东	172 855.57	835 946.39	4 895 902.26	2 503 606.76	78 301.83
广 西	73 550.63	267 895.22	1 404 051.67	838 319.85	57 812.66
海 南	34 852.32	353 845.00	550 806.19	479 968.62	17 137.62
重 庆		125 943.26	137 794.96	10 904.00	2 624.00
四 川		335 830.07	347 079.14	25 770.00	214.00
贵 州	20 510.86	44 802.14	11 805.53	9 923.91	
云 南	58 820.08	83 277.57	198 554.77	50 005.94	60.00
西 藏	300.00	554.38	305.00	50.00	
陕 西		22 666.90	55 714.50	3 752.00	
甘 肃		556.70	13.00		
青 海					
宁 夏	8 967.94	25 869.68	40 260.84	5 712.00	
新 疆	27 950.00	2 600.00	34 610.00	18 960.00	350.00
中农发集团					

各地区渔业经济总产值(三)
(按当年价格计算)

单位:万元

地　区	二、渔业工业和建筑业(续)					
	渔用机具制造(续)		渔用饲料	渔用药物	建　筑	其　他
	渔船渔机修造	渔用绳网制造				
全 国 总 计	2 542 461.89	1 438 695.82	10 393 445.20	360 186.99	2 482 143.11	935 819.83
北　　　京			2 113.00	180.00		
天　　　津			15 600.00			
河　　　北	7 425.00	21 333.00	38 967.58		1 287.00	466.75
山　　　西			2 106.00	37 919.12		
内　蒙　古						
辽　　　宁	74 667.00	38 387.00	201 598.00	14 271.00	149 945.00	24 710.00
吉　　　林	63.00	67.00	709.00	21.00		
黑　龙　江		13.00	45 235.00	691.00	1 050.00	
上　　　海						
江　　　苏	158 468.01	117 418.60	2 001 026.00	123 018.03	199 913.31	113 899.78
浙　　　江	154 417.00	115 334.00	575 260.00	63.00	90 989.00	102 722.00
安　　　徽	10 179.00	649 695.37	219 836.12	10 023.13	49 934.17	2 102.00
福　　　建	660 978.50	63 519.50	1 148 358.00	2 369.00	126 810.50	151 563.50
江　　　西	16 360.88	6 951.04	614 731.81	19 674.62	244 238.76	39 080.93
山　　　东	1 316 980.00	330 625.00	232 975.34	19 017.50	705 456.00	452 816.00
河　　　南	4.00	1 020.00	154 630.00	585.00	1 650.00	539.00
湖　　　北	889.00	17 838.00	1 574 559.00	68 097.00	406 952.00	6 329.00
湖　　　南	29 858.64	49 333.44	415 069.45	37 853.65	140 651.84	8 506.57
广　　　东	50 378.03	20 245.83	2 218 098.58	9 042.17	58 680.12	28 172.80
广　　　西	48 878.12	1 359.13	336 760.69	6 428.30	164 055.17	675.00
海　　　南	12 238.71	4 898.91	48 116.32	1 390.62	1 985.51	2 207.50
重　　　庆	91.00	619.00	102 304.00	1 060.00	20 902.96	
四　　　川	214.00		254 408.14	6 662.00	60 025.00	
贵　　　州			1 867.74	13.88		
云　　　南	30.00	30.00	119 280.19	1 294.97	27 593.67	320.00
西　　　藏			250.00	5.00		
陕　　　西			19 736.40	507.00	30 010.10	1 709.00
甘　　　肃					13.00	
青　　　海						
宁　　　夏			34 548.84			
新　　　疆	342.00	8.00	15 300.00			
中农发集团						

各地区渔业经济总产值（四）
（按当年价格计算）

单位：万元

地　区	三、渔业流通和服务业				
	合　计	水产流通	水产（仓储）运输	休闲渔业	其　他
全 国 总 计	89 844 843.56	72 474 433.96	5 449 111.71	8 473 950.76	3 447 347.13
北　　京	314 029.34	292 911.00	4 242.00	16 396.34	480.00
天　　津	19 233.22			18 483.22	750.00
河　　北	167 025.22	38 587.00	15 439.00	85 029.59	27 969.63
山　　西	15 248.20	7 987.95	371.60	6 860.65	28.00
内　蒙　古	50 381.93	22 637.00	4 535.06	23 209.87	
辽　　宁	3 213 955.00	2 244 150.20	499 174.00	324 868.80	145 762.00
吉　　林	339 674.08	185 062.21	6 301.00	146 862.87	1 448.00
黑　龙　江	332 914.10	269 377.77	10 745.50	50 625.83	2 165.00
上　　海	21 291.39	14 633.34		6 658.05	
江　　苏	13 268 866.70	11 580 719.86	576 705.44	739 642.46	371 798.94
浙　　江	6 217 526.00	5 324 174.00	260 267.00	288 824.00	344 261.00
安　　徽	2 479 975.43	1 853 076.32	175 817.61	415 613.90	35 467.60
福　　建	4 725 960.79	4 001 988.79	291 079.40	159 472.34	273 420.26
江　　西	2 647 920.76	2 181 558.76	125 166.00	285 373.25	55 822.75
山　　东	12 644 408.83	8 268 593.95	2 038 399.80	1 808 938.58	528 476.50
河　　南	458 794.35	369 216.88	28 018.40	59 458.47	2 100.60
湖　　北	11 251 496.00	8 186 084.00	606 999.00	1 304 075.00	1 154 338.00
湖　　南	3 128 870.20	2 274 364.59	227 544.75	284 012.33	342 948.53
广　　东	18 752 502.67	17 356 162.32	71 402.51	1 233 959.00	90 978.84
广　　西	4 748 584.96	4 514 032.70	167 312.62	45 580.32	21 659.32
海　　南	442 664.15	218 282.43	20 778.60	173 591.00	30 012.12
重　　庆	616 098.47	326 421.31	51 851.80	233 567.58	4 257.78
四　　川	2 965 796.32	2 240 432.15	201 682.67	517 177.39	6 504.11
贵　　州	58 989.71	10 124.59	617.30	48 081.82	166.00
云　　南	585 999.86	434 851.04	39 070.01	111 548.41	530.40
西　　藏					
陕　　西	186 394.30	119 296.75	9 311.05	52 277.15	5 509.35
甘　　肃	10 006.69	124.77	78.45	9 797.97	5.50
青　　海					
宁　　夏	168 484.89	135 932.28	14 701.14	17 364.57	486.90
新　　疆	11 750.00	3 650.00	1 500.00	6 600.00	
中农发集团					

（二）渔民家庭收支

全国渔民人均纯收入

单位：元

地　区	2022 年	2021 年	2022 年比 2021 年增减（±）	
			绝对量	幅度（%）
全国总计	**24 614. 41**	**23 442. 13**	**1 172. 28**	**5. 00**
北　京	20 033. 73	12 270. 05	7 763. 68	63. 27
天　津	28 864. 28	28 525. 00	339. 28	1. 19
河　北	25 109. 85	21 535. 74	3 574. 11	16. 60
山　西	12 967. 98	12 137. 18	830. 80	6. 85
内 蒙 古	15 554. 82	14 900. 94	653. 88	4. 39
辽　宁	26 295. 58	23 369. 04	2 926. 54	12. 52
吉　林	16 535. 95	16 407. 68	128. 27	0. 78
黑 龙 江	25 610. 46	23 765. 15	1 845. 31	7. 76
上　海	30 306. 99	29 792. 01	514. 98	1. 73
江　苏	30 098. 13	30 030. 09	68. 04	0. 23
浙　江	31 980. 96	31 311. 00	669. 96	2. 14
安　徽	25 663. 25	22 343. 42	3 319. 83	14. 86
福　建	27 498. 27	25 793. 23	1 705. 04	6. 61
江　西	20 871. 39	19 379. 09	1 492. 30	7. 70
山　东	26 385. 50	25 179. 22	1 206. 28	4. 79
河　南	18 375. 72	18 276. 25	99. 47	0. 54
湖　北	25 171. 78	23 943. 03	1 228. 75	5. 13
湖　南	21 879. 84	20 496. 98	1 382. 86	6. 75
广　东	23 597. 40	22 436. 81	1 160. 59	5. 17
广　西	22 886. 25	22 867. 11	19. 14	0. 08
海　南	17 156. 47	17 228. 05	−71. 58	−0. 42
重　庆	22 681. 86	22 713. 13	−31. 27	−0. 14
四　川	23 089. 59	22 151. 75	937. 84	4. 23
贵　州	12 926. 38	12 332. 73	593. 65	4. 81
云　南	20 469. 17	19 585. 39	883. 78	4. 51
西　藏				
陕　西	16 675. 01	15 828. 16	846. 85	5. 35
甘　肃	10 758. 58	9 515. 29	1 243. 29	13. 07
青　海	16 663. 10	15 870. 00	793. 10	5. 00
宁　夏	18 525. 20	16 702. 19	1 823. 01	10. 91
新　疆	19 917. 29	19 669. 46	247. 83	1. 26

各地区渔民家庭收支调查(一)

单位:元/人

地 区	一、家庭 总收入	(一)家庭 经营收入	其中:经营 渔业	(二)工资 性收入	其中:渔业	(三)财产 性净收入	1.红利 收入
全国总计	**82 267.04**	**74 284.70**	**69 838.92**	**5 154.67**	**1 949.14**	**365.33**	**73.47**
北 京	85 713.04	73 858.42	71 607.40	7 971.12	831.12	849.49	88.27
天 津	239 233.35	225 005.88	221 174.06	9 904.97	4 645.32	2 252.53	
河 北	169 658.11	162 516.64	160 841.00	3 310.31	2 703.69	475.92	281.36
山 西	72 535.19	70 034.69	67 018.99	2 151.16	370.16	116.28	
内 蒙 古	44 459.93	42 267.39	32 085.75	1 005.41	125.45	5.33	
辽 宁	133 126.40	123 946.76	118 788.89	5 153.93	2 306.11	453.50	3.51
吉 林	40 667.81	39 310.51	31 525.96	813.01		177.17	
黑 龙 江	98 706.53	96 921.28	86 699.52	402.21	128.67	551.29	
上 海	147 484.57	143 124.30	141 826.86	2 082.39		922.53	
江 苏	126 214.32	117 362.05	113 601.06	4 980.56	960.11	1 189.28	34.60
浙 江	118 259.32	100 461.77	93 585.96	13 398.51	5 847.01	694.00	249.67
安 徽	75 733.16	69 161.74	61 936.13	4 452.60	1 110.25	373.22	18.03
福 建	84 924.07	78 222.68	74 932.33	4 947.44	2 174.28	244.64	93.50
江 西	68 441.55	62 102.45	57 742.21	2 705.53	648.15	239.36	20.20
山 东	100 423.64	93 669.93	89 596.37	3 184.20	1 115.92	391.98	35.47
河 南	41 926.42	36 651.81	32 601.25	4 096.94	374.79	240.88	28.21
湖 北	57 784.90	49 315.62	46 410.94	4 797.70	1 888.42	153.82	24.45
湖 南	57 332.39	49 021.83	43 318.07	5 752.18	2 522.72	217.13	30.57
广 东	58 946.20	50 243.92	46 929.89	6 586.80	3 347.07	177.86	105.47
广 西	79 278.20	69 893.40	64 770.29	6 359.80	1 573.91	156.10	8.76
海 南	45 967.99	42 811.39	37 485.43	1 971.80	571.97	96.73	
重 庆	101 445.66	94 271.46	89 806.69	5 027.05	871.41	867.06	709.47
四 川	72 312.60	65 502.29	60 956.07	4 259.15	1 367.59	223.07	27.00
贵 州	27 196.39	23 797.86	20 374.06	2 517.94	393.22	59.72	
云 南	100 661.49	96 293.25	89 270.76	2 002.53	893.47	1 144.51	63.43
西 藏							
陕 西	115 359.57	109 406.88	105 886.96	5 158.70	3 782.61	460.14	115.94
甘 肃	30 218.90	27 725.69	22 120.60	1 813.69	937.77	478.57	
青 海	43 767.86	36 642.86	27 142.86	7 125.00	1 978.57		
宁 夏	181 793.70	174 158.44	169 995.52	3 592.81	975.19	271.48	
新 疆	181 355.65	176 552.30	175 757.32	4 803.35	4 481.17		

各地区渔民家庭收支调查(二)

单位:元/人

地　区	(三)财产性净收入(续) 2.转让经营权租金收入	(四)转移性收入	1.生产补贴(惠农补贴)	其中:渔业补贴	2.社会救济或政策性生活补贴	3.其他转移性收入	二、家庭经营费用支出
全国总计	89.22	2 462.34	775.56	721.82	60.69	1 626.10	51 273.90
北　京	551.02	3 034.01				3 034.01	57 099.36
天　津	1 804.19	2 069.97			251.79	1 818.18	188 383.61
河　北	168.42	3 355.23	2 989.31	2 985.80	1.81	364.11	120 168.84
山　西	116.28	233.07	25.78	23.26		207.29	55 229.96
内　蒙　古	5.33	1 181.81	377.81	14.79	75.44	728.56	23 726.83
辽　宁	193.06	3 572.20	2 263.21	2 129.79	172.77	1 136.23	96 081.55
吉　林	56.98	367.12	159.18			207.95	20 391.17
黑　龙　江	494.25	831.75	358.88	11.98		472.87	66 875.99
上　海		1 355.36				1 355.36	104 901.78
江　苏	139.22	2 682.43	485.40	374.93	70.01	2 127.03	82 098.49
浙　江	61.50	3 705.04	1 219.91	1 159.73	325.75	2 159.38	75 206.00
安　徽	171.71	1 745.60	326.47	31.59	49.45	1 369.68	43 066.19
福　建	35.25	1 509.31	712.73	706.80	48.14	748.45	52 331.21
江　西	102.22	3 394.21	77.73	9.77	32.20	3 284.28	44 356.36
山　东	96.11	3 177.52	2 144.51	2 137.51	72.44	960.57	62 830.26
河　南	19.51	936.79	36.90		4.18	895.72	22 309.80
湖　北	23.38	3 517.75	69.82	26.18	18.95	3 428.98	30 211.80
湖　南	18.20	2 341.25	99.39	10.81	49.98	2 191.88	33 270.79
广　东	58.88	1 937.62	985.46	985.46	25.79	926.37	33 426.37
广　西	84.38	2 868.90	1 459.99	1 459.99	43.25	1 365.66	50 681.88
海　南		1 088.07	749.41	749.41	24.01	314.64	28 049.56
重　庆	88.67	1 280.08	234.04	190.00	42.65	1 003.39	65 844.84
四　川	33.99	2 328.10	92.64	31.86	19.01	2 216.45	42 836.71
贵　州	53.02	820.88	146.28	127.78	8.81	665.78	11 568.01
云　南	899.30	1 221.20	379.07	357.94	99.07	743.06	74 418.78
西　藏							
陕　西	7.25	333.84	34.42	34.42	9.13	290.30	91 376.09
甘　肃	51.50	200.95	34.78	6.77	28.03	138.14	16 541.65
青　海							13 714.29
宁　夏	243.70	3 770.96	2 979.85	2 962.96		791.11	157 312.07
新　疆							154 755.23

各地区渔民家庭收支调查(三)

单位:元/人

地　　区	二、家庭经营费用支出(续)					三、生产性固定资产折旧	其中:渔业固定资产折旧
	其中:经营渔业支出	(1)燃料及冰费用	(2)雇工费用	(3)饲料及苗种费用	(4)其他费用		
全国总计	**49 439.27**	**10 331.04**	**9 299.04**	**27 644.16**	**2 165.03**	**3 610.09**	**3 319.56**
北　京	56 624.36	7 681.58	2 682.45	45 032.81	1 227.53	6 205.71	3 299.93
天　津	187 536.81	9 741.53	9 789.91	165 421.98	2 583.39	1 970.29	1 937.45
河　北	119 286.07	15 822.00	45 959.86	51 941.35	5 562.86	4 892.72	4 847.74
山　西	54 270.66	5 839.65	4 141.67	42 342.25	1 947.09	3 705.88	3 413.11
内　蒙　古	20 977.86	2 594.89	2 049.90	15 122.66	1 210.42	4 749.20	2 318.06
辽　宁	94 178.01	20 974.99	29 164.40	41 761.60	2 277.02	8 765.96	8 360.43
吉　林	19 335.05	2 210.58	2 593.92	13 750.20	780.35	1 772.63	1 410.96
黑　龙　江	61 739.85	7 158.49	6 118.41	46 774.36	1 688.59	2 475.49	1 751.59
上　海	103 679.26	11 740.35	13 117.20	73 129.84	5 691.86	2 301.46	2 294.40
江　苏	80 268.39	12 505.61	15 377.61	49 374.38	3 010.79	6 629.46	6 105.57
浙　江	73 819.16	21 434.77	16 527.28	32 206.00	3 651.11	5 980.30	5 420.90
安　徽	40 043.24	2 822.38	4 732.31	30 276.53	2 212.03	1 133.03	1 015.51
福　建	50 925.15	13 258.01	10 851.17	24 139.67	2 676.30	4 508.95	4 461.63
江　西	41 625.47	2 402.18	2 724.63	35 032.09	1 466.57	755.11	675.57
山　东	61 421.24	17 664.99	21 675.75	17 788.59	4 291.92	9 755.18	8 997.17
河　南	21 507.95	1 918.52	738.47	18 435.52	415.43	574.53	440.60
湖　北	29 137.92	1 250.11	1 260.88	24 899.21	1 727.72	820.33	645.64
湖　南	31 133.84	2 333.75	2 483.43	24 976.70	1 339.96	1 079.85	788.01
广　东	31 354.06	16 620.97	8 313.74	5 578.99	840.36	1 837.92	1 770.13
广　西	48 678.85	18 124.41	5 014.54	24 623.95	915.94	3 688.26	3 596.35
海　南	24 150.53	6 479.06	1 780.70	15 266.05	624.72	761.97	750.51
重　庆	63 488.46	3 989.26	5 167.69	51 708.51	2 623.00	4 700.76	3 825.25
四　川	41 357.40	2 335.98	3 057.23	33 660.01	2 304.19	2 032.77	1 685.96
贵　州	10 575.68	1 603.26	1 150.16	7 620.03	202.23	2 012.71	1 648.56
云　南	71 539.69	3 542.48	4 573.60	60 517.25	2 906.37	866.76	608.32
西　藏							
陕　西	90 838.04	6 803.62	5 298.55	75 068.12	3 667.75	4 034.77	3 921.12
甘　肃	14 677.57	651.43	1 424.77	11 670.28	931.09	2 867.87	2 183.40
青　海	13 714.29	1 785.71	5 142.86	6 785.71		13 333.33	13 333.33
宁　夏	154 029.14	7 210.61	11 595.37	128 075.75	7 147.41	3 160.83	868.16
新　疆	154 755.23	6 527.20	16 850.21	129 711.30	1 666.53	6 354.25	6 354.25

各地区渔民家庭收支调查(四)

单位:元/人

地　　区	四、税费支出	其中:渔业税费支出	五、转移性支出	六、纯收入	其中:渔业纯收入	七、可支配收入	八、生活消费支出
全国总计	2 768.63	2 657.89	1 596.59	24 614.41	17 093.16	23 755.29	11 053.59
北　　京	2 374.24	2 370.46	1 665.73	20 033.73	10 143.77	18 750.66	12 166.67
天　　津	20 015.18	19 760.99	1 355.51	28 864.28	16 584.13	27 782.49	15 575.83
河　　北	19 486.69	19 486.69	1 361.81	25 109.85	22 909.99	25 101.71	10 546.44
山　　西	631.38	563.64	1 666.74	12 967.98	9 164.99	11 501.85	9 115.72
内　蒙　古	429.09	319.91	1 481.20	15 554.82	8 610.16	14 327.97	10 676.04
辽　　宁	1 983.30	1 509.51	3 276.23	26 295.58	19 176.83	23 181.10	15 064.18
吉　　林	1 968.05	1 959.41	459.93	16 535.95	8 820.54	16 276.97	8 611.29
黑　龙　江	3 744.58	3 743.62	617.72	25 610.46	19 605.11	25 783.81	8 402.21
上　　海	9 974.35	9 769.57	1 462.27	30 306.99	26 083.63	29 550.70	10 116.63
江　　苏	7 388.24	6 708.59	2 750.71	30 098.13	21 853.55	28 043.73	12 049.20
浙　　江	5 092.05	5 047.92	3 049.71	31 980.96	16 304.72	29 408.07	17 372.37
安　　徽	5 870.69	5 527.66	1 621.39	25 663.25	16 491.57	25 592.18	10 461.46
福　　建	585.64	580.09	894.67	27 498.27	21 846.54	26 664.21	11 024.98
江　　西	2 458.70	2 385.59	1 462.16	20 871.39	13 713.51	21 437.94	10 569.70
山　　东	1 452.70	1 430.10	1 852.23	26 385.50	21 001.29	25 581.80	11 688.49
河　　南	666.37	662.86	765.13	18 375.72	10 364.64	18 089.24	7 007.17
湖　　北	1 580.98	1 540.39	1 470.79	25 171.78	17 001.57	24 847.62	7 966.79
湖　　南	1 101.90	897.82	1 784.74	21 879.84	13 031.92	20 988.72	10 542.30
广　　东	84.50	77.95	1 062.82	23 597.40	18 060.29	22 654.05	9 751.44
广　　西	2 021.80	2 010.00	1 647.97	22 886.25	13 518.99	21 960.08	14 752.73
海　　南			620.63	17 156.47	13 905.76	17 882.65	10 188.69
重　　庆	8 218.19	8 071.34	2 181.09	22 681.86	15 483.05	20 884.36	10 221.77
四　　川	4 353.54	4 314.96	1 130.73	23 089.59	14 997.20	22 712.72	9 757.08
贵　　州	689.29	636.27	731.76	12 926.38	8 034.56	12 285.82	7 050.85
云　　南	4 906.78	4 874.30	1 108.80	20 469.17	13 499.86	19 752.66	9 794.97
西　　藏							
陕　　西	3 273.70	3 157.75	1 346.38	16 675.01	11 787.07	17 059.29	10 959.77
甘　　肃	50.80	50.80	568.29	10 758.58	6 153.37	10 841.73	4 918.72
青　　海	57.14		471.43	16 663.10	2 073.81	28 335.42	9 321.43
宁　　夏	2 795.61	2 795.61	1 953.56	18 525.20	16 240.76	17 077.65	12 055.26
新　　疆	328.87	328.87	1 140.59	19 917.29	18 800.14	19 426.98	15 542.18

二、生　产

（一）水产品总产量

全国水产品总产量

单位：吨

指　　标	2022 年	2021 年	2022 年比 2021 年增减（±）	
			绝对量	幅度（％）
全国总计	**68 659 122**	**66 902 945**	**1 756 177**	**2.62**
海水产品	34 595 280	33 872 434	722 846	2.13
淡水产品	34 063 842	33 030 511	1 033 331	3.13
养殖产量	55 654 627	53 944 050	1 710 577	3.17
海水养殖	22 756 987	22 111 374	645 613	2.92
淡水养殖	32 897 640	31 832 676	1 064 964	3.35
捕捞产量	13 004 495	12 958 895	45 600	0.35
海洋捕捞	9 508 508	9 514 584	−6 076	−0.06
远洋渔业	2 329 785	2 246 476	83 309	3.71
淡水捕捞	1 166 202	1 197 835	−31 633	−2.64
养殖产品中：鱼类	29 030 385	28 246 561	783 824	2.77
甲壳类	6 848 368	6 439 059	409 309	6.36
贝类	15 885 589	15 456 691	428 898	2.77
藻类	2 723 905	2 722 928	977	0.04
其他类	1 166 380	1 078 811	87 569	8.12
捕捞产品中：鱼类	7 316 987	7 371 829	−54 842	−0.74
甲壳类	2 008 904	1 984 542	24 362	1.23
贝类	494 600	500 512	−5 912	−1.18
藻类	19 398	20 438	−1 040	−5.09
头足类	591 514	585 514	6 000	1.02
其他类	243 307	249 584	−6 277	−2.51

各地区水产品产量（一）

单位:吨

地 区	2022 年							
	总产量	1.养殖产品小计	a.海水养殖	b.淡水养殖	2.捕捞产品小计	a.海洋捕捞	b.远洋渔业	c.淡水捕捞
全 国 总 计	**68 659 122**	**55 654 627**	**22 756 987**	**32 897 640**	**13 004 495**	**9 508 508**	**2 329 785**	**1 166 202**
北 京	17 492	10 439		10 439	7 053		4 252	2 801
天 津	281 198	247 153	9 771	237 382	34 045	23 794	7 468	2 783
河 北	1 124 367	853 521	580 005	273 516	270 846	190 614	42 590	37 642
山 西	53 081	52 619		52 619	462			462
内 蒙 古	108 696	98 711		98 711	9 985			9 985
辽 宁	4 892 341	4 224 209	3 392 947	831 262	668 132	461 607	172 614	33 911
吉 林	251 246	232 675		232 675	18 571			18 571
黑 龙 江	735 001	685 000		685 000	50 001			50 001
上 海	254 657	115 810		115 810	138 847	10 038	128 020	789
江 苏	5 048 566	4 443 520	924 037	3 519 483	605 046	412 345	15 838	176 863
浙 江	6 217 152	2 802 721	1 495 736	1 306 985	3 414 431	2 572 416	685 946	156 069
安 徽	2 455 031	2 346 395		2 346 395	108 636			108 636
福 建	8 613 939	6 395 400	5 477 892	917 508	2 218 539	1 531 200	615 303	72 036
江 西	2 832 383	2 800 506		2 800 506	31 877			31 877
山 东	8 812 740	6 651 168	5 560 794	1 090 374	2 161 572	1 687 960	373 700	99 912
河 南	942 473	831 545		831 545	110 928			110 928
湖 北	5 004 205	4 980 200		4 980 200	24 005			24 005
湖 南	2 725 944	2 723 905		2 723 905	2 039			2 039
广 东	8 940 291	7 677 336	3 396 736	4 280 600	1 262 955	1 124 205	61 933	76 817
广 西	3 656 705	3 078 015	1 656 464	1 421 551	578 690	476 405	18 972	83 313
海 南	1 703 110	673 384	262 605	410 779	1 029 726	1 017 924		11 802
重 庆	566 303	566 303		566 303				
四 川	1 721 461	1 721 461		1 721 461				
贵 州	268 433	264 074		264 074	4 359			4 359
云 南	678 824	652 178		652 178	26 646			26 646
西 藏	125	50		50	75			75
陕 西	173 500	173 500		173 500				
甘 肃	14 380	14 380		14 380				
青 海	18 881	15 123		15 123	3 758			3 758
宁 夏	170 448	163 871		163 871	6 577			6 577
新 疆	173 000	159 455		159 455	13 545			13 545
中农发集团	203 149				203 149		203 149	

各地区水产品产量（二）

单位：吨

地　区	2021 年							
	总产量	1.养殖产品小计	a.海水养殖	b.淡水养殖	2.捕捞产品小计	a.海洋捕捞	b.远洋渔业	c.淡水捕捞
全 国 总 计	66 902 945	53 944 050	22 111 374	31 832 676	12 958 895	9 514 584	2 246 476	1 197 835
北　　京	21 807	11 683		11 683	10 124		7 472	2 652
天　　津	273 282	237 966	10 865	227 101	35 316	26 722	5 744	2 850
河　　北	1 081 010	805 472	543 151	262 321	275 538	190 903	49 570	35 065
山　　西	50 863	49 912		49 912	951			951
内　蒙　古	106 834	96 442		96 442	10 392			10 392
辽　　宁	4 824 064	4 065 948	3 249 160	816 788	758 116	475 350	245 787	36 979
吉　　林	249 498	230 867		230 867	18 631			18 631
黑　龙　江	718 514	675 514		675 514	43 000			43 000
上　　海	227 851	67 899	231	67 668	159 952	9 912	149 281	759
江　　苏	4 938 062	4 334 936	881 128	3 453 808	603 126	412 819	12 339	177 968
浙　　江	5 990 514	2 657 210	1 393 226	1 263 984	3 333 304	2 568 585	608 437	156 282
安　　徽	2 365 033	2 242 195		2 242 195	122 838			122 838
福　　建	8 530 729	6 321 175	5 437 156	884 019	2 209 554	1 531 132	606 575	71 847
江　　西	2 695 115	2 661 004		2 661 004	34 111			34 111
山　　东	8 544 248	6 419 349	5 373 842	1 045 507	2 124 899	1 691 798	337 368	95 733
河　　南	943 224	833 260		833 260	109 964			109 964
湖　　北	4 832 079	4 806 257		4 806 257	25 822			25 822
湖　　南	2 661 061	2 655 449		2 655 449	5 612			5 612
广　　东	8 845 163	7 568 096	3 362 424	4 205 672	1 277 067	1 127 181	60 819	89 067
广　　西	3 548 070	2 964 515	1 587 196	1 377 319	583 555	479 415	18 671	85 469
海　　南	1 640 918	624 751	272 995	351 756	1 016 167	1 000 767		15 400
重　　庆	545 343	545 343		545 343				
四　　川	1 664 890	1 664 890		1 664 890				
贵　　州	262 061	257 256		257 256	4 805			4 805
云　　南	657 743	628 390		628 390	29 353			29 353
西　　藏	828	140		140	688			688
陕　　西	170 700	170 700		170 700				
甘　　肃	14 205	14 205		14 205				
青　　海	18 285	18 285		18 285				
宁　　夏	165 999	159 938		159 938	6 061			6 061
新　　疆	170 539	155 003		155 003	15 536			15 536
中农发集团	144 413				144 413		144 413	

各地区水产品产量（三）

单位：吨

地　　区	2022 年比 2021 年增减（±）							
	总产量	1.养殖产品小计	a.海水养殖	b.淡水养殖	2.捕捞产品小计	a.海洋捕捞	b.远洋渔业	c.淡水捕捞
全 国 总 计	**1 756 177**	**1 710 577**	**645 613**	**1 064 964**	**45 600**	**−6 076**	**83 309**	**−31 633**
北　　京	−4 315	−1 244		−1 244	−3 071		−3 220	149
天　　津	7 916	9 187	−1 094	10 281	−1 271	−2 928	1 724	−67
河　　北	43 357	48 049	36 854	11 195	−4 692	−289	−6 980	2 577
山　　西	2 218	2 707		2 707	−489			−489
内 蒙 古	1 862	2 269		2 269	−407			−407
辽　　宁	68 277	158 261	143 787	14 474	−89 984	−13 743	−73 173	−3 068
吉　　林	1 748	1 808		1 808	−60			−60
黑 龙 江	16 487	9 486		9 486	7 001			7 001
上　　海	26 806	47 911	−231	48 142	−21 105	126	−21 261	30
江　　苏	110 504	108 584	42 909	65 675	1 920	−474	3 499	−1 105
浙　　江	226 638	145 511	102 510	43 001	81 127	3 831	77 509	−213
安　　徽	89 998	104 200		104 200	−14 202			−14 202
福　　建	83 210	74 225	40 736	33 489	8 985	68	8 728	189
江　　西	137 268	139 502		139 502	−2 234			−2 234
山　　东	268 492	231 819	186 952	44 867	36 673	−3 838	36 332	4 179
河　　南	−751	−1 715		−1 715	964			964
湖　　北	172 126	173 943		173 943	−1 817			−1 817
湖　　南	64 883	68 456		68 456	−3 573			−3 573
广　　东	95 128	109 240	34 312	74 928	−14 112	−2 976	1 114	−12 250
广　　西	108 635	113 500	69 268	44 232	−4 865	−3 010	301	−2 156
海　　南	62 192	48 633	−10 390	59 023	13 559	17 157		−3 598
重　　庆	20 960	20 960		20 960				
四　　川	56 571	56 571		56 571				
贵　　州	6 372	6 818		6 818	−446			−446
云　　南	21 081	23 788		23 788	−2 707			−2 707
西　　藏	−703	−90		−90	−613			−613
陕　　西	2 800	2 800		2 800				
甘　　肃	175	175		175				
青　　海	596	−3 162		−3 162	3 758			3 758
宁　　夏	4 449	3 933		3 933	516			516
新　　疆	2 461	4 452		4 452	−1 991			−1 991
中农发集团	58 736				58 736		58 736	

(二)水产养殖

全国水产养殖产量（按水域和养殖方式分）

单位：吨

指　　标		2022 年	2021 年	2022 年比 2021 年增减（±）	
				绝对量	幅度（%）
总　　计		**55 654 627**	**53 944 050**	**1 710 577**	**3.17**
1. 海水养殖		22 756 987	22 111 374	645 613	2.92
按水域分	海上	13 525 449	13 163 075	362 374	2.75
	滩涂	6 431 117	6 224 236	206 881	3.32
	其他	2 800 421	2 724 063	76 358	2.80
养殖方式中	池塘	2 923 468	2 810 602	112 866	4.02
	普通网箱	640 849	626 744	14 105	2.25
	深水网箱	393 299	337 193	56 106	16.64
	筏式	6 823 971	6 451 222	372 749	5.78
	吊笼	1 760 921	1 703 774	57 147	3.35
	底播	5 629 280	5 352 400	276 880	5.17
	工厂化	389 583	355 751	33 832	9.51
2. 淡水养殖		32 897 640	31 832 676	1 064 964	3.35
按水域分	池塘	24 142 957	23 507 883	635 074	2.70
	湖泊	827 814	805 002	22 812	2.83
	水库	2 870 302	2 817 093	53 209	1.89
	河沟	466 815	483 385	−16 570	−3.43
	其他	717 597	662 459	55 138	8.32
	稻田养成鱼	3 872 155	3 556 854	315 301	8.86
养殖方式中	围栏	24 671	24 292	379	1.56
	网箱	288 033	275 058	12 975	4.72
	工厂化	403 494	324 157	79 337	24.47

全国海水养殖产量(一)

指　　标	2022 年	2021 年	2022 年比 2021 年增减(±)	
			绝对量	幅度(%)
海水养殖	22 756 987	22 111 374	645 613	2.92
1.鱼类	1 925 574	1 843 800	81 774	4.44
其中:鲈鱼	218 053	199 106	18 947	9.52
鲆鱼	100 694	113 848	−13 154	−11.55
大黄鱼	257 683	254 224	3 459	1.36
军曹鱼	28 971	27 412	1 559	5.69
鲕鱼	20 949	21 087	−138	−0.65
鲷鱼	136 487	130 947	5 540	4.23
美国红鱼	62 844	63 895	−1 051	−1.64
河鲀	16 626	15 391	1 235	8.02
石斑鱼	205 816	204 119	1 697	0.83
鲽鱼	12 879	9 005	3 874	43.02
卵形鲳鲹	245 435	243 908	1 527	0.63
2.甲壳类	1 952 476	1 854 948	97 528	5.26
虾	1 661 765	1 572 293	89 472	5.69
其中:南美白对虾	1 340 280	1 273 632	66 648	5.23
斑节对虾	114 360	104 665	9 695	9.26
中国对虾	30 929	32 533	−1 604	−4.93
日本对虾	46 199	44 548	1 651	3.71
蟹	290 711	282 655	8 056	2.85
其中:梭子蟹	109 017	105 283	3 734	3.55
青蟹	154 661	152 065	2 596	1.71

全国海水养殖产量(二)

单位:吨

指　标	2022 年	2021 年	2022 年比 2021 年增减(±)	
			绝对量	幅度(%)
3.贝类	15 695 844	15 260 697	435 147	2.85
其中:牡蛎	6 199 540	5 819 188	380 352	6.54
鲍	228 190	217 831	10 359	4.76
螺	323 079	299 620	23 459	7.83
蚶	345 371	340 407	4 964	1.46
贻贝	771 230	829 481	−58 251	−7.02
江珧	9 367	12 145	−2 778	−22.87
扇贝	1 792 240	1 829 924	−37 684	−2.06
蛤	4 378 040	4 289 768	88 272	2.06
蛏	847 626	859 651	−12 025	−1.40
4.藻类	2 713 914	2 714 601	−687	−0.03
其中:海带	1 430 575	1 742 378	−311 803	−17.90
裙带菜	206 129	212 248	−6 119	−2.88
紫菜	217 658	199 162	18 496	9.29
江蓠	610 824	398 920	211 904	53.12
麒麟菜	266	916	−650	−70.96
石花菜				
羊栖菜	33 372	31 090	2 282	7.34
苔菜		84	−84	
5.其他类	469 179	437 328	31 851	7.28
其中:海参	248 508	222 707	25 801	11.59
海胆(千克)	5 154 819	13 590 733	−8 435 914	−62.07
海水珍珠(千克)	2 309	2 008	301	14.99
海蜇	84 160	77 779	6 381	8.20

全国淡水养殖产量

单位:吨

指　标	2022 年	2021 年	2022 年比 2021 年增减(±)	
			绝对量	幅度(%)
淡水养殖产量	32 897 640	31 832 676	1 064 964	3.35
1.鱼类	27 104 811	26 402 761	702 050	2.66
2.甲壳类	4 895 892	4 584 111	311 781	6.80
虾	4 080 574	3 775 837	304 737	8.07
其中:罗氏沼虾	177 836	171 263	6 573	3.84
青虾	226 312	224 413	1 899	0.85
克氏原螯虾	2 890 684	2 633 595	257 089	9.76
南美白对虾	758 350	703 767	54 583	7.76
蟹(河蟹)	815 318	808 274	7 044	0.87
3.贝类	189 745	195 994	−6 249	−3.19
其中:河蚌	52 221	54 628	−2 407	−4.41
螺	94 681	98 420	−3 739	−3.80
蚬	21 550	22 246	−696	−3.13
4.藻类(螺旋藻)	9 991	8 327	1 664	19.98
5.其他类	697 201	641 483	55 718	8.69
其中:龟	53 902	50 951	2 951	5.79
鳖	373 709	364 878	8 831	2.42
蛙	215 084	174 997	40 087	22.91
珍珠(千克)	697 388	475 086	222 302	46.79
6.观赏鱼(万尾)	355 976	378 593	−22 617	−5.97

全国淡水养殖主要鱼类产量

单位:吨

指　　标	2022 年	2021 年	2022 年比 2021 年增减(±)	
			绝对量	幅度(%)
青鱼	748 026	716 561	31 465	4.39
草鱼	5 904 805	5 755 095	149 710	2.60
鲢鱼	3 879 775	3 836 589	43 186	1.13
鳙鱼	3 268 510	3 177 030	91 480	2.88
鲤鱼	2 843 157	2 831 763	11 394	0.40
鲫鱼	2 849 494	2 783 687	65 807	2.36
鳊鲂	767 343	764 303	3 040	0.40
泥鳅	374 981	367 086	7 895	2.15
鲇鱼	325 356	322 650	2 706	0.84
鮰鱼	416 200	363 344	52 856	14.55
黄颡鱼	599 801	587 822	11 979	2.04
鲑鱼	2 911	2 534	377	14.88
鳟鱼	37 345	35 814	1 531	4.27
河鲀	14 434	14 559	−125	−0.86
短盖巨脂鲤	43 181	51 352	−8 171	−15.91
长吻鮠	23 907	22 236	1 671	7.51
黄鳝	334 215	311 436	22 779	7.31
鳜鱼	401 490	373 954	27 536	7.36
池沼公鱼	3 944	7 537	−3 593	−47.67
银鱼	12 177	11 321	856	7.56
鲈鱼	802 486	702 093	100 393	14.30
乌鳢	553 196	548 481	4 715	0.86
罗非鱼	1 738 947	1 662 637	76 310	4.59
鲟鱼	130 951	121 875	9 076	7.45
鳗鲡	281 730	255 311	26 419	10.35

各地区海水养殖产量(按品种分)(一)

单位:吨

地 区	海水养殖产量	1.鱼类	其 中					
			鲈鱼	鲆鱼	大黄鱼	军曹鱼	鲕鱼	鲷鱼
全国总计	22 756 987	1 925 574	218 053	100 694	257 683	28 971	20 949	136 487
天 津	9 771	669						
河 北	580 005	21 202		7 268				
辽 宁	3 392 947	68 029	8 025	54 096				5
上 海								
江 苏	924 037	63 615	534	4 903	510			
浙 江	1 495 736	74 699	13 457	108	35 784			3 826
福 建	5 477 892	486 771	37 100	5 306	215 231	82	3 299	45 798
山 东	5 560 794	83 786	10 832	28 581	1 227			311
广 东	3 396 736	851 381	138 202	432	4 931	20 838	17 625	82 002
广 西	1 656 464	136 353	7 977			36		3 294
海 南	262 605	139 069	1 926			8 015	25	1 251

各地区海水养殖产量(按品种分)(二)

单位:吨

地 区	1.鱼类(续)					2.甲壳类	(1)虾	其 中	
	其中(续)								
	美国红鱼	河鲀	石斑鱼	鲽鱼	卵形鲳鲹			南美白对虾	斑节对虾
全国总计	62 844	16 626	205 816	12 879	245 435	1 952 476	1 661 765	1 340 280	114 360
天 津			62			9 102	9 102	9 082	
河 北		3 143	1 113	7 550		50 708	48 419	34 691	153
辽 宁		1 887				27 423	27 042	15 321	
上 海									
江 苏				1 058		104 532	80 329	24 696	13 690
浙 江	8 754		394		17	117 885	66 741	41 485	864
福 建	15 641	10 185	36 895	2	442	219 854	141 537	120 037	7 234
山 东	903	1 018	920	3 314		229 131	208 829	173 376	1 174
广 东	33 455	393	97 937	23	119 343	771 801	681 005	558 433	83 201
广 西	1 810		3 058	932	85 931	320 241	308 867	305 002	1 059
海 南	2 281		65 437		39 702	101 799	89 894	58 157	6 985

各地区海水养殖产量(按品种分)(三)

单位:吨

地　区	2.甲壳类(续)						3.贝类
	(1)虾(续)		(2)蟹	其　中			
	其中(续)						
	中国对虾	日本对虾		梭子蟹	青蟹		
全国总计	**30 929**	**46 199**	**290 711**	**109 017**	**154 661**		**15 695 844**
天　津							
河　北	7 734	5 823	2 289	2 289			441 024
辽　宁	9 082	2 502	381	261			2 648 828
上　海							
江　苏	3 411	608	24 203	20 811	2 132		692 553
浙　江	419	1 354	51 144	20 370	28 777		1 155 044
福　建	2 801	7 299	78 317	31 762	38 884		3 412 321
山　东	7 178	20 746	20 302	19 083	278		4 429 358
广　东	304	7 818	90 796	13 825	62 457		1 704 619
广　西		49	11 374		11 374		1 191 150
海　南			11 905	616	10 759		20 947

各地区海水养殖产量(按品种分)(四)

单位:吨

地　区	3.贝类(续)								
	其　中								
	牡蛎	鲍	螺	蚶	贻贝	江珧	扇贝	蛤	蛏
全国总计	**6 199 540**	**228 190**	**323 079**	**345 371**	**771 230**	**9 367**	**1 792 240**	**4 378 040**	**847 626**
天　津									
河　北	15 345		21 293	9 011			340 917	54 112	250
辽　宁	511 899	1 067		53 272	31 263		334 173	1 528 193	37 502
上　海									
江　苏	86 896		63 978	25 520	33 090			376 159	52 743
浙　江	287 982		17 116	151 706	247 308		333	90 022	323 419
福　建	2 127 281	181 503	8 996	56 820	102 419		12 631	505 776	288 515
山　东	1 319 084	36 973	9 446	6 667	286 848	221	983 900	1 313 430	142 076
广　东	1 151 437	8 647	50 943	40 244	65 296	9 146	118 631	193 440	2 980
广　西	698 011		135 973	331	5 006		1 545	315 902	141
海　南	1 605		15 334	1 800			110	1 006	

各地区海水养殖产量(按品种分)(五)

单位:吨

地　　区	4.藻类	其　　中					
		海带	裙带菜	紫菜	江蓠	麒麟菜	石花菜
全国总计	2 713 914	1 430 575	206 129	217 658	610 824	266	
天　津							
河　北							
辽　宁	470 971	312 843	153 259				
上　海							
江　苏	46 224			46 224			
浙　江	142 682	23 024		80 786			
福　建	1 301 483	861 335		63 845	319 078		
山　东	692 025	230 498	52 064	13 009	253 316		
广　东	60 032	2 875	806	13 794	38 283		
广　西							
海　南	497				147	266	

各地区海水养殖产量(按品种分)(六)

单位:吨

地　　区	4.藻类(续)		5.其他	其　　中			
	其中(续)						
	羊栖菜	苔菜		海参	海胆(千克)	海水珍珠(千克)	海蜇
全国总计	33 372		469 179	248 508	5 154 819	2 309	84 160
天　津							
河　北			67 071	16 159			1 094
辽　宁			177 696	86 140	1 924 509		66 015
上　海							
江　苏			17 113	77			12 947
浙　江	27 447		5 426	105			1 426
福　建	5 925		57 463	45 636			2 445
山　东			126 494	100 165	3 129 590		233
广　东			8 903	39	100 720	1 528	
广　西			8 720			781	
海　南			293	187			

各地区海水养殖产量（按水域和养殖方式分）（一）

单位：吨

地　　区	海水养殖产量	按养殖水域分			养殖方式中
		1.海上	2.滩涂	3.其他	1.池塘
全国总计	22 756 987	13 525 449	6 431 117	2 800 421	2 923 468
天　津	9 771			9 771	6 033
河　北	580 005	393 206	58 630	128 169	104 946
辽　宁	3 392 947	2 313 907	856 380	222 660	236 631
上　海					
江　苏	924 037	267 830	514 468	141 739	250 492
浙　江	1 495 736	732 397	433 844	329 495	302 508
福　建	5 477 892	3 844 596	1 181 350	451 946	294 803
山　东	5 560 794	3 933 284	1 341 327	286 183	256 536
广　东	3 396 736	1 403 252	1 225 005	768 479	972 853
广　西	1 656 464	555 070	746 939	354 455	363 436
海　南	262 605	81 907	73 174	107 524	135 230

各地区海水养殖产量（按水域和养殖方式分）（二）

单位：吨

地　　区	养殖方式中（续）					
	2.普通网箱	3.深水网箱	4.筏式	5.吊笼	6.底播	7.工厂化
全国总计	640 849	393 299	6 823 971	1 760 921	5 629 280	389 583
天　津						743
河　北	900		372 897		43 378	23 803
辽　宁	18 733	2 274	1 155 394	148 226	1 684 647	50 244
上　海						
江　苏		88	121 150	14 256	437 087	21 114
浙　江	32 278	28 797	602 124	11 615	283 125	8 744
福　建	310 046	110 865	1 748 396	165 658	442 377	44 865
山　东	114 324	30 400	1 889 929	1 276 866	1 801 431	188 731
广　东	105 412	98 482	491 864	135 008	564 097	18 357
广　西	53 475	65 817	442 217	9 292	368 692	738
海　南	5 681	56 576			4 446	32 244

各地区淡水养殖产量（按品种分）（一）

单位：吨

地 区	淡水养殖产量	1.鱼类	其 中				
			青鱼	草鱼	鲢鱼	鳙鱼	鲤鱼
全国总计	32 897 640	27 104 811	748 026	5 904 805	3 879 775	3 268 510	2 843 157
北 京	10 439	10 439	359	3 427	526	278	3 688
天 津	237 382	191 608	380	34 355	23 521	10 105	76 052
河 北	273 516	246 587	111	35 953	35 176	16 368	107 567
山 西	52 619	51 768	497	16 893	10 449	3 956	10 937
内 蒙 古	98 711	93 854		13 395	15 406	13 517	37 701
辽 宁	831 262	743 163	225	111 250	86 041	51 375	323 369
吉 林	232 675	220 616	2 212	21 262	52 454	41 388	54 828
黑 龙 江	685 000	660 704	458	68 688	132 565	56 813	228 045
上 海	115 810	91 519	4 168	25 147	7 885	8 182	560
江 苏	3 519 483	2 516 748	108 668	434 538	452 665	270 822	168 687
浙 江	1 306 985	1 002 245	74 304	95 051	138 224	106 334	34 703
安 徽	2 346 395	1 483 527	75 632	270 983	260 258	261 755	86 555
福 建	917 508	757 446	13 199	177 397	82 122	63 737	57 493
江 西	2 800 506	2 404 592	64 370	659 523	293 929	430 261	148 998
山 东	1 090 374	921 810	5 414	215 791	161 791	109 728	215 678
河 南	831 545	766 250	14 485	145 312	181 911	138 134	150 617
湖 北	4 980 200	3 564 418	197 985	909 699	575 175	480 720	96 610
湖 南	2 723 905	2 175 140	87 491	665 163	337 306	313 564	160 903
广 东	4 280 600	3 875 007	63 356	916 991	201 891	323 537	82 829
广 西	1 421 551	1 355 100	18 098	342 246	230 512	178 197	160 321
海 南	410 779	397 805	920	3 720	4 701	7 806	2 024
重 庆	566 303	541 354	2 555	140 013	110 531	59 549	45 210
四 川	1 721 461	1 635 064	2 568	307 141	336 352	196 677	204 155
贵 州	264 074	253 933	2 104	45 056	25 942	32 565	91 286
云 南	652 178	641 839	7 186	93 882	49 526	52 930	145 057
西 藏	50	49		5	2	5	
陕 西	173 500	159 548	333	39 886	31 680	20 339	48 996
甘 肃	14 380	13 995	948	4 340	1 172	375	3 422
青 海	15 123	15 113		24	74		48
宁 夏	163 871	161 271		46 598	15 414	10 841	67 040
新 疆	159 455	152 299		61 076	24 574	8 652	29 778

各地区淡水养殖产量（按品种分）（二）

单位：吨

地 区	1.鱼类（续）						
	其中（续）						
	鲫鱼	鳊鲂	泥鳅	鲇鱼	鮰鱼	黄颡鱼	鲑鱼
全国总计	2 849 494	767 343	374 981	325 356	416 200	599 801	2 911
北 京	380	458	5		405	118	
天 津	33 938	817	2 095	149	1 878	2 322	866
河 北	21 631	39	3 008	172	3 527	1 407	16
山 西	1 227	7	2	35	1 214	194	
内 蒙 古	10 632	436	666	1 118		78	1
辽 宁	66 113	4 420	5 559	37 661	5	1 305	670
吉 林	31 052	1 925	3 720	3 840	3	2 456	235
黑 龙 江	127 380	294	6 595	4 513	5	1 602	
上 海	10 907	4 952	73	7	16 294	1 499	
江 苏	624 122	164 979	33 896	3 383	1 091	26 413	
浙 江	105 113	31 569	31 362	1 081	2 477	106 606	66
安 徽	192 340	89 993	37 525	15 817	7 434	36 845	
福 建	39 962	4 450	2 649	9 792	3 841	5 908	
江 西	259 472	62 724	89 247	35 324	8 955	66 207	43
山 东	92 406	1 778	6 289	18 862	11 241	3 749	
河 南	52 807	8 587	6 052	6 532	43 988	1 644	
湖 北	361 888	247 997	40 891	15 723	72 091	152 802	
湖 南	224 131	86 376	17 958	24 225	18 391	37 420	15
广 东	157 840	16 738	41 759	25 541	79 702	85 074	
广 西	34 186	1 564	2 928	30 782	21 405	7 996	1
海 南	708	174	72	666			
重 庆	99 430	6 095	8 033	7 083	7 508	13 158	97
四 川	219 255	29 178	31 276	72 026	92 977	40 303	371
贵 州	9 911	312	1 144	2 796	3 110	1 501	12
云 南	44 168	496	1 128	7 060	6 101	2 724	80
西 藏							5
陕 西	5 001	372	866	430	3 299	341	3
甘 肃	813	77	1	22	41	2	322
青 海							58
宁 夏	13 433		159	630	5 854	4	
新 疆	9 248	536	23	86	3 363	123	50

各地区淡水养殖产量(按品种分)(三)

单位:吨

地　　区	1.鱼类(续)						
	其中(续)						
	鳟鱼	河鲀	短盖巨脂鲤	长吻鮠	黄鳝	鳜鱼	池沼公鱼
全国总计	37 345	14 434	43 181	23 907	334 215	401 490	3 944
北　　京	88						
天　　津						51	
河　　北	1 691		6		11	19	138
山　　西	1 089						5
内　蒙　古	25					20	452
辽　　宁	3 131					373	1 109
吉　　林	340					330	1 945
黑　龙　江	444					1 320	285
上　　海						57	
江　　苏		3 683	176	19	4 514	31 259	
浙　　江	70		94	1 553	418	10 396	3
安　　徽	3		1 408	16	32 880	48 550	
福　　建	8	223	1 851	258	377	1 094	
江　　西	78		4 108	738	89 943	45 477	
山　　东	106		1 570		2 856	2 437	
河　　南	219		238		2 416	273	
湖　　北				1 325	154 279	76 610	
湖　　南	708		1	154	32 241	31 168	
广　　东	14	10 528	17 640	3 783	1 948	148 739	
广　　西	182		15 016	32	1 234	339	
海　　南			432		18	24	
重　　庆	1 274		103	3 030	1 188	461	
四　　川	1 640			11 230	9 427	2 306	
贵　　州	283			611	200	39	
云　　南	3 609		508	1 132	211	32	2
西　　藏	13						
陕　　西	1 135		30	26	54	116	
甘　　肃	1 731						5
青　　海	14 909						
宁　　夏	1						
新　　疆	4 554						

各地区淡水养殖产量（按品种分）（四）

单位：吨

地　区	1.鱼类（续）						2.甲壳类
	其中（续）						
	银鱼	鲈鱼	乌鳢	罗非鱼	鲟鱼	鳗鲡	
全国总计	12 177	802 486	553 196	1 738 947	130 951	281 730	4 895 892
北　京		252		182	264		
天　津		508		1 448		40	45 612
河　北	30	1 582	60	6 166	8 223		25 085
山　西	13	1 795	234	1 984	1 198		581
内 蒙 古	83	15	187	25			1 309
辽　宁	878	374	86	801	1 996		85 602
吉　林	933	41	1 625	2	25		4 909
黑 龙 江	1 851		542				19 074
上　海		4 872		30		24	23 936
江　苏	27	48 779	21 595	2 359	1 022	7 389	940 005
浙　江	70	145 394	43 041	1 872	7 083	1 141	170 337
安　徽	2 140	14 960	30 600	2 418	530	163	755 661
福　建		14 178	3 412	120 228	3 348	122 077	118 936
江　西	1 429	25 872	44 111	4 545	4 898	23 881	256 657
山　东	861	10 793	32 445	9 102	11 261		159 515
河　南	21	10 069	1 183	476	1 256		62 085
湖　北	619	37 719	24 696	2 687	9 904	4 852	1 316 037
湖　南	190	39 607	32 998	918	7 002	106	447 991
广　东	98	381 904	295 814	756 729	581	116 098	336 169
广　西	192	6 353	1 770	255 647	1 178	4 017	13 943
海　南			12	370 243		1 289	6 246
重　庆		8 420	8 232	5 654	5 265		17 742
四　川	153	31 766	9 630	3 358	6 403	650	68 400
贵　州	51	8 510	173	165	26 207		3 399
云　南	2 474	4 380	573	189 115	26 930	3	4 411
西　藏		1		2	15		1
陕　西	63	861	83	1 181	4 453		3 937
甘　肃		1	1		678		371
青　海							10
宁　夏	1	967	38	3	196		1 135
新　疆		2 513	55	1 607	1 035		6 796

各地区淡水养殖产量(按品种分)(五)

单位:吨

地 区	2.甲壳类(续)					(2)蟹 (河蟹)	3.贝类	其 中
	(1)虾	其 中						河蚌
		罗氏沼虾	青虾	克氏原 螯虾	南美白 对虾			
全国总计	4 080 574	177 836	226 312	2 890 684	758 350	815 318	189 745	52 221
北　京								
天　津	40 263				40 263	5 349		
河　北	21 597		43	5	21 515	3 488		
山　西	470		1	307	156	111	130	130
内　蒙　古	753		147		604	556		
辽　宁	18 120				17 355	67 482	1	1
吉　林	234		181			4 675	3	3
黑　龙　江	1 517			701		17 557		
上　海	18 028	1 094	55	256	16 623	5 908		
江　苏	565 898	61 720	103 951	267 161	129 464	374 107	35 436	5 593
浙　江	159 611	27 144	25 589	34 630	70 948	10 726	9 610	2 343
安　徽	651 224	2 067	51 673	595 239	2 245	104 437	44 438	25 077
福　建	118 365	1 961	1 197	2 676	111 248	571	30 950	3 226
江　西	240 616	761	24 797	213 054	2 004	16 041	35 931	8 562
山　东	138 085	143	782	60 086	76 460	21 430	159	
河　南	60 025	645	4 477	53 338	1 489	2 060	362	230
湖　北	1 154 163	1 427	7 809	1 138 392	6 535	161 874	3 740	1 450
湖　南	440 269	1 860	2 068	423 591	8 276	7 722	11 539	4 112
广　东	332 296	74 874	1 518	1 974	242 762	3 873	3 627	176
广　西	13 563	1 087	654	11 122	175	380	9 820	373
海　南	6 216	1 277	60	327	3 404	30	163	
重　庆	17 108	256	310	15 176	1 140	634	118	
四　川	67 161	499	533	64 681	1 364	1 239	1 975	851
贵　州	3 178	15	41	2 480	151	221	900	71
云　南	4 005	939	421	2 490	155	406	843	23
西　藏	1	1						
陕　西	2 981	66	3	1 998	246	956		
甘　肃	34			13	11	337		
青　海	10				10			
宁　夏	227		2	8	217	908		
新　疆	4 556			979	3 530	2 240		

各地区淡水养殖产量（按品种分）（六）

单位：吨

地　　区	3.贝类（续）		4.藻类（螺旋藻）	5.其他类	其　　中				6.观赏鱼（万尾）
	其中（续）				龟	鳖	蛙	珍珠（千克）	
	螺	蚬							
全国总计	94 681	21 550	9 991	697 201	53 902	373 709	215 084	697 388	355 976
北　　京									12 452
天　　津				162		162			23 938
河　　北				1 844		1 809			4 920
山　　西				140	43	89			499
内　蒙　古			3 512	36		34			15
辽　　宁				2 496			2 405		
吉　　林				7 147			7 147		29 429
黑　龙　江				5 222			5 215		
上　　海				355	82	273			6 149
江　　苏	21 134	8 597	1 279	26 015	1 432	17 152	4 705	50 001	81 919
浙　　江	7 078	155	486	124 307	11 190	82 700	14 036	213 670	7 058
安　　徽	18 569	782		62 769	5 292	48 329	8 278	155 952	14 439
福　　建	3 793	7 857	68	10 108	238	5 018	2 251		3 576
江　　西	21 686	3 430	1 929	101 397	7 752	36 589	54 568	253 000	3 623
山　　东	107			8 890	10	6 992	129		68 650
河　　南	112	20		2 848	25	1 812	922		25 389
湖　　北	1 999	291		96 005	10 844	64 277	20 884		1 298
湖　　南	6 042	102		89 235	3 426	46 441	36 407	112	1 562
广　　东	2 031	178		65 797	10 852	37 245	7 416	43	46 383
广　　西	9 239	138		42 688	2 460	20 254	16 457	610	18
海　　南			563	6 002	91	58	5 495		483
重　　庆	118			7 089	52	1 590	5 445		10 727
四　　川	1 124			16 022	89	2 122	13 074	24 000	5 232
贵　　州	829			5 842	17	58	5 544		93
云　　南	820		366	4 719	7	14	4 610		1 311
西　　藏									
陕　　西				10 015		640	96		6 001
甘　　肃				14		14			
青　　海									
宁　　夏			1 428	37		37			747
新　　疆			360						65

各地区淡水养殖产量（按水域和养殖方式分）（一）

单位：吨

地　区	淡水养殖产量	按水域分			
		1.池塘	2.湖泊	3.水库	4.河沟
全国总计	32 897 640	24 142 957	827 814	2 870 302	466 815
北　京	10 439	10 333			
天　津	237 382	231 830			191
河　北	273 516	240 490	2 416	23 296	1 398
山　西	52 619	38 935	479	12 654	16
内　蒙　古	98 711	57 498	16 458	22 210	2 019
辽　宁	831 262	626 039	81	118 030	1 705
吉　林	232 675	95 206	37 898	80 365	8 037
黑　龙　江	685 000	475 067	78 261	90 048	14 738
上　海	115 810	114 600	855		171
江　苏	3 519 483	2 755 954	75 737	40 711	105 172
浙　江	1 306 985	1 022 230	5 411	72 152	20 182
安　徽	2 346 395	1 206 545	228 947	118 744	101 065
福　建	917 508	566 015	3 139	179 241	41 964
江　西	2 800 506	1 807 860	267 434	386 773	39 176
山　东	1 090 374	849 471	2 606	142 800	
河　南	831 545	671 855	3 726	81 741	13 075
湖　北	4 980 200	3 982 570			
湖　南	2 723 905	1 880 561	54 003	216 151	10 675
广　东	4 280 600	4 005 799	7 937	222 567	7 043
广　西	1 421 551	817 748		435 426	59 865
海　南	410 779	357 203	1 259	46 645	23
重　庆	566 303	480 301		54 185	
四　川	1 721 461	953 967	1 210	211 905	34 513
贵　州	264 074	139 316	101	38 604	443
云　南	652 178	398 224	848	188 806	756
西　藏	50	50			
陕　西	173 500	95 489	4 496	44 012	3 065
甘　肃	14 380	9 947	100	3 010	11
青　海	15 123	158	67	14 898	
宁　夏	163 871	126 470	33 366	1 181	178
新　疆	159 455	125 226	979	24 147	1 334

各地区淡水养殖产量(按水域和养殖方式分)(二)

单位:吨

地　　区	按水域分(续)		养殖方式中		
	5.其他	6.稻田	1.围栏	2.网箱	3.工厂化
全国总计	**717 597**	**3 872 155**	**24 671**	**288 033**	**403 494**
北　　京	106				133
天　　津	421	4 940			
河　　北	3 287	2 629		110	2 913
山　　西	519	16		38	643
内　蒙　古		526			3
辽　　宁	27 657	57 750	768	66 381	418
吉　　林	353	10 816	1 220	3 333	271
黑　龙　江	13 059	13 827		1 712	
上　　海		184			30
江　　苏	149 342	392 567	3 004	18 071	19 296
浙　　江	25 377	161 633	1 413	6 856	13 704
安　　徽	34 580	656 514	5 955	16 004	27 183
福　　建	107 830	19 319	1 236	18 802	99 927
江　　西	31 874	267 389	91	12 034	27 718
山　　东	85 135	10 362	538	2 372	88 102
河　　南	3 774	57 374		887	1 313
湖　　北		997 630			60 281
湖　　南	28 712	533 803		7 326	27 918
广　　东	34 744	2 510		1 106	5 783
广　　西	62 584	45 928	10 416	79 037	5 891
海　　南	5 502	147		689	
重　　庆	12 639	19 178			863
四　　川	27 066	492 800			3 427
贵　　州	11 369	74 241			1 754
云　　南	18 967	44 577	30	34 645	14 189
西　　藏					
陕　　西	22 763	3 675			628
甘　　肃	1 311	1		242	90
青　　海				14 988	
宁　　夏	1 428	1 248			13
新　　疆	7 198	571		3 400	1 003

（三）国内捕捞

全国海洋捕捞产量

单位：吨

指　　标	2022 年	2021 年	2022 年比 2021 年增减（±）	
			绝对量	幅度（%）
海洋捕捞产量	9 508 508	9 514 584	−6 076	−0.06
1. 鱼类	6 418 652	6 451 504	−32 852	−0.51
2. 甲壳类	1 885 340	1 861 386	23 954	1.29
虾	1 237 649	1 214 264	23 385	1.93
其中：毛虾	362 709	359 750	2 959	0.82
对虾	207 519	204 112	3 407	1.67
鹰爪虾	243 304	239 243	4 061	1.70
虾蛄	222 009	219 709	2 300	1.05
蟹	647 691	647 122	569	0.09
其中：梭子蟹	458 297	454 513	3 784	0.83
青蟹	69 025	68 542	483	0.70
蟳	24 448	26 331	−1 883	−7.15
3. 贝类	362 916	359 372	3 544	0.99
4. 藻类	19 392	20 285	−893	−4.40
5. 头足类	591 514	585 514	6 000	1.02
其中：乌贼	129 685	126 205	3 480	2.76
鱿鱼	312 123	308 477	3 646	1.18
章鱼	109 971	106 297	3 674	3.46
6. 其他类	230 694	236 523	−5 829	−2.46
其中：海蜇	145 125	140 192	4 933	3.52

全国海洋捕捞主要鱼类产量

单位:吨

指 标	2022 年	2021 年	2022 年比 2021 年增减(±)	
			绝对量	幅度(%)
海鳗	326 726	302 136	24 590	8.14
鲥鱼	57 833	60 345	−2 512	−4.16
鳀鱼	601 461	615 152	−13 691	−2.23
沙丁鱼	83 190	92 737	−9 547	−10.29
鲱鱼	8 650	8 871	−221	−2.49
石斑鱼	105 792	95 601	10 191	10.66
鲷	126 969	127 794	−825	−0.65
蓝圆鲹	395 862	415 981	−20 119	−4.84
白姑鱼	90 895	96 613	−5 718	−5.92
黄姑鱼	66 002	60 522	5 480	9.05
鮸鱼	58 204	56 971	1 233	2.16
大黄鱼	37 098	38 167	−1 069	−2.80
小黄鱼	268 730	289 223	−20 493	−7.09
梅童鱼	189 604	190 218	−614	−0.32
方头鱼	36 479	40 463	−3 984	−9.85
玉筋鱼	83 602	90 023	−6 421	−7.13
带鱼	903 498	914 469	−10 971	−1.20
金线鱼	313 852	321 840	−7 988	−2.48
梭鱼	104 424	108 362	−3 938	−3.63
鲐鱼	371 772	382 698	−10 926	−2.85
鲅鱼	356 177	365 495	−9 318	−2.55
金枪鱼	40 461	36 528	3 933	10.77
鲳鱼	341 563	329 301	12 262	3.72
马面鲀	122 258	124 367	−2 109	−1.70
竹䇲鱼	26 577	27 827	−1 250	−4.49
鲔鱼	69 534	77 324	−7 790	−10.07

全国海洋捕捞产量(按海域、渔具分)

单位:吨

指 标		2022 年	2021 年	2022 年比 2021 年增减(±)	
				绝对量	幅度(%)
合 计		**9 508 508**	**9 514 584**	**−6 076**	**−0.06**
按捕捞海域分	渤海	607 888	597 259	10 629	1.78
	黄海	2 187 889	2 288 357	−100 468	−4.39
	东海	4 094 197	3 851 335	242 862	6.31
	南海	2 618 534	2 777 633	−159 099	−5.73
按捕捞渔具分	拖网	4 513 297	4 558 133	−44 836	−0.98
	围网	748 732	771 786	−23 054	−2.99
	刺网	2 261 745	2 210 988	50 757	2.30
	张网	939 126	952 919	−13 793	−1.45
	钓具	331 135	319 476	11 659	3.65
	其他渔具	714 473	701 282	13 191	1.88

全国淡水捕捞产量

单位:吨

指 标	2022 年	2021 年	2022 年比 2021 年增减(±)	
			绝对量	幅度(%)
淡水捕捞产量	**1 166 202**	**1 197 835**	**−31 633**	**−2.64**
1. 鱼类	898 335	920 325	−21 990	−2.39
2. 甲壳类	123 564	123 156	408	0.33
虾	95 944	98 161	−2 217	−2.26
蟹	27 620	24 995	2 625	10.50
3. 贝类	131 684	141 140	−9 456	−6.70
4. 藻类	6	153	−147	−96.08
5. 其他类	12 613	13 061	−448	−3.43
其中:丰年虫	2 990	3 648	−658	−18.04

各地区海洋捕捞产量（按品种分）（一）

单位:吨

地　　区	海洋捕捞产量	1.鱼类	其　中				
			海鳗	鳓鱼	鲲鱼	沙丁鱼	鲱鱼
全国总计	9 508 508	6 418 652	326 726	57 833	601 461	83 190	8 650
天　津	23 794	20 162			12 391		
河　北	190 614	94 249			34 232		
辽　宁	461 607	253 726	4 005	78	32 623	395	10
上　海	10 038	3 357	192	2			
江　苏	412 345	230 340	6 740	1 744	1 541	259	91
浙　江	2 572 416	1 676 230	75 545	10 798	43 669	6 276	1 309
福　建	1 531 200	1 074 142	56 893	9 833	59 421	6 675	3 714
山　东	1 687 960	1 185 785	19 225		391 216	4 795	
广　东	1 124 205	814 953	82 049	20 440	21 741	42 218	2 665
广　西	476 405	262 216	11 012	13 888		10 159	762
海　南	1 017 924	803 492	71 065	1 050	4 627	12 413	99

各地区海洋捕捞产量（按品种分）（二）

单位:吨

地　　区	1.鱼类（续） 其中（续）							
	石斑鱼	鲷鱼	蓝圆鲹	白姑鱼	黄姑鱼	鲅鱼	大黄鱼	小黄鱼
全国总计	105 792	126 969	395 862	90 895	66 002	58 204	37 098	268 730
天　津								220
河　北	33				190		42	5 931
辽　宁		119		303	838	116	4 287	47 266
上　海					3	9	10	26
江　苏	45	240	24	2 759	4 655	1 697	465	25 437
浙　江	1 105	6 954	38 509	50 227	35 817	41 203	838	109 738
福　建	14 009	41 538	189 599	8 034	7 550	10 530	366	9 176
山　东		35		10 277	6 009		1 633	44 304
广　东	43 412	39 023	79 527	14 913	4 100	3 685	25 044	18 900
广　西	4 588	20 656	52 197	1 202	56	705		
海　南	42 600	18 404	36 006	3 180	6 784	259	4 413	7 732

各地区海洋捕捞产量(按品种分)(三)

单位:吨

地　　区	1.鱼类(续)							
	其中(续)							
	梅童鱼	方头鱼	玉筋鱼	带鱼	金线鱼	梭鱼	鲐鱼	鲅鱼
全国总计	**189 604**	**36 479**	**83 602**	**903 498**	**313 852**	**104 424**	**371 772**	**356 177**
天　　津				592		405	2 586	1 338
河　　北	161		72	1 423		11 248	5 592	8 150
辽　　宁	2 199	184	2 254	8 729		10 239	13 414	33 332
上　　海	9			35				5
江　　苏	51 557	350	346	45 433	30	5 950	3 558	6 088
浙　　江	117 874	17 861	23 524	371 524	1 648	3 078	160 501	70 703
福　　建	16 139	3 909	7 433	130 972	8 671	14 260	115 997	38 591
山　　东			35 671	91 196		27 904	30 454	175 316
广　　东	1 635	5 020	416	116 726	65 463	20 782	23 685	19 274
广　　西		30		22 221	26 381	7 224	8 887	1 801
海　　南	30	9 125	13 886	114 647	211 659	3 334	7 098	1 579

各地区海洋捕捞产量(按品种分)(四)

单位:吨

地　　区	1.鱼类(续)					2.甲壳类	(1)虾	其中
	其中(续)							
	金枪鱼	鲳鱼	马面鲀	竹筴鱼	鲻鱼			毛虾
全国总计	**40 461**	**341 563**	**122 258**	**26 577**	**69 534**	**1 885 340**	**1 237 649**	**362 709**
天　　津		80				1 450	996	
河　　北		2 036	223		2 408	54 320	35 325	4 453
辽　　宁	100	673	242		4 572	94 827	66 331	17 586
上　　海		58				6 356	1 483	
江　　苏		29 370	666	15	9 333	121 763	42 713	24 453
浙　　江	2 742	101 557	20 378	1 312	7 004	715 624	520 664	151 788
福　　建	1 878	56 914	31 176	7 702	17 418	275 978	159 363	48 238
山　　东	171	31 061	2 449			217 566	170 396	51 392
广　　东	7 686	66 516	29 622	3 603	11 107	211 407	137 804	32 031
广　　西		8 303	19 081	150	7 348	114 033	61 814	24 862
海　　南	27 884	44 995	18 421	13 795	10 344	72 016	40 760	7 906

各地区海洋捕捞产量（按品种分）（五）

单位：吨

地 区	2.甲壳类（续）						
	(1)虾（续）			(2)蟹	其 中		
	其中（续）						
	对虾	鹰爪虾	虾蛄		梭子蟹	青蟹	蟳
全国总计	207 519	243 304	222 009	647 691	458 297	69 025	24 448
天 津	39		360	454	150		
河 北	1 848	1 411	25 023	18 995	11 570		3 407
辽 宁	4 645	3 418	27 611	28 496	14 698	4 491	4 124
上 海	3	1 289		4 873	3 941		
江 苏	1 744	6 494	6 771	79 050	72 248	1 943	1 017
浙 江	63 713	149 607	56 296	194 960	159 508	2 932	4 516
福 建	25 524	36 146	31 188	116 615	79 584	14 335	4 313
山 东	13 838	23 929	46 357	47 170	32 909	52	1 741
广 东	65 468	12 053	21 636	73 603	40 946	26 410	2 881
广 西	14 580	7 287	4 506	52 219	26 724	8 214	2 046
海 南	16 117	1 670	2 261	31 256	16 019	10 648	403

各地区海洋捕捞产量（按品种分）（六）

单位：吨

地 区	3.贝类	4.藻类	5.头足类	其 中			6.其他类	其 中
				乌贼	鱿鱼	章鱼		海蜇
全国总计	362 916	19 392	591 514	129 685	312 123	109 971	230 694	145 125
天 津	1 492		690		580	110		
河 北	14 694		11 487	1 338	1 644	7 298	15 864	11 135
辽 宁	49 356	412	25 846	3 331	13 256	3 474	37 440	10 421
上 海	5		110	21	16	73	210	205
江 苏	28 084	888	12 048	2 060	6 484	2 992	19 222	12 147
浙 江	18 352	576	136 730	39 194	69 175	24 193	24 904	8 569
福 建	29 724	1 845	136 557	31 400	81 608	17 312	12 954	10 678
山 东	124 381	1 146	91 619	10 142	35 434	30 044	67 463	53 756
广 东	29 315	4 657	48 315	13 272	22 248	10 948	15 558	8 271
广 西	43 879		30 519	10 580	15 046	4 288	25 758	25 232
海 南	23 634	9 868	97 593	18 347	66 632	9 239	11 321	4 711

各地区海洋捕捞产量（按海域分）

单位：吨

地 区	海洋捕捞产量	按捕捞海域分			
		1.渤海	2.黄海	3.东海	4.南海
全国总计	9 508 508	607 888	2 187 889	4 094 197	2 618 534
天 津	23 794	4 231	19 563		
河 北	190 614	149 420	41 194		
辽 宁	461 607	192 353	268 286	968	
上 海	10 038			10 038	
江 苏	412 345		371 724	40 621	
浙 江	2 572 416		61 046	2 511 370	
福 建	1 531 200			1 531 200	
山 东	1 687 960	261 884	1 426 076		
广 东	1 124 205				1 124 205
广 西	476 405				476 405
海 南	1 017 924				1 017 924

各地区海洋捕捞产量（按渔具分）

单位：吨

地 区	海洋捕捞产量	按捕捞渔具分					
		1.拖网	2.围网	3.刺网	4.张网	5.钓具	6.其他
全国总计	9 508 508	4 513 297	748 732	2 261 745	939 126	331 135	714 473
天 津	23 794	12 623	3 900	5 587	88		1 596
河 北	190 614	38 992	5 070	79 892	37 094	85	29 481
辽 宁	461 607	155 773	4 882	238 619	32 999	12 169	17 165
上 海	10 038	9 637			401		
江 苏	412 345	60 641	4 197	125 022	161 461	214	60 810
浙 江	2 572 416	1 471 518	129 109	395 730	366 581	30 598	178 880
福 建	1 531 200	620 818	258 169	211 988	231 286	51 316	157 623
山 东	1 687 960	1 128 065	33 533	379 462	79 583	19 466	47 851
广 东	1 124 205	546 387	106 889	354 101	2 565	78 880	35 383
广 西	476 405	322 884	38 106	53 310	140	5 879	56 086
海 南	1 017 924	145 959	164 877	418 034	26 928	132 528	129 598

各地区淡水捕捞产量（按品种分）

单位:吨

地　　区	淡水捕捞产量	1.鱼类	2.甲壳类	虾	蟹	3.贝类	4.藻类	5.其他类	其中：丰年虫
全国总计	1 166 202	898 335	123 564	95 944	27 620	131 684	6	12 613	2 990
北　京	2 801	2 801							
天　津	2 783	2 170	488	329	159	125			
河　北	37 642	35 402	2 237	1 881	356	1		2	
山　西	462	381	6	5	1			75	75
内　蒙　古	9 985	9 953	22	21	1			10	10
辽　宁	33 911	27 570	4 859	850	4 009			1 482	
吉　林	18 571	17 681	648	643	5	242			
黑　龙　江	50 001	49 259	15	15		727			
上　海	789	758	14	11	3			17	
江　苏	176 863	101 689	24 500	18 191	6 309	48 587		2 087	
浙　江	156 069	115 402	12 619	8 359	4 260	26 643		1 405	
安　徽	108 636	75 093	22 554	19 997	2 557	9 920		1 069	
福　建	72 036	48 859	5 113	4 378	735	17 378		686	
江　西	31 877	25 916	3 209	2 885	324	2 012		740	
山　东	99 912	78 249	15 120	11 259	3 861	3 374		3 169	2 830
河　南	110 928	94 216	11 119	10 816	303	5 593			
湖　北	24 005	20 094	3 472	3 210	262	295		144	
湖　南	2 039	1 277	253	235	18	498		11	
广　东	76 817	58 788	9 949	6 714	3 235	7 396		684	
广　西	83 313	70 763	4 694	3 919	775	6 930		926	
海　南	11 802	9 849	216	167	49	1 735		2	
重　庆									
四　川									
贵　州	4 359	3 954	391	380	11	14			
云　南	26 646	24 658	1 739	1 663	76	214	6	29	
西　藏	75							75	75
陕　西									
甘　肃									
青　海	3 758	3 623	135		135				
宁　夏	6 577	6 559	18		18				
新　疆	13 545	13 371	174	16	158				

(四)远洋渔业

各地区远洋渔业

单位:吨、万元

地 区	远洋捕捞产量	运回国内量	境外出售量	远洋渔业总产值	2022年比2021年增减(±)			
					远洋捕捞产量	运回国内量	境外出售量	远洋渔业总产值
全 国 总 计	2 329 785	1 842 665	487 120	2 442 311	83 309	136 975	−53 666	186 615
北 京	4 252	4 156	96	9 104	−3 220	−2 508	−712	−2 084
天 津	7 468	5 985	1 483	7 866	1 724	1 198	526	2 225
河 北	42 590	4 514	38 076	13 841	−6 980	1 006	−7 986	685
辽 宁	172 614	63 422	109 192	148 918	−73 173	−19 735	−53 438	−35 358
上 海	128 020	122 232	5 788	168 477	−21 261	−24 257	2 996	−3 381
江 苏	15 838	14 376	1 462	19 811	3 499	3 317	182	2 123
浙 江	685 946	660 295	25 651	734 500	77 509	106 539	−29 030	151 329
福 建	615 303	477 813	137 490	421 911	8 728	10 010	−1 282	−35 568
山 东	373 700	325 750	47 950	561 113	36 332	40 329	−3 997	67 456
广 东	61 933	19 678	42 255	117 275	1 114	−3 723	4 837	17 623
广 西	18 972	1 225	17 747	11 675	301	1 196	−895	1 320
海 南								
中农发集团	203 149	143 219	59 930	227 820	58 736	23 603	35 133	20 245

各地区远洋渔业主要品种产量

单位:吨

地 区	远洋捕捞产量	其 中	
		金枪鱼	鱿鱼
全 国 总 计	2 329 785	345 533	766 597
北 京	4 252	438	2 965
天 津	7 468	494	671
河 北	42 590		5 166
辽 宁	172 614	5 377	9 339
上 海	128 020	96 799	17 297
江 苏	15 838	1 872	13 413
浙 江	685 946	101 151	491 132
福 建	615 303	6 682	53 154
山 东	373 700	55 479	101 909
广 东	61 933	18 377	5 681
广 西	18 972		
海 南			
中 农 发 集 团	203 149	58 864	65 870

三、生 产 要 素

(一)水产养殖面积

全国水产养殖面积(按水域和养殖方式分)

单位:公顷

指　　标		2022 年	2021 年	2022 年比 2021 年增减(±)	
				绝对量	幅度(%)
总　　计		7 107 504	7 009 377	98 127	1.40
1.海水养殖		2 074 420	2 025 512	48 908	2.41
按水域分	海上	1 188 386	1 147 421	40 965	3.57
	滩涂	575 080	562 074	13 006	2.31
	其他	310 954	316 017	−5 063	−1.60
养殖方式中	池塘	429 529	425 522	4 007	0.94
	普通网箱(米²)	65 788 135	37 830 424	27 957 711	73.90
	深水网箱(米³)	43 981 333	39 653 229	4 328 104	10.91
	筏式	381 945	378 282	3 663	0.97
	吊笼	151 159	140 889	10 270	7.29
	底播	881 780	873 106	8 674	0.99
	工厂化(米³)	43 194 026	41 059 886	2 134 140	5.20
2.淡水养殖		5 033 084	4 983 865	49 219	0.99
按水域分	池塘	2 624 878	2 604 629	20 249	0.78
	湖泊	688 458	663 395	25 063	3.78
	水库	1 447 725	1 439 298	8 427	0.59
	河沟	141 886	147 512	−5 626	−3.81
	其他	130 137	129 031	1 106	0.86
	稻田养成鱼	2 863 706	2 644 077	219 629	8.31
养殖方式中	围栏(米²)	75 485 647	63 152 591	12 333 056	19.53
	网箱(米²)	13 467 662	13 580 853	−113 191	−0.83
	工厂化(米³)	60 141 871	55 289 678	4 852 193	8.78

全国海水养殖面积（按品种分）

单位：公顷

指　　标	2022 年	2021 年	2022 年比 2021 年增减（±）	
			绝对量	幅度（%）
海水养殖	2 074 420	2 025 512	48 908	2.41
1. 鱼类	74 617	76 357	−1 740	−2.28
2. 甲壳类	300 166	300 074	92	0.03
虾	247 485	247 403	82	0.03
其中:南美白对虾	163 396	178 043	−14 647	−8.23
斑节对虾	13 918	13 206	712	5.39
中国对虾	15 070	14 274	796	5.58
日本对虾	21 463	21 684	−221	−1.02
蟹	52 681	52 671	10	0.02
其中:梭子蟹	22 827	21 359	1 468	6.87
青蟹	24 170	24 131	39	0.16
3. 贝类	1 270 463	1 224 029	46 434	3.79
牡蛎	234 954	211 615	23 339	11.03
鲍	17 114	15 176	1 938	12.77
螺	38 950	34 796	4 154	11.94
蚶	32 629	33 986	−1 357	−3.99
贻贝	39 691	42 415	−2 724	−6.42
江珧	389	371	18	4.85
扇贝	388 980	370 604	18 376	4.96
蛤	394 057	386 301	7 756	2.01
蛏	42 838	44 130	−1 292	−2.93
4. 藻类	139 479	140 061	−582	−0.42
海带	45 627	47 369	−1 742	−3.68
裙带菜	7 619	6 933	686	9.89
紫菜	66 312	68 044	−1 732	−2.55
江蓠	13 924	11 634	2 290	19.68
麒麟菜	58	76	−18	−23.68
石花菜				
羊栖菜	1 595	1 438	157	10.92
苔菜		15		
5. 其他类	289 695	284 991	4 704	1.65
其中:海参	250 356	247 419	2 937	1.19
海胆	10 710	9 515	1 195	12.56
海水珍珠	1 769	1 745	24	1.38
海蜇	12 925	11 559	1 366	11.82

各地区水产养殖面积（一）

单位：公顷

地　区	2022 年			
	总面积	海水养殖面积	淡水养殖面积	其中:池塘
全 国 总 计	**7 107 504**	**2 074 420**	**5 033 084**	**2 624 878**
北　京	1 387		1 387	1 383
天　津	23 449	1 005	22 444	22 385
河　北	141 830	105 587	36 243	21 771
山　西	16 772		16 772	2 879
内　蒙　古	113 034		113 034	15 811
辽　宁	869 487	677 201	192 286	36 475
吉　林	351 284		351 284	33 148
黑　龙　江	427 000		427 000	107 793
上　海	13 503		13 503	13 182
江　苏	584 591	172 188	412 403	310 605
浙　江	250 559	83 439	167 120	91 690
安　徽	411 242		411 242	192 150
福　建	253 212	167 953	85 259	35 857
江　西	406 225		406 225	163 861
山　东	772 328	617 464	154 864	94 739
河　南	124 961		124 961	97 844
湖　北	526 602		526 602	526 602
湖　南	449 145		449 145	277 708
广　东	473 655	166 596	307 059	259 198
广　西	200 997	67 393	133 604	61 009
海　南	44 957	15 594	29 363	21 728
重　庆	85 251		85 251	49 855
四　川	190 095		190 095	101 456
贵　州	67 554		67 554	14 477
云　南	98 528		98 528	31 423
西　藏	18		18	18
陕　西	52 670		52 670	12 890
甘　肃	7 932		7 932	1 564
青　海	35 867		35 867	340
宁　夏	22 724		22 724	10 596
新　疆	90 645		90 645	14 441

各地区水产养殖面积(二)

单位:公顷

地　区	2021 年			
	总面积	海水养殖面积	淡水养殖面积	其中:池塘
全 国 总 计	7 009 377	2 025 512	4 983 865	2 604 629
北　　京	1 888		1 888	1 871
天　　津	22 723	971	21 752	21 708
河　　北	140 294	104 185	36 109	21 723
山　　西	14 867		14 867	2 798
内　蒙　古	113 877		113 877	16 351
辽　　宁	838 981	647 606	191 375	36 313
吉　　林	349 284		349 284	32 772
黑　龙　江	423 464		423 464	107 018
上　　海	9 156	220	8 936	8 619
江　　苏	585 329	171 106	414 223	309 423
浙　　江	249 374	81 466	167 908	92 412
安　　徽	414 955		414 955	195 927
福　　建	250 745	164 641	86 104	35 443
江　　西	404 777		404 777	162 799
山　　东	765 213	608 376	156 837	95 520
河　　南	125 687		125 687	98 938
湖　　北	516 342		516 342	516 342
湖　　南	433 128		433 128	270 407
广　　东	476 708	166 805	309 903	260 592
广　　西	194 694	64 255	130 439	60 035
海　　南	45 034	15 881	29 153	19 912
重　　庆	84 356		84 356	49 697
四　　川	190 462		190 462	101 916
贵　　州	65 679		65 679	13 480
云　　南	100 176		100 176	31 544
西　　藏	18		18	18
陕　　西	52 670		52 670	13 497
甘　　肃	7 896		7 896	1 579
青　　海	17 400		17 400	340
宁　　夏	23 120		23 120	10 856
新　　疆	91 080		91 080	14 779

各地区水产养殖面积(三)

单位:公顷

地 区	2022 年比 2021 年增减(±)			
	总面积	海水养殖面积	淡水养殖面积	其中:池塘
全 国 总 计	98 127	48 908	49 219	20 249
北　　京	−501		−501	−488
天　　津	726	34	692	677
河　　北	1 536	1 402	134	48
山　　西	1 905		1 905	81
内　蒙　古	−843		−843	−540
辽　　宁	30 506	29 595	911	162
吉　　林	2 000		2 000	376
黑　龙　江	3 536		3 536	775
上　　海	4 347	−220	4 567	4 563
江　　苏	−738	1 082	−1 820	1 182
浙　　江	1 185	1 973	−788	−722
安　　徽	−3 713		−3 713	−3 777
福　　建	2 467	3 312	−845	414
江　　西	1 448		1 448	1 062
山　　东	7 115	9 088	−1 973	−781
河　　南	−726		−726	−1 094
湖　　北	10 260		10 260	10 260
湖　　南	16 017		16 017	7 301
广　　东	−3 053	−209	−2 844	−1 394
广　　西	6 303	3 138	3 165	974
海　　南	−77	−287	210	1 816
重　　庆	895		895	158
四　　川	−367		−367	−460
贵　　州	1 875		1 875	997
云　　南	−1 648		−1 648	−121
西　　藏				
陕　　西				−607
甘　　肃	36		36	−15
青　　海	18 467		18 467	
宁　　夏	−396		−396	−260
新　　疆	−435		−435	−338

各地区海水养殖面积（按品种分）（一）

单位：公顷

地　区	海水养殖面积	1.鱼类	2.甲壳类	虾	其　中			
					南美白对虾	斑节对虾	中国对虾	日本对虾
全国总计	2 074 420	74 617	300 166	247 485	163 396	13 918	15 070	21 463
天　津	1 005	5	1 000	1 000	1 000			
河　北	105 587	584	25 644	23 908	14 461	130	5 243	3 406
辽　宁	677 201	6 173	17 462	16 873	4 289		5 569	6 906
上　海								
江　苏	172 188	2 254	23 061	13 419	1 964	3 111	1 454	206
浙　江	83 439	4 247	24 579	9 667	6 340	271	102	254
福　建	167 953	13 538	21 403	13 644	9 282	1 513	454	2 051
山　东	617 464	4 713	90 876	83 291	57 913	417	2 232	7 952
广　东	166 596	35 531	64 947	56 490	41 767	7 767	16	685
广　西	67 393	2 107	23 279	22 258	22 034	221		3
海　南	15 594	5 465	7 915	6 935	4 346	488		

各地区海水养殖面积（按品种分）（二）

单位：公顷

地　区	2.甲壳类（续）			3.贝类	其　中			
	蟹	其　中			牡蛎	鲍	螺	蚶
		梭子蟹	青蟹					
全国总计	52 681	22 827	24 170	1 270 463	234 954	17 114	38 950	32 629
天　津								
河　北	1 736	626		70 674	1 180		1 963	3 268
辽　宁	589	589		466 433	32 952	2 689		12 926
上　海								
江　苏	9 642	8 074	1 568	109 106	4 678		21 763	5 436
浙　江	14 912	2 506	8 726	35 415	5 267		3 527	5 729
福　建	7 759	3 411	3 887	82 874	40 193	7 000	433	2 140
山　东	7 585	6 996	535	402 629	105 375	6 689	1 443	728
广　东	8 457	402	7 698	61 651	30 132	736	4 759	1 995
广　西	1 021		1 021	39 661	14 740		4 336	136
海　南	980	223	735	2 020	437		726	271

各地区海水养殖面积（按品种分）（三）

单位:公顷

地　区	3.贝类(续)					4.藻类	其　中			
	其中(续)						海带	裙带菜	紫菜	江蓠
	贻贝	江珧	扇贝	蛤	蛏					
全国总计	39 691	389	388 980	394 057	42 838	139 479	45 627	7 619	66 312	13 924
天　津										
河　北			46 611	11 307	172					
辽　宁	2 624		216 611	175 629	3 761	13 530	7 764	5 765		
上　海										
江　苏	3 533			66 318	2 973	36 427			36 427	
浙　江	1 810		42	5 917	12 407	17 869	1 203		15 264	
福　建	1 489		306	16 239	13 055	46 683	21 954		11 664	11 402
山　东	26 298	53	119 738	90 028	9 769	22 959	14 638	1 844	2 330	1 532
广　东	3 919	336	5 629	10 122	396	1 925	68	10	627	963
广　西	18		43	18 086	305					
海　南				411		86				27

各地区海水养殖面积（按品种分）（四）

单位:公顷

地　区	4.藻类(续)				5.其他	其　中			
	其中(续)					海参	海胆	海水珍珠	海蜇
	麒麟菜	石花菜	羊栖菜	苔菜					
全国总计	58		1 595		289 695	250 356	10 710	1 769	12 925
天　津									
河　北					8 685	7 818			69
辽　宁					173 603	158 308	3 648		8 894
上　海									
江　苏					1 340	101			1 195
浙　江			1 293		1 329	10			1 058
福　建			302		3 455	1 608			1 502
山　东					96 287	82 217	5 536		207
广　东					2 542	229	1 526	618	
广　西					2 346			1 151	
海　南	58				108	65			

各地区海水养殖面积(按水域和养殖方式分)(一)

单位:公顷

地 区	海水养殖面积	按养殖水域分			养殖方式中	
		1.海上	2.滩涂	3.其他	1.池塘	2.普通网箱(米^2)
全国总计	2 074 420	1 188 386	575 080	310 954	429 529	65 788 135
天 津	1 005			1 005	999	
河 北	105 587	60 947	16 120	28 520	28 793	90 000
辽 宁	677 201	454 134	128 413	94 654	89 839	43 627 877
上 海						
江 苏	172 188	47 518	106 187	18 483	28 577	
浙 江	83 439	26 381	33 929	23 129	24 311	608 704
福 建	167 953	96 646	42 253	29 054	21 603	14 683 166
山 东	617 464	424 043	156 285	37 136	124 860	2 896 775
广 东	166 596	53 055	64 123	49 418	77 222	2 939 725
广 西	67 393	22 218	21 078	24 097	23 624	540 455
海 南	15 594	3 444	6 692	5 458	9 701	401 433

各地区海水养殖面积(按水域和养殖方式分)(二)

单位:公顷

地 区	养殖方式中(续)				
	3.深水网箱(米^3)	4.筏式	5.吊笼	6.底播	7.工厂化(米^3)
全国总计	43 981 333	381 945	151 159	881 780	43 194 026
天 津					157 868
河 北		48 411		12 043	4 853 600
辽 宁	333 440	52 128	9 836	477 900	3 963 453
上 海					
江 苏	30 000	40 550	1 678	89 080	585 100
浙 江	7 669 542	23 167	486	18 221	1 473 325
福 建	12 601 677	49 697	6 453	16 851	13 336 817
山 东	3 925 579	141 755	126 884	214 094	11 375 049
广 东	5 963 658	18 339	4 155	32 414	2 243 656
广 西	6 265 521	7 898	1 667	20 565	475 268
海 南	7 191 916			612	4 729 890

各地区淡水养殖面积(按水域和养殖方式分)(一)

单位:公顷

地　区	淡水养殖面积	按　水　域　分			
		1.池塘	2.湖泊	3.水库	4.河沟
全国总计	5 033 084	2 624 878	688 458	1 447 725	141 886
北　京	1 387	1 383			
天　津	22 444	22 385			35
河　北	36 243	21 771	1 061	12 454	672
山　西	16 772	2 879	1 149	12 680	62
内　蒙　古	113 034	15 811	46 647	47 096	3 480
辽　宁	192 286	36 475	88	99 454	4 756
吉　林	351 284	33 148	117 091	185 715	15 322
黑　龙　江	427 000	107 793	162 288	144 659	7 132
上　海	13 503	13 182	302		19
江　苏	412 403	310 605	42 819	10 329	27 362
浙　江	167 120	91 690	2 455	64 358	6 263
安　徽	411 242	192 150	95 243	74 867	42 466
福　建	85 259	35 857	354	42 719	3 053
江　西	406 225	163 861	85 112	145 925	8 927
山　东	154 864	94 739	1 547	57 513	
河　南	124 961	97 844	1 938	20 948	4 209
湖　北	526 602	526 602			
湖　南	449 145	277 708	63 779	96 503	1 110
广　东	307 059	259 198	1 525	41 906	757
广　西	133 604	61 009		67 077	3 256
海　南	29 363	21 728	103	7 325	2
重　庆	85 251	49 855		35 300	
四　川	190 095	101 456	3 599	75 330	9 314
贵　州	67 554	14 477	32	51 448	465
云　南	98 528	31 423	1 313	64 840	214
西　藏	18	18			
陕　西	52 670	12 890	8 146	28 869	1 911
甘　肃	7 932	1 564	25	6 155	2
青　海	35 867	340	22 700	12 827	
宁　夏	22 724	10 596	10 416	1 056	492
新　疆	90 645	14 441	18 726	40 372	605

各地区淡水养殖面积(按水域和养殖方式分)(二)

单位:公顷

地 区	按水域分(续)		养殖方式中		
	5.其他	6.稻田	1.围栏(米²)	2.网箱(米²)	3.工厂化(米³)
全国总计	130 137	2 863 706	75 485 647	13 467 662	60 141 871
北 京	4				103 866
天 津	24	36 387			85 000
河 北	285	4 726		6 360	1 193 595
山 西	2	33		2 200	38 123
内 蒙 古		10 769			2 300
辽 宁	51 513	92 659	550 000	1 006 916	62 240
吉 林	8	52 315	1 265 870	70 800	46 700
黑 龙 江	5 128	68 627		27 001	
上 海		109			30 352
江 苏	21 288	222 003	1 107 743	1 466 903	2 200 588
浙 江	2 354	58 392	142 139	351 496	10 511 734
安 徽	6 516	466 419	24 875 785	3 679 819	1 398 023
福 建	3 276	16 923	38 670	1 044 358	19 465 874
江 西	2 400	150 898	5 170 810	959 950	2 129 276
山 东	1 065	5 577	650 220	141 160	8 645 768
河 南	22	75 654		52 002	187 400
湖 北		534 707			4 385 000
湖 南	10 045	356 016		1 020 421	1 311 297
广 东	3 673	4 503		92 193	1 387 917
广 西	2 262	56 399	41 149 940	1 969 055	398 254
海 南	205	16		27 600	
重 庆	96	26 598			62 363
四 川	396	329 614			230 514
贵 州	1 132	184 729			104 737
云 南	738	91 652	533 360	814 251	1 340 527
西 藏					
陕 西	854	14 862	1 110	85 620	4 577 356
甘 肃	186			94 953	7 167
青 海				383 084	
宁 夏	164	2 119			10 900
新 疆	16 501	1 000		171 520	225 000

（二）水产苗种

全国水产苗种数量

指　　标	计量单位	2022 年	2021 年	2022 年比 2021 年增减（±）	
				绝对量	幅度（%）
淡水鱼苗产量	亿尾	**13 765**	**13 351**	**414**	**3. 10**
其中:罗非鱼	亿尾	175	182	−6	−3.47
淡水鱼种产量	吨	3 632 736	3 558 197	74 539	2.09
投放鱼种产量	吨	4 406 170	4 227 714	178 456	4.22
河蟹育苗量	千克	1 032 936	881 833	151 103	17.14
扣蟹	千克	72 836 173	71 770 416	1 065 757	1.48
稚鳖数量	万只	65 369	63 355	2 014	3.18
稚龟数量	万只	11 568	11 195	372	3.33
鳗苗捕捞量	千克	13 730	14 799	−1 069	−7.22
海水鱼苗产量	万尾	**1 318 273**	**993 244**	**325 029**	**32.72**
其中:大黄鱼	万尾	258 469	249 381	9 088	3.64
鲆鱼	万尾	50 181	49 818	363	0.73
虾类育苗量	亿尾	18 008	16 913	1 096	6.48
其中:南美白对虾	亿尾	13 886	12 757	1 129	8.85
贝类育苗量	万粒	547 021 295	334 087 393	212 933 902	63.74
其中:鲍鱼育苗量	万粒	1 396 259	901 720	494 539	54.84
海带育苗量	亿株	444	436	8	1.82
紫菜育苗量	亿贝壳	9	12	−3	−23.42
海参	亿头	628	601	27	4.46

各地区水产苗种数量（一）

地 区	淡水鱼苗（亿尾）	其中：罗非鱼（亿尾）	淡水鱼种（吨）	投放鱼种（吨）	河蟹育苗（千克）	扣蟹（千克）
全国总计	13 764.68	175.48	3 632 736	4 406 170	1 032 936	72 836 173
北 京	15.45		1 387	4 400		
天 津	90.34	0.01	12 463	28 049	4 000	355 445
河 北	39.74	0.20	20 983	33 294		8 700
山 西	1.69	0.02	2 981	6 398		
内 蒙 古	2.20		7 909	12 006		
辽 宁	124.00		94 513	94 141	91 000	31 016 167
吉 林	12.80		11 584	20 961		178 600
黑 龙 江	14.81		41 590	91 007		4 400 000
上 海	4.80		1 593	11 029		4 782 000
江 苏	488.27	0.34	261 333	386 589	914 200	16 949 207
浙 江	238.22	0.03	52 991	89 306	150	134 969
安 徽	471.54	1.07	304 664	398 041		12 093 910
福 建	33.88	5.14	17 269	47 641		
江 西	389.57	2.55	316 553	443 028	7 245	99 840
山 东	73.95	0.21	90 878	126 242	13 723	60 837
河 南	59.23	0.22	84 729	95 579		2 700
湖 北	1 363.01		1 100 738	1 122 911		2 556 150
湖 南	676.03		455 447	482 135		24 280
广 东	7 928.12	73.76	219 389	196 516	2 618	
广 西	1 028.58	18.12	134 794	145 485		
海 南	53.82	49.75	1 434	3 341		
重 庆	86.38	0.09	75 855	107 404		
四 川	302.23	0.97	198 453	292 116		
贵 州	75.78		15 092	28 376		860
云 南	164.40	22.82	54 063	85 989		8 970
西 藏	0.06		15	35		
陕 西	7.22	0.18	10 768	9 938		66 669
甘 肃	0.59		2 329	2 554		10 024
青 海						3 500
宁 夏	12.80		24 067	25 058		83 345
新 疆	5.17		16 872	16 601		

各地区水产苗种数量（二）

地　区	稚鳖（万只）	稚龟（万只）	鳗苗捕捞（千克）	海水鱼苗（万尾）	其　中	
					大黄鱼（万尾）	鲆鱼（万尾）
全国总计	**65 369.15**	**11 567.68**	**13 730**	**1 318 272.78**	**258 469.08**	**50 181.00**
北　京	5.60	2.64				
天　津	98.00			2 945.00		2 590.00
河　北	677.40			5 988.00		470.00
山　西	26.61					
内　蒙　古	0.90					
辽　宁				3 636.00		3 588.00
吉　林						
黑　龙　江						
上　海	3.00	9.00	56			
江　苏	4 005.00	445.00	7 069	13 035.00	1 200.00	50.00
浙　江	8 905.31	1 050.20	1 184	47 462.00	36 086.00	62.00
安　徽	9 132.59	682.51				
福　建	92.50	10.00	5 399	305 262.50	221 040.00	158.00
江　西	13 842.76	3 452.73				
山　东	945.00			85 276.00		43 260.00
河　南	1 667.00	28.00				
湖　北	6 823.00	2 207.00				
湖　南	5 081.50	1 242.86				
广　东	6 714.00	1 825.00	22	739 227.00	107.00	3.00
广　西	6 768.21	583.64		36.08	36.08	
海　南		20.00		115 405.20		
重　庆	60.50	1.90				
四　川	454.77	3.20				
贵　州	4.67	4.00				
云　南						
西　藏						
陕　西	57.83					
甘　肃	3.00					
青　海						
宁　夏						
新　疆						

各地区水产苗种数量（三）

地　　区	虾类育苗 （亿尾）	其中：南美白 对虾（亿尾）	贝类育苗 （万粒）	其中：鲍鱼 （万粒）	海带 （亿株）	紫菜 （亿贝壳）	海参 （亿头）
全国总计	18 008.41	13 886.37	547 021 295	1 396 259	444.35	8.86	628.03
北　　京							
天　　津	203.50	186.70					
河　　北	775.07	750.43	500 000				28.33
山　　西							
内　蒙　古							
辽　　宁	133.00	98.00	5 131 634	8 885	6.00		201.00
吉　　林							
黑　龙　江							
上　　海	2.25						
江　　苏	229.65	196.36	20 035			2.08	
浙　　江	259.48	35.18	86 126 899		1.00	1.17	
安　　徽	319.35		71 407				
福　　建	1 316.81	1 035.63	394 341 884	1 197 254	362.35	4.27	
江　　西	31.96	0.01	1 028				
山　　东	4 910.00	3 884.00	59 928 122	14 699	75.00		398.50
河　　南	21.78						
湖　　北	1 464.38		15				
湖　　南							
广　　东	6 078.00	5 479.00	453 513	175 317		1.34	0.20
广　　西	219.09	210.26	100 658	104			
海　　南	2 022.08	2 009.74	346 100				
重　　庆	4.65						
四　　川	15.89						
贵　　州							
云　　南	0.49	0.17					
西　　藏							
陕　　西	0.28	0.19					
甘　　肃	0.70	0.70					
青　　海							
宁　　夏							
新　　疆							

（三）年末渔船拥有量

全国渔船年末拥有量（一）

指　标	2022 年			2021 年			2022 年比 2021 年增减（±）		
	艘	总吨	千瓦	艘	总吨	千瓦	艘	总吨	千瓦
渔船合计	**511 046**	**10 313 283**	**18 370 182**	**520 845**	**10 015 814**	**18 451 989**	**-9 799**	**297 469**	**-81 807**
机动渔船合计	342 418	10 073 621	18 370 182	356 994	9 774 783	18 451 989	-14 576	298 838	-81 807
1. 生产渔船	328 952	8 861 311	15 904 746	342 339	8 624 749	16 066 223	-13 387	236 562	-161 477
（1）捕捞渔船	228 289	8 462 288	14 247 008	238 215	8 235 754	14 648 242	-9 926	226 534	-401 234
441 千瓦（含）以上	3 438	1 935 449	3 091 959	3 269	1 770 568	2 960 696	169	164 881	131 263
44.1（含）~441 千瓦	44 803	5 742 690	8 679 685	47 745	5 648 571	9 116 061	-2 942	94 119	-436 376
44.1 千瓦以下	180 048	784 149	2 475 364	187 201	816 615	2 571 485	-7 153	-32 466	-96 121
（2）养殖渔船	100 663	399 023	1 657 738	104 124	388 995	1 417 981	-3 461	10 028	239 757
2. 辅助渔船	13 466	1 212 310	2 465 436	14 655	1 150 034	2 385 766	-1 189	62 276	79 670
（1）捕捞辅助船	9 642	1 118 863	1 697 567	10 901	1 061 222	1 668 701	-1 259	57 641	28 866
（2）渔业执法船	2 944	83 414	735 326	2 957	81 527	693 660	-13	1 887	41 666
机动渔船按船长分 24米（含）以上	35 398	7 964 337	11 542 467	35 587	7 552 613	11 400 137	-189	411 724	142 330
12（含）~24米	35 041	1 186 626	2 932 789	38 536	1 295 952	3 180 860	-3 495	-109 326	-248 071
12米以下	271 979	922 658	3 894 926	282 871	926 218	3 870 992	-10 892	-3 560	23 934
非机动渔船合计	168 628	239 662		163 851	241 031		4 777	-1 369	

全国渔船年末拥有量（二）

指标	总数			海洋渔船			内陆渔船		
	艘	总吨	千瓦	艘	总吨	千瓦	艘	总吨	千瓦
渔船合计	**511 046**	**10 313 283**	**18 370 182**	**206 676**	**9 651 409**	**16 498 900**	**304 370**	**661 874**	**1 871 282**
机动渔船合计	342 418	10 073 621	18 370 182	204 304	9 644 393	16 498 900	138 114	429 228	1 871 282
1.生产渔船	328 952	8 861 311	15 904 746	194 530	8 467 631	14 342 155	134 422	393 680	1 562 591
（1）捕捞渔船	228 289	8 462 288	14 247 008	129 063	8 146 665	13 007 341	99 226	315 623	1 239 667
441千瓦（含）以上	3 438	1 935 449	3 091 959	3 393	1 919 265	3 052 053	45	16 184	39 906
44.1（含）～441千瓦	44 803	5 742 690	8 679 685	44 381	5 721 471	8 620 645	422	21 219	59 040
44.1千瓦以下	180 048	784 149	2 475 364	81 289	505 929	1 334 643	98 759	278 220	1 140 721
（2）养殖渔船	100 663	399 023	1 657 738	65 467	320 966	1 334 814	35 196	78 057	322 924
2.辅助渔船	13 466	1 212 310	2 465 436	9 774	1 176 762	2 156 745	3 692	35 548	308 691
（1）捕捞辅助船	9 642	1 118 863	1 697 567	8 770	1 113 660	1 663 318	872	5 203	34 249
（2）渔业执法船	2 944	83 414	735 326	549	55 638	452 076	2 395	27 776	283 250
机动渔船按船长分 24米（含）以上	35 398	7 964 337	11 542 467	35 002	7 946 029	11 456 202	396	18 308	86 265
12（含）～24米	35 041	1 186 626	2 932 789	29 177	1 084 894	2 695 412	5 864	101 732	237 377
12米以下	271 979	922 658	3 894 926	140 125	613 470	2 347 286	131 854	309 188	1 547 640
非机动渔船合计	168 628	239 662		2 372	7 016		166 256	232 646	

各地区机动渔船年末拥有量

地　　区	2022 年			2021 年			2022 年比 2021 年增减（±）		
	艘	总吨	千瓦	艘	总吨	千瓦	艘	总吨	千瓦
全 国 总 计	342 418	10 073 621	18 370 182	356 994	9 774 783	18 451 989	−14 576	298 838	−81 807
北　　京	32	10 260	14 371	34	10 216	14 480	−2	44	−109
天　　津	695	35 748	61 637	1 440	37 374	67 952	−745	−1 626	−6 315
河　　北	6 396	270 428	454 867	7 191	277 883	484 339	−795	−7 455	−29 472
山　　西	165	282	1 817	168	341	2 201	−3	−59	−384
内 蒙 古	1 195	2 181	18 022	1 222	2 165	18 480	−27	16	−458
辽　　宁	29 700	693 789	1 810 844	27 292	681 495	1 754 057	2 408	12 294	56 787
吉　　林	4 149	7 147	73 029	4 163	7 158	72 773	−14	−11	256
黑 龙 江	9 626	16 001	109 076	9 923	16 698	110 753	−297	−697	−1 677
上　　海	512	107 348	181 411	538	107 010	182 041	−26	338	−630
江　　苏	29 373	401 028	901 567	30 742	418 594	970 378	−1 369	−17 566	−68 811
浙　　江	25 025	2 920 240	4 193 984	27 110	3 019 252	4 427 841	−2 085	−99 012	−233 857
安　　徽	5 309	52 348	102 495	6 293	74 497	103 101	−984	−22 149	−606
福　　建	46 920	1 920 898	3 070 850	55 198	1 566 766	2 926 492	−8 278	354 132	144 358
江　　西	7 847	28 382	77 939	8 267	29 465	80 295	−420	−1 083	−2 356
山　　东	54 158	1 196 770	2 313 892	54 571	1 170 860	2 272 395	−413	25 910	41 497
河　　南	3 610	18 084	62 458	3 767	18 411	64 640	−157	−327	−2 182
湖　　北	8 418	13 501	83 033	8 772	13 806	83 724	−354	−305	−691
湖　　南	9 384	16 412	54 129	9 471	16 486	51 871	−87	−74	2 258
广　　东	49 075	1 126 795	2 236 240	48 682	1 060 936	2 108 608	393	65 859	127 632
广　　西	22 283	487 739	827 062	22 416	493 475	827 301	−133	−5 736	−239
海　　南	22 706	606 193	1 386 675	23 743	601 449	1 481 252	−1 037	4 744	−94 577
重　　庆	206	1 463	10 835	151	1 164	9 775	55	299	1 060
四　　川	421	1 976	16 749	558	1 884	14 559	−137	92	2 190
贵　　州	1 422	3 033	32 279	1 447	3 014	31 211	−25	19	1 068
云　　南	893	2 896	25 443	881	2 881	22 172	12	15	3 271
西　　藏									
陕　　西	568	1 324	8 097	575	1 404	8 276	−7	−80	−179
甘　　肃	31	81	1 334	34	88	1 462	−3	−7	−128
青　　海	1 127	1 198	13 789	1 127	1 198	13 789			
宁　　夏	22	96	1 503	26	122	1 843	−4	−26	−340
新　　疆	898	3 090	15 013	920	3 190	15 416	−22	−100	−403
中农发集团	252	126 890	209 742	272	135 501	228 512	−20	−8 611	−18 770

各地区机动渔船年末拥有量（按船长分）

地 区	24 米(含)以上			12(含)～24 米			12 米以下		
	艘	总吨	千瓦	艘	总吨	千瓦	艘	总吨	千瓦
全 国 总 计	35 398	7 964 337	11 542 467	35 041	1 186 626	2 932 789	271 979	922 658	3 894 926
北 京	14	10 170	13 122	4	40	422	14	50	827
天 津	119	26 345	37 688	190	7 904	17 247	386	1 499	6 702
河 北	1 215	189 911	227 915	1 869	54 843	137 080	3 312	25 674	89 872
山 西				13	47	237	152	235	1 580
内 蒙 古				19	531	1 464	1 176	1 650	16 558
辽 宁	2 996	424 142	872 775	5 134	191 797	539 775	21 570	77 850	398 294
吉 林	8	806	1 784	336	1 663	9 621	3 805	4 678	61 624
黑 龙 江	20	2 278	5 835	125	1 123	6 695	9 481	12 600	96 546
上 海	264	104 381	153 009	47	2 535	16 507	201	432	11 895
江 苏	2 626	292 981	485 703	2 683	56 997	122 912	24 064	51 050	292 952
浙 江	11 511	2 816 506	3 904 590	1 704	63 635	139 757	11 810	40 099	149 637
安 徽	11	829	3 316	373	19 804	22 505	4 925	31 715	76 674
福 建	5 493	1 697 689	2 275 883	3 837	116 196	356 295	37 590	107 013	438 672
江 西	8	579	2 064	310	3 044	8 798	7 529	24 759	67 077
山 东	4 909	883 254	1 361 982	4 896	134 533	341 185	44 353	178 983	610 725
河 南	12	904	2 300	985	11 562	18 336	2 613	5 618	41 822
湖 北	4	294	1 825	382	1 943	12 384	8 032	11 264	68 824
湖 南	5	149	1 086	703	1 591	12 569	8 676	14 672	40 474
广 东	3 038	727 410	1 071 479	5 826	276 999	554 571	40 211	122 386	610 190
广 西	1 606	403 306	475 055	678	40 447	88 346	19 999	43 986	263 661
海 南	1 270	254 618	428 600	4 548	195 490	503 600	16 888	156 085	454 475
重 庆	3	180	1 595	81	903	5 287	122	380	3 953
四 川	5	330	1 148	32	565	1 562	384	1 081	14 039
贵 州	3	282	417	87	725	5 921	1 332	2 026	25 941
云 南	8	450	4 099	17	328	3 044	868	2 118	18 300
西 藏									
陕 西				27	294	1 028	541	1 030	7 069
甘 肃				3	15	309	28	66	1 025
青 海							1 127	1 198	13 789
宁 夏							22	96	1 503
新 疆	2	108	400	128	617	4 387	768	2 365	10 226
中农发集团	248	126 435	208 797	4	455	945			

各地区机动渔船年末拥有量（生产渔船）

地　区	生产渔船			捕捞渔船			养殖渔船		
	艘	总吨	千瓦	艘	总吨	千瓦	艘	总吨	千瓦
全 国 总 计	328 952	8 861 311	15 904 746	228 289	8 462 288	14 247 008	100 663	399 023	1 657 738
北　京	14	10 170	13 122	14	10 170	13 122			
天　津	634	31 247	47 502	615	31 241	47 409	19	6	93
河　北	5 910	252 054	395 049	3 967	227 628	294 834	1 943	24 426	100 215
山　西	161	263	1 361	120	130	862	41	133	499
内　蒙　古	1 135	1 426	12 072	968	1 192	9 917	167	234	2 155
辽　宁	28 768	623 188	1 597 980	15 949	555 336	1 283 281	12 819	67 852	314 699
吉　林	4 023	5 582	64 319	2 617	3 362	40 163	1 406	2 220	24 156
黑　龙　江	9 470	12 773	91 097	7 264	9 725	68 336	2 206	3 048	22 761
上　海	401	82 622	118 831	401	82 622	118 831			
江　苏	28 338	372 612	793 718	21 260	330 373	660 100	7 078	42 239	133 618
浙　江	22 735	2 399 836	3 363 250	17 644	2 384 197	3 300 976	5 091	15 639	62 274
安　徽	4 976	49 451	69 182	4 205	46 762	58 176	771	2 689	11 006
福　建	45 343	1 621 586	2 663 494	18 358	1 527 989	2 276 055	26 985	93 597	387 439
江　西	7 719	27 023	63 846	2 973	7 938	17 290	4 746	19 085	46 556
山　东	53 693	1 074 851	2 121 761	37 954	1 000 675	1 811 655	15 739	74 176	310 106
河　南	3 489	16 938	53 683	2 769	15 144	44 013	720	1 794	9 670
湖　北	8 153	11 357	54 564	2 422	3 003	12 154	5 731	8 354	42 410
湖　南	8 975	14 070	31 394				8 975	14 070	31 394
广　东	45 922	1 047 018	1 960 402	42 019	1 023 462	1 838 650	3 903	23 556	121 752
广　西	21 290	475 887	757 492	20 579	474 520	743 988	711	1 367	13 504
海　南	22 507	594 091	1 353 850	22 429	593 597	1 351 615	78	494	2 235
重　庆	92	562	940				92	562	940
四　川	295	1 145	4 444				295	1 145	4 444
贵　州	1 319	1 726	20 048	1 160	1 480	17 200	159	246	2 848
云　南	790	1 970	9 981	722	1 813	9 044	68	157	937
西　藏									
陕　西	552	1 272	6 826				552	1 272	6 826
甘　肃	20	20	200				20	20	200
青　海	1 112	982	11 660	1 008	765	8 878	104	217	2 782
宁　夏	4	4	83				4	4	83
新　疆	860	2 695	12 853	620	2 274	10 717	240	421	2 136
中农发集团	252	126 890	209 742	252	126 890	209 742			

各地区海洋机动渔船年末拥有量

地　区	2022 年			2021 年			2022 年比 2021 年增减（±）		
	艘	总吨	千瓦	艘	总吨	千瓦	艘	总吨	千瓦
全 国 总 计	204 304	9 644 393	16 498 900	209 848	9 281 621	16 502 614	−5 544	362 772	−3 714
北　京	14	10 170	13 122	14	10 146	13 122		24	
天　津	397	35 642	56 911	418	36 794	64 371	−21	−1 152	−7 460
河　北	5 635	268 873	439 749	5 962	275 611	457 174	−327	−6 738	−17 425
辽　宁	27 776	687 416	1 783 625	25 561	676 446	1 736 461	2 215	10 970	47 164
上　海	288	104 035	151 381	287	103 881	152 637	1	154	−1 256
江　苏	4 147	328 718	563 134	4 846	343 145	614 800	−699	−14 427	−51 666
浙　江	20 590	2 907 616	4 134 142	22 287	3 005 672	4 364 094	−1 697	−98 056	−229 952
福　建	43 841	1 917 955	3 052 199	52 082	1 563 221	2 906 103	−8 241	354 734	146 096
山　东	31 465	1 100 269	2 007 517	31 546	1 075 548	1 960 171	−81	24 721	47 346
广　东	39 579	1 080 780	2 079 412	35 132	978 488	1 902 721	4 447	102 292	176 691
广　西	7 694	470 072	622 043	7 732	475 829	621 429	−38	−5 757	614
海　南	22 626	605 957	1 385 923	23 709	601 339	1 481 019	−1 083	4 618	−95 096
中农发集团	252	126 890	209 742	272	135 501	228 512	−20	−8 611	−18 770

各地区海洋机动渔船年末拥有量（按船长分）

地　区	24 米（含）以上			12（含）～24 米			12 米以下		
	艘	总吨	千瓦	艘	总吨	千瓦	艘	总吨	千瓦
全 国 总 计	35 002	7 946 029	11 456 202	29 177	1 084 894	2 695 412	140 125	613 470	2 347 286
北　京	14	10 170	13 122						
天　津	119	26 345	37 688	190	7 904	17 247	88	1 393	1 976
河　北	1 214	189 830	227 445	1 865	54 802	136 571	2 556	24 241	75 733
辽　宁	2 990	423 335	872 247	5 025	190 349	530 617	19 761	73 732	380 761
上　海	255	102 802	146 909	28	1 211	4 125	5	22	347
江　苏	2 546	287 192	474 489	1 126	35 903	73 835	475	5 623	14 810
浙　江	11 496	2 816 074	3 903 840	1 632	61 941	134 230	7 462	29 601	96 072
福　建	5 493	1 697 689	2 275 883	3 798	116 028	355 809	34 550	104 238	420 507
山　东	4 908	883 204	1 361 666	4 816	134 433	338 847	21 741	82 632	307 004
广　东	2 845	725 076	1 031 010	5 609	246 751	518 143	31 125	108 953	530 259
广　西	1 604	403 259	474 506	536	39 627	81 443	5 554	27 186	66 094
海　南	1 270	254 618	428 600	4 548	195 490	503 600	16 808	155 849	453 723
中农发集团	248	126 435	208 797	4	455	945			

各地区海洋机动渔船年末拥有量（生产渔船）

地　区	生产渔船			捕捞渔船			养殖渔船		
	艘	总吨	千瓦	艘	总吨	千瓦	艘	总吨	千瓦
全　国　总　计	194 530	8 467 631	14 342 155	129 063	8 146 665	13 007 341	65 467	320 966	1 334 814
北　京	14	10 170	13 122	14	10 170	13 122			
天　津	340	31 159	42 989	340	31 159	42 989			
河　北	5 166	250 666	382 167	3 266	226 314	282 569	1 900	24 352	99 598
辽　宁	26 887	617 544	1 575 161	14 310	550 732	1 264 102	12 577	66 812	311 059
上　海	245	82 437	117 579	245	82 437	117 579			
江　苏	3 937	304 787	482 178	3 608	278 742	424 017	329	26 045	58 161
浙　江	18 509	2 388 631	3 313 503	14 025	2 375 254	3 259 145	4 484	13 377	54 358
福　建	42 284	1 618 734	2 646 269	15 464	1 525 394	2 260 262	26 820	93 340	386 007
山　东	31 061	979 513	1 821 283	15 653	905 731	1 516 724	15 408	73 782	304 559
广　东	36 576	1 003 953	1 819 967	32 758	981 488	1 703 266	3 818	22 465	116 701
广　西	6 832	459 292	565 097	6 779	458 993	562 961	53	299	2 136
海　南	22 427	593 855	1 353 098	22 349	593 361	1 350 863	78	494	2 235
中农发集团	252	126 890	209 742	252	126 890	209 742			

各地区内陆机动渔船年末拥有量

地　　区	2022 年			2021 年			2022 年比 2021 年增减（±）		
	艘	总吨	千瓦	艘	总吨	千瓦	艘	总吨	千瓦
全国总计	138 114	429 228	1 871 282	147 146	493 162	1 949 375	−9 032	−63 934	−78 093
北　京	18	90	1 249	20	70	1 358	−2	20	−109
天　津	298	106	4 726	1 022	580	3 581	−724	−474	1 145
河　北	761	1 555	15 118	1 229	2 272	27 165	−468	−717	−12 047
山　西	165	282	1 817	168	341	2 201	−3	−59	−384
内 蒙 古	1 195	2 181	18 022	1 222	2 165	18 480	−27	16	−458
辽　宁	1 924	6 373	27 219	1 731	5 049	17 596	193	1 324	9 623
吉　林	4 149	7 147	73 029	4 163	7 158	72 773	−14	−11	256
黑 龙 江	9 626	16 001	109 076	9 923	16 698	110 753	−297	−697	−1 677
上　海	224	3 313	30 030	251	3 129	29 404	−27	184	626
江　苏	25 226	72 310	338 433	25 896	75 449	355 578	−670	−3 139	−17 145
浙　江	4 435	12 624	59 842	4 823	13 580	63 747	−388	−956	−3 905
安　徽	5 309	52 348	102 495	6 293	74 497	103 101	−984	−22 149	−606
福　建	3 079	2 943	18 651	3 116	3 545	20 389	−37	−602	−1 738
江　西	7 847	28 382	77 939	8 267	29 465	80 295	−420	−1 083	−2 356
山　东	22 693	96 501	306 375	23 025	95 312	312 224	−332	1 189	−5 849
河　南	3 610	18 084	62 458	3 767	18 411	64 640	−157	−327	−2 182
湖　北	8 418	13 501	83 033	8 772	13 806	83 724	−354	−305	−691
湖　南	9 384	16 412	54 129	9 471	16 486	51 871	−87	−74	2 258
广　东	9 496	46 015	156 828	13 550	82 448	205 887	−4 054	−36 433	−49 059
广　西	14 589	17 667	205 019	14 684	17 646	205 872	−95	21	−853
海　南	80	236	752	34	110	233	46	126	519
重　庆	206	1 463	10 835	151	1 164	9 775	55	299	1 060
四　川	421	1 976	16 749	558	1 884	14 559	−137	92	2 190
贵　州	1 422	3 033	32 279	1 447	3 014	31 211	−25	19	1 068
云　南	893	2 896	25 443	881	2 881	22 172	12	15	3 271
西　藏									
陕　西	568	1 324	8 097	575	1 404	8 276	−7	−80	−179
甘　肃	31	81	1 334	34	88	1 462	−3	−7	−128
青　海	1 127	1 198	13 789	1 127	1 198	13 789			
宁　夏	22	96	1 503	26	122	1 843	−4	−26	−340
新　疆	898	3 090	15 013	920	3 190	15 416	−22	−100	−403

各地区内陆机动渔船年末拥有量（按船长分）

地　区	24 米(含)以上			12(含)～24 米			12 米以下		
	艘	总吨	千瓦	艘	总吨	千瓦	艘	总吨	千瓦
全国总计	396	18 308	86 265	5 864	101 732	237 377	131 854	309 188	1 547 640
北　京				4	40	422	14	50	827
天　津							298	106	4 726
河　北	1	81	470	4	41	509	756	1 433	14 139
山　西				13	47	237	152	235	1 580
内 蒙 古				19	531	1 464	1 176	1 650	16 558
辽　宁	6	807	528	109	1 448	9 158	1 809	4 118	17 533
吉　林	8	806	1 784	336	1 663	9 621	3 805	4 678	61 624
黑 龙 江	20	2 278	5 835	125	1 123	6 695	9 481	12 600	96 546
上　海	9	1 579	6 100	19	1 324	12 382	196	410	11 548
江　苏	80	5 789	11 214	1 557	21 094	49 077	23 589	45 427	278 142
浙　江	15	432	750	72	1 694	5 527	4 348	10 498	53 565
安　徽	11	829	3 316	373	19 804	22 505	4 925	31 715	76 674
福　建				39	168	486	3 040	2 775	18 165
江　西	8	579	2 064	310	3 044	8 798	7 529	24 759	67 077
山　东	1	50	316	80	100	2 338	22 612	96 351	303 721
河　南	12	904	2 300	985	11 562	18 336	2 613	5 618	41 822
湖　北	4	294	1 825	382	1 943	12 384	8 032	11 264	68 824
湖　南	5	149	1 086	703	1 591	12 569	8 676	14 672	40 474
广　东	193	2 334	40 469	217	30 248	36 428	9 086	13 433	79 931
广　西	2	47	549	142	820	6 903	14 445	16 800	197 567
海　南							80	236	752
重　庆	3	180	1 595	81	903	5 287	122	380	3 953
四　川	5	330	1 148	32	565	1 562	384	1 081	14 039
贵　州	3	282	417	87	725	5 921	1 332	2 026	25 941
云　南	8	450	4 099	17	328	3 044	868	2 118	18 300
西　藏									
陕　西				27	294	1 028	541	1 030	7 069
甘　肃				3	15	309	28	66	1 025
青　海							1 127	1 198	13 789
宁　夏							22	96	1 503
新　疆	2	108	400	128	617	4 387	768	2 365	10 226

各地区内陆机动渔船年末拥有量（生产渔船）

地　　区	生产渔船			捕捞渔船			养殖渔船		
	艘	总吨	千瓦	艘	总吨	千瓦	艘	总吨	千瓦
全国总计	134 422	393 680	1 562 591	99 226	315 623	1 239 667	35 196	78 057	322 924
北　京									
天　津	294	88	4 513	275	82	4 420	19	6	93
河　北	744	1 388	12 882	701	1 314	12 265	43	74	617
山　西	161	263	1 361	120	130	862	41	133	499
内　蒙　古	1 135	1 426	12 072	968	1 192	9 917	167	234	2 155
辽　宁	1 881	5 644	22 819	1 639	4 604	19 179	242	1 040	3 640
吉　林	4 023	5 582	64 319	2 617	3 362	40 163	1 406	2 220	24 156
黑　龙　江	9 470	12 773	91 097	7 264	9 725	68 336	2 206	3 048	22 761
上　海	156	185	1 252	156	185	1 252			
江　苏	24 401	67 825	311 540	17 652	51 631	236 083	6 749	16 194	75 457
浙　江	4 226	11 205	49 747	3 619	8 943	41 831	607	2 262	7 916
安　徽	4 976	49 451	69 182	4 205	46 762	58 176	771	2 689	11 006
福　建	3 059	2 852	17 225	2 894	2 595	15 793	165	257	1 432
江　西	7 719	27 023	63 846	2 973	7 938	17 290	4 746	19 085	46 556
山　东	22 632	95 338	300 478	22 301	94 944	294 931	331	394	5 547
河　南	3 489	16 938	53 683	2 769	15 144	44 013	720	1 794	9 670
湖　北	8 153	11 357	54 564	2 422	3 003	12 154	5 731	8 354	42 410
湖　南	8 975	14 070	31 394				8 975	14 070	31 394
广　东	9 346	43 065	140 435	9 261	41 974	135 384	85	1 091	5 051
广　西	14 458	16 595	192 395	13 800	15 527	181 027	658	1 068	11 368
海　南	80	236	752	80	236	752			
重　庆	92	562	940				92	562	940
四　川	295	1 145	4 444				295	1 145	4 444
贵　州	1 319	1 726	20 048	1 160	1 480	17 200	159	246	2 848
云　南	790	1 970	9 981	722	1 813	9 044	68	157	937
西　藏									
陕　西	552	1 272	6 826				552	1 272	6 826
甘　肃	20	20	200				20	20	200
青　海	1 112	982	11 660	1 008	765	8 878	104	217	2 782
宁　夏	4	4	83				4	4	83
新　疆	860	2 695	12 853	620	2 274	10 717	240	421	2 136

各地区捕捞机动渔船年末拥有量(按功率分)

地　　区	44.1千瓦以下			44.1(含)～441千瓦			441千瓦(含)以上		
	艘	总吨	千瓦	艘	总吨	千瓦	艘	总吨	千瓦
全 国 总 计	**180 048**	**784 149**	**2 475 364**	**44 803**	**5 742 690**	**8 679 685**	**3 438**	**1 935 449**	**3 091 959**
北　　京				6	788	1 480	8	9 382	11 642
天　　津	420	3 880	6 481	188	23 054	34 642	7	4 307	6 286
河　　北	2 292	19 697	35 779	1 672	207 179	257 732	3	752	1 323
山　　西	120	130	862						
内 蒙 古	968	1 192	9 917						
辽　　宁	10 548	77 671	168 509	4 914	367 786	781 897	487	109 879	332 875
吉　　林	2 566	3 228	37 570	51	134	2 593			
黑 龙 江	7 260	9 704	68 070	4	21	266			
上　　海	162	295	1 542	167	24 763	34 825	72	57 564	82 464
江　　苏	18 569	62 786	246 908	2 688	266 102	411 844	3	1 485	1 348
浙　　江	7 228	38 634	100 030	9 711	1 868 794	2 490 569	705	476 769	710 377
安　　徽	4 146	44 133	51 151	59	2 629	7 025			
福　　建	11 826	36 127	135 975	5 939	1 035 164	1 459 647	593	456 698	680 433
江　　西	2 973	7 938	17 290						
山　　东	31 358	154 371	425 871	6 247	612 255	976 790	349	234 049	408 994
河　　南	2 735	15 020	42 327	34	124	1 686			
湖　　北	2 420	3 000	12 004	2	3	150			
湖　　南									
广　　东	35 078	131 549	475 182	6 439	642 524	971 016	502	249 389	392 452
广　　西	18 736	42 119	236 717	1 735	385 089	456 821	108	47 312	50 450
海　　南	17 146	126 724	361 332	4 879	295 074	766 380	404	171 799	223 903
重　　庆									
四　　川									
贵　　州	1 159	1 444	17 134	1	36	66			
云　　南	720	1 772	8 735	2	41	309			
西　　藏									
陕　　西									
甘　　肃									
青　　海	1 008	765	8 878						
宁　　夏									
新　　疆	610	1 970	7 100	10	304	3 617			
中农发集团				55	10 826	20 330	197	116 064	189 412

各地区海洋捕捞机动渔船基本情况

地 区	合 计		1.国内海洋捕捞		2. 远洋渔船	
	艘	千瓦	艘	千瓦	艘	千瓦
全 国 总 计	129 063	13 007 341	126 512	10 133 976	2 551	2 873 365
北 京	14	13 122			14	13 122
天 津	340	42 989	325	34 553	15	8 436
河 北	3 266	282 569	3 243	255 990	23	26 579
辽 宁	14 310	1 264 102	14 023	960 152	287	303 950
上 海	245	117 579	177	36 904	68	80 675
江 苏	3 608	424 017	3 565	401 033	43	22 984
浙 江	14 025	3 259 145	13 413	2 530 903	612	728 242
福 建	15 464	2 260 262	14 991	1 696 137	473	564 125
山 东	15 653	1 516 724	15 156	850 337	497	666 387
广 东	32 758	1 703 266	32 510	1 480 731	248	222 535
广 西	6 779	562 961	6 760	536 373	19	26 588
海 南	22 349	1 350 863	22 349	1 350 863		
中农发集团	252	209 742			252	209 742

各地区海洋捕捞机动渔船年末拥有量(按功率分)

地 区	44.1千瓦以下			44.1(含)～441千瓦			441千瓦(含)以上		
	艘	总吨	千瓦	艘	总吨	千瓦	艘	总吨	千瓦
全 国 总 计	81 289	505 929	1 334 643	44 381	5 721 471	8 620 645	3 393	1 919 265	3 052 053
北 京				6	788	1 480	8	9 382	11 642
天 津	145	3 798	2 061	188	23 054	34 642	7	4 307	6 286
河 北	1 591	18 383	23 514	1 672	207 179	257 732	3	752	1 323
辽 宁	8 976	74 802	157 378	4 848	366 060	774 344	486	109 870	332 380
上 海	6	110	290	167	24 763	34 825	72	57 564	82 464
江 苏	1 036	17 413	23 266	2 569	259 844	399 403	3	1 485	1 348
浙 江	3 618	29 948	58 981	9 702	1 868 537	2 489 787	705	476 769	710 377
福 建	8 932	33 532	120 182	5 939	1 035 164	1 459 647	593	456 698	680 433
山 东	9 060	59 456	131 158	6 244	612 226	976 572	349	234 049	408 994
广 东	25 923	115 407	401 543	6 377	632 867	948 682	458	233 214	353 041
广 西	4 936	26 592	55 690	1 735	385 089	456 821	108	47 312	50 450
海 南	17 066	126 488	360 580	4 879	295 074	766 380	404	171 799	223 903
中农发集团				55	10 826	20 330	197	116 064	189 412

各地区海洋捕捞机动渔船年末拥有量(按作业类型分)(一)

地 区	拖 网			围 网			刺 网		
	艘	总吨	千瓦	艘	总吨	千瓦	艘	总吨	千瓦
全 国 总 计	22 566	3 142 550	5 161 267	5 720	1 216 953	1 602 214	74 467	2 032 422	3 638 344
北 京									
天 津	20	4 704	7 728	9	4 608	3 536	293	16 194	22 993
河 北	157	34 056	51 869	45	16 596	15 861	3 058	173 065	213 195
辽 宁	3 489	207 763	572 171	13	1 404	3 971	8 561	288 134	577 400
上 海	192	44 470	64 700	11	17 957	28 634			
江 苏	354	34 069	56 494	12	5 434	4 815	2 184	124 996	226 852
浙 江	4 918	958 969	1 437 327	346	131 704	177 405	5 301	527 534	638 283
福 建	2 243	456 901	728 054	1 594	634 101	777 615	6 871	187 429	378 670
山 东	4 724	454 755	790 104	382	109 416	148 985	7 775	184 472	326 882
广 东	3 207	400 839	648 574	1 138	152 760	206 768	22 672	240 456	535 986
广 西	1 688	375 786	442 335	208	1 467	8 590	4 173	22 481	50 197
海 南	1 450	114 757	263 859	1 957	133 666	212 870	13 579	267 661	667 886
中农发集团	124	55 481	98 052	5	7 840	13 164			

各地区海洋捕捞机动渔船年末拥有量(按作业类型分)(二)

地 区	张 网			钓 业			其 他		
	艘	总吨	千瓦	艘	总吨	千瓦	艘	总吨	千瓦
全 国 总 计	8 324	349 804	490 927	10 487	1 090 469	1 646 297	7 499	314 467	468 292
北 京	6	788	1 480	8	9 382	11 642			
天 津	12	2 010	3 914	2	3 192	3 824	4	451	994
河 北				6	2 597	1 644			
辽 宁	1 223	15 260	19 593	600	33 609	75 014	424	4 562	15 953
上 海	19	496	1 456	23	19 514	22 789			
江 苏	995	109 345	130 111	1	25	29	62	4 873	5 716
浙 江	1 661	178 461	226 133	1 106	453 768	627 646	693	124 818	152 351
福 建	1 596	26 020	60 431	1 350	181 353	233 650	1 810	39 590	81 842
山 东	1 695	10 522	26 178	878	134 778	209 501	199	11 788	15 074
广 东	184	2 331	5 069	3 096	145 703	235 428	2 461	39 399	71 441
广 西				267	1 111	1 181	443	58 148	60 658
海 南	933	4 571	16 562	3 027	41 868	125 423	1 403	30 838	64 263
中农发集团				123	63 569	98 526			

各地区内陆捕捞机动渔船年末拥有量（按功率分）

地 区	44.1 千瓦以下			44.1(含)～441 千瓦			441 千瓦(含)以上		
	艘	总吨	千瓦	艘	总吨	千瓦	艘	总吨	千瓦
全国总计	**98 759**	**278 220**	**1 140 721**	**422**	**21 219**	**59 040**	**45**	**16 184**	**39 906**
北 京									
天 津	275	82	4 420						
河 北	701	1 314	12 265						
山 西	120	130	862						
内 蒙 古	968	1 192	9 917						
辽 宁	1 572	2 869	11 131	66	1 726	7 553	1	9	495
吉 林	2 566	3 228	37 570	51	134	2 593			
黑 龙 江	7 260	9 704	68 070	4	21	266			
上 海	156	185	1 252						
江 苏	17 533	45 373	223 642	119	6 258	12 441			
浙 江	3 610	8 686	41 049	9	257	782			
安 徽	4 146	44 133	51 151	59	2 629	7 025			
福 建	2 894	2 595	15 793						
江 西	2 973	7 938	17 290						
山 东	22 298	94 915	294 713	3	29	218			
河 南	2 735	15 020	42 327	34	124	1 686			
湖 北	2 420	3 000	12 004	2	3	150			
湖 南									
广 东	9 155	16 142	73 639	62	9 657	22 334	44	16 175	39 411
广 西	13 800	15 527	181 027						
海 南	80	236	752						
重 庆									
四 川									
贵 州	1 159	1 444	17 134	1	36	66			
云 南	720	1 772	8 735	2	41	309			
西 藏									
陕 西									
甘 肃									
青 海	1 008	765	8 878						
宁 夏									
新 疆	610	1 970	7 100	10	304	3 617			

各地区远洋渔船年末拥有量

地　区	2022 年		2021 年		2022 年比 2021 年增减（±）	
	艘	千瓦	艘	千瓦	艘	千瓦
全 国 总 计	2 551	2 873 365	2 559	2 971 252	−8	−97 887
北　京	14	13 122	14	13 122		
天　津	15	8 436	15	8 436		
河　北	23	26 579	23	26 579		
辽　宁	287	303 950	286	309 030	1	−5 080
上　海	68	80 675	73	80 674	−5	1
江　苏	43	22 984	42	15 866	1	7 118
浙　江	612	728 242	613	710 404	−1	17 838
福　建	473	564 125	472	625 507	1	−61 382
山　东	497	666 387	493	703 887	4	−37 500
广　东	248	222 535	237	222 647	11	−112
广　西	19	26 588	19	26 588		
海　南						
中农发集团	252	209 742	272	228 512	−20	−18 770

各地区辅助渔船年末拥有量

地　　区	合　计			其　中					
				捕捞辅助船			渔业执法船		
	艘	总吨	千瓦	艘	总吨	千瓦	艘	总吨	千瓦
全国总计	13 466	1 212 310	2 465 436	9 642	1 118 863	1 697 567	2 944	83 414	735 326
北　京	18	90	1 249				18	90	1 249
天　津	61	4 501	14 135	53	3 497	9 714	5	1 004	4 421
河　北	486	18 374	59 818	454	16 397	51 351	25	1 615	7 835
山　西	4	19	456				4	19	456
内　蒙　古	60	755	5 950	12	278	690	48	477	5 260
辽　宁	932	70 601	212 864	849	62 019	164 849	82	8 484	47 997
吉　林	126	1 565	8 710	22	27	128	92	1 467	8 357
黑　龙　江	156	3 228	17 979				121	3 146	16 553
上　海	111	24 726	62 580	26	18 996	23 132	25	5 730	39 448
江　苏	1 035	28 416	107 849	795	22 337	51 459	240	6 079	56 390
浙　江	2 290	520 404	830 734	1 912	502 539	689 832	175	15 635	136 226
安　徽	333	2 897	33 313	62	267	3 951	271	2 630	29 362
福　建	1 577	299 312	407 356	1 257	292 677	354 036	85	5 271	47 968
江　西	128	1 359	14 093				118	1 333	14 064
山　东	465	121 919	192 131	328	112 614	125 199	124	8 697	65 604
河　南	121	1 146	8 775				121	1 146	8 775
湖　北	265	2 144	28 469	37	25	322	228	2 119	28 147
湖　南	409	2 342	22 735				252	1 598	18 564
广　东	3 153	79 777	275 838	2 812	69 566	182 840	223	5 978	81 880
广　西	993	11 852	69 570	836	6 073	16 793	149	5 656	51 882
海　南	199	12 102	32 825	179	11 368	23 017	20	734	9 808
重　庆	114	901	9 895				114	901	9 895
四　川	126	831	12 305				119	804	12 066
贵　州	103	1 307	12 231	1	5	63	99	1 248	10 095
云　南	103	926	15 462	2	24	22	101	902	15 440
西　藏									
陕　西	16	52	1 271				10	41	1 211
甘　肃	11	61	1 134				9	61	833
青　海	15	216	2 129				15	216	2 129
宁　夏	18	92	1 420				18	92	1 420
新　疆	38	395	2 160	5	154	169	33	241	1 991

各地区海洋辅助渔船年末拥有量

地 区	合 计			其 中					
				捕捞辅助船			渔业执法船		
	艘	总吨	千瓦	艘	总吨	千瓦	艘	总吨	千瓦
全国总计	9 774	1 176 762	2 156 745	8 770	1 113 660	1 663 318	549	55 638	452 076
北 京									
天 津	57	4 483	13 922	53	3 497	9 714	4	237	1 102
河 北	469	18 207	57 582	454	16 397	51 351	10	1 462	5 731
辽 宁	889	69 872	208 464	822	61 737	161 816	67	8 135	46 648
上 海	43	21 598	33 802	25	18 978	22 962	18	2 620	10 840
江 苏	210	23 931	80 956	184	19 304	46 327	26	4 627	34 629
浙 江	2 081	518 985	820 639	1 909	502 524	689 777	84	15 555	127 765
福 建	1 557	299 221	405 930	1 253	292 659	345 185	69	5 199	46 576
山 东	404	120 756	186 234	328	112 614	125 199	65	7 914	59 737
广 东	3 003	76 827	259 445	2 748	68 538	171 980	139	4 419	68 284
广 西	862	10 780	56 946	815	6 044	15 990	47	4 736	40 956
海 南	199	12 102	32 825	179	11 368	23 017	20	734	9 808

各地区内陆辅助渔船年末拥有量

地 区	合 计			其 中					
				捕捞辅助船			渔业执法船		
	艘	总吨	千瓦	艘	总吨	千瓦	艘	总吨	千瓦
全国总计	3 692	35 548	308 691	872	5 203	34 249	2 395	27 776	283 250
北 京	18	90	1 249				18	90	1 249
天 津	4	18	213				1	767	3 319
河 北	17	167	2 236				15	153	2 104
山 西	4	19	456				4	19	456
内 蒙 古	60	755	5 950	12	278	690	48	477	5 260
辽 宁	43	729	4 400	27	282	3 033	15	349	1 349
吉 林	126	1 565	8 710	22	27	128	92	1 467	8 357
黑 龙 江	156	3 228	17 979				121	3 146	16 553
上 海	68	3 128	28 778	1	18	170	7	3 110	28 608
江 苏	825	4 485	26 893	611	3 033	5 132	214	1 452	21 761
浙 江	209	1 419	10 095	3	15	55	91	80	8 461
安 徽	333	2 897	33 313	62	267	3 951	271	2 630	29 362
福 建	20	91	1 426	4	18	8 851	16	72	1 392
江 西	128	1 359	14 093				118	1 333	14 064
山 东	61	1 163	5 897				59	783	5 867
河 南	121	1 146	8 775				121	1 146	8 775
湖 北	265	2 144	28 469	37	25	322	228	2 119	28 147
湖 南	409	2 342	22 735				252	1 598	18 564
广 东	150	2 950	16 393	64	1 028	10 860	84	1 559	13 596
广 西	131	1 072	12 624	21	29	803	102	920	10 926
海 南									
重 庆	114	901	9 895				114	901	9 895
四 川	126	831	12 305				119	804	12 066
贵 州	103	1 307	12 231	1	5	63	99	1 248	10 095
云 南	103	926	15 462	2	24	22	101	902	15 440
西 藏									
陕 西	16	52	1 271				10	41	1 211
甘 肃	11	61	1 134				9	61	833
青 海	15	216	2 129				15	216	2 129
宁 夏	18	92	1 420				18	92	1 420
新 疆	38	395	2 160	5	154	169	33	241	1 991

各地区非机动渔船年末拥有量

地　区	合　计		海洋渔业非机动渔船		内陆渔业非机动渔船	
	艘	总吨	艘	总吨	艘	总吨
全国总计	168 628	239 662	2 372	7 016	166 256	232 646
北　京						
天　津	1 146	540			1 146	540
河　北	1 917	1 126			1 917	1 126
山　西	19	7			19	7
内　蒙　古	163	135			163	135
辽　宁	2 067	2 748	273	295	1 794	2 453
吉　林	2 324	1 471			2 324	1 471
黑　龙　江	1 103	763			1 103	763
上　海	25	2 182	1	1 458	24	724
江　苏	62 040	134 591	65	160	61 975	134 431
浙　江	9 579	16 033	62	32	9 517	16 001
安　徽	9 733	23 487			9 733	23 487
福　建	1 337	1 194	1 277	1 146	60	48
江　西	14 510	12 995			14 510	12 995
山　东	30 056	15 532	10	5	30 046	15 527
河　南	4 522	3 597			4 522	3 597
湖　北	16 823	6 967			16 823	6 967
湖　南	6 898	4 045			6 898	4 045
广　东	1 006	8 975	650	3 814	356	5 161
广　西	268	82			268	82
海　南	34	106	34	106		
重　庆	141	1 094			141	1 094
四　川	197	192			197	192
贵　州	1	76			1	76
云　南	1 887	1 256			1 887	1 256
西　藏						
陕　西	276	215			276	215
甘　肃	29	29			29	29
青　海						
宁　夏	167	118			167	118
新　疆	360	106			360	106

（四）基础设施

各地区渔业基础设施情况

单位：个

地　　区	国家级水产原良种场	渔港合计	其　　中				
			沿海中心渔港	沿海一级渔港	沿海二级渔港	沿海三级渔港	未评级渔港
全国总计	91	1 154	73	95	222	396	368
北　　京	3						
天　　津	1	5		1			4
河　　北	5	30	5	5	8	5	7
山　　西	1						
内　蒙　古	1						
辽　　宁	1	125	3	9	28	15	70
吉　　林	1						
黑　龙　江	1						
上　　海	1	1		1			
江　　苏	8	20	7	4	4		5
浙　　江	6	129	9	13	28	32	47
安　　徽	4						
福　　建	1	270	10	14	68	170	8
江　　西	4						
山　　东	16	177	9	11	6	80	71
河　　南							
湖　　北	11						
湖　　南	4						
广　　东	5	106	12	15	24	39	16
广　　西	2	15	4	5	3	3	
海　　南	2	50	6	5	13	11	15
重　　庆	1						
四　　川	2						
贵　　州							
云　　南							
西　　藏							
陕　　西	1						
甘　　肃	1	1					
青　　海	1						
宁　　夏							
新　　疆							
大　　连	4	99	4	6	30	22	37
青　　岛	1	61	2	2		4	53
宁　　波	2	57	1	3	7	14	32
厦　　门		3	1				2
深　　圳		6		1	3	1	1

(五)渔业人口

全国渔业人口与从业人员

指　标	计量单位	2022 年	2021 年	2022 年比 2021 年增减（±）	其中:海洋渔业		
					2022 年	2021 年	2022 年比 2021 年增减（±）
1. 渔业乡	个	700	696	4	383	380	3
2. 渔业村	个	7 065	7 078	−13	3 221	3 235	−14
3. 渔业户	户	4 152 214	4 196 021	−43 807	1 291 294	1 284 811	6 483
4. 渔业人口	人	16 194 500	16 342 392	−147 892	5 060 443	5 036 462	23 981
其中:传统渔民	人	5 151 638	5 171 560	−19 922	2 699 798	2 524 113	175 685
5. 渔业从业人员	人	11 779 185	11 846 287	−67 102	3 356 409	3 351 954	4 455
(1)专业从业人员	人	6 274 139	6 341 223	−67 084	2 024 581	2 034 784	−10 203
其中:女性	人	1 215 559	1 220 156	−4 597	322 921	295 184	27 737
其中:捕捞	人	1 188 736	1 212 667	−23 931	842 122	855 874	−13 752
养殖	人	4 316 700	4 353 995	−37 295	831 368	827 121	4 247
其他	人	768 703	774 561	−5 858	351 091	351 789	−698
(2)兼业从业人员	人	4 007 221	4 003 042	4 179	774 474	766 318	8 156
(3)临时从业人员	人	1 497 825	1 502 022	−4 197	557 354	550 852	6 502

各地区渔业人口与从业人员(一)

地　　区	1.渔业乡（个）	2.渔业村（个）	3.渔业户（户）	4.渔业人口（人）		5.渔业从业人员（人）
				小　计	其中：传统渔民	
全国总计	700	7 065	4 152 214	16 194 500	5 151 638	11 779 185
北　　京	9	32	1 480	3 723	482	4 232
天　　津		2	6 589	22 206	4 051	15 764
河　　北	28	159	51 471	217 777	133 068	177 817
山　　西			876	3 994		3 819
内　蒙　古	4	31	6 325	33 434	4 005	24 725
辽　　宁	133	668	138 266	541 334	287 816	432 130
吉　　林	1	4	23 419	84 183	906	75 454
黑　龙　江	6	29	43 886	153 309	130 313	112 555
上　　海		13	3 006	9 810	4 557	9 461
江　　苏	29	462	254 761	1 058 204	292 475	893 144
浙　　江	92	621	282 218	931 750	380 714	616 986
安　　徽	8	78	146 137	581 400	158 117	527 532
福　　建	53	546	395 298	1 601 621	829 795	887 230
江　　西	4	89	217 747	994 780	213 278	775 929
山　　东	94	1 170	416 185	1 502 871	563 391	1 167 710
河　　南	24	370	109 564	433 847	22 756	354 098
湖　　北	64	853	435 787	1 376 293	497 361	1 054 458
湖　　南	5	235	223 304	1 003 426	110 622	854 529
广　　东	79	1 055	513 725	2 140 862	860 875	1 175 312
广　　西	14	205	223 897	992 285	301 974	803 462
海　　南	24	253	67 438	319 778	134 070	193 114
重　　庆		5	86 370	356 019	280	305 884
四　　川	28	146	398 227	1 358 471	139 988	946 544
贵　　州		2	26 347	141 292	6 710	73 415
云　　南		5	54 978	231 891	59 499	204 259
西　　藏						
陕　　西	1	30	18 112	62 748	10 211	56 410
甘　　肃			2 067	9 566	411	7 386
青　　海			107	3 755		3 508
宁　　夏			1 477	7 331		8 903
新　　疆		2	3 150	16 540	3 913	13 415

各地区渔业人口与从业人员(二)

单位:人

地　区	5.渔业从业人员(续)					(2)兼业 从业人员	(3)临时 从业人员
	(1)专业从业人员						
	小　计	其中:女性	a.捕捞	b.养殖	c.其他		
全国总计	**6 274 139**	**1 215 559**	**1 188 736**	**4 316 700**	**768 703**	**4 007 221**	**1 497 825**
北　京	3 246	858	695	1 995	556	750	236
天　津	10 315	330	1 996	8 093	226	4 280	1 169
河　北	85 065	18 879	33 310	38 032	13 723	30 309	62 443
山　西	2 077	424	239	1 698	140	1 206	536
内 蒙 古	13 619	2 742	3 164	7 859	2 596	8 420	2 686
辽　宁	264 769	55 063	96 908	136 725	31 136	100 961	66 400
吉　林	19 751	2 489	3 843	14 086	1 822	49 160	6 543
黑 龙 江	73 748	22 862	18 154	46 906	8 688	31 657	7 150
上　海	8 456	966	2 894	5 147	415	626	379
江　苏	510 040	116 938	90 612	381 293	38 135	265 308	117 796
浙　江	375 159	67 078	132 604	153 500	89 055	142 559	99 268
安　徽	270 506	59 185	31 274	211 397	27 835	184 689	72 337
福　建	544 488	85 484	173 285	298 422	72 781	266 058	76 684
江　西	353 368	64 714	9 590	288 392	55 386	319 786	102 775
山　东	606 456	113 612	169 154	292 755	144 547	241 207	320 047
河　南	144 702	37 086	16 934	110 483	17 285	178 387	31 009
湖　北	673 547	176 920	5 473	626 520	41 554	263 865	117 046
湖　南	386 361	80 160		351 147	35 214	398 757	69 411
广　东	762 337	116 876	217 920	472 869	71 548	346 252	66 723
广　西	398 903	50 813	62 852	297 388	38 663	316 118	88 441
海　南	159 329	23 578	99 473	44 902	14 954	26 292	7 493
重　庆	140 216	45 622		127 117	13 099	117 946	47 722
四　川	320 586	51 662		282 929	37 657	557 215	68 743
贵　州	21 406	2 367	1 983	16 368	3 055	37 063	14 946
云　南	74 375	12 919	12 333	58 821	3 221	90 814	39 070
西　藏							
陕　西	31 727	3 267		27 838	3 889	18 545	6 138
甘　肃	3 262	509		3 041	221	2 944	1 180
青　海	2 526	229	2 126	350	50	931	51
宁　夏	4 884	867	320	4 107	457	2 616	1 403
新　疆	8 915	1 060	1 600	6 520	795	2 500	2 000

各地区海洋渔业人口与从业人员（一）

地　　　区	1.渔业乡 （个）	2.渔业村 （个）	3.渔业户 （户）	4.渔业人口（人）		5.渔业从业 人员（人）
				小　计	其中：传统渔民	
全国总计	**383**	**3 221**	**1 291 294**	**5 060 443**	**2 699 798**	**3 356 409**
北　　京						303
天　　津		2	1 455	5 327	1 621	1 642
河　　北	11	67	37 043	141 240	108 397	128 135
山　　西						
内　蒙　古						
辽　　宁	73	319	79 559	351 441	209 747	255 312
吉　　林						
黑　龙　江						
上　　海		6	601	2 288	1 870	2 992
江　　苏	12	91	34 382	219 284	81 511	159 366
浙　　江	77	494	189 162	573 783	290 566	328 736
安　　徽						
福　　建	53	531	330 529	1 330 203	752 396	712 847
江　　西						
山　　东	61	778	287 886	894 342	405 437	902 724
河　　南						
湖　　北						
湖　　南						
广　　东	69	620	207 959	974 981	633 530	456 489
广　　西	5	110	64 601	311 086	87 143	264 035
海　　南	22	203	58 117	256 468	127 580	143 828
重　　庆						
四　　川						
贵　　州						
云　　南						
西　　藏						
陕　　西						
甘　　肃						
青　　海						
宁　　夏						
新　　疆						

各地区海洋渔业人口与从业人员(二)

单位:人

地 区	5.渔业从业人员(续)					(2)兼业从业人员	(3)临时从业人员
	(1)专业从业人员						
	小 计	其中:女性	a.捕捞	b.养殖	c.其他		
全国总计	**2 024 581**	**322 921**	**842 122**	**831 368**	**351 091**	**774 474**	**557 354**
北 京	303	11	269		34		
天 津	1 302	60	942	310	50	290	50
河 北	58 813	2 821	23 794	22 754	12 265	12 116	57 206
山 西							
内 蒙 古							
辽 宁	160 959	40 573	84 930	57 259	18 770	44 436	49 917
吉 林							
黑 龙 江							
上 海	2 898	50	2 590		308	55	39
江 苏	88 516	21 050	42 095	38 448	7 973	54 194	16 656
浙 江	223 670	29 985	111 702	46 844	65 124	50 164	54 902
安 徽							
福 建	453 471	73 718	161 601	227 094	64 776	192 548	66 828
江 西							
山 东	393 629	72 676	112 744	160 243	120 642	252 495	256 600
河 南							
湖 北							
湖 南							
广 东	338 311	45 959	183 317	118 303	36 691	91 066	27 112
广 西	180 042	14 490	37 485	131 917	10 640	62 006	21 987
海 南	122 667	21 528	80 653	28 196	13 818	15 104	6 057
重 庆							
四 川							
贵 州							
云 南							
西 藏							
陕 西							
甘 肃							
青 海							
宁 夏							
新 疆							

四、加 工 与 贸 易

（一）水产品加工

全国水产加工情况

指　　标	计量单位	2022 年	2021 年	2022 年比 2021 年增减（±）	
				绝对量	幅度（%）
1.水产加工企业	个	9 331	9 202	129	1.40
水产品加工能力	吨/年	29 704 127	28 935 838	768 289	2.66
其中:规模以上加工企业	个	2 592	2 497	95	3.80
2.水产冷库	座	8 675	8 454	221	2.61
冻结能力	吨/日	836 808	853 396	−16 588	−1.94
冷藏能力	吨/次	4 896 527	4 746 275	150 252	3.17
制冰能力	吨/日	223 451	201 510	21 941	10.89
3.水产加工品总量	吨	21 477 911	21 250 370	227 541	1.07
淡水加工产品	吨	4 386 448	4 162 262	224 186	5.39
海水加工产品	吨	17 091 463	17 088 108	3 355	0.02
(1)水产冷冻品	吨	15 320 045	15 195 232	124 813	0.82
其中:冷冻品	吨	8 025 752	7 979 198	46 554	0.58
冷冻加工品	吨	7 294 293	7 216 034	78 259	1.08
(2)鱼糜制品及干腌制品	吨	2 819 151	2 765 064	54 087	1.96
其中:鱼糜制品	吨	1 354 826	1 349 803	5 023	0.37
干腌制品	吨	1 464 325	1 415 261	49 064	3.47
(3)藻类加工品	吨	1 000 774	1 023 691	−22 917	−2.24
(4)罐制品	吨	342 801	330 392	12 409	3.76
(5)水产饲料(鱼粉)	吨	723 456	659 018	64 438	9.78
(6)鱼油制品	吨	61 650	67 807	−6 157	−9.08
(7)其他水产加工品	吨	1 210 034	1 192 166	17 868	1.50
其中:助剂和添加剂	吨	18 099	16 197	1 902	11.74
珍珠	千克	10 123	11 563	−1 440	−12.45
4.用于加工的水产品总量	吨	25 561 280	25 226 780	334 500	1.33
其中:淡水产品	吨	5 798 067	5 715 741	82 326	1.44
海水产品	吨	19 763 213	19 511 039	252 174	1.29
5.部分水产品年加工量	吨	2 427 356	1 916 476	510 880	26.66
其中:对虾	吨	467 735	482 322	−14 587	−3.02
克氏原螯虾	吨	1 216 849	661 843	555 006	83.86
罗非鱼	吨	540 600	567 059	−26 459	−4.67
鳗鱼	吨	139 529	151 370	−11 841	−7.82
斑点叉尾鲴	吨	62 643	53 882	8 761	16.26

各地区水产加工品总量

单位：吨

| 地　区 | 2022 年 | | 2021 年 | | 2022 年比 2021 年增减（±） | | | |
| | | | | | 绝对量 | | 幅度（%） | |
	水产加工品总量	其中:淡水加工产品	水产加工品总量	其中:淡水加工产品	水产加工品总量	其中:淡水加工产品	水产加工品总量	其中:淡水加工产品
全国总计	21 477 911	4 386 448	21 250 370	4 162 262	227 541	224 186	1.07	5.39
北　京	1 181	318	1 889	1 026	−708	−708	−37.48	−69.01
天　津	17 720	5 820	720	720	17 000	5 100	2361.11	708.33
河　北	108 207	13 155	98 542	13 464	9 665	−309	9.81	−2.30
山　西	408	132	760	305	−352	−173	−46.32	−56.72
内 蒙 古	3 040	3 040	3 038	3 038	2	2	0.07	0.07
辽　宁	2 287 152	21 148	2 354 950	28 050	−67 798	−6 902	−2.88	−24.61
吉　林	255 461	1 580	255 228	1 546	233	34	0.09	2.20
黑 龙 江	12 878	12 878	13 236	13 236	−358	−358	−2.70	−2.70
上　海	3 215	319	2 805	329	410	−10	14.62	−3.04
江　苏	1 314 594	666 480	1 347 997	708 664	−33 403	−42 184	−2.48	−5.95
浙　江	1 831 418	64 579	1 815 309	66 262	16 109	−1 683	0.89	−2.54
安　徽	235 131	233 336	212 458	212 063	22 673	21 273	10.67	10.03
福　建	3 974 317	187 370	4 051 762	207 071	−77 445	−19 701	−1.91	−9.51
江　西	391 504	391 504	374 999	374 999	16 505	16 505	4.40	4.40
山　东	6 459 335	113 779	6 417 417	101 108	41 918	12 671	0.65	12.53
河　南	47 985	47 985	19 384	19 384	28 601	28 601	147.55	147.55
湖　北	1 440 891	1 440 891	1 357 937	1 357 937	82 954	82 954	6.11	6.11
湖　南	432 855	432 855	321 162	321 162	111 693	111 693	34.78	34.78
广　东	1 520 347	442 334	1 483 550	425 914	36 797	16 420	2.48	3.86
广　西	750 666	121 403	747 625	122 506	3 041	−1 103	0.41	−0.90
海　南	342 697	138 633	311 465	125 341	31 232	13 292	10.03	10.60
重　庆	1 249	1 249	780	780	469	469	60.13	60.13
四　川	3 875	3 875	4 261	4 261	−386	−386	−9.06	−9.06
贵　州	3 437	3 437	3 597	3 597	−160	−160	−4.45	−4.45
云　南	13 289	13 289	13 017	13 017	272	272	2.09	2.09
西　藏								
陕　西	1 261	1 261	1 206	1 206	55	55	4.56	4.56
甘　肃								
青　海	15 000	15 000	28 000	28 000	−13 000	−13 000	−46.43	−46.43
宁　夏	1 428	1 428	1 006	1 006	422	422	41.95	41.95
新　疆	7 370	7 370	6 270	6 270	1 100	1 100	17.54	17.54

各地区水产加工品总量（按品种分）（一）

单位：吨

地　　区	水产加工品总量	淡水加工品	海水加工品	1.水产冷冻品	冷冻品	冷冻加工品
全国总计	21 477 911	4 386 448	17 091 463	15 320 045	8 025 752	7 294 293
北　京	1 181	318	863	1 181		1 181
天　津	17 720	5 820	11 900	3 000	200	2 800
河　北	108 207	13 155	95 052	80 441	43 692	36 749
山　西	408	132	276	392	123	269
内 蒙 古	3 040	3 040		1 886	1 686	200
辽　宁	2 287 152	21 148	2 266 004	1 676 105	658 928	1 017 177
吉　林	255 461	1 580	253 881	236 522	150 344	86 178
黑 龙 江	12 878	12 878		6 395	6 395	
上　海	3 215	319	2 896	3 215	4	3 211
江　苏	1 314 594	666 480	648 114	626 044	411 178	214 866
浙　江	1 831 418	64 579	1 766 839	1 409 417	990 311	419 106
安　徽	235 131	233 336	1 795	186 733	75 327	111 406
福　建	3 974 317	187 370	3 786 947	2 637 793	1 519 304	1 118 489
江　西	391 504	391 504		145 237	63 344	81 893
山　东	6 459 335	113 779	6 345 556	4 996 688	2 804 236	2 192 452
河　南	47 985	47 985		46 551	6 525	40 026
湖　北	1 440 891	1 440 891		878 743	346 821	531 922
湖　南	432 855	432 855		289 343	163 058	126 285
广　东	1 520 347	442 334	1 078 013	1 064 989	434 053	630 936
广　西	750 666	121 403	629 263	658 597	170 700	487 897
海　南	342 697	138 633	204 064	335 791	150 211	185 580
重　庆	1 249	1 249		438	360	78
四　川	3 875	3 875		2 003	225	1 778
贵　州	3 437	3 437		2 464	987	1 477
云　南	13 289	13 289		7 090	5 195	1 895
西　藏						
陕　西	1 261	1 261		1 197	1 145	52
甘　肃						
青　海	15 000	15 000		15 000	15 000	
宁　夏	1 428	1 428				
新　疆	7 370	7 370		6 790	6 400	390

各地区水产加工品总量（按品种分）（二）

单位:吨

地　　区	2.鱼糜制品及干腌制品	鱼糜制品	干腌制品	3.藻类加工品	4.罐制品	5.鱼粉
全国总计	2 819 151	1 354 826	1 464 325	1 000 774	342 801	723 456
北　京						
天　津	13 000	13 000		720		
河　北	3 087	108	2 979		8 024	16 273
山　西	8	4	4	1	3	2
内　蒙　古	624		624	500	30	
辽　宁	148 069	44 132	103 937	242 460	19 215	63 186
吉　林	18 757	2 826	15 931		130	
黑　龙　江	3 215	42	3 173		70	
上　海						
江　苏	131 375	25 012	106 363	24 339	19 325	1 562
浙　江	178 076	93 013	85 063	30 330	37 579	161 652
安　徽	41 848	18 611	23 237		6 550	
福　建	681 691	403 258	278 433	305 563	35 882	28 240
江　西	214 549	75 189	139 360	1 373	14 186	617
山　东	601 112	327 706	273 406	388 936	126 037	247 714
河　南	1 429	317	1 112		2	3
湖　北	450 893	213 673	237 220		11 018	98 681
湖　南	76 842	24 497	52 345	305	11 237	19 305
广　东	204 585	92 263	112 322	4 566	51 813	85 021
广　西	37 120	18 037	19 083		665	
海　南	5 766	2 231	3 535			
重　庆	551	5	546			
四　川	1 416	300	1 116		390	
贵　州	973	83	890			
云　南	3 791	477	3 314	253	375	1 200
西　藏						
陕　西	64	2	62			
甘　肃						
青　海						
宁　夏				1 428		
新　疆	310	40	270		270	

各地区水产加工品总量(按品种分)(三)

单位:吨

地 区	6.鱼油制品	7.其他水产加工品	其 中	
			助剂和添加剂	珍珠(千克)
全国总计	61 650	1 210 034	18 099	10 123
北 京				
天 津		1 000		
河 北	30	352		
山 西	1	1		
内 蒙 古				
辽 宁	2 881	135 236		
吉 林		52		
黑 龙 江		3 198		
上 海				
江 苏		511 949	35	6 000
浙 江	508	13 856	312	1 010
安 徽				
福 建	21 480	263 668	10 925	
江 西	138	15 404		45
山 东	35 977	62 871	206	
河 南				
湖 北		1 556	332	
湖 南	5	35 818	849	
广 东	50	109 323		3 068
广 西		54 284	4 300	
海 南		1 140	1 140	
重 庆		260		
四 川		66		
贵 州				
云 南	580			
西 藏				
陕 西				
甘 肃				
青 海				
宁 夏				
新 疆				

各地区用于加工的水产品量

单位:吨

地　　区	用于加工的水产品量	淡水产品	海水产品
全国总计	25 561 280	5 798 067	19 763 213
北　京	1 263	391	872
天　津	750	750	
河　北	208 511	18 260	190 251
山　西	519	216	303
内 蒙 古	4 163	4 163	
辽　宁	3 330 638	22 548	3 308 090
吉　林	283 462	2 430	281 032
黑 龙 江	27 044	27 044	
上　海	3 215	319	2 896
江　苏	1 473 331	742 856	730 475
浙　江	1 709 811	70 957	1 638 854
安　徽	314 435	312 418	2 017
福　建	4 592 479	196 490	4 395 989
江　西	693 264	693 264	
山　东	7 431 146	81 734	7 349 412
河　南	102 485	102 485	
湖　北	1 957 797	1 957 797	
湖　南	528 555	528 555	
广　东	1 593 622	555 798	1 037 824
广　西	754 928	164 759	590 169
海　南	494 575	259 546	235 029
重　庆	1 735	1 735	
四　川	6 473	6 473	
贵　州	4 101	4 101	
云　南	16 699	16 699	
西　藏			
陕　西	1 051	1 051	
甘　肃			
青　海	15 000	15 000	
宁　夏	1 428	1 428	
新　疆	8 800	8 800	

各地区水产品加工企业、冷库基本情况

地　　区	水产品加工企业			水产品冷库			
	小计（个）	水产品加工能力（吨/年）	其中：规模以上加工企业（个）	数量（座）	冻结能力（吨/日）	冷藏能力（吨/次）	制冰能力（吨/日）
全国总计	9 331	29 704 127	2 592	8 675	836 808	4 896 527	223 451
北　京	2	2 200	1	8	20	28 810	60
天　津	2	25 750	2	6	110	20 400	30
河　北	226	313 778	34	251	7 197	58 720	4 673
山　西	4	1 466	2	8	10	806	13
内　蒙　古	23	7 090	20	16	272	1 690	179
辽　宁	862	3 045 810	326	586	61 867	585 845	16 931
吉　林	107	307 715	43	51	230 379	231 785	115
黑　龙　江	19	13 600		14	460	865	445
上　海	3	13 010	1	4	172	3 152	150
江　苏	1 082	2 116 603	319	1 132	40 279	216 249	25 804
浙　江	1 778	2 160 882	247	1 065	39 665	759 173	34 560
安　徽	205	313 687	99	726	18 445	75 322	3 056
福　建	1 174	5 454 177	402	838	76 746	621 624	17 890
江　西	179	292 478	52	224	3 230	27 043	3 107
山　东	1 683	8 165 056	511	1 847	144 384	1 299 733	44 863
河　南	45	79 310	6	100	1 609	22 731	681
湖　北	323	2 630 943	148	476	82 779	216 396	6 921
湖　南	266	671 433	97	401	72 023	173 615	11 559
广　东	982	2 450 450	170	594	33 777	426 809	44 409
广　西	190	1 048 834	62	52	1 895	95 546	3 075
海　南	37	398 652	12	57	3 307	11 887	3 968
重　庆	13	4 055	4	19	12 902	5 217	88
四　川	21	33 452	8	42	2 118	4 911	609
贵　州	23	5 800	2	7	91	213	10
云　南	57	113 621	17	103	1 904	4 936	238
西　藏							
陕　西	10	1 025	1	16	257	135	5
甘　肃							
青　海	2	16 000					
宁　夏	2	1 700	2				
新　疆	11	15 550	4	32	910	2 914	12

(二)水产品贸易

各地区水产品进出口贸易情况

单位:万美元,吨

地 区	2022 年进出口		2021 年进出口		2022 年比 2021 年增减(±)			
					绝对量		幅度(%)	
	金额	数量	金额	数量	金额	数量	金额	数量
全国总计	**4 673 794.21**	**10 232 819**	**3 994 929.14**	**9 548 176**	678 865.07	684 643	**16.99**	**7.17**
北 京	181 556.23	620 187	167 761.55	576 626	13 794.68	43 562	8.22	7.55
天 津	142 953.77	329 035	89 995.81	208 999	52 957.96	120 036	58.84	57.43
河 北	44 564.33	92 916	40 855.94	91 535	3 708.40	1 381	9.08	1.51
山 西	623.38	1 251	27.96	76	595.42	1 175	2 129.38	1 544.78
内 蒙 古	41.00	101	46.25	58	−5.25	43	−11.36	74.44
辽 宁	400 297.62	1 103 509	362 448.82	1 162 222	37 848.80	−58 713	10.44	−5.05
吉 林	82 737.21	197 495	76 854.62	150 256	5 882.59	47 240	7.65	31.44
黑 龙 江	6 455.14	17 496	2 076.32	4 362	4 378.82	13 134	210.89	301.08
上 海	244 757.33	255 277	227 712.79	240 609	17 044.53	14 668	7.49	6.10
江 苏	80 715.26	142 186	79 619.19	133 363	1 096.07	8 822	1.38	6.62
浙 江	406 076.00	899 552	317 489.58	839 110	88 586.42	60 442	27.90	7.20
安 徽	19 079.68	69 366	16 699.03	85 229	2 380.65	−15 863	14.26	−18.61
福 建	1 145 159.74	2 185 882	1 020 913.00	2 152 312	124 246.74	33 570	12.17	1.56
江 西	13 344.97	9 378	13 769.58	14 566	−424.61	−5 188	−3.08	−35.62
山 东	981 929.75	2 470 006	760 896.26	2 091 004	221 033.49	379 002	29.05	18.13
河 南	6 546.20	12 377	5 446.14	8 445	1 100.07	3 932	20.20	46.56
湖 北	10 822.81	22 200	9 700.44	20 254	1 122.38	1 946	11.57	9.61
湖 南	57 833.27	90 851	40 525.05	42 449	17 308.22	48 402	42.71	114.02
广 东	661 502.53	1 270 852	624 202.37	1 292 438	37 300.16	−21 585	5.98	−1.67
广 西	56 476.65	135 975	40 450.02	127 416	16 026.63	8 559	39.62	6.72
海 南	58 154.52	158 394	55 161.25	186 101	2 993.27	−27 707	5.43	−14.89
重 庆	22 840.34	34 005	4 053.50	9 975	18 786.85	24 030	463.47	240.92
四 川	24 363.89	62 422	23 745.30	77 438	618.59	−15 016	2.61	−19.39
贵 州	2 235.44	4 458	312.34	372	1 923.10	4 085	615.71	1 097.54
云 南	14 197.05	29 019	6 895.50	13 041	7 301.55	15 978	105.89	122.52
西 藏	2.48	10	4.29	9	−1.81	1	−42.19	8.39
陕 西	739.97	436	478.48	247	261.49	189	54.65	76.56
甘 肃	473.14	842	82.52	117	390.61	725	473.33	620.14
青 海	817.82	870	1 562.08	2 592	−744.26	−1 722	−47.65	−66.44
宁 夏	293.22	224	124.47	49	168.75	175	135.57	360.41
新 疆	6 203.48	16 249	5 018.70	16 907	1 184.78	−658	23.61	−3.89

各地区水产品出口贸易情况

单位:万美元,吨

地　区	2022 年出口		2021 年出口		2022 年比 2021 年增减(±)			
					绝对量		幅度(%)	
	金额	数量	金额	数量	金额	数量	金额	数量
全国总计	2 303 147.95	3 763 008	2 192 614.52	3 800 729	110 533.43	−37 721	5.04	−0.99
北　京	2 557.47	2 567	1 825.75	2 842	731.72	−275	40.08	−9.68
天　津	3 151.40	5 413	3 091.39	5 775	60.01	−362	1.94	−6.27
河　北	25 412.53	31 120	23 045.71	29 399	2 366.82	1 721	10.27	5.85
山　西	5.35	7			5.35	7		
内 蒙 古	30.42	48	46.25	58	−15.83	−10	−34.22	−17.46
辽　宁	233 048.49	487 122	217 843.23	536 528	15 205.26	−49 406	6.98	−9.21
吉　林	15 043.83	32 767	13 886.18	34 581	1 157.65	−1 814	8.34	−5.24
黑 龙 江	21.24	72	53.65	167	−32.41	−95	−60.42	−57.06
上　海	14 073.46	9 369	15 477.92	11 726	−1 404.46	−2 357	−9.07	−20.10
江　苏	37 244.87	41 053	47 624.61	48 698	−10 379.74	−7 645	−21.79	−15.70
浙　江	187 753.72	441 494	185 173.93	455 904	2 579.80	−14 410	1.39	−3.16
安　徽	6 772.90	5 829	4 132.63	4 069	2 640.27	1 760	63.89	43.25
福　建	855 281.72	1 004 268	785 672.46	902 239	69 609.27	102 029	8.86	11.31
江　西	6 382.80	3 385	9 027.27	5 081	−2 644.47	−1 696	−29.29	−33.38
山　东	520 793.17	971 538	445 818.29	914 730	74 974.88	56 809	16.82	6.21
河　南	99.39	302	210.17	266	−110.78	36	−52.71	13.56
湖　北	4 193.47	4 806	5 491.67	6 230	−1 298.20	−1 424	−23.64	−22.85
湖　南	7 083.42	6 652	3 369.80	3 699	3 713.62	2 953	110.20	79.84
广　东	295 370.58	519 089	343 961.49	614 966	−48 590.90	−95 876	−14.13	−15.59
广　西	20 694.75	35 428	20 476.81	36 882	217.93	−1 453	1.06	−3.94
海　南	53 386.89	151 426	52 746.72	176 935	640.17	−25 509	1.21	−14.42
重　庆	65.98	114	40.22	21	25.77	93	64.08	444.18
四　川	10 346.37	3 973	9 512.69	4 620	833.68	−647	8.76	−14.01
贵　州	790.71	1 716	310.77	372	479.94	1 345	154.44	361.73
云　南	1 722.91	1 685	1 672.79	1 838	50.11	−154	3.00	−8.36
西　藏	2.48	10	4.29	9	−1.81	1	−42.19	8.39
陕　西	418.42	315	172.43	164	246.00	151	142.67	91.81
甘　肃	70.86	160	2.45	1	68.41	159	2 789.80	15 909.60
青　海	790.64	768	1 561.20	2 592	−770.56	−1 824	−49.36	−70.38
宁　夏	260.28	107	124.47	49	135.81	58	109.11	120.33
新　疆	277.42	405	237.27	292	40.15	113	16.92	38.79

各地区水产品进口贸易情况

单位:万美元,吨

地 区	2022 年进口		2021 年进口		2022 年比 2021 年增减(±)			
					绝对量		幅度(%)	
	金额	数量	金额	数量	金额	数量	金额	数量
全国总计	2 370 646.26	6 469 811	1 802 314.62	5 747 447	568 331.64	722 364	31.53	12.57
北 京	178 998.76	617 621	165 935.80	165 936	13 062.96	451 685	7.87	272.20
天 津	139 802.37	323 623	86 904.42	86 904	52 897.95	236 718	60.87	272.39
河 北	19 151.80	61 797	17 810.23	17 810	1 341.57	43 986	7.53	246.97
山 西	618.03	1 244	27.96	28	590.07	1 216	2 110.25	4 347.46
内 蒙 古	10.57	53			10.57	53		
辽 宁	167 249.13	616 387	144 605.59	144 606	22 643.54	471 781	15.66	326.25
吉 林	67 693.38	164 728	62 968.44	62 968	4 724.94	101 759	7.50	161.60
黑 龙 江	6 433.90	17 424	2 022.67	2 023	4 411.23	15 402	218.09	761.45
上 海	230 683.86	245 908	212 234.88	212 235	18 448.99	33 673	8.69	15.87
江 苏	43 470.39	101 133	31 994.58	31 995	11 475.81	69 138	35.87	216.09
浙 江	218 322.28	458 059	132 315.65	132 316	86 006.63	325 743	65.00	246.19
安 徽	12 306.77	63 537	12 566.40	12 566	−259.62	50 971	−2.07	405.61
福 建	289 878.02	1 181 614	235 240.54	235 241	54 637.48	946 373	23.23	402.30
江 西	6 962.17	5 993	4 742.31	4 742	2 219.87	1 250	46.81	26.36
山 东	461 136.58	1 498 467	315 077.97	315 078	146 058.60	1 183 389	46.36	375.59
河 南	6 446.82	12 074	5 235.97	5 236	1 210.85	6 838	23.13	130.61
湖 北	6 629.35	17 394	4 208.77	4 209	2 420.58	13 185	57.51	313.28
湖 南	50 749.86	84 199	37 155.26	37 155	13 594.60	47 044	36.59	126.61
广 东	366 131.94	751 763	280 240.88	280 241	85 891.06	471 522	30.65	168.26
广 西	35 781.90	100 546	19 973.20	19 973	15 808.70	80 573	79.15	403.41
海 南	4 767.63	6 968	2 414.53	2 415	2 353.11	4 554	97.46	188.60
重 庆	22 774.36	33 891	4 013.28	4 013	18 761.08	29 877	467.48	744.46
四 川	14 017.52	58 449	14 232.61	14 233	−215.09	44 217	−1.51	310.67
贵 州	1 444.73	2 741	1.57	2	1 443.16	2 740	91 880.09	174 415.50
云 南	12 474.15	27 334	5 222.71	5 223	7 251.44	22 111	138.84	423.37
西 藏								
陕 西	321.55	121	306.05	306	15.50	−185	5.06	−60.51
甘 肃	402.28	682	80.07	80	322.20	602	402.39	751.77
青 海	27.18	102	0.87	1	26.30	101	3 007.52	11 568.61
宁 夏	32.94	117			32.94	117		
新 疆	5 926.06	15 844	4 781.43	4 781	1 144.63	11 062	23.94	231.36

五、渔 政 管 理

各地区渔政管理机构情况（按机构性质分）

单位：个

地　　区	渔业执法机构个数	行政单位	参照公务员管理单位	事业单位	其　他
全国总计	2 640	422	642	1 538	38
部　直　属	3	2		1	
北　京	16	5	1	10	
天　津	11	1	2	8	
河　北	106	20	8	78	
山　西	55	6	1	48	
内　蒙　古	96	11	23	62	
辽　宁	74	5	7	61	1
吉　林	55	8	8	38	1
黑　龙　江	91	6	12	73	
上　海	10	2	8		
江　苏	107	5	65	36	1
浙　江	92	3	74	15	
安　徽	108	4	3	101	
福　建	83	3	49	28	3
江　西	91	1	4	85	1
山　东	153	30	9	113	1
河　南	103	22	5	76	
湖　北	112	8	11	92	1
湖　南	127	10	23	91	3
广　东	123	116	4	3	
广　西	110	6	92	9	3
海　南	20	1	4	15	
重　庆	42	1	38	3	
四　川	215	62	117	36	
贵　州	94	1	7	86	
云　南	149	13	15	118	3
西　藏	58	23	2	33	
陕　西	112	8	8	88	8
甘　肃	88	14	16	48	10
青　海	49	1	3	45	
宁　夏	22	1		21	
新　疆	65	23	23	17	2

各地区渔政管理机构情况（按执法业务类型分）

单位:个

地　　区	独立渔政执法队伍	农业综合执法队伍内设独立渔政执法分支机构	农业综合执法队伍内设科室	海洋与渔业整合设置的综合执法队伍	水利与渔业整合设置的综合执法队伍	渔政与其他行业整合设置的综合执法队伍
全国总计	531	357	1 424	82	24	222
部 直 属	3					
北 京	10		5			1
天 津	3	5	3			
河 北	41	13	41	6	2	3
山 西	6	5	44			
内 蒙 古	54	2	33		4	3
辽 宁	32	9	26	3		4
吉 林	36	3	15		1	
黑 龙 江	20	11	60			
上 海		1	9			
江 苏	20	24	52	1	1	9
浙 江	15	7	59	6		5
安 徽	15	28	45		1	19
福 建	16	7	29	19	1	11
江 西	5	10	74			2
山 东	7	4	75	34	2	31
河 南	27	21	37		5	13
湖 北	12	35	43		1	21
湖 南	9	29	72			17
广 东	55	2	58	4	1	3
广 西	41	24	35	6		4
海 南	8	3	3	3		3
重 庆		2	37			3
四 川	2	49	145			19
贵 州	3	16	73			2
云 南	26	30	68			25
西 藏	2		56			
陕 西	32	7	54		5	14
甘 肃	15	6	65			2
青 海		1	41			7
宁 夏	15	1	5			1
新 疆	1	2	62			

各地区渔政管理人员情况

单位:个

地　　区	现有人数合计	按教育水平分				持渔业行政执法证人数
		大学本科以上	大学本科	大学专科	大学专科以下	
全国总计	34 232	1 310	14 877	14 401	3 644	16 976
部 直 属	164	52	103	8	1	60
北　　京	235	28	166	39	2	210
天　　津	116	2	65	26	23	100
河　　北	1 187	29	516	499	143	742
山　　西	270	11	138	116	5	43
内 蒙 古	820	22	348	399	51	464
辽　　宁	2 119	76	947	885	211	1 387
吉　　林	405	13	187	189	16	272
黑 龙 江	502	10	224	250	18	323
上　　海	361	56	219	40	46	242
江　　苏	2 438	215	1 253	788	182	1 346
浙　　江	1 941	87	879	680	295	919
安　　徽	1 840	59	840	831	110	605
福　　建	1 810	66	853	661	230	1 079
江　　西	1 093	35	392	555	111	303
山　　东	3 958	140	1 668	1 649	501	1 625
河　　南	932	31	295	516	90	443
湖　　北	1 547	35	369	1 007	136	923
湖　　南	1 371	13	370	795	193	509
广　　东	2 794	119	1 098	1 024	553	1 618
广　　西	1 029	30	452	465	82	614
海　　南	686	9	157	319	201	250
重　　庆	447	22	223	199	3	242
四　　川	1 518	59	738	666	55	653
贵　　州	699	14	352	322	11	173
云　　南	1 322	17	666	447	192	620
西　　藏	166	1	133	32		122
陕　　西	1 039	18	394	476	151	480
甘　　肃	603	15	331	240	17	254
青　　海	416	9	259	139	9	183
宁　　夏	109	5	79	23	2	90
新　　疆	295	12	163	116	4	82

六、技 术 推 广

各地区水产技术推广机构情况（按层级分）

单位:个

地　区	数量	专业站	综合站	省级站		市级站		县级站		区域站		乡镇站	
				专业站	综合站	专业站	综合站	专业站	综合站	专业站	综合站	专业站	综合站
全国总计	10 612	1 697	8 915	30	6	198	112	974	1 022	38	39	457	7 736
北　京	14	2	12	1		1	12						
天　津	11	9	2	1		8	2						
河　北	159	61	98	1		11		45	91	4	4		3
山　西	64	17	47	1		5	5	11	42				
内 蒙 古	93	12	81		1	4	8	8	71				1
辽　宁	73	19	54		1	4	2	6	14	4		5	37
吉　林	402	63	339	1		8	1	32	19			22	319
黑 龙 江	77	26	51	1		2	8	23	43				
上　海	98	8	90	1				7	2				88
江　苏	871	72	799	1		9	4	54	30		5	8	760
浙　江	371	43	328	1		7	3	32	43	3			282
安　徽	669	97	572	1		11	5	50	35	10		25	532
福　建	675	121	554	1		8	1	61	9		2	51	542
江　西	577	72	505		1	9	2	52	45	4		7	457
山　东	824	170	654	1		11	4	80	46	6	9	72	595
河　南	125	79	46	1		17	1	60	45	1			
湖　北	507	248	259	1		7	3	37	28		5	203	223
湖　南	1 018	70	948		1	5	9	50	72		14	15	852
广　东	321	32	289		1	9	10	17	53	6			225
广　西	881	108	773	1		11	3	54	38			42	732
海　南	21	4	17	1		2		1	9				8
重　庆	776	20	756	1				19	19				737
四　川	906	71	835	1		11	6	59	65				764
贵　州	567	54	513	1		6	3	47	44				466
云　南	165	99	66	1		14	2	84	38				26
陕　西	108	58	50	1		8	3	49	47				
甘　肃	75	23	52	1		6	7	15	40			1	5
青　海	14	5	9	1			1	4	8				
宁　夏	36	3	33	1		1	4	1	15				14
新　疆	14	8	6	1		3	3	4	3				
大　连	20	9	11		1			4	2			5	8
青　岛	48	6	42	1				4	3			1	39
宁　波	29	5	24	1				4	3				21
厦　门	1	1		1									
深　圳	1	1		1									
新疆兵团	1	1		1									

各地区水产技术推广机构情况（按机构性质分）（一）

单位：个

地　区	行政单位					
	合　计	省级站	市级站	县级站	区域站	乡镇站
全国总计	**76**	**1**	**7**	**49**		**19**
北　京						
天　津						
河　北	6			6		
山　西	1			1		
内　蒙　古	2			2		
辽　宁						
吉　林	1		1			
黑　龙　江	7		1	6		
上　海						
江　苏	2			1		1
浙　江	9			3		6
安　徽	2			2		
福　建						
江　西						
山　东	1			1		
河　南	7			7		
湖　北						
湖　南	12		1	1		10
广　东	2			2		
广　西	1			1		
海　南	2			2		
重　庆	1			1		
四　川	14	1	3	10		
贵　州						
云　南	1		1			
陕　西	2			2		
甘　肃	1			1		
青　海						
宁　夏						
新　疆						
大　连						
青　岛	2					2
宁　波						
厦　门						
深　圳						
新疆兵团						

各地区水产技术推广机构情况（按机构性质分）（二）

单位:个

地　　区	合　计	事业单位					
		全额拨款					
		合　计	省级站	市级站	县级站	区域站	乡镇站
全国总计	10 536	10 014	35	292	1 865	68	7 754
北　京	14	14	1	13			
天　津	11	11	1	10			
河　北	153	130	1	10	112	4	3
山　西	63	60	1	8	51		
内　蒙　古	91	91	1	12	77		1
辽　宁	73	73	1	6	20	4	42
吉　林	401	401	1	8	51		341
黑　龙　江	70	67	1	9	57		
上　海	98	97	1		9		87
江　苏	869	823	1	13	73	5	731
浙　江	362	360	1	10	72	3	274
安　徽	667	648	1	16	80	10	541
福　建	675	673	1	9	69	2	592
江　西	577	533	1	11	96	4	421
山　东	823	815	1	14	120	15	665
河　南	118	105	1	17	86	1	
湖　北	507	228	1	10	50		167
湖　南	1 006	945	1	11	113	14	806
广　东	319	308	1	17	66	6	218
广　西	880	880	1	14	91		774
海　南	19	19	1	2	8		8
重　庆	775	774	1		36		737
四　川	892	892		14	114		764
贵　州	567	567	1	9	91		466
云　南	164	164	1	15	122		26
陕　西	106	104	1	10	93		
甘　肃	74	73	1	12	54		6
青　海	14	14	1	1	12		
宁　夏	36	36	1	5	16		14
新　疆	14	13	1	6	6		
大　连	20	20	1		6		13
青　岛	46	44	1		7		36
宁　波	29	29	1		7		21
厦　门	1	1	1				
深　圳	1	1	1				
新疆兵团	1	1	1				

各地区水产技术推广机构情况（按机构性质分）（三）

单位：个

地区	差额拨款						自收自支					
	合计	省级站	市级站	县级站	区域站	乡镇站	合计	省级站	市级站	县级站	区域站	乡镇站
全国总计	359		10	58	5	286	163		1	24	4	134
北京												
天津												
河北	17		1	16			6			2	4	
山西	1		1				2		1	1		
内蒙古												
辽宁												
吉林												
黑龙江	1			1			2			2		
上海	1					1						
江苏	40			7		33	6			3		3
浙江	2					2						
安徽	2			2			17			1		16
福建	1			1			1					1
江西	44			1		43						
山东	6		1	5			2					2
河南	5		1	4			8			8		
湖北	168			11	5	152	111			4		107
湖南	55		2	6		47	6			2		4
广东	11		2	2		7						
广西												
海南												
重庆	1			1								
四川												
贵州												
云南												
陕西	2		1	1								
甘肃	1		1									
青海												
宁夏												
新疆							1			1		
大连												
青岛	1					1	1					1
宁波												
厦门												
深圳												
新疆兵团												

各地区水产技术推广经费情况(一)

单位:万元

地 区	总 计	人员经费					
		合 计	省级站	市级站	县级站	区域站	乡镇站
全国总计	438 630.93	283 382.39	30 497.60	54 913.36	107 123.36	1 780.55	89 067.53
北 京	5 754.73	4 108.47	1 800.17	2 308.30			
天 津	5 266.60	4 012.15	2 784.06	1 228.09			
河 北	9 111.01	6 661.08	1 035.00	2 433.72	3 091.36	54.00	47.00
山 西	3 542.84	1 743.91	667.03	475.85	601.03		
内 蒙 古	8 182.91	5 707.67		2 095.35	3 602.32		10.00
辽 宁	1 579.19	1 132.32		612.46	340.36	43.00	136.50
吉 林	9 229.62	7 252.34	530.73	1 496.27	2 033.74		3 191.60
黑 龙 江	3 654.95	2 968.65	74.09	458.87	2 435.69		
上 海	16 641.97	11 740.87	5 081.40		4 706.98		1 952.49
江 苏	40 666.04	29 566.63	1 509.23	4 506.88	10 858.99	216.60	12 474.93
浙 江	27 792.27	12 912.06	720.40	2 432.20	5 179.74	50.00	4 529.72
安 徽	17 467.97	12 801.96	572.16	2 419.52	4 920.49	202.32	4 687.47
福 建	13 200.43	9 550.62	663.08	2 041.92	3 208.30	16.80	3 620.52
江 西	8 293.43	6 106.18	144.00	391.95	2 646.72	41.00	2 882.51
山 东	36 806.30	23 549.00	1 617.52	5 101.95	9 915.23	26.00	6 888.30
河 南	8 902.62	6 317.80	523.50	2 810.19	2 984.11		
湖 北	15 840.83	11 251.22	390.00	1 949.27	3 949.40	30.00	4 932.55
湖 南	17 401.09	13 414.43	280.31	1 748.70	3 475.68	314.00	7 595.74
广 东	25 359.15	16 924.49	1 705.19	5 022.74	4 054.60	120.80	6 021.16
广 西	22 081.01	16 822.67	387.35	1 622.81	3 635.23		11 177.28
海 南	1 420.92	719.15	312.08	100.00	268.67		38.40
重 庆	27 466.70	12 123.70	927.90		4 043.09		7 152.71
四 川	26 785.15	16 262.66	70.00	1 863.30	6 775.16	666.03	6 888.17
贵 州	11 054.96	7 000.31	162.00	767.38	2 745.84		3 325.09
云 南	20 779.90	11 408.53	377.63	3 212.42	7 497.01		321.47
陕 西	25 534.15	14 912.48	1 757.31	4 900.65	8 254.52		
甘 肃	6 198.57	4 828.47	849.65	1 732.81	2 239.01		7.00
青 海	975.44	619.51	396.05		223.46		
宁 夏	5 370.97	2 001.86	632.81	458.30	829.83		80.92
新 疆	3 638.36	2 051.43	1 193.25	721.46	136.72		
大 连	1 152.00	928.79	424.80		406.79		97.20
青 岛	1 582.83	1 325.59	92.00		529.79		703.80
宁 波	6 620.50	3 148.50	1 310.00		1 533.50		305.00
厦 门	110.00	80.00	80.00				
深 圳	2 659.43	1 212.90	1 212.90				
新疆兵团	506.09	214.00	214.00				

各地区水产技术推广经费情况（二）

单位：万元

地　区	公共经费					
	合　计	省级站	市级站	县级站	区域站	乡镇站
全国总计	**26 713.14**	**3 538.62**	**5 267.31**	**9 359.99**	**159.82**	**8 387.40**
北　京	335.62	165.98	169.64			
天　津	435.67	350.20	85.47			
河　北	421.88	53.10	179.26	188.52	1.00	
山　西	102.47	40.73	32.31	29.43		
内　蒙　古	297.35		166.51	130.84		
辽　宁	72.87		45.79	12.68	3.00	11.40
吉　林	430.87	67.10	126.17	114.59		123.01
黑　龙　江	115.94	30.34	17.63	67.97		
上　海	989.35	443.98		397.60		147.77
江　苏	2 941.27	111.31	764.25	784.50	4.23	1 276.98
浙　江	2 119.38	655.70	303.79	537.23		622.66
安　徽	963.02	20.75	155.95	434.62	51.60	300.10
福　建	574.48	43.84	148.67	204.80	0.75	176.42
江　西	647.25	6.00	51.70	268.05	11.30	310.20
山　东	1 676.55	109.68	755.79	588.90	2.00	220.18
河　南	557.92	41.60	130.09	386.23		
湖　北	1 015.97	40.00	151.23	486.70	1.00	337.04
湖　南	1 851.46	97.43	266.12	517.78	29.00	941.13
广　东	1 646.52	178.61	479.30	320.40	4.80	663.41
广　西	1 177.83	25.74	134.47	337.85		679.77
海　南	148.46	18.00	13.00	117.46		
重　庆	2 811.70	99.20		1 239.42		1 473.08
四　川	2 013.18	10.00	228.40	862.47	51.14	861.17
贵　州	514.35	8.00	104.20	232.27		169.88
云　南	675.02	22.98	211.52	434.72		5.80
陕　西	875.71	168.15	408.35	299.21		
甘　肃	395.15	165.22	81.55	148.38		
青　海	30.93	22.68		8.25		
宁　夏	83.56	32.46	22.87	24.83		3.40
新　疆	121.35	84.17	33.28	3.90		
大　连	81.16	29.20		42.96		9.00
青　岛	46.43	4.00		38.43		4.00
宁　波	424.00	274.00		99.00		51.00
厦　门	20.00	20.00				
深　圳	82.00	82.00				
新疆兵团	16.47	16.47				

各地区水产技术推广经费情况（三）

单位：万元

地　　区	项目经费					
	合　　计	省级站	市级站	县级站	区域站	乡镇站
全国总计	**128 535.39**	**29 354.03**	**21 324.98**	**73 234.71**	**5.00**	**4 616.67**
北　　京	1 310.64	999.66	310.98			
天　　津	818.78	648.82	169.96			
河　　北	2 028.05	1 116.20	733.55	178.30		
山　　西	1 696.46	1 176.46	57.00	463.00		
内　蒙　古	2 177.89	221.00	665.28	1 264.61		27.00
辽　　宁	374.00		243.00	131.00		
吉　　林	1 546.41	228.95	685.16	632.30		
黑　龙　江	570.36	489.79	42.00	38.57		
上　　海	3 911.75	1 060.78		2 712.91		138.06
江　　苏	8 158.14	242.00	1 773.92	5 696.69		445.53
浙　　江	12 760.83	1 974.35	1 027.95	7 730.52		2 028.01
安　　徽	3 702.99	845.79	897.35	1 949.85		10.00
福　　建	3 075.33	1 154.91	600.90	1 298.22		21.30
江　　西	1 540.00	150.00	88.00	1 297.00	5.00	
山　　东	11 580.75	2 577.44	1 164.00	7 831.31		8.00
河　　南	2 026.90	442.00	814.90	770.00		
湖　　北	3 573.64	150.00	246.13	2 870.45		307.06
湖　　南	2 135.20	398.91	190.00	1 496.29		50.00
广　　东	6 788.14	3 274.38	2 259.27	743.62		510.87
广　　西	4 080.51	1 072.54	1 447.23	1 531.70		29.04
海　　南	553.31	228.00	73.00	252.31		
重　　庆	12 531.30	3 319.30		9 212.00		
四　　川	8 509.31	30.60	243.09	8 234.62		1.00
贵　　州	3 540.30	167.00	338.00	1 994.50		1 040.80
云　　南	8 696.35	604.88	263.72	7 827.75		
陕　　西	9 745.96	493.55	3 560.78	5 691.63		
甘　　肃	974.95	268.19	189.76	517.00		
青　　海	325.00	300.00		25.00		
宁　　夏	3 285.55	216.00	2 894.05	175.50		
新　　疆	1 465.58	789.58	346.00	330.00		
大　　连	142.05	43.80		98.25		
青　　岛	210.81	123.00		87.81		
宁　　波	3 048.00	2 896.00		152.00		
厦　　门	10.00	10.00				
深　　圳	1 364.53	1 364.53				
新疆兵团	275.62	275.62				

各地区水产技术推广人员编制情况(按层级分)

单位:人

地　　区	编制人数					
	合　　计	省级站	市级站	县级站	区域站	乡镇站
全国总计	29 901	1 626	3 556	13 267	229	11 223
北　　京	188	57	131			
天　　津	261	165	96			
河　　北	859	33	144	656	20	6
山　　西	239	33	97	109		
内　蒙　古	730	30	152	542		6
辽　　宁	278	21	72	115	10	60
吉　　林	1 017	31	129	335		522
黑　龙　江	699	31	62	606		
上　　海	450	175		153		122
江　　苏	2 128	48	183	669	5	1 223
浙　　江	804	20	95	405	9	275
安　　徽	1 050	17	145	401	31	456
福　　建	1 225	33	115	391	2	684
江　　西	1 087	8	54	442	8	575
山　　东	2 619	68	317	1 250	15	969
河　　南	916	30	196	680	10	
湖　　北	1 144	30	107	526	5	476
湖　　南	2 306	15	223	635	85	1 348
广　　东	1 694	149	307	533	29	676
广　　西	2 382	18	108	622		1 634
海　　南	102	18	7	69		8
重　　庆	991	38		316		637
四　　川	1 809	7	178	816		808
贵　　州	1 328	12	117	584		615
云　　南	954	23	199	706		26
陕　　西	1 339	156	125	1 058		
甘　　肃	587	120	126	330		11
青　　海	74	26	1	47		
宁　　夏	145	28	25	79		13
新　　疆	149	71	45	33		
大　　连	86	24		51		11
青　　岛	102	5		56		41
宁　　波	116	43		52		21
厦　　门	6	6				
深　　圳	27	27				
新　疆　兵　团	10	10				

各地区水产技术推广实有人员情况（按层级分）

单位：人

地　　区	实有人数					
	合　　计	省级站	市级站	县级站	区域站	乡镇站
全国总计	27 642	1 424	3 233	12 057	207	10 721
北　　京	142	49	93			
天　　津	205	117	88			
河　　北	732	42	142	522	20	6
山　　西	269	35	81	153		
内　蒙　古	740	25	147	562		6
辽　　宁	240	21	77	87	10	45
吉　　林	967	28	111	345		483
黑　龙　江	524	20	52	452		
上　　海	384	147		131		106
江　　苏	1 950	46	161	569	5	1 169
浙　　江	727	20	79	311	8	309
安　　徽	907	15	121	412	24	335
福　　建	945	27	108	352	2	456
江　　西	958	8	47	387	8	508
山　　东	2 470	60	312	1 079	15	1 004
河　　南	819	26	190	593	10	
湖　　北	1 205	24	93	448	12	628
湖　　南	2 037	15	206	525	81	1 210
广　　东	1 611	132	292	494	12	681
广　　西	2 187	16	100	587		1 484
海　　南	111	25	11	67		8
重　　庆	1 012	35		273		704
四　　川	1 707	7	149	745		806
贵　　州	1 172	11	87	487		587
云　　南	899	22	181	670		26
陕　　西	1 429	134	125	1 170		
甘　　肃	573	74	114	366		19
青　　海	73	25	1	47		
宁　　夏	140	30	25	71		14
新　　疆	127	61	40	26		
大　　连	74	24		41		9
青　　岛	134	4		33		97
宁　　波	121	48		52		21
厦　　门	7	7				
深　　圳	35	35				
新疆兵团	9	9				

各地区水产技术推广实有人员情况（按技术职称和文化程度分）

地　区	技术职称					文化程度					
	正高级	副高级	中级	初级	其他	博士	硕士	本科	大专	中专	其他
全国总计	698	3 912	9 072	6 733	7 227	82	1 735	10 691	9 689	3 389	2 056
北　京	9	28	41	14	50	3	22	68	23	8	18
天　津	11	52	89	26	27	11	49	93	21	6	25
河　北	60	141	233	129	169	1	34	377	181	72	67
山　西	8	44	101	49	67		12	149	67	12	29
内　蒙　古	31	163	224	93	229	1	39	371	232	59	38
辽　宁	29	55	84	24	48		29	115	92	4	
吉　林	56	164	254	259	234		28	247	329	269	94
黑　龙　江	41	114	111	92	166		23	252	199	42	8
上　海	20	61	121	133	49	9	83	176	78	24	14
江　苏	91	341	734	442	342	11	196	736	738	175	94
浙　江	26	112	308	133	148	7	98	412	182	15	13
安　徽	33	154	352	210	158		47	385	291	118	66
福　建	14	172	287	289	183	1	70	412	279	158	25
江　西	7	108	208	249	386		31	266	335	188	138
山　东	39	295	819	739	578	12	214	984	741	335	184
河　南	15	125	253	128	298	1	38	346	261	75	98
湖　北	5	49	323	384	444	3	33	211	496	302	160
湖　南	23	108	611	584	711	1	49	514	810	384	279
广　东	27	159	409	369	647	12	164	693	460	148	134
广　西	13	155	972	730	317	1	33	678	1 140	269	66
海　南	1	6	17	30	57		21	43	31	2	14
重　庆	12	132	416	242	210	1	60	412	417	96	26
四　川	9	185	598	487	428		69	641	744	167	86
贵　州	13	218	554	287	100	2	66	533	484	76	11
云　南	27	353	279	114	126		26	458	309	82	24
陕　西	11	157	287	285	689	1	50	435	447	226	270
甘　肃	24	109	170	109	161		35	284	156	49	49
青　海	4	10	25	24	10		3	50	17	2	1
宁　夏	9	53	46	20	12		13	93	28	5	1
新　疆	11	21	31	20	44		31	57	25	2	12
大　连	3	11	29	15	16		21	31	22		
青　岛	3	20	30	6	75		10	68	38	13	5
宁　波	10	29	34	14	34	4	30	69	10	6	2
厦　门		1	5		1		1	4	2		
深　圳		5	13	4	13		6	21	3		5
新疆兵团	3	2	4				1	7	1		

各地区水产技术推广实有人员情况（按性别和年龄分）

单位：人

地　　区	性　别		年龄结构		
	男　性	女　性	35 岁及以下	36～49 岁	50 岁以上
全国总计	20 052	7 590	5 210	12 664	9 768
北　　京	81	61	23	65	54
天　　津	120	85	38	106	61
河　　北	447	285	98	373	261
山　　西	167	102	21	140	108
内　蒙　古	505	235	111	249	380
辽　　宁	158	82	28	119	93
吉　　林	695	272	113	415	439
黑　龙　江	332	192	79	206	239
上　　海	281	103	105	132	147
江　　苏	1 417	533	347	783	820
浙　　江	563	164	200	270	257
安　　徽	716	191	103	401	403
福　　建	728	217	229	373	343
江　　西	771	187	207	366	385
山　　东	1 677	793	484	1 160	826
河　　南	543	276	108	406	305
湖　　北	938	267	155	595	455
湖　　南	1 726	311	254	1 035	748
广　　东	1 184	427	351	797	463
广　　西	1 636	551	512	1 153	522
海　　南	70	41	30	55	26
重　　庆	733	279	295	409	308
四　　川	1 264	443	367	760	580
贵　　州	878	294	346	516	310
云　　南	605	294	127	406	366
陕　　西	924	505	191	812	426
甘　　肃	399	174	142	244	187
青　　海	42	31	23	30	20
宁　　夏	95	45	16	48	76
新　　疆	81	46	35	66	26
大　　连	60	14	6	36	32
青　　岛	94	40	37	59	38
宁　　波	88	33	25	55	41
厦　　门	6	1	2		5
深　　圳	22	13	2	20	13
新疆兵团	6	3		4	5

各地区水产技术推广机构自有试验示范基地情况

单位:个,公顷

地 区	合 计		省级站		市级站		县级站		区域站		乡镇站	
	数量	养殖面积	数量	养殖面积	数量	养殖面积	数量	养殖面积	数量	养殖面积	数量	养殖面积
全国总计	447	9 979.0	30	638.9	82	1 281.0	235	4 756.9	1	13.00	99	3 289.3
北 京	2	19.3	2	19.3								
天 津	3	39.0	1	20.0	2	19.0						
河 北	5	8.7	2	7.7	3	1.0						
山 西	2	23.1			1	16.0	1	7.1				
内 蒙 古	9	414.3			1	20.0	8	394.3				
辽 宁	3	38.7			1	8.0	2	30.7				
吉 林	31	997.4			4	50.0	27	947.4				
黑 龙 江	9	215.0	1	16.0	4	19.0	4	180.0				
上 海	11	166.2	3	114.1			4	35.5			4	16.7
江 苏	31	1 265.3	1	35.0	6	214.7	6	246.7			18	769.0
浙 江	7	70.1	2	21.6	2	19.7	3	28.8				
安 徽	21	512.5					9	77.5			12	435.0
福 建	8	62.6			1	9.6	7	53.0				
江 西	17	179.5					16	169.5			1	10.0
山 东	22	1 056.1			4	206.1	7	300.0			11	550.0
河 南	21	325.9			3	13.0	17	299.8	1	13.00		
湖 北	45	1 857.4			5	334.0	20	856.4			20	667.0
湖 南	54	1 367.4			5	50.1	18	522.3			31	795.0
广 东	34	346.8	1	33.3	19	162.7	13	105.3			1	45.6
广 西	6	15.6			1	6.0	4	8.5			1	1.0
海 南	1	10.0			1	10.0						
重 庆	5	56.0					5	56.0				
四 川	33	231.1	1	29.0	4	28.2	28	173.9				
贵 州	6	15.8			2	7.0	4	8.8				
云 南	28	106.8	1	6.0	5	18.8	22	82.0				
陕 西	17	173.4	5	30.0	5	53.0	7	90.4				
甘 肃	5	103.2	3	100.0	2	3.2						
青 海	1	0.1	1	0.1								
宁 夏												
新 疆	5	241.7	1	146.7	1	11.9	3	83.2				
大 连												
青 岛												
宁 波	3	57.0	3	57.0								
厦 门	1	0.5	1	0.5								
深 圳												
新疆兵团	1	2.6	1	2.6								

各地区水产技术推广机构合作试验示范基地情况

单位:个,公顷

地 区	合 计		省级站		市级站		县级站		区域站		乡镇站	
	数量	养殖面积	数量	养殖面积	数量	养殖面积	数量	养殖面积	数量	养殖面积	数量	养殖面积
全国总计	2 619	91 510	238	7 318	348	14 182	1 712	57 318	4	83	317	12 609
北 京	5	8			5	8						
天 津												
河 北	127	1 369	16	287	15	121	96	961				
山 西	19	172	3	60	2	9	14	103				
内 蒙 古	31	868	15	400	2	155	14	313				
辽 宁	22	1 191			6	645	16	546				
吉 林	73	6 194	9	1 000	10	506	48	3 342			6	1 346
黑 龙 江	5	460					5	460				
上 海	39	664	19	465			15	176			5	23
江 苏	129	6 005			35	607	41	1 079	3	66	50	4 254
浙 江	133	1 999	3	62	16	98	106	1 496			8	343
安 徽	368	10 845			36	5 644	307	3 129			25	2 072
福 建	98	1 457	7	21	3	15	88	1 421				
江 西	140	4 822			17	183	82	3 657			41	982
山 东	154	10 586			21	702	116	9 339			17	545
河 南	78	3 010			14	148	63	2 845	1	17		
湖 北	262	18 031	7	83	22	1 226	138	14 685			95	2 037
湖 南	127	5 041	8	925	18	474	96	3 579			5	63
广 东	145	5 182	52	1 997	51	2 422	41	733			1	30
广 西	159	5 334	45	209	41	710	65	4 145			8	270
海 南	2	20			2	20						
重 庆	138	1 627	37	462			94	1 081			7	84
四 川	110	1 648			4	46	86	1 337			20	265
贵 州	57	679			6	101	22	283			29	295
云 南	17	251			2	23	15	229				
陕 西	70	931			6	58	64	873				
甘 肃	24	189			8	71	16	118				
青 海	6	10					6	10				
宁 夏	26	1 976	9	1 110	6	191	11	675				
新 疆	8	319	7	219			1	100				
大 连												
青 岛	2	87					2	87				
宁 波	44	518					44	518				
厦 门												
深 圳												
新疆兵团	1	19	1	19								

各地区水产技术推广机构房屋条件情况（一）

单位:米^2

地　区	办公用房面积					
	合　计	省级站	市级站	县级站	区域站	乡镇站
全国总计	**459 473**	**51 987**	**70 462**	**152 792**	**2 149**	**182 082**
北　京	2 283	375	1 908			
天　津	15 948	15 315	633			
河　北	8 579	800	2 154	5 383	152	90
山　西	5 020	2 227	1 523	1 229		41
内　蒙　古	7 700	1 000	2 036	4 584		80
辽　宁	2 998		1 047	1 502	53	396
吉　林	17 651	1 326	3 868	4 528		7 929
黑　龙　江	2 502	142	314	2 046		
上　海	12 176	6 624		3 841		1 711
江　苏	36 442	235	3 284	6 802	1 158	24 963
浙　江	9 986	383	1 382	3 171		5 050
安　徽	15 969	178	2 129	6 426	300	6 935
福　建	15 060	1 313	5 259	3 389	19	5 080
江　西	15 994	122	263	3 524	40	12 045
山　东	21 085	600	3 171	10 551		6 764
河　南	9 774	336	2 217	6 921	300	
湖　北	30 301	571	2 992	16 330		10 408
湖　南	38 911	180	6 390	11 911	97	20 333
广　东	31 759	1 800	6 065	7 019	30	16 846
广　西	45 959	2 400	1 119	4 517		37 923
海　南	1 265	350	166	749		
重　庆	16 606	2 102		3 764		10 740
四　川	21 653	50	4 446	9 953		7 203
贵　州	12 757	300	2 655	3 957		5 845
云　南	15 940	462	5 558	9 836		84
陕　西	18 528	1 820	3 586	13 122		
甘　肃	7 837	715	2 666	4 215		240
青　海	2 260	1 680	42	538		
宁　夏	2 172	660	654	744		114
新　疆	5 925	2 300	2 458	1 167		
大　连	617	106	476			35
青　岛	1 177	36		234		907
宁　波	3 637	2 476		840		321
厦　门	58	58				
深　圳	2 769	2 769				
新疆兵团	175	175				

各地区水产技术推广机构房屋条件情况（二）

单位：个

地　　区	培训教室数量					
	合　计	省级站	市级站	县级站	区域站	乡镇站
全国总计	1 576	36	85	547	18	890
北　　京	5	3	2			
天　　津	7	1	6			
河　　北	21		1	19	1	
山　　西	10		3	7		
内　蒙　古	25	2	2	20		1
辽　　宁	8		1	7		
吉　　林	20	1		7		12
黑　龙　江						
上　　海	32	5		6		21
江　　苏	194	1	8	18	6	161
浙　　江	88	3	3	20		62
安　　徽	70	1	1	25	6	37
福　　建	76		3	22		51
江　　西	85	1	1	30		53
山　　东	74		3	40		31
河　　南	39		7	31	1	
湖　　北	80		5	22		53
湖　　南	244	1	5	73	4	161
广　　东	90	3	12	21		54
广　　西	77	1	2	18		56
海　　南	5	1	1	3		
重　　庆	34	1		10		23
四　　川	147	1	6	82		58
贵　　州	58			13		45
云　　南	9	1	4	4		
陕　　西	25		3	22		
甘　　肃	18		4	14		
青　　海	3	1		2		
宁　　夏	4	1		3		
新　　疆	4	1		3		
大　　连	2		2			
青　　岛	3					3
宁　　波	18	5		5		8
厦　　门						
深　　圳						
新疆兵团	1	1				

各地区水产技术推广机构房屋条件情况（三）

单位：米²

地　区	培训教室面积					
	合　计	省级站	市级站	县级站	区域站	乡镇站
全国总计	126 589	3 985	7 664	46 545	1 480	66 915
北　　京	435	182	253			
天　　津	760	300	460			
河　　北	1 245		20	1 195	30	
山　　西	893		268	625		
内　蒙　古	1 259	80	72	1 057		50
辽　　宁	498		154	344		
吉　　林	2 142	40		302		1 800
黑　龙　江						
上　　海	2 408	808		325		1 275
江　　苏	15 810	96	840	1 760	490	12 624
浙　　江	8 216	389	630	1 195		6 002
安　　徽	5 805	62	30	1 843	720	3 150
福　　建	8 580		300	2 040		6 240
江　　西	5 043	48	50	2 515		2 430
山　　东	6 226		310	3 796		2 120
河　　南	2 600		464	2 076	60	
湖　　北	6 336		404	1 872		4 060
湖　　南	22 831	70	334	12 997	180	9 250
广　　东	10 084	300	1 681	1 597		6 506
广　　西	5 019	270	53	1 558		3 138
海　　南	255	40	50	165		
重　　庆	2 755	80		940		1 735
四　　川	7 612	100	380	4 312		2 820
贵　　州	3 627			1 222		2 405
云　　南	777	120	409	248		
陕　　西	1 453		160	1 293		
甘　　肃	623		271	352		
青　　海	189	99		90		
宁　　夏	191	75		116		
新　　疆	295	125		170		
大　　连	70		70			
青　　岛	610					610
宁　　波	1 816	576		540		700
厦　　门						
深　　圳						
新　疆　兵　团	126	126				

各地区水产技术推广机构房屋条件情况（四）

单位:个

地　　区	实验室数量					
	合　计	省级站	市级站	县级站	区域站	乡镇站
全国总计	2 076	160	253	1 253	15	395
北　京	6	2	4			
天　津	27	6	21			
河　北	31	1	7	23		
山　西	6	1	3	2		
内　蒙　古	9	1	2	6		
辽　宁	7		4	3		
吉　林	33	1	9	23		
黑　龙　江	22	1		21		
上　海	75	62		10		3
江　苏	203	2	8	51	3	139
浙　江	120	1	31	31		57
安　徽	630	14	5	529	10	72
福　建	69	1	9	59		
江　西	69	1	3	62	1	2
山　东	54		7	34		13
河　南	43	1	9	32	1	
湖　北	75	1	7	55		12
湖　南	59	1	18	37		3
广　东	124	1	11	39		73
广　西	79	17	20	42		
海　南	17	1	10	6		
重　庆	61	2		39		20
四　川	49		6	43		
贵　州	12	1	3	8		
云　南	29	1	6	22		
陕　西	66	2	16	48		
甘　肃	8	1	4	3		
青　海	6	1		5		
宁　夏	11	1	4	6		
新　疆	4	2		2		
大　连	53	27	26			
青　岛	6			5		1
宁　波	9	2		7		
厦　门	2	2				
深　圳	1	1				
新疆兵团	1	1				

各地区水产技术推广机构房屋条件情况（五）

单位:米²

地 区	实验室面积					
	合 计	省级站	市级站	县级站	区域站	乡镇站
全国总计	167 926	42 709	31 512	75 923	900	16 881
北 京	5 299	4 385	914			
天 津	2 112	1 200	912			
河 北	4 556	1 700	1 061	1 795		
山 西	804	130	174	500		
内 蒙 古	713	500	73	140		
辽 宁	2 267		1 346	921		
吉 林	2 794	660	1 296	838		
黑 龙 江	943	628		315		
上 海	2 256	1 765		461		30
江 苏	17 334	1 200	2 248	10 323	60	3 504
浙 江	15 279	6 241	3 106	4 365		1 568
安 徽	9 026	1 080	225	5 219	615	1 887
福 建	7 012	1 475	672	4 865		
江 西	6 378	820	83	5 259	200	16
山 东	9 912		2 680	6 572		660
河 南	3 228	200	1 567	1 436	25	
湖 北	7 725	30	1 594	5 921		180
湖 南	7 417	700	1 689	4 898		130
广 东	18 806	1 930	3 257	4 814		8 805
广 西	6 176	580	1 011	4 585		
海 南	1 471	950	350	171		
重 庆	8 627	6 122		2 415		90
四 川	4 505		3 016	1 489		
贵 州	1 743	350	60	1 333		
云 南	2 171	231	264	1 676		
陕 西	4 837	2 230	606	2 001		
甘 肃	1 313	572	240	501		
青 海	1 286	700		586		
宁 夏	2 783	1 200	556	1 027		
新 疆	1 272	1 200		72		
大 连	4 012	1 500	2 512			
青 岛	652			640		12
宁 波	2 156	1 369		787		
厦 门	510	510				
深 圳	407	407				
新疆兵团	144	144				

各地区水产技术推广机构房屋条件情况（六）

单位：万元

地　　区	实验室设备原值					
	合　　计	省级站	市级站	县级站	区域站	乡镇站
全国总计	303 619.1	45 973.8	25 160.9	44 255.2	210.0	188 019.3
北　　京	6 575.9	5 704.5	871.4			
天　　津	1 000.7	612.0	388.7			
河　　北	4 103.5	2 080.0	1 177.3	846.2		
山　　西	976.4	686.4	25.0	265.0		
内　蒙　古	1 026.3	1 000.0	21.0	5.3		
辽　　宁	2 427.7		2 188.7	239.0		
吉　　林	2 435.6	926.0	905.6	604.0		
黑　龙　江	810.0	600.0		210.0		
上　　海	1 958.5	1 370.1		585.9		2.5
江　　苏	11 679.9	3 495.0	1 208.9	6 118.2	6.0	851.7
浙　　江	11 950.2	6 470.0	1 206.7	3 845.8		427.7
安　　徽	3 108.2	973.1	118.4	1 547.3	153.0	316.5
福　　建	4 972.3	500.0	2 283.0	2 189.3		
江　　西	4 655.8	1 500.0	30.0	3 079.8	40.0	6.0
山　　东	6 958.2		1 914.4	4 807.8		236.0
河　　南	2 613.4	600.0	763.4	1 239.0	11.0	
湖　　北	3 704.8	20.0	1 552.1	2 042.2		90.5
湖　　南	4 659.1	870.0	1 262.0	2 489.0		38.1
广　　东	194 438.2	1 000.0	3 475.8	3 952.2		186 010.2
广　　西	3 455.3	170.2	869.9	2 403.3		12.0
海　　南	2 806.1	2 359.0	320.0	127.2		
重　　庆	2 888.8	1 635.3		1 228.5		25.0
四　　川	3 005.5		1 603.6	1 401.9		
贵　　州	1 575.3	750.0	30.0	795.3		
云　　南	1 234.7	65.1	140.3	1 029.3		
陕　　西	4 685.7	2 820.0	796.8	1 068.9		
甘　　肃	701.9	543.3	46.6	112.0		
青　　海	91.0	10.0		81.0		
宁　　夏	1 806.6	1 153.1	251.3	402.3		
新　　疆	1 158.0	1 050.0		108.0		
大　　连	3 459.2	1 749.0	1 710.2			
青　　岛	1 694.5	1 000.0		691.5		3.0
宁　　波	3 789.6	3 049.5		740.1		
厦　　门	500.0	500.0				
深　　圳	510.0	510.0				
新　疆　兵　团	202.2	202.2				

各地区水产技术推广机构信息平台情况

地　　区	网站（个）	手机平台（户）	电话热线（条）	技术简报（个）
全国总计	357	5 644	23 610	2 918
北　　京		5	12	6
天　　津		4		
河　　北	10	57	89	16
山　　西	2	40	1 495	23
内　蒙　古	7	41	43	57
辽　　宁	1	10	902	17
吉　　林	6	1 033	1 295	76
黑　龙　江			4 500	
上　　海	3	45	57	6
江　　苏	19	449	653	161
浙　　江	35	201	215	22
安　　徽	22	224	378	14
福　　建	1	173	187	42
江　　西	40	163	269	60
山　　东	17	356	1 030	106
河　　南	11	149	368	333
湖　　北	16	267	5 246	388
湖　　南	48	387	207	1 017
广　　东	26	131	197	28
广　　西	8	645	830	58
海　　南	3	14	19	3
重　　庆	10	234	1 405	106
四　　川	13	351	970	164
贵　　州	3	223	1 493	120
云　　南	39	206	208	29
陕　　西	2	99	1 165	16
甘　　肃	1	25	39	7
青　　海	1	13	125	3
宁　　夏		35	37	14
新　　疆	1	7	9	22
大　　连	1	7	112	1
青　　岛	1	40	29	
宁　　波	10	7	20	3
厦　　门				
深　　圳		1	2	
新疆兵团		2	4	

各地区水产技术推广履职成效情况（一）

地　区	示范关键技术（个）	检验检测（批次）	指导面积（公顷）	服务对象		
				农户（户）	企业（个）	合作组织（个）
全国总计	3 929	264 123	4 401 677	1 354 711	38 934	28 755
北　京	24	1 922	1 361	612	123	12
天　津	5	10 802	18 349	1 382	84	95
河　北	80	3 530	61 991	5 950	592	84
山　西	6	693	9 161	511	194	110
内 蒙 古	60	244	374 714	3 873	315	258
辽　宁	33	321	10 524	2 553	145	49
吉　林	127	1 182	100 534	11 139	283	340
黑 龙 江	111	357	414 680	14 353	494	261
上　海	35	5 168	12 745	4 604	73	485
江　苏	431	35 104	565 701	141 200	4 811	3 494
浙　江	333	12 281	279 042	25 945	2 017	961
安　徽	228	42 838	343 882	25 316	2 941	2 182
福　建	187	11 511	92 417	24 211	3 170	888
江　西	155	1 604	243 136	51 922	1 927	1 841
山　东	301	10 368	333 979	31 786	1 912	1 069
河　南	209	2 095	86 280	37 079	566	1 342
湖　北	387	13 251	462 067	292 155	1 445	3 717
湖　南	181	8 089	160 667	73 671	1 893	2 634
广　东	83	24 217	152 145	72 553	1 644	435
广　西	197	8 030	129 473	103 593	5 906	1 432
海　南		1 670	8 332	3 231	156	56
重　庆	98	5 136	48 698	28 635	2 181	834
四　川	162	41 930	152 261	93 326	2 130	3 513
贵　州	52	552	122 824	254 405	1 114	1 106
云　南	114	1 506	82 743	33 168	699	441
陕　西	89	5 360	36 779	6 844	805	474
甘　肃	60	282	7 077	1 569	398	216
青　海	4	112	815	59	51	29
宁　夏	84	1 275	33 731	1 707	140	162
新　疆	9	268	14 609	417	73	59
大　连	5	4 307	4 300	596	100	9
青　岛	18	1 485	13 072	2 242	150	58
宁　波	56	4 400	18 230	2 662	337	84
厦　门		319	1 060	1 321	9	16
深　圳		1 912	1 200	45	45	
新 疆 兵 团	5	2	3 100	76	11	9

各地区水产技术推广履职成效情况(二)

地 区	渔民技术培训		推广人员培训		公共信息服务		
	期数 (期)	人数 (人次)	业务培训 (人次)	学历教育 (人次)	信息覆盖 用户(户)	发布公共 信息(条)	发放技术 资料(份)
全国总计	12 227	1 566 369	54 770	3 957	1 909 260	4 090 879	4 155 761
北 京	32	1 026	256		450	1 215	2 445
天 津	54	2 019	778		266	256	8 106
河 北	161	6 488	767	22	6 632	5 167	23 415
山 西	64	1 625	299	7	457	2 219	17 818
内 蒙 古	123	4 216	1 123	115	7 468	13 001	46 669
辽 宁	75	4 939	420	2	3 187	28 912	12 244
吉 林	101	4 797	763	158	5 729	12 974	20 011
黑 龙 江	229	12 349	966	23	16 550	4 590	48 649
上 海	262	9 503	1 890	20	3 592	16 789	24 081
江 苏	1 871	133 164	4 877	287	211 674	250 929	519 331
浙 江	428	22 297	7 234	12	86 018	81 274	88 927
安 徽	726	44 747	2 381	1 339	158 367	87 239	227 669
福 建	321	14 273	2 491	27	60 488	449 977	113 217
江 西	432	26 492	1 607	108	160 024	45 009	115 299
山 东	535	32 414	3 727	123	96 535	48 693	166 683
河 南	417	26 609	1 630	47	29 835	35 226	271 260
湖 北	1 188	79 878	1 644	112	233 011	485 452	508 643
湖 南	873	92 071	2 510	59	274 026	188 148	226 816
广 东	436	851 993	3 848	148	122 498	1 665 304	129 897
广 西	520	28 602	5 238	877	170 468	88 417	181 748
海 南	43	2 803	123	5	5 663	1 848	5 456
重 庆	333	13 771	1 022	17	22 988	135 212	145 012
四 川	913	57 068	2 832	164	131 360	134 847	612 087
贵 州	728	25 318	1 117	34	42 717	15 866	137 045
云 南	596	27 797	1 345	36	14 923	63 209	163 268
陕 西	354	19 851	1 741	151	30 949	69 064	165 566
甘 肃	121	3 040	1 315	43	1 235	1 613	95 055
青 海	28	619	72	9	137	418	5 972
宁 夏	114	4 396	373		1 848	108 879	54 820
新 疆	73	6 108	39	6	479	757	2 440
大 连	2	100	33	1	1 000	22 918	1 720
青 岛	26	3 856	93	5	3 427	10 099	5 612
宁 波	27	1 329	207		4 572	11 994	5 071
厦 门	13	751			360	2 780	1 337
深 圳	8	60			66	330	2 052
新疆兵团			9		261	254	320

各地区水产技术推广机构技术成果

地　　区	技术成果数量（个）	审定新品种（个）	获奖情况（个）				获得专利（项）	发表论文（篇）	制定标准/规范（个）	出版图书（本）
			国家级	省部级	市厅级	县级				
全国总计	216	4	19	136	154	58	419	1 521	256	64
北　　京				1				8	1	6
天　　津	28			2			43	46	5	
河　　北	6			1	4		24	45	6	5
山　　西							1	3		
内　蒙　古	4				1		1	15	3	
辽　　宁	3			1	2		6	14	5	3
吉　　林	11			8	3		2	27	3	1
黑　龙　江				1				133		
上　　海	8						16	34	1	
江　　苏	22			22	8	4	32	148	14	2
浙　　江	31		1	16	16	3	23	50	32	3
安　　徽	5		2	8	5	5	25	125	12	1
福　　建	12	1		3			20	65	6	3
江　　西	9		1	3	2	2	10	20	8	3
山　　东	18	1		2	25	12	93	162	20	6
河　　南	6		1	2	2	6	6	105	27	21
湖　　北	5			1		2	14	44	10	
湖　　南	14			4	10	8	7	113	35	
广　　东	8		3	23	11		8	39	26	
广　　西	13			6	47		35	121	18	3
海　　南							1	6		
重　　庆	5			4	3	3	12	26	6	1
四　　川	2	1	8	4			2	12		
贵　　州				1	9	8	3	46	4	1
云　　南							3	6		1
陕　　西				6	1	2		34	3	
甘　　肃	2		1	6	2	3	10	16		
青　　海	1							2	2	1
宁　　夏				1	1			5	3	
新　　疆				1			9	25	3	1
大　　连								5	1	1
青　　岛	1		2	1	1			3	1	1
宁　　波		1		6	1		1	14	1	
厦　　门							6	2		
深　　圳	2			2			6	2		
新疆兵团										

七、灾　　害

各地区渔业灾情造成的经济损失（一）

单位：万元

地　　区	1.水产品损失					
	合　　计	台风、洪涝	病　　害	干　　旱	污　　染	其　　他
全国总计	920 908.13	242 188.52	160 085.69	292 145.57	2 741.09	223 747.26
北　京	240.00		240.00			
天　津	2 414.00		2 398.00			16.00
河　北	336.00	142.00	164.00			30.00
山　西						
内　蒙　古	405.62		86.00	297.62		22.00
辽　宁	3 694.91	432.40	1 105.00			2 157.51
吉　林	541.00	541.00				
黑　龙　江						
上　海	3 704.07	113.73	3 581.92		8.42	
江　苏	117 685.00	10 595.00	25 940.00	54 694.00	138.00	26 318.00
浙　江	42 064.00	29 469.00	8 983.00	3 470.00	7.00	135.00
安　徽	57 038.39	1 491.00	8 382.62	45 621.87	859.40	683.50
福　建	15 728.00	4 232.00	3 922.00	329.00		7 245.00
江　西	168 517.72	52 937.30	45 268.20	64 125.32	384.00	5 802.90
山　东	201 589.90	19 225.70	8 702.20	3 795.00	134.00	169 733.00
河　南	4 793.00	3 344.00	756.00	605.00	36.00	52.00
湖　北	50 810.00	2 882.00	13 157.00	34 391.00	18.00	362.00
湖　南	97 557.00	32 229.00	9 373.00	50 974.00	614.00	4 367.00
广　东	88 518.11	60 327.98	22 330.07	1 907.00	346.75	3 606.31
广　西	16 198.10	14 719.14	75.35		8.00	1 395.61
海　南	1 056.75	321.75				735.00
重　庆	8 361.29	1 429.65	493.37	6 400.27		38.00
四　川	19 854.44	339.00	142.60	18 975.73		397.11
贵　州	7 575.54	4 112.25	33.73	3 331.76	97.00	0.80
云　南	5 927.26	2 208.94	2 243.80	887.00	79.00	508.52
西　藏						
陕　西	3 165.70	626.50	121.20	2 275.00	10.00	133.00
甘　肃	549.33	469.18	3.63	66.00	1.52	9.00
青　海						
宁　夏	93.00		93.00			
新　疆	2 490.00		2 490.00			

各地区渔业灾情造成的经济损失(二)

单位:万元

地　区	2.(台风、洪涝)损毁渔业设施							
	合　计	池　塘	网　箱 (鱼排)	围　栏	沉　船	船　损	堤　坝	泵　站
全国总计	58 375.66	33 697.93	4 009.15	389.50	534.25	561.70	5 665.88	73.00
北　京								
天　津								
河　北	41.52	16.00			20.00			
山　西								
内　蒙　古								
辽　宁	829.94	81.94					498.00	
吉　林	347.00	127.00					65.00	
黑　龙　江	152.00	152.00						
上　海	55.20					55.20		
江　苏	3 864.00	1 302.00	100.00	70.00				
浙　江	3 345.00	561.00	1 067.00	28.00	209.00	485.00	2.00	
安　徽	1 390.00	1 375.00	15.00					
福　建	2 692.00	1 426.00	867.00	3.00	302.00			
江　西	12 852.85	9 997.00	50.00	148.00			445.00	
山　东	2 820.74	2 193.00				3.00	100.00	2.00
河　南	1 118.00	456.00					250.00	8.00
湖　北	3 021.00	2 407.00	275.00				228.00	15.00
湖　南	10 117.00	6 590.00			1.00	15.00	2 242.00	27.00
广　东	9 705.10	2 907.40	1 318.00	26.00		1.50	1 160.20	
广　西	2 016.36	1 031.55	317.15	91.50	2.25	2.00	338.07	
海　南	207.00						100.00	
重　庆	267.71	0.10					163.51	0.20
四　川	380.30	300.50					30.80	16.00
贵　州	648.94	605.04		15.10			20.00	0.80
云　南	368.30	322.40		7.90			8.00	4.00
西　藏								
陕　西	2 004.00	1 746.00						
甘　肃	131.70	101.00					15.30	
青　海								
宁　夏								
新　疆								

各地区渔业灾情造成的经济损失（三）

单位:万元

地　区	2.(台风、洪涝)损毁渔业设施(续)							直接经济损失合计
	涵　闸	码　头	护　岸	防波堤	工厂化养殖	苗种繁育场	其　他	
全国总计	30.00	418.00	968.34	846.27	2 522.52	1 275.50	7 383.62	979 283.79
北　京								240.00
天　津								2 414.00
河　北					5.52			377.52
山　西								
内　蒙　古								405.62
辽　宁		65.00	170.00	15.00				4 524.85
吉　林						20.00	135.00	888.00
黑　龙　江								152.00
上　海								3 759.27
江　苏					1 500.00	180.00	712.00	121 549.00
浙　江		295.00	158.00			59.00	481.00	45 409.00
安　徽								58 428.39
福　建					58.00	6.00	30.00	18 420.00
江　西			127.14	233.11	656.00	3.00	1 193.60	181 370.57
山　东		3.00			141.00	324.00	54.74	204 410.64
河　南							404.00	5 911.00
湖　北	6.00		90.00					53 831.00
湖　南	11.00	5.00	18.00	140.00	120.00	441.00	507.00	107 674.00
广　东	9.00		374.00	380.00		3.00	3 526.00	98 223.21
广　西			0.20	13.16	29.00	177.50	13.98	18 214.46
海　南		50.00	7.00	50.00				1 263.75
重　庆			15.00				88.90	8 629.00
四　川					1.00	32.00		20 234.74
贵　州			6.00		2.00			8 224.48
云　南	4.00						22.00	6 295.56
西　藏								
陕　西			3.00	15.00	10.00	30.00	200.00	5 169.70
甘　肃							15.40	681.03
青　海								
宁　夏								93.00
新　疆								2 490.00

各地区渔业灾情造成的数量损失（一）

地　区	1.受灾养殖面积（公顷）						2.水产品损失（吨）		
	合　计	台风、洪涝	病　害	干　旱	污　染	其　他	合　计	台风、洪涝	病　害
全国总计	435 305	74 759	107 928	200 212	1 106	51 300	767 781	156 794	122 266
北　京	133		133				200		200
天　津	1 828		1 825			3	1 855		1 839
河　北	250	95	115			40	233	162	51
山　西									
内　蒙古	575		13	555		7	312		45
辽　宁	3 156	1 999	65			1 092	812	256	530
吉　林	42	42					71	71	
黑　龙　江	1 570	1 570					120	120	
上　海	2 625	27	2 591		7		2 640	81	2 553
江　苏	78 066	1 856	16 916	38 178	74	21 042	39 047	3 555	17 062
浙　江	8 921	5 357	2 279	1 266	10	9	26 712	21 621	3 545
安　徽	40 097	1 040	10 082	28 347	432	196	35 077	1 450	6 903
福　建	2 914	1 467	661	485		301	10 438	3 038	3 697
江　西	99 294	19 720	30 597	46 776	173	2 028	127 627	42 990	36 083
山　东	25 868	5 565	6 709	1 342	65	12 187	315 114	10 761	3 423
河　南	3 825	1 891	1 063	849	7	15	5 070	3 784	713
湖　北	42 291	3 147	13 703	25 408	14	19	42 636	5 847	11 248
湖　南	66 958	10 999	12 754	38 930	85	4 190	53 902	11 905	9 183
广　东	27 643	12 009	5 272	861	207	9 294	70 908	37 132	22 078
广　西	3 752	2 948	151		5	648	10 335	9 265	47
海　南	31	22				9	285	152	
重　庆	4 987	1 094	116	3 774	2	1	4 908	1 037	312
四　川	10 669	18	52	10 588		11	9 412	136	92
贵　州	5 336	3 173	3	2 150	9	1	4 008	1 700	7
云　南	2 064	490	1 041	345	12	176	3 252	1 293	985
西　藏									
陕　西	692	217	89	352	4	30	1 028	342	30
甘　肃	20	13		6		1	140	96	1
青　海									
宁　夏	68		68				77		77
新　疆	1 630		1 630				1 562		1 562

各地区渔业灾情造成的数量损失（二）

地　　区	2.水产品损失（吨）（续）			3.（台风、洪涝）损毁渔业设施					
	干旱	污染	其他	池塘（公顷）	网箱（鱼排）（箱）	围栏（千米）	沉船（艘）	船损（艘）	堤坝（米）
全国总计	161 697	1 760	325 264	15 701	2 088	93	9	191	109 500
北　京									
天　津			16						
河　北			20	12			1		
山　西									
内蒙古	256		11						
辽　宁			26	1 111					4 000
吉　林			36						1 898
黑龙江			70						
上　海		6						7	
江　苏	13 056	78	5 296	356	200	28			
浙　江	1 485	5	56	398	350	2	3	144	127
安　徽	25 542	735	447	190	4				
福　建	170		3 533	339	421	1	2		
江　西	45 680	383	2 491	4 885	30	30			2 638
山　东	1 948	14	298 968	66				2	1 200
河　南	500	51	22	105					3 576
湖　北	24 619	10	912	1 870	12				14 624
湖　南	30 455	52	2 307	3 501			1	20	36 836
广　东	1 891	285	9 522	1 614	781	5		16	26 988
广　西		24	999	255	290	16	2	2	4 387
海　南			133						200
重　庆	3 550		9	399					12 601
四　川	9 076		108	279					65
贵　州	2 268	32	1	124		4			150
云　南	558	73	343	38		7			80
西　藏									
陕　西	602	11	43	52					
甘　肃	41	1	1	1					130
青　海									
宁　夏									
新　疆									

各地区渔业灾情造成的数量损失（三）

地　　区	3.(台风、洪涝)损毁渔业设施(续)							4.人员损失(人)			
	泵站（座）	涵闸（座）	码头（米）	护岸（米）	防波堤（米）	工厂化养殖(座)	苗种繁育场(个)	合计	失踪	死亡	重伤
全国总计	**39**	**22**	**973**	**23 396**	**9 010**	**68**	**17**	**2**		**2**	
北　京											
天　津											
河　北						7					
山　西											
内　蒙　古											
辽　宁	1	3	350	1 400	2 000						
吉　林							1				
黑　龙　江											
上　海								1		1	
江　苏						36	1				
浙　江			220	198			2				
安　徽											
福　建						1	1	1		1	
江　西				6 392	1 555	1	1				
山　东	1		3			2	2				
河　南	4										
湖　北	9	3		12 200							
湖　南	3	4	350	900	1 900	4	4				
广　东		10		725	820		1				
广　西				155	2 534	4	2				
海　南			50	786	200						
重　庆	1			500							
四　川	15					1	1				
贵　州	4			100		1					
云　南	1	2									
西　藏											
陕　西				40	1	11	1				
甘　肃											
青　海											
宁　夏											
新　疆											

八、附　　录

附录一

水产品产量数据调整说明

1. 根据第二次农业普查结果调整水产品产量数据说明

第二次全国农业普查结束后,按照国家统计局要求,原农业部对 2006 年渔业统计数据进行了调整。调整以农业普查水产养殖面积调查结果为依据,以各省(自治区、直辖市)2006 年的养殖单产水平、养殖结构为参考依据,综合测算各省(自治区、直辖市)水产品产量调减比例,核定 2006 年水产品产量。并以此为基数,参考渔业统计年报中各年度间的产量调整比例,对 1997—2005 年的水产品产量数据进行了相应调整。

2. 根据第三次农业普查结果调整水产品产量数据说明

第三次全国农业普查结束后,农业农村部联合国家统计局对 2016 年渔业统计数据进行了调整。调整以农业普查结果为依据,对各省(自治区、直辖市)2016 年水产养殖面积进行适当核定修正,并以各省(自治区、直辖市)2016 年水产养殖面积、从业人员、水产苗种等指标数据为参考依据,综合测算核定各省(自治区、直辖市)2016 年水产品产量。并以此为基数,参考渔业统计年报中各年度间的产量调整比例,对 2012—2015 年的水产品产量数据进行了相应调整。

附录二

调整后历年产量对照表(一)

单位:万吨

年 份	调整前	调整后	其 中				
			海洋捕捞	远洋渔业	海水养殖	淡水捕捞	淡水养殖
1990	1 427.26	1 427.26	594.40	17.09	284.22	85.64	445.91
1991	1 572.99	1 572.99	644.35	32.35	333.31	100.39	462.59
1992	1 824.46	1 824.46	720.84	46.43	424.31	99.09	533.79
1993	2 152.31	2 152.31	795.53	56.22	540.23	112.07	648.26
1994	2 515.69	2 515.69	925.61	68.83	604.80	126.79	789.66
1995	2 953.04	2 953.04	1 054.07	85.68	721.51	151.02	940.76
1996	3 280.72	3 280.72	1 152.99	92.65	765.89	175.43	1 093.76
1997	3 601.78	**3 118.59**	1 092.73	103.70	691.66	163.45	1 067.04
1998	3 906.65	**3 382.66**	1 201.25	91.31	751.99	197.51	1 140.60
1999	4 122.43	**3 570.15**	1 203.46	89.91	851.89	197.95	1 226.94
2000	4 278.99	**3 706.23**	1 189.43	86.52	927.96	193.44	1 308.88
2001	4 382.09	**3 795.92**	1 155.64	88.49	989.38	186.23	1 376.20
2002	4 565.18	**3 954.86**	1 128.34	109.64	1 060.47	194.71	1 461.69
2003	4 706.11	**4 077.02**	1 121.20	115.77	1 095.86	213.28	1 530.92
2004	4 901.77	**4 246.57**	1 108.08	145.11	1 151.29	209.60	1 632.49
2005	5 101.65	**4 419.86**	1 111.28	143.81	1 210.81	220.97	1 733.00
2006	5 290.40	**4 583.60**	1 136.40	109.07	1 264.16	220.38	1 853.59
2007	4 747.52	4 747.52	1 136.03	107.52	1 307.34	225.64	1 970.99
2008	4 895.59	4 895.59	1 149.63	108.33	1 340.32	224.82	2 072.49
2009	5 116.40	5 116.40	1 178.61	97.72	1 405.22	218.39	2 216.46
2010	5 373.00	5 373.00	1 203.59	111.64	1 482.30	228.94	2 346.53
2011	5 603.21	5 603.21	1 241.94	114.78	1 551.33	223.23	2 471.93
2012	5 907.68	**5 502.14**	1 190.02	124.40	1 575.20	204.02	2 408.51
2013	6 172.00	**5 744.22**	1 191.99	135.70	1 664.65	204.17	2 547.69
2014	6 461.52	**6 001.92**	1 200.18	203.68	1 732.40	202.49	2 663.17
2015	6 699.64	**6 210.97**	1 216.81	218.93	1 796.56	199.34	2 779.34
2016	6 901.25	**6 379.48**	1 187.20	198.75	1 915.31	200.33	2 877.89
2017		6 445.33	1 112.42	208.62	2 000.70	218.30	2 905.29
2018		6 457.66	1 044.46	225.75	2 031.22	196.39	2 959.84
2019		6 480.36	1 000.15	217.02	2 065.33	184.12	3 013.74
2020		6 549.02	947.41	231.66	2 135.31	145.75	3 088.89
2021		6 690.29	951.46	224.65	2 211.13	119.78	3 183.27
2022		6 865.91	950.85	232.98	2 275.70	116.62	3 289.76

注:根据第二次全国农业普查结果调整了1997—2006年产量,根据第三次全国农业普查结果调整了2012—2016年产量。

调整后历年产量对照表(二)

单位:万吨

年 份	调整前	调整后	海水产品	捕捞	养殖	淡水产品	捕捞	养殖
1990	1 427.26	1 427.26	895.71	611.49	284.22	531.55	85.64	445.91
1991	1 572.99	1 572.99	1 010.01	676.70	333.31	562.98	100.39	462.59
1992	1 824.46	1 824.46	1 191.58	767.27	424.31	632.88	99.09	533.79
1993	2 152.31	2 152.31	1 391.98	851.75	540.23	760.33	112.07	648.26
1994	2 515.69	2 515.69	1 599.24	994.44	604.80	916.45	126.79	789.66
1995	2 953.04	2 953.04	1 861.26	1 139.75	721.51	1 091.78	151.02	940.76
1996	3 280.72	3 280.72	2 011.53	1 245.64	765.89	1 269.19	175.43	1 093.76
1997	3 601.78	3 118.59	1 888.10	1 196.44	691.66	1 230.50	163.45	1 067.04
1998	3 906.65	3 382.66	2 044.55	1 292.56	751.99	1 338.11	197.51	1 140.60
1999	4 122.43	3 570.15	2 145.26	1 293.37	851.89	1 424.89	197.95	1 226.94
2000	4 278.99	3 706.23	2 203.91	1 275.95	927.96	1 502.32	193.44	1 308.88
2001	4 382.09	3 795.92	2 233.50	1 244.12	989.38	1 562.42	186.23	1 376.20
2002	4 565.18	3 954.86	2 298.45	1 237.98	1 060.47	1 656.40	194.71	1 461.69
2003	4 706.11	4 077.02	2 332.82	1 236.97	1 095.86	1 744.20	213.28	1 530.92
2004	4 901.77	4 246.57	2 404.47	1 253.18	1 151.29	1 842.09	209.60	1 632.49
2005	5 101.65	4 419.86	2 465.89	1 255.08	1 210.81	1 953.97	220.97	1 733.00
2006	5 290.40	4 583.60	2 509.63	1 245.47	1 264.16	2 073.97	220.38	1 853.59
2007	4 747.52	4 747.52	2 550.89	1 243.55	1 307.34	2 196.63	225.64	1 970.99
2008	4 895.59	4 895.59	2 598.28	1 257.96	1 340.32	2 297.31	224.82	2 072.49
2009	5 116.40	5 116.40	2 681.55	1 276.33	1 405.22	2 434.85	218.39	2 216.46
2010	5 373.00	5 373.00	2 797.53	1 315.23	1 482.30	2 575.47	228.94	2 346.53
2011	5 603.21	5 603.21	2 908.05	1 356.72	1 551.33	2 695.16	223.23	2 471.93
2012	5 907.68	5 502.14	2 889.61	1 314.41	1 575.20	2 612.53	204.02	2 408.51
2013	6 172.00	5 744.22	2 992.35	1 327.70	1 664.65	2 751.87	204.17	2 547.69
2014	6 461.52	6 001.92	3 136.25	1 403.85	1 732.40	2 865.66	202.49	2 663.17
2015	6 699.64	6 210.97	3 232.29	1 435.73	1 796.56	2 978.67	199.34	2 779.34
2016	6 901.25	6 379.48	3 301.26	1 385.95	1 915.31	3 078.22	200.33	2 877.89
2017		6 445.33	3 321.74	1 321.04	2 000.70	3 123.59	218.30	2 905.29
2018		6 457.66	3 301.43	1 270.21	2 031.22	3 156.23	196.39	2 959.84
2019		6 480.36	3 282.50	1 217.17	2 065.33	3 197.86	184.12	3 013.74
2020		6 549.02	3 314.38	1 179.07	2 135.31	3 234.64	145.75	3 088.89
2021		6 690.29	3 387.24	1 176.11	2 211.13	3 303.05	119.78	3 183.27
2022		6 865.91	3 459.53	1 183.83	2 275.70	3 406.38	116.62	3 289.76

附录三

渔业统计指标解释

第一章 水产品产量

第 1 条 水产品特征及产量统计范围

水产品指渔业(捕捞和养殖)生产活动的最终有效成果,它具有以下特征:

(1)它是渔业生产活动的成果。水产品既是渔业生产的劳动对象,也是渔业生产的劳动成果,它包括全部海淡水鱼类、甲壳类(虾、蟹)、贝类、头足类、藻类和其他类渔业产品。

(2)它是渔业生产活动的最终成果。渔业生产过程中的中间成果,如鱼苗、鱼种、亲鱼、转塘鱼、存塘鱼和自用作饵料的产品,不是最终成果,不能统计在水产品产量中。

(3)它是渔业生产活动的最终有效成果。水产品在上岸前已经腐烂变质,不能供人食用或加工成其他制品的,不统计在水产品产量中。

第 2 条 产量统计年度和统计者

(1)年水产品产量按日历年度计算。即从每年 1 月 1 日至 12 月 31 日止已从养殖水域捕捞起水或者已从天然水域捕捞并已返航卸港的水产品均统计在年产量中,有的生产渔船在外地收港卸鱼或者在海上由收购船扒载收购的,也按到港计算产量。

(2)水产品产量统计中,养殖产量按照水域所在地统计,国内捕捞产量按照渔船所属地统计,远洋渔业产量按照远洋渔业管理办法进行统计。

第 3 条 产量计量标准

除海蜇按三矾后的成品计量、各种藻类按干品计量外,其余各种水产品均按捕捞起水时鲜品实重(原始重量)计量。此外,供观赏的水生动物按个体计算。

第 4 条 养殖产量与捕捞产量划分原则

凡人工养殖并已起水的水产品数量为养殖产量,凡捕捞天然生长的水产品数量为捕捞产量。

(1)凡是人工投放鱼种(不包括灌江纳苗)并进行人工饲养管理的淡水养殖水域中捕捞的水产品产量计算为淡水养殖产量,否则为淡水捕捞产量。

(2)凡是人工投放苗种或天然纳苗并进行人工饲养管理的海水养殖水域中捕捞的水产品产量计算为海水养殖产量,否则为海洋捕捞产量。

(3)稻田养殖起水的水产品,也计算为淡水养殖产量。

第 5 条 水产品分类

水产品分为海水产品和淡水产品两大类。

一、海水产品

海水产品包括海洋捕捞产品、海水养殖产品和远洋渔业产品。其中,海洋捕捞产品产量指国内海洋捕捞产品产量不包括远洋渔业产量。

1. 海洋捕捞产品:包括海洋捕捞鱼类、甲壳类(虾、蟹)、贝类、藻类、头足类和其他类。

(1)海洋捕捞鱼类:海鳗、鲥鱼、鳀鱼、沙丁鱼、鲱鱼、石斑鱼、鲷鱼、蓝圆鲹、白姑鱼、黄姑鱼、鲵鱼、大黄鱼、小黄鱼、梅童鱼、方头鱼、玉筋鱼、带鱼、金线鱼、梭鱼、鲐鱼、鲅鱼、金枪鱼、鲳鱼、马面鲀、竹䇲鱼和鲻鱼等。

(2)海洋捕捞甲壳类:虾和蟹。虾包括毛虾、对虾、鹰爪虾、虾蛄等。蟹包括梭子蟹、青蟹和蟳等。

(3)海洋捕捞贝类:蛤、蛏、蚶和螺等。

(4)海洋捕捞藻类:江蓠、石花菜和紫菜等。

(5)海洋捕捞头足类:乌贼、鱿鱼和章鱼等。

(6)海洋捕捞其他类:海蜇等。

2. 海水养殖产品:包括海水养殖鱼类、甲壳类(虾、蟹)、贝类、藻类、其他类。

(1)海水养殖鱼类:鲈鱼、鲆鱼、大黄鱼、军曹鱼、鲥鱼、鲷鱼、美国红鱼、河鲀、石斑鱼和鲽鱼等。

(2)海水养殖甲壳类:虾和蟹。虾包括南美白对虾、斑节对虾、中国对虾和日本对虾等。蟹包括梭子蟹和青蟹等。

(3)海水养殖贝类:牡蛎、鲍、螺、蚶、贻贝、江珧、扇贝、蛤和蛏等。

(4)海水养殖藻类:海带、裙带菜、紫菜、江蓠、麒麟菜、石花菜、羊栖菜和苔菜等。

(5)海水养殖其他类:海参、海胆、海水珍珠和海蜇等。

3. 远洋渔业产品:见第 27 条。

二、淡水产品

淡水产品包括淡水养殖产品和淡水捕捞产品。

1. 淡水养殖产品:包括鱼类、甲壳类(虾、蟹)、贝类、藻类和其他类产品。

(1)淡水养殖鱼类:鲟鱼、鳗鲡、青鱼、草鱼、鲢鱼、鳙鱼、鲤鱼、鲫鱼、鳊鲂、泥鳅、鲇鱼、鲴鱼、黄颡鱼、鲑鱼、鳟鱼、河鲀、短盖巨脂鲤、长吻鮠、黄鳝、鳜鱼、鲈鱼、乌鳢和罗非鱼等。

(2)淡水养殖甲壳类:虾和河蟹,其中虾包括罗氏沼虾、青虾、克氏原螯虾和南美白对虾等。

(3)淡水养殖贝类:河蚌、螺、蚬等。

(4)淡水养殖藻类:即螺旋藻。

(5)淡水养殖其他类产品:龟、鳖、蛙和珍珠等。

(6)观赏鱼统计按"条"计量,其重量不计入淡水养殖总产量。

2. 淡水捕捞产品:包括鱼类、甲壳类(虾、蟹)、贝类、藻类和其他类。其他类中包括丰年虫等。

第6条 海洋捕捞产量(按海区、渔具分类)

1. 按捕捞海域分为渤海、黄海、东海和南海区产量。渤海、黄海、东海、南海区划分界线:

(1)渤海:东以辽宁老铁山西角经庙岛群岛至蓬莱角连线与黄海为界。

(2)黄海:南以长江口北角至韩国济州岛西南端连线与东海为界,东至朝鲜半岛及朝鲜海峡。

(3)东海:南以闽粤省界经东山岛南端至台湾省南端的鹅銮鼻灯塔连线与南海为界,东至对马海峡日本琉球群岛与我国台湾省。

(4)南海:东以巴士海峡、巴林塘海峡、菲律宾群岛与太平洋为界,南至加里曼丹,西临中南半岛及马来半岛。

2. 按捕捞渔具分为拖网、围网、刺网、张网、钓具和其他渔具产量。

(1)拖网:单拖和双拖。

(2)围网:单船围网、双船围网和多船围网。

(3)刺网:定置刺网、漂流刺网、包围刺网和拖曳刺网。

(4)张网:单桩、双桩、多桩、单锚、双锚、船张、樯张和并列张网。

(5)钓具:漂流延绳钓、定置延绳钓、曳绳钓和垂钓(如鱿钓)。

(6)其他渔具:地拉网、敷网、抄网、掩罩、陷阱、耙刺、笼壶等类型。

第7条 海水养殖产量(按养殖水域分类)

(1)海上养殖:在低潮位线以下从事海水养殖生产。

(2)滩涂养殖:在潮间带间从事海水养殖生产。

(3)其他养殖:在高潮位线以上从事海水养殖生产。

第8条 淡水养殖产量(按养殖水域分类)

按养殖水面类型不同,分为池塘、湖泊、水库、河沟、稻田及其他养殖方式。

第9条 部分养殖方式分类产量

(1)普通网箱:网箱一般由合成纤维如尼龙、聚氯乙烯等网线编织而成,装置在网箱架上。普通网箱面积均为数平方米到数十平方米。一般安置在港湾、沿岸、湖泊、水库和河沟等水域。

(2)深水网箱:深水网箱是一种大型海水网箱,主要有重力式聚乙烯网箱、浮绳式网箱和碟形网箱三种类型,具有抗风浪性能。网箱水体均为数百立方米到数千立方米。深水网箱一般安置在水深20米以下的海域。

(3)工厂化:工厂化养殖即按工艺过程的连续性和流水性的原则,通过机械或自动化设备,对养殖水体进行水质和水温的控制,保持最适宜于鱼类生长和发育的生态条件,使鱼类的繁殖、苗种培育、商品鱼的养殖等各个环节能相互衔接,形成一个独自的生产体系,以进行无季节性的连续生产,达到高效率、高速度的养殖目的。

第二章 水产养殖面积

第10条 水产养殖面积

水产养殖面积指在报告期内实际用于养殖水产品的水面面积,包括海水养殖面积和淡水养殖面积。在报告期内无论是否全部收获或尚未收获其产品,均应统计在养殖面积中。但有些水面不投放苗种或投放少量苗种,只进行一般管理的,不统计为养殖面积。养殖面积法定计量单位为公顷。

第11条 海水养殖面积

海水养殖面积指利用天然海水养殖水产品的水面面积,包括海上养殖、滩涂养殖、其他养殖。工厂化、深水网箱不计入养殖面积。

第12条 淡水养殖面积

淡水养殖面积指在淡水水域养殖水产品的水面面积,包括池塘、湖泊、水库、河沟和其他五部分。工厂化、稻田养殖不计入养殖总面积。

第13条 养殖面积核算

(1)海上、滩涂、池塘、湖泊、水库、河沟等方式养殖面积按照实际使用的水面计算,计量单位为公顷。

(2)普通网箱按照实际占用水面计算面积,计量单位为米^2。

(3)工厂化养殖:按照实际养殖水体的体积计算,计量单位为米^3。

(4)深水网箱:按照实际占用水的体积计算,计量单位为米^3。

(5)在江河、湖泊、水库投放苗种或灌江纳苗、增殖放流的水域不统计面积;湖泊、水库、河沟虽有专人管理,或有苗种投放,但人工养殖水产品起捕量不足

30%的水面也不统计为养殖面积(其产量列入捕捞产量)。

第三章　渔业经济总产值和增加值

第 14 条　渔业经济总产值和增加值

渔业经济总产值和增加值指以货币表现的核算期内渔业经济活动的总产出和总成果,包括了全社会渔业、渔业工业和建筑业、渔业流通和服务业。

第 15 条　渔业产值和增加值

渔业产值指以货币表现的核算期内捕捞和养殖水产品的总产出和总成果。具体包括人工养殖的水生动物和海藻的产值、天然水生动物和天然海藻采集的产值,即包括海洋捕捞、海水养殖、淡水捕捞、淡水养殖产品的产出。其计算方法:水产品产量分别乘以其产品的现行价格。

渔业增加值指以货币表现的核算期内全社会从事渔业捕捞和养殖生产活动所创造的最终产品的价值,其计算方法:渔业总产出扣除渔业中间投入。

渔业产值和增加值的数据取自同级统计部门。

第 16 条　渔业工业、建筑业产值和增加值

渔业工业、建筑业产值和增加值指以货币表现的核算期内全社会从事水产品加工业、渔用机具制造业、渔用饲料工业、渔用药物制造业、渔业建筑业等的产出和成果。

水产品加工业产值等于加工产品量乘以现行价格,其增加值采用食品加工业增加值率进行推算。

渔用机具制造业产值、增加值等于渔船渔机修造业、渔用绳网制造业和其他设备制造业的产值、增加值之和;其产值计算方法主要采用"工厂法"计算,增加值的计算方法采用统计部门"规模以上工业企业总产值表"中的相应指标增加值率进行推算。

渔用饲料工业产值主要采用"工厂法",增加值是渔用饲料工业现行总产出乘以"规模以上"饲料工业现价增加值率。

渔用药物制造业产值取同级相关部门统计年报表中的有关数据,其增加值等于渔用药物总产出乘以"规模以上"生物制药业现价增加值率。

渔业建筑业产值计算方法是从建筑产品所有方的建筑工程造价角度入手,依据投资完成额计算,其增加值采用建筑业增加值率来推算。

第 17 条　渔业流通和服务业产值和增加值

渔业流通和服务业包括渔业流通业,渔业(仓储)运输业,休闲渔业,渔业文化教育、科学技术和信息等产值和增加值。

渔业流通业产值以营业额来计算,其增加值等于渔业流通业产值乘以批发零售贸易业现价增加值率进行推算。

渔业(仓储)运输业产值即营业收入,其增加值计算方法与建筑业相同。

休闲渔业产值包括涉渔的一切旅游服务业产值,以营业额计算,其增加值用旅游业增加值率进行推算。

渔业文化教育、科学技术和信息等产值及其增加值根据财政部门《一般预算支出决算明细表》和有关资料进行推算。

第 18 条　计算总产值的价格

计算总产值的价格按当年价格计算。

当年价格就是当年出售产品时的实际价格。水产品当年价格以各地渔业生产单位初次出售的价格的平均价格为依据;工业产品以报告期内的产品出厂价格为当年价格。商业以零售价格为当年价格。

第四章　渔业船舶拥有量

第 19 条　渔业船舶

渔业船舶指从事渔业生产的船舶以及为渔业生产服务的船舶,按有无推进动力分为机动渔业船舶和非机动渔业船舶。按生产性质分为生产渔船和辅助渔船。

国内海洋捕捞渔业船舶转为远洋渔业船舶的当年,应纳入远洋渔业船舶统计范围内,在国内渔船统计范围中不再进行统计。

第 20 条　机动渔业船舶

机动渔业船舶指依靠本船主机动力来推进的渔业船舶,分为渔业生产船和渔业辅助船。

渔业生产船是直接从事渔业捕捞和养殖活动的船舶统称。从事捕捞业活动的渔船为捕捞船,从事养殖业活动的渔船为养殖船。捕捞船,按主机总功率分为:441 千瓦(含)以上、44.1(含)～441 千瓦、44.1 千瓦以下三类;按船长分为:24 米(含)以上、12(含)～24 米、12 米以下;按作业方式分为拖网、围网、刺网、张网、钓具、其他共 6 类,有关解释请参照第 6 条的相关内容。

渔业辅助船指从事各种加工、贮藏、运输、补给、渔业执法等渔业辅助活动的渔业船舶统称,包括水产运销船、冷藏加工船、油船、供应船、科研调查船、教学实习船、渔港工程船、拖轮、驳船和渔业行政执法船等。其中捕捞辅助船指水产运销船、冷藏加工船、油船、供应船等为渔业捕捞生产提供服务的渔业船舶。钓具、围网等作业渔船中的子船纳入捕捞辅助船统计范围。

机动渔船年末拥有量应按数量、吨位、功率分别统计,各计量单位规定如下:

(1)数量的单位为"艘","艘"应按船舶单元计算,

子母式作业船应分别统计。

(2)吨位的单位为"总吨","总吨"应为丈量确定的船舶总容积,每2.83米³为1总吨。

(3)功率的单位为"千瓦","千瓦"应按主机总功率计算。1马力等于0.735千瓦。

第21条　非机动渔船

非机动渔船指无配置机器作为动力的渔船,依靠人力、风力、水力或其他船只带动的渔业船舶,包括风帆船、手摇船等。

第五章　渔业灾情

第22条　渔业灾情

渔业灾情指由于遭受自然灾害而造成水产品产量减少、苗种损失、设施损坏、水域污染以及人员伤亡等。

水产品损失指由于自然灾害造成的水产品损失数量和金额。

受灾养殖面积指由于自然灾害造成水产品产量损失在10%以上的养殖面积。

渔业设施损毁指由于台风(洪涝)造成池塘、网箱(鱼排)、围栏、渔船损坏或沉没、堤坝、泵站、涵闸、码头、护岸、防波堤、工厂化养殖场及苗种繁育场等被毁,从而造成的渔业设施毁坏的数量和金额。

人员损失指由于自然灾害而造成人员失踪、死亡和重伤的人数。

病害损失指由于自然灾害导致水产品发病而造成的水产品损失数量和金额。

第六章　渔业人口与渔业从业人员

第23条　渔业乡和渔业村

在农村中,从事渔业生产与经营的人员占全部从业人员50%以上或渔业产值占农业产值的比重50%以上的乡、村,即为渔业乡和渔业村;达不到上述标准的,但一直是以经营渔业为主,并经上级主管部门批准定为渔业乡、村的,亦可统计为渔业乡和渔业村。

第24条　渔业户(家庭)

渔业户指农(渔)村中和城镇住户中主要从事渔业生产与经营的家庭。凡家庭主要劳动力或多数劳动力从事渔业生产与经营的时间占全年劳动时间50%(6个月)以上或渔业纯收入占家庭纯收入总额50%以上者均可统计为渔业户。

第25条　渔业人口

渔业人口指依靠渔业生产和相关活动维持生活的全部人口,包括实际从事渔业生产和相关活动的人口及其赡(抚)养的人口,具体如下:

(1)直接从事渔业生产和相关活动的在业人口。

(2)兼营渔业和其他非渔业劳动者中,凡从事渔业生产和相关活动的时间全年累计达到或超过3个月者,或者虽全年累计不足3个月,但渔业纯收入占纯收入总额比重超过50%者。

(3)由从事渔业生产和相关活动的人口赡(抚)养的人口。

(4)在既有渔业劳动者又有非渔业劳动者的家庭中,根据渔业与非渔业纯收入比例分摊的被渔业劳动者赡(抚)养的人口。

渔业人口中的传统渔民:指凡渔业乡、渔业村的渔业人口均可称为传统渔民。

第26条　渔业从业人员

渔业从业人员:全社会中16岁以上,有劳动能力,从事一定渔业劳动并取得劳动报酬或经营收入的人员。

渔业专业从业人员:全年从事渔业活动6个月以上或50%以上的生活来源依赖渔业活动的渔业从业人员。

渔业兼业从业人员:全年从事渔业活动3～6个月或20%～50%的生活来源依赖渔业活动的渔业从业人员。

渔业临时从业人员:全年从事渔业活动3个月以下或20%以下的生活来源依赖渔业活动的渔业从业人员。

第七章　远洋渔业

第27条　远洋渔业产量和远洋渔船

远洋渔业产量:由各远洋渔业企业和各生产单位按我国远洋渔业项目管理办法组织的远洋渔船(队)在非我国管辖水域(外国专属经济区水域或公海)捕捞的水产品产量。中外合资、合作渔船捕捞的水产品只统计按协议应属于中方所有的部分。

远洋渔船:按上述办法、协议,在上述水域进行常年或季节性生产的渔船。

第八章　水产苗种

第28条　苗种

鱼苗:卵黄囊基本消失,鱼鳔充气,能平游主动摄食的仔鱼,包括人工孵化和江河湖海港湾采捕的天然鱼苗。

鱼种:鱼苗经培育后,发育至全体鳞片,鳍条长全,外观具有成鱼基本特征的幼鱼,一般全长在1.7～23.3厘米,因出塘季节和培育期的不同,又俗称为夏花、冬片、春片、秋片、仔口和老口。

扣蟹:蟹苗经数次蜕皮变成外形接近蟹形的仔蟹,

再经过 4～5 个月饲养培育成每千克100～200 只性腺未成熟的幼蟹。

第 29 条　苗种数量统计原则

由苗种孵化或育成的单位归属统计,从他处购进或以其他方式取得苗种,不再进行统计。

第九章　水产加工业

第 30 条　水产加工企业

水产加工企业:从事水产品保鲜(保活)、保藏和加工利用的企业。

规模以上企业:年主营业务收入 500 万元以上的水产加工企业。

水产品加工能力:年加工处理水产品的总量。

第 31 条　水产冷库

水产冷库指主要用于水产品冻结、冷藏和制冰的场所,一般以低温冷藏库数作为冷库座数。

冷库的冻结能力、冷藏能力、制冰能力均指冷库建造设计的及后来改扩建新增的生产能力之和。

第 32 条　水产加工品

水产加工品指以水产品为原料,采用各种食品贮藏加工、水产综合利用技术和工艺所生产的产品,如冷冻冷藏品、腌制品、干制品、熏制品、罐头食品、各种生熟小包装食品,以及鱼油、鱼肝油、多烯脂肪酸制剂、饲料鱼粉、藻胶、碘、贝壳工艺品等。

一、水产冷冻品

水产冷冻品指为了保鲜,将水产品进行冷冻加工处理后得到的产品,包括冷冻品和冷冻加工品,但不包括商业冷藏品。

冷冻品泛指未改变其原始性状的粗加工产品,如冷冻全鱼、全虾等。

冷冻加工品指采用各种生产技术和工艺,改变其原始性状、改善其风味后制成的产品,如冻鱼片、冻虾仁、冷冻烤鳗、冻鱼籽等。

二、鱼糜制品和干腌制品

鱼糜制品将鱼(虾、蟹、贝等)肉(或冷冻鱼糜)绞碎经配料、擂溃成为稠而富有黏性的鱼肉浆(生鱼糜),再做成一定形状后进行水煮(油炸或焙烤烘干)等加热或干燥处理而制成的食品,如鱼糜、鱼香肠、鱼丸、鱼糕、鱼饼、鱼面、模拟蟹肉等。

干腌制品指以水产品为原料,经脱水(烘干、烟熏、焙烤等)或添加腌制剂(盐、糖、酒、糟)制成具有保藏性和良好风味的产品,如烤鱼片、鱿鱼丝、鱼松、虾皮、虾米、海珍干品,以及海蜇、腌鱼、烟熏鱼、糟鱼、醉虾蟹、醉泥螺、卤甲鱼、水生动植物调味品(虾蟹酱、蚝油、鱼酱油)等。

藻类加工品指以海藻为原料,经加工处理制成具有保藏性和良好风味的方便食品,如海带结、干紫菜、调味裙带菜等。

三、水产罐制品

水产罐制品指以水产品为原料按照罐头工艺加工制成的产品,包括硬包装和软包装罐头,如鱼类罐头、虾贝类罐头等。

四、鱼粉

鱼粉指用低值水产品及水产品加工废弃物(如鱼骨、内脏、虾壳等)等为主要原料生产而成的加工品。

五、鱼油制品

鱼油制品指从鱼肉或鱼肝中提取油脂,并制成的产品,如粗鱼油、精鱼油、鱼肝油、深海鱼油等。

六、其他水产加工品

其他水产加工品指除上述加工产品之外的加工品统称,如助剂和添加剂(蛋白胨、褐藻胶、碘、甘露醇、卡拉胶、琼胶等)、珍珠加工品、贝壳工艺品、鱼酒、鱼奶等。

第十章　渔民家庭当年收支情况调查

第 33 条　家庭常住人口数

家庭常住人口数指全年经常在家或在家居住 6 个月以上,而且经济和生活与本户连成一体的人口数。外出从业人员在外居住时间虽然在 6 个月以上,但收入主要带回家中,经济与本户连为一体,仍视为家庭常住人口;在家居住,生活和本户连成一体的国家职工、退休人员也为家庭常住人口。但是现役军人、中专及以上(走读生除外)的在校学生,以及常年在外(不包括探亲、看病等)且已有稳定的职业与居住场所的外出从业人员,不应当作家庭常住人口。

第 34 条　家庭渔业从业人员人数

家庭渔业从业人员人数指家庭常住人口中从事渔业生产、销售、运输等活动累计 6 个月以上的人数。

第 35 条　全年总收入

全年总收入指调查期内被调查对象从各种来源渠道得到的收入总和。按收入的性质划分为家庭经营收入、工资性收入、财产净收入、转移性收入和政府生产补贴(惠农收入)。

第 36 条　家庭经营收入

家庭经营收入指以家庭为单位进行生产经营和管理而获得的收入,包括渔业(水产品及鱼苗)收入、其他家庭经营收入。

渔业收入:水产品及鱼苗用于市场交易的现金收入或自产自食的实物收入。市场交易的现金收入等于交易的水产品及鱼苗或与水产品有关的劳务活动量乘以市场价格,只要交易发生,包括现款和应收款都要计算为收入;自产自食的实物收入,按自食水产品数量乘以相应水产品成本价格计算。如某个水产品的市场平均价格为 10 元/千克,用于计算该水产品市场交易的现金收入;成本价格为 6 元/千克,用于计算自产自食的该水产品实物收入。

经营其他行业收入:渔民家庭自主经营的除渔业外的其他行业,如种植业、畜牧业、林业等第一产业,或从事第二、第三产业所取得的经营收入。第一产业的收入包括现金和实物两个部分,计算方法与渔业收入类似;第二、第三产业只计算现金部分。

第 37 条　工资性收入

工资性收入指渔民家庭中从业人员通过各种途径得到的全部劳动报酬和各种福利,包括在渔业生产劳动中获得的工资和在其他行业劳动中获得的工资。

工资的形式包含计时计件劳动报酬、奖金、津贴,以及单位代个人缴纳的养老保险、医疗保险、失业保险、房租费、水电费、托儿费、医疗费等,单位定期或不定期发放过节费、调动工作的安家费、相当于现金的通用购物卡、免费或低价提供的实物产品和服务折价、工作餐补贴折价,零星或兼职劳动中得到现金、实物补贴折价等,还包括股份制企业派发或奖励给员工的股票和期权。

工资按照收付实现制计算,只要是在调查期内实际得到的工资,无论该工资是补发还是预发,都应归为本期得到的工资收入。本调查期内应得但因拖欠等原因未得到的工资不应计入。

工资不包括因员工或员工家属大病、意外伤害、意外死亡等原因支付给员工或其遗属的抚恤金和困难补助金,应该将其列入转移性收入中的社会救济和补助收入。

第 38 条　财产净收入

财产净收入指渔民家庭住户或成员将其所拥有的金融资产和自然资源交由其他机构单位、住户或个人支配而获得的回报并扣除相关的费用之后得到的净收入。财产净收入包括利息净收入、红利收入、储蓄性保险净收益和转让承包土地或水面经营权租金净收入等。

利息净收入指利息收入扣除该住户或个人付给债权方的生活性借贷款利息支出后得到的净值。利息收入指按照双方事先约定的金融契约条件,借出金融资产(存款、债券、贷款和其他应收账款)的住户或个人从债务方得到的本金之外的附加额。利息收入是应得收入,包括各类定期和活期存款利息、债券利息、个人借款利息等,银行代扣的利息所得税也包括在内。

红利收入指住户或个人作为股东将其资金交由公司支配或处置而有权获得的收益。包括股票发行公司按入股数量定期分配的股息、年终分红以及从集体财产入股或其他投资分配得到的股息和红利。股票买卖结算后获得的收益(含亏损)不包含在内。

储蓄性保险净收益指住户或个人参加储蓄性保险,扣除缴纳的保险本金及相关费用后,所获得的保险净收益,不包括保险责任人对保险人给予的保险理赔收入。

转让承包土地或水面经营权租金净收入指住户将拥有经营权或使用权的土地转让给其他机构单位或个人获得的补偿性收入扣除相关成本支出后得到的净收入,也包括从其他机构单位或个人获得的实物形式的收入。

其他财产净收入指住户所得的除上述以外的其他财产净收入扣除相关的维护成本之后得到的净收入。如通过在国外购买的土地、矿产等自然资源获得的财产净收入等。

财产净收入不包括将非金融资产(如住房、生产经营用房、机械设备、专利、专有技术、商标商誉等)交由其他机构单位、住户或个人支配而获得的回报,应该计入"经营净收入"。财产净收入也不包括转让资产所有权的溢价所得,这些是"非收入所得",不包含在本调查中。

第 39 条　转移性收入

转移性收入指国家、单位、社会团体对住户的各种经常性转移支付和住户之间的经常性收入转移。它包括政府、非行政事业单位、社会团体对居民转移的养老金或退休金、社会救济和补助、惠农补贴、政策性生活补贴、救灾款、经常性捐赠和赔偿以及报销医疗费等;住户之间的赡养收入、经常性捐赠和赔偿,以及农村地区(村委会)在外(含国外)工作的本住户非常住成员寄回带回的收入等。

转移性收入不包括住户之间的实物馈赠。

养老金或离退休金指根据国家有关文件规定或合同约定,在劳动者年老或丧失劳动能力后,根据他们对社会、单位所作的贡献和所具备的享受养老保险资格或退休条件,按月以货币形式或实物产品及服务给予的待遇,主要用于保障因年老或疾病丧失劳动能力的劳动者的基本生活需要。包括离退休人员的养老金或离退休金、生活补贴,农民享有的新型农村养老保险金,城镇居民享有的社会养老保险金,国家或地方政府给予城镇无保障老人的养老金,因工致伤离退休人员的护理费,退休人员异地安家补助费、取暖补贴、医疗费、旅游补贴、书报费、困难补助以及在原工作单位所得的各种其他收入,相当于现金的购物卡券也包含在内。也包括发给的实物和购买指定物品的票证、购物卡券,应同时计入相应的实物产品和服务项目中。

社会救济和补助指国家、机关企事业单位、社会团体和个人对各类特殊家庭、人员提供的特别津贴。包括国家对享受城镇居民最低生活保障待遇的家庭发放的最低生活保障金、对农村五保户发放的五保救助金、国家和社会及机构单位对特殊困难家庭给予的困难补助、扶贫款、救灾款、国家或机构单位向由于失去工作能力或意外死亡等原因而失去工作的职工或其遗属定期发放的抚恤金等。也包括发给的实物和购买指定物品的票证、购物卡券,应同时计入相应的实物产品和服务项目中。

惠农补贴指政府为扶持农业、林业、牧业、渔业和农林牧渔服务业,以现金或实物形式发放的各种生产补贴。现金形式发放的补贴包括粮食直补、购置和更新大型农机具补贴、良种补贴、购买生产资料综合补贴、退耕还林还草补贴、畜牧业补贴等生产性补贴。实物形式发放的补贴指政府低价或免费提供的相关产品和服务,如免费或低价提供的种子、农机具服务等。包括经营渔业的生产性补贴和经营其他产业的生产性补贴。在鱼塘改造中,如果是以渔民家庭为主进行投入建设,得到了政府补贴,计入渔民得到的惠农补贴;如果是政府直接奖励或投入改建建设,则按相关市场价格计入生产性固定资产。

政策性生活补贴指根据国家的有关规定,中央财政、各级地方财政给予家庭的相关政策性生活补贴。包括家电下乡和以旧换新等家电补贴、能源补贴、给农村寄宿制中小学生的生活补贴等;也包括其他低价或免费提供的实物产品和服务,如廉租房等。

报销医疗费指参加新型农村合作医疗、城镇职工基本医疗保险、(城镇)居民基本医疗保险、城乡居民大病保险的居民在购买药品、进行门诊治疗或住院治疗之后,从社保基金或单位报销的医疗费。报销医疗费属于一种实物收入。报销医疗费包括使用社保卡进行医疗服务付费时直接扣减的、由社保基金支付的部分。从商业医疗保险获得报销的医疗费不包括在内。

外出从业人员寄回带回收入指在外(含国外)工作的本住户非常住成员寄回、带回的收入。无论是以现金、汇款、转账、银行卡共享等任何形式寄回、带回的收入,都应计入。

赡养收入指亲友因赡养和抚养义务经常性给予住户及其成员的现金和实物收入。

其他经常转移收入指住户从除上述各项转移性收入以外得到的其他经常性转移收入。如经常性捐赠收入、经常性赔偿收入、失业保险金、亲友搭伙费等。

经常性捐赠收入指住户从他人、组织、社会团体

处得到的经常性捐献或赠送收入。这种捐赠收入带有义务性和经常性,不包括遗产及一次性馈赠收入、婚丧嫁娶礼金所得、压岁钱等。捐赠收入与赡养收入的区别:赠送是对本住户的成员无赡养义务的其他住户或个人给本住户及其成员的现金。本住户成员内部间的捐赠收入和捐赠支出均不必记账。

经常性赔偿收入指住户及其成员因受到财产损失、人身伤害、精神损失得到的国家、单位、个人定期支付的经常性赔偿,不包括一次性赔偿所得。

第40条　全年总支出

全年总支出指渔民家庭全年用于生产、生活和再分配的全部支出。包括:家庭经营费用支出、生产性固定资产折旧、税费支出、生活消费支出、转移性支出。

第41条　家庭经营费用支出

家庭经营费用支出指以家庭为单位从事生产经营活动而消费的商品和服务、自产自用产品。包括经营渔业费用支出和经营其他行业费用支出。

经营渔业费用支出包括燃料、水电及加冰费用、雇工费用、饲料费用、购买种苗费用,以及加工费用、修理费、承包或租用费等其他生产支出。其中燃料、水电费指用于生产的,不包括用于生活的支出;修理或改造费用等,指额度在1 000元以下的日常渔需物质支出,在此价值量之上的如渔具的大修、鱼塘清淤、改造等较大规模投入,则按量按价计入固定资产。

经营其他行业费用支出指从事除渔业经营外的其他行业,如种植业、畜牧业、林业等第一产业,或从事第二、第三产业经营的支出。其计算方法参考经营渔业支出。

第42条　生产性固定资产原价及折旧

生产性固定资产指使用年限在2年及以上、单位价值在1 000元以上的房屋建筑物、机器设备、器具工具、役畜、产品畜等资产,其中渔业生产性固定资产包括生产用车船、精养鱼池、大型网具、防逃设施、涵闸、泵站等。

生产性固定资产原价指固定资产当初的购进价、新建价或开始转为固定资产的价值。自繁自养的幼畜成龄转作役畜、产品畜、种畜,按市场同类牲畜的平均价格计价。国家奖励和外单位赠送的固定资产按购置同类固定资产的价格参照其新旧程度酌情计价。

渔民家庭的生产性固定资产折旧按农业生产性固定资产折旧方法处理,即15年的使用期限。

第43条　税费支出

税费支出指渔民家庭以现金和实物形式缴纳的从事生产经营活动的各种税赋支出,以及承包费、一事一议款、以资代劳款、乡村提留、集资摊派等费用,包括经

营渔业税费支出和经营其他产业税费支出。对于无法区分家庭产业经营活动的税费支出,按一定比例分摊。

第 44 条　转移性支出

转移性支出指渔民家庭或成员对国家、单位、住户或个人的经常性或义务性转移支付,包括缴纳的税款、各项社会保障支出、赡养支出、经常性捐赠和赔偿支出以及其他经常转移性支出等。

个人所得税指家庭或成员被扣缴的工资薪金所得、对企事业单位的承包经营承租经营所得、个体工商户的生产经营所得、劳务报酬所得、稿酬所得、特许权使用费所得、利息股息红利所得、财产租赁所得、财产转让所得、偶然所得、经国务院财政部门确定征税的其他所得等个人所得的税款。生产税、消费税不在其内。

社会保障支出指家庭成员参加国家法律、法规规定的社会保障项目中由单位和个人共同缴纳的保障支出。包括养老保险、医疗保险、失业保险、工伤保险、生育保险以及其他社会保障支出。

赡养支出指家庭成员因赡养和抚养义务而付给亲友的经常性现金和定期的实物支出。现金赡养支出应按实际发生的金额计算,不论是从报告期收入中开支的,还是从银行存款、手存现金以及其他所得中开支的,均应包含在内。

其他经常转移支出指家庭或成员除缴纳的税款、社会保障支出、赡养支出以外的其他经常性转移支出,如经常性捐赠支出、经常性赔偿支出、各种罚款(如交通罚款);政府部门向居民提供服务收取的服务费,如迁户口的办理费、办理身份证费,缴纳工会费、党费、团费以及学会团体组织费等。

经常性捐赠支出指家庭或成员赠予他人的经常性和带有义务性的现金支出,包括向寺庙的经常性捐款、定期资助贫困学生或贫困地区的款项、个人对公共设施建设的各类捐款,如解困基金、水利基金、防洪基金等,但不包括以商品或服务方式给予他人的价值额。婚丧嫁娶礼金支出与一次性馈赠支出如压岁钱、探望病人给予的礼金等不含在内。经常性捐赠支出应按实际发生的金额计算,不论是从报告期收入中开支的,还是从银行存款、手存现金以及其他所得中开支的,均应包含在内。

经常性赔偿支出指家庭或成员向因受到财产损失、人身伤害、精神损失的国家、单位、个人定期支付的赔偿支出,不包括一次性赔偿支出。

第 45 条　生活消费支出

生活消费支出指渔民家庭用于满足家庭日常生活消费需要的全部支出,包括伙食支出、烟酒支出、衣着支出、居住支出、生活用品支出、交通通信支出、教育文化娱乐支出、医疗保健支出、其他用品及服务支出。

伙食支出指渔民家庭住户购买粮、油、菜、肉、禽、蛋、奶、水产品、糖、饮料、干鲜瓜果等食品的支出,也包括在外饮食、餐馆外卖食品和其他饮食服务的支出,但不包括用于宠物食品的支出。

烟酒支出指渔民家庭住户用于烟草和酒类的支出。烟草包括卷烟、烟丝、烟叶。涵盖住户购买的所有烟草,包括在餐馆、酒吧等购买的烟草。不包括烟具。酒指用高粱、大麦、米、葡萄或其他水果发酵制成的含酒精饮料。主要有白酒、黄酒、葡萄酒、啤酒,包括低度酒精饮料或不含酒精的啤酒等。此处指买来在家喝的酒类,不包括在餐馆、旅馆、酒吧等消费的酒(在外饮食)。

衣着支出指渔民家庭住户用于穿着的支出,包括购买服装、服装材料、鞋类、其他衣类及配件,以及衣着相关加工服务的支出。

居住支出指渔民家庭住户用于居住的支出,包括房租、水、电、燃料、住房装潢、物业管理等方面的支出。

生活用品支出指渔民家庭住户购买家具和家用电器、日用杂品的支出。

家具和家用电器包括家具、家具材料、室内装饰品、家庭使用的各类大型器具和电器,小家电等,如冰箱、冷饮机、空调、洗衣机、吸尘器、干衣机、微波炉、洗碗机、消毒碗柜、炊具、炉灶、热水器、取暖器、保险柜、缝纫机、榨汁机、烤面包炉、酸奶机、熨斗、电水壶、电扇、电热毯等。

日用杂品包括床上用品、窗帘门帘和其他家用纺织品,以及洗涤及卫生用品、厨具、餐具、茶具、家用手工工具、其他日用品、护肤品、美容美发用品等。

交通通信支出指渔民家庭户在交通工具、交通费、通信器材、通信服务方面的支出。

交通工具包括家用汽车、摩托车、自行车及其他家庭交通工具。不包括经营用交通工具。

交通费包括乘坐各种交通工具(如飞机、火车、汽车、轮船等)所支付的交通费以及用于车辆使用的燃料费、停车费、维修费、车辆保险等。不包括因公出差暂由个人垫付的交通费。

通信工具包括固定电话机、移动电话机、寻呼机、传真机等。

通信服务费包括电话费、电话初装费、入网费、电信费、邮费等。

教育文化娱乐支出指渔民家庭户用于住户成员的教育活动、文化娱乐活动的支出。

教育包括职业技术培训费、学杂费、赞助费、一揽子教育服务费、教育用品支出等。文化娱乐包括用于文娱耐用消费品、其他文娱用品和文化娱乐服务。

文娱耐用消费品包括各种音像、摄影和信息处理设备，如彩色电视机、照相机、摄像机、组合音响、家用计算机，也包括中高档乐器、健身器材等，还包括文娱耐用消费品的零配件和维修。

其他文娱用品包括除教材及参考书以外的各种书报杂志及音像制品、文具纸张、体育户外用品、玩具、用于花鸟虫鱼等业余爱好的相关用品、宠物及宠物用品等其他文娱用品，也包括以上文娱用品的维修支出。

文化娱乐服务指和文化娱乐活动有关的各种服务费用。包括团体旅游、景点门票、体育健身活动、电影、话剧、演出票、有线电视费以及其他文化娱乐服务支出。

医疗保健支出指渔民家庭户购买医疗器具和药品，支付门诊和住院费方面的支出。

医疗器具和药品包括药品、滋补保健品、医疗卫生器具及用品和保健器具。

门诊和住院费指门诊和住院的医疗总费用，包括从各种医疗保险或其他医疗救助计划中获得的医药费和医疗费的报销款额；挂号费、诊疗费、注射费、手术费、透视费、镶牙费、出诊费、送药费、陪侍费、住院费、救护车费等；提供给门诊病人的药物、医疗器械和设备及其他保健产品。报销医疗费应按收付实现制记录，即仅当医疗费报销到手时才计入。

其他用品及服务指渔民家庭户在其他用品及服务方面的支出。

其他个人用品包括首饰、手表和其他杂项用品。

其他服务包括旅馆住宿费、美容美发洗浴、其他杂项服务。无法归入七大类服务支出的其他各项服务支出，如迷信、丧葬费、诉讼费、公证费、房地产中介服务费等也包含在内。

第46条　全年纯收入和渔业纯收入

全年纯收入指渔民家庭当年从各种来源得到的总收入相应地扣除所发生的费用后的收入总和。全年纯收入主要用于再生产投入和当年生活消费支出，也可用于储蓄和各种非义务性支出。渔民人均纯收入是按人口平均的纯收入水平，反映的是一个地区或一个渔民家庭的居民平均收入水平。计算方法：

全年纯收入＝全年总收入－家庭经营费用支出－生产性固定资产折旧－税费支出

渔业纯收入＝出售水产品收入＋从事渔业所获得的工资性收入－经营渔业支出－渔业固定资产折旧－渔业税费支出

第47条　可支配收入

可支配收入指渔民家庭户可用于最终消费支出和储蓄的总和，即可以用来自由支配的收入。可支配收入既包括现金，又包括实物收入。本调查按照收入的来源，可支配收入包含四项，分别为：工资性收入、经营净收入、财产净收入、转移净收入。计算公式为：

可支配收入＝工资性收入＋经营净收入＋财产净收入＋转移净收入

其中：

经营净收入＝经营收入－经营费用－生产性固定资产折旧－税费支出

转移净收入＝转移性收入－转移性支出

第48条　渔民家庭收支调查台账首页及问卷

渔民家庭收支调查台账首页是用于采集渔民家庭收支情况基础数据的方法。在调查户中建立台账首页，按一定时间将发生收支情况通过问卷访问进行记录，由县级渔业统计人员按时间要求，直接通过村干部或村农业技术员收集或调查。本台账首页及问卷为参考表样，各地可根据实际情况自行设计，方便渔民理解。在台账首页中需要一次性填写的内容包括样本户地址及代码、居住房屋面积和估价、拥有大型网具价值、养殖面积、机动渔船数量、功率和吨位等。

样本户地址及代码指渔民家庭收支调查样本户的居住地址，按省、地、县、乡、村的行政地址填写，代码是国家统计局公布的标准代码（12位）。村内的样本户按自然顺序编码。样本户所在的行政区划名称发生改变，但尚未获得国家标准名称和代码的，原地址和代码不变，可在备注中说明。

居住房屋面积指住宅用于生活居住的建筑面积，应扣除住宅中非生活居住（出租、生产或商用）的建筑面积。

建筑面积以房屋产权证或租赁证为准，也可按使用面积乘以1.333计算得出。如果没有相应证明，则由调查员根据本住宅或类似住宅判断填写。建筑面积应填写整数，不为整数时应四舍五入。

居住房屋的估价指居住房屋建筑本身的市场估值，仅包含建筑物本身的价值，不包含宅基地的价值。市场估值主要由调查员辅助住户进行填报。按农村地区的住宅市场估值方法进行估价，调查员预先了解本地区目前平均的房屋建造成本，并将这些信息提供给调查户。针对某个具体住宅，首先估计目前如果要建造同类住房所需要的成本，然后按照30年折旧的期限，根据住宅的建筑年份对剩余的价值进行折算。

（中国水产学会　高宏泉）

农业农村部副部长马有祥
在 2022 年全国渔业安全生产
工作会议上的讲话
（2022 年 2 月 14 日）

新春伊始，我们召开全国渔业安全生产工作会议。这是今年召开的第一个全国性渔业工作会议，充分体现了农业农村部党组对渔业安全生产工作的高度重视。这次会议的主要任务是，深入学习贯彻习近平总书记关于安全生产的重要论述和重要指示批示精神，贯彻全国安全生产电视电话会议部署的有关要求，总结 2021 年全国渔业安全生产工作，部署 2022 年重点任务。

刚才，大家观看了渔业安全生产专题片，辽宁、浙江、广西、黑龙江四个省渔业渔政部门的同志作了交流发言，各地可以相互学习借鉴。国务院安全生产委员会办公室夏君丽同志、交通运输部海事局孙有恒同志就做好渔业安全生产工作提出了要求和意见，各地要认真抓好落实。下面，我讲三点意见。

一、2021 年全国渔业安全生产工作情况

2021 年，渔业渔政部门认真贯彻落实党中央、国务院决策部署，牢固树立安全发展理念，坚持人民至上、生命至上，全力克服新冠肺炎疫情、极端灾害性天气等不利因素，采取有力措施，狠抓责任落实，实现了渔业安全生产事故起数和人数"双下降"，尤其是重特大事故"零发生"，商渔船碰撞事故下降了近一半，完成了年初国务院安全生产委员会对我们提出的要求。据统计，去年全国共发生渔船安全生产事故 120 起、死亡失踪 135 人，同比分别减少 21 起、42 人。

一是高规格部署工作。国务院安委会高度重视水上运输和渔业船舶安全，去年初印发了安全风险防控工作意见。农业农村部制定了工作落实方案，分解为 12 项主要任务和 20 项具体工作。地方各级渔业渔政部门也结合实际，细化工作方案、明确具体措施，严格按照时间节点，保质保量完成了年度工作任务。广东开展"不安全、不出海"专项行动，提出 6 个 100％的硬要求；山东出台严厉整治海洋涉渔违法违规行为的 12 条措施，严肃追究属地政府和行业监管责任；浙江组建涉海涉渔安全专业委员会，开展"遏重大"百日攻坚行动，实施定时点验管理。

二是高频次排查隐患。去年，农业农村部组织开展了为期 3 个月的全国渔业安全生产专项治理，选派 8 个工作组，对沿海和内陆共计 21 个省（自治区、直辖市）进行了交叉互检和集中整治，深入开展隐患排查治理，防范化解重大风险。按照国务院安委会统一部署，农业农村部牵头对 8 个省份、18 个地（市）、32 个县（市）开展了工作考核、督导检查和明察暗访。地方自行开展的各类隐患排查、专项检查、明察暗访达到 500 多次。

三是高强度监管执法。各地结合"亮剑""伏季休渔"等渔政执法行动，高强度开展安全监管执法，对渔船不安全行为进行依法处罚、督促整改，严防渔船"带病出海、带病作业"。农业农村部会同交通运输部、工业和信息化部等七部门首次联合印发工作意见，全面加强渔船审批、修造和检验监管，从源头上遏制渔船"带病出生"和涉渔"三无"船舶产生。会同交通运输部联合开展"商渔共治 2021"专项行动，聚焦宣传教育和安全执法两个重点，推动商渔船碰撞事故联合调查，开通专线实现渔业海事数据共享，推动水上安全共管共治。去年商渔船碰撞事故 18 起，死亡失踪渔民 38 人，同比下降 6 起、36 人。

四是高标准筑牢安全基础。农业农村部开展"我为群众办实事"实践活动，围绕渔业安全，集中解决突出问题。各地共开展渔业船员安全技能和自救互救专题培训 21.7 万人次。充分利用渔业发展补助政策，安排"十四五"期间补助 65 亿元，开展渔船减船转产和更新改造，支持渔船安全通导设备配备，提升渔船本质安

全水平。印发加强"插卡式 AIS"试点工作通知,明确新安全设备标准,在福建、山东、广西、上海等地开展实船试用,"一船一码一设备"监管措施稳步推行。各地也加大了新技术、新装备在安全方面的应用。浙江加快建设渔船安全精密智控系统;广西构建渔港"一张图"平台体系;福建积极推进渔船"宽带入海"专项建设。

五是高效率应急处置。全年共救助渔船险情事故871起、救起渔民 7 065 人,挽回直接经济损失 4 亿元,妥善处置了"苏启渔 03434、浙岱渔 06609"等沉船事故。开设全国渔业安全应急中心,开通全国统一的渔业安全应急值守电话"95166",推广应用全国渔业安全事故直报系统,并向 100 万渔民发送了温馨提示,实现险情事故第一时间接警、第一时间处置、第一时间上报,加快打造"实战管用、基层爱用、群众受用"的救援生命线。促进渔业保险规范有序发展,完善了事故预赔付机制,在辽宁、浙江、广东、广西、海南等地推行渔业船员实名制保险,有效维护了渔区社会和谐稳定。同时,扎实推进渔业互助保险系统体制改革,中国渔业互助保险社冠名申请获国务院批准,新保险机构注册预登记和银保监会批筹工作全面完成。

同志们,过去一年的工作富有成效,大家的辛勤付出可圈可点。在此,我谨代表农业农村部向奋斗在渔业安全生产战线上的同志们致以深深的敬意和诚挚的慰问!

二、当前渔业安全生产存在的问题

尽管目前我国渔业安全生产形势总体稳定,但是渔业的高风险性没有改变,累积的风险依然还在,新生风险又在不断形成,渔业安全的漏洞、盲点、隐患依然突出。去年,全国共发生了 9 起渔船重大险情,涉险渔民 128 人,因救助及时,才避免了重大险情酿成重大事故。我点几个重大险情。去年 4 月,"鲁威经渔51267"船翻扣 11 人遇险、"苏海门渔 01728"船倾覆 15人遇险、"闽连渔运 60378"船与商船相撞沉没 17 人获救;7 月"平太荣 49"船触礁 15 人安全转移;9 月"琼洋渔 18007"船失火 11 人获救;12 月"福远渔 8660"船触礁进水 22 人转移、"浙嵊渔 07335"船失火 14 人涉险、"辽盘渔 25168"船翻扣 12 人落水、"浙岱渔 02425"船锚泊时沉没 11 人获救。这很幸运,人救起来了,没有成为重特大事故。今年 1 月,远洋渔船"宁泰 59"与商船碰撞 26 人全部获救。上周四,"浙嵊渔 07713"船与一艘多用途货船相撞沉没,11 人被安全救起。由此可见,渔业安全生产形势依然不容乐观,商渔船碰撞险情事故防控任务仍然艰巨,容不得丝毫麻痹大意。问题

隐患的存在,既有客观原因,也有主观原因,其中,主观上的原因更值得我们反思总结。

一是思想上没有真重视。习近平总书记反复强调,要"牢固树立安全发展理念,始终把人民群众生命安全放在第一位,牢牢树立发展不能以牺牲人的生命为代价这个观念"。但是,一些地方对安全生产,说起来重要,干起来次要,忙起来不要,在政策扶持、工作安排、队伍支撑、资金保障等方面,没有真正做到统筹发展和安全。一些地方认为,只要事故调查结果为自然灾害,就万事大吉,没有责任了。虽然"天灾"因素客观存在,但往往伴有"人祸"。比如,去年发生的较大事故中,约 1/3 涉及恶劣天气。但这些渔船都不同程度存在"人祸"问题,如,大风期间仍在海上作业、职务船员没有配齐、出港报告人数与实际在船人数不符、灾害预警信息没有传递到船上、船长没有采取相应防范措施、船东和监管部门不掌握渔船实时动态等。一些地方认为渔业风险高,不可控因素多,事故难以避免。有的认为,我国渔业行业机械化水平不高,生产方式处于转型升级时期,事故多发有必然性。更为甚者,少数地方认为把渔船清零,安全事故就自然没有了。一些地方眼里紧盯安全数字,认为只要事故数据下来了,就是工作上去了,没有事故就是没有问题,就是工作到位,管理短板、风险隐患就不用去排查了。以上我点的一些地方存在的问题,都有对应现成的例子,我就不具体点名了,希望各地自行对号入座。

二是安全生产责任没有真落实。习近平总书记指出,要"坚持最严格的安全生产制度,什么是最严格?就是要落实责任。要把安全责任落实到岗位、落实到人头"。但是,从现在来看,"三个责任"在落实上还有一定差距。属地领导责任没有到位。安全生产"党政同责",而有的地方,领导很少专题听取渔业安全生产工作汇报,甚至一年都没有一次,只有在事故发生后,才去作批示,好像很重视。有的地方把属地责任部门化,认为安全生产就是部门工作,有事找部门、出事处理部门。有的地方对涉渔"三无"船舶,睁一只眼闭一只眼,没有真打真清,去年约 1/3 的较大事故涉及"三无"船舶。部门监管责任没有落细。一些地方渔船安全管理不精细,进出港检查不严不实,只管本地船不管外地船,只管大船不管小船,认为小船都在近岸作业,船上只有 1~2 个人,出事也出不了重大事故。一些地方安全监管执法不严格,对渔业职务船员配备不齐等行为普遍按照下限进行罚款,没有采取扣留船长证书等强制措施。有的对擅自关闭破坏安全通导设备等违法犯罪行为,仅处罚几千块钱了之,不能形成有效震慑。一些地方汲取教训不深刻,事故调查重技术分析

轻责任追究,如有的地方发生重大事故,调查报告写了上百页,唯独没有责任追究的建议。就连技术分析,也只是简单罗列"疏忽瞭望、疲劳驾驶、恶劣天气影响"等,没有深入剖析事故发生的深层次原因,也没有深入研究破解之道,导致事故屡屡发生、重蹈覆辙。主体责任没有压实。有的船东船长重效益轻安全,职务船员不配齐、救生消防设施不配足、号灯号型损坏不更换、渔船买卖租赁不办证。有的船东船长有义务不履行、有规定不执行,进出渔港不报告、违反航行规则、疏忽值班瞭望、冒险航行作业、擅自拆卸关闭 AIS 设备、脱编脱组生产。甚至有的在航渔船,船长不在船上,由不具备驾驶资质的普通船员驾驶,等等。

上述两方面,也就是思想上没有真重视、责任没有真落实,是造成事故易发频发,在同样问题上一次又一次付出生命和血的代价的主要原因,各地要有清醒认识。当然,老旧木质渔船安全风险突出、渔港基础条件较差、渔业组织化程度不高等本质安全问题,也是客观存在,需要持之以恒推动解决。但无论如何,都决不允许以客观理由掩盖主观问题,以灾害风险掩盖工作不力,以本质安全问题掩盖当下不作为慢作为。

三、扎实做好 2022 年渔业安全生产工作

2022 年,渔业渔政部门要进一步提高政治站位,坚持以人民为中心的发展思想,统筹发展和安全,以防范化解重大安全风险为主线,加强渔业安全"三线一体系"建设,强化横向联合联动、加大纵向指导督促,加强精准治理、依法治理和源头治理,实现更高水平的安全,服务好渔业高质量发展。重点做好以下工作。

(一)持续推进"两个行动"。三年行动是促进渔业安全工作系统性提升的重要抓手。今年,三年行动进入最后的巩固提升阶段,各地要逐条逐项对照三年行动计划,按照问题隐患和制度措施两个清单,认真部署、抓好落实并做好全面总结。"商渔共治"是突破商渔船碰撞难点问题的重要举措。今年要继续开展"商渔共治 2022"专项行动,推动商渔共治常态化、规范化、制度化。要细化实化行动方案,深化宣传教育和联合执法,突出"网位仪 AIS"清理治理,构建港内港外齐发力、航行作业齐监管的协同机制,坚决遏制重特大商渔船碰撞事故发生,共同维护水上安全形势稳定向好。

(二)聚焦开展"两个整治"。一是部署开展渔业船员专项整治,指导各地对职务船员配备不齐、普通船员人证不符、不持证上岗等违法违规行为进行专项整治。同时,大力推进"职务船员缩短晋升时限、理论实操合

并考试和配员标准优化完善"三项改革,最大程度便利渔民获得技能、取得证书、晋升职级,切实提高渔业船员整体安全水平。二是聚焦"拖网、张网、刺网"三类高危渔船和"自沉、碰撞、风灾、火灾"四类事故高发情形,以防范船舶不适航、船员不适任、冒险航行作业为重点,持续开展全国渔业安全专项整治,优化工作方案,完善工作机制,细化检查项目、查验流程、下沉深度等工作要求,促进各地自查自纠和交叉排查向深处走、向实处走,确保渔船安全出港、安全作业、安全返航。

(三)全力抓好"两个建设"。一是抓好安全应急值守能力建设。各地要加快渔业安全应急中心建设,用好渔业安全事故直报系统,修订完善全国渔业安全应急值守工作规则,打造"上下贯通、左右连通"的全国渔业安全应急体系,提高险情事故处置效率。二是抓好事故调查处置能力建设。建立事故调查评估评查机制,针对去年死亡失踪 3 人及以上安全事故,农业农村部将牵头组织开展事故调查报告评估评查,确保事故调查客观公正、合法合规,经得起科学的推敲和历史的检验。要坚决扭转"重调查、轻处理",结合新法律法规,明确主体责任、监管责任和属地责任,严格追责问责,对那些打着"保护干部"的"护犊子"做法,决不能"宽松软"。

(四)延伸拓展"两个端口"。要进一步加强渔业安全工作的全面性和系统性,在做好隐患治理、应急处置、调查处理等工作基础上,向前端和向后端延伸拓展安全监管链条,提升渔业安全生产整体水平。向前端,要推动监管关口前移,增强安全生产与"船港人"业务的深度融合,加强"人防物防技防"建设,强化渔业组织化管理,筑牢渔业安全基层基础防线,提升渔船渔港本质安全水平,实现标本兼治;向后端,要增强事故善后处置和风险保障能力,加快实施渔业安全生产责任保险、落实渔业船员实名制保险,普及渔业养殖保险,大幅减轻事故损失、有效降低后续风险,切实维护渔区社会和谐稳定。同时,要加快形成长效机制,修订完善渔船渔港、渔业船员、渔业无线电等规章制度,推动依法治渔、依法促安,逐步构建起与新发展阶段相适应的渔业安全治理体系。

同志们!"安全生产,责任重于泰山",让我们更加紧密地团结在以习近平同志为核心的党中央周围,紧紧围绕中央部署落细落小抓好落实,踔厉奋发向未来,笃行不怠担使命,扎实做好 2022 年各项工作,守牢渔业安全生产底线,有效防范和坚决遏制重特大事故发生,为渔业高质量发展、建设现代渔业强国保驾护航,以实际行动迎接党的二十大胜利召开!谢谢大家!

农业农村部副部长马有祥在"中国渔政亮剑 2022"黄河禁渔专项执法行动工作部署会上的讲话

（2022 年 3 月 30 日）

同志们：

黄河流域生态保护和高质量发展是习近平总书记亲自谋划、亲自部署、亲自推动的重大国家战略，是党中央着眼长远作出的重大决策部署。根据中央有关部署要求，今年农业农村部发布了新的黄河禁渔制度。今天我们和公安部一起召开视频会议，主要任务是：深入学习贯彻落实习近平总书记关于黄河流域生态保护和高质量发展的重要讲话精神，部署黄河禁渔专项执法行动，进一步强化黄河水生生物保护，推动黄河流域渔业高质量发展。刚才，甘肃、河南、山东省农业农村厅和四川省公安厅分别作了发言，交流了加强黄河水生生物资源养护和打击非法捕捞违法犯罪的经验做法，各地要认真学习借鉴。公安部食品药品犯罪侦查局一级巡视员李明同志对打击黄河流域非法捕捞违法犯罪活动提出了明确要求，各级渔业渔政主管部门要密切配合公安部门抓好落实。下面，我讲几点意见。

一、提高政治站位，切实增强做好黄河禁渔工作的责任感使命感

黄河是中华民族的"母亲河"，黄河流域生态保护和高质量发展是事关中华民族伟大复兴和永续发展的千秋大计。习近平总书记强调，要共同抓好大保护，协同推进大治理，着力加强生态保护治理、促进全流域高质量发展，让黄河成为造福人民的幸福河。在去年 10 月召开的深入推进黄河流域生态保护和高质量发展座谈会上，习近平总书记指出，黄河上游产水区重在维护生态系统完整性，有序实行休养生息制度；抓好上中游流域综合治理；提高黄河河口三角洲生物多样性。党中央、国务院印发的《黄河流域生态保护和高质量发展规划纲要》提出，对扎陵湖、鄂陵湖等全面禁止渔猎，加强土著鱼类等重要野生动物栖息地保护，强化濒危鱼类增殖放流，扩大和改善物种栖息地。习近平总书记的重要讲话和党中央、国务院的决策部署为我们做好黄河禁渔、加强黄河水生生物保护提供了根本遵循，提出了明确要求。水生生物是江河湖海生态系统不可或缺的重要组成部分。长期以来，受拦河筑坝、环境污染、过度捕捞等因素影响，黄河水生生物生存环境受到威胁，水生生物资源衰退和生物多样性下降等问题凸显，鱼类种类由 20 世纪 80 年代的 191 种下降到现在的 147 种，下降了 23%，北方铜鱼、多鳞白甲鱼等 10 种黄河特有鱼类已经成为珍贵、濒危水生野生动物。加强保护，刻不容缓。

党的十八大以来，农业农村部会同有关部门和沿黄省（自治区）渔业渔政主管部门积极采取措施，特别是黄河禁渔制度的实施，使黄河水生生物资源衰退趋势得到初步遏制，水生生物资源有所恢复。2022 年，农业农村部决定进一步调整优化黄河禁渔制度，从今年起，对黄河河源区和上游重点水域实施常年禁渔，对黄河宁夏段以下禁渔时间延长至 4 个月，同时把大通河、隆务河等河流和沙湖、乌梁素海、哈素海等湖泊纳入禁渔范围，总体上禁渔时间更长了，区域更广了，任务更重了。

沿黄各级渔业渔政主管部门要切实提高政治站位，深刻认识到抓好黄河禁渔对于黄河流域生态保护和高质量发展、保障国家生态安全的重要意义，切实增强使命感、责任感，以更加主动的态度、更加有力的措施、更加务实的作风，切实做好黄河禁渔执法监管各项工作，确保黄河禁渔制度执行到位，确保资源养护措施落实到位。涉及常年禁渔的地区更是要长远谋划、打好基础，确保常年禁渔管得住、稳得住。

二、突出监管重点，维护黄河禁渔秩序

抓好执法监管是确保禁渔落实到位的关键。沿黄各地在强化日常监管的同时，要紧盯关键环节和突出问题，着力提升黄河禁渔监管实效。

一要盯紧非法捕捞行为。要紧盯违法捕捞高发水域。加强非法捕捞案件行为历史数据分析，开展明察暗访，深入研判查找非法捕捞重点人群、高发水域、高发原因，找到症结，精准布控，集中打击，不留死角。很多高发水域背后有违法捕捞团伙的身影，有的背后可能还有黑恶势力，各地要及时向公安部门移交线索，配合予以坚决打击。要紧盯违法捕捞高发时段。非法捕捞行为多数发生在夜间、偏僻河段、节假日期间。执法机构要合理调配力量，强化值班驻守，及时出警执法，及时响应群众举报，及时回应舆论关切。要紧盯非法行为高发类型。"三无船舶""电毒炸""绝户网"等非法捕捞在内陆常见多发，对资源、生态危害极大。要借鉴长江禁渔经验，对乡镇船舶、自用船舶进行登记造册、明确标识、强化管理、分类处置，确保用途可控、去向可查、行为合法。对于"三无船舶""电毒炸""绝户网"等严重违法捕捞行为，不仅要从重从快实施行政处罚，还要强化生态损失追偿、协调配合做好公益诉讼；

对于多次违法的行为人,要纳入重点监控名单、实施失信联合惩戒。同时,对于非法捕捞工具、网具的制造点、销售点,也要开展专项执法,从源头上进行整治。关于休闲垂钓,社会普遍关注,各地要因地制宜加强监督管理,严厉打击以休闲垂钓为幌子从事捕捞作业的行为。

二要盯紧非法水产品销售场所。没有买卖就没有杀戮,没有消费就没有捕捞。要切实加强黄河野生鱼销售环节执法。一方面,要紧盯水产品市场,严打在黄河禁渔期内违法销售非法捕捞黄河野生鱼行为,尤其是节假日前后,水产品市场需求大、价格高、非法捕捞获利多,一旦发现售卖非法捕捞黄河野生鱼的行为,要依法严处,同时要顺藤摸瓜、从严处理违法捕捞者。另一方面,要紧盯涉渔餐馆饭店,严禁使用标识“黄河野生鱼”的招牌或菜单,严打制售黄河野生鱼菜肴行为。去年黄河禁渔期,黄河岸边某一景区内餐馆公然出售“黄河野生鱼”,引发媒体关注,后来虽然查明是用养殖鱼类冒充黄河野生鱼,但在社会上造成恶劣影响,国务院领导同志高度重视并作出重要批示。沿黄各地渔业渔政主管部门要会同市场监管、公安等部门加大对禁渔期沿岸涉渔餐馆饭店的监督检查,坚决铲除非法捕捞、销售利益链条。

三、强化支撑保障,不断提升禁渔执法监管能力

强有力的渔政执法力量是落实好黄河禁渔的基本保障。沿黄各地要按照农业农村部印发的《关于加强渔政执法能力建设的指导意见》要求,全面加强渔政执法能力建设,形成人防技防结合、专管群管互补的监管体系。

一要加强执法队伍建设。要把渔政执法机构队伍建设摆上重要位置,执法任务较重、已经设有渔政执法队伍的地方,要继续保持相对独立设置;已经纳入农业综合执法的地方,要保障专业执法力量。从安徽省落实长江十年禁渔的经验看,农业综合执法机构加挂渔政执法机构牌子,是明确执法机构职责、增加人员编制、强化执法力量的有效措施。沿黄各省级渔业渔政主管部门要积极推动加挂渔政执法机构牌子,配齐配强渔政执法人员;同时,要组建日常协助巡护队伍,形成专群互补的多层级的联合监管力量,确保事有人干、责有人担。

二要强化执法装备保障。去年农业农村部会同财政部出台了渔业发展支持政策,明确相关资金可以用于渔政执法船艇、码头等执法装备配备与运维,各地要用足用好政策,从软件和硬件两个方面加快提升黄河禁渔执法能力。要全面转变执法监管理念,加强无人机、视频监控和雷达等新科技装备的配备应用,实现全方位、全时段有效覆盖,切实提升技防能力。这方面长江十年禁渔已经有成熟的做法,大家可以考察借鉴。

三要营造黄河禁渔良好氛围。要以群众喜闻乐见的形式,全面强化黄河禁渔和渔业资源保护的宣传。要发挥乡镇、村居和社会公益组织的积极作用,建立健全黄河禁渔的基层网格化管理体系。要用好社会监督、媒体监督平台,设立违法举报电话,积极实施有奖举报,引导动员社会各界为禁渔执法提供帮助。要加强警示教育,梳理和发布黄河禁渔典型案件,以案释法,强化震慑,全方位营造“河上不捕、市场不卖、餐馆不做、群众不吃”的良好社会氛围。

四、完善工作机制,推动形成齐抓共管的强大合力

黄河禁渔涉及面广、工作环节多、监管链条长,靠一地、渔业渔政一个部门单打独斗不行,必须要上下游、干支流、左右岸统筹谋划,凝聚各方力量、协调联动推进,形成政府牵头、多部门参与、分工负责、协调一致的工作格局。要着力强化“三个联动”。

一要强化部门联动。沿黄各级渔业渔政主管部门要切实发挥牵头抓总作用,推动党委政府将黄河禁渔摆在更加重要位置,切实强化禁渔执法监管工作的组织领导,层层压实责任。要主动担当,加强与公安、水利、市场监管、工信等相关部门的沟通协调,争取支持和配合。要推动实施部门联合执法,实现信息联通、力量联合、执法联动、问题联处、区域联防。我了解到,有的地方将黄河禁渔纳入河湖长制统筹部署,取得很好效果,这种做法值得借鉴。

二要强化区域联动。沿黄各省(自治区)渔业渔政主管部门要加强区域协调,省市县要开展协同执法,做到步调一致、同频共振,特别是对一些市县共管水域,更要统一行动方案、统一组织调配执法力量。要重点加强省际、市际、县际交界水域的定期联动执法,避免出现执法真空。去年,沿黄9省(自治区)渔业渔政主管部门联合签署了《黄河流域生态保护和渔业高质量发展宣言》,渭南、运城、三门峡三市签订了禁渔执法合作协议,这些都是有效的做法。在这方面,农业农村部渔业渔政管理局要发挥统筹协调作用,适时组织联合执法和交叉执法行动。

三要强化主管部门与执法机构联动。2018年机构改革以后,黄河流域绝大部分地区专职的渔政执法机构并入农业综合执法机构后,有的地方农业综合执法机构就认为自己不是渔政执法机构,不服从渔业渔政主管部门的协调指挥,这是片面的错误认识。这里

要特别强调,只要承担了渔业执法任务,无论队伍机构隶属关系如何、存在形式如何,都必须要保持与同级渔业渔政主管部门和上级渔政执法机构的密切联系、有效衔接,都要做到职责任务不变、指挥体系不变、协作机制不变,坚持全国渔政执法"一盘棋",决不允许不听指挥、各唱各的调,影响黄河禁渔执法监管工作。

五、落实养护措施,推动水生生物多样性持续向好

保护黄河水生生物多样性,一方面要加大禁渔执法力度,一方面要积极采取资源养护措施,两手抓两手都要硬。近日,农业农村部印发了《进一步加强黄河流域水生生物资源养护工作的通知》,各地要按要求抓好落实。

一要科学规范实施水生生物增殖放流。增殖放流是恢复水生生物资源、改善水域生态环境的有效举措。沿黄各地要认真落实农业农村部《关于做好"十四五"水生生物增殖放流工作的指导意见》有关要求,切实提高增殖放流工作效果。要健全苗种供应体系建设,切实保障苗种供给和苗种质量,适当加大黄河鲤、兰州鲇等黄河特有鱼类放流数量。要严格禁止放流外来种、杂交种、转基因种等不符合生态要求的水生物种,防范外来物种入侵,确保水域生态安全。特别是要规范社会放流活动,加快建设或确定一批适宜开展增殖放流的平台或场所,配套供应适宜放流的水生物种,引导公众不要任意从农贸市场、观赏鱼市场等渠道购买水生生物放流。

二要不断提升水产种质资源保护区生态保护功能。沿黄各地要切实提升保护区管理能力,明确保护区管理机构,配备必要的管护人员,加大管理设施建设投入,建立健全管理机制和配套制度。要加强涉渔工程建设项目生态补偿措施落实情况的监督检查,严格开展涉水产种质资源保护区工程建设项目的专题论证,确保各项生态补偿措施落实到位,减轻工程建设项目对水生生物资源及其栖息地的不利影响。要推进水生生物栖息地修复,会同水利、生态环境等部门做好小水电清理整改工作,督促相关建设单位建设必要的过鱼设施或实施增殖放流,使河湖连通性满足水生生物保护要求。

三要多措并举加强黄河水生生物多样性保护。要加强黄河珍贵、濒危水生野生动物保护,开展北方铜鱼、骨唇黄河鱼等黄河特有鱼类栖息地调查,并发布重要栖息地名录,建设黄河鲤、兰州鲇、黄河鳖等黄河特有水生物种种质保存与扩繁基地。要开展黄河口水生生物多样性就地保护,做好黄河禁渔和海洋伏季休渔制度有效衔接,切实保护河口洄游性鱼类、滨海水生生物及其栖息地环境,推进修复黄河口水生生态系统功能。今年,农业农村部将委托中国水产科学研究院牵头开展黄河水生生物资源调查工作,这是科学制定资源养护政策、提升资源养护成效的基础,希望各地积极支持、大力配合,确保调查工作顺利开展。

六、统筹保护与发展,加快推进渔业高质量发展

在今年两会上,习近平总书记强调,要树立大食物观,在确保粮食供给的同时,保障肉类、蔬菜、水果、水产品等各类食物有效供给,缺了哪样也不行;并指出要宜渔则渔,向江河湖海要食物,向设施农业要食物。沿黄各级渔业渔政主管部门要认真学习、深刻领会习近平总书记关于大食物观重要讲话精神,处理好保护与发展、禁渔与水产品保供的关系,在做好黄河渔业资源养护的同时,不断推进渔业高质量发展。

一要大力发展节水渔业。统筹生活和产业发展用水,本着以水定产、一水一策的方针,积极发展设施渔业、节水渔业,因地制宜推进池塘标准化养殖、工厂化循环水养殖、稻渔综合种养等养殖模式,推动渔业用水由粗放式向节约集约转变。宁夏贺兰的稻渔产业发展就很好、很有特色,实现了稳粮增收、一水两用。要聚焦质量效益,在推进水产品种培优、品质提升、品牌打造和标准化生产方面下足工夫,推动沿黄渔业产业升级。

二要因地制宜发展生态渔业。要落实宜渔则渔的要求,在禁渔区和禁渔期之外,科学合理利用宜渔水面,开展资源增殖、生态养殖,养护和发展并重。要在严格区分增殖渔业起捕活动与传统天然渔业资源捕捞生产的基础上,对湖泊、水库中增殖渔业资源进行科学回捕。要按照生态环保要求,持续督促养殖渔民加强养殖尾水处理,实现生产发展与环境保护相一致、人与自然相和谐。各地要做好宣传引导,避免引起社会误解。

三要积极拓展渔业发展空间。黄河流域还有大片的未开发盐碱地,这是渔业大有可为的发展空间。这几年甘肃、陕西、宁夏等省(自治区)的部分地区都进行了大量的探索,已经累计推广盐碱水养殖面积超过2万公顷,并创建了景泰盐碱水养殖等生态养殖模式,既发展了渔业,也改良了土地,储备了耕地,一举多得。农业农村部渔业渔政管理局要组织做好总结,及时发布一批成功案例,供各地借鉴。同时,要把黄河渔文化传承放到重要议事日程上来,借鉴千岛湖、查干湖等渔业发展模式,把资源养护、渔业生产、水产品加工、文化旅游一二三产业有机结合,协同发展,延伸产业链、提升价值链。

同志们,抓好黄河流域禁渔、保护好黄河生态环境和生物多样性,功在当代、利在千秋。我们要以只争朝夕的精神,一往无前的勇气,迅速行动起来,全力以赴,奋力拼搏,抓紧抓实抓细各项工作,坚决打好这场攻坚战、持久战,确保黄河禁渔取得扎实成效,为黄河流域生态保护和高质量发展作出应有贡献,以实际行动迎接党的二十大胜利召开!

农业农村部副部长马有祥
在 2022 年涉渔船舶监管专项
联合行动部署会上的讲话

(2022 年 4 月 19 日)

今天,召开 2022 年涉渔船舶监管专项联合行动部署会,主要任务是:深入贯彻党中央、国务院关于加强涉渔船舶综合管理决策部署和全国安全生产电视电话会议精神,落实七部门关于加强涉渔船舶审批修造检验监管工作的文件要求,部署 2022 年涉渔船舶监管专项联合行动。刚才,广西壮族自治区农业农村厅、江苏省工业和信息化厅、浙江海警局 3 个单位进行了交流发言,有情况、有分析、有措施、有决心,讲得都很好。刘新中同志简要介绍了行动方案,工业和信息化部、中国海警局、中央外事工作委员会办公室的同志对实施好今年专项联合行动提出了明确要求,各地要认真学习,抓好落实。下面讲三点意见。

一、提高思想认识,勇于担当作为

涉渔船舶监管事关国家政治外交大局、渔区社会稳定和渔民群众切身利益,组织开展专项联合行动意义重大。

一是有利于维护市场经营秩序及渔业生产秩序。长期以来,一些不法分子利用涉渔船舶从事走私活动,破坏国家经济秩序;有的用来非法捕捞,破坏渔业生产秩序;有的用来偷渡运毒,破坏社会秩序。非法涉渔船舶的存在还催生了非法造船现象,养活了一批无手续的"沙滩船厂"。专项行动制定了一系列监管措施和执法行动,严厉打击非法修造、违规捕捞活动,清理取缔"沙滩船厂"和"三无"船舶,督促船厂合法经营,船舶依法生产,对维护市场经营秩序和渔业生产秩序具有重要意义。

二是有利于促进安全生产。由于缺乏规范的审批、检验程序,涉渔船舶往往存在质量不过关、安全装备配备不全等问题,安全隐患大,事故率高。有的涉渔船舶为了逃避监管,常常昼伏夜出,甚至在风浪天气出海作业,极大增加了安全生产隐患。近年来商渔船安全事故高发,其中不少是涉渔船舶擅自关闭通导安全设备所导致。涉渔船舶船东船长安全生产技能和意识较差,也是导致事故高发的重要因素。专项行动专门针对这些问题进行了部署,通过合规修造、规范检验来提高船舶装备产品质量,通过严格审批、执法监督来消除安全生产隐患,通过普法教育、宣传引导来提升安全生产意识,对提高渔业安全生产水平具有重要意义。

三是有利于维护边海防稳定。受经济利益驱动,有的涉渔船舶到敏感海域违规捕捞,造成涉外事件;有的跑到他国海域非法生产,影响我对外关系;有的甚至到公海从事违法活动,影响国际形象。这些船舶多为"三无"船舶和套牌船舶。为逃避监管,往往会涂改标识、伪装身份。专项行动专门对此进行了部署,要求加强渔船身份标识执法检查,严厉查处伪造、变造、涂改船舶身份标识等违法违规行为,打击越界(线)捕捞活动,对维护边海防稳定具有重要意义。

四是有利于提升行业治理效能。目前,我国涉渔船舶监管能力和水平总体还不强,渔船重审批、轻监管的问题还比较突出,渔船修造监管还比较薄弱,非法造船活动还比较多。专项行动对有关部门的任务职责进行了明确,要求渔业部门会同工业和信息化、市场监管部门加强渔船拆解报废监管,公安、海警部门会同渔业、海关部门加强渔船身份标识监管,市场监管、工业和信息化部门会同渔业等有关部门加强渔船修造监管及溯源倒查,对提升渔业及相关行业治理效能具有重要意义。

各有关部门要进一步提高政治站位,充分认识加强涉渔船舶监管的重要性、紧迫性,积极履职尽责,担当作为,确保完成专项行动各项任务。

二、聚焦重点环节,实施综合监管

近年来,各地各部门在涉渔船舶监管方面做了大量工作,取得了一定成效。但从实际情况看,涉渔船舶违法违规的势头尚未得到根本扭转,主要原因是源头没管住,一边打、一边生。从我们掌握的情况来看,非法船舶来源主要有 3 个:一个是造出来的,通过"沙滩船厂"建造非法船舶;一个是改出来的,把现有船舶违规改装、套牌成非法船舶;还有一个是"逃"出来的,应拆未拆的报废船舶设法逃避监管流入市场。堵住这 3 个源头,重点是要盯住修造、拆解、标识、检验 4 个环节,实施综合监管。

一是加强船舶修造监管。刚才,工业和信息化部李毅副司长对规范船舶修造行业管理提出了要求,要求地方各级工业和信息化部门加强行业管理和企业生产经营活动监管,各地要抓好落实。渔业部门要加强渔船审批、登记、捕捞许可管理,严格在船网工具控制指标范围内开展审批,不得为未批先建或者未按审核核定内容制造、改造的船舶发放渔业船舶证书,坚决杜绝违法违规审批行为。

二是加强渔船拆解监管。减船转产的渔船要进行报废拆解,更新改造的渔船要先拆旧船、再造新船。近年来,一些不法分子未按规定拆解淘汰渔船,甚至在拆解过程中"偷梁换柱",继续使用报废渔船开展生产,扰乱生产秩序,增加安全隐患。各级渔业部门要认真落实渔船拆解操作规程及有关规定,切实加强渔船拆解报废监管,规范拆解程序,严格防范报废渔船违规流入市场。

三是规范船舶检验。检验是涉渔船舶质量控制的重要关口。新的海上交通安全法对船舶检验的要求有所变化,检验工作不再作为政府行政许可,而是作为公共服务事项,依申请开展检验。各地渔业部门要主动适应新变化和新要求,继续加强与船检部门的沟通协作,充分发挥检验的作用。地方各级船舶检验主管部门要根据七部门意见要求,严格按照渔船检验相关法律法规和技术规范要求对合法渔船实施检验,切实提升渔船修造质量水平。

四是加强渔船身份标识监管。为了逃避执法,有些"三无"船舶套用合法渔船的牌子,刷上假船名,甚至复制假证书,披上合法外衣违法从事渔业生产。各级渔业部门要配合公安部门开展好监管执法,严格甄别、查处套牌"三无"船舶,严厉打击此类违法行为。

三、强化协同配合,落实保障措施

今年是全面加强涉渔船舶监管工作的第一年,开好局、起好步至关重要。在此,提出4点要求。

一要健全工作机制。各地渔业部门要牵头建立涉渔船舶监管机制,统筹涉渔船舶综合监管工作。要建立涉渔船舶违法案件倒查工作机制,及时溯源倒查违法修造厂点,震慑违法修造行为。同时,要充分发挥现有打击海上违法犯罪、安全生产等相关协调机制作用,强化机制间信息共享和协同配合。

二要做好工作衔接。监管职责不清、衔接不畅是造成涉渔船舶监管效果不佳的重要原因。各地各部门要依托当地协调机制,进一步优化部门任务分工,及时弥合监管缝隙和漏洞,压缩违法行为滋生空间。

三要强化督导检查。各地各部门要将涉渔船舶综合监管纳入日常督查内容,适时开展阶段性任务检查。

对工作不力、成效不明显的地区要及时提醒,强化指导。农业农村部将联合各部门对重点地区和重大案件开展联合指导。

四要加强宣传教育。多渠道、多角度、全方位加强政策宣传,及时将涉渔船舶审批、修造、检验相关政策要求传递给企业、渔民及社会组织。要通过正面宣传、警示教育等,及时推广典型经验做法,向社会传递正能量,营造良好的社会氛围。

同志们,今年是贯彻落实七部门文件、启动机制运行和实施专项行动的第一年,各地各部门要切实提高思想认识,强化使命担当,落实工作任务,有力有效开展专项行动,以实际行动迎接党的二十大胜利召开!

农业农村部副部长马有祥
在 2022 年海洋伏季休渔
专项执法行动部署会上的讲话

(2022 年 4 月 29 日)

今天,农业农村部、公安部、中国海警局联合召开视频会议,部署海洋伏季休渔监管工作,启动 2022 年海洋伏季休渔专项执法行动。刚才,山东省农业农村厅、江苏省公安厅、中国海警局南海分局、福建省海洋与渔业局四家单位负责同志分别作了发言,交流了伏季休渔监管和打击非法捕捞犯罪的经验做法,各地要认真学习借鉴。公安部治安管理局吴建平政委和中国海警局赵学翔副局长作了讲话,部署了相关工作,各级渔业渔政部门要配合抓好落实。下面,我讲三点意见。

一、准确把握当前伏季休渔监管面临的形势

伏季休渔是我国最重要、最有影响力的海洋渔业资源管理制度,为保护海洋渔业资源和生态环境、促进沿海渔民节支增收、稳定海上渔业生产秩序、引领国际渔业治理等方面发挥着重要作用。为强化伏季休渔监管,去年,农业农村部、公安部、中国海警局首次联合部署开展海洋伏季休渔专项执法行动。一年来,各级渔业渔政、公安、海警等部门聚焦重点领域和突出问题,主动作为,协同联动,伏季休渔秩序总体稳定,休渔成效显著。一是船籍港休渔制度得到较好落实。异地休渔渔船数量同比下降70%以上,98%的应休渔渔船实现船籍港休渔。二是部门区域协作更加紧密。农业农村部、公安部、中国海警局、国家边海防委员会办公室联合印发了《依法严厉打击海洋渔业违法犯罪的指导意见》,进一步明确任务分工、细化协作机制。浙闽、鲁

津冀辽、粤桂琼建立完善区域执法协作机制,实现交界海域执法联动、无缝覆盖。三是执法监管更为有力。沿海各级渔业渔政部门出动执法人员 41.2 万人次、执法船艇(车辆)9.84 万艘(辆)次、查处违法违规案件 1.2 万件,同比分别增长 33.6%、11.8% 和 3.34%。取缔涉渔"三无"船舶近 8 000 艘。公安部门严厉打击非法捕捞犯罪,打掉一批违法捕捞团伙。海警机构强化线外海域执法管控,打击外籍侵渔渔船,维护国家海洋权益。四是海洋渔业资源持续恢复。资源评估结果显示,去年伏季休渔结束后,渤海渔业资源密度增加 241.73%。

在肯定成绩的同时,我们必须正视存在的问题和隐患,尤其是非法捕捞时有发生、花样翻新的问题:有的借改变作业类型之名行禁止作业类型之实;有的谎称上坞维修或被司法部门查扣而违规出海;有的随意涂写船名、套用他船船名甚至伪装成"三无"船;有的擅自更改船舶识别码或关闭卸载监控设备躲避监管;有的利用海域休渔时间差违规进入尚在休渔海域捕捞;有的一证多船。个别地区违规出海偷捕还比较猖獗,甚至出现组织化、团伙化现象。今年,受疫情波动、油价上升、经济下行压力加大等因素影响,不法分子铤而走险,利用休渔期出海偷捕或到敏感海域作业的概率大大增加。

休渔监管工作还存在薄弱环节:一是依港管船管人制度落实不够好。大部分渔港没有驻港监管机构,实现驻港监管的渔港仅占 1/4。已实现驻港监管的,驻港监管人员不足,有的地方平均一个执法人员要监管数百艘船只。渔港监控设施不完善,配备视频监控的渔港刚刚过半。个别地区执法监管制度流于形式,没有真正落实到工作中去。船籍港和靠泊港工作协调不够,甚至相互推诿监管责任。二是齐抓共管的监管格局还没有完全形成。一些地方协作机制建设上热下冷,市县一级执法协作机制建设"最后一公里"堵点尚待打通,部分市县部门执法联动有名无实,仍然是各想各的招、各唱各的调,水产品交易、渔船补给等环节还有脱管情况。渔船基层网格化监管体系不健全,渔民群众、社会公益组织、渔港经营者等社会力量参与伏季休渔监管的自觉性、积极性还没有充分调动起来。

抓好海洋伏季休渔执法监管、维护良好的休渔秩序、稳控周边海上渔业形势,是渔业渔政部门的重大政治责任。我们要提高认识,切实增强责任感、使命感,以更扎实的工作、更有力的举措、更过硬的作风,坚决落实伏季休渔监管各项部署要求,确保伏季休渔秩序安全稳定。

二、扎实做好 2022 年伏季休渔监管工作

日前,农业农村部、公安部、中国海警局联合印发了《关于开展 2022 年度海洋伏季休渔专项执法行动的通知》,对今年的工作作出了安排。这里,我再强调几点。

一要狠抓船籍港休渔管理。渔港是休渔期渔船监管的关键阵地。要继续抓好抓牢船籍港休渔,船籍港所在地渔业渔政部门要会同公安、海警等部门,开展拉网式排查,督促渔船按时回港休渔,做到应回尽回;确需异地休渔的,继续坚持"谁批准、谁负责,谁收留、谁监管"原则,由省级渔业渔政部门牵头协调,落实船籍港和靠泊港管理责任,确保异地休渔渔船数量不多于去年。要加强渔船动态监管,以船籍港为单位,建立休渔渔船名册和停靠船位图,定人联船、定期点船,充分利用渔港视频监控等技术手段,实施渔船全天候实时监控,发现违法违规出海的,及时召回并从严从重处罚。要压实渔港经营者管理责任,严禁向违法捕捞渔船提供停靠、补给、渔获物卸载等服务。据举报,个别渔港一直在休渔期为违法捕捞者提供补给、非法渔获物交易等服务,农业农村部正在调查,如查实,将严肃处理,决不能让渔港成为违法捕捞的庇护所。

二要狠抓专项(特许)捕捞监管。特殊经济品种专项(特许)捕捞是实现渔业资源科学合理利用、增加渔民收入、满足市场供应的重要途径,是伏季休渔期间的一种特殊安排。如果管理不好,渔船一哄而出,就会冲击和破坏整个休渔秩序。要制定周密实施方案,将特许安排和执法监管同步设计、同步部署、同步落实,绝不能重审批、轻监管,甚至只审批、不监管。要严格遴选作业渔船,做好获准渔船公示,落实渔船标识管理,切实执行好船位动态监控、进出港报告等制度。要强化执法检查,定期安排渔政船在作业海域巡航执法,实施随机登检。要实施群体性违规熔断机制,对监管不力发生严重违法违规事件或较大以上安全生产事故的地区,要立即召回相关渔船进行停产整顿,情节严重的,取消今年这个地区的相关专项(特许)捕捞。

三要狠抓重点涉渔船舶盯控。重点盯住四类船舶:一是涉渔"三无"船舶,这是非法捕捞的主体,也是制造涉外渔业事件的主体。休渔期,海上管控严、大量船舶回港,是开展"三无"船舶清理取缔的最好时期,各地要抓住时机,适时组织封港查船行动,持续高效推进清理取缔工作,对于查获的涉渔"三无"船舶,要一律依法依程序没收拆解,决不能罚点钱就放了。二是异地休渔渔船,不管是省内异地,还是省际间异地,都要拉出名单,一条船也不漏,明确休渔地,确保每条船都能

找到监管人。三是更改作业类型渔船，主要防止钻政策空子，以合法作业之名，行非法捕捞之实。凡在休渔前将作业类型改为钓具作业的，要严格审批，并加强生产过程监管。四是养殖渔船，这是被举报的热点之一，对这类渔船要参照专项（特许）捕捞渔船进行管理，必须在自己的确权养殖海域作业，提前报备作业时间、捕捞品种、范围、网具、兼捕率等，作业过程要全程受控，严防假借捕捞养殖海产品之名，从事违法捕捞生产。

四要狠抓重点时段重点海域执法。要强化休渔后期监管，根据开渔时间先后，重点防范先开渔渔船进入休渔海域作业以及未开渔渔船浑水摸鱼违规出海，特别要加强北纬 26 度 30 分和北纬 35 度这两条线两侧海域的巡航执法监管。要强化违法行为高发海域管控，渤海湾、黄海北部、威海外海、长江口外水域、台湾浅滩、闽粤交界等渔场是非法捕捞多发区域，要利用渔船船位动态监控系统、小目标雷达等手段，精准布控、高效打击。

五要狠抓周边海上秩序管控。要按照"预防措施到位、重点盯控到位、管控措施到位、应急预案到位"的要求，把伏季休渔期间涉外渔业管理工作做实做细，维护周边渔业秩序稳定。黄海、东海方向，要配合海警做好涉朝韩、涉日渔船管控，防止违法越界捕捞，强化我合法作业渔船保护。南海方向，要配合海警严厉打击外籍渔船侵渔活动，坚定维护国家海洋权益。

三、持续提升执法监管工作质量和效率

伏季休渔执法监管工作量大面广、艰巨复杂、挑战性高。要着力创新改进工作方式方法，既要奏好独奏曲，又要奏响协奏曲，协调协助协同有关方面同心同向解决工作难点堵点。重点做到"四个强化"。

一要强化部门协作。渔业渔政主管部门要充分发挥牵头抓总作用，积极推动地方党委政府将伏季休渔摆在更加重要位置。要进一步深化协作机制，推动部门合作机制在市县级做深做实，着力构建信息联通、执法联动、问题联处的良好工作格局，做到"海上一起抓，回来再分家"，避免出现线内线外执法盲区、海上陆上管理真空。要加强信息共享，及时向有关部门提供渔业政策制度、渔船基本信息、船位动态监控等数据信息。要细化行刑衔接程序和标准，深挖海上非法捕捞、暴力抗法等违法犯罪线索，做好涉案物品鉴定支撑，积极配合公安、海警做好违法犯罪、涉黑涉恶案件查处。要加强重大违法违规案件督办，充分发挥部门联动优势，打掉一批团伙化、组织化违法犯罪团伙，确保渔区秩序稳定。

二要强化区域联动。沿海各省级渔业渔政部门要加强辖区执法协调，统筹沿海市县执法力量，做到重大行动统一调度、统一指挥。要加强联动执法机制建设，相邻省份、相邻地区间尚未建立联动机制的，要加快建立；已经建立的，要总结经验、梳理问题、做深做实。要加强案件协办，特别是在异地休渔渔船监管、违法渔船协查等方面，做到协同一致、同频共振。今年，农业农村部将继续委托有关科研机构按海域实施海洋伏季休渔秩序评估，并将适时组织省际间交叉执法行动，强化推进区域联动。各地也要创新活动形式，进一步增强执法效果。

三要强化综合惩治。要丰富惩处措施，用好休渔补贴政策，对不执行休渔规定的，坚决按规定扣发补贴；对于违法情节严重的渔船渔民，除依法给予行政处罚外，要落实生态环境惩罚性赔偿制度，积极推进渔业资源或生态环境公益诉讼；探索实施惩罚性强制休渔措施，对休渔期违规偷捕的，可以在法律许可的范围内，最大限度延迟其开渔时间，让违法者付出代价、感受到"疼"。要加强全链条打击，对于非法捕捞大案要案，要彻查船舶及为其提供配套服务的渔港、冷库及交易商，会同相关部门严罚重处，彻底斩断违法利益链。要加强作风整治，坚决杜绝不作为、慢作为、乱作为，对于向非法捕捞者通风报信、充当"保护伞"的，要严肃查处、绝不姑息。要建立健全执法监督和考核制度，强化执法全过程全要素监督管理，持续推进渔政执法规范化建设。

四要强化社会协同。要加强基层治理，发挥乡镇、村居的作用，利用休渔时间加强渔民法律法规、工作技能培训，关心关注弱势渔民群体，想方设法解决因休渔造成的实际困难，建立健全伏季休渔基层网格化管理体系。要完善违法举报制度，推进实施有奖举报，用好社会监督、媒体监督和社会公益组织力量。要加强宣传教育，梳理和发布伏季休渔典型案件，以案释法，强化教育和震慑，提高渔民守法意识；广泛开展增殖放流、水生野生动物保护科普等资源养护活动，全方位营造保护海洋渔业资源的良好社会氛围。

休渔期渔船聚集渔港，安全隐患多，加之海上还有一些不休渔渔船，安全生产监管任务依然很重。要始终绷紧安全生产这根弦，强化监督检查，强化措施落实，确保渔业安全生产。要严格落实疫情防控责任，统筹推进疫情防控、渔业生产与执法监管各项工作。

做好伏季休渔工作任务艰巨、使命光荣、意义重大。我们要更加紧密地团结在以习近平同志为核心的党中央周围，迅速行动起来，全力以赴、奋勇拼搏，抓好抓实抓细伏季休渔各项工作，以实际行动迎接党的二十大胜利召开！

农业农村部副部长马有祥在"十四五"渔业高质量发展推进会上的讲话

（2022 年 8 月 24 日）

今天,我们召开"十四五"渔业高质量发展推进会。这是进入"十四五"以来召开的第一个全面研究部署渔业工作的会议。会议在宁德召开,主要是要实地考察学习宁德渔业发展经验,深刻感悟习近平总书记的"三农"情怀,深刻领悟习近平总书记关于念好"山海经"和大食物观的丰富内涵。农业农村部党组对本次会议的召开高度重视,6月上旬召开专题会,听取工作汇报,着重强调渔业是农业农村经济的重要组成部分,要立足大食物观,着力抓好水产品稳产保供,管好用好大水面,加强渔业资源养护和生态环境保护,提高远洋渔业发展和对外合作水平,为保障重要农产品供给发挥更大作用。这为我们开好这次会议,做好接下来的渔业工作,明确了重点,提振了信心。本次会议的主要任务是:深入学习贯彻习近平总书记关于三农工作的重要论述,落实大食物观,部署进一步推进渔业高质量发展工作。

刚才,李建成副省长对福建的情况作了全面介绍,7个省份分别做了交流发言,讲得非常好,各有侧重,其他各地也都有很多好经验好做法,会前已编印分发,大家可以互相学习借鉴。下面,我讲两点意见。

一、渔业高质量发展面临的形势

"十三五"以来,全国渔业渔政系统认真贯彻落实党中央、国务院决策部署,围绕保供和提质增效,积极推进渔业转方式调结构,取得明显成效。一是产业发展质量稳步提升。2021年,水产品总产量达到 6 690万吨,为"菜篮子"产品的稳价保供作出了积极贡献,养捕比例由"十三五"初的 75∶25 提高到 81∶19,发布实施地方各级养殖水域滩涂规划,深入开展绿色健康养殖"五大行动",水产品质量安全水平稳步提升。水产品加工、休闲渔业迅速发展,产业融合程度显著提高,渔民人均纯收入增长 40%。二是资源养护取得历史突破。实施长江十年禁渔,全面完成长江流域 11.1万艘渔船、23.1万名渔民退捕任务。全面实施海洋渔业资源总量管理制度,实现内陆七大流域、四大海域休禁渔制度全覆盖。压减海洋捕捞渔船超过 4 万艘、150万千瓦,创建国家级海洋牧场示范区 153 个,增殖放流各类苗种近 2 000 亿尾。三是科技装备支撑显著增

强。建设国家海洋渔业生物种质资源库、渔业资源调查船、渔港锚地、南极磷虾捕捞船、深远海大型养殖设施装备等渔业重大项目,为 11 万余艘渔船配备了安全和通导装备。审定推广 98 个水产新品种,渔业科技进步贡献率从 58% 提高到 63%。四是对外合作取得新进展。积极融入共建"一带一路",与亚非拉美等有关国家签署了 20 多个双边渔业合作协议,正式加入《南印度洋渔业协定》。历经 21 年艰苦谈判,于今年 6 月推动世贸组织达成《渔业补贴协定》。成功主办第四届全球水产养殖大会和首届中国-太平洋岛国渔业合作发展论坛。持续推动远洋渔业规范发展,全面实施公海自主休渔。五是执法监管能力明显提升。启动《中华人民共和国渔业法》修订,长江禁捕、海洋渔业资源总量管理、水产养殖业绿色发展等政策体系进一步健全。连续 6 年组织开展"中国渔政亮剑"执法行动,累计取缔涉渔"三无"船舶超过 10 万艘。持续强化渔业安全生产监管,创建平安渔业示范县 96 个、文明渔港59 个。"十三五"以来渔业发展的成就,也是下一步推动渔业高质量发展的基础和起点。

今年"两会"期间,习近平总书记就树立大食物观作了全面系统的论述,指出"要向江河湖海要食物,稳定水产养殖,积极发展远洋渔业,提高渔业发展质量"。总书记的重要论述为做好渔业工作提供了根本遵循,我们要提高政治站位,充分认识落实大食物观、加快推进渔业高质量发展的重要意义。一是落实新发展理念的必然要求。我国资源环境约束日益趋紧,粗放发展难以为继,贯彻新发展理念,要求渔业必须实现绿色高效高质量发展。二是拓展食物来源的重要途径。随着经济社会发展,我国水产品消费需求还会刚性增加,发展渔业生产,对于保证粮食和食物供给安全具有重要意义。三是促进农民增收的重要产业。渔业经济效益较高,是农民就业增收的重要支柱产业。同时,养殖、捕捞、加工、休闲渔业和渔港经济区等提供大量就业岗位,为促进乡村振兴提供了有力支撑。四是服务外交国防的重要力量。目前,我国与 40 多个国家开展渔业合作,在服务"一带一路"倡议方面发挥了重要作用。

面对新形势新任务新要求,我们还必须清醒地意识到,加快推进渔业高质量发展还面临一些挑战。

从国内看,一是传统空间资源日益受限。"十三五"以来,水产养殖面积逐年下降,平均每年减少 8.7万公顷。渔业资源衰退趋势尚未根本性扭转,传统养殖和捕捞产业空间受限。环保压力大,部分地方"撤网拆围一刀切",甚至出现禁养扩大化。"十三五"以来,淡水网箱、围栏养殖面积下降 90% 以上。二是科技和装备水平不高。工厂化养殖产量占比只有 1%,水产

养殖机械化率仅为 32%，经过标准化改造的池塘不足 10%，水产种业自立自强还存在一定差距。三是渔业组织化程度不高。渔业专业合作社仅占农业专业合作社的 3%，水产养殖标准化、专业化和规模化程度低。四是安全隐患大。渔船渔港本质安全水平不高，渔业安全源头监管不实不细，渔业违法违规情况时有发生，给渔民生命财产安全造成极大威胁。

二、扎实推进渔业高质量发展的重点工作

"十四五"渔业渔政工作，要以习近平新时代中国特色社会主义思想为指导，牢固树立大食物观，按照"保供固安全，振兴畅循环"工作定位，以深化渔业供给侧结构性改革为主线，坚持宜渔则渔，坚持数量和质量并重、生产和生态协调、发展和安全统筹，综合运用规划引领、政策扶持、科技支撑、改革创新等手段，巩固优化现有产能，挖掘空间和效率潜力，积极培育新模式新业态，形成同市场需求相适应、同资源环境承载力相匹配的渔业生产结构和区域布局，不断提高水产品稳产保供水平，全面提升渔业质量效益和竞争力。

推进渔业高质量发展，要注意处理好生产和生态的关系。渔业部门的主责主业是发展生产，我们要始终将稳产保供作为第一要务。同时，要转变生产方式，实现生产和生态和谐统一。处理好内涵和外延的关系。要充分挖现有渔业生产潜力，提高效率和效益。同时，在利用江河湖海资源上做文章，以大水面为重点拓展渔业发展空间，积极推进深远海养殖，统筹推进其他宜渔空间开发。处理好国际和国内的关系。要积极参与国际渔业规则制定，主动介入全球渔业治理。同时要提升行业素质，正视问题，苦练内功，不授人以柄。处理好发展和安全的关系。安全是发展的前提，我们要做到思想上真重视，责任上真落实，不能以客观理由掩盖主观问题，以自然风险掩盖工作不力，以本质安全问题掩盖不作为慢作为。同时，不能以牺牲产业发展来规避风险、逃避责任。处理好监督管理和支持关爱的关系。渔业审批项目多，要严格条件、加强监管，使违法违规生产经营主体付出应有代价。同时，渔业投入多、风险高、贡献大，不仅仅是经济贡献，也不是捕几条鱼的问题，所以要支持渔企，厚爱渔民，增强他们的安全感、获得感和幸福感。

下一步，关于渔业重点工作，主要抓好六个方面：

一是稳步提升现有生产能力，夯实水产品供给基础。改革开放以来，渔业一直坚持"以养为主"的发展方针，养殖业是我们保供的重头。要稳定养殖水域面积。落实省、市、县各级养殖水域滩涂规划，加快水域滩涂养殖发证登记，保障养殖者合法权益。组织开展

《全国养殖水域滩涂规划》编制，启动重要养殖水域滩涂保护制度研究，加强养殖水域滩涂保护的顶层设计。要推进绿色健康养殖。组织开展国家级水产健康养殖和生态养殖示范区创建，高标准创建一批绿色理念突出、养殖模式先进、养殖管理规范、能够引导带动水产绿色健康养殖的国家级示范区。组织实施水产绿色健康养殖技术推广"五大行动"。加快发展设施水产养殖，实施老旧池塘标准化改造，积极发展工厂化循环水养殖、池塘高效绿色圈养，不断提升水产养殖规模化、集约化、机械化、智能化、标准化水平，逐步提高单位水体产出率、资源利用率和劳动生产率。要促进水产种业振兴。组织实施好全国水产养殖种质资源普查，摸清我国水产种质资源家底。加快国家淡水和南海渔业生物种质资源库建设，建立健全国家水产养殖种质资源保护利用体系。继续整合企业、科研和教学等相关单位力量，推进重点品种联合育种，加快水产种业基础性、前沿性研究进程。提升保种、育种、扩繁、防疫等基础设施条件，推进建设一批现代化水产种业繁育基地。把国家水产种业阵型企业作为支持重点，着力培育一批具有较强研发能力、产业带动力和国际竞争力的种业龙头企业。强化水产种业市场监管，健全水产苗种生产许可和产地检疫制度，探索建立水产新品种知识产权保护制度。

二是积极发展大水面渔业，向江河湖海要食物。要科学有序推进网箱养殖。严格落实各级养殖水域滩涂规划划定的养殖区、限养区，认真组织评估并确定重点湖泊水库可养比例。要分类实施生态增殖。积极发展长江中下游、东北、华北、华南地区湖泊水库生态增殖，适度利用西部地区湖泊水库资源，推动"一水一策"利用。要巩固完善近海养殖。研究制定海水网箱养殖规范，积极发展鱼、虾蟹、贝藻等有机结合的多营养层级生态养殖。推广一些地区形成的海上养殖综合整治经验，发展生态环保网箱养殖，提高废弃物收集装备普及率。要积极推进深远海养殖。科学布局发展技术成熟、经济适用的传统深水抗风浪网箱。稳妥推进大型桁架类网箱和养殖工船，积极支持开展生产试验试点，加快制定完善用海管理、安全生产、设施设备检验等政策及标准。要稳定近海和内陆捕捞规模。利用好渔业资源保护补贴，发展资源友好型捕捞，减少资源破坏性强的捕捞方式，引导渔民依法依规开展捕捞生产，促进可持续发展。要高质量发展远洋渔业。优化生产作业布局，鼓励加大自捕鱼运回力度，支持远洋渔业企业以基地为依托，发展养殖、加工、贸易等全产业链。要统筹推进其他宜渔空间开发。加强盐碱地水产养殖的规划和指导，推广"挖塘降水、抬田造地、渔农并重、修复

生态"的以渔治碱模式。坚持稻田粮食生产基本功能,科学利用稻田资源,发展生态种养模式,一水两用、一田多收,提高农业生产综合效益。

三是扎实推进以长江为重点的水生生物保护,促进渔业资源可持续利用。要常态化抓好长江十年禁渔。保持一禁十年的战略定力,以逆水行舟、不进则退的清醒认识,从政治高度坚决守好十年禁渔政策的红线底线。按照五部门《关于进一步做好长江流域重点水域退捕渔民安置保障工作的通知》要求,发挥协调机制成员单位作用,推动落实退捕渔民安置保障。持续实施好就业帮扶"暖心行动",完善"十省百县千户"长江退捕渔民跟踪调研动态监测指标体系,按季度调度情况,推动提高退捕渔民就业帮扶的针对性和生计保障的时效性。要实施好打击非法捕捞和市场销售非法捕捞渔获物专项整治行动,健全跨部门、跨地区执法合作长效机制,持续保持高压严管态势,着力破解商船货船偷捕、违规垂钓和涉渔"三无"船舶等问题,严防非法捕捞反弹回潮。落实《长江生物多样性保护实施方案(2021—2025年)》和"三年强基础"重点任务实施方案,及时落实地方配套资金,提升执法装备水平。健全资源调查监测体系,实施长江水生生物完整性指数评价,强化禁渔成效评估和监测结果应用。对于禁渔的效果,渔业渔政部门一定要有清醒认识,科学判断,不能人云亦云。要持续强化渔业资源保护和渔业水域生态环境修复。完善海洋伏季休渔制度,科学稳妥扩大海洋伏休期间特殊经济品种专项捕捞范围。进一步强化黄河禁渔期等资源养护措施,严格执行黄河等内陆重要流域禁渔期制度。强化增殖放流苗种供应体系建设,引导增殖放流科学、规范、有序开展。推进高标准海洋牧场建设,创建一批国家级海洋牧场示范区。推进优化国家级水产种质资源保护区,强化涉渔工程专题影响评价,健全渔业资源生态保护补偿机制。组织开展海洋和内陆重要渔业水域资源调查,持续监测重要渔业水域生态环境。要大力提升水生野生动物保护水平。推动修订罚没和救助水生野生动物处置管理办法,加强中华白海豚、斑海豹、海龟、珊瑚、中华鲟、长江江豚等重点物种保护管理。推进珍贵濒危物种资源和栖息地调查,公布一批重要栖息地名录。

四是强化改革创新,提升渔业治理水平。要以渤海为对象研究设计限额捕捞制度。摸清渤海作业渔船数量、作业类型、作业海域、捕捞产量等家底,加快建档立卡。科学评估渤海渔业资源,研究确定渤海捕捞限额总量,核定渤海作业渔船,制定捕捞限额分配方案,明确限额使用方式。所有渔船安装船位监控设备,严格实行渔获物实时统计汇总、捕捞限额预警等制度措施。要推进船港人网一体化管理。组织开展全国渔船摸底调查,完善捕捞许可和登记制度,规范专项特许捕捞,强化涉渔船舶综合监管。加快提高大中型捕捞渔船生产组织化、公司化程度。畅通渔船等资源要素有序流转,强化渔业权保护。完善渔港管理制度,明确渔港权属、港章制定、等级认定、名录发布等政策要求。全面实施渔船进出渔港报告制度,有序推进渔获物定点上岸,不断强化驻港监管。优化完善渔业船员培训、考试、发证管理制度,畅通职务船员晋升途径。推进渔具准用制度,制定渔具准用目录,探索渔具标识管理。要强化科技创新。推动渔业重大基础前沿研究和重要共性关键技术研发,聚焦配合饲料、疫病防控、水产养殖和海洋捕捞机械化、精准捕捞、生态节能渔船渔具、水产品加工等关键领域,加快研发与创新一批核心技术及产品,加强新品种、新产品、新装备、新技术、新模式的示范与应用,打造渔业科技支撑乡村产业发展典型。

五是加强执法监管,守住渔业发展底线。要守牢生物安全底线。落实水产苗种产地检疫制度,推进渔业官方兽医队伍建设和苗种检疫监督执法,持续加强水生动物疫病监测预警、风险评估和妥善处置。要守牢质量安全底线。强化水产养殖用投入品监管,试行白名单制度,规范名单外养殖投入品管理,全面提升水产品质量安全水平。加强水产品质量安全舆情监测,及时回应社会关切。要守牢生态安全底线。充分利用国家扶持政策,大力推广应用多种形式的养殖尾水处理技术模式,持续改善养殖水域生态环境。要守牢生产安全底线。持续推进"安全生产三年专项整治"和"商渔共治"专项行动,推广应用"一网一号一中心",全力抓好"安全应急值守"和"事故调查处理"两个能力建设,坚决遏制重特大渔业生产安全事故发生。要守牢涉外安全底线。加强周边涉外渔业综合管理,压实属地管理责任,不断加大对周边海域非法作业的打击力度。坚持"零容忍"打击远洋渔船违法违规行为,确保不出事、不惹事。

这五个安全是渔业工作的重点难点风险点,这几个方面出问题,监管不力,根本问题是作风不扎实,工作不作为,基层组织软弱无力。守牢这五个安全,还要加强执法能力建设。去年,农业农村部印发了《关于加强渔政执法能力建设的指导意见》,同时成立了专门保障渔政执法工作的正局级机构——渔政保障中心,这些充分体现部党组对渔政执法工作的高度重视。下一步,要抓好《意见》的贯彻落实,完善渔政执法体系机制,既要分级管理,也要上下联动、全国一盘棋。同时要深化与相关执法部门合作,推动实施联合执法、联合办案、齐抓共管。渔政保障中心要尽快实现业务的全面运转,发挥好支撑保障作用。

六是促进合作共赢,推动渔业"走出去"。要拓展渔业国际合作。推进与周边国家务实合作,开展联合增殖放流,共同养护渔业资源,维护海上渔业生产秩序。落实《上海宣言》,深化与东南亚、南亚、非洲等"一带一路"沿线主要国家和地区合作,推动水产养殖业走出去。落实《广州共识》,推动与太平洋岛国建立定期对话机制,在产业、科研和培训等方面深化合作。要持续提升国际履约能力。全面推进落实国际通行资源养护管理措施,加强远洋渔业综合监管体系建设,全面实施和完善国家观察员计划。实施远洋渔业企业履约评估制度,完善行业自律协调组织与服务体系,促进企业提高履约能力和水平。推动全球渔业资源科学养护和可持续利用。推动尽快加入《港口国措施协定》,负责任履行国际义务。重点推进与印太区域相关国家开展可持续的渔业捕捞合作,加强人才培养、执法能力和基础设施建设合作,增进理解互信,争取广泛支持。积极推进与南海周边国家在打击非法捕捞、养护渔业资源、促进产业发展等方面的合作。继续发布《中国远洋渔业履约白皮书》,实施公海自主休渔。

同志们,推进渔业高质量发展,必须锻造高素质的干部队伍。面对新形势新要求,渔业渔政系统广大干部要迎难而上、主动作为,不断提高自身综合能力素质。要旗帜鲜明讲政治。以习近平新时代中国特色社会主义思想为指导,坚持从讲政治的高度看渔业抓渔业,完整、准确、全面贯彻新发展理念,树立大农业观、大食物观、大安全观,对渔业工作的政治性、大局性、敏感性要有全面的、正确的认识,既要算经济账、眼前账,也要算政治账、长远账;既要充分了解渔业特点,又要善于把渔业工作纳入大农业、大外交工作统筹考虑,争取实现重大政策、规划、项目对渔业的全覆盖。要攻坚克难谋突破。聚焦渔业生产转型升级、渔业经营体制创新、渔船渔港综合改革、深远海大型装备养殖等方面的堵点难点加大攻关力度,争取实现政策创设的关键性突破。充分调动系统上下、行业内外积极性,形成合力推进渔业高质量发展良好格局。要持之以恒强作风。不断增强法治意识,自觉学法、遵法、用法、守法,打造执法为民、廉洁奉公的渔政执法队伍。不断增强廉政意识,与企业、协会等监管服务对象"亲"而有度、"清"而有为,绝不能犯低级错误,不能失职渎职。要建立健全舆情引导和危机处理机制,提高对舆情的识别、判断和应对能力,及时消除负面舆情隐患,营造良好发展氛围。

同志们,做好渔业工作意义重大、任务艰巨、使命

光荣!让我们更加紧密地团结在以习近平同志为核心的党中央周围,坚定信心、开拓创新,勇于担当、锐意进取,为推动渔业高质量发展,为水产事业的生机盎然、百姓餐桌的丰富多彩、渔民朋友的乐业幸福,为全面推进乡村振兴和加快农业农村现代化作出新的更大贡献,以实际行动迎接党的二十大胜利召开!

农业农村部副部长马有祥
在渔业水上突发安全生产事件
应急处置演练活动上的讲话

(2022 年 9 月 15 日)

明天我国沿海地区将全面开渔。今天我们在南宁市举办渔业水上突发安全生产事件应急处置演练,同时对渔业安全生产"百日攻坚"行动再部署、再强调。刚才,方春明副主席作了热情洋溢的致辞;现场开展了应急值班突击点名,核查值班人员在岗情况,从被抽查的 10 个单位情况看,大家在岗都没有问题,也很及时,但个别应急电话从响铃到接通,中间有广告,应急电话特殊,时间就是生命,不能把广告插到应急电话里;部、省、市、县四级联合开展了渔业应急处置突演练,参演人员反应迅速、操作规范、程序完整、应对得当,达到了熟练程序、提升能力、锻炼队伍的目的,今天的演练也是一次培训,我们把渔业安全事故接报、核实、救援处置等进行展现,就是让大家更熟悉全流程的指挥调度;辽宁、浙江、广西三省(自治区)作了交流发言,讲的也非常好。下面,围绕今天活动主题,我讲两点意见。

一、着力提升渔业应急处突能力

渔业生产风险高,突发事件多。做好渔业应急处突工作对减少渔民伤亡和财产损失、化解渔业重大风险至关重要。与陆上其他行业相比,渔业安全事故发生后,经常处于看不见、听不到、够不着的状态,应急处突工作难度很大、任务更重。在这方面我们有很多惨痛教训。像 2013 年 9 月,广东渔船在南海遭遇台风险情,限于当时的技术手段,无法确定位置,无法实施有效救援,最终有 62 人不幸遇难,非常让人痛心。

近年来,各级渔业渔政部门都持续加强应急处突能力建设,农业农村部建立了全国渔业安全应急中心,开通全国统一的渔业安全应急值守电话"95166",推广应用全国渔业安全事故直报系统;各地持续推进渔船"插卡式 AIS"等安全生产设备配备,因地制宜强化安全生产信息化手段建设,渔船应急处突能力得到提升。

但在"硬件"提升的同时,也发现了值班人员责任心不强、反应不迅速、处置不及时的案例。应急处突能力是党政领导干部应当具备的七种能力之一。刚才,演练中渔民全部获救,令人欣喜;但现实中情况更复杂,不会像演练结果那么好,我们必须始终保持高度警惕,坚持底线思维,增强忧患意识,重点从以下几个方面提高应急处突能力。

一是做好提前干预。要围绕渔业产业特点和地方监管实际,提前研判渔业突发事件高发区域、高发群体、高发类型,找出风险点,建立健全应急预案。强化风险点主动监测,对于一些有苗头性的突发事件,要及时科学应对,组织渔船渔民撤离,做到早发现、早预防、早干预,避免事态发展、形成重大险情。

二是强化快速反应。突发事件发生后,要抓住要害,找准原因,果断决策,整合力量、科学排兵,精准拆弹。严格落实 24 小时应急值班制度,核实情况要到人、到船,确保信息准确,这是应急救援的基础,决不能想当然。要严格落实中央有关规定,切实做到突发事件 1 小时之内报到中央,事情紧急可以先电话报告,后续书面报告。要及时向海搜等相关部门通报情况,协调救援,完善渔船海难救助奖励制度,组织渔民参与救援,有效化解危机。

三是完善工作机制。要善于在渔业应急处突实践中,查找工作和体制机制上的漏洞,及时予以完善。要根据渔业突发事故的类型,合理划分不同层级应急处突工作分工和工作重点。强化舆情应对,对于负面舆情,要主动发声,说明事实真相,防止以讹传讹。引导保险机构提前介入,发挥好"稳压器"作用,做好事故善后处理。完善应急处突协作机制,构建上下联动、守望相助、群防群救的应急处突格局。

四是加强队伍建设。要加强渔业应急中心建设,选派业务素质高、责任心强的人员承担应急值守工作,完善应急处突工作规程,细化工作任务和要求,加强应急值班设施条件保障,继续完善全国渔业安全事故直报和渔船渔民信息系统。加强业务培训,定期开展实战化演练,切实提升专业化、规范化水平。要加强应急处突人员管理,对于麻木不仁、反应迟钝的要严肃批评教育,瞒报误报、延误救援造成严重后果的,要依法依规追究责任。

以上四点主要是针对渔业安全生产事故应急处置的要求。渔业突发事件还包括质量安全、生态安全、涉外安全和生物安全等方面,尽管这几个方面的安全防范工作侧重点不同,处理程序上有差异,但总的要求应该是一样的。在今后的应急处突能力建设中,要统筹考虑、一体推进。

二、坚决打赢渔业安全生产"百日攻坚"战

今年以来,各地认真贯彻落实习近平总书记重要指示批示精神,按照国务院安委会和农业农村部有关部署要求,扎实开展渔业安全生产大检查、"渔政亮剑"安全生产专项执法、"商渔共治"等行动,取得了初步成效。1—8 月,全国共发生渔船安全事故 52 起、死亡(失踪)64 人,同比下降了 26% 和 22%。但 3 月和 9 月,也就是休渔期前后,连续发生多起较大以上安全事故,引起中央领导高度重视,这也给我们敲响警钟,安全生产来不得半点含糊,须臾不可放松。为此,农业农村部决定在前期工作基础上,统筹渔业安全生产三年行动、"商渔共治"专项行动和渔业安全生产大检查等工作任务,组织开展渔业安全生产"百日攻坚"行动,作为下半年渔业安全生产工作的总抓手,紧紧围绕着"防风险、保安全、迎二十大"这条主线,聚焦渔业安全生产的薄弱环节和突出问题,通过"大宣传、大走访、大检查",压实各方责任,强化整治攻坚,消除安全风险隐患,防范遏制重特大事故发生。行动通知已经下发,在此,我再强调五点。

一要提高思想认识。今年以来,习近平总书记和李克强总理等中央领导同志先后多次作出重要指示批示,提出了明确的要求。8 月 1 日部分作业类型开捕,特别是进入 9 月以来,相继发生多起渔船险情和较大以上事故。近期,我带队到部分省份对渔业安全生产进行督导检查,随机登上一些渔船,就发现存在有信号灯损坏缺失、未配备 AIS 通导设备、救生设备配备不到位等问题。这些看似小问题,实则隐藏大风险。制度定得再完善、行动搞得再响亮、技防设备再先进,都不等于风险清零。我们要有充分的思想认识,决不能麻痹大意、掉以轻心,更不能躺平,要以"时时放心不下"的责任感,立即行动起来,集中精力,切实做好百日攻坚行动,坚决稳控渔业安全生产形势。

二要严格责任落实。认真贯彻落实国务院安委会十五条硬措施要求,强化对市县党委政府安全生产责任、部门安全生产监管责任落实情况的考核检查,考核检查结果要不定期进行通报。完善渔船包保责任制度,明确包保人的责任。建立健全奖惩机制,对工作突出、成效显著的,要及时给予表扬和奖励;对责任落实不到位、玩忽职守造成安全责任事故的,要严肃追责问责,并依法依规移送纪检监察部门处理。

三要狠抓隐患排查。要在前期工作基础上,系统全面梳理本地区渔业安全生产事故,总结分析多发易发问题原因,进渔村、上渔船和访渔民,俯下身子搞摸排,切实找出薄弱环节和风险隐患,特别是本地区常发

渔业安全事故和近期各地暴露出的问题,形成本地区风险隐患清单。要用好渔船出航前和返港后两个重要时段,强化渔船登临检查,指导帮助渔民消除安全隐患。今年捕捞渔船人工贵、雇工难、生产成本高,这些问题与安全生产息息相关,要及时协调帮助解决,努力把各种风险隐患消灭在萌芽状态。

四要强化执法整治。要加大渔港和海上执法检查力度,对照本地区安全风险隐患清单,逐一核验渔船和船上船员的情况。严肃开展安全生产监管执法,不能有"反正也没出事,教育教育就算了"的想法,必须真查、真管、真罚,坚决克服执法"宽松软"问题。对发现的安全问题要紧盯不放,决不能放任渔船带病出海,最后酿成船毁人亡的严重后果。要加强渔港监督力量配备和日常监管,严格落实进出港报告制度,完善与海警、公安等部门的安全执法协同机制,形成部门协同、海陆联治的良好工作格局。

五要加强宣传教育。渔民是安全生产的主体,要强化教育引导,真正解决渔民思想认识问题。突出法律责任和事故损失宣传,以严重的后果、血淋淋的事实、身边的典型案例,强化警示教育,使渔民警醒起来,深刻认识到,就安全生产来说,大家都是局中人,必须时刻警醒。要结合渔业安全生产的常见多发问题,加强海上突发险情科学应对技能培训,提升渔民应对突发险情的能力。创新宣传教育培训方式,更多采取微信小视频、抖音等渔民喜闻乐见、便捷高效的方式,提升宣传教育的实效。

同志们,再过一个月,党的二十大就要召开了。让我们更加紧密地团结在以习近平同志为核心的党中央周围,踔厉奋发,笃行不怠,坚决打赢"百日攻坚"这场硬仗,牢牢守住渔业安全生产底线,切实维护渔民群众生命财产安全,以实际行动迎接党的二十大胜利召开!

农业农村部副部长马有祥
在沿海渔业安全生产形势
调度视频会议上的讲话

（2022 年 9 月 29 日）

近期,涉渔事故频发多发,给人民群众生命财产造成重大损失。从全面开渔到今天还不足半个月,从 8 月 1 日东海四种作业类型开始生产算起,到今天还不满 2 个月,但统计上来的大小各类涉渔事故险情就多达 22 起,平均 2 天半就发生 1 起;死亡失踪 40 人,平均 1 天半 1 个人。详细的情况,袁晓初同志已作了通

报。血淋淋的事实告诉我们,渔业安全生产形势十分严峻。

农业农村部党组高度重视渔业安全生产工作,多次召开专题会议,提出明确具体要求。今天,我们召开会议,主要任务是针对近期渔业安全生产形势,对国庆节及今后一段时间渔业安全生产工作进行再强调、再部署。党的二十大召开在即,我们要切实把思想和行动统一到习近平总书记关于安全生产工作的重要指示批示精神上来,紧紧围绕"防风险、保安全、迎二十大"这条主线,采取更有力、更有针对性的措施,坚决防范遏制重特大事故,以实际行动捍卫"两个确立"、做到"两个维护"。年初全国渔业安全生产视频会议和 9 月中旬渔业安全应急演练上,已经分别对全年和下半年的工作进行了部署,具体要求我就不再重复了,每一项、每一条我们都要不折不扣的落实到位、务求实效。针对近两个月发生的事故险情及暴露出的问题,我再强调几项当务之急、必须从严从速抓紧抓实的工作。

第一,强化隐患排查。要组织力量再开展一轮深入的风险摸排,特别是要充分利用船位监控、应急指挥等信息化系统,对作业渔船的船位、航迹信息异常的情况进行全面排查,做到有渔船生产,就有信息可查。中央和各地都投入那么多资金、开发那么多系统、装了那么多设备,绝不能装样子、当摆设,绝不能出了事才发现北斗、AIS 早就没信号了。早就没信号,为什么不查、不联系?对排查出来的问题渔船要逐条监督落实整改,该修的修,该罚的罚,整改到位才能出海。

第二,强化生产监管。一是渔港监管。要加大渔船进出渔港报告抽查频次力度,重点检查渔船适航、船员适任、人员超载情况。前天的福建渔船碰撞事故,初步调查两条船出港时都报告了,结果事后还是发现有船员不适任情况。船员不适任,怎么就出港了?是不是走形式了?制度都落实到哪去了?监管,不能只盯着中心和一级渔港,二级以下渔港和停泊点的监管也要加强,要统筹发挥好渔政部门和基层管理组织作用,不能使之成为管理盲区、法外之地。二是海上监管。要落实好渔船海上编组生产和陆上定人联船,要加大重点渔场渔政海上巡航执法力度,渔政执法人员、执法船艇要做到全员备战,随时做好出航执法、应急救援准备。三是值守监管。要加强船位监控调度、定时点验和应急值守,随时掌握海上作业渔船情况。10 月 1 日起,执行为期 1 个月的渔业安全生产事故"零报告"制度。

第三,强化涉渔船舶管理。"三无"船、乡镇船,虽然管理职责不在渔业部门,但一旦发生安全事故,经常要占用渔业部门大量的精力,给渔业安全生产监管工

作造成干扰和冲击。对此,我们要强化协调推动,用好各级涉外渔业综合管理机制严打"三无"船,压实乡镇党委政府责任严管乡镇船,齐抓共管。要快速核实信息,防止不实信息"满天飞"。河北省套牌养殖船违法捕捞发生事故,信息报了好几遍,船舶身份还没核实清楚,影响非常不好,希望这种情况今后不再发生。

第四,强化渔船防台风应对。认真落实《国家防汛抗旱应急预案》,及时推送气象预警信息,必要时组织渔船回港、渔民上岸。避风地要提前摸排避风港口锚地资源,有序引导渔船进港避风,妥善安置上岸渔民;船籍地要引导教育渔民服从避风地统一安排,主动配合避风地做好进港上岸工作。过程中不得以疫情防控、属地管理等原因,相互推诿扯皮。对不服从管理的渔船民,要依法依规严肃处理。

第五,强化事故调查追责。对每一起事故都要彻查原因,并要有阶段性分析,尤其是海南"9·4"、河北"9·7"、广东"9·12"、福建"9·27"等几起事故,影响比较大,要拿出客观可信的调查报告。"三个责任"都要查,不能姑息包庇,也不能重技术、轻追责,大而化之、不了了之。险情、自然灾害的调查工作也要同标准、严要求。

第六,强化统筹配合。上周召开的全国安全生产电视电话会议强调,"疫情要防住、经济要稳住、发展要安全"是一个整体,绝不能"单打一"。要加强省之间、省际之间、渔业部门和外部门之间的沟通协调、联动配合。今年12号台风前夕,江苏南通组织外省渔船避风过程中出现一些波折,一个重要的原因就是省际之间的协调配合出了问题。今年以来,我们也听到了一些因为疫情防控不让外地渔船进港的反映,这些都需要我们高度重视。

这六条,是我今天要特别强调的。刚才,5个省的发言,大家都从主观方面找原因,没有往客观方面推,这个非常好。无论是之前全面部署的工作,还是今天再次强调的工作,关键是要抓好落实。对于渔业安全生产工作,我们出台了不少法律法规,发了不少文,开了不少会,开展了不少专项行动。可以说是年年讲、年年抓,月月讲、月月抓,现在快到了天天讲、天天抓的程度。各级领导们逢会讲、逢节讲、逢事讲,要说不重视,是说不过去的,而事故还是不断,究其原因就是制度并没有真正落实到位。涉渔"三无"船舶整治了多少年,七部门也发了文;长期异地生产渔船、私自拆卸关闭屏蔽北斗船载终端设备、黑色4小时渔船点验不落实等问题及渔港、船员日常管理,都有制度规定,出现问题说明落实得不好。如果工作做到位,责任落实到位,可以避免或者减轻事故损失。安全生产水平的决定性因素仍然是人,对此我们要有清醒认识。如果"三个责任"不到位,再好的设备、再好的制度都没有用。我们要从讲政治的高度,从对党和人民负责的高度,拿出非常态度,采取非常措施,狠抓落实。各地要立即拉出问题隐患和制度措施"两个清单",研究制定工作方案,明确时间表、路线图、责任岗;要强化工作督导检查,做到布置一件、紧盯一件、做成一件。对那些麻木不仁、推诿塞责的要严肃批评,工作落实不力造成严重后果的,要依法依规追责问责。

渔业安全生产涉及多个部门,有的不是我们农业农村部门一家管的,但是我们一定要去协调推动,要给政府当好参谋助手,不能等,推一推动一动,否则,等来的可能就是事故,就是责任,就是对我们的问责。

同志们,当前渔业安全生产工作时间紧、任务重,我们要切实拧紧思想上的"安全阀",勠力同心、担当作为,坚决守牢渔业安全底线,守牢渔民群众的生命财产线,为稳定发展做出贡献!

2022 年渔业大事记

1月

5日 农业农村部会同国家林业和草原局、中央政法委员会、中央网络安全和信息化委员会办公室、公安部、交通运输部、海关总署、国家市场监督管理总局、国家铁路局、中国民航局、国家邮政局联合印发《关于开展"2022清风行动"的通知》(林护发〔2022〕5号)。

5日 生态环境部联合农业农村部印发《关于加强海水养殖生态环境监管的意见》(环海洋〔2022〕3号)。

7日 农业农村部渔业渔政管理局通报《2021年国家产地水产品兽药残留监控计划》实施情况。

18—28日 南太平洋区域渔业管理组织第十次会议以视频方式举行,农业农村部渔业渔政管理局会同外交部条约法律司、港澳台司和上海海洋大学等单位组团参会。

19日 农业农村部印发《关于做好"十四五"水生生物增殖放流工作的指导意见》(农渔发〔2022〕1号)。

24日 农业农村部印发《关于批准北京市水产技术推广站水产原良种场等3家单位为国家级水产原良种场的通知》(农渔发〔2022〕3号)。

27日 农业农村部、公安部联合召开打击长江流域非法捕捞专项整治行动视频推进会,农业农村部副部长马有祥、公安部副部长林锐出席会议并讲话。

27日 农业农村部发布《关于山东省沿海养殖海带重大灾害紧急预警通报》(农明字〔2022〕4号)。

2月

11日 农业农村部渔业渔政管理局组织鳗苗出口有关工作集中研讨,一级巡视员李书民主持会议并讲话,强调要加强对日本鳗鲡苗资源保护和出口管理,优先保障国内成鳗养殖需求,促进养鳗产业稳定发展。

14日 农业农村部召开全国渔业安全生产工作视频会议,总结2021年渔业安全生产工作,谋划部署2022年渔业安全生产重点工作,农业农村部副部长马有祥出席会议并讲话。农业农村部渔业渔政管理局局长刘

新中主持,副局长袁晓初参加会议。

14日 农业农村部印发《关于促进"十四五"远洋渔业高质量发展的意见》,明确"十四五"远洋渔业发展的指导思想、主要原则、发展目标、区域布局和重点任务。

17日 中欧打击非法、未报告和不受管制(IUU)捕捞工作组第六次会议以视频方式举行。双方通报了各自渔业政策最新进展,并就远洋渔船违规调查处理情况和中国输欧水产品合法性认证执行情况交换意见。农业农村部渔业渔政管理局二级巡视员赵丽玲与欧盟国际海洋治理与可持续渔业司IUU渔业政策处处长罗伯特·塞萨利共同主持会议。

17日 农业农村部印发《关于调整黄河禁渔期制度的通告》(农业农村部通告〔2022〕1号)。

21日 农业农村部渔业渔政管理局公布2021年中国水产种业育繁推一体化优势企业名录,要求各省级渔业主管部门加强对优势企业的指导,切实发挥示范引领作用,进一步培育壮大育繁推一体化企业,引领水产种业高质量发展,提高水产种业竞争力。

22日 农业农村部印发《关于进一步加强黄河流域水生生物资源养护工作的通知》(农渔发〔2022〕5号)。

22日 全国人大农村与农业委员会听取关于《中华人民共和国渔业法》修订草案要点和工作进展的汇报,农业农村部渔业渔政管理局局长刘新中、副局长江开勇出席。

23日 农业农村部办公厅印发《关于建立涉渔船舶审批修造检验监管协调机制的函》(农办渔函〔2022〕4号),建立涉渔船舶审批修造检验监管协调机制。

3月

4日 农业农村部渔业渔政管理局召开涉渔船舶审批修造检验监管协调机制2022年第一次会商会,农业农村部渔业渔政管理局局长刘新中、副局长袁晓初出席会议。

7日 农业农村部办公厅印发《关于做好金枪鱼渔业国际履约工作的通知》(农办渔〔2022〕1号)。

10 日　农业农村部办公厅印发《关于调整第六届全国水产原种和良种审定委员会的通知》(农办渔〔2022〕2号)。

10 日　农业农村部同意山东省开展"国信一号"养殖工船运营管理试点。

14 日　农业农村部会同国家林业和草原局、国家发展和改革委员会、财政部、自然资源部联合印发《国家公园等自然保护地建设及野生动植物保护重大工程建设规划(2021—2035 年)》(林规发〔2022〕20 号)。

14 日　农业农村部印发"中国渔政亮剑 2022"系列专项执法行动方案》(农渔发〔2022〕6 号),明确长江十年禁渔、涉渔"三无"船舶和"绝户网"整治、黄河等内陆重点水域禁渔、涉渔船舶审批修造检验监管、渔业安全生产等 10 个专项执法行动。

17 日　农业农村部印发《2022 年国家产地水产品兽药残留监控计划》和《2022 年国家水生动物疫病监测计划》(农渔发〔2022〕7 号),启动新一轮全国范围的水产养殖用兽药及其他投入品监管和水生动物疫病风险防控工作。

18 日　农业农村部印发《关于做好渔业职务船员考试考核有关工作的通知》(农渔发〔2022〕8 号)。

18 日　农业农村部组织开展蛙类养殖违法违规用药专项整治行动(农明字〔2022〕17 号),就专项整治时间安排、整治范围、重点整治内容等做出具体部署。

18 日　农业农村部办公厅部署开展远洋渔业"监管提升年"行动。

22 日　农业农村部渔业渔政管理局公布 2021 年度全国远洋渔业企业履约评估结果。

23 日　农业农村部与中国银行保险监督管理委员会召开渔业互助保险改革工作座谈会,农业农村部副部长马有祥和中国银保监会副主席梁涛出席会议并讲话,农业农村部渔业渔政管理局局长刘新中、副局长袁晓初参加会议。

24 日　国务院安全生产委员会办公室召开沿海重点地区水上运输和渔业船舶安全风险防范工作会议,农业农村部副部长马有祥出席并讲话,农业农村部渔业渔政管理局局长刘新中、副局长袁晓初参加会议。

29 日　农业农村部渔业渔政管理局对部分远洋渔业企业及渔船涉嫌违规问题的调查情况和处理意见进行通报。

30 日　农业农村部印发《海洋渔业船员违法违规记分办法》(农渔发〔2022〕10 号)。

30 日　农业农村部、公安部在北京联合召开"中国渔政亮剑 2022"黄河禁渔专项执法行动部署会议,农业农村部副部长马有祥出席会议并讲话,农业农村部渔

业渔政管理局局长刘新中参加会议。

31 日　交通运输部、农业农村部印发《"商渔共治2022"专项行动实施方案》(交海函〔2022〕138 号)。

4 月

2 日　农业农村部召开全国农业安全生产工作电视电话会议,农业农村部副部长邓小刚出席会议并讲话,农业农村部渔业渔政管理局局长刘新中参加会议。

2 日　农业农村部印发《渔业船舶重大事故隐患判定标准(试行)》(农渔发〔2022〕11 号)。

2 日　农业农村部办公厅发布"中国渔政亮剑 2021"执法典型案例(农办渔〔2022〕5 号)。

6 日　农业农村部渔业渔政管理局印发《2022 年涉渔船舶监管专项联合行动方案》。

11 日　农业农村部办公厅对渔业行政处罚条款中"船长"的含义进行界定(农办渔函〔2022〕9 号)。

12—13 日　东亚峰会非法、未报告和不受管制(IUU)捕捞研讨会以视频形式召开,各国分享了在制止非法捕捞方面的成功案例经验以及面临的挑战,探讨了如何加强打击 IUU 捕捞的区域合作。农业农村部渔业渔政管理局、外交部边界与海洋事务司、上海海洋大学相关人员组成的中方代表团参加会议。

14 日　农业农村部渔业渔政管理局启动 2022 年全国渔业安全生产专项大检查,在全国范围内开展渔船渔港安全隐患自查自检自纠、异地交叉排查和问题集中整治。

15 日　农业农村部组织开展水产养殖业执法行动(农明字〔2022〕29 号),重点针对水域滩涂养殖证制度、水产苗种生产许可证制度、水产苗种产地检疫制度、水产养殖生产记录制度执行情况以及水产养殖投入品生产、经营和使用情况在全国范围内组织开展执法行动。

19 日　农业农村部渔业渔政管理局成立全国养殖水域滩涂规划编制工作组。

19 日　农业农村部联合中央外事工作委员会办公室、工业和信息化部、公安部、交通运输部、海关总署、国家市场监管总局、中国海警局在北京召开 2022 年涉渔船舶监管专项联合行动部署会。农业农村部副部长马有祥出席会议并讲话,农业农村部渔业渔政管理局局长刘新中、副局长袁晓初参加会议。

20—25 日　中俄渔业合作混合委员会第 30 次会议以视频会议形式召开,双方就执行《中俄关于黑龙江、乌苏里江边境水域合作开展渔业资源保护、调整和增殖的议定书》、海洋捕捞合作、执行《中俄关于预防、阻止和消除非法、不报告和不管制捕捞海洋生物资源的合

作协定》等议题交换意见并达成一致,签署会议纪要。农业农村部渔业渔政管理局副局长江开勇和俄罗斯联邦渔业署副署长瓦西里·索科洛夫共同主持会议。

22 日 农业农村部渔业渔政管理局部署开展渔业安全应急值守不定时抽查点名。

25 日 农业农村部印发《关于 2022 年伏季休渔期间特殊经济品种专项捕捞许可和捕捞辅助船配套服务安排的通告》(农业农村部通告〔2022〕2 号)。

26—28 日 第十九次中韩海洋生物资源专家组会议以视频形式召开并签署了会议纪要。

27 日 中菲渔船碰撞事故签署和解协议会议通过视频方式在中国和菲律宾同步举行,中菲渔船碰撞事故船东签署和解协议书。农业农村部渔业渔政管理局局长刘新中和菲律宾司法部副部长安德里安·苏格共同见证签署协议。

29 日 农业农村部、公安部、中国海警局在北京联合召开 2022 年海洋伏季休渔专项执法行动部署会议,农业农村部副部长马有祥出席会议并讲话,农业农村部渔业渔政管理局局长刘新中、副局长江开勇参加会议。

5 月

8—26 日 印度洋金枪鱼委员会第 26 次委员会年会以视频方式举行,农业农村部渔业渔政管理局会同外交部条约法律司、港澳台司和上海海洋大学等单位组团参会。

11 日 农业农村部办公厅印发《关于开展 2022 年海洋伏季休渔秩序评估工作的通知》(农办渔〔2022〕6 号)。

18 日 2022 中越北部湾渔业资源联合增殖放流与养护活动通过线上线下相结合方式在中越边境广西北海举行,共向北部湾海域投放黑鲷等鱼虾类苗种近 5 600 万尾。农业农村部副部长马有祥、农业农村部渔业渔政局局长刘新中出席线上活动。

18 日 农业农村部渔业渔政管理局部署于 6 月 1—30 日在全国范围内统一开展 2022 年渔业"安全生产月"活动。

23 日 农业农村部印发《关于实施 2022 年公海自主休渔措施的通知》(农渔发〔2022〕14 号),决定 2022 年继续实施公海自主休渔措施,自主休渔海域除西南大西洋、东太平洋部分公海海域外,新增试行印度洋北部公海海域。

24—27 日 联合国粮食及农业组织(FAO)渔业委员会水产养殖分委员会第十一届会议以视频形式召开。农业农村部渔业渔政管理局、中国驻联合国粮农组织代表处、中国水产科学研究院、全国水产技术推广总

站、上海海洋大学相关人员组成的中方代表团参加会议。

30 日至 6 月 3 日 联合国粮农组织(FAO)渔获转载规则技术磋商会通过视频方式召开,农业农村部渔业渔政管理局会同上海海洋大学、中国远洋渔业协会组团参加。

31 日 农业农村部会同国家市场监管总局、国家林草局联合发布《关于停止执行〈关于禁止野生动物交易的公告〉的公告》(2022 年第 15 号)。

6 月

6 日 农业农村部与湖北省政府在武汉联合举办全国"放鱼日"主会场活动,放流中华鲟、胭脂鱼和长吻鮠等珍贵濒危物种和重要经济物种 3 万尾。当天,全国 25 个省(自治区、直辖市)、4 个计划单列市和新疆生产建设兵团共举办增殖放流活动 242 场,放流各类水生生物苗种 5.5 亿余单位。

6 日 农业农村部渔业渔政管理局通报 2021 年水产养殖用非规范投入品风险隐患排查结果。

7 日 经农业农村部领导批准,农业农村部渔业渔政管理局会同外交部拉美司、农业农村部国际合作司及中国远洋渔业协会有关人员,应约与厄瓜多尔代表团进行视频会谈。农业农村部渔业渔政管理局一级巡视员李书民率团参加会谈。

10 日 农业农村部发布第 566 号公告,公布辽宁省将军石渔港等 52 座渔港为第三批国家级海洋捕捞渔获物定点上岸渔港。

12—17 日 WTO 第 12 届部长级会议在瑞士日内瓦举行,各方就《渔业补贴谈判》达成共识。该协定是 WTO 过去 9 年达成的首份多边协定,为实现 2030 年可持续发展议程作出重要贡献。商务部部长王文涛,农业农村部副部长马有祥,中国常驻世贸组织代表团大使李成钢,农业农村部渔业渔政管理局局长刘新中、二级巡视员赵丽玲与商务部有关同志组成的中方代表团参加会议。

14 日 农业农村部渔业渔政管理局组织重点省份开展稻渔综合种养产业发展情况视频调度和集中研讨,交流各地稻渔产业发展新进展新情况,调度主产省份稻渔生产情况,农业农村部渔业渔政管理局一级巡视员李书民出席并讲话,农业农村部发展规划司、乡村产业发展司、科技教育司有关同志参加研讨。

20—24 日 联合国粮农组织(FAO)《关于预防、制止和消除非法、不报告、不管制捕鱼的港口国措施协定》拉丁美洲及加勒比区域协调会议以视频形式召开。

21—23 日 联合国粮农组织(FAO)亚太渔业委员会

第 78 届执委会会议以视频形式召开。农业农村部渔业渔政管理局、中国水产科学研究院黄海水产研究所相关人员组成的中方代表团参加会议。

22 日 农业农村部渔业渔政管理局组织鳗苗出口有关工作线上研讨,一级巡视员李书民参加研讨并做总结。

23 日 农业农村部办公厅印发《关于开展 2022 年黄河禁渔联合交叉执法行动的通知》(农办渔〔2022〕8 号)。

24 日 农业农村部渔业渔政管理局组织养殖水产品中使用地西泮情况集中研讨,一级巡视员李书民出席并讲话。

29 日 中越海上低敏感领域合作专家工作组磋商以视频方式进行。此项工作由外交部牵头组织,农业农村部渔业渔政管理局派员参加。

7 月

4 日 农业农村部办公厅印发《关于开展 2022 年海洋伏季休渔联合交叉执法行动的通知》(农办渔〔2022〕10 号)。

4—8 日 南印度洋渔业协定第九次缔约方大会以视频方式举行,农业农村部渔业渔政管理局会同外交部条约法律司、港澳台司和上海海洋大学等单位组团参会。

11 日 农业农村部公布 2022 年经全国水产原种和良种审定委员会审定通过的 26 个水产新品种(农业农村部第 578 号公告)。

11—15 日 联合国粮农组织(FAO)《关于预防、制止和消除非法、不报告、不管制捕鱼的港口国措施协定》亚洲区域协调会议以视频形式召开,农业农村部渔业渔政管理局、上海海洋大学相关人员组成的中方代表团参加会议。

12 日 农业农村部办公厅印发《关于实施公海渔船电子渔捞日志管理措施的通知》(农办渔〔2022〕9 号),要求即日起至 2023 年 12 月 31 日,所有公海渔船全面试行采用电子渔捞日志;自 2024 年 1 月 1 日起,所有公海渔船全面实施电子渔捞日志管理措施。

15 日 农业农村部渔业渔政管理局组织相关省份渔业主管部门和海洋牧场领域有关专家集中研讨海洋牧场发展事宜。农业农村部渔业渔政管理局副局长江开勇参加研讨并讲话。

20—22 日 农业农村部在福建泉州举办全国渔业安全与应急管理培训班,农业农村部渔业渔政管理局副局长袁晓初出席开班式并讲话。

25 日 中美关于 IUU 捕捞及兼捕磋商会议以视频形式召开。会议通报了中美渔业最新政策,讨论了中国关于 IUU 捕捞识别进展的报告、中国关于兼捕物种识别进展的报告。

25 日至 8 月 5 日 美洲间热带金枪鱼委员会举行年度会议,农业农村部渔业渔政管理局会同外交部相关司局、上海海洋大学和中国远洋渔业协会组团线上参加,驻外使领馆参加线下议题讨论。

29 日 第四届中韩渔业联合增殖放流活动在山东省烟台市和韩国全罗南道木浦市同步举行。农业农村部副部长马有祥、农业农村部渔业渔政管理局局长刘新中等参加此次活动。

8 月

8 日 农业农村部就《关于扶持国家种业阵型企业发展的通知》答记者问,121 家企业入选国家水产种业阵型企业。

10 日 农业农村部渔业渔政管理局召开 2022 年黄河禁渔专项执法行动视频调度会议,调度各地黄河禁渔专项执法行动执行情况,研讨执法工作面临的问题困难并安排部署下一步工作。农业农村部渔业渔政管理局副局长江开勇出席会议并讲话。

15 日 指导中国水产科学研究院渔业工程研究所完成了中国渔政管理指挥系统统一用户、统一门户、统一界面"三统一"建设。

18 日 农业农村部、中国海警局印发《关于进一步完善海上渔业执法协作配合机制的通知》(农渔发〔2022〕18 号),对两部门海上渔业执法协作进行进一步细化和明确,加强协作配合的针对性和可操作性。

23—24 日 "十四五"渔业高质量发展推进会在福建省宁德市召开。农业农村部副部长马有祥出席会议并讲话。

24 日 农业农村部渔业渔政管理局组织沿海各省、自治区、直辖市渔业主管部门集中研讨伏休期间特殊经济品种专项捕捞工作和东海区伏休制度调整完善相关事宜。农业农村部渔业渔政管理局局长刘新中参加研讨并讲话。

25 日 农业农村部办公厅印发《关于开展渔业安全生产"百日攻坚"行动的通知》(农办渔〔2022〕13 号),于 9 月 1 日起开展为期 100 天的专项行动,扎实做好"大宣传、大走访、大检查"。

30 日 农业农村部会同国家林业和草原局、中央网信办、公安部、工业和信息化部、海关总署、国家市场监督管理总局、国家邮政局联合印发《关于加强野生动植物网络市场管理工作的通知》(林护发〔2022〕72 号)。

31 日 农业农村部、中国海警局在浙江省舟山市共同举办渔政海警执法协作机制推进活动,农业农村部副部长马有祥、中国海警局副局长赵学翔出席活动并讲话,农业农村部渔业渔政管理局局长刘新中、副局长江开勇参加。

9月

5日 农业农村部渔业渔政管理局组织开展养殖水产品地西泮专项整治工作。

5—9日 联合国粮农组织(FAO)渔业委员会第 35 届会议以视频形式召开。会议通报了世界渔业状况,就成立渔业管理分委员会、发展小规模和手工渔业、消除非法不报告不管制(IUU)捕捞等议题进行广泛讨论。农业农村部渔业渔政管理局二级巡视员董金和率领由农业农村部渔业渔政管理局、中国驻联合国粮农机构代表处、中国水产科学研究院、全国水产技术推广总站、上海海洋大学相关人员组成的中方代表团参加会议。

9日 农业农村部渔业渔政管理局召开线上会议,一级巡视员李书民对尚未出台省级养殖水域滩涂规划的浙江、安徽、福建、湖北 4 省和深圳市渔业主管部门相关负责人进行集体约谈。

13日 农业农村部渔业渔政管理局部署进一步加强远洋渔业国际履约工作,对 2022 年以来部分涉嫌违反国际公约情况进行通报。

15日 农业农村部组织渔业突发安全生产事件应急处置演练,部署渔业安全生产"百日攻坚"行动,农业农村部副部长马有祥出席,农业农村部渔业渔政管理局局长刘新中、副局长袁晓初参加。

16日 农业农村部等 23 个部门和单位联合印发《关于进一步加强海上搜救应急能力建设的意见》(交搜救发〔2022〕94 号)。

17日 农业农村部办公厅通报 7 起 2022 年度黄河禁渔执法典型案例(农办渔〔2022〕14 号)。

22日 农业农村部办公厅印发《关于同意江苏省在部分湖泊开展大水面生态渔业试点的函》(农办渔函〔2022〕12 号),指导江苏按照"一水一策"原则在淮河流域的洪泽湖、高宝邵伯湖、骆马湖开展试点,有序发展生态养殖,严格保护天然资源,探索大型湖泊渔业发展整体解决方案。

23日 农业农村部渔业渔政管理局通报 2021 年国家水生动物疫病监测调查结果。

26日 农业农村部渔业渔政管理局在上海开展 2022 年第一期全国渔政执法骨干人员能力提升活动。

27日 农业农村部渔业渔政管理局印发《水产养殖重点品种监测管理办法(试行)》《水产养殖重点品种监测数据信息审核分析方法(试行)》,成立全国水产养殖重点品种监测专家组,要求各单位高度重视,精心组织做好水产养殖重点品种监测有关工作。

28日 农业农村部发布第 606 号公告,公布全部 6 种渔业船舶证书证件新样式,大幅压减证书样式,简化证书内容,减少证明事项。

28—29日 中央农村工作领导小组原副组长袁纯清和农业农村部、中国银保监会相关司局负责同志以及专家组成调研组,赴广东省广州市和佛山市专题调研渔业保险开展情况。农业农村部渔业渔政管理局局长刘新中参与调研。

29日 农业农村部召开沿海渔业安全生产形势调度视频会议,对渔业安全生产工作进行再强调、再部署,农业农村部副部长马有祥出席会议并讲话,农业农村部渔业渔政管理局副局长袁晓初主持会议。

29日 为做好《中华人民共和国渔业法(修订草案)》审查工作,司法部组织召开专家论证会,听取有关专家意见建议。农业农村部渔业渔政管理局局长刘新中、副局长江开勇参加会议。

29日 农业农村部渔业渔政管理局通报 2022 年国家产地水产品兽药残留监控计划上半年实施情况。

10月

9日 农业农村部渔业渔政管理局召开水产种业振兴行动工作机制工作小组第 9 次会议,中国水产科学研究院、全国水产技术推广总站有关负责同志参加。一级巡视员李书民主持会议并讲话。

13日 农业农村部会同国家林业和草原局、中央政法委、中央网信办、公安部、海关总署、国家市场监督管理总局、国家邮政局下发《关于开展"网盾行动"的通知》。

13日 中越北部湾渔业可持续发展合作协定第二轮磋商以视频形式进行。此次磋商由外交部牵头组织,农业农村部渔业渔政管理局二级巡视员董金和参加。

20日 农业农村部办公厅联合交通运输部办公厅印发《关于做好巴拿马籍冷藏运输船监督检查工作的通知》(农办渔〔2022〕16 号),部署对 2 艘巴拿马籍冷藏运输船实施"非接触式"港口检查。

23日至11月4日 南极海洋生物资源养护委员会第 41 届年会在澳大利亚霍巴特召开,外交部、农业农村部和自然资源部相关司局,中国水产科学研究院黄海水产研究所及上海海洋大学等单位组团参会。

24日 组织有关科研院所高校专家开展渔业科技创新有关情况研究,梳理形成《关于近年来全国渔业科技创新有关情况的报告》,系统总结了党的十八大以来渔业科技发展取得的成就,分析了存在的问题,研究提出下一阶段推进科技工作的有关举措。农业农村部副部长马有祥批示"渔业高质量发展,关键靠科技。要以问题为导向,调动多方资源,协同攻关,加快成果转化,为水产品保供和渔业现代化做出更大贡献"。

27 日 农业农村部印发《关于推进稻渔综合种养产业高质量发展的指导意见》(农渔发〔2022〕22 号),明确提出科学利用稻田资源,支持符合标准的稻渔生产,对稻渔产业高质量发展的重点任务作出部署。

27 日 农业农村部办公厅通报 13 起 2022 年度海洋伏季休渔典型案例(农办渔〔2022〕17 号)。

27 日 农业农村部渔业渔政管理局组织召开水产养殖种质资源基本情况普查和系统调查线上调度会,农业农村部渔业渔政管理局一级巡视员李书民出席并讲话。

11 月

2 日 农业农村部、最高人民检察院、海南省政府和中国海洋石油集团有限公司在海南省三沙市联合开展2022 年西沙海龟放流活动,将 50 只救助的海龟、25 只幼龟和 5 万尾鱼苗放归大海。农业农村部副部长马有祥出席活动并讲话,农业农村部渔业渔政管理局局长刘新中、副局长江开勇参加。

8 日 农业农村部联合国家防汛抗旱总指挥部办公室印发《关于进一步加强渔船跨省紧急避风管理的通知》(国汛办〔2022〕8 号)。

8 日 2022 年全国水生动物疫病防控工作座谈会暨第二届农业农村部水产养殖病害防治专家委员会第六次全体会议在线召开,农业农村部渔业渔政管理局一级巡视员李书民出席会议并讲话。

8—11 日 第二十二届中韩渔业联合委员会年会线上召开,双方在入渔合作方面达成共识,并签署会谈纪要。

10 日 第六次中新渔业对话以视频形式进行,农业农村部渔业渔政管理局二级巡视员董金和与新方初级产业部国际合作司副司长詹姆斯·布朗共同主持。

14 日 农业农村部发布第 620 号公告,发布输日水产品合法捕捞证明办事指南,开始为符合条件的水产品出口办理合法性认证文件,保障了合法水产品的出口权利。

14 日 农业农村部渔业渔政管理局印发《水产养殖动物疫病防控指南(试行)》。

14 日 农业农村部渔业渔政管理局召开水产种业振兴行动工作机制领导小组扩大会议。全国水产种业振兴行动工作机制领导小组、工作小组和专班成员,农业

农村部种业管理司、中国水产科学研究院、全国水产技术推广总站派员参加会议,农业农村部渔业渔政管理局局长刘新中、一级巡视员李书民出席会议。

14—21 日 养护大西洋金枪鱼国际委员会第 23 次委员会特别会议以视频方式举行,农业农村部会同上海海洋大学、中国远洋渔业协会等单位组团参会。

16 日 农业农村部渔业渔政管理局召开水产联合育种推进会。中国水产科学研究院、全国水产技术推广总站、7 个联合育种单位以及相关育种企业与研究所、参与联合育种省份的渔业主管部门等参加会议,一级巡视员李书民出席会议并讲话。

17 日 农业农村部会同生态环境部公布《2021 年中国渔业生态环境状况公报》。

22 日 农业农村部印发《关于加强水生生物资源养护的指导意见》(农渔发〔2022〕23 号)。

22 日 第十四轮中日海洋事务高级别磋商以视频方式进行,中方敦促日方同中方一道维护好海洋渔业秩序。此次磋商由外交部牵头组织,农业农村部渔业渔政管理局派员参加。

24 日 农业农村部渔业渔政管理局在上海组织开展2022 年第二期全国渔政执法骨干人员能力提升活动。

27 日至 12 月 3 日 中西部太平洋渔业委员会第 19 次委员会会以视频方式举行,农业农村部渔业渔政管理局会同上海海洋大学、中国远洋渔业协会等单位组团参会。

28 日 指导全国水产技术推广总站与中国水产学会发布了《中国休闲渔业产业发展监测报告 2022》。报告指出,2021 年休闲渔业呈现复苏回暖态势,全国休闲渔业产值为 805.40 亿元,同比增长 3.18%。

12 月

13 日 稻渔综合种养产业高质量发展政策培训班通过线上直播方式举办,发布《中国稻渔综合种养产业发展报告(2022)》。农业农村部渔业渔政管理局二级巡视员董金和出席并讲话。

26 日 农业农村部渔业渔政管理局发布推广盐碱地水产养殖典型案例。

27 日 农业农村部、公安部、中国海警局首次联合印发文件对 2022 年渔业执法工作突出的 172 个集体和285 名人个人给予通报表扬(农渔发〔2022〕25 号)。

27 日 农业农村部渔业渔政管理局组织开展 2022 年度企业资格、项目审查和履约评估工作。

29 日 农业农村部公布国家级水产健康养殖和生态养殖示范区名单(2021 年),2022 年共创建 115 个国家级示范区。

29 日　农业农村部办公厅通报 2022 年渔业行政执法案卷评查情况(农办渔〔2022〕19 号),评选出优秀案卷 85 卷。

30 日　全国渔业科技创新大会以视频形式召开,会议深入学习贯彻党的二十大及中央农村工作会议精神,总结近年来渔业科技创新在提升原始创新能力、研发关键技术、研制新型装备、建设平台队伍和推进转化应用方面取得的成就,公布了 26 项范蠡科学技术奖获奖名单。农业农村部渔业渔政管理局局长刘新中、科技教育司司长周云龙出席会议并讲话,渔业渔政管理局二级巡视员董金和主持会议。

(农业农村部渔业渔政管理局)

索　引

说　明

一、本索引采用分析索引方法,按汉语拼音顺序排列,同音字按声调排列。

二、"法律法规文献""渔业经济统计""领导讲话""2022 年渔业大事记"栏目中的具体内容未做索引。"各地渔业"栏目中的条目按正文排列,不参与排序。

三、索引词条后的数字表示内容所在的正文页码。

海水池塘和盐碱水域生态工程化养殖技术与模式

国家重点研发计划"蓝色粮仓科技创新"重点专项"海水池塘和盐碱水域生态工程化养殖技术与模式(2019YFD0900400)"项目由中国水产科学研究院黄海水产研究所、中国科学院海洋研究所、中国海洋大学、中国水产科学研究院东海水产研究所、中国水产科学研究院黑龙江水产研究所等单位联合承担实施,项目针对池塘养殖工程化水平落后、营养物质利用率低和尾水处理技术缺乏,以及盐碱水域宜养优良品种不足、水质改良技术薄弱等问题,聚焦海水池塘和盐碱水域生态工程化养殖共性关键技术,形成以"智能化设施装备研发+养殖生态系统优化+水质综合改良调控+营养物质高效利用+生态工程化养殖模式构建"为核心的技术体系,为发展生态健康养殖提供了重要技术支撑,取得了系列创新性成果。(1)基于物联网测控与大数据分析的智能装备和自动化管控技术。成功研发150千克级自主导航投饵船,具有载重大、稳定性高、能耗低等特点,能实现导航路径上的均匀精准投饵,节约人力50%以上,节省饲料10%以上。研制了高分辨率水下摄像机、7参数水质监测仪、智能渔机控制器等自动化装备,开发对虾养殖智能化管控平台,实现养殖全数据的实时传输和存储、全程记录、水质智能化分析与养殖信息全程可追溯,应用示范降低成本30%以上,新增经济效益15%以上,技术水平达到国内先进水平。研发的"对虾工厂化循环水高效生态养殖技术"入选2021年度农业农村部农业主推技术。(2)海水池塘养殖生态系统优化和营养物质高效利用技术。研发出海水池塘养殖生态系统优化技术,经济效益提高32.2%~59.3%、氮排放降低34.1%~103.3%、磷排放降低19.0%~76.3%、碳汇能力提高19.2%~190%;建立微生物、微藻和滤食性贝类协同作用的营养物质高效利用和养殖尾水生态净化技术,尾水氮磷排放分别降低45.8%和50.0%,实现水质控制的精准化、营养物质利用的高效化、污染排放的最小化;构建"虾(蟹)-贝(参/蜇)-鱼(藻)"海水生态工程化养殖模式4个,综合效益提高40%以上。建立的"'参-虾(蟹)-藻'多营养层次生态养殖技术"入选2022年度山东省农业主推技术。(3)盐碱水质综合改良调控与盐碱水渔业综合利用模式:筛选出耐高pH中国对虾黄海4号新品种、黄色大鳞鲃、雅罗鱼雅龙1号、梭鲈、脊尾白虾和拟穴青蟹等耐盐碱经济种,年产耐盐碱苗种2 000万尾以上;建立基于宜渔等级分级的盐碱水质综合改良调控技术,盐碱水pH稳定在9.0以下,碳酸盐碱度最高下降86.3%;构建华北氯化物型盐碱地多生态位综合利用、西北硫酸盐型盐碱地棚-塘接力综合养殖和东北碳酸盐型盐碱地"物理生物双效降碱"循环水渔农综合利用模式,养殖成活率提高32%以上,经济效益提高30%以上,为盐碱水域开发利用提供了渔业解决方案。

项目获得了一批重要知识产权,其中授权国家发明专利32件、国际专利15件、实用新型专利7件,形成国家、行业和企业标准16项,获水产新品种证书1个,培育申报水产新品种1个;发表SCI论文99篇,中文核心期刊论文19篇,出版专著3部;获软件著作权5项;入选中国农业农村重大新技术、农业农村部农业主推技术、山东省农业主推技术各1项。项目创新经济、社会和生态效益并行发展的路径,支撑了我国现代渔业绿色高质量发展。

对虾养殖智能化管控和信息可追溯平台

"虾(蟹)-贝(参)-鱼(藻)"多营养层次生态养殖模式

吕四渔港

　　吕四渔港于始建于1963年；1989年被江苏省政府批准为对外开放二类口岸；1992年农业部批准按国家一级群众渔港扩建，一期工程于1997年5月通过验收并交付使用；2002年被批准为全国率先建设的六大国家级中心渔港之一；2009年2月，吕四新渔港按照"国内一流、国际知名"的发展定位开工建设，总投资18亿元；2012年渔港扩建工程被列入江苏省和国家"十二五"渔港建设规划；2013年新渔港建成启用；2014年被国务院批准为对外开放一类口岸；2023年12月被农业农村部评为全国文明渔港。

　　新渔港水域面积95.4万米^2，建有国内领先的现代化船闸，拥有16米超宽双航道，日平均单向过闸船舶900艘；陆域面积210.8万米^2，水域内3个小岛面积34.8万米^2，码头岸线长7 663米，南北两侧码头上建有6组钢模结构卸鱼棚，总投影面积8.64万米^2。拥有渔船泊位150个，可停泊渔船2 300艘，是目前国内在规模、布局、功能等方面均处于领先地位的综合性人工渔港。

　　按照功能配套需求，新渔港先后开工建设年修理量300艘的渔船修理厂、年制冰量20万吨的制冰厂。目前，10万吨级冷库、2.5万米^{2}交易市场已完成规划设计，即将开工建设。新渔港日常进港渔船1 200余艘，渔货以黄鱼、带鱼、鲳鱼、梭子蟹为主，年卸港量达35万吨，占江苏省1/3，首次交易金额超40亿元。

　　吕四港镇拥有渔船485艘，其中生产渔船440艘、渔运船41艘、养殖船4艘。2018年，根据启东市政府关于《进一步加强对基层渔业服务组织建设的通知》的文件精神，成立了平顺、安顺、鸿吉三个渔业合作社。贯彻落实国家、江苏省、南通市海上渔业安全生产工作会议精神和各级领导的批示指示提出的具体工作要求，严格落实渔港"港长制"、压实安全生产责任、开展安全隐患排查整治、紧盯重点渔船、重点海域，出海渔船落实渔船安全作业和渔港安全生产"五必须、五严禁"要求，强化渔业安全生产监督管理，推动渔船服务组织向标准化、规范化发展，实行定人联船，落实进出港报告、北斗开机、渔船编组生产等实现对本镇渔船管理服务的全覆盖。切实提升渔业安全监管水平，织密、织牢渔业安全生产防护网。

渔港全貌

渔港风貌

海洋牧场1

海洋牧场2

海洋牧场3

避风港湾

开渔节

启航

吕四渔港

吕四渔场1

吕四渔场2

满载而归

渔获丰收

渔获满满

伏季休渔

渔具修整

救生演练

渔港日出

渔港夕阳

渔港暮色

2021年海南国际潜水节|美人鱼

蜈支洲岛
WUZHIZHOU ISLAND

中国有个海南岛　海南有个蜈支洲岛

景区简介

　　三亚蜈支洲岛旅游区坐落在海南省三亚市北部的海棠湾内。景区距海岸线3千米，面积1.48平方千米，呈不规则的蝴蝶状，有着丰富的海底珊瑚礁"森林"，最高能见度达二十多米。目前，蜈支洲岛已成为年接待游客达300万人次，年增长幅度超过15%的海岛型标杆景区，每年都吸引超过60万人次游客前来体验水上运动的乐趣。

发展历程

　　1992—2000年为蜈支洲岛创业期，基础设施初步建设；2001—2011年为蜈支洲岛发展初期，先后通过ISO14001环境体系、ISO9001质量体系、ISO45001职业健康体系认证，2006年获评国家AAAA级旅游景区；2012年至今为快速发展期，通过发掘自身优势，重点打造旅游+体育产业，与国际赛事接轨，发展旅游新篇章。

2021年海南国际潜水节|鱼群风暴

2021年海南国际潜水节|五彩的珊瑚礁

所获荣誉

　　蜈支洲岛先后荣获"国家AAAAA级旅游景区""2016年度国内最佳旅游景点""2017、2019、2020、2023中国体育旅游十佳精品景区""国家体育旅游示范基地""国家级海洋牧场示范区""海洋碳汇蜈支洲岛试验站"等殊荣和称号，赢得了国内外游客的青睐与赞誉。

2021年海南国际潜水节|偶遇海龟

麒麟海　　小宇宙

玻璃鱼星球

后花园

广州市建波鱼苗场有限公司

广州市建波鱼苗场有限公司成立于2004年，是一家专门从事水产养殖良种种苗研发和生产的民营企业。公司先后被授予广东省水产良种场、广州市水产良种场、国家级水产健康养殖示范场、广州市南沙区农业龙头企业等称号。企业坚持以科技为先导、以质量为根本、以客户需求为核心的经营理念，以上海海洋大学、华南师范大学、仲恺农业工程学院以及中国水产科学研究院长江水产研究所等多家大专院校和科研院所为技术依托，进行良种改良和开发，取得了一系列的卓越成绩，公司先后获得了数项国家发明专利和技术专利。穗丰鲫经国家良种审定委员会审定，2023年被评为国家水产新品种，品种登记号为GS-01-002-2003。该品种除了争宠于南方各省份外，还在全国享有良好的信誉和口碑。

穗丰鲫

穗丰鲫是基于鱼类雌核发育生殖多样性理论，以江西省九江市彭泽县彭泽鲫良种高背型H系和低背型L系两个不同品系为基础群体，以选育后的HL系为母本，以来自广西钦江河的尖鳍鲤经5代群体选育的后代为父本，通过异精雌核发育而得到的具有综合优良性状的子一代。穗丰鲫具有生长速度快，个体均匀度高，体型好，鳞片厚，雌性率高等优点。一个养殖周期内生长速度平均比彭泽鲫快29.7%以上，比白金丰产鲫快11.2%以上。该品种一年内可从鱼苗养成至1千克左右的商品鱼，在南方省份是具有巨大经济效益的新品种，而且适宜在全国各地人工可控的淡水水体中养殖。

商品鱼

广东省省级水产良种场

繁育池

水产新品种证书

国家级水产健康养殖示范场

广州市龙头企业

石斑鱼养殖新品种——金虎杂交斑

　　石斑鱼是我国重要的海水养殖和捕捞名贵鱼类品种，主要分布在热带和亚热带海域，少数分布在温带，世界上共有160多种，我国有68种，主要分布在东海和南海，2021年石斑鱼养殖量达204 119吨、捕捞量达95 601吨，年产值达300亿元以上，养殖产量位居海水鱼类前三位，在渔业发展中占有重要的地位。石斑鱼肉味鲜美、营养丰富，深受广大消费者的青睐，被认为是我国四大名鱼之一，价格昂贵，具有很高的经济价值。在过去十多年，石斑鱼产业发展迅速，这一名贵鱼类品种的养殖已从我国南方扩展到北方，年苗种需求量达数亿尾。随着石斑鱼养殖产业的迅速发展，对健康优质鱼苗需求量逐年增大，但是由于国内外大部分养殖公司缺乏对石斑鱼繁育群体的选育技术，种质更新难以保证，近亲繁殖现象普遍，导致石斑鱼种质资源退化，石斑鱼苗种生长慢、成活率低、畸形率高、疾病频发等现象普遍存在，石斑鱼优质苗种短缺和需求量大之间的矛盾日益突出，严重制约着石斑鱼产业的可持续发展。因此，中国水产科学研究院黄海水产研究所田永胜研究团队与莱州明波水产有限公司、海南晨海水产有限公司、中山大学等单位合作，经过多年努力，培育出石斑鱼远缘杂交新品种金虎杂交斑（GS-02-001-2023）。

　　金虎杂交斑母本棕点石斑鱼来自海南三亚陵水和乐东等海域的野生群体，父本蓝身大斑石斑鱼来自海南三亚和漳浦养殖群体，经过连续2代群体选育和远缘杂交育种，并结合性别转化、精子冷冻保存、家系构建、表型和遗传性状比较、分子标记辅助和多组学分析等技术培育而成，具有生长快、耐低温、耐低氧和营养丰富等优良性状。在相同养殖条件下与母本棕点石斑鱼相比，12、25月龄金虎杂交斑体重较母本分别提高74.4%和100.2%；与普遍养殖种珍珠龙胆相比，12、23月龄体重分别提高48.8%、60.7%，15月龄金虎杂交斑体重可达902.4±103.1克。金虎石斑鱼肌肉中粗蛋白、氨基酸总量、必需氨基酸总量、鲜味氨基酸总量分别为20.2%、18.53%、7.70%和7.13%，具有明显营养优势。2022年国内人工繁殖金虎杂交斑受精卵达200千克以上，培育苗种上亿尾，已在山东、天津、河北、福建、海南、广东、广西等沿海养殖地区进行了大规模推广，适宜于在池塘、工厂化循环水、网箱等条件下大量养殖，适宜养殖水温16～32℃、盐度25～32，是一个生长快、抗逆性强的优良新品种。金虎杂交斑的培育成功有效解决了石斑鱼养殖苗种生长慢、成活率低、抗逆力低的产业化问题。将为我国现代工厂化、深远海养殖提供优良适养品种，并有力推动海洋渔业种业创新和产业可持续发展。

金虎杂交斑育种团队部分成员

金虎杂交斑（*E. fuscoguttatus* ♀ × *Epinephelus tukula* ♂）

福建天马科技集团股份有限公司

福建天马科技集团股份有限公司是一家集特种水产业、畜牧业、食品业、种业等五大板块于一体的大型现代渔牧集团化企业。公司拥有分子等公司一百多家，产业遍布福建、广东、广西、江西、湖北、湖南、江苏等省份及马来西亚等国家和地区，被认定为农业产业化国家重点龙头企业、国家技术创新示范企业、国家企业技术中心、博士后科研工作站，为中国渔业协会鳗业工作委员会会长单位、中国农业产业化龙头企业协会副会长单位、中国饲料工业协会副会长单位和中国渔业协会种苗分会副会长单位。

多年来，公司坚持"引领现代渔牧产业，提升人类生活品质"的企业使命，秉承"科技引领创新，创新促进发展"的科技理念，大力推进"人才战略、科技战略、品牌战略"战略规划，大力发展海洋经济优势产业，全力推进一二三产业融合发展，打造世界级全产业链食品供应链平台，致力于铸就世界领先的现代渔牧集团化企业和人类健康食品供应商。"天马科技"于2017年在上海证券交易所主板挂牌上市（股票代码：603668）。

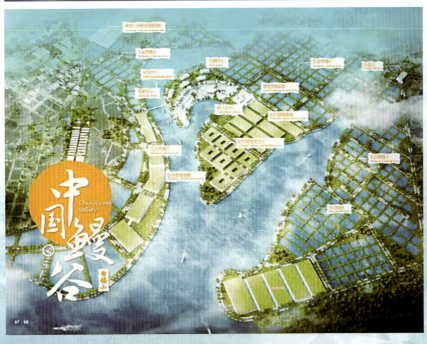

中华鳖长淮1号正式通过审定

水产新品种证书

中华鳖长淮1号

由中国水产科学研究院长江水产研究所和安徽省喜佳农业发展有限公司联合培育出的中华鳖长淮1号新品种（GS-01-014-2023）正式通过审定，成为首个从黄河品系选育出的中华鳖新品种。该新品种是以我国原种中华鳖的代表性品系——中华鳖黄河品系为选育对象，以生长速度为选育目标，以中华鳖黄河品系养殖群体中挑选的5 000只个体作为基础群体，经连续4代群体选育而成的具有生长速度快、规格齐整等优点的水产新品种。中华鳖长淮1号具有黄河品系"背黄、腹黄、脂肪黄"三黄典型特征，在相同养殖条件下，与未经选育的黄河品系中华鳖相比，11月龄体重提高15.22%，21月龄体重提高13.40%。该新品种适宜在我国北方地区水温20～35℃的人工可控的淡水水体中养殖。目前已在安徽、江苏、河南、河北、湖北等省进行了推广应用，养殖效果良好。

中国水产科学研究院长江水产研究所是我国早期建设的水产科学重点研究机构之一，隶属于农业农村部，现已形成了武汉研究中心、荆州基地、重庆基地以及梁子湖基地（"一个中心、三个基地"）的发展格局。建所以来一直致力于水产种质资源挖掘与新品种培育，先后选育出颖鲤、长丰鲢、长丰鲫、中华鳖长淮1号等8个水产新品种，这些新品种的推广和应用产生了显著的经济效益、社会效益和生态效益。

安徽省喜佳农业发展有限公司现为国家级水产健康养殖示范场、安徽省水产良种场、安徽省农业产业化龙头企业。该公司主要从事中华鳖繁育、养殖和种质资源保护工作。中华鳖养殖面积1 200亩，年养殖销售中华鳖500万斤（1斤=500克）以上。先后获得安徽省科技进步奖二等奖、三等奖各1项，农业部丰收奖二等奖1项。

中华鳖联合育种中心

"温室+外塘"养殖模式

中国水产科学研究院长江水产研究所

安徽省喜佳农业发展有限公司场区

珠水之滨、狮子洋畔，千年渔港再起航

——番禺国家级沿海渔港经济区

广州番禺国家级沿海渔港经济区（以下简称渔港经济区）在2021年12月被正式纳入中央财政补助资金支持的渔港经济区试点名单。2022年6月，渔港经济区在石楼镇海鸥岛举行揭牌仪式。莲花山渔港作为其核心区域，荣获了国家级中心渔港、广东十佳最美渔港、第一批国家级海洋捕捞渔获物定点上岸渔港和全国文明渔港等多项殊荣。

莲花山渔港历史图

番禺国家级沿海渔港经济区项目涵盖了广州市番禺区东部的石楼、化龙、石碁、桥南和沙湾五个镇街，覆盖面积达280平方千米。作为功能核心区的莲花山渔港，地理位置优越，处于粤港澳大湾区的门户地带，被誉为省会海门、大湾区心脏和水陆交通咽喉，具有不可替代的重要战略地位。

莲花山国家级中心渔港拥有着深厚的历史底蕴，其起源可追溯至汉朝时期，曾作为古采石场的运输码头。在唐朝时期，这里成为了丝绸、陶瓷贸易的重要港口，同时也是海上丝绸之路的重要起航点之一。经过2200多年的发展与演变，莲花山渔港现已成为历史悠久、地位重要的渔港之一。

莲花山渔港水上居民迁居图

在20世纪50年代，为响应政府号召，按照统一部署，一批海上渔民移民至莲花山渔港，在周围形成了四个"纯渔村"——卫星村、群星村、东星村、明星村。时至今日，"纯渔村"总人口逾7 000名，分散居住；拥有登记在册渔船565艘，养殖面积6万余亩，年产鱼苗超6亿尾，总产量达16万吨，总产值34亿元以上，占全市渔业总产值30%；粤字号渔业品牌13个，占全市1/2。

番禺渔港周边拥有丰富的旅游资源，不仅是岭南文化发祥地，还是国家级全域旅游示范区，年均接待游客达4 000多万人次，长隆旅游度假区、莲花山旅游区、"羊城新八景"莲峰观海、海鸥岛旅游区、沙湾古镇、大岭村等，节假日时游人如织。

莲花山渔港核心区"莲港星城"

在渔业产业发展方面，渔港经济区致力于实现陆海岛联动，打造一个集渔业、加工、贸易、旅游于一体的多元化产业体系，注重体现鱼鲜味、渔趣味、生活味和人情味，成为具有鲜明特色的国家级沿海渔港经济区。

在产业结构规划上，形成"4+3+3"的产业发展格局。具体来说，优先发展产业包括渔业贸易与交流、水产种业、休闲科教和加工与流通四个领域；转型升级产业涵盖渔业装备、水产捕捞和水产养殖三个领域；培育扶持产业则包括生物医药、科技服务和渔业培训三个领域。

渔港经济区紧紧把握粤港澳大湾区双城联动、双区驱动和两个合作区建设的重大机遇，坚定不移地推进"港产城"三区融合，致力于高水平建设莲花湾片区，打造具有国际影响力的国家级中心渔港。同时，该地区将积极构建"产业渔港"和"智慧渔港"，吸引现代渔业产业聚集，借助5G、大数据、物联网等先进技术，打造数字渔业总部经济和国际海洋渔业文化交流中心，推动渔业产业的转型升级和高质量发展。

黄颡鱼全雄2号新品种通过
国家水产新品种审定

黄颡鱼全雄2号

全雌黄颡鱼

全雄2号规模化繁育

技术专家现场指导

黄颡鱼雌雄个体间具有显著的生长差异，在相同养殖环境下，雄性黄颡鱼生长速度是雌性个体的2～3倍。2010年，武汉百瑞生物技术有限公司与中国科学院水生生物研究所共同创制的黄颡鱼全雄1号通过经国家水产原种和良种审定委员会审定。育种技术创新推动黄颡鱼产业快速发展，全雄黄颡鱼凭借雄性率高、生长速度快和饵料系数低等特点迅速成为全国主养殖品种。然而，黄颡鱼全雄1号仅关注了雄性率这一个指标，超雄鱼多代自交和养殖管理等问题导致全雄黄颡鱼遗传多样性退化严重，部分地区养殖全雄黄颡鱼抗逆性差、生长差异大，出现饵料系数高的"毛毛鱼"等问题。此外，黄颡鱼生产过程中母本需求量大且没经过系统的选育，在生产过程中母本损耗较大，黄颡鱼母本短缺制约了黄颡鱼的产业发展。

华中农业大学、中国科学院水生生物研究所、武汉百瑞生物技术有限公司、武汉市农业科学院和湖南省田家湖渔业科技有限责任公司历经十年，先后收集了四川合江、湖北长湖、湖北洪湖、湖南洞庭湖、广东珠江、安徽淮河6个黄颡鱼野生群体，通过微卫星进行遗传多样性分析，选择遗传多样性高且遗传距离较远的安徽淮河和湖南洞庭湖水系野生黄颡鱼分别作为母本和父本的基础群体。利用群体选育技术筛选3代后，使用鱼类性别控制和分子标记辅助育种等关键技术，建立了黄颡鱼全雌配套系和遗传多样性丰富的YY超雄黄颡鱼配套系，有效解决了黄颡鱼母本缺乏和超雄黄颡鱼遗传多样性降低等问题。全雌黄颡鱼与YY超雄黄颡鱼经杂交获得子代即黄颡鱼全雄2号新品种，并通过全国水产原种和良种审定委员会审定。与全雄1号相比，黄颡鱼全雄2号一龄商品鱼雄性率更高，生长速度平均提高12.42%，且规格更为整齐。

经江苏省和湖南省等地为期两年养殖对比测试，与全雄1号相比，黄颡鱼全雄2号体重增加14.74%～22.92%，每亩产量可提高338～470千克，每亩增效676～940元，取得显著的经济效益。

全雄2号出塘

沙窝岛国家远洋渔业基地

智能化鱿鱼精深加工车间

沙窝岛中心渔港港区一角

近年来，靖海集团在农业农村部等各级主管部门的正确领导和大力支持下，抢抓国家"经略海洋"战略和"一带一路"倡议等重大机遇，稳扎稳打推进沙窝岛国家远洋渔业基地建设，已将基地打造成现代化远洋渔业综合基地。

在完善一期工程配套设施的基础上，基地已全面启动二期工程建设，重点围绕远洋渔业做好延链、补链、强链文章，推动基地海洋经济高质量发展。

做大做强现代渔港经济。沙窝岛中心渔港是山东省首个获批对外开放资质的渔港，整个港区码头全长3 150米，港池面积128公顷，泊位67个，能够满足万吨远洋渔船停泊需要，可同时停靠及服务各类渔船2 000余艘。公司以渔港为平台，采用渔船挂靠渔港的合作社和股份制的经营模式，集聚国内外各类渔船，以港引船、以港养船、以港管船，对鱼货进行统一的收购、仓储、加工、运输、交易等，打造渔船集聚、鱼货集散、绿色低碳、共同发展的现代渔港经济新格局。

做大做强水产品精深加工。按照做优质量、培育增量、提升总量的思路，加大与高校院所的产学研合作力度，通过生产线改造、机器换人、自主核心技术研发等，大力开发即食型、保健型等高附加值产品，加快产品向产业链和价值链的高端迈进，打造鱿鱼精深加工链主企业。充分利用公司自捕金枪鱼资源，以及超低温冷库、厂房基础设施优势，在产品研发、装备提升、品牌建设等方面狠下工夫，开发生产系列金枪鱼产品，打造新的经济增长点。深度挖掘远近海海产品加工增值空间，强化技术人才引进和设备设施智能化改造，研发适销对路的新产品，提高预制菜市场占有率和竞争力。

沙窝岛国家远洋渔业基地鸟瞰

上海水产集团有限公司

收购的上海和顺渔业有限公司三艘鱿
鱼钓船

上海水产集团有限公司（以下简称水产集团）是光明食品（集团）有限公司旗下专业从事海洋食品资源开发和利用的全资子公司。

水产集团在境外10多个国家和地区建立了19家合资合作公司，已成为一家全球布局、跨国经营，在国际渔业领域享有盛誉的中国远洋渔业跨国企业。获得过上海市政府颁发的"走出去"贡献奖和"走出去"企业领头羊光荣称号，是上海市跨国经营20强企业之一，首批中国农业对外合作百强企业。

水产集团拥有各类专业远洋渔船80余艘，船舶总吨位8.45万吨，主机总功率9.94万千瓦，常年作业于太平洋、大西洋和南极公海海域及有关国家专属经济区海域，年捕捞产量约15万吨。长期以来，水产集团积极加强企业履约管理，提升企业的责任担当，严格遵守入渔国政策法规和公海渔场国际渔业组织的有关规定，落实观察员驻船观察与监督，未发生过违法违纪情况，树立了负责任的远洋渔业企业应有的形象。

近年来，水产集团积极实施品牌发展战略，加大品牌建设，引进优秀海外品牌，激活国内老品牌，形成海内外品牌互相支撑的品牌服务体系。水产集团持有"龙门"和"水锦洋"国内品牌，以及"ALBO"（阿尔博）、"ALTAMARE"（阿特玛）和"FCS"境外品牌。其中，"龙门"品牌入选2022年上海老字号名录，并多次获得上海名优食品品牌、上海水产加工品品牌和上海进口水产品推荐品牌称号。"ALTAMRE"品牌，荣获天猫2018餐桌盛典"电商最具潜力品牌"奖项。

水产集团在引进海外品牌和推动企业"走出去"方面也取得了一系列成绩。近年来，水产集团国际化发展进入新阶段，主动到国际市场并购企业。2013年收购了摩洛哥西斯内罗公司，拥有4艘拖网渔船及对应的捕捞许可证和冷库设施等；2014年，水产集团收购阿根廷阿特玛渔业公司及其加工厂和品牌"ALTAMARE"；2016年，水产集团全资子公司开创远洋收购具有150年历史的西班牙著名食品加工企业阿尔博公司及"ALBO"品牌100%股权；2018年，水产集团投资收购加拿大FCS海鲜公司70%股权，进一步加强对北美牡丹虾等高档水产的掌控，满足国内市场对高档水产品的需求。水产集团正逐步向具有国际影响力的远洋海产品牌迈进。

水产集团秉承"来自海洋、回馈人类"的经营理念，致力于创造高品质生活，夯实高端蛋白食品供应底板，将远洋捕捞或贸易获取的优质远洋渔业原始产品和加工产品运回国内，满足国内市场需求，每年从境外运回自捕鱼70%以上，让中国消费者的餐桌更丰盛。

岱山金枪鱼精深加工基地

"ALBO"牌金枪鱼罐头产品

"龙门"牌快厨系列产品

举办蓝鳍金枪鱼开鱼仪式

水产集团境外企业参展第五届中国国
际进口博览会

水产集团亮相2023年深圳国际
渔业博览会

江苏数丰水产种业有限公司

江苏数丰水产种业有限公司成立于2016年，专业从事罗氏沼虾的育繁推工作。公司先后获国家级罗氏沼虾良种场、国家水产种业强优势阵型企业、全国十大重点水产种业企业、江苏省重点农业产业化龙头企业、江苏省农业科技型企业、江苏特色优势种苗中心、扬州市人才集聚示范单位等资质。

公司通过柔性引进高层次人才，加强种业科技创新，努力打造水产种业龙头企业。公司分别在江苏高邮和浙江安吉建成了2个先进的罗氏沼虾种质资源库，实现引种种类的种源自主可控。公司以湖州师范学院和中国水产科学研究院黄海水产研究所为技术支撑，通过收集优质种源，利用多性状复合育种技术，结合分子辅助育种技术开展新品种选育，成功选育出罗氏沼虾数丰1号新品种（GS-01-006-2023）。同步开展生物安保体系建设和抗病育种，解决罗氏沼虾产业病害问题。在罗氏沼虾种质资源评估及全基因组选择育种，耐寒、低饵料系数等新品系选育取得较大进展。

公司通过与中国水产科学研究院黄海水产研究所、湖州师范学院、集美大学、中国科学院海洋研究所、华中农业大学等单位紧密合作，培育良种，推动罗氏沼虾产业健康发展。公司坚持"统一种源、统一技术、统一品牌、统一销售"的原则，与其他苗场股份制合作，探索水产商业化育种运营体系。每年股份制合作苗场直接推广良种虾苗30亿～40亿尾，加上供种给其他苗场的间接推广苗量，目前市场占有率约30%，苗种覆盖全国所有罗氏沼虾养殖区域。良种虾苗在不同养殖模式下都能获得高产高效：江苏扬州区大棚标粗模式亩产可达1 600斤，亩利润10 000多元；浙江杭州湾养殖区直放苗模式亩产超800斤，亩利润8 000多元；广东珠三角和福建龙海区精养模式亩产可达1 200多斤，亩利润20 000多元；同时还能在稻田养虾、河蟹套养等模式下获得可观效益。

今后，公司将继续秉承"培育沼虾良种，致富一方虾农"的使命，助力我国罗氏沼虾产业高质量发展。

国家级水产良种场

种业阵型企业

虾蟹体系育种基地

数丰1号新品种证书

江苏数丰水产种业有限公司

江苏高邮种质库

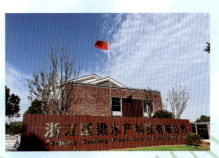

浙江安吉种质库

罗氏沼虾数丰1号

养马岛中心渔港

国家级渔港经济区项目规划建设中

养马岛中心渔港位于山东半岛东北部，坐落在风景宜人的烟台市牟平区养马岛旅游度假区西首，位于烟威渔场的中心地带，渔港水陆西距烟台港10海里、东距威海港25海里、北距旅顺89海里，具有良好的水陆交通条件，是胶东地区重要的渔船、渔获集散地，是农业部公布的渔获物定点上岸渔港。

渔港始建于1979年8月，2003年扩建成国家级中心渔港，为国有公益类渔港。码头岸线总长1 008米，泊位22个，深水泊位可靠泊3 000吨级船舶，港池可容纳1 200余艘渔船，码头作业带宽30米。港口路域面积22万平方米，成为水产品加工、水产品交易、休闲渔业等渔港经济区建设的重要载体和支撑。该渔港现管理单位为烟台市牟平区海洋与渔业监督监察大队，主管部门为烟台市牟平区海洋发展和渔业局。

养马岛中心渔港俯视图

2021年6月，以养马岛中心渔港为核心区的烟台北部国家级渔港经济区项目，经农业农村部批准，公布为全国15个中央财政补助资金支持建设的渔港经济区试点项目之一，项目以养马岛中心渔港为依托，发展集高端养殖、休闲渔业、水产品精加工、冷藏加工、冷链物流、海洋生物医药为特色的牟平渔港经济区，将养马岛中心渔港建设成为烟台市沿海经济社会发展的重要平台、产业融合的重要基地、防灾减灾的重要屏障、现代渔业管理的重要支撑和特色城镇建设的重要载体。

养马岛中心渔港日常渔船停靠场景

中国水产科学研究院淡水渔业研究中心

科研项目与成果　2023年中心新上项目185项，在研项目401项，其中国家级3项、省部级42项，合同总经费3.33亿元。牵头承担"政府间国际科技创新合作"重点专项1项，实现了国际科技合作项目的重大突破。获得科技奖励7项，其中省部级奖励2项。发表学术论文238篇，其中SCI收录126篇、核心期刊79篇；出版专著7部；获国家授权发明专利51项、国际授权专利9项，制定省级地方标准7项；实施科技成果转化13项。

查干湖第二届全国大水面
生态渔业发展大会

成果转化与科技服务　深入开展产学研合作，与地方政府、龙头企业签订科技合作协议16项，新上横向项目166项；福瑞鲤2号入选农业农村部2023年主导品种和重点推广水产养殖品种，橄榄蛏蚌入选全国十大特色水产种质资源名录。持续开展长江中下游水生生物资源环境研究和监测评估等工作，科技支撑"长江大保护"。开展鄱阳湖、宿松、安庆西江3次长江江豚应急救护工作。深入开展产学研合作，与地方政府、龙头企业签订科技合作协议16项，新上横向项目164项。

联合办学与国际合作　渔业学院37名本科生、92名研究生毕业，4名博士后出站；争取到国际合作项目31项，参加2023南南合作与服务贸易国际论坛；全年为36个国家培养了693名高级渔业技术和管理官员，为27个国家培养了75名硕士留学生。

国家重点计划年度总结

人才队伍建设　1人入选江苏省科技镇长团赴泰州挂职、1人赴FAO交流；实施"水科英才"培育计划，与首批22名"水科英才"签订培养协议；1人入选"SN青年英才"计划；引进人才13人，其中博士8人。

科研条件建设　靖江基地"水生动物疫病研究专业试验基地建设项目"基本完成；获批立项长江水生生物资源长江下游（江苏无锡）部级监测站，申报科研调查船1艘；承担的2个基建项目、3个改善科研条件专项项目通过了院级验收和部级验收。通过了国家检验检测机构资质（CMA）认定，条件平台建设进一步加强。

执行长江干流伤病长江江豚
应急救护任务

中国水产科学研究院渔业机械仪器研究所

Fishery Machinery and Instrument Research Institute Chinese Academy of Fishery Sciences

中国水产科学研究院渔业机械仪器研究所成立于1963年5月，是从事渔业装备与工程及相关学科的应用基础研究和关键技术研发的研究机构。现设有工业化养殖、生态工程、渔业船舶与设施、捕捞装备、加工装备、智能渔业、质量与标准化、信息与战略中心等8个科研部门，编辑出版学术期刊《渔业现代化》，建有渔业装备、工业化养殖、池塘生态工程等中试试验基地。

重点研究领域

渔业机械化与信息化技术

渔业生态工程技术

渔业装备

渔业船舶工程技术

渔业装备质量与标准化

科研平台

农业农村部渔业装备与工程技术重点实验室

农业农村部远洋渔船与装备重点实验室

农业农村部水产养殖设施工程重点实验室

农业农村部渔业船舶与装备研究中心

农业农村部长江水域生态修复技术中心

国家水产品加工装备研发分中心（上海）

地址：上海市杨浦区赤峰路63号　　网址：http://www.fmiri.ac.cn

电话：021-65977260　　传真：021-65976741

抚州市东乡区农业农村产业发展服务中心

江西省抚州市东乡区拥有养殖水域面积6.5万亩，水产品年总产量2.01万吨，现有农业产业化省级龙头企业1家、市级龙头企业3家，新型农业经营主体数量286家，全区渔业经济总产值实现4.5亿元，荣获2022年国家级水产健康养殖和生态养殖示范区称号。

近年来，抚州市东乡区农业农村产业发展服务中心积极调整渔业结构，促进养殖产业转型发展。通过扶持规模化龙头企业，推广工厂化、循环水养殖等新技术、新模式，提高资源利用和劳动生产率，全面提升全区渔业现代化健康养殖和生态养殖水平。建立以龙头企业、养殖专业合作社及家庭农场为经营主体的产业联合体，实现优势互补、产业增值，农民增收。在主要养殖草鱼、鳙鱼、鲫鱼等品种的基础上，引进黑斑蛙、泥鳅、黄鳝、鳗鱼等特色水产品种。这其中，稻蛙共作生态种养产业快速发展，规模从小到大、管护从粗到精、市场从无到有、效益从差到好，有效激发了乡村产业发展活力。

东乡区无大江大河过境，依托田、水资源，在部分乡镇建设稻蛙养殖示范点，实行标准化生产、科学化管理、规模化经营，辐射带动全区黑斑蛙产业绿色生态发展，实现了"一水两用、一田双收"，亩均"一吨蛙、三万元"的目标。着重延伸产业链，增加水产附加值。建设育、繁、推一体化发展的东乡稻蛙种业基地，推动加工、仓储、物流等链条环节向稻蛙综合种养产区布局，实现产购储加销衔接配套。开展稻蛙产品原料处理、分级包装、冷藏保鲜、仓储物流设施装备建设，推进即食品、预制品、精深加工产品开发和副产物综合利用，做大做强稻蛙共作生态种养产业，实现经济效益和生态效益双丰收。目前，全区已有稻蛙养殖户150户，养殖面积5 000亩，产值1.5亿元。

茶林稻蛙基地

恒佳水产

杨桥黄鳝养殖

长林鳗鱼基地

福建省渔业高质量发展概况

福建省海洋与渔业局坚持以习近平新时代中国特色社会主义思想为指导，全面贯彻党的二十大精神，牢固树立大食物观，加快建设"海上粮仓"，渔业高质量发展取得扎实成效。2023年，全省水产品总产量890万吨，居全国前三；人均占有量213千克；出口贸易额73亿美元，占全国水产品出口额的36%。

连江官坞海带种业产业园

一是高位推动，政策措施有力有效。福建省委、省政府高度重视海洋渔业发展，相继出台《加快建设"海上福建"推进海洋经济高质量发展三年行动方案》等系列政策措施，为推进渔业高质量发展创造了良好环境。二是绿色发展，"福海粮仓"建设提档升级。全面实施海上养殖转型升级任务，累计改造传统网箱约100万口、贝藻类筏式养殖设施约70万亩，建设深水大网箱5 000余口，"宁德模式"成为全国水产养殖高质量绿色发展典型，被国家审计署确定为生态审计典型案例。拓展外海养殖空间，新建18台套深远海养殖平台。三是融合发展，现代产业体系加快形

海上养殖升级改造

成。全省水产加工品总产量405万吨、产值1 040亿元，均居全国第二；打造"福鱼"系列品牌。拥有远洋渔业企业27家，远洋渔船608艘，产量保持50万吨以上，综合实力居全国前列。四是加大投入，基础设施不断完善。实施水产种业振兴计划，持续推进种业体系建设，主要养殖品种良种覆盖率达到70%以上。实施渔港建设三年行动，累计新开工渔港107个、完成投资33亿元，厦门、连江、晋江、东山、福鼎5个国家级渔港经济区加快建设。实施海洋渔船通导建设工程，为全省1.3万艘海洋渔船配备北斗定位仪，在线率保持在97%以上，建成渔船动态管理系统。为5 200多艘大中型海洋渔船配备高通量卫星通信终端。五是深化治理，渔业安全生产稳定向好。推进渔业安全生产专项整治，强化安全隐患大排查，严厉打击海上涉渔违法违规行为，切实保障渔业生产安定稳定。严格落实食品安全"四个最严"重要要求，加强水产养殖用兽药及其他投入品使用监管，建立产地水产品追溯体系，强化监督抽查、风险监测，合格率保持在99.7%以上。持续推动渔业保险增点扩面提标，在全国创新开展海水养殖赤潮指数、台风指数、鲍鱼价格指数等试点，2023年全省渔业保费4.9亿元，提供风险保障1 064亿元，规模居全国第二位。

福建省海洋与渔业执法总队

2022年，福建省海洋与渔业执法总队始终坚持以习近平新时代中国特色社会主义思想为指导，深入学习宣传贯彻党的二十大精神，认真贯彻落实福建省委、省政府决策部署和福建省海洋与渔业局党组工作要求，紧紧扛牢守海护渔责任，统筹疫情防控和海洋与渔业执法工作开展，贯彻实施"提高效率、提升效能、提增效益"行动和"队伍建设年"活动，在服务保障福建海洋经济高质量发展、推进水域生态文明建设大局中主动担当作为，履职尽责，各项工作取得明显成效。

全年共组织省、市、县三级执法机构开展福建海洋"蓝剑"联合执法行动22次，出动执法船艇2 196艘次，登临检查船舶3 792艘次，查获各类涉嫌违法船舶429艘、违法采运砂船29艘；部署开展"中国渔政亮剑2022"执法行动，查办渔业违法违规案件1 973起，清理违规网具19 551张（顶），拆解"三无"船舶883艘，行政处罚3 030.55万元；查处海洋行政违法案件142起，收缴罚没款8 433.8万元。总队被农业农村部评为2022年渔业执法系列专项行动工作突出的集体，首次被福建省军民融合办列为全国先进典型案例推荐单位，被评为中国渔政公众号优秀供稿单位；中国渔政35009船获评第六届福建省直青年五四奖章集体；总队执法船船长邱卫华同志被授予全国人民满意的公务员称号，被授予第十七届全国职工职业道德建设标兵个人、福建省五一劳动奖章荣誉称号。

抽查养殖水产品进行药物
残留检测

海上执法巡查

闽江水域禁渔期执法巡查

水生野生动物保护宣传进校园

中国水产科学研究院珠江水产研究所建所 **70** 周年

1953—2023

中国水产科学研究院珠江水产研究所（以下简称珠江所），是国家按流域布局设置的渔业综合科研机构，隶属农业农村部。前身为广东省人民政府农林厅水产局水产研究所，创建于1953年，1979年成立国家水产总局珠江水产研究所，1982年改为现称。

建所70年来，珠江所人秉承"创新、致远、精业、兴渔"的科学家精神，围绕"三农"中心工作，承担我国珠江流域及热带亚热带渔业重大基础应用研究和高新技术产业开发研究的任务，重点开展水产种质资源与遗传育种、水产养殖与营养、水产病害与免疫、水生实验动物、渔业资源保护与利用、渔业生态环境评价与保护、城市渔业和水产品质量安全等领域的研究，同时拓展转基因鱼、外来水生生物入侵与生物安全等新兴领域研究。

珠江所现有农业农村部热带亚热带水产资源利用与养殖重点实验室、渔用药物创制重点实验室、休闲渔业重点实验室等16个省部级挂靠科研机构。在职在编职工177人，其中高级职称人员63人，博士生导师、硕士生导师35人。获批中国水产科学研究院优秀科技创新团队1个、中国水产科学研究院中青年拔尖人才4人、中国水产科学研究院"水科英才"培育计划人选19人，"赣都英才555工程"人选1人。拥有农业农村部中央直接掌握联系高级专家1人，享受政府特殊津贴专家13人，农业农村部有突出贡献中青年专家1人，农业农村部神农英才1人，多人获新中国成立60周年渔业"三农"模范人物、全国五一劳动奖章以及广东省五一劳动奖章、三八红旗手、首届巾帼科技创新带头人等荣誉称号。

重点技术研发

· 淡水池塘环境生态工程调控与尾水减排关键技术及应用
· 外来入侵水生动物风险评估与防控关键技术
· 大口黑鲈优鲈3号良种培育和产业关键技术研究与应用
· 杂交鳢雄鳢1号良种选育与健康养殖技术
· 罗非鱼粤闽1号良种选育及产业化关键技术研究
· 中华鳖珠水1号新品种选育及健康养殖关键技术研究
· 禾花鲤乳源1号新品种选育及应用推广
· 翘嘴鳜广清1号选育
· 鼋人工驯养繁育技术
· 美丽硬仆骨舌鱼（金龙鱼）人工繁殖技术

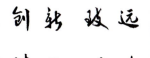

核心价值观

中国水产科学研究院长江水产研究所

中国水产科学研究院
长江水产研究所

长丰鲢新品种

中国水产科学研究院长江水产研究所（以下简称长江所）是我国较早建设的水产科学重点研究机构之一，隶属农业农村部。前身为中华人民共和国水产部长江水产研究所，成立于1958年，1984年定为现名。

长江所始终立足长江中上游流域，坚持产业导向，围绕我国淡水渔业发展中基础性、方向性、全局性、关键性的重大科技问题，重点开展渔业资源保护与利用、水生生物多样性保护、水产养殖育种、水产病害防治、水产营养与饲料、水产品质量安全与品质评价等领域的科学研究和技术研发，为政府决策及现代渔业发展提供了技术支撑。建所以来，长江所承担各类科研项目2 500余项，获得各类科研成果奖励217项，其中国家级奖励10项、省部级奖励106项。培育了颖鲤、长丰鲢、长丰鲫等7个国家级水产新品种。发表学术论文3 300余篇，出版著作102部，起草并经相关部门发布标准199个，授权专利443项。获全国科学大会奖的"鲤鱼杂交一代优势利用的研究"、获国家科技进步奖的"草鱼出血病防治技术研究"和"中华鲟物种保护技术研究"等多项成果的推广和应用均产生了显著的经济效益和社会效益。

65年来，长江所不断发展，构建了武汉研究中心、荆州基地、重庆基地、梁子湖基地等一所多翼的发展新格局。依托长江所建设有农业农村部淡水生物多样性保护重点实验室、农业农村部淡水鱼类种质监督检验测试中心、国家农业科学渔业资源环境武汉观测实验站、国家农业科学渔业资源环境重庆观测实验站等15个省（部）级、院级重点实验室、工程中心、野外站台。

与美国、日本、捷克等30多个国家的科研和教学机构建立了合作关系。与捷克高校联合共建中捷鱼类保护与生物技术联合实验室，并在濒危鱼类保护技术研发方面取得了突破性进展。先后执行5期古巴淡水养鱼技术援助项目等，为古巴等10多个国家提供了技术援助。

新的征程上，长江所将继续坚持"以研为本、以创为先"的发展理念，围绕渔业科技创新主责主业，以建设长江流域及中西部地区现代渔业的前沿创新高地、核心技术发源地和成果转化应用基地为新时期奋斗目标，努力为服务"长江大保护"与乡村振兴战略、推动我国现代渔业绿色高质量发展贡献新力量。

渔政铁军　海上先锋
温州市海洋与渔业执法支队

2022年，温州市海洋与渔业执法支队全面贯彻农业农村部、浙江省农业农村厅部署，深入开展海上疫情防控和"利剑""清风"等专项行动，保障渔船安全、生态安全、初级水产品质量安全，被农业农村部、公安部、中国海警局评为2022年渔业执法系列专项行动工作突出集体，连续3年获得农业农村部"中国渔政亮剑"系列专项执法行动成绩突出集体，被评为浙江省农产品质量安全先进集体等。

启动仪式在温州召开八江流域禁渔期执法行动

一、海洋执法打出新声势。开展"大巡查大执法""海上平安护航月"行动，全市办案2 300余件，其中执法取缔"三无"渔船1 100余艘，4个案件评为部级、省级优秀案例，移送司法145起。温州海洋生态持续修复向好，北鹿岛出现200多只海豚，中央电视台5个频道8个栏目纷纷报道，引起全国关注。

二、内陆执法开创新局面。浙江省首次八大流域禁渔期执法行动在温州启动，该项工作是2022浙江省政府工作报告任务，温州瓯江、飞云江、鳌江列入禁渔范围。支队创新"三个一"做法（顶层设计一盘棋、禁渔执法一股劲、群防群治一张网），推行"水陆空＋电子"立体巡查模式，全市出动执法人员近3 000人次，检查渔船1 100余艘次。开展电鱼专项治理行动，打造群防群治新

温州北鹿岛出现海豚群

格局，两位护渔队长被评为长江办优秀巡护员。开展水生野生动物保护科普宣传月活动，全市检查场点160余家次，联合公安部门查处案件2起。严格水产品质量执法，全市抽检水产品482批次，办案22起。

三、海上党建迈上新台阶。打造具有辨识度、有影响力的海上党建品牌，浙江省渔政系统党建现场会在温州召开。支队海上党支部开展"牵手帮共富"与渔民兄弟共过政治生日"春节三送"等特色活动，新建瑞安海上党群服务中心。海上党建联盟单位扩展到11家，海域共治、资源共享、服务共创格局进一步形成。开展"救在身边·渔政先行"活动，充分彰显"渔政铁军　海上先锋"党建品牌。

广东省珠海市斗门区白蕉镇昭信村
"白蕉海鲈"水产养殖乡村特色产业

"千里珠江水，醉美白蕉鲈"，独特的咸淡水养殖生态环境和无公害的水质要求，成就了闻名遐迩的"白蕉海鲈"。珠海市斗门区白蕉镇昭信村位于白蕉镇东部，西江多条支流在这里与海水交汇。昭信村地处得天独厚的咸淡水交界处，拥有天然的养殖生态环境，是第一个引进"白蕉海鲈"的水产养殖村，被誉为"白蕉海鲈之乡"。

2009年，"白蕉海鲈"被列入国家地理标志保护产品，也是珠海市首个国家地理标志保护产品；2017年，"白蕉海鲈"获评中国百强农产品区域公用品牌。斗门区被评为中国特色农产品优势区，全区"白蕉海鲈"产量约占全国海鲈养殖产量的50%。

目前，昭信村共有养殖户493户，80%以上的村民从事海鲈产业相关工作。"白蕉海鲈"成了昭信村村民"增收致富鱼"和"乡村振兴希望鱼"，以海鲈水产养殖特色产业为抓手，是昭信村村民增收致富的主要途径。

昭信村于2018年被评为全国"一村一品"示范村，2020—2022年连续三年被评为全国"乡村特色产业亿元村"，2022年还获评了广东省"一村一品""一镇一业"专业村，是全国规模最大、技术水平最高的海鲈产区之一。

当前，"白蕉海鲈"产业已形成集种苗、繁育、养殖、生产、加工、仓储、冷链、运输及贸易的全产业链运营模式，已成为全世界较大的海鲈生产基地、交易集散中心之一，还是全球颇具规模的海鲈加工基地、文旅渔乡。"白蕉海鲈"销售市场遍布全国各大城市，还出口到亚洲、欧美各国，逐渐从粤港澳大湾区的"家常菜"升级成火爆全国的"网红鱼"，将更多舌尖上的安全、健康与美味分享给全世界的消费者。

随着"白蕉海鲈"保鲜技术不断突破、深加工技术不断升级、产品形态不断丰富，以及预制菜等新兴行业的蓬勃发展，"白蕉海鲈"产业将迎来百亿元发展规模，"白蕉海鲈"有望加速"游"出国门，昭信村致力将"白蕉海鲈"打造成为广东乃至全国现代渔业最具地域特色、竞争力最强的品牌之一。

固城湖螃蟹

高淳，地处长江支流水阳江、青弋江下游腹地，区域总面积802平方千米，拥有"三山两水五分田"的黄金比例。固城湖古时属丹阳大泽，水质清新，水草丰茂，蟹饵丰富，是长江系中华绒螯蟹的优质生长地。湖区水质常年保持在Ⅱ类以上，因湖水中含有丰富的矿物质，这里出产的螃蟹肉质丰嫩肥美，味道鲜美油足，具有"肥、大、腥、鲜、甜、绿、早、靓"八大特征，是历代名人食客秋季饮宴之佳品。截至2022年，全区螃蟹养殖面积达21.58万亩，产量1.86万吨，产值25亿元。

为了更好地促进螃蟹产业发展，早在1999年，高淳区就注册了固城湖螃蟹的品牌商标，经过20多年的运作经营，固城湖螃蟹相继获得南京市名牌产品、著名商标，江苏省名牌产品、著名商标，国家无公害水产品、国家绿色食品，国家地理标志产品等殊荣。2019年被农业农村部认定为特色农产品优势区，2020年成功创建以螃蟹养殖为主导产业的国家级园区，2021年螃蟹产业入选全国全产业链典型县，2022年成功创建国家级生态养殖和健康养殖示范区。

高淳区螃蟹养殖一直坚持生态养殖理念，通过多年来不断探索、研究、总结，形成了以"良种、生态、营养、规范、品牌"为核心的生态养殖技术体系与管理体系，简称"高淳模式"，荣获全国农牧渔业丰收奖二等奖。

2022年6月，江苏省河蟹产业研究中心和南京固城湖河蟹产业技术研究院有限公司在高淳挂牌成立，成立了宁渔种业研究院、汉宁遥感科技研究院等新型科研机构，打造"政产学研用"合作平台，发挥渔业科技创新平台作用，打通河蟹产业科技服务"最后一公里"。

互助共济　服务渔业
——广东省渔业互保协会

广东省渔业互保协会（以下简称互保协会）是由广东省农业农村厅主管、经广东省民政厅批准成立，由从事渔业生产、经营、管理以及服务的单位和个人自愿组成，实行渔业互助保险的全省性、非营利性社会组织。服务网点遍布全省各大渔港，为渔民群众提供全天候、便利的渔业互助保险服务，是广东省渔业保险领域的主力军。主要的险种有雇主责任互助保险、渔民人身意外伤害互助保险、渔船财产互助保险等。

第六届第一次会员代表大会召开

互保协会始终坚持党的领导，始终坚决贯彻落实党和国家的各项方针政策和决策部署，不忘初心，牢记使命，坚持"互助共济，服务渔业"的宗旨，积极开展政策性渔业保险工作。2008—2016年，连续多年承担农业部渔业政策性保险试点项目广东分项目的实施工作；2013—2014年，作为广东省政策性渔业保险（试点）的主承担机构，负责实施广东省政策性渔业保险试点工作；2019年，被确定为广东省政策性渔业保险和水产养殖保险（试点）的主承保人；2022年12月，中标广东省政策性渔业保险承保机构服务项目。

承担广东省政策性渔业保险
和水产养殖保险工作

互保协会为渔区安定和渔业经济发展发挥了重要作用，获得渔民群众的信赖和有关上级部门的表彰，先后获得全省先进民间组织、全国先进民间组织、广东省"5A"级社会组织、广东省海洋与渔业安全生产管理先进单位、广东省优秀社会组织等荣誉称号。

广州远洋渔业有限公司

广州远洋渔业有限公司（以下简称广州远洋）是广州港集团属下广州水产集团有限公司托管的国资企业，成立于1989年7月，企业注册资金3100万元，是中国远洋渔业协会常务理事会会员单位、广东省远洋渔业协会副会长单位，2019年被评为广州市农业龙头企业。广州远洋取得了农业农村部批准的海洋、远洋渔业生产资格，是集海洋（远洋）捕捞、加工、销售于一体的国有远洋渔业企业。广州远洋渔业港区在2020年成为首批66座国家级海洋捕捞渔获物定点上岸渔港之一。

广州远洋拥有9艘远洋金枪鱼延绳钓渔船在以斐济苏瓦为远洋渔业基地的南太平洋岛国周边及公海海域从事大洋性远洋金枪鱼延绳钓渔业生产；拥有2艘550吨级灯光罩网渔船在国内南沙群岛特定水域从事海洋渔业生产。11艘渔船年捕获量可达2600多吨，产值约5000万元。

广州远洋自20世纪80年代末初涉足远洋渔业，先后组织远洋渔业船队到过摩洛哥、安哥拉、哥伦比亚、阿根廷、印度尼西亚、马尔代夫、基里巴斯和斐济等海域生产。21世纪初，广州远洋以市场为导向、以经济效益为中心，以产业化经营为主要途径，走"公司＋基地＋渔船"的远洋生产模式，不断优化产业结构，进行调整升级，开始重点发展大洋性远洋金枪鱼延绳钓渔业生产。

广州远洋现有岸上高素质管理人员35人、海上生产船员135人。以"建立远洋优势船队，培养专业渔业人才；丰富国内市场供应，振兴广州远洋渔业"作为企业的发展定位。自2013年起至今，约回运国内冰鲜及超低温金枪鱼1600多吨，拓展国内销售市场，将天然、绿色、优质和营养美味的金枪鱼惠及广大市民，为广州市"菜篮子"工程作出应有的贡献。

洪湖市杜志勇水产养殖专业合作社

一、基本情况

洪湖市杜志勇水产养殖专业合作社成立于2019年，注册资金100万元，位于长江之边美丽的"鱼米之乡"湖北省洪湖市龙口镇。合作社以养殖黄颡鱼、桂花鱼、斑点叉尾鲴鱼、大白刁等特种鱼为主，是以全程农业社会化服务和水产养殖为主的市级农民专业合作社示范社。在龙口镇高桥村、龙潭村、新进村、堤街村形成以"合作社＋基地＋农户"为主要合作模式的杜志勇水产鲴鱼生态种养殖万亩示范区。

二、主要特色

合作社重点聚焦现代化农业服务和规模化养殖，在惠农服务上当"贴心人"，在特色产业上当"带头人"。合作社提供以水产养殖技术服务、水产品销售、生产资料采购为主的农业社会化服务，以龙口镇为中心辐射周边乡镇。合作社始终秉承"整合资源、科技兴农、服务惠民、致富圆梦"的理念，大胆探索用心实践，为农业增效、农民增收树立样板。在水产养殖资源、生产资料、生产技术和销售市场中发挥合作社职能作用，为广大农民服务，力争成为带动地方农民就业、增收、致富的"带头羊"。

三、产生效益

合作社采取"订单式"鲴鱼进加工厂。引进外地客商来采购各种水产品，养殖户每亩增收在1000元以上，真正让水产养殖活起来、农民富起来、合作社强起来。

四、所获荣誉

2020—2023年荣获湖北省荆州市级水产养殖合作社

2022年荣获中国好渔医奖

2023年荣获中国特种鱼产业养殖能手

中国水产科学院渔业工程研究所

一、科研工作与成果

2022年发表21篇文章，其中一区SCI文章3篇（影响因子大于10的1篇）。首次获评中国农业农村重大新技术新产品新装备1项，北京市新技术新产品2项，创新成果工程化应用初见成效。"渔业渔政信息资源融合共享关键技术研究与应用"获得中国水产科学研究院科学技术奖二等奖。授权发明专利3项，申请发达国家专利4项，授权实用新型专利14项，获批软件著作权52项，知识产权数量快速提升。注重制度建设和机制体制创新，制定完成《中国水产科学研究院渔业工程研究所科研管理办法有关奖励实施细则（试行）》和《中国水产科学研究院渔业工程研究所科技创新团队管理办法（试行）》。

二、人才队伍建设

2022年进一步拓展学科方向，新增生物技术学科创新团队，学科布局更加完善。修订科研奖励管理办法。立足院所两级科技创新团队重点任务，编制《渔业工程研究所科技创新团队2022—2030年发展规划》。两个院级团队年度科研评分，从原来的"个位数"提升到现在的30分左右；组织提交2个新增院级创新团队的申报材料。

三、项目谋划与申报

积极开展科研项目谋划，组织开展国家自然科学基金、重点研发计划、北京市自然基金等项目申报。在船联网一期项目研究基础上，成功获批船联网二期重大项目，承担课题和子课题各1项。参与重点研发计划项目1项，参与农财专项"黄河渔业资源与环境调查"1项，获批院级基本业务费项目1项。

四、平台建设拓展

充分利用依托该所建设的中国水产科学研究院"现代渔业研究中心"合作平台，编制《现代渔业研究中心运行管理办法》《渔业工程研究所科研开放基金管理办法》等文件，进一步拓展对外合作空间。提升如东试验基地科技保障能力，继续完善港工实验条件，推进科研条件改善专项"低碳高效水产养殖环境与水处理试验装置仪器设备购置"项目申报并获批，加强对设施渔业和生物育种创新研究的支撑作用。依托国家渔业科学数据中心，提升数据分析与应用能力，保障渔业捕捞、养殖、种质资源等领域的大数据分析工作。

五、学术交流与合作

顺利召开全国现代渔业工程建设研讨会。推进所内科研人员开展国际合作交流，参加FAO渔业委员会会议1人次，参与国际水产泛基因组合作1项。学术兼职方面，担任一区SCI杂志编委2人，英国皇家学会评审专家1人。

六、行业支撑与服务

牵头研制的渔船"插卡式AIS"设备开始推广应用技术，成功入选2022年度中国农业农村重大新技术新产品新装备12大新装备之列。支撑省部共建三亚渔港经济区试点项目。养殖重大项目文昌市国家农业产业园专项研发项目中，创新型的池底反冲洗技术和设施获得了专家的一致肯定。

唐山市维卓水产养殖有限公司

　　唐山市维卓水产养殖有限公司成立于2013年6月，位于曹妃甸区滨海大道小清河东岸大桥北侧，占地350亩。拥有维卓水产科技园、维卓水产半滑舌鳎、牙鱼养殖工场和维卓水产河鲀、海参养殖基地。现有工厂化养殖车24 000平方米，外池塘养殖"菊黄东方鲀、半滑舌鳎与对虾、海参"混养面积300余亩。公司员工42人，其中，中高级职称以上5人、博士9人。是国家级水产健康养殖示范场、河北省半滑舌鳎省级良种场、高新技术企业。公司秉承"诚信、创新、卓越"的经营理念，注册了"信维卓"商标品牌，是农业部无公害产品、产地认证基地，河省农产品质量追溯单位，唐山市重点龙头企业。通过ISO 9001质量管理体系认证。公司致力于半滑舌鳎亲本培育、繁殖、优质苗种生产等技术的研发工作，被选入2021年国家水产种业"育、繁、推"一体化20家企业名录；2022年荣获国家"半滑舌鳎水产种业补短板阵型企业"。同时荣获第六届中国水产学会范蠡科学技术奖特等奖。2023年评为河北省"专精特新"企业，2023年年底被农业农村部评定为半滑舌鳎国家级良种场。

　　公司注重科技投入与研发，平均年科技研发投入占比6%。2018年4月公司与中国水产科学研究院黄海水产研究所陈松林院士研究团队签订了《半滑舌鳎种选育与优质苗种培育技术开发（委托）合同》，并且每年向黄海所提供30万元科研经费。科研人员常年入驻与公司合作进行新技术、新产品的开发与实验。双方紧密合作，成立了唐山市维卓鲆鳎鱼类养殖工程技术研究中心，实现科技成果转化、技术创新、优势互补。通过采用基因检测筛选优质亲本技术，培育出的鱼卵、鱼苗，雌鱼比例达到44%。经过国内多家苗种企业的生产实践表明，其养殖价值的雌鱼比例提高到了26%以上。科技示范带动作用显著，国内半滑舌鳎鱼卵市场占有率逐年上升至70%以上。目前国内绝大部分半滑舌鳎养殖中的苗种，来源于该公司培育出的亲本。公司与中国水产科学研究院黄海水产究所联合开发的新品种鳎优1号，被农业农村部遴选为2024年重点推广水产养殖品种之一。

　　注重人才引进，公司柔性引进人才，陈松林院士、李仰真博士入选河北省科技英才"双百双千"工程——科技型中小企业创新英才。经过科技攻关，公司实现了全年对外提供半滑舌鳎高雌鱼卵。产品畅销河北、天津、山东、福建、辽宁等地，取得了良好的经济和社会效益，得到社会各界的认可和赞誉，为海水养殖业的健康和可持续发展做出了贡献。

青蛤江海大1号

青蛤广泛分布在我国沿海地区，因味道鲜美备受市场青睐。青蛤市场需求巨大，但是缺乏优良的品种，生产效益低下。加上养殖周期长达一年以上，大大增加了养殖成本，严重制约了该产业的发展。为突破青蛤养殖瓶颈，江苏海洋大学董志国教授带领的贝类学团队在国家贝类产业技术体系、江苏省种业揭榜挂帅和江苏省海洋科学优势学科等项目的共同支持下率先开展青蛤新品种选育工作。

江苏海洋大学贝类学科研团队现有科研人员6人，其中教授1人、副教授2人、讲师2人、高级实验员1人，5人具有博士学位。团队主要从事经济贝类种质资源、遗传育种和养殖生理生态学研究，在滩涂贝类新品种选育及其生态养殖模式研究方面取得了丰硕成果。

青蛤江海大1号以江苏东台、海南铺前湾分别收集的316粒和298粒野生青蛤作为基础群体，以壳长和体重为目标性状，采用群体选育技术历时15年经过连续五代选育完成。2023年农业农村部发布公告，公布了青蛤江海大1号（品种登记号：GS-01-011-2023）正式通过全国水产原种和良种审定委员会审定。

该新品种生产性能优异，生产性对比实验表明，在相同养殖条件下，与未经选育的青蛤相比，青蛤江海大1号生长性能明显提升，个体大、生产速度快，18月龄商品贝壳长和体重分别提高了17.11％和40.34％。适宜在山东、浙江、江苏等沿海地区水温4℃-28℃和盐度15～35的海水水体中养殖。

九江市农业科学院水产研究所

九江市农业科学院由原九江农业科学院和原九江市水产科学研究所于2021年6月11日组建，同年6月16日挂牌成立，为九江市政府直属正处级事业单位，归口九江市农业农村局管理。主要从事现代农业新品种选育、新技术研发，科技成果示范与推广，农业生态资源评估和生态环境修复，农业科技咨询服务和人才培训等工作。现有职工87人，其中正高级职称4名、副高级职称19名。博士研究生1人、硕士研究生30人。先后建立了国家级水产良种场、国家级农作物品种区域试验站、国家油菜产业体系综合试验站、博士后科研工作站等4个国家级平台；拥有江西省现代农业科技协同创新联盟副理事长单位，江西省水稻、油菜、薯类、水禽、大宗淡水鱼、特种水产产业技术体系等7个省级平台。

九江市农业科学院办公区坐落在九江市鄱阳湖生态科技城新产业综合体1号楼，面积2400平方米，办公区设有350平方米的九江市水生动物疫病防控检测区域中心。水产科研生产基地坐落在九江市濂溪区高垄乡谷山村，占地面积641亩，包括364亩试验鱼池、4500平方米循环水设施渔业及1500平方米育苗车间、121亩鄱阳湖水生生物保护中心等功能区域。

水产研究所为九江市农业科学院内设机构，拥有水产苗种生产许可证、水域滩涂养殖证、水产健康养殖示范场、农村区域成果转化中心、无公害农产品产地认定证书等资质。作为国家级水产良种场，对彭泽鲫拥有国家种质标准、苗种养殖地方标准、成鱼养殖地方标准等自主知识产权。彭泽鲫是原九江市水产科学研究所历经8年选育出来的淡水优良品种，"彭泽鲫鱼选育技术研究"项目于1990年获农业部科学技术进步奖二等奖。现在，彭泽鲫不仅在江西是当家的养殖品种，而且对全国的水产影响极大，也是我国淡水养殖品种的主要出口品种之一，已出口至俄罗斯、韩国、日本、东南亚等地，产生了巨大的经济效益和社会效益。

微山县渔业概况

一、机构设置

微山县南四湖综合管理委员会为微山县渔业管理机构，共设置办公室、安全监督管理科、南四湖保护发展科、渔业科技科、政策法规科5个职能科室；下设微山县南四湖管理综合执法大队、微山县渔业发展服务中心、微山县渔业养殖试验中心3个事业单位。截至2022年12月底，在职职工人数199人，其中行政编制人员20人，机关工勤人员1人，事业编制人员178人。

二、渔业生产

2022年，全县养殖面积26.2万亩，水产品产量为13.95万吨，同比上涨2.86%，其中捕捞产量2.54万吨、养殖产量11.41万吨。全县生态养殖面积已达22万亩，占养殖总面积的84%，成功创建国家级水产健康养殖和生态养殖示范区。全县渔业拥有微山湖乌鳢、微山湖四鼻鲤鱼、微山湖大闸蟹3个国家地理标志保护产品；拥有微山湖四鼻鲤鱼、微山湖乌鳢、微山湖大闸蟹等9个国家地理标志证明商标；先后被命名为中国乌鳢之乡、中国河蟹之乡、中国河蟹生态养殖示范县。

三、渔政管理

部署开展"中国渔政亮剑2022"专项执法行动，集中整治湖上非法采砂、电鱼、圈圩等违法生产行为。开展湖区执法巡查3 881次，查处案件335起，移送公检法部门涉刑案件7起，湖区综合治理成效显著。全面落实"谁执法谁普法"普法责任制，1卷案卷在全省执法案卷评查中获评优秀案卷，1起案件入选全省海洋与渔业执法"以案释法"优秀案例，牵头编制《内陆渔业行政处罚自由裁量权》获全省推广。被农业农村部评为2020年全国平安渔业示范县。

湘阴县农业农村局
突出"三个一" 推进禁捕实践创新

湘阴地处湘资两水尾闾、南洞庭湖滨，"两江一湖"禁捕水域70多万亩、岸线263.8千米。近年来，该县紧紧围绕"管住、管到、管好"和"四无"禁捕工作目标，强力推动禁捕工作落实。

一、深化机制建设，整体统筹"一盘棋" 一是健全工作推动机制。禁捕工作纳入政府综合绩效、河（湖）长制和乡村振兴"三同考核"，统筹整合公安、农业、交通运输等部门和涉渔乡镇执法资源力量，形成合力。二是健全区域联动机制。与毗邻的望城等地签订交界水域禁捕联合执法协议，跨区域联动。三是健全网格监管机制。设立10个水上、36个岸线基层网格，网格人员、经费、阵地、制度四到位。建成并升级"智慧渔政"平台，"天眼"全方位监控。四是健全后勤保障机制。投入1 700万元，改扩建渔政码头3个，趸船2艘、快艇3艘；建立健全学习培训制度，全面推行举报查实有奖和执法津补贴制度。

二、狠抓执法打击，严密监管"一张网" 一是日常巡查长效抓。水上、岸线网格巡查交错互补，农用、公用、商用及附属船舶全面纳入监管，餐饮、渔需店和水产品交易、加工市场纳入日常巡检，不留盲区死角。二是专项行动集中抓。开展"亮剑"护渔全年行动和违规垂钓、百日攻坚、枯水期整治、残余网具清缴等专项行动。三是关键区域定点抓。对关键时段、关键地段进行驻守。四是全民防线时时抓。禁捕宣传到村到组到户，沿堤500米范围内居民户户送法上门，禁捕短信季季推送，有奖举报电话全民推送、网站电视公开。

三、坚持禁管并重，保护修复"一体化" 一是严格资源监测监管。积极配合并监督科研机关开展禁捕效果监测，特许捕捞、资源监测规范化。二是严格生态损害修复。督促涉水工程建设方履行生态损害赔偿修复责任，推动非法捕捞案件办理与生态赔偿同步落实制度。三是开展人工增殖放流。禁捕以来，累计放流鱼苗2 000多万尾。四是多措救援鱼类资源。根据水情、鱼情特点，救护鱼类资源。

辽渔集团

辽渔集团自2009年起发展南极磷虾产业，全力实施海洋捕捞产业转型。2021年投资5亿元，历经两年攻克难关，建成了自主设计、拥有完整知识产权、达到世界一流水平的专业南极磷虾捕捞加工船"福兴海"轮，并于2023年12月18日首航南极渔场，开启新时代经略极地渔业新征程。15年来，辽渔集团通过不懈努力，从第一代拖网改造捕捞船"安兴海"轮发展到第三代专业南极磷虾捕捞加工船"福兴海"轮，推动南极磷虾事业走出了资源开发、科技引领和全产业链布局的发展道路。在新的发展时期，辽渔集团打造海上"蓝色粮仓"和践行"大食物观"战略部署，立足南极磷虾优势产业链，构建高水平现代海洋渔业产业体系。

2023年1月3日，大连（辽渔）国家远洋渔业基地正式获批建设，是农业农村部批准设立的东北地区唯一一个国家远洋渔业基地。辽渔集团将立足北方、服务全国、辐射东北亚、联通全球，加快建成国际国内双循环和产城融合的国家远洋渔业基地，促进新时代远洋渔业高质量发展、建设远洋渔业强国作出积极贡献。

罗山县渔业概况

罗山县是传统的农业大县，也是河南省水产养殖大县、水产品消费大县，水产品养殖产量和水产品消费量均居全省前列。境内水产资源丰富，全县有河流16条、大中小型水库156座、塘堰坝36137处，总水面18.9万亩，可养鱼水面14万亩，水产品总量3.3万吨，渔业产值3.4亿元。2019年以来，罗山县采取"一水两用、一田双收"立体生态种养模式，稻渔综合种养面积从2019年8.1万亩发展到现在的18万亩。罗山县有省级水产原良种场1家、省级稻渔综合种养示范区3个、国家级水产健康养殖示范场8家、国家级水产健康养殖示范场（稻渔综合种养类）1家、国家水产绿色健康养殖技术推广"五大行动"骨干基地3个。2023年，在河南省首届稻渔米评比大赛中，罗山县荣获1枚金牌、4枚银牌和2个优秀奖的优异成绩。其中"林稻静"牌稻虾香米通过国家绿色认证，销往北京、天津、广州、南京等地，深受消费者青睐，先后获得全国稻渔米评比金奖、粳米生态优质奖等殊荣。

罗山水产始终坚持"养殖标准化、基地规模化、生产合作化、产品品牌化、市场营销化"的经营理念，围绕水产业生态养殖和健康养殖发展思路，罗山县结合地域特点、科学规划布局，组织编制了《罗山县养殖水域滩涂规划》《罗山县水产养殖产业发展规划》和《罗山县稻渔综合种养实施方案》，初步形成了稻渔综合种养、水库生态渔业、设施化苗种繁育、名特健康养殖四位一体的水产业大格局。稻渔综合种养、石山口水库"生态鱼"、水产绿色苗种繁育等成为罗山县重要的水产标志产业。与此同时，罗山县特种养殖业，尤其是龟鳖类苗种繁育和仿生态养殖、鳜鲈鱼健康养殖、黄颡鱼池塘生态养殖等产业也发展迅速。全县注册有"石山口""林稻静""彡或"等10多个水产品牌。罗山先后获得河南省渔业生产先进县、河南省水产技术推广工作先进单位等殊荣。在省、市业务主管部门的正确指导和大力支持下，以罗山县人民政府为主体成功创建了国家级水产健康养殖和生态养殖示范区。

大北农华有水产科技集团
Da Bei Nong Hua You Aquaculture Science & Technology Group

专注特种水产科技与服务，
联合发展 让每亩水面更赚钱！

强国必先强农 强农必有大北农

青红杂交斑

　　青红杂交斑新品种是以来自南海海域的斜带石斑鱼经3代群体选育后为母本，以来自南海海域的赤点石斑鱼经3代群体选育后为父本，通过杂交而得到的具有多种优良性状的子一代。

　　该杂交品种生长速度快，12月龄平均体重增长比父本赤点石斑鱼快85.22%；养殖周期相比父本缩短了一半以上，显著降低了养殖风险；育苗成活率显著提高，杂交后代的育苗成活率（19.75%）显著高于父本（1.5%）；且营养丰富、味道鲜美、口感佳，氨基酸、矿物质、脂肪酸种类齐全、比例均衡，不饱和脂肪酸含量高，经济价值高。

　　适宜在我国南方沿海地区海水池塘、网箱及工厂化环境中养殖，同时，也适宜在全国各地具备人工可控温、调盐的室内工厂化环境中养殖。应避免用于河口及大海的增殖放流。

斜带石斑鱼（青斑）♀ × 赤点石斑鱼（红斑）♂

青红斑

三亚崖州中心渔港

　　三亚崖州中心渔港2016年开港，2020年9月被批准为全国第一批国家级海洋捕捞渔获物定点上岸渔港，随着渔港经济区规划实施项目的稳步推进，发展海洋经济的能力不断增强。三亚市已成功申报2023年国家级沿海渔港经济区试点工作。

　　自2016年开港以来，由三亚地方统筹用于渔业发展和管理的其他支出，不断用于发展港口、码头、水产种业等项目，累计投入资金约35亿元。已建成丝路之塔、双联制冰楼、冷库、渔民综合卸鱼棚、加油站、综合楼、渔民洗浴用房、消防站、派出所、垃圾中转站、保障房等生产性配套设施及便利渔民的基础设施，提高了渔港内渔民生产服务和安全保障水平。

三亚崖州中心渔港

　　通过合理的产业发展，构建科技兴渔、产业兴渔、文旅兴渔的发展新格局。编制了《中心渔港环境保护管理细则》《渔船即卸即离制度》等规范性制度文件，使渔港码头普遍存在的环境卫生脏乱差的情况得到大大改善。

　　在已建设原有基础设施的基础上，编制《三亚国家级沿海渔港经济区建设规划（2023—2027年）》，以建设"智慧渔港、平安渔港、绿色渔港、产业渔港、人文渔港"为核心内容，对标世界一流渔港，稳步向前建设，助力渔港经济区提质升级。

　　建设了约6000平方米综合卸鱼棚，结合原有的理鱼打包区，使渔港渔货集中

丝路之塔

交易，形成高效的交易链。完成以物联网、大数据、人工智能等技术为支撑，构筑沿海人防、物防、技防一体化的公共安全防控体系，实现相关部门联动协作，强化渔业安全。不断优化创新渔港产业发展模式，促进"渔业＋文化＋旅游"融合。不断对制冰厂、冷库等经营性设施进行改造升级，24小时为渔船提供补冰服务，满足渔船的加冰需求。为参与全球化种业资源贸易，建设了集科研、生产、销售、科技交流、成果转化为一体的三亚水产苗种南繁生态产业园。

　　"农渔发展兴琼崖，港湾建设迎振兴"，从2016年开港到成功建设国家级沿海渔港经济区，三亚崖州中心渔港建设以"一港一镇一园一区"的总体布局，结合海南自由贸易港带来的政策资源，实现一二三产业的有效融合及产业落地，为海南自由贸易港建设贡献一份力量。

上海海洋大学海洋文化与法律学院及
教师连续三年获农业农村部通报表扬

　　上海海洋大学海洋文化与法律学院在唐议院长的带领下，充分发挥学院专业特色，依托农业农村部-上海海洋大学共建渔业法律法规研究与咨询中心，紧密围绕保障渔业高质量发展和建设现代渔业强国目标，全面服务国家渔业管理和渔政执法各项重点任务，全程参与了《中华人民共和国渔业法》《渔业捕捞许可管理规定》《渔政执法工作规范（暂行）》《非法捕捞案件涉案物品认（鉴）定和水生生物资源损害评估及修复办法（试行）》《海洋渔业行政处罚自由裁量基准（试行）》等重要渔业法律法规与渔政执法文件的制修订，积极投入国家渔业管理制度改革，开展渔政执法规范体系建设活动，完成了总计4万余人次全国渔政执法人员能力提升、2019—2022年四年渔政执法案卷评查、日常渔业法律法规咨询、重大疑难复杂案件办理等工作，为提升渔业渔政工作法治化水平和长江十年禁捕等做出了突出贡献，得到农业农村部的高度认可。

　　2020—2022年，上海海洋大学海洋文化与法律学院连续三年获中国渔政专项执法行动成绩突出集体称号。夏亮教授于2020年和2022年两次获中国渔政系列专项执法行动成绩突出个人称号。张燕雪丹副教授于2020年获中国渔政亮剑系列专项执法行动成绩突出个人称号，2021年获长江禁渔执法监管先进个人称号。

唐议，上海海洋大学海洋文化与法律学院院长、党委副书记

夏亮，上海海洋大学海洋文化与法律学院教授

张燕雪丹，上海海洋大学海洋文化与法律学院副教授

深圳市渔业发展研究中心

深圳市渔业发展研究中心组建于2001年，是深圳市唯一一家承担落实国家、省、市渔业相关法律法规和政策措施，提供渔业相关专业技术支撑、技术服务和政策研究等重要角色的公益一类事业单位。

水生野生动物救护　编制《深圳市渔业发展研究中心大型水生野生动物救护应急预案》，组织科学救护工作39批次，出动救护人数98人次，共救护各类水生动物58只（条）。第一届深圳国际渔博会在深圳湾公园、全国"放鱼日"在大亚湾海域举行增殖放流，共放流鱼苗93万尾、刀额新对虾虾苗551万尾、中国鲎120只、拟穴青蟹5 000只，超额完成放流任务。

渔业水域环境监测　扎实开展渔业水域生态环境监测工作，在大鹏东山湾、畜吓湾、人工鱼礁区、深圳湾以及内伶仃、深汕合作区的江牡岛和赤石河入海口等6大重要渔业水域设置了45个监测站位，共采集样本4 056个，获得有效监测数据22 796个。

水生动物疫病防控　落实水产苗种产地检疫制度，加强水生动物疫病监测与疫情预警。监测水生动物种类达28种、检测项目包括26种疾病，实现全市水产苗种产地检疫申报检疫率100%，检疫合格电子出证率100%。

水产种业建设　《深圳市现代渔业发展规划（2022—2025年）》已将中国蓝色种业研究院（深圳）项目纳入了国家级示范工程。

科普宣传与培训　举办国家重点保护水生野生动物信息管理系统培训班。在深圳国际渔业博览会承办渔业资源养护科技论坛。立足渔业资源养护，对行业专业人士开展高精尖技术科普。举办水产品质量安全教育科普宣传下乡活动，围绕《中华人民共和国农产品质量安全法》，对公众科普相关知识。

香港渔民团体联会

香港渔民团体联会的成立历程

2017年

·为庆祝香港回归祖国二十周年，举办鼓舞香港庆回归活动，组织100艘中型钢铁渔船于维多利亚港巡游

2008年
组织港澳流动渔民访京团

2007年
渔民回归大巡游

·为庆祝香港回归祖国十周年，组织200艘大型渔船在维多利亚港配合金紫荆广场升旗礼展现海上大巡礼，展示香港渔民的爱国主义情怀

20世纪90年代初

·20世纪90年代初港英政府为建设玫瑰园计划，于西九龙填海、赤鱲角兴建新机场，大量挖沙泥泥，使香港海域遭受严重污染及失去各海湾的天然养殖场，渔民首当其冲，损失难以估计。
·为协助受影响的渔民争取合理权益，各区渔民团体因而团结组织起来向当局反映意见。
·1993年香港渔民团体联会会议成立，即香港渔民团体联会前身。

2003年7月26日

·庆祝流动渔民工作协调小组成立

香港渔民团体联会近年活动

2022年
庆祝香港回归祖国二十五周年渔船巡游

2023年
港澳渔民深远海养殖培训班

新会址揭幕

2006年

·香港渔民团体联席会议为流动渔民申请渔船柴油补贴政策。

图书在版编目（CIP）数据

中国渔业年鉴. 2023 / 农业农村部渔业渔政管理局
主编. -- 北京：中国农业出版社，2024.12. -- ISBN
978-7-109-32548-7

Ⅰ. F326.4-54

中国国家版本馆CIP数据核字第2024FH0079号

中国渔业年鉴　　2023

ZHONGGUO YUYE NIANJIAN 2023

中国农业出版社出版

地址：北京市朝阳区麦子店街18号楼
邮编：100125
责任编辑：贾　彬
文字编辑：耿增强　杜　然　贾　彬
印刷：北京通州皇家印刷厂
版次：2024年12月第1版
印次：2024年12月北京第1次印刷
发行：新华书店北京发行所
开本：787mm×1092mm　1/16
印张：21.25　　插页：24
字数：700千字
定价：300.00元